Cinco anos do CPC:
questões polêmicas

ORGANIZADOR
JOSÉ LUCIO MUNHOZ

Cinco anos do CPC: questões polêmicas

Em homenagem a José Roberto Neves Amorim

AUTORES
Alexandre Freire
Alexandre Luiz Ramos
André Gomma de Azevedo
Antonio Carlos Marcato
David R. Parratt
Desdêmona T. B. Toledo Arruda
Emmanoel Campelo de Souza Pereira
Fabiano Carvalho
Guilherme Bertipaglia Leite da Silva
Hugo Nunes Nakashoji Nascimento
José Antonio Dias Toffoli
José Eduardo de Resende Chaves Júnior
José Eduardo Martins Cardozo
José Guilherme Vasi Werner
José Lucio Munhoz
José Roberto Neves Amorim
Luiz Edson Fachin
Marco Aurélio Gastaldi Buzzi
Maria Helena Diniz
Milton Paulo de Carvalho Filho
Reinaldo Branco de Moraes
Ricardo Pereira Júnior
Rogério Licastro Torres de Mello
Sérgio Seiji Shimura
Silvio Luís Ferreira da Rocha
Solano de Camargo
Vanda Lúcia Cintra Amorim

MANOLE

Copyright © 2021, Editora Manole Ltda., por meio de contrato com o organizador.

EDITOR-GESTOR: Walter Luiz Coutinho
PRODUÇÃO EDITORIAL: Retroflexo Serviços Editoriais Ltda.
CAPA: Ricardo Yoshiaki Nitta Rodrigues
IMAGEM DA CAPA: istockphoto
PROJETO GRÁFICO: Departamento Editorial da Editora Manole

CIP-BRASIL. CATALOGAÇÃO NA PUBLICAÇÃO
SINDICATO NACIONAL DOS EDITORES DE LIVROS, RJ

C517

Cinco anos do CPC: questões polêmicas: em homenagem a José Roberto Neves Amorim / José Roberto Neves Amorim ... [et al.]; organização José Lucio Munhoz. – 1. ed. – Barueri [SP]: Manole, 2021.
23 cm.

Inclui bibliografia e índice
ISBN 978-65-5576-183-2

1. Direito civil – Brasil. 2. Brasil. [Código de Processo Civil (2015)]. I. Amorim, José Roberto Neves. II. Munhoz, José Lucio.

20-66639   CDU: 347(81)

Meri Gleice Rodrigues de Souza – Bibliotecária – CRB-7/6439

Todos os direitos reservados.
Nenhuma parte deste livro poderá ser reproduzida, por qualquer processo, sem a permissão expressa dos editores. É proibida a reprodução por fotocópia.

A Editora Manole é filiada à ABDR – Associação Brasileira de Direitos Reprográficos.

1ª edição – 2021

Editora Manole Ltda.
Av. Ceci, 672 – Tamboré
06460-120 – Barueri – SP – Brasil
Tel.: (11) 4196-6000
www.manole.com.br | https://atendimento.manole.com.br/

Impresso no Brasil | *Printed in Brazil*

Sobre os autores

José Lucio Munhoz (organizador)

Advogado, Juiz do Trabalho aposentado, ex-Conselheiro do CNJ, PhD em curso pela Universidade de Strathclyde (UK). Mestre pela Universidade de Lisboa, PGCert em Arbitragem Internacional pela Universidade de Aberdeen (UK). Autor, palestrante internacional, árbitro, mediador, parecerista. É vice-presidente da União Ibero-americana de Juízes e foi presidente da AMATRA-SP. Vice-presidente da Associação dos Magistrados Brasileiros. Vice-diretor da Escola Judicial do TRT-12.

José Roberto Neves Amorim (homenageado)

Advogado. Desembargador aposentado do TJ/SP. Conselheiro do CNJ (2011 a 2013). Mestre em Direito Civil e doutor em Processo Civil pela PUC/SP. Diretor do Curso de Direito da Fundação Armando Alvares Penteado – FAAP. Professor Titular de Processo Civil do Curso de Direito da FAAP. Coordenador do NUPEMEC do TJ/SP (2013 a 2016). Autor e coautor de diversas obras jurídicas.

Alexandre Freire

Doutor em Direito pela PUC-SP. Mestre em Direito pela UFPR. Assessor Especial da Presidência do Supremo Tribunal Federal. Professor do curso de pós-graduação em Direito Processual Civil da PUC-Rio. Exerceu as funções de Subchefe adjunto para assuntos jurídicos da Casa Civil da Presidência da República e Assessor Parlamentar da Presidência da Comissão Mista de Orçamento do Congresso Nacional. Foi finalista do prêmio Jabuti de Melhor Livro Jurídico em 2014.

Alexandre Luiz Ramos
Ministro do Tribunal Superior do Trabalho. Mestre e doutor em Direito (UFSC).

André Gomma de Azevedo
Senior Research Fellow na Universidade de Harvard (2019-2020). Fundador do Mediation Caucus na Harvard Kennedy School. Doutor em Direito pela Universidade de Brasília (2014-2018). Mestre em Administração (Pública) pela Universidade de Harvard (2018-2019). Mestre em Direito pela Universidade de Columbia, em Nova Iorque – EUA (1997-1998). Professor Adjunto dos Programas de Inverno e Verão do Strauss Institute for Dispute Resolution – Pepperdine University (2014-2019). Juiz de Direito. Juiz Auxiliar da Presidência do Conselho Nacional de Justiça (2014-2016). Membro do Comitê Gestor do Movimento pela Conciliação do Conselho Nacional de Justiça (2006-2016).

Antonio Carlos Marcato
Mestre, doutor e livre-docente pela Faculdade de Direito da Universidade de São Paulo. Professor-associado do Departamento de Direito Processual da mesma Faculdade, nos cursos de graduação e pós-graduação. Advogado. Desembargador aposentado do Tribunal de Justiça de São Paulo.

David R. Parratt
Mestre e doutor em Direito. Autor e pós-graduado em Arbitragem Internacional. Árbitro Associado da CIArb e membro do Conselho da Rainha na Escócia. Tornou-se advogado em 1999 e membro do Conselho Real em 2017. Integrante do Escritório de Advocacia Arnot Manderson, em Edinburgh, Escócia. Também exerce a advocacia na Inglaterra e País de Gales (Lincon's Inn), como membro do Escritório de Advogados 3PB, em Londres. É Autor e Professor Honorário de Arbitragem Internacional pela Faculade de Direito da Universidade de Aberdeen, Escócia.

Desdêmona T. B. Toledo Arruda
Máster em Seguridade Social pela Universidade de Alcalá/OISS, especialista em Direito Público, membro do Columbia Women's Network in Brazil, Cohort 2019-2020.

Emmanoel Campelo de Souza Pereira
Membro do Conselho Diretor da Agência Nacional de Telecomunicações – Anatel desde 2017. Conselheiro Nacional de Justiça nos biênios 2012-2014 e 2014-2016. Doutorando em Direito pela Pontifícia Universidade Católica de São Pau-

lo – PUC/SP. Mestre em Direito pela Universidade Católica de Brasília (2008) e Bacharel em Direito pela Universidade Federal do Rio Grande do Norte – UFRN (2003).

Fabiano Carvalho
Doutor e mestre pela PUC/SP. Professor da Fundação Armando Alvares Penteado. Advogado.

Guilherme Bertipaglia Leite da Silva
Mediador profissional de conflitos. Formador de instrutores e instrutor em Mediação Judicial pelo Conselho Nacional de Justiça. Atuação especializada em mediação de conflitos familiares e empresariais em âmbito nacional e internacional. Advogado. Especialista em Métodos Alternativos de Solução de Conflitos pela Escola Paulista da Magistratura. Professor na Fundação Armando Álvares Penteado (FAAP) e Escola Paulista da Magistratura. Palestrante internacional.

Hugo Nunes Nakashoji Nascimento
Bacharelando pela Faculdade de Direito da Universidade de Brasilia – UnB.

José Antonio Dias Toffoli
Ministro do Supremo Tribunal Federal (STF). Foi Presidente do STF, do Tribunal Superior Eleitoral (TSE), Advogado Geral da União e Subchefe para Assuntos Jurídicos da Casa Civil da Presidência da República.

José Eduardo de Resende Chaves Júnior
Advogado, desembargador aposentado do TRT-MG e doutor em Direitos Fundamentais. Magistrado de Cooperação no TRT-MG. Professor Adjunto do IEC-PUCMINAS. Foi coordenador da Rede Nacional de Cooperação Judiciária e membro da Comissão de Cooperação Jurídica Nacional e Internacional do CNJ. Pesquisador do PRUNART-UFMG no grupo de pesquisa destinado à cooperação judiciária.

José Eduardo Martins Cardozo
Advogado e Professor de Direito da PUC/SP e do UNICEUB/DF. Ex-ministro de Estado da Justiça e Advogado-Geral da União. Foi procurador concursado e secretário de governo do município de São Paulo, presidente da Câmara Municipal de São Paulo e deputado federal.

José Guilherme Vasi Werner

Doutorando em História, Política e Bens Culturais no Centro de Pesquisa e Documentação de História Contemporânea do Brasil da Fundação Getúlio Vargas (FGV CPDOC). Mestre em Sociologia pelo Instituto Universitário de Pesquisas do Rio de Janeiro da Universidade Candido Mendes (Iuperj-Ucam). Juiz de direito no Estado do Rio de Janeiro e professor da FGV Direito Rio. Conferencista na Escola da Magistratura do Estado do Rio de Janeiro (Emerj). Foi Conselheiro do Conselho Nacional de Justiça (CNJ) na quarta composição (2011-2013).

Luiz Edson Fachin

Ministro do Supremo Tribunal Federal. *Alma mater*: Universidade Federal do Paraná.

Marco Aurélio Gastaldi Buzzi

Ministro do Superior Tribunal de Justiça – STJ. Professor de Métodos de Solução de Conflito, no Instituto Brasiliense de Direito Público – IDP. Professor de Processo Civil: Cumprimento de sentença e Execução, no UniCEUB. Mestre em Ciência Jurídica pela Universidade do Vale do Itajaí – UNIVALI. Coordenador do Grupo de Trabalho do curso na modalidade a distância para capacitação de mediadores judiciais.

Maria Helena Diniz

Professora Titular de Direito Civil da Pontifícia Universidade Católica de São Paulo (PUC-SP). Membro da Academia Paulista de Direito (cadeira 62 – patrono Oswaldo Aranha Bandeira de Mello), da Academia Notarial Brasileira (cadeira 16 – patrono Francisco Cavalcanti Pontes de Miranda), do Instituto dos Advogados de São Paulo e do Instituto de Direito Comparado Luso-Brasileiro. Presidente do Instituto Internacional de Direito.

Milton Paulo de Carvalho Filho

Desembargador do Tribunal de Justiça de São Paulo. Doutor em direito processual civil pela Pontifícia Universidade Católica de São Paulo – PUC. Mestre em direito pela Universidade Presbiteriana Mackenzie. Especialista em Novos Temas de Direito Privado pela Escola Paulista da Magistratura de São Paulo. Professor de direito processual civil na Universidade Presbiteriana Mackenzie e na Fundação Armando Álvares Penteado – FAAP.

Reinaldo Branco de Moraes

Juiz Titular de Vara do Trabalho de Indaial/SC. Graduado pela Universidade Regional de Blumenau/SC (FURB). Professor de Direito Processual Civil em cursos de Direito do Trabalho e de Processo do Trabalho da Associação dos Magistrados do Trabalho de Santa Catarina (Amatra12).

Ricardo Pereira Júnior
Doutor em Filosofia do Direito pela Universidade de São Paulo/USP (2010). Professor de pós-graduação na FAAP de São José dos Campos, da Escola Paulista da Magistratura e da Escola Superior de Advocacia da OAB. Juiz Titular da 12ª Vara da Família e Sucessões da Comarca de São Paulo, Juiz Coordenador da Central dos Oficiais de Justiça do Fórum João Mendes Jr., foi membro da Comissão de Acompanhamento de Licitações do Tribunal de Justiça do Estado de São Paulo (2011 – 2016) e é membro do Núcleo Permanente de Métodos Consensuais de Resolução de Conflitos do Tribunal de Justiça de São Paulo desde 2011. Juiz Coordenador do CEJUSC Central da Comarca de São Paulo, Juiz Supervisor dos Centros Judiciários de Solução de Litígios e Cidadania da Capital e Coordenador da Área de Formas Alternativas de Solução de Conflitos da Escola Paulista da Magistratura.

Rogério Licastro Torres de Mello
Doutor e mestre em Direito Processual pela PUC/SP. Professor de Direito Processual Civil da Faculdade de Direito da FAAP (Fundação Armando Álvares Penteado). Professor-assistente do Prof. João Batista Lopes no Programa de Mestrado em Direito da PUC/SP. Conselheiro de Prerrogativas da OAB/SP. Advogado em São Paulo, Rio de Janeiro e Brasília. Perito arbitrador de honorários advocatícios.

Sérgio Seiji Shimura
Desembargador no Tribunal de Justiça de São Paulo. Mestre, doutor e livre-docente pela PUC/SP. Professor nos programas de graduação e pós-graduação da PUC/SP, da Escola Paulista da Magistratura e da Escola Superior do Ministério Público.

Silvio Luís Ferreira da Rocha
Mestre e doutor em Direito Civil pela PUC/SP e doutor e livre-docente em Direito Administrativo pela PUC/SP.

Solano de Camargo
Pós-doutorando em Direito Internacional pela Faculdade de Direito de Coimbra (Portugal). Doutor e mestre em Direito Internacional e Comparado pela Faculdade de Direito da USP, onde se graduou. Pesquisador (*split-site doctoral program*) na Faculdade de Direito da Universidade do Porto (Portugal). Gradua-

do em Direito francês pela Université Jean Molin (Lyon 3 – França). Membro da Internacional Bar Association (IBA), da International Law Association (ILA) e da Sociedade Latino-Americana de Direito Internacional (SLADI). Advogado e professor em São Paulo.

Vanda Lúcia Cintra Amorim

Advogada, pós-graduação em Processo Civil e Direito Civil. Curso de Direito Civil na Universidade de Salamanca (Espanha). Curso de Direito Constitucional Comparado na Universidade de Lisboa (Portugal). Especialista em Direito de Família e Mediação de Conflitos pelo CONIMA. Escritora de romances. Membro do Tribunal de Ética da OAB/SP.

Durante o processo de edição desta obra, foram tomados todos os cuidados para assegurar a publicação de informações técnicas, precisas e atualizadas conforme lei, normas e regras de órgãos de classe aplicáveis à matéria, incluindo códigos de ética, bem como sobre práticas geralmente aceitas pela comunidade acadêmica e/ou técnica, segundo a experiência do autor da obra, pesquisa científica e dados existentes até a data da publicação. As linhas de pesquisa ou de argumentação do autor, assim como suas opiniões, não são necessariamente as da Editora, de modo que esta não pode ser responsabilizada por quaisquer erros ou omissões desta obra que sirvam de apoio à prática profissional do leitor.

Do mesmo modo, foram empregados todos os esforços para garantir a proteção dos direitos de autor envolvidos na obra, inclusive quanto às obras de terceiros e imagens e ilustrações aqui reproduzidas. Caso algum autor se sinta prejudicado, favor entrar em contato com a Editora.

Finalmente, cabe orientar o leitor que a citação de passagens da obra com o objetivo de debate ou exemplificação ou ainda a reprodução de pequenos trechos da obra para uso privado, sem intuito comercial e desde que não prejudique a normal exploração da obra, são, por um lado, permitidas pela Lei de Direitos Autorais, art. 46, incisos II e III. Por outro, a mesma Lei de Direitos Autorais, no art. 29, incisos I, VI e VII, proíbe a reprodução parcial ou integral desta obra, sem prévia autorização, para uso coletivo, bem como o compartilhamento indiscriminado de cópias não autorizadas, inclusive em grupos de grande audiência em redes sociais e aplicativos de mensagens instantâneas. Essa prática prejudica a normal exploração da obra pelo seu autor, ameaçando a edição técnica e universitária de livros científicos e didáticos e a produção de novas obras de qualquer autor.

Sumário

Palavras dos autores ao homenageado XV

Palavra do homenageado. XXIII

Apresentação técnica. XXV

Apresentação emotiva XXIX

1 O incidente de resolução de recursos extraordinários repetitivos e o *amicus curiae* no Supremo Tribunal Federal. 1
José Antonio Dias Toffoli e Alexandre Freire

2 Mediação e conciliação no novo Código de Processo Civil: limites e possibilidades da *online dispute resolution* no Direito brasileiro 30
Luiz Edson Fachin e Desdêmona T. B. Toledo Arruda

3 A coisa julgada inconstitucional, o efeito vinculante das teses firmadas em sistemática de repercussão geral e o art. 525, § 12, do CPC 43
Alexandre Luiz Ramos

4 Os impactos do Código de Processo Civil de 2015 na mediação 57
Marco Aurélio Gastaldi Buzzi

5 Fundamentos históricos da Teoria da Negociação: reflexos na Teoria Geral do Processo. 71
André Gomma de Azevedo

XI

XII Cinco anos do CPC: questões polêmicas

6 A ação monitória no Código de Processo Civil de 2015.....................94
Antonio Carlos Marcato

7 A Escócia e sua "codificação" da arbitragem 113
David R. Parratt (Trad. José Lucio Munhoz)

8 A principiologia da mediação 128
Emmanoel Campelo de Souza Pereira

9 Apontamentos sobre o julgamento estendido (art. 942 do CPC) 157
Fabiano Carvalho

10 Mediação como ferramenta e estratégia da advocacia moderna.............170
Guilherme Bertipaglia Leite da Silva

11 Jurisdição, intervenção de terceiros e o novo Código de Processo Civil: uma análise
da figura do *amicus curiae* no direito processual civil brasileiro 194
José Eduardo Martins Cardozo e Hugo Nunes Nakashoji Nascimento

12 Cooperação judiciária: esboços para uma teoria geral e princípios 210
José Eduardo de Resende Chaves Júnior

13 O tempo do Judiciário e a aceleração do ritmo da vida: Simmel e a aceleração
social do tempo 236
José Guilherme Vasi Werner

14 Jurisdição nacional exclusiva quanto aos imóveis: uma visão sobre a questão
imobiliária resolvida por decisões arbitrais.............................254
José Lucio Munhoz

15 Humanização do Judiciário pelos métodos adequados
de solução de conflitos 275
José Roberto Neves Amorim e Vanda Lúcia Cintra Amorim

16 Tutela jurídica do direito ao esquecimento 284
Maria Helena Diniz

17 Apelação e a eficácia imediata da sentença............................297
Milton Paulo de Carvalho Filho

Sumário **XIII**

18 A nova causa madura nas instâncias originária e recursal 311
Reinaldo Branco de Moraes

19 Mediação de conflitos em massa: identificação, estruturação e concretização da atividade autocompositiva. 335
Ricardo Pereira Júnior

20 Honorários sucumbenciais: princípios aplicáveis 355
Rogério Licastro Torres de Mello

21 A legitimidade de parte na ação de dissolução parcial de sociedade. 365
Sérgio Seiji Shimura

22 Facetas contemporâneas da jurisdição: a duração razoável e a mediação 377
Silvio Luís Ferreira da Rocha

23 Homologação de sentenças estrangeiras cibernéticas. 387
Solano de Camargo. ....

Índice alfabético-remissivo 409

Palavras dos autores ao homenageado

"*O Desembargador José Roberto Neves Amorim está inscrito numa tradição de excelência que ilustra a história do Poder Judiciário. Sempre teve como traços pessoais a ponderação, o espírito conciliador e a abertura para o diálogo, características essenciais dos grandes magistrados e dos mais admirados doutrinadores.*

A presente homenagem simboliza o reconhecimento público por sua contribuição à cultura jurídica e por sua profissão de fé à magistratura."

José Antonio Dias Toffoli
Alexandre Freire

"*Agradeço a oportunidade de participar da homenagem ao Desembargador Neves Amorim. Remeto o artigo que versa sobre Conciliação e Mediação no Novo Código de Processo Civil, tema no qual o homenageado atuou durante seu mandato como conselheiro do CNJ. Trata-se de texto que fiz a quatro mãos com a Dra. Desdêmona T. B. Toledo Arruda.*

Felicito-o pela iniciativa, pois combinar a oportuna reflexão a respeito dos cinco anos do diploma com a homenagem foi, de fato, uma feliz ideia.

Sinto-me, ademais, honrado em compor a obra, ao lado de alguns dos mais importantes nomes do panorama jurídico brasileiro, para saudar uma trajetória que em muito dignifica a Justiça brasileira.

Com meu abraço e sinceros cumprimentos."

Ministro Edson Fachin

"*O Brasil vem construindo seu sistema de precedentes, em especial a partir do novo CPC, com o intuito de garantir à sociedade segurança jurídica e previsibilidade, criando, com isso, um cenário negocial propício para o desenvolvimento econômico e social. Neste contexto, ganham força o efeito vinculante e a eficácia erga omnes da jurisdição constitucional do Supremo Tribunal Federal, tanto no controle concentrado, como já era da nossa tradição, como no controle difuso, novidade do novo sistema processual e da jurisprudência do Supremo. Refletir sobre esses e tantos outros aspectos do novo CPC é uma tarefa importante, e essa obra cumpre tal finalidade com maestria. Muito feliz, ainda, a iniciativa de homenagear a brilhante carreira do Professor e Desembargador José Roberto Neves Amorim, que tanto contribuiu para a evolução da Justiça e do Poder Judiciário brasileiro.*"

Alexandre Luiz Ramos

"*Uma obra extraordinária em homenagem a uma das figuras públicas que mais contribuiu com a política pública de resolução consensual de disputas no Brasil. O Conselheiro Neves Amorim, com liderança e determinação, logrou implantar um modelo de capacitação em mediação judicial que formou, em menos de dois anos, mais de 15.000 mediadores judiciais em todo o Brasil. Esta obra reflete não apenas a importância da obra pública do Conselheiro Neves Amorim, mas também a gratidão de tantos profissionais que tiveram a honra de trabalhar e compartilhar seu bom humor, sua firmeza e determinação na realização de políticas públicas que prestigiam o cidadão e valorizam o serviço público em razão disso. Tive a honra de trabalhar no gabinete do Conselheiro Neves Amorim durante boa parte de sua gestão e foram anos que muito contribuíram com minha formação pessoal e profissional.*"

André Gomma de Azevedo

"*Por iniciativa do ilustre Magistrado José Lucio Munhoz, esta obra coletiva tem por justo e merecido objetivo homenagear o eminente Dr. José Roberto Neves Amorim.*
Em seus 32 anos dedicados à Magistratura Paulista, o homenageado, hoje Desembargador aposentado do Tribunal de Justiça, atuou direta e decisivamente na formação e funcionamento do Núcleo Permanente de Métodos Consen-

suais de Solução de Conflitos (NUPEMEC) e dos mais de 180 Centros Judiciários de Solução de Conflitos e Cidadania (CEJUSC) instalados em todo o estado, foi Juiz assessor da Corregedoria e da Presidência, integrou o Órgão Especial do Tribunal Paulista e o representou junto ao Conselho Nacional de Justiça. Atualmente exerce, com o mesmo brilho, a Advocacia privada e desenvolve atividades docentes em Instituições de ensino jurídico.

Daí a honra por participar dessa obra coletiva, em atenção ao generoso convite que me foi formulado por outro integrante do Conselho Nacional de Justiça, o Juiz Federal do Trabalho José Lucio Munhoz.

Trata-se de coletânea de artigos jurídicos, tendo por foco o atual Código de Processo Civil, que, ao completar seu quinto ano de existência, já ensejou uma produção doutrinária relevante e vem assegurando a formação de precedentes judiciais que, a médio prazo, consolidarão em nosso País uma jurisprudência sólida e estável."

Antonio Carlos Marcato

"Fiquei encantado ao ser convidado pelo juiz José Lucio Munhoz a contribuir para este livro, comemorando a vida profissional e as realizações do Desembargador Neves Amorim. Tive o prazer de ler sobre sua carreira e as contribuições significativas que ele deu à justiça e à igualdade no Brasil.

Do outro lado do mundo, pratico a advocacia na Escócia, Inglaterra, País de Gales e Irlanda do Norte, mas a abordagem e pontos de vista de Amorim ressoam pessoalmente. Para mim, posso prever que a abordagem sobre a resolução de disputas em âmbito nacional e internacional, em diferentes jurisdições, convergirão no futuro. No início de minha carreira, eu atuava na assistência jurídica de clientes em disputa. Concluí o doutorado em Processo Civil na Universidade de Edimburgo e, depois, fui exercer a advocacia perante as Cortes da Escócia e me tornei membro do Conselho da rainha. No entanto, eu também estava interessado em diferentes formas de resolução de disputas e me tornei um mediador e um árbitro credenciado. Por fim, tornei-me um advogado especializado em arbitragem internacional.

Para mim, a arbitragem e a mediação terão um futuro crescente na resolução de disputas. É claro que o litígio judicial deverá sempre estar presente, mas à medida que a sociedade se desenvolve e os clientes se tornam mais sofisticados, prevejo que esses mecanismos se tornarão essenciais – e normais – no futuro, e será essencial que aqueles que iniciaram suas carreiras no contencioso tam-

bém possam adquirir qualificação e experiência em arbitragem e mediação. Ao fazê-lo, eles continuarão e engrandecerão o excelente trabalho do Desembargador Amorim."

David R. Parratt

"Tive a honra de conhecer José Roberto Neves Amorim no Conselho Nacional de Justiça. Lá fui testemunha do trabalho incansável que desenvolveu pelo fomento da mediação no Poder Judiciário e pela humanização do sistema de justiça. Esta obra vem em boa hora saudar essa brilhante carreira em prol do Direito e da Justiça."

Emmanoel Campelo de Souza Pereira

"Escrever para esta coletânea de artigos honrou-me duplamente: primeiro, porque é um momento de reflexão sobre o vigente Código de Processo Civil, que muitas vezes não é adequadamente compreendido por parcela dos operadores do Direito, mas, de certa forma, instiga discussões sérias, oportunas e profundas no aperfeiçoamento da prestação do serviço jurisdicional; segundo, porém não menos importante, é um momento de homenagear um amigo que nobilitou a magistratura como Desembargador no Tribunal de Justiça do Estado de São Paulo e também no Conselho Nacional de Justiça."

Fabiano Carvalho

"A presente obra faz-se oportuna no momento econômico, jurídico e social do Brasil. Momento que carece de um sistema de justiça cada dia mais eficiente e que atenda efetivamente as demandas, necessidades e interesses ali tutelados. Neves Amorim deixou registrada sua marca, em especial por ser responsável, no Conselho Nacional de Justiça, pelos primeiros passos da implementação de maneira estruturada e sistematizada da autocomposição no Poder Judiciário. Implementação que impacta positivamente o sistema de justiça, indo para além e tocando as vidas que estão envolvidas em cada demanda submetida à autocomposição judicial."

Guilherme Bertipaglia Leite da Silva

"Nem sempre os juristas são grandes homens. Nem sempre os homens são grandes juristas. A conjugação de conhecimento e dimensão humana é pedra rara. José Roberto Neves Amorim é raro. Professor, juiz, hoje advogado, esbanja conhecimento e competência em cada gesto profissional. Amigo, companheiro e ser humano inigualável, espalha lealdade e correção ao longo de toda a sua vida. É, portanto, com o imenso orgulho de ter acompanhado sua trajetória profissional e humana desde que fomos estudantes da Faculdade de direito da PUC/SP que tenho a honra de participar dessa justa e merecida homenagem."

José Eduardo Martins Cardozo

"Tive o prazer de conhecer o Dr. José Roberto Neves Amorim como Conselheiro do CNJ, quando eu lá atuava como Juiz Auxiliar da Presidência. O que me impressionou vivamente é que sua sólida formação acadêmica, mestre e doutor em Direito, com vastíssima publicação e profunda experiência profissional na magistratura, na época Desembargador do Tribunal de Justiça de São Paulo (o maior Tribunal do mundo), era praticamente ofuscada por sua simpatia e simplicidade, que parecia mesmo contrastar com seu exuberante currículo. A singela homenagem que ora prestamos, dada a oportunidade de celebrar cinco anos da promulgação do atual estatuto processual brasileiro, marcado por um novel paradigma da cooperação e dialogia, está mais do que à altura da estatura jurídica do homenageado."

José Eduardo de Resende Chaves Júnior

"É uma grande satisfação figurar ao lado de tão renomados juristas, numa obra de tamanha envergadura e importância no atual cenário brasileiro. A alegria é ainda maior especialmente em se tratando de uma homenagem ao colega e amigo José Roberto Neves Amorim, que sempre se dedicou ao ensino do Direito e ao Processo Civil, novamente em voga com o novo Código."

José Guilherme Vasi Werner

"Combinar a reflexão sobre os cinco anos do novo CPC com a homenagem ao amigo Neves Amorim é algo muito melhor que queijo com goiabada (e

eu adoro isso!). Sinto-me muito honrado em ter a oportunidade de dividir espaço com grandes nomes do Direito Brasileiro e do Reino Unido que, mais que isso, são pessoas amigas e que tanto admiro. Pensar o Direito é sempre importante, e os resultados são ainda mais positivos quando muitas boas cabeças fazem isso imbuídas do mesmo fraternal espírito."

José Lucio Munhoz

"Quero agradecer ao Prof. Amorim, aqui homenageado pelos ilustres autores, que realizaram em conjunto esta importante obra, em seu tributo, por permitir-me fazer parte também dessa história.

Não tenho dúvida de que essa homenagem decorre de sua credibilidade pessoal e profissional, reconhecida não só pelos seus pares, mas por todas as pessoas que, de algum modo, fazem parte de sua jornada.

Quero também parabenizá-lo por seu incessante empenho de décadas, na tentativa de trazer um Judiciário menos impositivo, mais mediador, menos moroso e mais justo para todos, bem como pelo seu trabalho e dedicação enquanto profissional, pai de família e bom amigo que é.

Por fim, agradeço a oportunidade de poder caminhar ao lado desse ser tão especial, descobrindo a cada passo seu a possibilidade de unir docilidade, bondade com veemência e fortaleza."

Vanda Lúcia Cintra Amorim

"Esta homenagem ao Desembargador Neves Amorim é significativa em razão dos relevantes serviços que presta à nação nas áreas educacional e jurisdicional, sendo que a escolha do tema envolvendo o Código de Processo Civil foi muito feliz por auxiliar a comunidade jurídica a interpretar as leis processuais."

Maria Helena Diniz

"Lisonjeado por poder participar desta notável e oportuna coletânea de direito processual civil, ressalto a merecida homenagem ao nosso queridíssimo amigo, José Roberto Neves Amorim, com quem mantenho laços de amizade desde os tempos de colégio, e que, como ser humano, diretor, professor e cole-

ga de magistratura, admiro profundamente, por seu caráter, capacidade de trabalho e sincero companheirismo."

Milton Paulo de Carvalho Filho

"Com enorme satisfação recebi o convite para participar dessa magnífica obra, ao lado de notáveis processualistas, na abordagem de temas polêmicos, após cinco anos do hodierno Código de Processo Civil, ainda mais em homenagem ao ilustre professor, Dr. José Roberto Neves Amorim.

O novo diploma legal – CPC/2015 – trouxe mudanças significativas comparativamente ao modelo anterior e, nesse sentido, é altamente salutar abordar essas novidades, os entendimentos doutrinários e jurisprudenciais e seus efeitos práticos.

Felicito ao organizador dessa magnífica obra, Doutor José Lucio Munhoz, pela iniciativa, na certeza de que ela muito contribuirá para os necessários debates a respeito dos assuntos polêmicos da atual Lei Processual Civil."

Reinaldo Branco de Moraes

"O Desembargador Neves Amorim foi um desbravador. Participou da construção da política de autocomposição na sua gestão perante o Conselho Nacional de Justiça e consolidou sua implantação no Tribunal de Justiça do Estado de São Paulo. Não somente primou pelo conhecimento da matéria, mas envidou todos os esforços para que a política fosse adotada, reconhecida e valorizada pelo Poder Judiciário. Na sua caminhada vitoriosa, conquistou admiradores e consolidou a mediação através de sua contribuição para a elaboração da Lei de Mediação e do novo Código de Processo Civil, que consolidaram o instrumento como indispensável para a pacificação das partes. Além de tudo, sempre se preocupou com o bom atendimento da justiça, a demonstrar que sua preocupação principal é a pacificação da sociedade, a dar o caráter humano que inspira seu trabalho."

Ricardo Pereira Júnior

"O Professor José Roberto Neves Amorim dedicou-se e dedica-se ao Direito e à docência, além de ter-se dedicado à magistratura por mais de três déca-

das. Processualista de escol, nada mais justo que uma obra dedicada ao estudo do direito processual civil para homenageá-lo, e a presente obra, seguramente, é a medida do bem-querer que a comunidade jurídica nutre pelo amigo José Roberto Neves Amorim."

Rogério Licastro Torres de Mello

"Renovo os agradecimentos ao Dr. José Lucio Munhoz, eminente Advogado e Juiz do Trabalho aposentado, pelo honroso convite para participar dessa obra, em justa e oportuna homenagem ao Prof. Dr. José Roberto Neves Amorim, que dignificou a magistratura paulista e que vem dirigindo de maneira ímpar o curso de Direito da Fundação Armando Alvares Penteado, em São Paulo."

Sérgio Seiji Shimura

"A presente obra é uma justa homenagem a quem muito contribuiu para o desenvolvimento da ciência jurídica."

Silvio Luís Ferreira da Rocha

"É muito gratificante participar de uma justa homenagem ao Desembargador Neves Amorim. Exímio conhecedor do direito da internet e de suas implicações no novo Processo Civil brasileiro, Neves Amorim dedicou muito de seus esforços na disseminação dos métodos adequados para a solução de conflitos, cujos frutos o país vem colhendo em ritmo acelerado. Esta obra vem coroar uma carreira de amor ao Direito, à sua função social e ao melhor interesse à coletividade."

Solano de Camargo

Palavra do homenageado

É uma grande honra ser homenageado com uma obra e por tantos amigos que dela fazem parte, além de tantos outros que participarão de outras formas. O destino me uniu ao organizador desta obra, José Lucio Munhoz, advogado e magistrado de excelência, mas sobretudo, ser humano de caráter e retidão incomparáveis. Porém, sua maior virtude está no coração e naquilo que mais falta à humanidade hoje: a bondade. Tive o privilégio de trabalhar com o querido Lucio no Conselho Nacional de Justiça – CNJ, no biênio 2011/2013, mas nossos laços de amizade nasceram em 2003, quando passamos a ser vizinhos.

Considero a obra fruto da generosidade de todos aqueles que dispenderam seu precioso tempo em escrever sobre temas de sua predileção, voltados ao Código de Processo Civil, que completa o primeiro quinquênio. Por isso, os fundamentos teóricos e práticos aqui trazidos são a experiência de cada um dos autores ao longo da curta vigência do novo Código, o que torna a obra tecnicamente muito rica e de fundamental importância no atual cenário jurídico brasileiro.

Assim, empenho meu agradecimento especial a cada um dos colaboradores-autores, que certamente contribuíram para o enriquecimento da cultura jurídica de toda a comunidade. São eles: Ministros Dias Toffoli, Edson Fachin, Alexandre Luiz Ramos e Marco Buzzi; Professores e Juristas Alexandre Freire, André Gomma de Azevedo, Antonio Carlos Marcato, David Parratt, Desdêmona T. B. Toledo Arruda, Emmanoel Campelo, Fabiano Carvalho, Guilherme Bertipaglia, Hugo Nunes Nakashoji Nascimento, José Eduardo Cardozo, José Eduardo de Resende Chaves Júnior, José Guilherme Vasi Werner, José Lucio Munhoz, Maria Helena Diniz, Milton Paulo de Carvalho Filho, Reinaldo Branco de Moraes, Ricardo Pereira Júnior, Rogério Licastro T. de Mello, Sérgio Seiji Shimura, Sílvio Luís Ferreira da Rocha, Solano Camargo e Vanda Lucia Cintra Amorim.

A gratidão eterna a todos, pelo carinho com o qual estou sendo aqui agraciado!

José Roberto Neves Amorim

Apresentação técnica

A Lei n. 13.105, publicada em 17 de março de 2015, instituindo um novo Código de Processo Civil, foi motivo de muitas polêmicas desde seu nascedouro. Afinal, com previsão de vigência "após decorrido 1 (um) ano da data de sua publicação" (art. 1.045), passou-se a discutir a data exata em que o texto entraria em vigor, pois alguns defendiam o dia 16, outros o dia 17 e outros o dia 18 de março de 2016. Mais que isso, discutia-se a competência para definir essa data. O Superior Tribunal de Justiça[1] e o Conselho Nacional de Justiça[2] se achavam competentes para essa definição, e cada qual tomou a sua respectiva decisão, que, por sorte, convergiram para o mesmo dia 18 de março de 2016.

Diante do novo texto legal, alguns se colocaram com excessivo otimismo, acreditando na redução do tempo médio do processo judicial em até 50%,[3] mas os dados do *Justiça em Números*, do CNJ, apontam, ao contrário, um crescimento no tempo de tramitação das ações no Judiciário em torno de 40% (da distribuição da ação até a sentença, passando de 18 para 26 meses o tempo mé-

---

1   Jota, "STJ define que data de entrada em vigor do Novo CPC será 18 de março", Livia Scocuglia, 02.03.2016; disponível em: https://www.jota.info/justica/plenario-do-stj-define-que-o-novo-cpc-entra-em-vigor-no-dia-18-de-marco-02032016.

2   Conjur, "Novo CPC entra em vigor no dia 18 de março, define CNJ". *Revista Consultor Jurídico*, 04.03.2016; disponível em: https://www.conjur.com.br/2016-mar-04/cnj-define-cpc-entra-vigor-dia-18-marco.

3   "Com a aplicação das medidas previstas no código, o ministro Luiz Fux destacou que a expectativa é a redução do tempo de duração do processo em uma média de 50%, permitindo uma resposta judicial em prazo razoável" (*Notícias STF*, "Ministro Luiz Fux participa de cerimônia que sancionou novo CPC", 16.03.2015; disponível em: http://www.stf.jus.br/portal/cms/verNoticiaDetalhe.asp?idConteudo=287434&caixaBusca; acesso em: 10.11.2019).

dio, entre 2015 e 2018).[4] Outros, excessivamente pessimistas, como este próprio subscritor, imaginavam que a nova sistemática poderia trazer maior burocracia ao sistema e aumentar significativamente o número de recursos,[5] o que também acabou não ocorrendo de modo significativo,[6] salvo no STJ[7] e STF[8] (mas em ambos os tribunais também cresceu a produtividade).[9]

Boa parte dos 1.072 artigos do novo CPC é recheada de polêmicas, o que é parte intrínseca de toda ciência Humana. Essas controvérsias, no entanto, são essenciais para o avanço do Direito. As polêmicas e os distintos pontos de vista sobre um determinado assunto permitem maior reflexão sobre ele e, consequentemente (ao menos é o que naturalmente se espera), sua evolução.[10] Foi com isso em mente que traçamos o desenvolvimento desta obra, cujo objetivo era abordar algumas dessas polêmicas sobre o novo CPC. Como se poderá observar, o objetivo foi plenamente alcançado.

O Presidente do Supremo Tribunal Federal, Ministro Dias Toffoli, e Alexandre Freire trazem as questões do *amicus curiae* na jurisprudência da Corte em relação ao "Incidente de resolução de recursos extraordinários repetitivos". Esse mesmo tipo de *intervenção de terceiro* no processo, pelo *amicus curiae*, também foi objeto de análise do ex-Ministro da Justiça, José Eduardo Martins Cardoso, juntamente com Hugo Nunes Nakashoji Nascimento.

O Ministro Edson Fachin e Desdêmona Toledo Arruda destacam os "Limites e possibilidades da resolução de conflitos *online*", enquanto o Ministro do TST, Alexandre Luiz Ramos, aborda "A coisa julgada inconstitucional, o

---

4 Conselho Nacional de Justiça, *Justiça em Números 2019*, p. 151; disponível em: https://www.cnj.jus.br/wp-content/uploads/conteudo/arquivo/2019/08/justica_em_numeros20190919.pdf; acesso em: 10.11.2019.

5 José Lucio Munhoz, "Novo CPC – para quê simplificar, se pode complicar...", *Justificando*, 27.10.2014, http://www.justificando.com/2014/10/27/novo-cpc-para-que-simplificar-se-pode-complicar/; acesso em: 15.11.2019.

6 O *Justiça em Números* do CNJ aponta, entre 2016 e 2018, em todo o Judiciário Nacional, pequeno aumento na recorribilidade interna (para o próprio órgão julgador) e ligeiro declínio na recorribilidade externa (para outro órgão jurisdicional) (op. cit., p. 103).

7 No STJ foram recebidos 327.841 processos em 2015 e 346.337 em 2018 (fonte: STF, Estatísticas).

8 Foram 93.476 processos recebidos no STF em 2015 e 101.497 em 2018 (fonte: STF, Estatísticas).

9 O STF julgou 116.628 processos em 2015 e 126.753 em 2018, enquanto o STJ julgou 461.490 em 2015 e 524.801 em 2018 (fonte: STF, Estatísticas).

10 "Quando esse indivíduo resolve expor seu entendimento como uma tese e é confrontado pelo entendimento (antítese) de outro, o produto (síntese) dessa dialética será a razão. A razão é, pois, a síntese de entendimentos. [...] O conflito é, portanto, o próprio método racional e dialético para a formação das ideias. Sem ele, não há história e não há progresso" (Leonardo Tibo Barbosa Lima, *Teoria do Conflito*, LTr, 2016, p. 29-30).

efeito vinculante das teses firmadas em sistemática de repercussão geral e o art. 525, § 12, do CPC". Já o Professor Antonio Carlos Marcato discorre sobre a nova "Ação monitória", ao passo que a Professora Maria Helena Diniz faz sua reflexão quanto ao "Direito ao esquecimento" e o uso da tutela inibitória do CPC para sua preservação.

Este subscritor e Solano Camargo, em diferentes textos e em distintos aspectos, se ocupam da "Homologação de sentença estrangeira" pelo STJ, enquanto Sérgio Sheiji Shimura trata da "Legitimidade de parte na dissolução de sociedades". André Gomma revive os "Fundamentos históricos da negociação" e Fabiano de Carvalho lança suas ponderações sobre o "Julgamento estendido".

A celeridade processual e a busca pela sua efetividade motivaram os artigos de Silvio Luiz Ferreira da Rocha ("Duração razoável e a mediação"), Reinaldo Branco de Moraes ("Causa madura") e Miltom Paulo de Carvalho Filho ("Apelação e eficácia imediata"), sem esquecer do alerta de José Guilherme Vasi Werner sobre "O tempo do Judiciário e a aceleração do ritmo da vida".

Algumas vezes o profissional do Direito se ocupa dos aspectos específicos de determinado dispositivo legal, mas acaba não dando muita atenção aos princípios que fundamentam aquela abordagem e que, por óbvio, são a sua base estruturante e que tanto contribuem para sua interpretação. Nossos autores não se descuidaram dos princípios em seus respectivos artigos, mas alguns os trouxeram como ponto primeiro de suas reflexões: José Eduardo Chaves ("Teoria geral e princípios da cooperação judicial"), Emmanoel Campelo ("Princípios da mediação") e Rogério Licastro Mello ("Princípios dos honorários advocatícios").

A "Humanização do Judiciário pelos *métodos* adequados de solução de conflitos" sempre foi uma preocupação do nosso homenageado. Neves Amorim e Vanda Amorim, em parceria inédita, trouxeram um pouco de luz sobre essa temática que, definitivamente, parece ser o aspecto que mais impactará os profissionais do Direito nas próximas décadas e, desde já, inspira os profissionais a pensar esse novo modelo de jurisdição voluntária. Alguns dos autores antes referidos já lançam suas visões nesse campo, mas o Ministro Marco Aurélio Buzzi relata a importância do novo CPC na mediação, enquanto Guilherme Bertipaglia apresenta a "Mediação como ferramenta e estratégia da advocacia moderna", o que pode auxiliar significativamente no uso da "Mediação em conflitos de massa", como explicado por Ricardo Pereira Júnior.

Por fim, a obra traz uma descrição inédita e interessantíssima sobre o histórico do desenvolvimento da atual Lei de Arbitragem na Escócia (um dos diplomas legais mais modernos sobre o tema), gentilmente escrita para este livro pelo Árbitro e Professor David Parratt. Na tradução daquele texto incorporamos algumas notas explicativas, apenas para facilitar a compreensão e contextualizar o tema diante dos diferentes sistemas do *common law* e *civil law*.

Como se observa, além dos aspectos emotivos que unem os autores em torno deste trabalho, o livro traz uma forte e qualificada carga técnica e visões experimentadas de profissionais já reconhecidos em suas respectivas áreas. Muitos dos textos acabam cruzando abordagens sobre o mesmo tema, mas com apreciações distintas, o que é interessante do ponto de vista acadêmico. Um livro composto com tais ingredientes é, sem dúvida, uma boa forma de celebrar os cinco anos de publicação do novo Código de Processo Civil. É enriquecedor ter a oportunidade de compreender o pensamento de tantos hábeis juristas sobre alguns polêmicos aspectos do novo Código, ainda que se possa deles discordar. Afinal, todo bom profissional do Direito, ainda que negue, lá no fundo sempre gosta de uma boa polêmica.

Inverno de 2020.
José Lucio Munhoz

Apresentação emotiva

É possível imaginar a satisfação de uma pessoa em conseguir reunir, num só livro, Ministros do Supremo Tribunal Federal (entre eles o seu próprio Presidente), Ministros do STJ e TST, um Ex-Ministro da Justiça, um dos maiores professores de arbitragem do Reino Unido, alguns consagrados autores nacionais e renomados Desembargadores, Juízes, Professores e Advogados? Embora não tenha sido a pessoa deste organizador a razão pela qual esses nomes acabaram se reunindo, não deixa de ser razão de júbilo poder organizar uma obra tão expressiva. Além do gabarito profissional desses autores, existe entre eles um elo de carinho com o tema e com um amigo em comum, querido por todos, o que ainda mais aumenta a alegria em se envolver num trabalho como esse. Para coroar as boas coisas envolvendo este livro, este organizador e todos os autores cederam os créditos decorrentes dos direitos autorais ao Instituto do Câncer de São Paulo.

Diferentes são as razões que normalmente motivam as pessoas a escrever, mas tratando-se de autores com carreiras já consolidadas, o objetivo prevalecente é o de oferecer um tijolinho intelectual, reflexo de suas pessoais experiências com o Direito e a Justiça, para contribuir na construção de uma melhor roupagem jurídica nas questões que envolvem a nova legislação processual civil, na celebração de seu quinto aniversário. Essa entrega pessoal de cada participante ao projeto produziu textos de qualidade e relevância, que certamente vão colaborar para a evolução do Direito e da Justiça em nosso país.

Por isso e por todo o carinho dedicado a este livro, registro meu pessoal agradecimento a cada autor, os quais, a par de suas importantes responsabilidades, dedicaram parte de seu pouco tempo livre a um trabalho voluntário em prol do coletivo. A todos, meu reconhecimento e eterna gratidão! Destaco, ainda, o carinhoso apoio da equipe da Editora Manole, nas pessoas de Daniela Manole (Diretora), Sônia Midori Fujiyoshi, Vanessa Pimentel e do incansável Rodrigo Botelho, além do auxílio dos servidores Juvelina Silva, Adilson Mafra Junior e Daniel Tomaselli, todos da Justiça do Trabalho de Santa Catarina.

Nessas primeiras linhas, apontei algumas das muitas razões pela alegria em conduzir esse trabalho, o que eliminou completamente aqueles desgastes normalmente observados em tarefa dessa magnitude. No entanto, uma razão de especial júbilo é poder, com a reunião de tantos nomes de importância do cenário jurídico nacional, homenagear uma pessoa humana da maior grandeza que, por obra do destino, acabou cruzando nossas vidas. Para meu contentamento, dividimos a mesma vizinhança e, mais tarde, a mesma bancada do Conselho Nacional de Justiça, onde coincidentemente fomos Conselheiros no mesmo mandato, embora indicados por diferentes tribunais (ele pelo STF e eu pelo TST). Além de termos atuado simultaneamente na magistratura e no CNJ, agora ambos nos dedicamos à advocacia. Mais que isso, trazemos o mesmo primeiro nome (José), comungamos basicamente dos mesmos princípios, temos diversos gostos em comum e, ainda, partilhamos a paixão pelo mesmo time esmeraldino do Palestra Itália: o Palmeiras.

O Desembargador José Roberto Neves Amorim teve no berço as bases de sua essência de luta pelo Direito e Justiça. Filho de uma Procuradora Federal, Dra. Maria Helena Neves Amorim, e de um Juiz do Trabalho, Dr. José Amorim (*in memoriam*), o DNA logo o empurrou para a Faculdade de Direito, onde se formou em 1981, pela Pontifícia Universidade Católica de São Paulo, e onde também concluiu seu mestrado (2002) e doutorado (2009). Sua dedicação aos estudos lhe rendeu a aprovação no concurso de ingresso à tradicional magistratura paulista em apenas três anos após a formatura na PUC/SP. Ali, no Poder Judiciário do Estado de São Paulo, Amorim dedicou 32 anos de sua vida e o melhor de seu intelecto. Um ano após aprovação no concurso, já foi promovido a Juiz Titular (1985), e menos de uma década depois já ocupava o posto de Juiz de Direito Corregedor (1994). Não demorou e foi nomeado para o cargo de Assessor da Presidência do TJSP (1999), Professor na Escola Paulista de Magistratura (2000), Desembargador do TJSP (2007) e integrante do Órgão Especial do TJSP, de 2014 a 2016, quando se aposentou.

Em 2011, Neves Amorim foi escolhido pelo Supremo Tribunal Federal para compor o Conselho Nacional de Justiça, onde exerceu o mandato com grande desenvoltura até 2013, tendo se destacado na condução das políticas nacionais de conciliação e mediação de todo o Poder Judiciário brasileiro. Além disso, Neves Amorim se dedica à academia com grande entusiasmo, tendo realizado dezenas de cursos, publicações e, desde 1989, atuado em diversas faculdades como Professor de Direito. Atualmente ele compatibiliza suas atividades de advogado, árbitro e mediador com o cargo de Diretor na prestigiada Faculdade de Direito da Fundação Armando Alvares Penteado (FAAP).

Este livro, portanto, vem reconhecer e reverenciar essa brilhante trajetória profissional de alguém que dedica sua vida ao Direito, à Justiça e à Academia, mas que também se notabiliza por ser uma pessoa sensível, um esposo apaixonado, um amoroso pai, um avô babão e um amigo sempre disposto a aconselhar e acolher. Que este planeta ainda possa desfrutar de sua presença por um longo tempo, Amorim, pois só esse fato já contribuirá para fazer a vida aqui um tiquinho melhor. Essa homenagem é muito merecida!

Parabéns, meu amigo!

E viva o Verdão!

Inverno de 2020.
José Lucio Munhoz

1

O incidente de resolução de recursos extraordinários repetitivos e o *amicus curiae* no Supremo Tribunal Federal[1]

José Antonio Dias Toffoli
Alexandre Freire

CONSIDERAÇÕES GERAIS

O Supremo Tribunal Federal, a quem cumpre definir e assegurar a unidade de sentido da norma constitucional, desde o início se deparou com o prognóstico de enfrentar sérios problemas com o crescimento exponencial do número de processos, haja vista a intensa e crescente litigiosidade, em regra versando sobre teses idênticas, principalmente nos últimos 30 anos, em razão da previsão de direitos e garantias albergada pela Lei Fundamental.

As controvérsias, em grande parte idênticas, são levadas ao Supremo Tribunal Federal mediante recursos extraordinários e agravos, os quais se avolumam nos gabinetes dos ministros e lhes tomam tempo precioso de trabalho, que deveria se concentrar nas questões de alta relevância para a sociedade.

Como demonstram os dados do Tribunal para o período de 2006 a 2009, os recursos extraordinários distribuídos ao Supremo Tribunal de Federal já correspondiam, nesse período, à maioria de todos os feitos examinados pela Corte.[2] Determinante para isso era fato de o Código de Processo Civil de 1973

---

1 O presente artigo constitui uma modesta homenagem ao Desembargador José Roberto Neves Amorim, magistrado notável, cujos exemplos de vocação, inteligência, humanismo e espírito público estão registrados na história do Poder Judiciário.

2 Em 2006, foram distribuídos 116.116 processos, sendo 54.570 recursos extraordinários; em 2007, foram distribuídos 112.812 processos, sendo 49.682 recursos extraordinários. Em 2008, foram distribuídos 66.768 processos, sendo 21.526 recursos extraordinários. Por fim, levando em consideração o quadriênio examinado, em 2009, foram distribuídos 42.645 processos, sendo 8.341 recursos extraordinários. Nota-se, nesse quadro, considerável decesso no numerário de recursos extraordinários distribuídos na Suprema Corte brasileira.

(CPC/73) se fundar em um paradigma liberal de litigiosidade, disciplinando técnicas formais voltadas apenas para a resolução de demandas individuais, sem, contudo, contemplar institutos adequados para as causas repetitivas, decorrentes de uma sociedade de massas. Não se pode ignorar que, desde sua publicação, o CPC/73 passou por sucessivas alterações por leis reformadoras, que se ocuparam em atualizar a legislação em face dos anseios da sociedade. Pode-se destacar, entre os principais diplomas reformadores, as Leis ns. 8.952/94, 11.232/2005, 11.418/2006 e 11.672/2008, que, sucessivamente, regulamentaram a antecipação dos efeitos da tutela, o cumprimento de sentença judicial, a repercussão geral e o incidente de resolução dos recursos especiais repetitivos. Essa onda reformista culminou com a revogação do Código de Processo Civil de 1973 pela Lei n. 13.105, de 16 de março de 2015, após 42 anos de vigência.

Essas alterações, entre outras tantas, operadas inclusive em âmbito constitucional, certamente tornaram o processo judicial mais célere e efetivo. Porém, não foram suficientes para desafogar o Poder Judiciário dos litígios em massa, principalmente no âmbito do Supremo Tribunal Federal, comprometendo-lhe o exercício adequado das funções de guardar a higidez da Constituição, uniformizar sua interpretação e formar precedentes. Preocupado com essa crescente elevação do número de feitos naquela corte, no ano de 2004, a Presidência do Supremo Tribunal Federal, o Palácio do Planalto e o Congresso Nacional somaram esforços com o propósito de aperfeiçoar o sistema de justiça, instituindo, por meio da Emenda Constitucional n. 45/2004, entre outras medidas, a repercussão geral da questão constitucional como requisito especial de admissibilidade para o recurso extraordinário, com o claro intuito de tornar mais racional o exercício da jurisdição constitucional. Esses esforços resultaram também na regulamentação da repercussão geral, mediante a edição da Lei n. 11.418/2006, concretizando-se, assim, o princípio da razoável duração do processo, inserto na Constituição Federal, art. 5°, LXXVIII (redação dada pela Emenda Constitucional n. 45/2004).

Percebe-se que esse dispositivo foi criado com o objetivo mediato de alterar o sistema processual brasileiro, imprimindo maior racionalidade e efetividade ao serviço de prestação jurisdicional, sem, contudo, afastar garantias constitucionais, entre as quais, a isonomia processual, o contraditório substancial, a ampla defesa, a segurança jurídica, o dever de boa-fé objetiva e o dever de motivação dos pronunciamentos judiciais. Ele consubstancia, assim, mais uma técnica do regime processual de causas repetitivas voltada para o aperfeiçoamento do sistema judicial brasileiro.

Depois de seguidas reuniões e ajustes, a então Presidente do Supremo Tribunal Federal, Ministra Ellen Gracie, editou, em 30 de abril de 2007, a Emen-

1 O incidente de resolução de recursos extraordinários repetitivos e o *amicus curiae*

da n. 21, aprovada em sessão administrativa ocorrida em 26 de março daquele ano, a qual alterou a redação dos arts. 13, V, *c*, 21, § 1°, 322, 323, 324, 325, 326, 327, 328 e 329 e revogou o disposto no § 5° do art. 321 do RISTF, regulamentando, assim, a repercussão geral no âmbito do tribunal.

O procedimento de exame da repercussão geral não se aplicava somente aos recursos extraordinários individuais e aos agravos em recursos extraordinários, mas também aos recursos extraordinários repetitivos e aos agravos em recursos extraordinários seriais sobre a mesma controvérsia jurídica. Nessas situações, a Lei n. 11.418/2016, que acrescentou o art. 543-B ao CPC/73, previa que, quando houvesse multiplicidade de recursos com fundamento em idêntica controvérsia, a análise da repercussão geral seria processada nos termos do Regimento Interno do Supremo Tribunal Federal (art. 328 do RISTF).

Esse procedimento diferenciado de exame da repercussão foi disciplinado no âmbito do Supremo Tribunal Federal, sucessivamente, mediante as Emendas ns. 21, 22, 23, 24, 27, 31, 41 e 42, que alteraram o RISTF.

Essa técnica processual estava relacionada, no Código de Processo Civil revogado, à aferição da existência da repercussão geral e de suas consequências no que dizia respeito aos recursos extraordinários múltiplos que tramitavam nos tribunais recorridos (aguardando juízo de admissibilidade) ou no Supremo Tribunal Federal, não necessariamente à resolução de recursos extraordinários seriais. Porém, inegavelmente, a Suprema Corte passou, a despeito da inexistência de expressa previsão legislativa, a suscitar o incidente de resolução de recursos extraordinários repetitivos (e seus respectivos agravos) para lidar com o número expressivo de peças dessa classe processual que diariamente aportava no tribunal.[3] Essa estratégia da Suprema Corte é perceptível pelo desenho do procedimento engendrado na Emenda Regimental n. 21, de 30 de abril de 2007, a qual, entre outras providências, conferiu nova redação ao art. 328 do RISTF, estabelecendo que, protocolado ou distribuído recurso cuja questão seja suscetível de reproduzir-se em múltiplos feitos, a Presidência do Tribunal ou o(a) relator(a), de ofício ou a requerimento da parte interessada, comunicará o fato aos tribunais ou turmas de juizado especial, a fim de que observem o disposto no art. 543-B do CPC, podendo pedir-lhes informações, a serem prestadas em cinco dias, e sobrestar todas as demais causas com questão idêntica. Quando se verificar subida ou distribuição de múltiplos feitos, a Presidência do Tribunal ou o(a) relator(a) selecionará um ou mais representativos da questão e determinará a devolução dos demais aos tribunais ou turmas de juizado especial de ori-

---

3 Conferir, entre outros, WAMBIER, Luiz Rodrigues; TALAMINI, Eduardo. *Curso avançado de processo civil*, 2015, p. 860.

4 Cinco anos do CPC: questões polêmicas

gem, para que apliquem os parágrafos do art. 543-B do CPC. Por fim, a Presidência do Supremo Tribunal Federal passou a promover ampla e específica divulgação do teor das decisões sobre repercussão geral, bem como formação e atualização de banco eletrônico de dados a respeito. Nota-se, incontestavelmente, que a técnica processual forjada no regimento interno não se limita às providências de exame da existência da questão constitucional qualificada. Trata-se, em verdade, de incidente de resolução de recursos extraordinários repetitivos instaurado no âmbito do tribunal.

O CPC/2015 consagra, de modo inequívoco, o instituto como um incidente de resolução de recursos extraordinários múltiplos, regulando-o conjuntamente com o incidente de resolução de recursos especiais repetitivos e dispondo ao longo de seu minudente regramento, ao lado de positivas inovações, orientações consagradas na jurisprudência do Supremo Tribunal Federal a respeito da matéria. Observa-se, assim, que, indisfarçavelmente, o incidente de resolução de recursos extraordinários repetitivos revela-se como um dos institutos processuais concebidos para dimensionar a litigiosidade repetitiva, conter a dispersão jurisprudencial e, sobretudo, ao viabilizar a formação de precedentes, assegurar as garantias fundamentais da isonomia processual e da segurança jurídica, sendo seu julgamento obrigatoriamente antecedido de audiência pública, conforme se justificará neste capítulo.

NATUREZA JURÍDICA E ESTRUTURA DO INCIDENTE DE RESOLUÇÃO DOS RECURSOS EXTRAORDINÁRIOS REPETITIVOS

O vocábulo "incidente" é utilizado várias vezes na doutrina e na jurisprudência, assim como em diversos dispositivos previstos nas legislações processuais. Seu emprego, em amplo espectro, relaciona-se com a ideia de *questão* ou *procedimento,* sendo seu entendimento como *momento processual* o mais adequado para a análise de aspectos como conceito, características e outras categorias relacionadas.

No CPC/2015, se utiliza o vocábulo "incidente" tanto para designar uma questão específica que mereça atenção em sua resolução como para apontar uma situação particularizada no processo que implique a adoção de um procedimento diferenciado.

Importa ressaltar, ainda, que outras técnicas processuais, por mais que o legislador não utilize o vocábulo "incidente" ao discipliná-las, associam-se essencialmente com aspectos atinentes às questões incidentais e aos procedimentos incidentais, bem como com o resultado de algo que tenha sido julgado acidentalmente no processo.

A identificação desses aspectos no CPC/2015, assim como a estruturação do processo presente na legislação, impõe a conclusão de que a *simplificação*[4] e o *enxugamento* do rito processual foram forjados pelo legislador com o propósito de simplificar a utilização de um método de resolução de conflitos. Assim, a atenção dos sujeitos do processo se voltaria para o direito objeto da tutela jurisdicional, deixando ao processo seu papel – fundamental – de instrumento de concretização do direito material.

Nesse entendimento, observando-se a instauração, o desenvolvimento e a extinção do processo, tal como pensado no CPC/2015, percebe-se que a nova lei processual, além de impor – indiscutivelmente – sua finalidade como método de resolução de conflitos, disciplinou um *tráfego processual* sem *paradas desnecessárias, acessos congestionadores* ou *caminhos que levassem a lugar diverso do resultado final almejado*: a concretização da tutela jurisdicional de direitos.

Tendo um *fluxo principal*, só se faz necessário obter acesso ao *tráfego processual* aquilo que não se resolveria por meio de um *fluxo incidental*.

Como em uma via expressa com diversas faixas para tráfego de veículos, é mais efetivo que os veículos abasteçam em um posto de combustível situado à margem da via – fluxo incidental – e posteriormente sigam seu caminho – fluxo principal – do que permaneçam parados em uma das faixas da via aguardando ajuda externa – afinal, a inserção de um terceiro veículo no sistema só aumenta o congestionando do fluxo de veículos.

O *incidente processual*, de caráter paralelo e temporário, presta-se, portanto, para a resolução de uma *questão incidental*, mediante um *procedimento também incidental*, que não congestiona o fluxo principal. Ademais, se a solução adotada fosse outra, não apenas o fluxo de dado processo seria atingido, mas o de vários outros processos também, o que impactaria o fluxo de atividades do Poder Judiciário.

Adotando uma identificação expressa ou não, o CPC/2015 apresenta diversos incidentes processuais. Utilizando textualmente essa expressão, arrolam-se o incidente de desconsideração da personalidade jurídica, o incidente de assunção de competência, o incidente de arguição de inconstitucionalidade e o incidente de resolução de demandas repetitivas. Entretanto, mesmo sem disposição expressa do legislador como *incidente processual*, destaca-se, entre essas espécies de instituto, o julgamento dos *recursos extraordinários repetitivos*.

---

4 Conferir a respeito das matrizes ideológicas do novo CPC em especial as ideias de *simplicidade* e *máximo rendimento ao processo*: WAMBIER, Luiz Rodrigues. "Diretrizes fundamentais do novo CPC". In: WAMBIER, Luiz Rodrigues; WAMBIER, Teresa Arruda Alvim (coords.). *Temas essenciais do novo CPC*, 2016, p. 41-6.

Incidente processual: conceito, características e outras categorias relacionadas

O *incidente processual* se caracteriza como um rompimento do ritmo normal do processo para a resolução de determinada questão, adotando-se um procedimento específico.

Em razão disso, nas considerações iniciais desta seção, afirmou-se que o incidente pode ser analisado tanto com foco na *questão* como com foco no *procedimento*.

Antonio Scarance Fernandes, examinando a aplicação do vocábulo *incidente*, afirma existirem três vertentes principais de utilização, a saber: "o *incidente* é apreciado como questão, o *incidente* se manifesta como um momento processual e o *incidente é encarado como procedimento colateral, destacado do procedimento principal*".[5]

Seja qual for a abordagem adotada, o incidente acarretará um *momento diferenciado* no processo, considerando-se que existam *momentos normais* que são determinados por um rito processual.

Logo, para fins deste estudo, considera-se o incidente como um momento. No entanto, com o intuito de identificar outras categorias inerentes ao *incidente processual*, examinar-se-ão algumas conceituações e características relacionadas com o instituto em análise.

Afirma Pontes de Miranda que "os incidentes são questões que exsurgem durante o procedimento, entre o pedido e a sentença final, de tal jeito que tem o juiz de examiná-los e julgá-los antes de proferir a sentença final".[6]

Entende-se, assim, que a questão, ao se consubstanciar incidente durante o processo, torna seu exame e seu julgamento obrigatórios para que ocorra o julgamento final do respectivo processo.

Por imposição lógica, se incidentalmente surge uma questão no curso de um processo, solucioná-la assegura a integridade da decisão final. Ao contrário, se algo deveria ter sido resolvido durante o processo e não o foi, proferida a decisão final, permanecem abertas as vias para sua impugnação.

Destarte, se algo surge incidentalmente no processo e detém relevância lógica, sua resolução possibilita não apenas o aperfeiçoamento da atividade jurisdicional, mas a integridade do ato decisório.

---

5   FERNANDES, Antonio Scarance. *Incidente processual*: questão incidental, procedimento incidental, 1991, p. 27-8.
6   MIRANDA, Francisco Cavalcanti Pontes de. *Comentários ao Código de Processo Civil*, 1996. Tomo IV: arts. 282 a 443, p. 213.

Considerando as diversas fases do processo, essas podem se desenvolver normalmente ou com a ocorrência de incidentes ou *acontecimentos anormais*, havendo, nesse caso, alteração do *modus operandi*.[7]

Nessa linha de raciocínio, José Frederico Marques leciona que os incidentes processuais alteram o ritmo normal do processo, definindo-os como "episódios que ou alteram o conteúdo e extensão da *res judicanda*, ou interrompem o curso da relação processual, ou extinguem a instância sem que tenha sido entregue a prestação jurisdicional".[8]

Enrico Tullio Liebman, analisando o desenvolvimento do processo, identifica as fases da interposição, da instrução e da decisão. No entanto, ao completar seu raciocínio, ressalta que "essas três fases distintas não se seguem sempre rigorosamente em sua ordem lógica natural".[9] Explica o autor que isso decorre ou do fato de haver a propositura de uma demanda pela primeira vez em um processo já em curso, ou do surgimento de questões que são decididas no curso do processo, sendo que, após essa interrupção, o processo retoma seu curso normal de desenvolvimento.[10]

Mesmo versando sobre fenômenos semelhantes que incidentalmente alteram o fluxo normal de desenvolvimento do processo, trata-se de categorias distintas. Naquele caso em que uma demanda é proposta pela primeira vez no curso de um processo, trata-se comumente de uma ação incidental. Já na situação em que questões surgem incidentalmente no curso do processo e são em seu âmbito resolvidas, usualmente a solução ocorrerá por meio de *incidente processual*.

Francesco Carnelutti, ao enfrentar o assunto, afirma que as questões incidentais se ocupam de um problema que deve, desde logo, ser resolvido, viabilizando a resolução das questões relacionadas ao mérito do processo. Por isso é que não se deve confundir a resolução de questões relacionadas ao mérito do processo com a resolução de questão incidental, ou, como alguns identificam, com o mérito do incidente processual.[11]

Identificando essas três designações – questão, procedimento e momento –, considera-se mais adequado enquadrar a expressão *incidente processual* como um momento no processo. Isso porque, considerando-se que o processo é um método e esse tem uma finalidade determinada, existem fases e respectivos procedimentos a serem desenvolvidos para a obtenção do resultado final.

---

7 MARQUES, José Frederico. *Instituições de direito processual*, 1972, v. III, p. 31.
8 Ibidem, p. 33.
9 LIEBMAN, Enrico Tullio. *Manual de direito processual civil*, 2003, v. 2, p. 19.
10 Ibidem.
11 CARNELUTTI, Francesco. *Sistema del diritto processuale civile*, 1939, v. 3, p. 138.

Portanto, existem vários momentos no processo, alguns inerentes a seu curso normal, outros que se relacionam com um episódio incidental que é relevante para o adequado desenvolvimento do método e que exige um momento diferenciado para sua resolução.

Esse momento incidental deve ser vinculado ao processo, pois somente existe para auxiliar o método a alcançar, adequadamente, seu objetivo. Por isso, reputa-se importante a análise da expressão *incidente processual* como um *momento processual diferenciado* em que se objetiva resolver determinada questão auxiliar no alcance do resultado final do processo, a qual ocorre seja no curso do próprio procedimento em que incidiu, seja em outro procedimento paralelo.

Nesse raciocínio, as expressões "questão incidental" e "procedimento incidental" não devem ser adotadas como equivalentes à expressão "incidente processual", mas apenas como categorias relacionadas.

Tais considerações ensejam a conclusão sobre a importância dos incidentes processuais e a sua aplicação em diversos momentos do processo, inclusive no âmbito das Cortes Supremas, desde que sua utilização seja relevante ao desenvolvimento da atividade jurisdicional e à realização de princípios constitucionais do processo, como a isonomia, a segurança jurídica, a economia processual e a efetividade.

Questão incidental

Conceitos e características

A *questão incidental* é o ponto de projeção de determinado incidente, o qual torna possível a existência de um momento no processo em que se resolverá a questão, apresentando uma *pauta de conduta*.

Examinando-se algumas categorias fundamentais do processo, pode-se afirmar que o ponto é o fundamento de uma afirmação, e para que haja questão é necessária a incidência de uma dúvida sobre o fundamento daquela afirmação. Desse modo, a questão é o ponto duvidoso. Para haver questão, portanto, é preciso haver dúvida acerca de um ponto, sendo prescindível a existência de dissenso ou controvérsia entre as partes acerca do ponto.[12]

Com essas definições se considera que a *questão incidental* é o ponto (fundamento de uma afirmação) que possibilita a existência de um incidente pro-

---

12 Conferir sobre o tema: FERNANDES, Antonio Scarance. *Incidente processual*: questão incidental, procedimento incidental, 1991, p. 44.

cessual, o qual permite a resolução da dúvida surgida em um momento processual diferenciado. Nas palavras de Antonio Scarance Fernandes:

> A questão incidental é aquela que surge no processo, cai sobre ele, ocasionando alterações no caminho procedimental. Assim, é acessória em relação ao processo principal e à questão principal. Constitui ela ademais um "acidente" no percurso processual, produzindo mudanças no seu trajeto, exigindo que sejam realizados novos atos, além dos que eram previstos numa tramitação normal. [...] Portanto, para que uma questão seja incidental é preciso que ela ocasione uma alteração no desenvolvimento do processo, resulte esta no alongamento do procedimento principal ou na instauração de um procedimento colateral.[13]

No contexto do incidente de julgamento dos recursos extraordinários repetitivos, a questão incidental decorreria da identificação de uma multiplicidade de recursos veiculando a mesma questão de direito constitucionalmente qualificada, o que possibilitaria a incidência de um momento diferenciado.

Nesse momento, se verificaria a identidade dos recursos aplicando-se, se fosse o caso, o devido procedimento de resolução referente aos recursos repetitivos que veiculassem questão constitucionalmente qualificada.

Portanto, a resolução consistiria, nos casos em que é verificada a existência de idêntica controvérsia que fundamente aqueles recursos, na apresentação de uma pauta de conduta para o julgamento de recursos extraordinários repetitivos.

A partir da análise das diversas noções e definições de *questão incidental*, identificam-se dois elementos essenciais para a conceituação dessa figura jurídica: a *acessoriedade* e a *acidentalidade*.[14]

Acessoriedade

A *acessoriedade* da questão incidental consiste na dependência de um processo principal já existente. Por isso, a questão incidental "se encontra mais ou menos diretamente ligada à questão fundamental do processo já formado. Dela é dependente, pois só quando ela exista poderá também ter vida".[15] Portanto, para que a questão incidental exista é indispensável que exista a questão fundamental do processo, constituindo-se um vínculo de dependência.

O caráter acessório da questão incidental, contudo, deve ser interpretado com cautela. A acessoriedade da questão não deve expandir seus efeitos irres-

---

13 Ibidem, p. 51-2.
14 Ibidem, p. 45.
15 Ibidem.

tritamente a ponto de afetar diretamente o incidente processual. Do contrário, "extinto por qualquer motivo o processo, não [teria] sentido dar seguimento a um procedimento incidental".[16]

A questão incidental depende da questão fundamental, presente no processo principal, para que se delineie o incidente processual. Projetado o incidente, esse se processará e gerará um resultado determinado, sendo este resultado aplicável ao processo principal. No entanto, a extinção daquilo que deu origem a um acessório nem sempre acarretará seu termo. Antonio Scarance Fernandes ressalta que

> [t]udo depende da forma como for examinada e conceituada a questão incidental. Se apreciada em si mesma, sendo identificada unicamente por características próprias, que independem dos efeitos ocasionados por sua existência no movimento processual, seria possível falar em questão incidental prévia, concomitante ou posterior ao processo; a questão a ser solucionada será a mesma em qualquer um dos momentos. [...] Mas, como para a caracterização da questão incidental é vital a sua vinculação com o processo, no qual produz alterações, ela só pode ocorrer caso exista feito já instaurado.[17]

Os argumentos apresentados coadunam com o que se sustentou nas linhas acima: a questão incidental depende da existência de um feito principal que possibilite a formação do incidente. Pode ocorrer que, extinto o feito (ou o processo) que possibilitou o surgimento da questão incidental, essa também seja extinta. Mas é inadmissível a interpretação de que, sempre que ocorra a extinção do feito principal, ocorrerá também a extinção do incidente processual.

Isso se torna claro quando se analisa o *incidente de resolução de recursos extraordinários repetitivos*. Nesse caso, a questão incidental surge exatamente no momento em que se identifica uma multiplicidade de recursos fundamentados em idêntica controvérsia. Projeta-se daí o incidente processual, o qual seguirá uma pauta de conduta, fixando-se uma tese a partir do julgamento da questão afetada nos recursos paradigmas.

Portanto, nesse caso, o incidente processual não é mero acessório do feito principal (o recurso extraordinário), pois a desistência desse não afeta o curso do incidente processual. A acessoriedade da questão incidental, assim, não tem eficácia suficiente para extinguir o incidente processual referente aos recursos repetitivos. Note-se que o resultado desse incidente não afeta somente o recurso escolhido como paradigma, mas todos os demais recursos fundamentados

---

16 Ibidem, p. 47.
17 Ibidem.

em idêntica controvérsia que estão sobrestados aguardando a apresentação da *pauta de conduta*.

A acessoriedade da questão incidental até poderia ter efeitos absolutos sobre o incidente processual, mas isso ocorreria se o resultado do julgado atingisse somente um feito específico. Tratando-se de multiplicidade de recursos que dependam do resultado do incidente e havendo recursos revelando maior relevância na aplicação da técnica – como é o caso dos recursos paradigmas –, essa suposta acessoriedade não revela amplo alcance. Como já se escreveu, essa é característica da questão incidental, e não do incidente processual.

Cogita-se, ainda, se o termo acessoriedade é o mais adequado, haja vista as dúvidas que pode ocasionar, pois carrega a ideia de que o acessório sempre segue a sorte do principal, pois a esse deve servir. Sendo assim, outro termo pode ser utilizado, como *conexidade*, para evitar entendimentos inadequados. Imaginando-se a conexão entre o feito principal e o incidente processual, nada impediria que esse vínculo fosse desfeito sem acarretar efeitos colaterais ao incidente. Esse continuaria existindo, pois os efeitos dele resultantes aprimorariam o julgamento de outros feitos, inclusive aperfeiçoando o sistema e sua estrutura interpretativa dos direitos.

Importa ressaltar que a finalidade da apresentação de uma *pauta de conduta* no julgamento de recursos repetitivos é possibilitar um tratamento isonômico aos jurisdicionados e assegurar maior segurança jurídica.

Acidentabilidade

A *questão incidental* também tem como elemento essencial a *acidentabilidade*. Esta característica é a mais perceptível, pois a noção de incidente se fundamenta em haver algo que não pertença a uma via normal de acontecimentos e acometa o curso processual ocasionando uma anormalidade ou alteração.

Considerando esse elemento sob o óptica do incidente de julgamento dos recursos extraordinários repetitivos, percebe-se que a questão incidental surge no momento em que se verifica a existência de múltiplos recursos que versem idêntica questão de direito (questão constitucional qualificada). Percebida essa ocorrência e projetando-se o incidente, o curso normal do seguimento recursal é alterado, noutras palavras, ele é acometido por um incidente processual com procedimento separado. *Vide*:

> [H]á um caminho a ser percorrido até que o processo chegue a seu final. Estão previstos atos e fases necessários para que ele se desenvolva no itinerário já previsto e planejado. Há questões que devem ser resolvidas naturalmente através dos atos inseridos na cadeia procedimental. Podem, entretanto, surgir questões que

exigirão a prática de outros atos processuais fora da sequência procedimental. São questões que se caracterizam justamente pelo fato de necessitarem desses novos atos processuais para serem resolvidas, ocasionando desvios no procedimento principal, ou levando a instauração de procedimentos laterais ou até mesmo a formação de novos processos paralelos. [...] Estas questões são as questões incidentais. Com elas há, portanto, algo de diferente, estranho, que foge do essencial do processo e produz alterações procedimentais.[18]

O curso normal de análise do recurso extraordinário compreende o juízo de admissibilidade (quantos forem previstos em lei, exercido por diversos órgãos jurisdicionais) e, superado esse, o juízo de mérito (com possível exame de questões prejudiciais).

Ocorrendo o incidente, esse curso normal será alterado, pois identificam-se alguns recursos representativos da controvérsia que serão julgados pelo Supremo Tribunal Federal, permanecendo os demais recursos seriais sobrestados aguardando a pauta de conduta que será aplicada como precedente.

Apresentada essa pauta de conduta, o entendimento estabelecido deverá ser aplicado aos recursos sobrestados correlatos, observando-se, necessariamente, as situações de possíveis distinções.

A afetação do curso normal do recurso extraordinário sobrestado caracteriza, portanto, a *acidentabilidade* da *questão incidental*. Note-se que não apenas os recursos extraordinários sobrestados são afetados; outros processos – noutras fases processuais – também o podem ser, a exemplo da aplicação da tutela de evidência, do julgamento liminar de improcedência, do julgamento parcial antecipado do mérito, dos julgamentos unipessoais do relator, todos fundados em resultado final de julgamento de incidente de recursos extraordinários repetitivos.

Procedimento incidental

Conceito e características

Procedimento é a forma adotada na resolução de conflitos, como destacam Teresa Arruda Alvim e José Miguel Garcia Medina, com o escopo de realizar atos que exteriorizem os efeitos do fenômeno processual.[19]

---

18 Ibidem, p. 51.

19 Destaca-se a diferença entre processo e procedimento. Afirma-se que, "enquanto para o *processo* importa a finalidade, bem como a relação existente entre os sujeitos do processo (partes e órgão jurisdicional), ao *procedimento* liga-se a ideia de realização sucessiva de atos, que [se] manifestam como aspecto exterior ao fenômeno". MEDINA, José Mi-

1 O incidente de resolução de recursos extraordinários repetitivos e o *amicus curiae* 13

Na lição de Sérgio Shimura, Anselmo Prieto Alvarez e Nelson Finotti Silva, "o procedimento indica a forma física e estrutural lógica de concretização do ato ou providência pelo interveniente na relação jurídica processual",[20] ocorrendo, assim, o encadeamento de atos com o intuito de se direcionar o processo a seu fim.[21]

Sabe-se que o curso normal do processo é dividido por fases processuais, sendo que essas comportam determinados procedimentos. Concomitante a esses procedimentos, podem surgir *procedimentos incidentais*, dada a existência de um *incidente processual* que exija uma via estruturalmente autônoma mas funcionalmente vinculada.

Sobre o assunto, José Frederico Marques afirma que "se a questão incidental é simples e se resolve de plano, não chega a formar-se um verdadeiro procedimento dentro da relação processual", sendo que, de outra perspectiva, existem situações "em que vários são os atos para a solução do incidente, conjugando-se todos eles em razão dessa finalidade e dando origem, assim, a verdadeiro procedimento assessório",[22] denominado *procedimento incidental*.

Se a questão incidental – como aquela relacionada à multiplicidade de recursos extraordinários que discutam idêntica questão de direito – fosse algo simples de resolver, ou mesmo resolúvel de plano, não seria indicado um momento diferenciado para isso.

Identificando esse complexo problema no âmbito do Poder Judiciário, que especificamente afeta os jurisdicionados e o Supremo Tribunal Federal, o legislador apresenta uma disciplina diferenciada para a resolução dessa questão.

Autonomia estrutural

A *autonomia estrutural* é a razão de existir do procedimento incidental. Como anteriormente exposto, alguns incidentes processuais podem ser delineados dentro do mesmo procedimento em que se detectou a questão incidental. Outros, contudo, exigem um procedimento autônomo, com estrutura própria, seja por sua complexidade, seja por mero interesse do legislador. Segundo Antonio Scarance Fernandes,

> [f]undamental para a existência do procedimento incidental é que ele seja autônomo em relação ao procedimento principal, caracterizando-se também ele como

---

guel Garcia; WAMBIER, Teresa Arruda Alvim. *Processo civil moderno*: parte geral do processo do conhecimento, 2009, p. 52.

20 SHIMURA, Sérgio; ALVAREZ, Anselmo Prieto; SILVA, Nelson Finotti. *Curso de direito processual civil*, 2013, p. 93.

21 Ibidem, p. 94.

22 MARQUES, José Frederico. *Instituições de direito processual*, 1972, v. III, p. 31.

uma *fattispecie* complexa, formada de uma série de atos, ligados em face do efeito a ser obtido com o último ato da sequência. [...] É o legislador que, em face do interesse na existência da decisão separada a respeito de determinadas questões, determinará ou possibilitará que haja instauração de procedimento separado.[23]

Além desses aspectos, é nítida a diferença entre a fase processual e o incidente processual, assim como os respectivos procedimentos a serem adotados em cada um deles. O vocábulo fase diz respeito a uma parte integrante de determinado procedimento, relacionando-se com o todo e, por isso, sempre existindo, pois é momento obrigatório para o desenvolvimento do procedimento. A *fase processual* é momento de existência obrigatória no método institucional de solução de conflitos, compondo o desenvolvimento do processo até seu resultado final. O procedimento é o meio adotado no método para exteriorizar os efeitos decorrentes dos fenômenos processuais. Afirma-se, por isso, que o procedimento incidental detém autonomia estrutural, pois a forma de exteriorização dos efeitos do incidente processual é diferente e separada daquela do procedimento principal.

Observe-se, por exemplo, o incidente de resolução de recursos extraordinários repetitivos. Tendo em vista sua complexidade e as peculiaridades dos recursos que envolve (diferentes órgãos jurisdicionais, diferentes momentos processuais, diferentes situações de fato delineadas no pronunciamento jurisdicional etc.), ele exige uma estrutura diferenciada e separada do procedimento principal. Acertada foi a escolha do legislador em instrumentalizar esse incidente com um procedimento autônomo.

Vinculação funcional

A autonomia do procedimento incidental restringe-se a sua estrutura, uma vez que sua funcionalidade (resultado obtido ao final) se vincula ao efeito existente no processo principal. Como sugere Antonio Scarance Fernandes, "a vinculação funcional do procedimento incidental ao procedimento principal decorre da própria circunstância de ele surgir no desenvolvimento do processo e dele depender".[24] Resgatando a tentativa de alguns estudiosos de especificar como se apresenta essa vinculação, Antonio Scarance Fernandes expõe seus respectivos posicionamentos. *Vide*:

---

23 FERNANDES, Antonio Scarance. *Incidente processual*: questão incidental, procedimento incidental, 1991, p. 88.
24 Ibidem, p. 90.

1 O incidente de resolução de recursos extraordinários repetitivos e o *amicus curiae* 15

Sabatini ressalta a ligação do procedimento incidental ao processo, especificando os seguintes itens que identificariam essa ligação: a) no seu pressuposto, que é constituído por situação jurídica própria de uma relação processual em ato ou exaurida; b) na causa, enquanto o interesse que desenvolve é um interesse que dá relevo à atuação da relação processual; c) no seu escopo, porque o desenvolvimento autônomo de situações jurídicas próprias da relação processual principal concorre à consolidação dessa última; d) na destinação, porque exaurido no seu desenvolvimento, o procedimento incidental é absorvido no processo principal, como uma fase dele. [...] De forma mais sintética, Gianzi mostra que há uma dúplice ligação entre o procedimento incidental e o principal: a) a questão que é objeto do procedimento incidental nasce no âmbito do procedimento principal; b) o resultado final do procedimento incidental, podendo ter em si autônomo significado jurídico, se põe como momento do processo pois representa a consolidação de uma determinada situação que no processo estende seus efeitos.[25]

Apreende-se que os itens que identificam a vinculação funcional apontada por Sabatini e Gianzi estão corretos, guardadas as peculiaridades de cada posicionamento. Contrariamente, reputa-se equivocado o entendimento exposto por Antonio Scarance Fernandes quanto ao suposto vínculo funcional do procedimento incidental, pois ele afirma que a ligação existente é decorrente tanto da circunstância de surgimento a partir do procedimento principal quanto da dependência a esse. Entende-se, com o devido acatamento, porém que Fernandes se equivoca nesse aspecto, assim como ao identificar a dependência da questão incidental à acessoriedade.

Existem procedimentos incidentais nos quais sua dependência frente ao procedimento principal se resume à necessidade de um para o surgimento do outro, tornando-se, em seguida, absolutamente autônomo. O incidente de resolução de recursos extraordinários repetitivos retrata adequadamente esta circunstância, pois o que se pretende finalisticamente é a apresentação de uma pauta de conduta para o julgamento dos demais recursos repetitivos. Sua função é, portanto, julgar a *questão afetada* nesses recursos. Se a compreensão fosse diversa, no sentido da indissolúvel vinculação funcional, sempre que o recorrente que teve seu recurso selecionado como *paradigma* desistisse do direito de recorrer, a técnica incidental estaria prejudicada. Ao contrário, sabe-se que, havendo a desistência do recurso paradigma pelo recorrente, sobrevive a tese, que será examinada para a formulação da pauta de conduta que deverá ser observada no julgamento dos demais recursos repetitivos sobrestados. Assim, a vincula-

---

25 Ibidem, p. 90-1.

ção funcional, como compreende Antonio Scarance Fernandes, não pode ser adotada como característica do procedimento incidental.

Apresentadas essas considerações sobre incidente processual, convém refletir sobre o incidente de resolução de recursos extraordinários repetitivos a partir de uma abordagem técnica mais exata.

JULGAMENTO DE RECURSOS EXTRAORDINÁRIOS REPETITIVOS: UM INCIDENTE PROCESSUAL

O incidente de resolução de recursos extraordinários repetitivos confere tratamento adequado a uma multiplicidade de recursos que sejam fundamentados em idêntica questão de direito.

A via recursal normal exige o julgamento individualizado de cada um desses recursos. No caso dos incidentes de resolução de recursos extraordinários repetitivos também ocorre o julgamento de cada um dos recursos, mas a partir de uma mesma pauta de conduta apresentada como resultado final.

Trata-se, de acordo com Bruno Dantas, de *tutela plurindividual*, por apresentar-se "como a atividade estatal voltada à justa composição das lides concernentes a direitos individuais homogêneos", sendo que essas se multiplicam em diversos processos judiciais nos quais exista controvérsia sobre idênticas questões de direito, "de modo a, por um lado, racionalizar e atribuir eficiência ao funcionamento do Poder Judiciário e, por outro, assegurar a igualdade e a razoável duração do processo".[26]

Com o incidente de resolução de recursos extraordinários repetitivos, autoriza-se a existência de outra via no âmbito recursal, um *momento processual* no qual essa multiplicidade de recursos repetitivos possa receber uma decisão de caráter paradigmático.

Portanto, o incidente de resolução de recursos extraordinários repetitivos tem como objetivo apresentar uma pauta de conduta para julgamento daqueles recursos seriais fundamentados em idêntica questão de direito.

Destaque-se que a aplicação da pauta de conduta estabelecida não se limita aos recursos sobrestados, pois ela pode ser utilizada para a solução de outros casos que também se ocupem daquela questão de direito resolvida.

Isso é o que ressalta Bruno Dantas ao identificar a existência de consequências práticas que potencializam o resultado dos julgamentos dos "casos repetitivos", destacando

---

26 DANTAS, Bruno. "Jurisdição coletiva, ideologia coletivizante e direitos fundamentais". *Revista de Processo*, v. 251, 2016, p. 353.

1 O incidente de resolução de recursos extraordinários repetitivos e o *amicus curiae* 17

- a possibilidade de concessão da tutela da evidência quando a tese jurídica invocada pelo autor já tiver sido decidida em sede de casos repetitivos;[27]
- a possibilidade de rejeição liminar do pedido quando este for contrário ao que já tiver sido decidido em sede de casos repetitivos;[28]
- o não cabimento da remessa *ex officio* quando a sentença estiver em consonância com o julgamento adotado em casos repetitivos;[29]
- a dispensa da caução na execução provisória quando a sentença exequenda estiver em consonância com tese jurídica fixada em sede de casos repetitivos;[30]
- a realização de audiências públicas, a possibilidade de modulação dos efeitos e necessidade de fundamentação adequada e específica, na hipótese de alteração de entendimento jurisprudencial fixado em casos repetitivos;[31]
- concessão de poderes ao Relator para negar monocraticamente seguimento a recursos fundados em tese jurídica contrária ao que foi decidido pelo

---

27 "Art. 311. A tutela da evidência será concedida, independentemente da demonstração de perigo de dano ou de risco ao resultado útil do processo, quando: [...] II – as alegações de fato puderem ser comprovadas apenas documentalmente e houver tese firmada em julgamento de casos repetitivos ou em súmula vinculante; [...]."

28 "Art. 332. Nas causas que dispensem a fase instrutória, o juiz, independentemente da citação do réu, julgará liminarmente improcedente o pedido que contrariar: [...] II – acórdão proferido pelo Supremo Tribunal Federal ou pelo Superior Tribunal de Justiça em julgamento de recursos repetitivos; III – entendimento firmado em incidente de resolução de demandas repetitivas ou de assunção de competência."

29 "Art. 496. Está sujeita ao duplo grau de jurisdição, não produzindo efeito senão depois de confirmada pelo tribunal, a sentença: [...] § 4º Também não se aplica o disposto neste artigo quando a sentença estiver fundada em: [...] II – acórdão proferido pelo Supremo Tribunal Federal ou pelo Superior Tribunal de Justiça em julgamento de recursos repetitivos; III – entendimento firmado em incidente de resolução de demandas repetitivas ou de assunção de competência."

30 "Art. 521. A caução prevista no inciso IV do art. 520 poderá ser dispensada nos casos em que: [...] IV – a sentença a ser provisoriamente cumprida estiver em consonância com súmula da jurisprudência do Supremo Tribunal Federal ou do Superior Tribunal de Justiça ou em conformidade com acórdão proferido no julgamento de casos repetitivos."

31 "Art. 927. Os juízes e os tribunais observarão: [...] § 2º A alteração de tese jurídica adotada em enunciado de súmula ou em julgamento de casos repetitivos poderá ser precedida de audiências públicas e da participação de pessoas, órgãos ou entidades que possam contribuir para a rediscussão da tese. § 3º Na hipótese de alteração de jurisprudência dominante do Supremo Tribunal Federal e dos tribunais superiores ou daquela oriunda de julgamento de casos repetitivos, pode haver modulação dos efeitos da alteração no interesse social e no da segurança jurídica. § 4º A modificação de enunciado de súmula, de jurisprudência pacificada ou de tese adotada em julgamento de casos repetitivos observará a necessidade de fundamentação adequada e específica, considerando os princípios da segurança jurídica, da proteção da confiança e da isonomia."

STF ou STJ em sede de casos repetitivos[32] ou para dar monocraticamente provimento, na hipótese contrária.[33,34]

Analisando o incidente de resolução de demandas repetitivas, Aluísio Gonçalves de Castro Mendes e Sofia Temer apresentam aspectos relevantes a serem adotados,[35] analogicamente, para o incidente de resolução de recursos extraordinários repetitivos – afinal, o CPC/2015 identifica tanto um como outro como "julgamento de casos repetitivos".

Inicialmente, como explicado, a não adoção do vocábulo "incidente" não descaracteriza a situação.

A razão para a segmentação do procedimento normal dos recursos extraordinários é ensejar um *ambiente diferenciado de discussão, afetação e resolução da questão jurídica*, de natureza objetiva (ou mesmo abstrata), para que, em seguida, se empregue a pauta de conduta resultante do pronunciamento jurisdicional formalizado no incidente a outros recursos (ou processos) no quais seja suscitada idêntica questão de direito.

---

32 "Art. 932. Incumbe ao relator: [...] IV – negar provimento a recurso que for contrário a: [...] *b)* acórdão proferido pelo Supremo Tribunal Federal ou pelo Superior Tribunal de Justiça em julgamento de recursos repetitivos; *c)* entendimento firmado em incidente de resolução de demandas repetitivas ou de assunção de competência."

33 "V – depois de facultada a apresentação de contrarrazões, dar provimento ao recurso se a decisão recorrida for contrária a: [...] *b)* acórdão proferido pelo Supremo Tribunal Federal ou pelo Superior Tribunal de Justiça em julgamento de recursos repetitivos; *c)* entendimento firmado em incidente de resolução de demandas repetitivas ou de assunção de competência."

34 DANTAS, Bruno. "Jurisdição coletiva, ideologia coletivizante e direitos fundamentais". *Revista de Processo*, v. 251, 2016, p. 356-7.

35 "Essa natureza do incidente – que por nós é adotada – pode ser extraída a partir de alguns elementos, alguns literais e outros contextuais, que serão adiante pontuados: a) A própria nomenclatura adotada, 'incidente', permite concluir que não se trata de julgamento da demanda (ou pretensão) propriamente dita, porque razão não haveria para a segmentação em um procedimento incidental neste caso. Cria-se, como dito, um espaço coletivo de resolução da questão controvertida, de natureza abstrata ou objetiva, para que haja, em seguida, a aplicação da tese ao julgamento do caso; b) A possibilidade limitada de definição das questões jurídicas homogêneas controvertidas confirma este caráter, já que a análise dos fatos e das questões jurídicas heterogêneas, e por consequência, da completa pretensão do(s) autor(es) do(s) processo(s) de onde se originar o incidente, não é possível no âmbito do incidente; c) A cisão cognitiva e o julgamento abstrato evidenciam-se, ademais, pela autonomia do procedimento incidental em caso de desistência ou abandono da causa" (MENDES, Aluisio Gonçalves de Castro; TEMER, Sofia. "O incidente de resolução de demandas repetitivas do novo Código de Processo Civil". In: DIDIER JR., Fredie; MACÊDO, Lucas Buril de; PEIXOTO, Ravi et al. (coords.). *Novo CPC doutrina selecionada*: processos nos tribunais e meios de impugnação às decisões judiciais, 2015, v. 6, p. 231.

1 O incidente de resolução de recursos extraordinários repetitivos e o *amicus curiae* **19**

Tal momento processual é decorrente do surgimento de uma questão incidental, caracterizada pela acidentabilidade e acessoriedade, pois a multiplicidade de recursos extraordinários fundamentados em idêntica questão de direito exige atenção e tratamento processual diferenciados.

Existe, no entanto, uma limitação às questões jurídicas controvertidas que podem ser objeto do incidente de resolução de recursos extraordinários repetitivos, tendo em vista a objetivação do incidente processual e do próprio recurso extraordinário.

A *vinculatividade* e a *autonomia estrutural* do procedimento incidental transparecem na diferenciação dos julgamentos dos recursos extraordinários e dos incidentes, *vide* a disposição expressa sobre a desistência, a afetação da questão a ser decidida ou o abandono do recurso paradigma.

O próprio *ambiente de debate* no âmbito do incidente de resolução de recursos extraordinários repetitivos diferencia os aspectos procedimentais existentes no recurso extraordinário e no incidente processual em questão.

O aperfeiçoamento do resultado final do processo ocorre com a apresentação de uma mesma pauta de conduta para recursos que discutam idêntica questão de direito, em contraditório substancial, mediante convocação de audiência pública, que conferirá à decisão formalizada aprimoramento qualitativo e maior grau de legitimidade e aceitabilidade social e institucional.

O *AMICUS CURIAE* NO INCIDENTE DE RECURSOS EXTRAORDINÁRIOS REPETITIVOS

A Constituição Federal de 1988 é o resultado de um processo bem-sucedido de transição e transformação política movido por uma genuína mobilização popular. Sua aprovação representou verdadeiro marco inicial de redemocratização do país e sua promulgação, o ato fundador de uma genuína democracia constitucional. Com institutos e mecanismos que aprimoraram e consolidaram a separação de poderes, o Estado de Direito, a democracia e os direitos fundamentais, a Constituição Federal também se preocupou com a democratização da jurisdição constitucional, ao estender a legitimidade para a propositura das ações diretas de constitucionalidade perante o Supremo Tribunal Federal a autoridades e órgãos de representação não incluídos pelas constituições anteriores.

Como se sabe, a atual Constituição brasileira manteve o modelo misto de controle judicial de constitucionalidade, previsto desde a Emenda Constitucional n. 16 de 1965 à Constituição Federal de 1946. Trata-se de um sistema híbrido ou misto, que aproveita o que há de melhor nos modelos norte-americano e europeu, já que a fiscalização da constitucionalidade dos atos emanados dos poderes públicos pode ser realizada por qualquer juiz ou órgão do Poder Judiciário, e a decisão deles emanada pode ensejar efeitos de natureza tanto individual quanto geral (para todos).[36] A possibilidade de se atribuir efeito *erga omnes* a decisões de inconstitucionalidade proferidas por juízes de diversas instâncias é uma novidade importante, já que, desde a adoção do modelo misto de constitucionalidade em nosso país, as decisões de inconstitucionalidade, ainda que proferidas pelo Supremo Tribunal Federal, produziam apenas efeitos *inter partes*. Como é de se notar, o atual sistema misto no Brasil permite tanto a democratização da jurisdição constitucional, já que autoriza a arguição de inconstitucionalidade em qualquer feito, quanto sua celeridade e eficiência, posto que, agora, uma única decisão do Supremo Tribunal Federal produz efeitos vinculantes em relação aos demais órgãos do Poder Judiciário. Em consonância com a Constituição Federal de 1988 – e com importantes legislações aprovadas ao longo das últimas décadas –, o controle judicial abstrato de normas perante o Supremo Tribunal Federal, hoje, incide sobre lei ou ato normativo federal, estadual ou municipal, inclusive anteriores à Constituição, a depender da ação utilizada – se ADIn, ADC, ADO ou ADPF. Esse processo de fiscalização abstrata de constitucionalidade é marcadamente objetivo, não comportando partes, litisconsórcio ou assistência, em atenção ao princípio da acessibilidade limitada, embora tal afirmação não seja isenta de críticas. Além disso, dado que o objetivo desse processo é a proteção da ordem constitucional, não se permite que o autor desista da ação. Diferentemente do controle incidental, no qual a discussão sobre a inconstitucionalidade figura como questão prejudicial,[37] no controle por ação direta, o juízo de inconstitucionalidade é o próprio objeto da ação, sendo, portanto, a questão principal a ser enfrentada. Nesse caso, o tribunal deve manifestar-se diretamente sobre a constitucionalidade da lei ou do ato normativo questionado. Sua função, diz a doutrina majoritária, é atuar como legislador negativo, retirando do ordenamento a norma que contraria a Constituição. Com efeito, o controle por via de ação direta e abstrata não admite fase probatória, tendo em vista que a discussão envolve questões estritamente de Direito.

Apesar de inúmeras inovações constitucionais que, sem dúvida, ampliaram o acesso ao Supremo Tribunal Federal e expandiram sua jurisdição, tal

---

36 Sobre o tema conferir, entre outros: ABBOUD, Georges. *Processo constitucional brasileiro*, 2016; MENDES, Gilmar Ferreira. *Direitos fundamentais e controle de constitucionalidade*, 2014; MENDES, Gilmar Ferreira. *Jurisdição constitucional*, 2014.

37 FERNANDES, Antonio Scarance. *Prejudicialidade*, 1988.

1 O incidente de resolução de recursos extraordinários repetitivos e o *amicus curiae* 21

como ocorreu em outros tantos países,[38] o controle abstrato de constituciona-lidade ainda não se mostrava tão democrático quanto se desejava. Com a edição das Leis ns. 9.868/99[39] e 9.882/99,[40] foram inseridos alguns institutos antes estranhos à jurisdição constitucional brasileira. Entre eles, têm inegável destaque o *amicus curiae* e a audiência pública para a manifestação de *experts* sobre temas técnicos de distintas áreas do conhecimento. Ambos os institutos têm o objetivo de conferir maior legitimidade democrática e técnica às decisões proferidas pela Suprema Corte. Além de ampliarem sua legitimidade democrática, tanto o *amicus curiae* como as audiências públicas elevam a capacidade institucional[41] de decisão da Corte e reduzem a chamada dificuldade contramajoritária.[42]

Não é incomum a afirmação de que o *amicus curiae* tem no direito romano sua origem mais remota. Segundo Giovanni Criscuoli, os magistrados romanos, desde o período arcaico, podiam admitir a integração de terceiros aos processos, sempre que julgassem insuficientes os elementos disponíveis para decidirem as lides. Perpetuado e desenvolvido no direito inglês, o instituto processual foi adotado por outros países, em especial pelos Estados Unidos, onde se notabilizou por sua valiosa contribuição em casos de grande relevância.[43] Atualmente, a função do *amicus curiae* no direito inglês se restringe aos casos em que o *attorney general* – figura semelhante ao procurador-geral da república e ao advogado-geral da União – atua em juízo em prol de interesses públicos ou, ainda, na prestação de esclarecimentos aos juízes sobre alguma questão de fato ou de direito.[44]

No direito italiano, conforme salienta Elisabetta Silvestri, a aplicação do instituto tem descortinado novas possibilidades dentro do ordenamento e supe-

---

38 GINSBURG, Tom. *Judicial Review in New Democracies*: Constitutional Courts in Asian Cases, 2003. HIRSCHL, Ran. *Toward juristocracy*: The origins and consequences of the new constitutionalism, 1999.

39 Conferir: MENDES, Gilmar Ferreira. *Controle abstrato de constitucionalidade*: ADI, ADC e ADO, 2014; BARROSO, Luís Roberto. *O controle de constitucionalidade no direito brasileiro*, 2016.

40 Conferir: MENDES, Gilmar Ferreira. *Arguição de descumprimento de preceito fundamental*, 2011.

41 SUNSTEIN, Cass; VERMEULE, Adrian. "Interpretation and institutions". *Michigan Law Review*, v. 101, n. 4, 2003.

42 BICKEL, Alexander M. *The least dangerous branch*: The Supreme Court at the bar of politics, 1986.

43 CRISCUOLI, Giovanni. *Rivista Trimestrale di Diritto e Procedura Civile*, Ano XXVII, n. 1, março de 1973, p. 11-21.

44 SHELTON, Dinah. "The participation of nongovernmental organizations in international judicial proceedings". *The American Journal of International Law*, 1994, v. 4, p. 616-38.

22 Cinco anos do CPC: questões polêmicas

rado o entendimento precedente da Corte Constitucional do país de contraditório fechado, prezando pela autossuficiência das partes no processo. Progressivamente, então, o que se tem visto é a admissão de *amici curiae* em sede de controle de constitucionalidade com amparo em artigos do Código de Processo Civil Italiano.[45] Nos Estados Unidos, durante o século XX, passou-se a admitir a intervenção de amigos da corte particulares para a tutela de interesses privados. Em casos de interesse público, privilegiou-se, de igual maneira, a admissão da figura do *attorney general*.[46]

No Brasil, o instituto do *amicus curiae* permite que entidades representativas e pessoas naturais possam levar novos argumentos para o debate a ser travado na corte.[47] Mesmo não consistindo sua participação, em princípio, em assunção de posição a favor ou contra a tese levantada pelo legitimado que provoca a jurisdição constitucional (concreta ou abstrata), é inegável que o instituto pode exercer a importante função de auxiliar o tribunal, fornecendo a ele conhecimentos técnicos e teóricos, bem como dados empíricos e estatísticos aos quais, de outra forma, não se teria acesso. Obviamente, além de auxiliar a tomar decisões mais qualificadas, a importante participação do *amicus curiae* na jurisdição constitucional também pode ajudar a tomar decisões com menor impacto negativo na sociedade.

Nos termos do art. 138, cabeça, do CPC, compete ao relator, considerando a relevância da matéria, a especificidade do tema objeto da demanda e a repercussão social da controvérsia, por meio de decisão irrecorrível, ofício ou requerimento das partes, solicitar ou admitir pedidos de intervenção de interessados na condição de *amicus curiae*. É importante ressaltar que a acolhida ou não do requerimento de intervenção é uma forma de exercício dos poderes do relator e, como tal, consiste em uma discricionariedade sua. Assim, pautado pelos critérios legais e jurisprudenciais, ele observará, ainda, a capacidade de con-

---

45 SILVESTRI, Elisabetta. "L'amicus curiae: uno strumento per la tutela degli interessi non rappresentati". *Rivista Trimestrale di Diritto e Procedura Civile*, ano LI, n. 3, p. 694-7, setembro de 1997.

46 KRISLOV, Samuel. "The amicus curiae brief: from friendship to advocacy". *Yale Law Journal*. 1963, v. 72, p. 700-5.

47 Conferir, entre outros, a respeito da performance do *amicus curiae* no Supremo Tribunal Federal: MEDINA, Damares. *Amicus curiae*: amigo da Corte ou amigo da parte?, 2010. Para um exame panorâmico da atuação do *amicus curiae* no processo civil brasileiro, conferir: BUENO, Cassio Scarpinella. "*Amicus curiae* e a evolução do direito processual civil brasileiro". In: MENDES, Aluisio Gonçalves de Castro; WAMBIER, Teresa Arruda Alvim (orgs.). *O processo em perspectiva*, 2013, p. 105-29; MOREIRA, Felipe Augusto de Toledo. "*Amicus curiae*". In: WAMBIER, Luiz Rodrigues; WAMBIER, Teresa Arruda Alvim (coords.). *Temas essenciais do novo CPC*, 2016, p. 135-8.

1 O incidente de resolução de recursos extraordinários repetitivos e o *amicus curiae* 23

tribuição do interessado e a conveniência de sua atuação. Isso porque admissão do *amicus curiae* possui caráter excepcional, pressupondo a demonstração da adequada pertinência temática e a imprescindível apresentação de informações, documentos ou quaisquer elementos importantes para o julgamento da ação.

É importante destacar que a participação de *amicus curiae* em processos subjetivos possui idêntica natureza da habilitação nos processos de jurisdição abstrata ou nos incidentes de resolução de recursos extraordinários repetitivos, qual seja, eminentemente instrutória, a fim de introduzir elementos que possam subsidiar um debate mais completo e adequado da matéria pelo Supremo Tribunal Federal.

É intuitivo que essa figura processual se reveste de altíssima relevância para uma jurisdição constitucional democrática. Como, com inteira razão, já observou o Ministro Celso de Mello,

> [...] a intervenção do *amicus curiae*, para legitimar-se, **deve** apoiar-se em razões **que tornem desejável e útil** a sua atuação processual na causa, **em ordem** a proporcionar meios que viabilizem uma adequada resolução do litígio constitucional. [...]
>
> A base normativa **legitimadora** da intervenção processual do *amicus curiae* tem por objetivo essencial **pluralizar** o debate constitucional, **permitindo** que o Supremo Tribunal Federal **venha** a dispor de **todos** os elementos informativos possíveis e necessários à resolução da controvérsia, **visando-se**, ainda, com tal abertura procedimental, **superar** a grave questão **pertinente à legitimidade democrática** das decisões emanadas desta Corte [...] (ADIn n. 2.321/DF-MC, Tribunal Pleno, rel. Min. Celso de Mello, *DJ* de 10.06.2005, grifos do autor).

Essa visão é predominante não apenas nesta Corte, mas também na doutrina nacional. Por exemplo, Luiz Rodrigues Wambier considera que

> [...] [a] condição primordial subjetiva para a admissão do ingresso do terceiro nessa modalidade é o que a lei denomina representatividade adequada. Tal condição **é verificada por meio da** análise do histórico e das qualidades do terceiro (bem como dos que atuam em seu nome): a *formação acadêmica*, a *produção científica* e a *atuação na área relacionada ao objeto da demanda*.
>
> [...] Isso não significa que o *amicus curiae* não possa ter interesse no resultado do julgamento, na interpretação de determinada norma jurídica, na fixação de determinada tese de direito federal ou constitucional, e que por esse resultado não possa ser afetado, mas que o foco de sua admissão no feito não é esse interesse,

mas a sua aptidão em contribuir, trazendo elementos que auxiliem o órgão jurisdicional a decidir [...].[48]

No mesmo sentido, Cassio Scarpinella Bueno afirma que

[o] *amicus curiae* não intervém em processo alheio para tutelar direito próprio ou interesse jurídico seu, assim entendidas essas expressões em um contexto individualista e subjetivado. O seu direito ou o seu interesse jurídico vai além de sua pessoa e espraia-se em grupos sociais ou em interesses mais amplos, sociais, públicos, que são meramente canalizados na sua existência, de forma mais ou menos organizada. O interesse que motiva sua intervenção é, por isso mesmo, institucional.[49]

Por seu turno, o que se reputa semelhante em todos os três casos é a necessidade de justificação da atuação e a exigência de que os *amici curiae* tragam ao conhecimento do tribunal novas considerações e questões insuficientemente discutidas pelas partes.

É louvável o diálogo entre o Poder Judiciário e a sociedade e extremamente desejado o resultado dessa interação, na medida em que ela permite a produção de uma decisão mais afinada com a realidade social, democratizando, assim, a jurisdição constitucional, reduzindo sua atuação contramajoritária e aumentando sua capacidade institucional. Desse modo, a participação dos mais diversos *amici curiae,* além de positiva, é extremamente proveitosa, e isso não apenas por funcionar, consoante já ressaltado, como fator de legitimação das decisões, mas também por permitir que sejam tecnicamente mais embasadas as decisões deste Tribunal, o qual vem, paulatinamente, reconhecendo tanto a necessidade quanto o caráter agregador dessa intervenção.[50]

Não há dúvida, portanto, de que a participação de diferentes grupos em processos judiciais de grande significado para toda a sociedade cumpre uma função de integração extremamente relevante no Estado Democrático de Direito.

A propósito, Peter Häberle defende a necessidade de que os instrumentos de informação dos juízes constitucionais sejam ampliados, especialmente no que se refere às audiências públicas e às intervenções de eventuais interessados, as-

---

48 WAMBIER, Luiz Rodrigues. "Intervenção de amicus curiae no Processo Civil Brasileiro". *Boletim da Faculdade de Direito*, Coimbra, v. XCIV, tomo II, 2018, p. 1.427-9.

49 BUENO, Cassio Scarpinella. Amicus curiae *no processo civil*, 2012, p. 503.

50 ARE n. 95.962/RS, rel. Min. Edson Fachin, *DJe* 13.09.2016.

1 O incidente de resolução de recursos extraordinários repetitivos e o *amicus curiae* 25

segurando-se novas formas de participação das potências públicas pluralistas na qualidade de intérpretes em sentido amplo da Constituição.[51]

No exame sobre a admissibilidade do terceiro, faz-se imprescindível levar em consideração, nos incidentes de resolução de recursos extraordinários com repercussão geral reconhecida, o equilíbrio e a isonomia entre aqueles que, na qualidade de *amicus curiae,* apresentam argumentos opostos e favoráveis a respeito da tese sustentada perante a Suprema Corte.

Ressalte-se que o requisito da representatividade adequada exige do requerente, além da capacidade de representação de um conjunto de pessoas, uma preocupação institucional e a capacidade de efetivamente contribuir para o debate em torno da questão que será objeto da tese a ser fixado pelo Supremo Tribunal Federal. No mais, havendo concorrência entre pedidos de ingresso oriundos de instituições com deveres, interesses e poderes de representação total ou parcialmente coincidentes, por razões de racionalidade e economia processual, defere-se o ingresso do postulante dotado de representatividade mais ampla.

Mesmo diante de julgamento de temas relevantes veiculados em incidentes de resolução de recursos extraordinários repetitivos, a admissão desenfreada e pouco criteriosa de qualquer um que deseje se tornar *amicus curiae* – sobretudo quando postulam a palavra entidades dotadas de propósitos e argumentos bastante assemelhados e que se superpõem – constitui, na realidade, algo deletério e absolutamente indesejado, visto que ocasiona tumulto, dilação indevida do processo e fragmentação argumentativa das sustentações orais, sem se traduzir, necessariamente, em efetiva democratização do processo.

A intervenção do *amicus curiae,* para legitimar-se, deve apoiar-se em razões que tornem desejável e útil sua atuação processual na causa, mediante a apresentação de argumentos fortes e diversos dos alinhavados pelas partes, em ordem a proporcionar meios que viabilizem uma adequada resolução do litígio constitucional.

Registre-se, por fim, que, sem a comprovação de contribuição relevante e efetiva por parte do terceiro, no sentido de dispor de elementos informativos necessários à ideal resolução da matéria de fundo da controvérsia, a intervenção do *amicus curiae* representa risco à célere resolução das controvérsias trazidas ao Supremo.

---

51 HÄBERLE, Peter. *Hermenêutica constitucional. A sociedade aberta dos intérpretes da Constituição*: contribuição para a interpretação pluralista e procedimental da Constituição, 1997, p. 47-8.

CONSIDERAÇÕES FINAIS

O Supremo Tribunal Federal passou a aplicar o incidente de resolução de recursos extraordinários repetitivos (e seus respectivos agravos) para lidar com o número expressivo dessa classe processual que diariamente aporta no tribunal (*vide* nova redação do art. 328 do RISTF, a partir da Emenda Regimental n. 21/2007).

Nota-se que a técnica processual forjada no regimento interno do Supremo Tribunal Federal não se limita às providências de exame da existência da questão constitucional qualificada. Trata-se, em verdade, de incidente de resolução de recursos extraordinários repetitivos instaurado no âmbito da Corte.

O Código de Processo Civil de 2015 consagrou, de modo inequívoco, o instituto como um incidente de resolução de recursos extraordinários múltiplos, regulando-o conjuntamente com o incidente de resolução de recursos especiais repetitivos, dispondo, ao longo de seu regramento, orientações consagradas na jurisprudência do Supremo Tribunal Federal a respeito da matéria.

Observa-se que, indisfarçavelmente, o incidente de resolução de recursos extraordinários repetitivos revela-se como um dos institutos processuais concebidos para dimensionar a litigiosidade repetitiva, conter a dispersão jurisprudencial e, sobretudo, ao viabilizar a formação de precedentes, assegurar as garantias fundamentais de isonomia processual e segurança jurídica.

O *amicus curiae* permite que entidades representativas possam deduzir argumentos inovadores para o enriquecimento da discussão sobre a matéria constitucional veiculada no incidente de resolução de recursos extraordinários repetitivos. Mesmo não consistindo sua participação em assunção de posição a favor ou contra a tese levantada pelo legitimado, deve-se reconhecer que seu ingresso na relação processual, quando observados o equilíbrio entre os terceiros e a efetiva contribuição, pode exercer a importante função de auxiliar o tribunal na compreensão da matéria, a partir da exposição de subsídios não apresentados pelas partes.

Assim como as audiências públicas, a admissão de *amicus curiae* tem, entre outros propósitos, a virtude de ampliar a legitimidade democrática das decisões do Supremo Tribunal Federal nos incidentes de resolução de recursos extraordinários repetitivos.

Conclui-se, assim, que o incidente de resolução dos recursos extraordinários repetitivos é um instituto integrante do microrregime processual de demandas repetitivas que tem por propósito a realização da isonomia e a concretização da segurança jurídica mediante a formação qualificada de pautas de condutas em que a participação de *amicus curiae* confere ao julgado maior re-

1 O incidente de resolução de recursos extraordinários repetitivos e o *amicus curiae* 27

presentatividade democrática, mitigando as dificuldades contramajoritárias comuns à fiscalização da constitucionalidade.

REFERÊNCIAS BIBLIOGRÁFICAS

ABBOUD, Georges. *Processo constitucional brasileiro*. São Paulo, Revista dos Tribunais, 2016.

ALVIM, Arruda. *Novo contencioso cível no CPC/2015*. São Paulo, Revista dos Tribunais, 2016.

BARROSO, Luís Roberto. *O controle de constitucionalidade no direito brasileiro*. 7.ed. São Paulo, Saraiva, 2016.

BICKEL, Alexander M. *The least dangerous branch*: The Supreme Court at the bar of politics. 2.ed. New Haven, Yale University Press, 1986.

BUENO, Cassio Scarpinella. *"Amicus curiae* e a evolução do direito processual civil brasileiro"*. In: MENDES, Aluisio Gonçalves de Castro; WAMBIER, Teresa Arruda Alvim (orgs.). *O processo em perspectiva*. São Paulo, Revista dos Tribunais, 2013.

_____. *Novo Código de Processo Civil*. 2.ed. São Paulo, Saraiva, 2016.

_____. *Manual de Direito Processual Civil*. São Paulo, Saraiva, 2015.

_____. *"Amicus curiae* e audiências públicas na jurisdição constitucional – reflexões de um processualista civil"*. Revista Brasileira de Estudos Constitucionais – RBEC*. Belo Horizonte, ano 16, n. 24, out./dez. 2012 (versão digital).

_____. "O modelo constitucional do direito processual civil: um paradigma necessário de estudo do direito processual civil e algumas de suas aplicações". *Revista de Processo*. São Paulo, Revista dos Tribunais, v. 161, jul. 2008.

CARNELUTTI, Francesco. *Sistema del diritto processuale civile*. Padova, Casa Editrice Dott. Antonio Milani, 1939. v. 3.

CARVALHO, Fabiano. *Poderes do relator* – art. 557 do CPC. São Paulo, Saraiva, 2008.

CRISCUOLI, Giovanni. *Rivista Trimestrale di Diritto e Procedura Civile*, Ano XXVII, n. 1, março de 1973, p. 11-21.

DAHDAL, Andrew. "The admissibility of expert opinion economic evidence in judicial review". *Macquarie Journal of Business Law*, 2006. v. 3, p. 63-78.

DANTAS, Bruno. "Jurisdição coletiva, ideologia coletivizante e direitos fundamentais". *Revista de Processo*, 2016. v. 251.

DURNEY, Peter M.; FITZPATRIC, Julianne C. "Retaining and disclosing expert witnesses: a global perspective". *Defense Counsel Journal*, 2016. v. 83, p. 17-31.

FERNANDES, Antonio Scarance. *Incidente processual*: questão incidental, procedimento incidental. São Paulo, Revista dos Tribunais, 1991.

_____. *Prejudicialidade*. São Paulo, Revista dos Tribunais, 1988.

FERRAZ, Anna Candida da Cunha. "A projeção da democracia participativa na jurisdição constitucional no Brasil: as audiências públicas e sua adoção no modelo concentrado de constitucionalidade". In: HORBACH, Carlos Bastide et al. (coord.). *Direito constitucional, estado de direito e democracia*: homenagem ao Prof. Manoel Gonçalves Ferreira Filho. São Paulo, Quartier Latin, 2011.

FREIRE, Alexandre. "Art. 1.038". In: CABRAL, Antonio do Passo; CRAMER, Ronaldo (orgs.). *Comentários ao novo Código de Processo Civil*. Rio de Janeiro, Forense, 2015.

GINSBURG, Tom. *Judicial Review in New Democracies*: Constitutional Courts in Asian Cases. Cambridge, Cambridge University Press, 2003.

HÄBERLE, Peter. *Hermenêutica constitucional. A sociedade aberta dos intérpretes da Constituição:* contribuição para a interpretação pluralista e procedimental da Constituição. Trad. Gilmar Ferreira Mendes. Porto Alegre, 1997.

HIRSCHL, Ran. *Toward juristocracy:* The origins and consequences of the new constitutionalism. Cambridge, Harvard University Press, 1999.

KRISLOV, Samuel. "The amicus curiae brief: from friendship to advocacy". *Yale Law Journal.* 1963. v. 72, p. 700-5.

KUMAR, Miiko. "Admissibility of expert evidence: proving the basis for an expert's opinion". *Sydney Law Review*, 2011. v. 33, p. 427-58.

LIEBMAN, Enrico Tullio. *Manual de direito processual civil.* Tocantins, Intelectos, 2003, v. 2.

MARINONI, Luiz Guilherme; ARENHART, Sergio Cruz; MITIDIERO, Daniel. *O novo processo civil.* São Paulo, Revista dos Tribunais, 2015.

_____. *Novo Código de Processo Civil comentado.* São Paulo, Revista dos Tribunais, 2015.

MARQUES, José Frederico. *Instituições de direito processual.* 4.ed. Rio de Janeiro, Forense, 1972. v. III.

MAURER, Virginia G. "Compelling the expert witness: fairness and utility under the Federal rules of civil procedural". *Georgia Law Review*, 1984. v. 19, p. 71-122.

MEDINA, Damares. *Amicus curiae: amigo da Corte ou amigo da parte?* São Paulo, Saraiva, 2010.

MEDINA, José Miguel Garcia; WAMBIER, Teresa Arruda Alvim. *Processo civil moderno:* parte geral do processo do conhecimento. São Paulo, Revista dos Tribunais, 2009.

MENDES, Aluisio Gonçalves de Castro; TEMER, Sofia. "O incidente de resolução de demandas repetitivas do novo Código de Processo Civil". In: DIDIER JR., Fredie; MACÊDO, Lucas Buril de; PEIXOTO, Ravi; FREIRE, Alexandre (coords.). *Novo CPC doutrina selecionada:* processos nos tribunais e meios de impugnação a decisões judiciais. Salvador, Juspodivm, 2015. v. 6.

MENDES, Gilmar Ferreira. *Controle abstrato de constitucionalidade:* ADI, ADC e ADO. São Paulo, Saraiva, 2014.

_____. *Direitos fundamentais e controle de constitucionalidade.* 4.ed. São Paulo, Saraiva, 2014.

_____. *Jurisdição constitucional.* 6.ed. São Paulo, Saraiva, 2014.

_____. *Arguição de descumprimento de preceito fundamental.* 2.ed. São Paulo, Saraiva, 2011.

MIRANDA, Francisco Cavalcanti Pontes de. *Comentários ao Código de Processo Civil.* Rio de Janeiro: Forense, 1996. tomo IV: arts. 282 a 443.

MOREIRA, Felipe Augusto de Toledo. *"Amicus curiae".* In: WAMBIER, Luiz Rodrigues; WAMBIER, Teresa Arruda Alvim (coords.). *Temas essenciais do novo CPC.* São Paulo, Revista dos Tribunais, 2016.

NERY JR., Nelson; NERY, Rosa Maria de Andrade. *Comentários ao Código de Processo Civil.* São Paulo, Revista dos Tribunais, 2015.

OLIANI, José Alexandre Manzano. "Atribuições e poderes do relator no NCPC". In: WAMBIER, Luiz Rodrigues; WAMBIER, Teresa Arruda Alvim (coords.). *Temas essenciais do novo CPC.* São Paulo, Revista dos Tribunais, 2016.

OLIVEIRA, Gustavo Henrique Justino de. "As audiências públicas e o processo administrativo brasileiro". *Revista Trimestral de Direito Público*, n. 21, p. 161-72, São Paulo, Malheiros, 1998.

PHAN, Trang; CARUSO, David. "The basis of the rule: the role of the basis rule in the admissibility of expert opinion". *Federal Law Review*, 2015. v. 43, p. 313-37.

1 O incidente de resolução de recursos extraordinários repetitivos e o *amicus curiae*   29

PHILIPS, Edward. "The admissibility of expert Forensic Evidence under English Law". *Studia Iuridica auctoritate universitatis pecs publicata*, 2011. v. 148, p. 241-58.

SHIMURA, Sérgio; ALVAREZ, Anselmo Prieto; SILVA, Nelson Finotti. *Curso de direito processual civil*. 3.ed. Rio de Janeiro, Forense; São Paulo: Método, 2013.

SILVESTRI, Elisabetta. "L'amicus curiae: uno strumento per la tutela degli interessi non rappresentati". *Rivista Trimestrale di Diritto e Procedura Civile*, ano LI, n. 3, p. 694-7, setembro de 1997.

SUNSTEIN, Cass R., VERMEULE, Adrian. "Interpretation and institutions". *Michigan Law Review*, 2003. v. 101, p. 885-951.

THEODORO JÚNIOR, Humberto; NUNES, Dierle; BAHIA, Alexandre Melo Franco; PEDRON, Flávio Quinaud. *Novo CPC – Fundamentos e sistematização*. 2.ed. Rio de Janeiro, Forense, 2015.

_____. "O processo civil brasileiro contemporâneo iluminado pelos princípios constitucionais". In: MENDES, Aluisio Gonçalves de Castro; WAMBIER, Teresa Arruda Alvim (orgs.). *O processo em perspectiva*. São Paulo, Revista dos Tribunais, 2013.

WAMBIER, Luiz Rodrigues; TALAMINI, Eduardo. *Curso avançado de processo civil*. 15.ed. São Paulo, Revista dos Tribunais, 2015.

_____. "Diretrizes fundamentais do novo CPC". In: WAMBIER, Luiz Rodrigues; WAMBIER, Teresa Arruda Alvim (coords.). *Temas essenciais do novo CPC*. São Paulo, Revista dos Tribunais, 2016.

_____. "Recursos extraordinário e especial repetitivos". In: *Temas essenciais do novo CPC*. WAMBIER, Luiz Rodrigues; WAMBIER, Teresa Arruda Alvim (coords.). *Temas essenciais do novo CPC*. São Paulo, Revista dos Tribunais, 2016.

_____. "Sentença". In: WAMBIER, Luiz Rodrigues; WAMBIER, Teresa Arruda Alvim (coords.). *Temas essenciais do novo CPC*. São Paulo, Revista dos Tribunais, 2016.

_____. CONCEIÇÃO, Maria Lúcia Lins; RIBEIRO, Leonardo Ferres da Silva; MELLO, Rogério Licastro Torres de. *Primeiros comentários ao Novo Código de Processo Civil*. São Paulo, Revista dos Tribunais, 2015.

2

Mediação e conciliação no novo Código de Processo Civil: limites e possibilidades da *online dispute resolution* no Direito brasileiro

Luiz Edson Fachin
Desdêmona T. B. Toledo Arruda

INTRODUÇÃO

Principiemos com algumas palavras de contextualização. Instituída por ato do Presidente do Senado Federal,[1] a Comissão de Juristas destinada a elaborar Anteprojeto de Novo Código de Processo Civil foi capitaneada pelo eminente Ministro Luiz Fux e composta pelos juristas Teresa Arruda Alvim, Adroaldo Furtado Fabricio, Benedito Pereira Filho, Bruno Dantas, Elpídio Nunes, Humberto Theodoro Júnior, Jansen Almeida, José Miguel Medina, José Roberto Bedaque, Marcus Vinicius Coelho e Paulo Cezar Carneiro. O trabalho resultou na promulgação da Lei n. 13.105, de 16 de março de 2015, o novo Código de Processo Civil, que ora completa um lustro de existência e quatro anos de vigência.

Desde o anteprojeto, a conciliação figurou como princípio norteador do diploma:

> Pretendeu-se converter o processo em instrumento incluído no contexto social em que produzirá efeito o seu resultado. Deu-se ênfase à possibilidade de as partes porem fim ao *conflito* pela via da mediação ou da conciliação. Entendeu-se que a satisfação efetiva da parte pode dar-se de modo mais intenso se a solução é por elas criada e não imposta pelo juiz.[2]

---

1   Ato do Presidente do Senado Federal n. 379/2009.
2   Anteprojeto do novo Código de Processo Civil. Disponível em: https://www2.senado.leg. br/bdsf/bitstream/handle/id/496296/000895477.pdf?sequence=1&isAllowed=y. Acesso em: 03.10.2019.

Nesse sentido, o § 3º do art. 3º da novel legislação consagrou o dever atribuído aos juízes, aos advogados, aos defensores públicos e aos membros do Ministério Público, a ser exercido inclusive no curso do processo judicial, de estimular a conciliação, a mediação e outros métodos de solução consensual de conflitos.

Segundo Luiz Guilherme Marinoni, Sérgio Cruz Arenhart e Daniel Mitidiero, "trata-se de previsão que visa a estimular solução consensual dos litígios [...] manifestação de uma tendência mundial de abrir o procedimento comum para os meios alternativos de solução de disputas, tornando a solução judicial uma espécie de *ultima ratio* para composição dos litígios".[3]

É, portanto, na ambiência de celebração dos cinco anos do Código de Processo Civil que se apresenta o presente estudo, com escopo de investigar o papel dos métodos de conciliação, em especial de *online dispute resolution* (ODR) e seus impactos na concretização do direito constitucional de acesso à justiça. Resposta célere, adequada e justa é um dever que não se resume à prestação jurisdicional.

Afinal, desde a edição da Emenda Constitucional n. 45/2004, a razoável duração do processo é direito fundamental das partes, de modo que iniciativas para viabilizar a concretização de tal direito devem ser estimuladas pela legislação e pela administração da Justiça. O tempo decorrido pode, com efeito, tornar a prestação jurisdicional anódina, em verdadeira ausência de justiça, o que não se deve admitir. Os métodos alternativos de resolução de conflitos podem, também, contribuir para efetivar o direito fundamental de acesso à justiça, sem o qual todos os demais ficam inviabilizados. Ademais, no contexto da Agenda 2030 das Nações Unidas,[4] o Brasil se compromete a atingir o Objetivo do Desenvolvimento Sustentável 16 (ODS 16), que orienta à busca de Paz, Justiça e Instituições Fortes. Os meios alternativos de resolução de conflitos podem, de fato, contribuir para a edificação de instituições fortes, em consonância com o ODS 16. Nessa esteira, o CPC/2015 é ferramenta apta a proporcionar a solução de conflitos de forma eficaz e célere, fomentando a utilização de meios al-

---

3 MARINONI, Luiz Guilherme; ARENHART, Sergio Cruz; MITIDIERO, Daniel. *Novo curso de Processo Civil*: tutela dos direitos mediante procedimento comum, 2015, v. II, p. 173.

4 Agenda 2030 é tratado internacional que resultou da Assembleia Geral da Organização das Nações Unidas de setembro de 2015: "Transformando o Nosso Mundo: A Agenda 2030 para o Desenvolvimento Sustentável". Trata-se de um plano de ação que envolve as pessoas e o planeta na busca da prosperidade, cujo propósito é colocar em prática 17 Objetivos de Desenvolvimento Sustentável (ODS), bem como 169 metas que visam à erradicação da pobreza e à promoção da vida digna de todos, considerando os limites ambientais do planeta.

ternativos de resolução. Para tanto, o presente estudo parte da descrição da ODR e das diversas ferramentas tecnológicas que podem ser utilizadas, para então perscrutar as notas técnicas editadas pela UNCITRAL para sua utilização e, por fim, delinear as possibilidades de utilização no direito processual brasileiro, com amparo no CPC/2015.

MÉTODOS ALTERNATIVOS DE RESOLUÇÃO DE CONFLITOS E *ONLINE DISPUTE RESOLUTION* (ODR)

A ODR é espécie que se insere no gênero da Resolução Alternativa de Litígios (ADR, na sigla em inglês). Os métodos alternativos de resolução de conflitos são aqueles que buscam a solução do embate em via outra que não a do litígio judicializado. Podem ser mencionadas, a título de exemplo, a negociação, a conciliação, a mediação e a arbitragem. Tais métodos surgiram como alternativa privada de acesso ao Poder Judiciário, diante da premência por soluções mais ágeis, já que, por vezes, as partes demandam respostas com maior rapidez ou prontidão. As partes podem optar por meios alternativos quando necessitem de maior celeridade, eis que, em razão do grande volume de processos que lhe são submetidos, bem como dos procedimentos formais necessários para imprimir segurança jurídica à marcha processual, por vezes a solução judicializada é mais prolongada. Os métodos alternativos emergiram, então, como caminho a ser seguido por aqueles que preferissem a pacificação do conflito por via outra que não a do Judiciário.

Dentro da gama de soluções possíveis, a ODR, como referem Fernando Sérgio Tenório de Amorim e Ricardo Schneider Rodrigues, "seria fruto, portanto, da combinação das referidas formas de ADR com as tecnologias da informação e da comunicação (*Information and Communication Technologies –* ICT)".[5] Francisco Carneiro Pacheco Andrade, Davide Carneiro e Paulo Novais anotam que a utilização da ODR se viabiliza por meio da "utilização dos mais comuns meios tecnológicos, como sejam as mensagens ou conversas electrónicas (*Instant Messaging*), o correio electrônico, a videoconferência, os fóruns electrônicos, as listas de correio etc."[6]

---

5   AMORIM, Fernando Sérgio Tenório de; RODRIGUES, Ricardo Schneider. "A resolução *online* de litígios (ODR) na administração pública: o uso da tecnologia como estímulo à transparência". In: *Direito, Estado e sociedade*, n. 54, jan./jul. 2019, p. 174.

6   ANDRADE, Francisco Carneiro Pacheco; CARNEIRO, Davide; NOVAIS, Paulo. "A inteligência artificial na resolução de conflitos em linha". In: *Scientia Ivridica*, n. 321, 2010, p. 2.

A ODR emerge, portanto, como forma de solução de conflito que se tornou possível em razão do avanço da tecnologia. Não poderia ser diferente. As ferramentas de comunicação por meio eletrônico foram amplamente absorvidas e sua utilização foi mesmo estimulada pelo CPC/2015.[7] O fato é que a tecnologia permite imprimir velocidade aos atos processuais, tornando a marcha processual mais célere sem perder segurança jurídica. A ampliação do acesso à rede mundial de computadores, em especial, representou grande marco neste sentido, de modo que o caminho trilhado pela legislação se revelou acertado. Antes mesmo da edição do Novo Código de Processo Civil, a Lei n. 11.419/2006 já sinalizava esta tendência, eis que permitiu a aceleração do trâmite processual por meio de sua informatização, alterando o Código de 1973.

Nesse contexto, verifica-se que os processos eletrônicos já são maioria dentre os feitos em tramitação no Judiciário brasileiro. Dados de 2018 do Conselho Nacional de Justiça (CNJ)[8] evidenciam que cerca de 85% dos feitos ajuizados naquele ano foram eletrônicos.

As ferramentas tecnológicas, portanto, permitem a comunicação entre as partes de forma simples e célere, dispensando a presença física ao mesmo tempo em um único ambiente, de modo que os métodos alternativos em geral e a ODR em particular, embora não substituam (e nem seja essa a intenção) a judicialização, podem ser cogitados a depender das necessidades e dos objetivos das partes envolvidas.

Pensada inicialmente para solução de conflitos inerentes às relações de consumo, a ODR oferece algumas vantagens, por exemplo, a velocidade, a conveniência, a economia de custos, a possibilidade de adaptação dos procedimentos aos casos concretos.[9] Anotam Fernando Sérgio Tenório de Amorim e Ricardo Schneider Rodrigues que a "ODR não exige gastos expressivos com advogados, encurta distâncias e não depende da agenda do mediador ou calendário do juiz".[10]

A informatização do processo evidentemente permite uma aceleração da marcha processual, na medida em que não se depende mais da disponibilidade

---

7   Podem ser mencionados, a título de exemplo, o § 2º do art. 106, que considera válida a intimação enviada por meio eletrônico; o art. 183, que permite a intimação pessoal da Fazenda Pública por via eletrônica; o art. 193, que permite que os atos processuais sejam total ou parcialmente digitais; o art. 246, V, que permite a citação por meio eletrônico, entre outros.

8   Disponível em: https://www.cnj.jus.br/noticias/cnj/89478-quase-85-dos-processos-ingressaram-eletronicamente-em-2018. Acesso em: 03.10.2019.

9   AMORIM, Fernando Sérgio Tenório de; RODRIGUES, Ricardo Schneider. "A resolução *online* de litígios (ODR) na administração pública: o uso da tecnologia como estímulo à transparência". In: *Direito, Estado e sociedade*, n. 54, jan./jul. 2019, p. 176.

10 Ibidem.

física do caderno de autos processuais para consulta: quaisquer das partes e mesmo o juiz pode verificar as peças e o andamento do feito consultando os sistemas eletrônicos. Trata-se da aplicação prática do conceito da onipresença. O processo eletrônico conta com o dom da ubiquidade, afinal. No entanto, a ODR poderia oferecer alternativas ainda mais céleres.[11] Afinal, o "alto volume de processos que atualmente tramita no país impõe o estudo de alternativas que retirem o litígio da esfera judicial, em busca de uma solução consensual extrajudicial".[12]

No Brasil, já há iniciativas que possibilitam a utilização da ODR como forma de resolução de conflitos. Antes de analisá-las, porém, cabe referir que não existe apenas uma modalidade de ODR, ao contrário: ela existe em diversas formas e ferramentas que permitem sua implementação.

Nesse sentido, Francisco Carneiro Pacheco Andrade, Davide Carneiro e Paulo Novais anotam a existência de duas gerações de ODR. A primeira seria aquela referente aos sistemas que já estão em utilização. Neles, o ser humano continua sendo o elemento central no processo de planejamento e de tomada de decisão, enquanto as ferramentas tecnológicas cumprem papel de instrumento. Viabilizam, portanto, de maneira mais fácil e eficiente, para as partes, os processos de comunicação e de gestão da informação. Segundo os autores, "as principais tecnologias utilizadas nesta primeira geração de ODR são o correio electrónico, a conversa electrónica (*chat*), os *forums* electrónicos, chamadas telefônicas e de vídeo, as listas de correio (*mailing lists*), a videoconferência e, mais recentemente, a *Video-Presence*".[13]

Os mecanismos de ODR já em utilização no Brasil inserem-se nesta primeira geração descrita pelos autores. Há, porém, uma segunda geração, que seria aquela em que a tecnologia desempenha um papel mais ativo. Tais sistemas são usados para gerar sugestões e soluções para os conflitos, em termos de definição de estratégicas do processo de tomada de decisão. Pontuam, ainda, que:

---

11 Em 2018, segundo dados do CNJ, o tempo médio de trâmite de um processo na Justiça Federal é de oito anos, ao passo em que na Justiça Estadual é de 6 anos e dois meses. Conselho Nacional de Justiça. Relatório Justiça em Números. Disponível em: https://www.cnj.jus.br/wp-content/uploads/conteudo/arquivo/2018/08/44b7368ec6f888b383f6c3de40c32167.pdf. Acesso em: 03.10.2019.

12 AMORIM, Fernando Sérgio Tenório de; RODRIGUES, Ricardo Schneider. "A resolução *online* de litígios (ODR) na administração pública: o uso da tecnologia como estímulo à transparência". In: *Direito, Estado e sociedade*, n. 54, jan./jul. 2019, p. 176.

13 ANDRADE, Francisco Carneiro Pacheco; CARNEIRO, Davide; NOVAIS, Paulo. "A inteligência artificial na resolução de conflitos em linha". In: *Scientia Ivridica*, n. 321, 2010, p. 5.

Nestes casos, a atividade humana é substituída, em grande parte, por agentes inteligentes de *software*, com conhecimento e autonomia para representarem vontades humanas. Embora o caminho para esta segunda geração de ODR esteja traçado e as tecnologias necessárias sejam mais ou menos conhecidas e exploradas, há ainda um longo caminho a percorrer, sempre confrontado com a nossa própria relutância em nos deixarmos substituir por sistemas computacionais (e pelo receio das consequências que tal substituição possa acarretar).[14]

É, portanto, na segunda geração que emergem tecnologias que poderão contribuir para enriquecer as possibilidades de ODR. Podem ser citados os "sistemas multiagentes", constituídos por um grupo de entidades capaz de perceber a realidade e de tomar decisões para um objetivo em comum. Para Francisco Carneiro Pacheco Andrade, Davide Carneiro e Paulo Novais, "os agentes de *software* podem representar as partes num processo de negociação e tentar, eles próprios de modo autónomo, chegar a uma possível situação de acordo, sugerindo uma solução às partes e assim tentando alcançar uma solução para a controvérsia".[15]

Outros ramos da inteligência artificial também são citados pelos autores, como "sistemas de apoio à decisão", que melhoram a eficiência dos processos, acelerando a resolução do problema e potencializando o controle organizacional, além de facilitarem a comunicação.

Ainda é também relevante mencionar o método chamado de "raciocínio com informação incompleta", o qual recorre a formas de investigação que lhes permite operar sem uma parte da informação, assegurando que, a partir dos dados que estão de fato disponíveis, tomar-se-á a melhor decisão possível para o caso concreto.

Por sua vez, os "sistemas periciais" são aqueles que tentam replicar a perícia de um ser humano em determinado ramo do conhecimento. Segundo Francisco Carneiro Pacheco Andrade, Davide Carneiro e Paulo Novais, tais sistemas "são usados no sector bancário para decidir se um cliente que requereu um empréstimo deve ou não obtê-lo".[16] Revelam-se vantajosos não apenas por representarem diminuição de custos, mas também porque, diante do vasto volume de informação a analisar, os mecanismos artificiais operam com mais velocidade e acuidade do que seres humanos.

Podem ser citadas também as "interfaces inteligentes", que, no âmbito da ODR, operam como tutores, oferecendo informações às partes quanto a temas

---

14 Ibidem, p. 7.
15 Ibidem, p. 10.
16 Ibidem, p. 13.

específicos, como, por exemplo, guiando as "partes através do processo de resolução do litígio, ajudando a preencher a informação em falta e dando conselhos e orientações úteis no momento certo".[17]

Há, portanto, diversas formas de tecnologia que podem ser empregadas nos métodos alternativos de solução de conflitos e, em particular, nas ODS. Embora o Brasil ainda tenha métodos que se restringem à primeira geração, é relevante refletir a respeito dos riscos de utilização da tecnologia, em especial quando substitui os seres humanos. Por essa razão, importante investigar as regras para a utilização de tais métodos, o que será explanado na próxima seção.

PARÂMETROS MÍNIMOS PARA UTILIZAÇÃO DA ODR

A ODR surge como fusão de ferramentas tecnológicas a serem utilizadas para solução de conflitos em meios alternativos à jurisdição. Trata-se de técnica particularmente adequada a conflitos envolvendo direito do consumidor, em especial no contexto da economia globalizada, em que as transações comerciais mesmo entre cidadãos transpõem fronteiras.

Nessa esteira, a Comissão das Nações Unidas para o Direito Comercial Internacional (UNCITRAL) aprovou Notas Técnicas sobre a ODR, em 2017.[18] Nelas, define-se a *online dispute resolution* (ODR) como um "mecanismo para resolver disputas por meio do uso das comunicações eletrônicas e outras informações e tecnologia da comunicação".[19]

Reconhece-se que a ODR pode auxiliar as partes a resolver os conflitos de forma simples, rápida, segura e flexível, sem demandar a presença física em uma audiência ou encontro.[20] A UNCITRAL também refere que, no contexto atual, em que as transações são globais,[21] a ODR revela-se ainda mais necessária, para permitir soluções de conflitos que possam surgir entre partes que não estão próximas fisicamente, mas que podem travar relações contratuais. Reconhece-se, ainda, que a ODR abrange uma gama de abordagens, como *ombudsman*, qua-

---

17 Ibidem, p. 16.

18 UNCITRAL. "Tecnical Notes on Online Dispute Resolution". Disponível em: http://www.uncitral.org/pdf/english/texts/odr/V1700382_English_Technical_Notes_on_ODR.pdf. Acesso em: 02.10.2019.

19 Ibidem.

20 Tradução livre de: "*Observing that ODR can assist the parties in resolving the dispute in a simple, fast, flexible and secure manner, without the need for physical presence at a meeting or hearing*" (ibidem).

21 Tradução livre de: "*Noting that the sharp increase of online cross-border transactions has raised a need for mechanisms for resolving disputes which arise from such transactions, and that one such mechanism is online dispute resolution ('ODR')*" (ibidem).

dros de reclamações, negociação, conciliação, mediação, liquidação, arbitragem, entre outros.

Nesse sentido, a Comissão adota os princípios da imparcialidade, independência, eficiência, efetividade, devido processo, justiça, *accountability* e transparência para redigir as notas técnicas, que são, em verdade, documentos descritivos, que não ambicionam ser exaustivos, mas orientam os países a elaborarem suas próprias regras para a ODR.[22] Nesse sentido, a Comissão, convencida de que as Notas Técnicas vão significativamente auxiliar todos os Estados, em particular países em desenvolvimento e de economia de transição, bem como administradores de ODR, plataformas de ODR e partes em disputa utilizando ODR, as notas técnicas são apresentadas.[23]

Em relação à transparência, relevante apontar que, conforme as Notas Técnicas, as informações devem estar disponíveis ao usuário no sítio eletrônico do administrador da ODR, de maneira simples e fácil.[24]

Quanto ao princípio da independência, revela-se desejável que o administrador da ODR adote um código de ética para os envolvidos, para solucionar eventuais conflitos entre os facilitadores e as partes envolvidas.[25]

Ademais, necessário que todas as partes envolvidas em uma solução de conflito envolvendo ODR expressem seu consentimento, explícito e informado.[26]

As notas técnicas também orientam que a ODR seja organizada para abranger até três fases, a saber: negociação, acordo facilitado e estágio final. Assim, quando alguém registrar uma reclamação por meio da plataforma de ODR, o administrador deve informar ao responsável a respeito da existência de tal re-

---

22 A UNCITRAL afirma que se espera que as notas técnicas sobre ODR contribuam significativamente para o desenvolvimento de sistemas que possibilitem a solução de conflitos emergentes de transações de baixo valor referentes a produtos ou serviços que transponham fronteiras, utilizando meios de comunicação eletrônicos. Tradução livre de: "*The Technical Notes on Online Dispute Resolution are expected to contribute significantly to the development of systems to enable the settlement of disputes arising from crossborder low-value sales or service contracts concluded using electronic communications*" (ibidem).

23 Tradução livre de: "*Convinced that the Technical Notes on Online Dispute Resolution will significantly assist all States, in particular developing countries and States whose economies are in transition, ODR administrators, ODR platforms, neutrals, and the parties to ODR proceedings in developing and using ODR systems, 1. Adopts the Technical Notes on Online Dispute*" (ibidem).

24 Tradução livre de: "*All relevant information should be available on the ODR administrator's website in a user-friendly and accessible manner*" (ibidem).

25 Tradução livre de: "*It is desirable for the ODR administrator to adopt a code of ethics for its neutrals, in order to guide neutrals as to conflicts of interest and other rules of conduct*" (ibidem).

26 Tradução livre de: "*The ODR process should be based on the explicit and informed consent of the parties*" (ibidem).

38 Cinco anos do CPC: questões polêmicas

clamação. Dar-se-á início, então, à primeira etapa, quando as partes envolvidas negociarão, diretamente entre elas, por meio da plataforma ODR.[27]

Se a primeira etapa de negociação não for frutífera, o processo deve evoluir para uma segunda fase, de acordo facilitado, na qual o administrador da ODR indicará um terceiro, que se comunicará com as partes de modo a tentar obter um acordo.[28]

Por fim, se essa segunda etapa também falhar na solução do conflito, uma terceira etapa deve ser iniciada, na qual o administrador da ODR ou terceiro deve informar às partes sobre a natureza final de tais tratativas.[29]

De modo a incrementar a eficiência das tratativas, é desejável que o administrador da ODR providencie confirmação de recebimento de todas as comunicações enviadas por meio da plataforma; notifique as partes da disponibilidade de comunicação recebida, para que tomem conhecimento; mantenha as partes informadas a respeito do início e da conclusão das diferentes fases dos procedimentos.[30]

As Notas Técnicas recomendam prazos razoáveis para uma negociação célere e, também, alguma flexibilidade no procedimento, para não tornar o trâmite engessado. Em relação ao idioma, também se recomenda alguma flexibilidade, para que as partes envolvidas possam selecionar em qual idioma desejam se comunicar. Quanto à governança, a Comissão refere que é desejável que os procedimentos da ODR estejam sujeitos aos mesmos termos de confidencialidade e de devido processo que se aplicam às disputas *offline*, em especial no que se refere à independência, neutralidade e imparcialidade.[31]

---

27 Tradução livre de: "*In which the claimant and respondent negotiate directly with one another through the ODR platform*" (ibidem).

28 Tradução livre de: "*20. If that negotiation process fails (i.e. does not result in a settlement of the claim), the process may move to a second, 'facilitated settlement' stage (see paras. 40-44 below). In that stage of ODR proceedings, the ODR administrator appoints a neutral (see para. 25 below), who communicates with the parties in an attempt to reach a settlement*" (ibidem).

29 Tradução livre de: "*If facilitated settlement fails, a third and final stage of ODR proceedings may commence, in which case the ODR administrator or neutral may inform the parties of the nature of such stage*" (ibidem).

30 Tradução livre de: "*To enhance efficiency it is desirable that the ODR administrator promptly: (a) Acknowledge receipt of any communication by the ODR platform; (b) Notify parties of the availability of any communication received by the ODR platform; and (c) Keep the parties informed of the commencement and conclusion of different stages of the proceedings*" (ibidem).

31 Tradução livre de: "*It is desirable that ODR proceedings be subject to the same confidentiality and due process standards that apply to dispute resolution proceedings in an offline context, in particular independence, neutrality and impartiality*" (ibidem).

2 Mediação e conciliação no novo Código de Processo Civil 39

Como se vê a partir da exposição das recomendações da UNCITRAL, há parâmetros mínimos para viabilizar a confiabilidade das negociações a serem travadas em plataformas de ODR. As regras da UNCITRAL demonstram que, basicamente, haverá uma tentativa de autocomposição das partes, na primeira etapa que, se frustrada, evoluirá para uma tentativa de mediação, a ser intermediada por um terceiro e que, se malsucedida, dará lugar a um estágio final, no qual se tentará, pela derradeira vez, resolver o conflito.

Tais procedimentos estão em plena consonância com os princípios do CPC/2015 que, como já referido, consagrou, no § 3º do art. 3º, o dever de estimular a conciliação, a mediação e outros métodos de solução consensual de conflitos.

INICIATIVAS ENVOLVENDO ODR

Verificadas as diversas formas de ODR e como se operacionalizam, bem como revistas as notas técnicas da UNCITRAL para administração das plataformas que envolvam esta tecnologia, passa-se a analisar iniciativas já em curso, no Brasil e no mundo, que efetivamente aplicam a ODR.

México, Estados Unidos e Austrália registram experiências de plataformas e *softwares* bem-sucedidos, como noticiam Francisco Carneiro Pacheco Andrade, Davide Carneiro e Paulo Novais. Podem ser citados como exemplo o *Expertius*, no México, que envolve sistema de apoio à tomada de decisão que auxilia magistrados sem experiência a determinar se a parte tem direito a alimentos e, em caso afirmativo, o respectivo montante. Também há referência ao *Smartsettle*, *software* que permite solução de litígio às partes com base em indicação do que faria com que entrassem em acordo. O *software* é norte-americano e pode ser aplicado a áreas diversas, como família, seguros, ambientes de trabalho, direito imobiliário, comércio eletrônico, relações internacionais, entre outros. Há também notícia ao *Family Winner*, que se aplica no direito de família australiano, aplicando teoria dos jogos e heurísticas. Assim como no *Smartsettle*, as partes envolvidas introduzem um valor que representa o quanto estão dispostas a ganhar ou perder com a disputa e, de acordo com tais valores, o sistema procede à distribuição dos artigos pelas partes, considerando as preferências respectivas. Parte-se de uma decomposição e divisão contínua até o ponto em que não haja mais artigos em disputa.[32]

---

32 ANDRADE, Francisco Carneiro Pacheco; CARNEIRO, Davide; NOVAIS, Paulo. "A inteligência artificial na resolução de conflitos em linha". In: *Scientia Ivridica*, n. 321, 2010, p. 25-6.

Também no Brasil já existem experiências envolvendo ODR em andamento, tanto na esfera pública como na privada. O sítio eletrônico consumidor.gov. br consubstancia uma dessas iniciativas. Trata-se de um serviço público para solução alternativa de conflitos de consumo via internet, o qual permite comunicação direta entre os consumidores e os fornecedores envolvidos. A plataforma envolve tecnologia da informação, interação e compartilhamento de dados e é monitorada pelos Procons e pela Secretaria Nacional do Consumidor, vinculada ao Ministério da Justiça. O serviço respeita as seguintes premissas: a) transparência e controle social, que são imprescindíveis à efetividade dos direitos dos consumidores; b) as informações apresentadas pelos cidadãos consumidores são estratégicas para gestão e execução de políticas públicas de defesa do consumidor; c) o acesso à informação potencializa o poder de escolha dos consumidores e contribui para o aprimoramento das relações de consumo. Os fornecedores devem assinar termo de compromisso para participar do sistema. O consumidor, a seu turno, deve se identificar adequadamente e se comprometer a apresentar todos os dados e informações à reclamação relatada. O administrador da plataforma é a Secretaria Nacional do Consumidor, que é responsável pela gestão, disponibilização e manutenção do sítio eletrônico, bem como pela articulação com os demais órgãos e entidades do Sistema Nacional de Defesa do Consumidor.

A defesa do consumidor é princípio que orienta a ordem econômica brasileira, nos termos do art. 170, V, da Constituição da República. O art. 48 do Ato das Disposições Constitucionais Transitórias (ADCT) determinou a elaboração de um Código de Defesa do Consumidor, Lei n. 8.078/90. A plataforma de ODR consumidor.gov.br é iniciativa louvável do Poder Público que permitirá concretizar o disposto no § 3º do art. 3º do CPC/2015, o qual conclama ao estímulo da conciliação, da mediação e de outros métodos de solução consensual de conflitos. Verifica-se, ademais, pelas premissas adotadas, que a plataforma opera de acordo com os princípios recomendados pela UNCITRAL, quais sejam, de imparcialidade, independência, eficiência, efetividade, devido processo, justiça, *accountability* e transparência.

Paralela a essa iniciativa governamental, a Associação Brasileira de *Lawtechs* e *Legaltechs* (AB2L), fundada em 2017, registra 17[33] empresas associadas com escopo de conflitos *online*. Podem ser mencionadas: i) Sem Processo; ii) Concilie Online; iii) Juspro; iv); Leegol; v) Find Resolution; vi) Justto; vii) Mediação Online; viii) Misc – Métodos Integrativos de Soluções de Conflitos; ix) Resolv Já; x) Juster; xi) Melhor Acordo; xii) Acordo Fechado; xiii) Acordo Net;

---

33 Disponível em: https://www.ab2l.org.br/. Acesso em: 03.10.2019.

xiv) Mediartech; xv) D'acordo; xvi) Itkos Mediação Inteligente; e xvii) Quero Reclamar.Com.

O Brasil se revela como um mercado frutífero para a expansão de empresas e iniciativas públicas que envolvam a ODR, eis que somos uma sociedade com elevado grau de litigiosidade. Os métodos alternativos de solução de conflitos emergem, nesse contexto, como relevantes para possibilitar a autocomposição e heterocomposição das partes, com respeito aos princípios recomendados e às garantias legais, mas também permitindo um alcance maior dos direitos fundamentais de acesso à justiça e à razoável duração do processo. À medida que as plataformas de ODR mostrarem-se eficientes e efetivas, certamente o Poder Judiciário sentirá o impacto de tais iniciativas e poderá, inclusive, internalizar tais práticas, absorvendo novas formas de comunicação, integradas aos processos eletrônicos, para permitir que atos processuais sejam conduzidos de tal forma.

NOTAS CONCLUSIVAS

A conciliação e a mediação, bem como os demais métodos alternativos de resolução de conflitos, encontraram amplo espaço de fomento com a edição do Código de Processo Civil, Lei n. 13.105, de 16 de março de 2015, cujo primeiro lustro desde a promulgação ora se celebra. Com vistas à relevância que tais métodos alcançaram na novel legislação, o presente estudo dedicou-se a investigar os limites e as possibilidades dos métodos de conciliação, particularmente daqueles que envolvem ODR, cujo potencial de concretização do direito constitucional de acesso à justiça e à razoável duração do processo é robusto.

Em razão de ser o Brasil um país que conta com cerca de 78 milhões[34] de processos ajuizados, a preocupação com formas de negociação e autocomposição que permitam, com baixo custo e facilidade de acesso, a solução do litígio é evidente. Nesse sentido, a ODR emerge como alternativa que permite maior conveniência, economia, bem como velocidade para solução de casos concretos. Assim, o surgimento de plataformas que aplicam ODR, como a iniciativa governamental consumidor.gov.br, da Secretaria Nacional do Consumo, ou diversas *startups* privadas que utilizam a ferramenta em comento são louváveis e devem ser ampliadas. O avanço tecnológico permitirá, com a necessária adaptação do processo e dos procedimentos, que tais iniciativas sejam mesmo absor-

---

34 O Relatório Justiça em Números, publicado pelo Conselho Nacional de Justiça, em 2019, revelou queda no número de processos em trâmite e patamar abaixo dos 80 milhões pela primeira vez em 15 anos. Disponível em: https://www.conjur.com.br/2019-ago-28/justica-reduz-numero-casos-pendentes-2018-cnj. Acesso em: 07.10.2019.

vidas pelo processo judicializado, resultando numa releitura do acesso à justiça, de maneira mais eficiente, de forma a permitir a edificação de instituições mais condizentes com o Objetivo do Desenvolvimento Sustentável 16 (ODS 16), que orienta à busca de Paz, Justiça e Instituições Fortes.

REFERÊNCIAS BIBLIOGRÁFICAS

AB2L. Associação Brasileira de *Lawtechs* e *Legaltechs*. Disponível em: https://www.ab2l.org.br/. Acesso em: 03.10.2019.

AMORIM, Fernando Sérgio Tenório de; RODRIGUES, Ricardo Schneider. "A resolução *online* de litígios (ODR) na administração pública: o uso da tecnologia como estímulo à transparência". In: *Direito, Estado e sociedade*, n. 54, jan./jul. 2019, p. 174.

ANDRADE, Francisco Carneiro Pacheco; CARNEIRO, Davide; NOVAIS, Paulo. "A inteligência artificial na resolução de conflitos em linha". In: *Scientia Ivridica*, Braga: Universidade do Minho, n. 321, 2010, p. 2.

BRASIL. Anteprojeto do novo Código de Processo Civil. Disponível em: https://www2.senado.leg.br/bdsf/bitstream/handle/id/496296/000895477.pdf?sequence=1&isAllowed=y. Acesso em: 03.10.2019.

BRASIL. CNJ. Disponível em: https://www.cnj.jus.br/noticias/cnj/89478-quase-85-dos-processos-ingressaram-eletronicamente-em-2018. Acesso em: 03.10.2019.

BRASIL. CNJ. Relatório Justiça em Números. Disponível em: https://www.cnj.jus.br/wp-content/uploads/conteudo/arquivo/2018/08/44b7368ec6f888b383f6c3de40c32167.pdf. Acesso em: 03.10.2019.

MARINONI, Luiz Guilherme; ARENHART, Sergio Cruz; MITIDIERO, Daniel. *Novo curso de Processo Civil*: tutela dos direitos mediante procedimento comum. São Paulo: Revista dos Tribunais, 2015. v. II.

UNCITRAL. "Tecnical Notes on Online Dispute Resolution". Disponível em: http://www.uncitral.org/pdf/english/texts/odr/V1700382_English_Technical_Notes_on_ODR.pdf. Acesso em: 02.10.2019.

3

A coisa julgada inconstitucional, o efeito vinculante das teses firmadas em sistemática de repercussão geral e o art. 525, § 12, do CPC

Alexandre Luiz Ramos

De longa data se discute o conceito e os limites da coisa julgada e sua eventual ineficácia jurídica na hipótese de coisa julgada inconstitucional. O atual Código de Processo Civil parece ter resolvido a questão, ao esclarecer as regras do CPC anterior, inscritas no art. 475-L, II, § 1º, e no art. 741, II, parágrafo único, permitindo a arguição da inexigibilidade do título quando fundado em sentença contrária ao entendimento do Supremo Tribunal Federal. Eis os dispositivos do CPC/73:

Art. 475-L. A impugnação somente poderá versar sobre:
[...] II – inexigibilidade do título;
[...] § 1º Para efeito do disposto no inciso II do *caput* deste artigo, considera-se também inexigível o título judicial fundado em lei ou ato normativo declarados inconstitucionais pelo Supremo Tribunal Federal, ou fundado em aplicação ou interpretação da lei ou ato normativo tidas pelo Supremo Tribunal Federal como incompatíveis com a Constituição Federal.
[...] Art. 741. Na execução contra a Fazenda Pública, os embargos só poderão versar sobre:
[...] II – inexigibilidade do título;
[...] Parágrafo único. Para efeito do disposto no inciso II do *caput* deste artigo, considera-se também inexigível o título judicial fundado em lei ou ato normativo declarados inconstitucionais pelo Supremo Tribunal Federal, ou fundado em aplicação ou interpretação da lei ou ato normativo tidas pelo Supremo Tribunal Federal como incompatíveis com a Constituição Federal.

Idêntica previsão já constava da Consolidação das Leis do Trabalho, no art. 884, § 5º:

> Art. 884. Garantida a execução ou penhorados os bens, terá o executado 5 (cinco) dias para apresentar embargos, cabendo igual prazo ao exequente para impugnação.
>
> [...] § 5º Considera-se inexigível o título judicial fundado em lei ou ato normativo declarados inconstitucionais pelo Supremo Tribunal Federal ou em aplicação ou interpretação tidas por incompatíveis com a Constituição Federal.

Contudo, a falta de clareza sobre a aplicação dos referidos dispositivos e a tradição jurídica brasileira de valorizar a imutabilidade da coisa julgada impediram a perfeita compreensão do conceito da coisa julgada inconstitucional e os efeitos práticos daí decorrentes. A decisão fundada em ato normativo declarado inconstitucional pelo STF, ou com interpretação ou sentido declarado incompatível com a Constituição, ou mesmo não aplicando norma jurídica declarada constitucional poderia ser simplesmente desconsiderada sem maiores formalidades? A decisão exequenda contrária ao decidido pelo Supremo deveria ser posterior ao precedente para gerar sua inexigibilidade? Ou mesmo no caso de decisão exequenda anterior poderia haver o mesmo efeito?

Tais questionamentos foram respondidos pelo atual CPC, nos seguintes dispositivos:

> Art. 525. Transcorrido o prazo previsto no art. 523 sem o pagamento voluntário, inicia-se o prazo de 15 (quinze) dias para que o executado, independentemente de penhora ou nova intimação, apresente, nos próprios autos, sua impugnação.
>
> § 1º Na impugnação, o executado poderá alegar:
>
> [...] III – inexequibilidade do título ou inexigibilidade da obrigação;
>
> [...] § 12. Para efeito do disposto no inciso III do § 1º deste artigo, considera-se também inexigível a obrigação reconhecida em título executivo judicial fundado em lei ou ato normativo considerado inconstitucional pelo Supremo Tribunal Federal, ou fundado em aplicação ou interpretação da lei ou do ato normativo tido pelo Supremo Tribunal Federal como incompatível com a Constituição Federal, **em controle de constitucionalidade concentrado ou difuso.**
>
> § 13. No caso do § 12, os efeitos da decisão do Supremo Tribunal Federal poderão ser modulados no tempo, em atenção à segurança jurídica.
>
> § 14. **A decisão do Supremo Tribunal Federal referida no § 12 deve ser anterior ao trânsito em julgado da decisão exequenda.**

§ 15. Se a decisão referida no § 12 for proferida após o trânsito em julgado da decisão exequenda, **caberá ação rescisória, cujo prazo será contado do trânsito em julgado da decisão proferida pelo Supremo Tribunal Federal.**

[...] Art. 535. A Fazenda Pública será intimada na pessoa de seu representante judicial, por carga, remessa ou meio eletrônico, para, querendo, no prazo de 30 (trinta) dias e nos próprios autos, impugnar a execução, podendo arguir:

[...] III – inexequibilidade do título ou inexigibilidade da obrigação;

[...] § 5º Para efeito do disposto no inciso III do *caput* deste artigo, considera-se também inexigível a obrigação reconhecida em título executivo judicial fundado em lei ou ato normativo considerado inconstitucional pelo Supremo Tribunal Federal, ou fundado em aplicação ou interpretação da lei ou do ato normativo tido pelo Supremo Tribunal Federal como incompatível com a Constituição Federal, **em controle de constitucionalidade concentrado ou difuso.**

§ 6º No caso do § 5º, os efeitos da decisão do Supremo Tribunal Federal poderão ser modulados no tempo, de modo a favorecer a segurança jurídica.

§ 7º A decisão do Supremo Tribunal Federal referida no § 5º deve ter sido proferida antes do trânsito em julgado da decisão exequenda.

§ 8º Se a decisão referida no § 5º for proferida após o trânsito em julgado da decisão exequenda, caberá ação rescisória, cujo prazo será contado do trânsito em julgado da decisão proferida pelo Supremo Tribunal Federal. [grifos nossos]

A novidade trazida ao ordenamento jurídico nacional foi a vinculação das decisões do Supremo em relação às decisões judiciais supervenientes também no caso de controle difuso. As decisões do STF em controle concentrado (ADIn, ADC ou ADPF) já tinham efeito vinculante e eficácia *erga omnes*, nos termos da Constituição:

Art. 102. Compete ao Supremo Tribunal Federal, precipuamente, a guarda da Constituição, cabendo-lhe:

[...] § 2º As decisões definitivas de mérito, proferidas pelo Supremo Tribunal Federal, nas ações diretas de inconstitucionalidade e nas ações declaratórias de constitucionalidade **produzirão eficácia contra todos e efeito vinculante**, relativamente aos demais órgãos do Poder Judiciário e à administração pública direta e indireta, nas esferas federal, estadual e municipal. [grifos nossos]

Com o advento do novo CPC, também as decisões do Plenário do Supremo Tribunal em julgamento de recursos extraordinários em sistemática de repercussão geral terão o mesmo efeito vinculante e eficácia *erga omnes*.

O Supremo Tribunal Federal já vinha reconhecendo o efeito *ultra partes* e de caráter **expansivo** das suas decisões de declaração de inconstitucionalidade em controle difuso. A evolução deste entendimento pode ser percebida em três julgamentos paradigmáticos nos anos de 2014, 2015 e 2016, na Reclamação n. 4.335/AC, no RE n. 730.462/SP (Tema n. 733 da Repercussão Geral) e na ADIn n. 2.418/DF, respectivamente.

No julgamento da Reclamação n. 4.335/AC, ocorrido em 20.03.2014, sob relatoria do Ministro Gilmar Mendes, assentou-se na ementa que:

> Reclamação. 2. Progressão de regime. Crimes hediondos. 3. Decisão reclamada aplicou o art. 2°, § 2°, da Lei n. 8.072/90, declarado inconstitucional pelo Plenário do STF no *HC* n. 82.959/SP, rel. Min. Marco Aurélio, *DJ* 01.09.2006. 4. Superveniência da Súmula Vinculante n. 26. 5. **Efeito *ultra partes* da declaração de inconstitucionalidade em controle difuso. Caráter expansivo da decisão.** 6. Reclamação julgada procedente. [grifos nossos]

Do voto do eminente Relator merece destaque o seguinte excerto:

> Ainda que a questão pudesse comportar outras leituras, é certo que o legislador ordinário, com base na jurisprudência do Supremo Tribunal Federal, considerou legítima a atribuição de efeitos ampliados à decisão proferida pelo Tribunal, **até mesmo em sede de controle de constitucionalidade incidental.** [...] O Supremo Tribunal Federal percebeu que não poderia deixar de atribuir significado jurídico à declaração de inconstitucionalidade proferida **em sede de controle incidental,** ficando o órgão fracionário de outras Cortes exonerado do dever de submeter a declaração de inconstitucionalidade ao plenário ou ao órgão especial, na forma do art. 97 da Constituição. **Não há dúvida de que o Tribunal, nessa hipótese, acabou por reconhecer efeito jurídico transcendente à sua decisão.** Embora na fundamentação desse entendimento fale-se em quebra da presunção de constitucionalidade, **é certo que, em verdade, a orientação do Supremo acabou por conferir à sua decisão algo assemelhado a um efeito vinculante, independentemente da intervenção do Senado. Esse entendimento está hoje consagrado na própria legislação processual civil** (CPC, art. 481, parágrafo único, parte final, na redação da Lei n. 9.756, de 17.12.1998). [...] De qualquer sorte, a natureza idêntica do controle de constitucionalidade, quanto às suas finalidades e aos procedimentos comuns dominantes para os modelos difuso e concentrado, **não mais parece legitimar a distinção quanto aos efeitos das decisões proferidas no controle direto e no controle incidental.** [...] De fato, é difícil admitir que a decisão proferida em ADI ou ADC e na ADPF possa ser dotada de eficácia geral e a decisão proferida no âmbito do contro-

3 A coisa julgada inconstitucional **47**

le incidental – esta muito mais morosa porque em geral tomada após tramitação da questão por todas as instâncias – continue a ter eficácia restrita entre as partes.

Na mesma linha, o Ministro Roberto Barroso destaca as três finalidades constitucionais para observância dos precedentes do STF e à **expansão** de seu efeito **vinculante** e eficácia *erga omnes*:

[...] a primeira é a **segurança jurídica**. Na medida em que os tribunais inferiores respeitem, de uma maneira geral, as decisões dos tribunais superiores, cria-se um direito mais previsível e, consequentemente, menos instável. E, hoje em dia, há um entendimento que se generaliza de que a norma não é apenas aquele relato abstrato que está no texto. As normas jurídicas são um produto da interação entre o enunciado normativo e a realidade. Portanto, o Direito é, em última análise, o que os tribunais dizem que é. Além disso, essa disseminação do respeito aos precedentes atende o **princípio da isonomia**, na medida em que evita-se que pessoas em igual situação tenham desfechos diferentes para o seu caso, o que é, em alguma medida, sempre repugnante para o Direito. E, por fim, o respeito aos precedentes valoriza o **princípio da eficiência**, porque torna a prestação jurisdicional mais fácil, na medida em que o juiz ou os tribunais inferiores possam simplesmente justificar as suas decisões à luz de uma jurisprudência que já se formou. (Rcl. n. 4.335)

No ano seguinte, ao julgar o RE n. 730.462/SP, em 07.05.2015, e fixar tese no Tema n. 733 da Tabela da Repercussão Geral, o Supremo Tribunal assentou que:

A decisão do Supremo Tribunal Federal declarando a constitucionalidade ou a inconstitucionalidade de preceito normativo não produz a automática reforma ou rescisão das decisões anteriores que tenham adotado entendimento diferente. Para que tal ocorra, será indispensável a interposição de recurso próprio ou, se for o caso, a propositura de ação rescisória própria, nos termos do art. 485 do CPC, observado o respectivo prazo decadencial (CPC, art. 495).

Para melhor compreensão, a súmula da tese firmada em repercussão geral, quando do julgamento do RE n. 730.462/SP, recebeu a seguinte ementa:

Constitucional e processual civil. Declaração de inconstitucionalidade de preceito normativo pelo Supremo Tribunal Federal. Eficácia Normativa e eficácia executiva da decisão: distinções. Inexistência de efeitos automáticos sobre as sentenças judiciais anteriormente proferidas em sentido contrário. Indispensabilidade de interposição de recurso ou propositura de ação rescisória para sua reforma ou desfazimento.

1. A sentença do Supremo Tribunal Federal que afirma a constitucionalidade ou a inconstitucionalidade de preceito normativo gera, no plano do ordenamento jurídico, a consequência (= *eficácia normativa*) de manter ou excluir a referida norma do sistema de direito. 2. Dessa sentença decorre também o **efeito vinculante**, consistente em atribuir ao julgado uma qualificada força impositiva e obrigatória em relação a supervenientes atos administrativos ou judiciais (= *eficácia executiva* ou instrumental), que, para viabilizar-se, tem como instrumento próprio, embora não único, o da reclamação prevista no art. 102, I, *l*, da Carta Constitucional. 3. **A eficácia executiva, por decorrer da sentença (e não da vigência da norma examinada), tem como termo inicial a data da publicação do acórdão do Supremo no** *Diário Oficial* (art. 28 da Lei n. 9.868/99). É, consequentemente, **eficácia que atinge atos administrativos e decisões judiciais supervenientes a essa publicação**, não os pretéritos, ainda que formados com suporte em norma posteriormente declarada inconstitucional. 4. Afirma-se, portanto, como tese de repercussão geral que a decisão do Supremo Tribunal Federal declarando a constitucionalidade ou a inconstitucionalidade de preceito normativo não produz a automática reforma ou rescisão das **sentenças anteriores que tenham adotado entendimento diferente**; para que tal ocorra, será indispensável a **interposição do recurso próprio** ou, se for o caso, a propositura da **ação rescisória própria**, nos termos do art. 485, V, do CPC, observado o respectivo prazo decadencial (CPC, art. 495). Ressalva-se desse entendimento, quanto à indispensabilidade da ação rescisória, a questão relacionada à execução de efeitos futuros da sentença proferida em caso concreto sobre relações jurídicas de trato continuado. 5. No caso, mais de dois anos se passaram entre o trânsito em julgado da sentença no caso concreto reconhecendo, incidentalmente, a constitucionalidade do art. 9º da Medida Provisória n. 2.164-41 (que acrescentou o art. 29-C na Lei n. 8.036/90) e a superveniente decisão do STF que, **em controle concentrado**, declarou a inconstitucionalidade daquele preceito normativo, a significar, portanto, que aquela sentença é insuscetível de rescisão. 6. Recurso extraordinário a que se nega provimento. [grifos nossos]

No julgamento do Tema n. 733 da Tabela da Repercussão Geral, o STF partiu da hipótese de declaração de constitucionalidade ou de inconstitucionalidade em controle concentrado, mas fixou premissas importantes, como o efeito vinculante desse controle (CF, art. 102, § 2º) sobre as decisões judiciais supervenientes, uma vez que se trata de precedente, ou seja, que deve ser anterior à decisão objeto de recurso por estar em desconformidade com a tese firmada pelo Supremo. Outra inferência importante diz respeito à dispensabilidade de ação rescisória para cessação dos efeitos de sentença transitada em julgado, com tese contrária à firmada pelo STF e com efeito para o futuro, quando se tratar de relações jurídicas de trato sucessivo, pois, nesses casos, basta que a parte requeira nos autos da execução a cessação dos efeitos, a partir da decisão do Supremo. Caso ainda não tenha havido o trânsito em julgado, cabe à parte apresentar recurso para observância da tese firmada pelo Supremo, ainda que em sede de embargos de divergência e de embargos de declaração. Tal ocorre porque os embargos de divergência têm por finalidade a uniformização da inteligência do direito, devendo aplicar o entendimento já pacificado pelo STF. Igualmente, dado o efeito vinculante e eficácia *erga omnes* das decisões do STF, deve o órgão jurisdicional aplicá-la, mesmo em sede de embargos de declaração, preservando a higidez do sistema de precedentes e evitando-se a formação de coisa julgada inconstitucional e o ônus da parte ter de arguir a inexigibilidade do título formado em contrariedade à tese do Supremo (CPC, art. 525, § 1º, III, c/c §§ 12, 14 e 15 do mesmo artigo ou art. 535, III, §§ 5º a 8º).

Outra observação pertinente diz respeito ao termo inicial da data da eficácia executiva – efeito vinculante e eficácia *erga omnes* –, que na ementa da Tema n. 733 da repercussão geral (RE n. 730.462/SP) é considerado da publicação do acórdão do Supremo (item 3 da ementa). Contudo, tal entendimento já restou superado com o advento do atual CPC, que no art. 1.035, § 11, estabelece que "a súmula da decisão sobre a repercussão geral constará de ata, que será publicada no diário oficial e valerá como acórdão", antecipando o termo inicial à certidão de julgamento, que valera como acórdão, ainda que não o dispense. Ademais, o STF tem entendido, reafirmando a força da jurisprudência constitucional, que as teses decididas devem ser observadas a partir da certidão de julgamento, como pode-se observar dos seguintes precedentes:

> Repercussão geral. Sistemática. Aplicação. Pendência de embargos de declaração no paradigma. Irrelevância. Julgamento imediato da causa. Precedentes. 1. A existência de decisão de mérito julgada sob a sistemática da repercussão geral **autoriza o julgamento imediato de causas** que versarem sobre o mesmo tema, independente do trânsito em julgado do paradigma. Precedentes. [...]. 3. Agravo interno a que se nega provimento, com aplicação da multa prevista no art. 1.021, § 4º, do CPC/2015. (RE n. 1.112.500-Ag. Reg., 1ª T., rel. Min. Roberto Barroso, *DJe* 10.08.2018) [grifos nossos]

> Agravo regimental em recurso extraordinário. 2. Direito Processual Civil. 3. Insurgência quanto à aplicação de entendimento firmado em sede de repercussão geral. **Desnecessidade de se aguardar a publicação da decisão ou o trânsito em julgado**

50 Cinco anos do CPC: questões polêmicas

do paradigma. Precedentes. 4. Ausência de argumentos capazes de infirmar a decisão agravada. 5. Negativa de provimento ao agravo regimental. (RE n. 1.129.931-Ag. Reg., 2ª T., rel. Min. Gilmar Mendes, *DJe* 24.08.2018)

Ao julgar a ADIn n. 2.418, em 04.05.2016, o Supremo assentou a constitucionalidade das disposições normativas do CPC/2015, contidas no art. 525, §§ 1º, III, 12 e 14, e art. 535, III, § 5º, que permitem a arguição de inexigibilidade de "obrigação reconhecida em título executivo judicial fundado em lei ou ato normativo considerado inconstitucional pelo Supremo Tribunal Federal, ou fundado em aplicação ou interpretação da lei ou do ato normativo tido pelo Supremo Tribunal Federal como incompatível com a Constituição Federal, em controle de constitucionalidade **concentrado** ou **difuso**", na impugnação à execução ou embargos à execução.

Neste julgamento, o Supremo supera a distinção das decisões tomadas pelo Plenário em controle concentrado ou difuso, a partir da opção do legislador neste sentido, assentando que:

> Constitucional. Legitimidade das normas estabelecendo prazo de trinta dias para embargos à execução contra a Fazenda Pública (art. 1º-B da Lei n. 9.494/97) e prazo prescricional de cinco anos para ações de indenização contra pessoas de Direito Público e prestadoras de serviços públicos (art. 1º-C da Lei n. 9.494/97). Legitimidade da norma processual que institui hipótese de inexigibilidade de título executivo judicial eivado de inconstitucionalidade qualificada (art. 741, parágrafo único, e art. 475-L, § 1º, do CPC/73; art. 525, § 1º, III, e §§ 12 E 14 e art. 535, III, § 5º, do CPC/2015).
>
> 1. É constitucional a norma decorrente do art. 1º-B da Lei n. 9.494/97, que fixa em trinta dias o prazo para a propositura de embargos à execução de título judicial contra a Fazenda Pública. 2. É constitucional a norma decorrente do art. 1º-C da Lei n. 9.494/97, que fixa em cinco anos o prazo prescricional para as ações de indenização por danos causados por agentes de pessoas jurídicas de direito público e de pessoas jurídicas de direito privado prestadoras de serviços públicos, reproduzindo a regra já estabelecida, para a União, os Estados e os Municípios, no art. 1º do Decreto n. 20.910/32. 3. **São constitucionais as disposições normativas do parágrafo único do art. 741 do CPC, do § 1º do art. 475-L, ambos do CPC/73, bem como os correspondentes dispositivos do CPC/15, o art. 525, § 1º, III e §§ 12 e 14, o art. 535, § 5º.** São dispositivos que, buscando harmonizar a garantia da coisa julgada com o primado da Constituição, vieram agregar ao sistema processual brasileiro um mecanismo com eficácia rescisória de sentenças revestidas de **vício de inconstitucionalidade qualificado**, assim caracterizado nas hipóteses em que

(a) a sentença exequenda esteja fundada em norma reconhecidamente inconstitucional – seja por aplicar norma inconstitucional, seja por aplicar norma em situação ou com um sentido inconstitucionais; ou (b) a sentença exequenda tenha deixado de aplicar norma reconhecidamente constitucional; e (c) desde que, em qualquer dos casos, o reconhecimento dessa constitucionalidade ou a inconstitucionalidade tenha decorrido de julgamento do STF realizado em data anterior ao trânsito em julgado da sentença exequenda. 4. Ação julgada improcedente. (ADIn n. 2.418, rel. Min. Teori Zavascki, j. 04.05.2016) [grifos nossos]

Importante observar que, na hipótese, a Suprema Corte fixou as seguintes premissas:

(a) são constitucionais o art. 525, § 1º, III, e §§ 12 e 14, e art. 535, § 5º, do CPC/2015.

(b) constitui coisa julgada inconstitucional a decisão que deixa de observar o julgamento do STF que (b1) declara norma inconstitucional, (b2) declara norma constitucional e (b3) declara norma constitucional com interpretação conforme.

(c) natureza do precedente do STF nesses casos pode decorrer de controle de constitucionalidade **concentrado** ou **difuso**, razão pela qual restou superada esta distinção, tal como consta do voto do Ministro Teori Zavascky, relator:

O regime atual tem como novidades, além da explicitação de que as decisões do Supremo ali referidas podem ser *"em controle de constitucionalidade concentrado ou difuso"*, os acréscimos e explicitações constantes nos parágrafos 13 a 15 do art. 525, matéria não tratada pelo Código revogado.

[...] **O novo Código de Processo Civil tomou partido na matéria, estabelecendo expressamente que o precedente do STF pode ser "em controle de constitucionalidade concentrado ou difuso".**

[...] Também não se fazia alusão nem distinção, à época, entre precedente em controle incidental ou concentrado. Como agora explicita o novo Código, **essa distinção é irrelevante.** [...] A distinção restritiva, entre precedentes em controle incidental e em controle concentrado, **não é compatível com a evidente intenção do legislador, já referida, de valorizar a autoridade dos precedentes emanados do órgão judiciário guardião da Constituição, que não pode ser hierarquizada simplesmente em função do procedimento em que a decisão foi tomada.** Sob este enfoque, há idêntica força de autoridade nas decisões do STF tanto em ação direta quanto nas proferidas em via recursal, estas também com natural vocação expansiva, conforme reconheceu o STF no julgamento da Reclamação 4.335, Min. Gilmar Mendes, *DJe* 22.10.14, a evidenciar que está ganhando autoridade a recomendação da doutrina clássica de que a eficácia *erga omnes* das decisões que reconhecem a inconstitucionalidade, ainda que incidentalmente, deveria ser considerada "efeito natural da sentença" (Bittencourt, Lúcio, op. cit., p. 143; Castro Nunes, José. *Teoria e prática do Poder Judiciário*. Rio de Janeiro: Forense, 1943. P. 592). É exatamente isso que ocorre, aliás, nas hipóteses previstas no parágrafo único do art. 481 do CPC/73, **que submete os demais tribunais à eficácia vinculante das decisões do plenário do STF em controle de constitucionalidade, indiferentemente de terem sido tomadas em controle concentrado ou difuso.** [grifos nossos]

Apesar de não haver divergência ao voto-condutor do eminente relator, cabe ilustrar que o Ministro Edson Fachin seguiu na mesma argumentação, ressaltando que: "Sua excelência **deixou suplantada a diferença na hipótese de controle concentrado e controle difuso** com [eficácia] *erga omnes*, estou também acolhendo essa superação [...]".

Ora, à luz do decidido pelo Supremo Tribunal Federal, no sentido de que o seu pronunciamento sobre constitucionalidade vincula todas as decisões judiciais supervenientes e que a inobservância do entendimento fixado em controle **concentrado** (ADIn, ADC ou ADPF) ou **difuso** (repercussão geral), **indistintamente**, gera uma decisão revestida de "vício de inconstitucionalidade qualificado", é imperioso reafirmar a conclusão de que, às demais instâncias do Poder Judiciário cabe aplicar o entendimento da Suprema Corte aos casos concretos. É preciso registrar que persistem distinções entre as decisões do Plenário do STF em controle concentrado e difuso, na medida em que, no primeiro caso, cabe reclamação diretamente ao Supremo, sem esgotamento das instâncias recursais, e se vincula também à administração pública (CF, art. 102, § 2º), o que não ocorre na segunda hipótese. A observância do Tema n. 733 da Tabela da Repercussão Geral assim o determina, enquanto o processo não transitar em julgado, ou seja, enquanto pendente de recurso, mesmo no caso dos recursos excepcionais, como são as hipóteses do recurso de revista e especial. Do contrário, teríamos a inadmissível situação de, caso não aplicada a tese fixada pelo Supremo Tribunal, submeter os jurisdicionados a coisa julgada inconstitucional, devendo arguir a inexigibilidade do título em execução.

É importante anotar que a sistemática da repercussão geral, criada pela Emenda Constitucional n. 45/2004, tem por propósito **racionalizar** o acesso, via recurso extraordinário, à jurisdição constitucional do Supremo Tribunal Federal, mediante processo de seleção das questões que atendam a critérios de relevância jurídica, política, social ou econômica (art. 1.035, § 1º, do CPC/2015), desde que transcendam aos interesses individuais das partes.

Reconhecida a repercussão geral, o relator no Supremo Tribunal Federal poderá determinar a suspensão do processamento de todos os processos pendentes, individuais ou coletivos, que versem sobre a questão e tramitem no território nacional (art. 1.035, § 5º, do CPC/2015). Negada a repercussão geral, o presidente ou o vice-presidente do tribunal de origem negará seguimento aos recursos extraordinários sobrestados na origem que versem sobre matéria idêntica (art. 1.035, § 8º, do CPC/2015). Por outro lado, admitida a repercussão geral e definida a tese, caberá ao presidente ou ao vice-presidente do tribunal recorrido negar seguimento a recurso extraordinário interposto contra acórdão que esteja em conformidade com entendimento do Supremo Tribunal Federal (art. 1.030, I, *a*, do CPC/2015) ou encaminhar o processo ao órgão julgador para realização do juízo de retratação, se o acórdão recorrido divergir do entendimento do Supremo Tribunal Federal (art. 1.030, II, do CPC/2015).

Essa racionalização do sistema recursal, como observado pelo Ministro Luís Roberto Barroso, no julgamento da Rcl. n. 4.335, vai ao encontro das diretrizes principiológicas jurídico-constitucionais da **segurança jurídica** – na medida em que previne a fragmentação de decisões judiciais dissonantes no país; da **eficiência** da atividade jurisdicional – pois permite, pelo efeito multiplicador das teses firmadas pelo Supremo Tribunal Federal, a resolução em larga escala de processos cuja matéria tenha sido objeto de tema de repercussão geral; da **razoável duração do processo** – com redução do tempo de espera do julgamento de recursos; e, ainda, da **economia processual**, uma vez que, com a maior celeridade na resolução do litígio, possibilitam-se a otimização de gastos públicos com outros julgamentos e a redução das despesas que as partes têm que naturalmente suportar com a tramitação e o acompanhamento das demandas judiciais. Por fim e sendo seu principal objetivo, realiza o **princípio da isonomia**, ao evitar que pessoas em igual situação tenham soluções diferentes para o seu caso, o que é inadmissível para o Direito.

Sob esse enfoque é que se deve reconhecer que as teses firmadas pelo Supremo Tribunal Federal em sistemática de repercussão geral possuem **efeito vinculante** e eficácia *erga omnes* e, assim, obrigam todos os órgãos e instâncias do Poder Judiciário à sua observância e estrita aplicação. Admitir-se a possiblidade de decisões, em casos concretos, em dissonância com as teses adotadas pela Suprema Corte, sem a expressa e excepcional distinção (*distinguishing*), implicaria ruptura do sistema e desarrazoada imposição, às partes, do oneroso encargo de alçarem à jurisdição constitucional, via recurso extraordinário, para preservarem a uniformidade de interpretação e a unidade na aplicação da questão jurídica já pacificada (exegese do art. 1.035, § 3º, III, do CPC/2015). Por isso, é preciso reafirmar que as decisões proferidas após o STF firmar interpretação constitucional em controle concentrado ou difuso e contrariando tal entendimento não têm validade jurídica, pois eivadas de vício qualificado de inconstitucionalidade.

Exatamente por essa razão é que, definida a tese em tema de repercussão geral, o juízo de retratação, a ser exercido pelo órgão prolator do acórdão recorrido, não constitui novo julgamento da matéria, mas mero cotejo entre aquilo que antes decidira e a tese então fixada, cabendo ao órgão julgador o **exercício objetivo da retratação**, a fim de conformar a hipótese concreta ao entendimento pacificado pela Alta Corte. Dessa decisão de retratação que aplica a tese ao caso não caberá recurso interno ou novo recurso extraordinário.

O entendimento em destaque encontra amparo na jurisprudência pacífica do Supremo Tribunal Federal, que há muito assentou tese de que "após o exame da existência de repercussão geral da matéria versada no recurso extraordinário, pelo Supremo Tribunal Federal, compete às cortes de origem a aplicação da decisão aos demais casos" (ARE n. 989.305, rel. Min. Luiz Fux, j. em 30.08.2016) e de que é inadmissível a interposição de recurso contra decisão que aplica a sistemática da repercussão geral (AI n. 760.358-QO, Pleno, rel. Min. Gilmar Mendes, *DJe* 19.02.2010). No mesmo sentido: ARE n. 823.651, rel. Min. Gilmar Mendes, *DJe* 16.09.2014; AI n. 846.808-Ag. Reg., 2ª T., rel. Min. Gilmar Mendes, *DJe* 10.11.2014; Rcl. n. 11.940, rel. Min. Ricardo Lewandowski, *DJe* 14.02.2014; Rcl. n. 12.395-Ag. Reg., Plenário, rel. Min. Dias Toffoli, *DJe* 06.11.2013; Rcl. n. 15.080-Ag. Reg., Plenário, rel. Min. Celso de Mello, *DJe* 18.02.2014; e Rcl. n. 16.915-Ag. Reg., 2ª T., rel. Min. Cármen Lúcia, *DJe* 13.03.2014.

Se a questão jurídica resolvida em tema de repercussão geral pelo Supremo Tribunal Federal é de observância e aplicação obrigatória pelos diversos órgãos do Poder Judiciário, com maior razão deve ser observada e aplicada pelos Tribunais e Cortes Superiores de uniformização, a fim de cumprir sua missão de pacificar e garantir segurança jurídica às relações jurídicas no país, mantendo estável, íntegra e coerente a jurisprudência uniformizada (CPC, art. 926, *caput*, do CPC).

Entendo que o alcance desta compreensão deve ser feito, inclusive, por ocasião do exame de admissibilidade dos recursos excepcionais (especial e de revista), dada a vocação natural desses recursos como instrumento processual adequado à uniformização da jurisprudência, no âmbito de competência de cada tribunal.

Em outras palavras, considero que, no exame dos pressupostos de admissibilidade dos recursos especial e de revista, há de se apreciar esse apelo extraordinário a partir de um prisma sistêmico integrativo, a fim de incluí-lo, em uma **dimensão recursal mais ampla,** também sob a lógica da **segurança jurídica,** da **eficiência** da atividade jurisdicional, da **razoável duração do processo** e da **economicidade** processual que norteia o sistema da repercussão geral, tudo para que, ao final, se realize o princípio da isonomia.

Cumpre observar que o Supremo Tribunal Federal, em recentes julgados, tem adotado o argumento da **questão de fundo** tratada nos processos que desafiam a aplicação da tese em tema de repercussão geral, ainda que sob o enfoque de não atendimento de pressupostos intrínsecos dos recursos excepcionais, como pode-se observar em várias decisões em reclamação.

Nas reclamações constitucionais ajuizadas no STF, aquela Suprema Corte superou diversos óbices processuais, apontados pelo TST para denegar seguimento aos agravos de instrumento em recurso de revista, por verificar que a **questão de fundo** tratada no processo se refere à tema com tese firmada em sistemática de repercussão geral.

Vejamos alguns exemplos de óbices processuais superados pela Suprema Corte:

1) STF, Rcl. n. 37.740 MC/MA, rel. Min. Cármen Lúcia, decisão monocrática, *DJe* 30.10.2019 – superação do **óbice da transcrição integral do acórdão regional para comprovação do prequestionamento** (art. 896, § 1º-A, I, da CLT);

2) STF, Rcl. n. 37.298/MA, rel. Min. Alexandre de Moraes, decisão monocrática, *DJe* 21.10.2019 – suplantação da inexistência transcrição do trecho do acórdão regional que consubstancia o prequestionamento da controvérsia objeto do recurso (art. 896, § 1º-A, I, da CLT), mas tão somente a devolução da matéria de fundo tratada no recurso de revista;

3) STF, Rcl. n. 37.809 MC/SP, rel. Min. Luiz Fux, decisão monocrática, *DJe* 19.11.2019 – superação do óbice da indicação de trecho insuficiente do acórdão regional para os fins do art. 896, § 1º-A, I, da CLT e;

4) STF, Rcl. n. 37.465 MC/MA, rel. Min. **Cármen Lúcia, decisão monocrática,** *DJe* 11.11.2019 – superação da transcrição apenas da ementa do acórdão regional no recurso de revista e, ainda, do óbice da Súmula n. 422 do TST em relação ao Agravo de Instrumento em Recurso de Revista.

Há, inclusive, decisões monocráticas de mérito do STF em Reclamação Constitucional que enfrentam a **questão de fundo da controvérsia,** conforme os seguintes precedentes: STF, Rcl. n. 37.536/RJ, rel. Min. Alexandre de Moraes, decisão monocrática, *DJe* 24.10.2019; e STF, Rcl. n. 36.408/SP, rel. Min. Cármen Lúcia, decisão monocrática, *DJe* 22.10.2019.

Em todos os casos mencionados percebe-se, claramente, que o STF optou por mitigar os aspectos formais relativos aos pressupostos intrínsecos de admissibilidade dos recursos (arts. 896, § 1º-A, e 896-A da CLT), para aplicar a tese de repercussão geral, a fim de examinar a questão de fundo, quando fixada tese pelo STF seja em sede de repercussão geral, seja em decisões proferidas em sede de controle concentrado de constitucionalidade e em súmulas vinculantes.

Penso que os Tribunais, inclusive os Superiores, devem enfrentar a questão de fundo já pacificada pelo STF, superando pressupostos recursais, a fim de preservar a higidez da jurisprudência constitucional do Supremo Tribunal.

Nesse contexto, no momento em que o STF fixa a tese e o recurso interposto claramente refere-se à questão já decidida pela Suprema Corte, deve-se aplicar obrigatoriamente a tese de repercussão geral estabelecida pelo STF, ainda que com mitigação dos pressupostos legais intrínsecos de admissibilidade do apelo.

4

Os impactos do Código de Processo Civil de 2015 na mediação

Marco Aurélio Gastaldi Buzzi

RELAÇÃO DOS PRINCÍPIOS CONSTITUCIONAIS E ACESSO À JURISDIÇÃO

O contexto geopolítico mundial do século XVIII serviu como impulso para a legitimação dos chamados direitos fundamentais de primeira geração, de inspiração revolucionária liberal, os quais representavam verdadeiros postulados de abstenção do Estado. Posteriormente, percebeu-se a necessidade de garantir condições mínimas aos cidadãos de exercerem seus direitos, o que pressupunha uma atuação mais positiva por parte do Estado no intuito de garantir a efetividade de direitos de cunho social. Nesse cenário, surgem os direitos de segunda geração.

Nota-se uma contraposição entre os direitos de primeira e segunda geração, pois enquanto aqueles diziam respeito aos interesses individuais e políticos, pautados na liberdade dos indivíduos contra a atuação do Estado, estes buscavam, em vez da abstenção, as atividades positivas do Estado.

Mais tarde, surge a tutela dos direitos de terceira geração, conhecidos por sua eficácia transindividual. Consoante Paulo Bonavides,[1] a essência dessa tutela vai ao encontro de sentimentos como a solidariedade e a fraternidade.

É certo aduzir que, com o passar das gerações, todos esses direitos persistem válidos e são observados pelas Constituições. A Carta Magna de 1988 corrobora tal premissa, uma vez que garante juridicamente os direitos das diversas gerações.[2]

---

1 BONAVIDES, Paulo. *Curso de direito constitucional*, 2016, p. 587.
2 PARDO, David Wilson de Abreu. *Os direitos fundamentais e a aplicação judicial do direito*, 2003, p. 47.

A luta pela reconquista dos direitos de participação política se concretizou na promulgação da Constituição Federal de 1988, a chamada Carta Cidadã, sendo esta responsável por redefinir as relações entre os Poderes da República e na participação democrática do povo nas decisões políticas. Tais transformações exigiram a produção de um novo texto que renovou o pacto social até então vigente.

O referido diploma abriu espaço para a ampliação do controle normativo por parte do Judiciário, o que passou a ser muito discutido pela doutrina, em razão do crescente protagonismo deste e da consequente interferência no princípio da separação dos poderes. Assim, o processo de expansão do poder judicial se tornou um fenômeno progressivamente em curso nas sociedades contemporâneas.

Isso significa, em outras palavras, que a redemocratização do país provocou, então, uma horizontalização entre Estado e sociedade, rompendo com a tradicional disposição vertical. Essa nova ordem estatal passou a valorizar as liberdades públicas, bem como criou instrumentos de garantia processual e conferiu *status* constitucional às instituições que funcionam em paralelo com os três poderes, denominadas de funções essenciais à justiça (arts. 127 a 135 da Constituição Federal).

O art. 5º, XXXV, da Constituição garante o acesso à justiça a todo indivíduo. O referido mandamento pode ser chamado também de princípio da inafastabilidade do controle jurisdicional ou do direito de ação. Porém, devido à inércia de jurisdição, para que seja movimentada a máquina do Estado, imprescindível se torna a provocação no sentido de obter a prestação jurisdicional. Daí a necessidade e a importância dos entes e pessoas que atuam como funções essenciais à Justiça.

O direito de ação pode ser explicado como a garantia para se alcançar a justiça e, por conseguinte, de obtenção de um pronunciamento jurisdicional, ainda que seja desfavorável. Nesse sentido, tal direito passou a ser projeção do caráter autorreflexivo do sistema processual, cuja postura tornou o processo um objetivo em si mesmo.

Diante disso, o processo civil adotou atitude mais zelosa para com os resultados produzidos ao cabo dos conflitos e, tratou de privilegiar a garantia constitucional da efetividade do processo.

O amplo estímulo e a valorização do direito de ação, sozinhos, não são capazes de exprimir a verdadeira finalidade do sistema processual. Isso porque é imprescindível, também, ter atenção ao produto da tutela jurisdicional e às projeções metaprocessuais dela provenientes, uma vez que, a partir daí, será possível determinar em que medida o processo será útil às partes, bem como as dimensões sociais dos resultados dos provimentos jurisdicionais.

Conforme o art. 8º do CPC, o juiz, ao aplicar o ordenamento jurídico, atenderá aos fins sociais e às exigências do bem comum, resguardando e promovendo a dignidade da pessoa humana e observando a proporcionalidade, a razoabilidade, a legalidade, a publicidade e a eficiência.

A lei instrumental, portanto, acrescentou a eficiência como valor a ser observado nos pronunciamentos judiciais, levando em conta a utilidade e a qualidade dos resultados em cada processo em si considerado.

A tutela jurisdicional institucionalizada, portanto, é o meio pelo qual se almeja alcançar a paz social. Por outro lado, o amplo acesso à Justiça pode comprometer a celeridade e eficiência do andamento dos sistemas de resolução de conflitos.

Sabendo disso, a nova ordem jurídica foi responsável por aperfeiçoar mecanismos delimitadores dos poderes do juiz, inerentes à jurisdição, com o intuito de direcionar o exercício desta por meios idôneos e socialmente relevantes, tendo em vista o contexto econômico e político em que se está operando.

São limitações de cunho constitucional e processual. Assim, essas contenções consistem em considerar a iniciativa da parte como requisito para frear o exercício espontâneo da jurisdição ou a necessária correlação entre o que foi pedido pela parte e a sentença proferida, bem como as garantias constitucionais do devido processo legal e do juiz natural. Sobre o tema, ensina o professor Cândido Rangel Dinamarco:[3]

> Diferente é o posicionamento moderno, agora girando em torno da ideia do processo civil de resultados. Consiste esse postulado na consciência de que o valor de todo o sistema processual reside na capacidade que tenha de propiciar ao sujeito que tiver razão uma situação melhor do que aquela em que se encontrava antes do processo.

A grande questão do acesso à justiça é conseguir atender ao trinômio qualidade x celeridade x efetividade. Os órgãos jurisdicionais devem, então, mantidas a qualidade e a eficiência, produzir sentenças em tempo hábil e razoável. Para tanto, é importante prestigiar a universalização da tutela jurisdicional, no sentido de ampliar o número de pessoas capazes de ingressar em juízo ou de causas a serem objeto deste e, ao mesmo tempo, aperfeiçoar internamente o sistema processual, o qual deve ser célere e produtor de soluções justas e efetivas. Não se pode perder de vista, portanto, o principal objetivo que é o de promo-

---

3   DINAMARCO, Cândido Rangel. *Instituições de Direito Processual Civil*, 2009, v. 1, p. 198-9.

ver a satisfação e a paz social, afastando-se da ideia de produção de decisões vazias e automáticas.

A garantia constitucional da ação deve ser meio de concretização da chamada justiça substancial. Assim, segundo a acepção clássica de acesso à justiça elaborada por Cappelletti e Garth, o sistema processual deve exprimir duas características: [...] "deve ser igualmente acessível a todos; deve produzir resultados que sejam individual e socialmente justos".[4]

O COLAPSO DO JUDICIÁRIO E A MEDIAÇÃO

A universalização da tutela jurisdicional busca, prioritariamente, abranger e amparar o maior número de indivíduos e hipóteses da realidade empírica, que podem se submeter a um pronunciamento judicial.

O processo histórico do referido fenômeno pode ser explicado com o que a doutrina internacional denomina de as três ondas renovatórias do acesso à justiça, referentes a um processo de abertura dessa garantia voltado especificamente: (i) aos necessitados ou hipossuficientes econômicos; (ii) a conflitos de interesses transindividuais; (iii) novas fórmulas de instrumentos internos do processo.

As referidas renovações representam uma ruptura com o conformismo do processo civil tradicional, exercendo influência e reflexos no vigente Código de Processo Civil, findando a verticalização da relação Estado-indivíduo. Percebeu-se que o processo ordinário contencioso nem sempre é o meio mais eficaz para a solução de conflitos, levando-se em conta os interesses das partes e da sociedade. Aquela justiça tradicional, adjudicada por um juiz, não é mais o único meio adequado e disponível para resolver demandas, ante o advento da nova justiça multiportas.[5]

O Poder Judiciário – muito se tem dito a esse respeito - deixou de ser mero instrumento de aplicação de leis, isto é, a atuação dos juízes, neste novo tempo, não está adstrita ao simples exame de incidência da norma ao fato. A missão constitucional que se lhes confia, agora, diz respeito à efetividade da jurisdição e, sobretudo, à real concretização dos direitos.

O art. 5º, XXXIV, XXXV e LIV, da Constituição Federal[6] garante o acesso à justiça a todo indivíduo. Porém, devido ao princípio da inércia de jurisdi-

---

4   CAPPELLETTI, Mauro; GARTH, Bryant. *Acesso à justiça*, 1988, p. 8.

5   DIDIER, Freddie; ZANETI, Hermes. "A justiça multiportas e tutela constitucional adequada". In: ZANETI, Hermes; CABRAL, Trícia Navarro Xavier. *Justiça multiportas*: mediação, conciliação, arbitragem e outros meios de solução adequada para conflitos, 2016, p. 36.

6   "Art. 5º [...] XXXIV – são a todos assegurados, independentemente do pagamento de taxas: *a*) o direito de petição aos Poderes Públicos em defesa de direitos ou contra ilegali-

ção, para mover o Estado-juiz, imprescindível se torna sua provocação. Daí a necessidade e a importância dos entes e pessoas que atuam como funções essenciais à justiça, tais como a advocacia pública, consistente em diversas instituições que representam a União, estados e municípios, judicial ou extrajudicialmente; advocacia privada, representada pelos advogados em geral, na salvaguarda dos direitos e garantias fundamentais; o Ministério Público,[7] na defesa de direitos indisponíveis e interesses coletivos; a Defensoria Pública,[8] no patrocínio de hipossuficientes.

A primeira onda, antes referida, consiste, precipuamente, em proporcionar aos pobres nos termos da lei, meios de acesso ao Poder Judiciário, condição viabilizada com base em dois regimes básicos de atuação: por intermédio do sistema *Judicare* e de advogados remunerados pelos cofres públicos.

O *Judicare* é caracterizado, por Mauro Cappelletti,[9] como um modelo por meio do qual a assistência judiciária é estabelecida como um direito para todas as pessoas que se enquadrem nos termos da lei. Os advogados particulares, então, são pagos pelo Estado. A finalidade do *Judicare* é proporcionar aos litigantes de baixa renda a mesma representação que teriam se pudessem pagar um causídico privado.

O sistema com advogados remunerados pelos cofres públicos, por sua vez, foi inaugurado nos Estados Unidos da América (*Legal Services Corporation*). Trata-se de assistência não só judiciária, mas também jurídica, prévia e informativa.[10]

Constata-se, a esse propósito, a instalação da Defensoria Pública da União, do Distrito Federal e dos Territórios, por meio da Lei Complementar n. 80, de 12 de janeiro de 1994.

> Art. 5º [...] LXXIV. O Estado prestará assistência jurídica integral e gratuita aos que comprovarem insuficiência de recursos.
>
> [...]
>
> Art. 134. A Defensoria Pública é instituição permanente, essencial à função jurisdicional do Estado, incumbindo-lhe, como expressão e instrumento do regime democrático, fundamentalmente, a orientação jurídica, a promoção dos direitos humanos e a defesa, em todos os graus, judicial e extrajudicial, dos direitos individuais

---

dade ou abuso de poder; *b*) a obtenção de certidões em repartições públicas, para defesa de direitos e esclarecimento de situações de interesse pessoal; XXXV – a lei não excluirá da apreciação do Poder Judiciário lesão ou ameaça a direito" (BRASIL. Constituição da República Federativa do Brasil. Senado, 1998).

7   BRASIL, art. 81 e incisos da Lei n. 8.078 de 1990, bem como da Lei n. 7.347 de 1985.

8   BRASIL, arts. 5º, LXXIV, e 134 da Constituição Federal.

9   CAPPELLETTI, Mauro; GARTH, Bryant. *Acesso à justiça*, 2002, p. 33.

10 Ibidem, p. 40.

e coletivos, de forma integral e gratuita, aos necessitados, na forma do inciso LXXIV do art. 5º desta Constituição Federal.

A finalidade, portanto, é de garantir o acesso à Justiça tangível e equilibrado aos hipossuficientes, com a mesma destreza jurídica que receberia um litigante amparado por defensor particular. A primeira onda, contudo, não avançou em relação aos direitos de natureza difusa, coletiva e individual homogênea passíveis de transação.

Por sua vez, a segunda onda renovatória de acesso à justiça adveio a abranger esses conflitos transindividuais, os quais não eram passíveis de ser objeto de tutela em juízo. Foi considerada uma verdadeira revolução no processo civil por Mauro Cappelletti, uma vez que partiu de uma visão individualista para um enfoque mais social e coletivo.

A criação de novas ações e a abertura de novos legitimados para o seu ajuizamento foram algumas das mudanças implementadas pela segunda onda, como se constata no âmbito da Ação Civil Pública, instituída pela Lei n. 7.347, de 24 de julho de 1985; o Estatuto da Criança e do Adolescente (Lei n. 8.069, de 13 de julho de 1990); o Código de Proteção e Defesa do Consumidor (Lei n. 8.078, de 11 de setembro de 1990), a Lei Complementar n. 76, de 6 de julho de 1993; a Lei Complementar n. 80; Juizados Especiais Cíveis e Criminais (Lei n. 9.099, de 26 de setembro de 1995); entre outros.

O advento da terceira onda se deu em razão dos desafios que surgiram ao longo do processo de universalização da justiça. Com efeito, a crescente expansão e o verdadeiro protagonismo do Poder Judiciário ocorreram sob o contexto da ascensão do Neoconstitucionalismo, verificado após o século XX, segundo a premissa da eficácia máxima da Constituição e de sua força normativa.

O Poder Judiciário, diante desse processo de expansão que o colocou em posição de destaque e do consequente aumento da judicialização de conflitos, acabou por ficar sobrecarregado com a quantidade de demandas, o que passou, como já dito, a comprometer sua celeridade e eficiência. Para desafogá-lo, então, foram adotados os mecanismos alternativos de resolução de conflitos.

Nesse norte, o CNJ atuou na promoção de ações de incentivo à autocomposição de litígios e à pacificação social. O Conselho foi, igualmente, responsável por implantar o Movimento pela Conciliação, o que culminou na edição da Resolução n. 125/2010. As promulgações da Lei de Mediação e do Código de Processo Civil vieram, também, como grande estímulo aos meios consensuais.

Os métodos mais adequados de resolução de conflitos, portanto, prestigiam a cooperação, a tolerância, a empatia e o diálogo entre as partes, elevando-as à condição de premissas que devem nortear todo o processo.

Nesse sentido, há dois principais gêneros de solução de controvérsias para se alcançar tais objetivos: autocomposição ou heterocomposição. A primeira diz respeito ao método por meio do qual as próprias partes tentam chegar a um consenso sobre a questão em discussão, resolvendo consensualmente o conflito de interesses, sendo que um terceiro neutro apenas conduzirá o debate. Dois exemplos desse método são a conciliação e mediação. A segunda, por sua vez, trata de técnica em que um terceiro é designado para proferir decisão sobre a pretensão resistida posta em análise. Exemplos disso são a arbitragem e a própria jurisdição estatal.

Portanto, entre as diversas espécies de métodos alternativos de solução de controvérsias constam a Mediação, a Conciliação e a Arbitragem, sendo que a natureza do conflito de interesses pode indicar qual deles será o mais adequado:

a) A Mediação consiste em método autocompositivo de resolução de conflitos, no qual um terceiro imparcial conduzirá e facilitará o diálogo entre as partes, sem poder de decisão acerca do objeto da demanda. Trata-se de uma atividade técnica não jurisdicional. A mediação deve ser estimulada pelos tribunais por meio de centros judiciários próprios regulamentados pelo CNJ.

b) A Conciliação, por seu turno, é um processo igualmente autocompositivo em que um terceiro imparcial conduzirá as discussões e poderá fazer sugestões para a solução do litígio, opinar e interagir com as partes. Ao final, se houver acordo, este deve ser encaminhado para que o juiz proceda à sua homologação, caso seus termos estejam em conformidade com os princípios da razoabilidade e proporcionalidade do caso concreto.

c) A Arbitragem, enfim, é um método heterocompositivo, de natureza jurisdicional, em que um terceiro neutro será nomeado como árbitro, com a incumbência de decidir de forma impositiva. Assim, a sentença proferida pelo árbitro, a qual terá natureza de título executivo judicial, não fica sujeita a recurso, em regra, ou à homologação pelo Judiciário e produzirá os mesmos efeitos de uma decisão prolatada por órgãos jurisdicionais. Ressalte-se que o Poder Judiciário e as Câmaras Arbitrais nunca se confundem.

Um dos desafios que se lança diante dos métodos de solução de controvérsias é garantir ganho equitativo das partes em relação às consequências da solução, uma vez que nem sempre os envolvidos terão semelhantes graus de instrução ou de recursos para celebrar acordos sem uma orientação maior. Por essa razão, é importante instruir os litigantes acerca de todos os meios de que dispõem para a resolução de conflitos, dando-lhes a oportunidade de optarem por aquela que melhor condiz com a natureza da disputa.

Outro ponto importante é estimular uma mudança de mentalidade, a começar por debates acadêmicos já nos cursos de graduação, para que os estudantes se familiarizem com esses métodos e passem a aplicá-los na resolução de litígios em casos concretos.

É inegável a crise atualmente experimentada pelo Poder Judiciário, que conta, segundo o relatório Justiça em Números de 2019, com aproximadamente 110,4 milhões de processos[11] em tramitação e, portanto, pendentes de solução definitiva. Faz-se necessário encontrar formas de pacificação efetivas e céleres que não o Estado-Juiz, tais como a mediação, a conciliação e a arbitragem, acima mencionadas, ora mais ainda em destaque no ordenamento jurídico brasileiro.

A consolidação desses métodos de solução de conflitos somente é viável, repisa-se, a partir de uma mudança de mentalidade não só dos operadores do Direito, mas, como dito, também da academia, por meio da inserção, em suas grades, de disciplinas relativas aos aludidos mecanismos, bem assim pela conscientização popular sobre outras formas de se resolver contendas.

COMPOSIÇÃO DE CONFLITOS E O NOVO CÓDIGO DE PROCESSO CIVIL

Nos últimos anos, o sistema judicial brasileiro experimentou uma progressiva mudança de rumos voltada à incorporação, em suas práticas, dos métodos mais adequados de solução de conflitos. O paradigma contemporâneo introduzido no ordenamento jurídico brasileiro pela Lei de Mediação n. 13.140/2015,[12] por meio da implementação da política pública de incentivo à autocomposição de conflitos, com inspiração na Resolução n. 125/2010 do CNJ e, por conseguinte, consagrado pelo CPC/2015, propôs-se a conferir maior adesão do regramento do direito processual às realidades do mundo e às exigências do bem comum.

O CPC vigente foi responsável por prestigiar os métodos alternativos de resolução de conflitos. Inovou, assim, no propósito de conferir maior aderência do sistema de direito processual às realidades fáticas. Parte-se da ideia de que os litigantes se sentem mais confortáveis quando eles próprios desenham a so-

---

11 Dados estatísticos encontrados no Relatório Justiça em Números, organizado pelo CNJ. Disponível em: https://www.cnj.jus.br/wpcontent/uploads/conteudo/arquivo/2019/08/justica_em_numeros20190919.pdf. Acesso em: 04.11.2019.

12 Brasil. Lei n. 13.140/2015. Lei de Mediação. Dispõe sobre a mediação entre particulares como meio de solução de controvérsias e sobre a autocomposição de conflitos no âmbito da administração pública; altera a Lei n. 9.469, de 10 de julho de 1997, e o Decreto n. 70.235, de 6 de março de 1972; e revoga o § 2º do art. 6º da Lei n. 9.469, de 10 de julho de 1997.

4 Os impactos do Código de Processo Civil de 2015 na mediação   65

lução de suas pelejas, em detrimento de um desfecho imposto pela figura do magistrado. Mesmo considerando que uma decisão judicial, muitas vezes, tem o condão de encerrar o problema no âmbito da justiça, ela não é sempre capaz de pôr fim ao litígio entre as partes ou de promover efetivamente a paz social.

No rol das principais mudanças inseridas pelo CPC, está o robusto incentivo à autocomposição. Para tanto, o código determina que todos os tribunais devem implantar Centros Judiciários de Solução de Conflitos e Cidadania (CEJUSC), para fins de realização de sessões de conciliação e mediação. Medida, essa, que exprime, claramente, a institucionalização da mediação em processos judiciais pelo novo diploma.

O CPC/2015,[13] portanto, dedica uma particular atenção às figuras do Conciliador e do Mediador, classificados agora, oficialmente, como Auxiliares da Justiça:

> Art. 149. São auxiliares da Justiça, além de outros cujas atribuições sejam determinadas pelas normas de organização judiciária, o escrivão, o chefe de secretaria, o oficial de justiça, o perito, o depositário, o administrador, o intérprete, o tradutor, o mediador, o conciliador judicial, o partidor, o distribuidor, o contabilista e o regulador de avarias.

Em seu art. 165, o Código faz uma minuciosa distinção entre as atribuições de cada um: o conciliador atuará, preferencialmente, nos casos em que não houver vínculo estabelecido anteriormente entre as partes, terá maior ingerência na relação, na medida em que poderá sugerir soluções para o litígio; ao mediador cabe conduzir as discussões, auxiliar os interessados a compreender as questões e os interesses de ambos, de modo que determinem por si próprios um desfecho à pretensão resistida:

> Art. 165. Os tribunais criarão centros judiciários de solução consensual de conflitos, responsáveis pela realização de sessões e audiências de conciliação e mediação e pelo desenvolvimento de programas destinados a auxiliar, orientar e estimular a autocomposição.
> § 1° A composição e a organização dos centros serão definidas pelo respectivo tribunal, observadas as normas do Conselho Nacional de Justiça.
> § 2° O conciliador, que atuará preferencialmente nos casos em que não houver vínculo anterior entre as partes, poderá sugerir soluções para o litígio, sendo vedada

---

13 Lei n. 13.105/2015. Código de Processo Civil, 2015.

a utilização de qualquer tipo de constrangimento ou intimidação para que as partes conciliem.

§ 3º O mediador, que atuará preferencialmente nos casos em que houver vínculo anterior entre as partes, auxiliará aos interessados a compreender as questões e os interesses em conflito, de modo que eles possam, pelo restabelecimento da comunicação, identificar, por si próprios, soluções consensuais que gerem benefícios mútuos.

Ademais, o CPC legitima uma mudança de paradigma, na medida em que estimula a solução consensual de conflitos por meio da figura dos magistrados, advogados, defensores públicos e membros do Ministério Público, mediadores, conciliadores, árbitros e demais operadores do Direito, com a ascensão do chamado sistema multiportas,[14] cuja premissa é substituir o mecanismo tradicional de solução de controvérsias, que era composto exclusivamente pela judicialização de demandas.

O objetivo precípuo dos instrumentos de resolução consensual de conflitos é o de fomentar o desfecho de questões antes de submetidas ao Judiciário, de modo que as próprias partes construam a solução acerca da contenda que as envolve, com base em valores norteados pela cooperação, tolerância, empatia, diálogo, prática esta que prestigia a autonomia dos litigantes, constituindo, por isso mesmo, via de regra, um mecanismo mais adequado do que a sentença judicial para a promoção da pacificação social. Um dos propósitos desse novo sistema, entre tantos outros, é evitar o excesso de judicialização e amenizar o fenômeno de expansão e protagonismo desse Poder, o qual passou a vigorar com o advento do Neoconstitucionalismo.[15]

---

14 O termo "Tribunal Multiportas" foi inaugurado no direito norte-americano pelo professor de Direito da Faculdade de Harvard, Frank E. A. Sander, o qual concebeu o termo original em inglês "Multi-Door Courthouse", cujo significado retrata um sistema em que os conflitos poderiam ser solucionados por vários métodos alternativos de resolução de disputas num mesmo tribunal e não apenas por meio do modelo tradicional contencioso presidido pelo juiz. Seu sistema propunha que, após uma triagem realizada por profissional qualificado, as partes seriam encaminhadas à "porta" mais adequada à solução da controvérsia.

15 Sobre esse tema, o Ministro Luís Roberto Barroso apresenta a seguinte conceituação, confira-se: "Em suma: o Neoconstitucionalismo ou novo direito constitucional, na acepção aqui desenvolvida, identifica um conjunto amplo de transformações ocorridas no Estado e no direito constitucional, em meio às quais podem ser assinalados, (i) como *marco histórico*, a formação do Estado constitucional de direito, cuja consolidação se deu ao longo das décadas finais do século XX; (ii) como *marco filosófico*, o pós-positivismo, com a centralidade dos direitos fundamentais e a reaproximação entre Direito e ética; e (iii) como *marco teórico*, o conjunto de mudanças que incluem a força normativa da Constituição, a expansão da jurisdição constitucional e o desenvolvimento de uma nova dogmática da

Os referidos instrumentos, colocados agora no centro da dinâmica processual, têm por escopo prezar pela celeridade, eficiência e economicidade em relação a demandas que poderiam ser resolvidas sem que houvesse a movimentação da máquina judiciária, superando questões tais como a da falta de estrutura funcional, a morosidade e os altos custos que um processo essencialmente contencioso pode significar. Busca-se assim, ressalta-se, superar a chamada cultura da sentença, termo este que exprime a atividade jurisdicional de produzir decisões em grande escala sem se preocupar com os efeitos metaprocessuais de cada uma delas, o que acaba por comprometer não só a própria instituição mas também a qualidade das suas deliberações, tornando-as incapazes de garantir a justiça substancial da prestação jurisdicional e a paz social.[16]

A AUDIÊNCIA DE CONCILIAÇÃO/MEDIAÇÃO NO NOVO CÓDIGO DE PROCESSO CIVIL

O Novo Código de Processo Civil (NCPC), no art. 334, estabelece os parâmetros a serem seguidos para a realização de audiências de conciliação ou de mediação. Notoriamente, a intenção do legislador foi promover a celeridade processual. Todavia, percebe-se que o dispositivo citado vai muito além: propõe o aprofundamento das questões dirimidas pelo Poder Judiciário.

Como é sabido, os conflitos possuem contornos muito mais amplos do que simplesmente as questões jurídicas discutidas em juízo. Nesse aspecto, faz-se salutar distinguir aquilo que é levado ao conhecimento do Poder Judiciário daquilo que efetivamente é interesse das partes, ou seja, a lide processual e a lide sociológica.

---

interpretação constitucional. Desse conjunto de fenômenos resultou um processo extenso e profundo de constitucionalização do Direito". BARROSO, Luís Roberto. "Neoconstitucionalismo e constitucionalização do Direito". *Revista Jus Navigandi*, ano 10, n. 851, nov. 2005. Disponível em: https://jus.com.br/artigos/7547/neoconstitucionalismo-e-constitucionalizacao-do-direito. Acesso em: 12.01.2019.

16   Nesse sentido, Kazuo Watanabe discorre sobre a expressão cultura da sentença: "O mecanismo predominantemente utilizado pelo nosso Judiciário é o da solução adjudicada de conflitos, que se dá por meio de sentença do juiz. E a predominância desse critério vem gerando a chamada 'cultura da sentença', que traz como consequência o aumento cada vez maior da quantidade de recursos, o que explica o congestionamento não somente das instâncias ordinárias, como também dos Tribunais Superiores, e até mesmo da Suprema Corte". WATANABE, Kazuo. *Acesso à ordem jurídica justa*: conceito atualizado de acesso à justiça, processos coletivos e outros estudos. Prefácio da Min. Ellen Gracie Northfleet; apresentação do Prof. Humberto Theodoro Júnior, 2019, p. 65-73.

De acordo com Bacellar,[17] a "lide processual é, em síntese, a descrição do conflito segundo os informes da petição inicial e da contestação. Por outro lado, a descrição do conflito segundo os parâmetros preconizados pelos próprios envolvidos e expressando seus reais interesses, denomina-se de lide sociológica".

O NCPC, nesse sentido, em seu art. 334, envida esforços para prestigiar a resolução consensual do conflito, isto é, das lides processual e sociológica. Nesse norte, avançou o legislador ao determinar a obrigatoriedade da audiência de conciliação ou de mediação, indicando que, se a petição inicial preencher os requisitos essenciais e não for o caso de improcedência liminar do pedido, o juiz designará audiência de conciliação ou de mediação. O estímulo pretendido foi tão enfático que o § 4º do mesmo artigo estabelece que a audiência não será realizada apenas se ambas as partes manifestarem, expressamente, desinteresse na composição consensual ou quando não se admitir a autocomposição. Ademais, o § 8º desse mesmo artigo prevê, também, que o não comparecimento injustificado do autor ou do requerido à audiência de conciliação é considerado ato atentatório à dignidade da justiça e sancionado com multa de até dois por cento da vantagem econômica pretendida ou do valor da causa, revertida em favor da União ou do Estado.

Destaca-se que, em algumas hipóteses, não haverá a designação da audiência, pois é incabível quando o direito – *res in iudicium deducta* – não admitir autocomposição, bem como se ambas as partes manifestarem, de forma expressa, o desinteresse pela realização da mesma (NCPC, art. 334, § 4º, I e II).

O magistrado pode também determinar que a audiência de conciliação seja conduzida entre a data de despacho da inicial e a data estabelecida para a instrução. E esta prática, por sua vez, denominada de *parallel tracking mediation*, permite que o procedimento autocompositivo siga paralelamente ao processo judicial. Ademais, o Novo Código incentiva que a mediação seja realizada tanto na modalidade judicial, como extrajudicial.

Vale destacar, ainda, que o NCPC prestigia a mediação virtual ao prever, no § 7º do art. 334, que a audiência de conciliação ou de mediação pode ser implementada por meio eletrônico. Tal regulamentação corrobora os anseios da sociedade atual no sentido de promover o acesso à justiça, também, na esteira dos avanços tecnológicos, uma vez que a utilização dos sistemas *online*, programas de *software*, Skype, videoconferência, WhatsApp, entre outros, são suficientes para a implantação de um sistema rápido e de baixo custo, capaz de dar maior agilidade à resolução de conflitos.

---

17 BACELLAR, Roberto Portugal. *Juizados especiais*: a nova mediação paraprocessual, 2003, p. 223.

Em suma, conforme já aludido pelo autor, por ocasião de artigo publicado no Consultor Jurídico (ConJur),[18] mais do que acelerar o processo de resolução de disputas, a conciliação e a mediação judicial permitem dirimir lides sociológicas. Essas práticas de consensualização da justiça proporcionam a recontextualização do papel do Poder Judiciário, afastando-se de posições singularistas, segundo as quais, para cada conflito de interesse, só pode haver uma solução correta – a do magistrado, que sendo mantida ou reformada em grau recursal, torna-se a "verdadeira solução" para o caso.

A ideia de que o jurisdicionado, quando busca o Poder Judiciário, o faz na ânsia de receber a solução de um terceiro para suas questões, vem progressivamente sendo alterada para uma visão de Estado que orienta as partes a solução de seus próprios conflitos, e, apenas, como última hipótese, decidirá em substituição às partes.

Assim, na autocomposição, podem existir diversas respostas concomitantemente corretas (e legítimas) para uma mesma questão. Nessa hipótese, como um sinal de amadurecimento não somente do sistema, mas da sociedade propriamente dita, coloca-se às partes a responsabilidade primeva de tentar solucionar suas próprias questões, obtendo-se delas mesmas a resposta que melhor se coaduna ao seu particular contexto fático.

Partindo desse cenário e com o intuito de entregar uma tutela adequada a cada direito com efetividade e celeridade, os meios alternativos de solução de conflitos, para cuja utilização há agora, a partir do NCPC, um engajamento do sistema processual civil, apresentam-se como possíveis vias de complementação da prestação jurisdicional e de pacificação social, não para substituir o Judiciário, mas para atuar concomitantemente, possibilitando que cumpra adequadamente o seu papel constitucional.

REFERÊNCIAS BIBLIOGRÁFICAS

BACELLAR, Roberto Portugal. *Juizados especiais*: a nova mediação paraprocessual. São Paulo, Revista dos Tribunais, 2003.

BARROSO, Luís Roberto. "Neoconstitucionalismo e constitucionalização do Direito". *Revista Jus Navigandi*, ano 10, n. 851, nov. 2005. Disponível em: https://jus.com.br/artigos/7547/neoconstitucionalismo-e-constitucionalizacao-do-direito. Acesso em: 12.01.2019.

BONAVIDES, Paulo. *Curso de direito constitucional*. 31.ed. São Paulo, Malheiros, 2016.

BRASIL. Constituição da República Federativa do Brasil. Brasília, Senado, 1998.

---

18 Consultor Jurídico. Opinião. Novos desafios para a mediação e conciliação no novo CPC: artigo 334. Disponível em: https://www.conjur.com.br/2016-nov-11/novos-desafios-mediacao-conciliacao-cpc-artigo-334. Acesso em: 12.01.2019.

CAPPELLETTI, Mauro; GARTH, Bryant. *Acesso à Justiça*. Porto Alegre: Sérgio Antonio Fabris, 2002.

_____. *Acesso à Justiça*. Porto Alegre: Sérgio Antonio Fabris, 1988.

CNJ. Relatório Justiça em Números. Disponível em: https://www.cnj.jus.br/wpcontent/uploads/conteudo/arquivo/2019/08/justica_em_numeros20190919.pdf. Acesso em: 04.11.2019.

Consultor Jurídico. Opinião. Novos desafios para a mediação e conciliação no novo CPC: artigo 334. Disponível em: https://www.conjur.com.br/2016-nov-11/novos-desafios-mediacao-conciliacao-cpc-artigo-334.

DIDIER, Freddie; ZANETI, Hermes. "A Justiça multiportas e tutela constitucional adequada". In: ZANETI, Hermes; CABRAL, Trícia Navarro Xavier. *Justiça multiportas*: mediação, conciliação, arbitragem e outros meios de solução adequada para conflitos. Salvador, Juspodivm, 2016.

DINAMARCO, Cândido Rangel. *Instituições de direito processual civil I*. 6.ed. São Paulo, Malheiros, 2009.

PARDO, David Wilson de Abreu. *Os direitos fundamentais e a aplicação judicial do direito*. Rio de Janeiro, Lumen Juris, 2003.

WATANABE, Kazuo. *Acesso à ordem jurídica justa*: conceito atualizado de acesso à justiça, processos coletivos e outros estudos. Prefácio da Min. Ellen Gracie Northfleet; apresentação do Prof. Humberto Theodoro Júnior. Belo Horizonte, Del Rey, 2019.

5

Fundamentos históricos da Teoria da Negociação: reflexos na Teoria Geral do Processo

André Gomma de Azevedo

NOVOS PARADIGMAS NA BUSCA DA RESOLUÇÃO EFICIENTE DE DISPUTAS

O ofício do artífice do Direito atualmente em muito se distancia do que era até o início do século XX. Com um marcante movimento de consensualização da atuação e exercício do Direito,[1] passa-se a perceber a atuação de excessiva positivação do ofício desses artífices e seus resultados em crescentes mensurações de insatisfação. De fato, merece registro a célebre frase do professor Roscoe Pound em evento intitulado "As causas da insatisfação do público com a administração da Justiça",[2] para quem "a insatisfação com o a administração da Justiça é tão antiga quanto o Direito".[3] Pound traz como principal contribuição na organização desse seminário a criação de uma correlação direta de acesso à Justiça, efetividade do Direito e satisfação do público ante a administração de serviços de resolução de conflitos.

Para Pound ainda, "a ideia de que o processo deve necessariamente ser inteiramente litigioso desfigura a nossa administração da Justiça em todos os pontos [...] em todos os aspectos [...] a nossa administração da Justiça não é decadente. Ela simplesmente está defasada".[4] Esse registro de Pound, datado de 1906, pode ser interpretado como um primeiro esforço de compreensão da atuação

---

1 PELUSO, A. C.; RICHA, M. A. (coords.). *Conciliação e mediação*: estruturação da política judiciária nacional, 2011, p. 11.

2 POUND, R. "The causes of popular dissatisfaction with the administration of justice", in 8 *Baylor Law Rev.* 1, 6 1956.

3 Ibidem.

4 Ibidem.

da Justiça como uma função de satisfação do usuário. Nota-se também, da crítica ao modelo "inteiramente litigioso", um esforço de consensualização na atividade cotidiana do artífice do Direito.

Como sugerido pelo ex-ministro da Justiça Tarso Genro, a atuação desse novo artífice do Direito "está mais ligada à satisfação do usuário com o resultado final do processo de resolução de conflito do que com mero acesso ao Poder Judiciário, a uma relação jurídica processual ou ao ordenamento jurídico material aplicado ao caso concreto".[5]

Dessa forma, pode-se afirmar que a preocupação com consensualização da atuação do operador do Direito decorre principalmente de dois fatores básicos do desenvolvimento da cultura jurídico processual brasileira: 1) de um lado cresce a percepção de que o Estado tem falhado na sua missão pacificadora em razão de fatores como, entre outros, a sobrecarga de tribunais, as elevadas despesas com os litígios e o excessivo formalismo processual; e 2) por outro lado tem se aceitado o fato de que o escopo social mais elevado das atividades jurídicas do Estado é harmonizar a sociedade mediante critérios justos e, ao mesmo tempo, apregoa-se uma tendência quanto aos escopos do processo e do exercício da jurisdição que é o abandono de fórmulas exclusivamente positivadas.[6]

Como indicado em outra oportunidade,[7] ao se desenvolver esse conceito de abandono de formas exclusivamente positivadas, de fato, o que se propõe é a implementação no nosso sistema jurídico de mecanismos de solução de conflitos que proporcionem um efetivo atingimento dos escopos fundamentais do próprio sistema de Justiça ou mesmo do Direito, que se legitima, como sugerem

---

5   GOMMA DE AZEVEDO, A. (org.). *Manual de mediação judicial*, 2016, p. 10.

6   DINAMARCO, C. R. *A instrumentalidade do processo*, 2000, p. 157. A expressão original do autor é "abandono de fórmulas exclusivamente jurídicas", contudo, entende-se mais adequada a indicação de que a autocomposição, com sua adequada técnica, consiste em um instrumento jurídico. Isto porque se consideram, como indicado acima, as novas concepções de Direito apresentadas contemporaneamente por diversos autores, dos quais se destaca Boaventura de Sousa Santos segundo o qual "concebe-se o direito como o conjunto de processos regularizados e de princípios normativos, considerados justificáveis num dado grupo, que contribuem para a identificação e prevenção de litígios e para a resolução destes através de um discurso argumentativo, de amplitude variável, apoiado ou não pela força organizada" (SANTOS, Boaventura de Sousa. *O discurso e o poder*: ensaio sobre a sociologia da retórica jurídica, 1988, p. 72).

7   GOMMA DE AZEVEDO, A. "Desafios de acesso à justiça ante o fortalecimento da autocomposição como política pública nacional". In: PELUSO, A. C.; RICHA, M. A. (coords.). *Conciliação e mediação*: estruturação da política judiciária nacional, 2011, p. 11.

Pound[8] e Rhode,[9] principalmente pela satisfação do jurisdicionado com a condução e com o resultado final de seu processo de resolução de conflitos.[10]

Dessa forma, nota-se marcante tendência já iniciada no século XIX por Alexis de Tocqueville[11] de crítica ao Poder Judiciário (e deontologicamente ao próprio Direito) no sentido de que nas Américas depende-se excessivamente da norma positivada para resolver questões solucionáveis por meio de ações meramente comunicativas[12] consensuais, conciliatórias ou, simplesmente, negociadas. Assim como registrado em outra oportunidade:[13]

[N]ota-se pela doutrina[14] um movimento que aprega o abandono do exagerado positivismo jurídico que impõe o predomínio da norma sobre a vontade consentida. Há algum tempo autores como Hobbes sugeriam que "não existe outro critério do justo e do injusto fora da lei positiva".[15] Desta forma, se estabelece, atualmente, a posição consentânea de que o justo enquanto valor pode e deve ser estabelecido pelas partes consensualmente e que, caso estas não consigam atingir tal consenso, um terceiro as substituirá nessa tarefa indicando, com base na lei, o justo diante de cada caso concreto. Por meio da autocomposição o conceito de justiça se apresenta em uma de suas acepções mais básicas: a de que a justiça da decisão é adequadamente alcançada em razão de um procedimento equânime que auxilie as partes a produzir resultados satisfatórios considerando o pleno conhecimento destas quanto ao contexto fático e jurídico em que se encontram. Portanto, a Justiça pode também se realizar na medida em que as próprias partes foram adequadamente estimuladas à produção de tal consenso e, tanto pela forma como pelo resultado, estão satisfeitas com seu termo. Constata-se de plano que, nesta forma de resolução de disputas, o polissêmico conceito de Justiça ganha mais uma

---

8   POUND, R. "The causes of popular dissatisfaction with the administration of justice". Palestra realizada na American Bar Association em 29 de agosto de 1906, in 8 *Baylor Law Rev.* 1, 6 1956.

9   RHODE, D. *In the interests of justice*: reforming the legal profession, 2000.

10 Ibidem.

11 TOCQUEVILLE, A. *A democracia na América*, 2000, cap. 10.

12 Cf. TRIBE, L. "Too much law, too little justice: an argument for delegalizing America". *Atlantic Monthly*, julho de 1979, p. 25.

13 GOMMA DE AZEVEDO, A. "Desafios de acesso à justiça ante o fortalecimento da autocomposição como política pública nacional". In: PELUSO, A. C.; RICHA, M. A. (coords.). *Conciliação e mediação*: estruturação da política judiciária nacional, 2011, p. 11.

14 Cf. GENRO, Tarso. Prefácio do Manual de Mediação Judicial, Brasília/DF: Ministério da Justiça e Programa das Nações Unidas para o Desenvolvimento – PNUD, p. 13 e o capítulo 5 ("Too much law, too little justice, too much rhetoric, too litte reform") de RHODE, D. *In the interests of justice*: reforming the legal profession, 2000, p. 135.

15 BOBBIO, N. *Teoria generale del Diritto*, 1993, p. 36.

definição, passando a ser considerado também em função da satisfação das partes quanto ao resultado e ao procedimento que as conduziu a tanto.[16]

Diante deste novo paradigma de ordenamento jurídico, percebe-se a necessidade de adequação de competências dos artífices do Direito para que assumam cada vez mais funções de solucionadores de disputas. Para tanto, faz-se necessária a formação em negociação voltada ao mercado profissional que tem se mostrado mais aberto para atuações menos belicosas e adversariais e mais propenso à utilização criativa de competências relacionadas a soluções de problemas. Cria-se, progressivamente, a necessidade de um artífice do Direito que aborde questões como um solucionador de problemas – a pergunta a ser feita deixou de ser "quem devo acionar" e passou a ser "como devo abordar essa questão para que os interesses em questão sejam realizados de forma mais eficiente".[17] Essa adequada sistematização de soluções negociadas no Direito reflete marcante tendência no sentido de que "vai ganhando corpo a consciência de que se o que importa é [solucionar], torna-se irrelevante que a [solução] venha por obra do Estado ou por outros meios, desde que eficientes".[18] Vale registrar que a posição original dos autores indicava atuação de pacificação como preponderante. Progressivamente parte da doutrina[19] tem se afastado do uso da expressão pacificação em razão da vinculação com a *Pax Romana* ou *Pax Imperium*[20] expressões que conotam a paz gerada pelas armas, pela violência e pelo autoritarismo vivenciado no império romano com o imperador Augusto, em 28 a.C. até o imperador Marco Aurélio em 180 d.C.[21] Neste último sentido, o magistrado, desde o Império Romano, "pacifica" com sua sentença.

Vale registrar que, diferentemente da atuação litigiosa do artífice do Direito, na prática consensual, as habilidades ou técnicas estão intrinsecamente ligadas à condução do processo e aos seus resultados. Assim, ao contrário de um litígio, no qual o fato de um advogado não apresentar seu pedido com habili-

---

16 Cf. GOMMA DE AZEVEDO, A. (org.). *Estudos em arbitragem, mediação e negociação*, 2007, v. 4, p. 20.

17 GOMMA DE AZEVEDO, A. "Perspectivas metodológicas do processo de mediação: apontamentos sobre autocomposição no direito processual". In: GOMMA DE AZEVEDO, A. (org.). *Estudos em arbitragem, mediação e negociação*, 2003, v. 2, p. 169.

18 CINTRA, A. C. A. et al. *Teoria geral do processo*, 2010, p. 29.

19 *E.g.* LAX, D. et al. *3-D negotiation*: powerful tools to change the game in your most important deals, 2006; LUTTWAK, Edward. *Give war a chance*. Foreign Affairs, v. 78, n. 4 (July/August 1999): p. 36-44.

20 ARON, R. *Peace and War*: a theory of international relations, 2003, p. 151-2.

21 PARCHAMI, A. *Hegemonic Peace and Empire*: The Pax Romana, Britannica and Americana, 2009, p. 31.

dade comunicativa ou tato não altera o resultado do processo, na mediação, conciliação ou quaisquer outros processos que tenham base em teoria de negociação[22] uma proposta excessivamente agressiva (ou) ameaçadora pode simplesmente encerrar o processo sem que se chegue a um acordo. As habilidades, técnicas ou competências em negociação são, por conseguinte, da essência do processo consensual.

NEGOCIAÇÃO: HISTÓRICO

Como sugere Yarn,[23] a palavra negociação vem do latim *neg* (não) e *otium* (entretenimento), assim *negotium* no latim reporta-se a uma vinculação de conotação não ligada a prazer ou a entretenimento. Dessa forma, traça-se o liame com comércio e demais transações onerosas. A doutrina ainda, em especial antes da década de 1980, frequentemente equiparava negociação com barganha.[24] No contexto de resolução de disputas a barganha é tratada como espécie da negociação "referindo-se apenas ao processo de troca de ofertas com uma intenção de encontrar-se um ponto de acordo".[25] Por outro lado, a negociação contém um escopo mais amplo e inclui, além da barganha, a identificação de questões, troca de informações e outras atividades que geralmente precedem a própria barganha da mesma forma.[26] Iklé[27] sustenta que a barganha consiste em um processo de demanda e revisão direcionada a apresentar mecanismos básicos nos quais as partes convergem em relação ao acordo enquanto a negociação consiste em uma situação ampla na qual a barganha ocorre.[28]

Na teoria autocompositiva, até o início da década de 1980, a negociação era tratada como uma forma pela qual se poderia vencer o oponente diretamente contrapor-se a este. Um bom exemplo dessa perspectiva consiste na definição do diplomata Daniele Varè para quem a negociação seria a arte de deixar o outro lado vencer a sua vitória pelas razões deles ou ainda "negociar consiste em

---

22 *E.g.*, a mediação pode ser como um processo autocompositivo segundo o qual as partes em disputa são auxiliadas por uma terceira parte neutra ao conflito ou por um painel de pessoas sem interesse na causa, para se chegar a uma composição. De forma simplificada: uma negociação facilitada por um ou mais terceiros.

23 YARN, D. E. *Dictionary of conflict resolution*, 1999, p. 317.

24 MORLEY, I. *The social psychology of bargaining*, 1977, p. 23.

25 YARN, D. E. *Dictionary of conflict resolution*, 1999, p. 317.

26 Ibidem.

27 IKLÉ, F. *How nations negotiate*, 1964, p. 3, *apud* YARN, D. E. *Dictionary of conflict resolution*, 1999, p. 317.

28 Ibidem.

fazer com que uma outra pessoa queira fazer o que você quer que ela faça".[29] De fato, as primeiras obras de negociação, seja de uma forma mais ampla, que tangencie persuasão ou comunicação como O príncipe de Maquiavel,[30] ou mesmo obras anteriores,[31] sugeria-se o uso desta ferramenta como uma forma de conseguir o que alguém quer em detrimento do que outra pessoa pleiteia. Nierenberg,[32] ainda na década de 1980, sugeria práticas tais como colocar o "oponente" em uma sala de negociação contra uma luz forte ou com o ar-condicionado ligado com uma temperatura muito baixa gerando-lhe desconforto a ponto de este querer encerrar mais cedo a negociação, nem que para isso tenha que ceder em alguns pontos. Nessas abordagens, negociava-se contra uma pessoa ou ainda negociava-se com uma pessoa, todavia essa conjunção continha um sentido predominante de "contra".[33]

Nesse período de negociações adversariais, abordava-se a interação entre duas pessoas buscando-se compreender o planejamento estratégico e racional destas e partia-se da premissa de que, quanto mais receio um dos negociadores tivesse da conduta do outro, mais haveria tendência de que aquele cedesse. Um exemplo clássico apresentado por Poundstone[34] consiste na crise de mísseis de Cuba na qual John F. Kennedy deixou publicamente registrado que consideraria, o gesto da União Soviética de colocar mísseis em Cuba, um ato de guerra. Na medida em que a frota Soviética foi se aproximando da ilha de Cuba, Kennedy ordenou que o exército e a aeronáutica americanos se armassem com munição ativa e preparassem-se para decolar. Em casos, chegou a determinar que aviões decolassem municiados. Diante desse gesto, Nikita Khrushchev, em 28 de outubro de 1982, ordenou que a frota Soviética, no meio do caminho a Cuba, retornasse à União Soviética. Tratou-se de um clássico exemplo de, em teoria dos jogos, uma forte manifestação de intenção de uso de poder. Em um paralelo com exemplos de doutrina deste campo de economia aplicada,[35] empregou-se o chamado "jogo da galinha". Na teoria dos jogos, o "jogo da galinha" consistia em hipótese na qual duas pessoas dirigiriam carros em direção um ao outro e o que desviasse primeiro perderia. Na adaptação cinematográfica

---

29 URY, W. L. *Supere o não*: negociando com pessoas difíceis, 1996, p. 3. No original em inglês, "Negotiation is letting the other side having it your way". URY, William. *Getting past No*: negotiating with difficult people, 1991.

30 MAQUIAVEL, N. *O príncipe*, 1982.

31 *E.g. Os trinta e seis estratagemas e a Arte da guerra, ambos atribuídos a Sun Tzu cerca de 500 a.C.* (MAIR, Victor. *The art of war*: Sun Zi's military methods, 2007, p. 9).

32 Cf. NIERENBERG, G. I. et al. *The art of negotiating*, 1981.

33 Ibidem.

34 POUNDSTONE, W. *Prisoner's dilemma*, 1993.

35 Ibidem, p. 78-9.

5 Fundamentos históricos da Teoria da Negociação   77

hollywoodiana deste modelo, no filme *Rebelde sem causa*, duas pessoas dirigiam contra um precipício – quem desviasse ou freasse primeiro, perderia.[36] Nessa hipótese, quanto mais se registra uma intenção segura de não desviar, mais se produz no outro o receio de perda e, com isso, proporciona-se um aumento de chance de vitória no embate ou na negociação. Pela teoria dos jogos, neste período, as dinâmicas conflituosas deveriam ser resolvidas em razão do vigor com que se alardeavam vitórias futuras, e qualquer menção à cooperação seria percebido como indicador de fraqueza, o que por sua vez apenas geraria menos estímulo à colaboração.

Vale mencionar também que, mesmo antes da Segunda Guerra Mundial ou durante esta, formas mais cooperativas de negociação foram tentadas sem resultados positivos facilmente constatáveis. Mnookin[37] registra como exemplo deste ponto a negociação de Churchill com Hitler com o fim de evitar uma guerra mundial. Outro exemplo também apresentado por Mnookin foi a negociação do líder sionista Rudolf Kastner com oficiais nazistas pleiteando a compra de liberdade de judeus na Polônia.[38] Nesse período, essas respostas foram, como indicado na doutrina,[39] pouco proveitosas.

De igual forma, a sugestão de Gandhi no sentido de que a Inglaterra deveria praticar com a Alemanha a sua abordagem de não violência abrindo as fronteiras para o exército nazista e praticando exclusivamente uma resistência não violenta ao regime nazista.[40] De igual forma, a sugestão de Gandhi no sentido de que no holocausto judaico poderia ter sido adotada a não violência uma vez, segundo Gandhi "Hitler matou cinco milhões de judeus [...] Mas os judeus deveriam ter se oferecido à faca do açougueiro. Eles deveriam ter se atirado no mar a partir de penhascos [...] Isso teria despertado o mundo e o povo da Ale-

---

36 Ibidem.

37 MNOOKIN, R. *Negociando com o Diabo*, 2011.

38 Mnookin busca apresentar na sua obra *Negociando com o Diabo* que há hipóteses em que se deve negociar com o "inimigo" e hipóteses em que não se deve negociar. Neste livro, Mnookin sugere que Rudolph Kasztner não estava livre para negociar – ou buscava uma solução por meio da corrupção de membros do serviço secreto nazista para a libertação de judeus ou estes morreriam. A estrutura de sua situação era tal que ele poderia tentar salvar algumas vidas judaicas na Hungria ocupada pelos nazistas ou não tentar salvar nenhuma. Naturalmente, a partir do relato de Mnookin, que Kasztner tinha uma longa história como negociador comercial e, presumivelmente, isso fazia parte de sua forma habitual de se relacionar. Importava pouco como as exigências de Eichmann, ao menos, incomuns, se tornaram. Do relato de Mnookin sobre as reviravoltas da negociação surpreende como Kasztner permaneceu buscando cooperação. Não por outro motivo os resultados foram pouco relevantes.

39 Ibidem.

40 FISCHER, L. *Life of Mahatma Gandhi*, 2004.

manha [...] Como foi, eles sucumbiram da mesma forma em seus milhões".[41] Como sugerido por Poundstone,[42] à época, a estruturação de práticas negociais colaborativas não contava com arcabouços teóricos mínimos, e a adoção de abordagens tais como as preconizadas por Gandhi acima dificilmente produziriam resultados desejáveis para as vítimas do holocausto.

Dessa forma, percebe-se que a abordagem de negociação como discursos persuasivos em detrimento da contraparte (e como atuação não colaborativa) cresceu também pelo insucesso de muitas tentativas de abordagens colaborativas prévias e pela ausência de abordagens de algum cunho científico que recomendassem práticas em sentido diverso. Isso ocorreu, como será abordado adiante, até que, no âmbito da teoria dos jogos, as abordagens competitivas fossem submetidas a dinâmicas continuadas.

A teoria dos jogos apresenta subsídios teóricos que, em muitos aspectos, auxiliam a compreender o funcionamento da negociação e outros processos consensuais.[43] A partir dessa análise da matemática aplicada permite-se esclarecer por que e como muitos negociam. Por definição, a teoria dos jogos consiste no ramo da matemática e da economia que estuda situações estratégicas em que participantes se engajam em um processo de análise de decisões baseando sua conduta na expectativa de comportamento da pessoa com quem se interage.[44] O seu objeto de estudo é o conflito, o que ocorre quando atividades incompatíveis acontecem. Essas atividades podem ser originadas em uma pessoa, grupo ou nação. "Na teoria dos jogos o conflito pode ser entendido como a situação na qual duas pessoas tendem a desenvolver estratégias para maximizar seus ganhos de acordo com certas regras preestabelecidas."[45] Nota-se dessa forma que a teoria dos jogos, como indicado em outras obras,[46] oferece subsídios teóricos para buscar-se compreender como a análise matemático-formal pode contribuir com a compreensão da evolução da teoria de negociação.

---

41 ROWELL, J. L. *Gandhi and Bin Laden*: Religion at the extremes, 2009, p. 68.
42 MNOOKIN, R. Op. cit., p. 3.
43 BRASIL. CONSELHO NACIONAL DE JUSTIÇA. GOMMA DE AZEVEDO, A. (org.) *Manual de mediação judicial*, 2016, p. 58.
44 Ibidem.
45 Ibidem.
46 Cf. ALMEIDA, F. P. L. "A teoria dos jogos: uma fundamentação teórica dos métodos de resolução de disputa". In: GOMMA DE AZEVEDO, A. (org.). *Estudos em arbitragem, mediação e negociação*, 2003, v. 2; AXELROD, R. *The evolution of cooperation*, 1984; BAIRD, D. et al. *Game theory and the law*, 1994; POUNDSTONE, W. *Prisoner's dilemma*, 1993.

5 Fundamentos históricos da Teoria da Negociação **79**

Para os primeiros autores em teoria dos jogos,[47] um jogador (ou participante/parte) baseia suas ações no pensamento que ele tem da jogada do seu adversário que, por sua vez, baseia as suas ideias na expectativa da estratégia de jogo do oponente original. Comumente se formula essa noção da seguinte forma: "eu penso que você pensa que eu penso que você pensa [...]",[48] consiste assim em uma argumentação *ad infinitum*, que só viria a ser parcialmente solucionada por John Nash após a Segunda Guerra Mundial por meio do conceito de equilíbrio de Nash – que será tratado nos próximos parágrafos.

Até então, a premissa usual na análise de relações consistia, seguindo parâmetros estabelecidos por Adam Smith, na competição como regra nas relações. Por essa abordagem na medida em que cada um luta para assegurar resultados melhores para si, competidores com maior qualificação passam a fortalecer o mercado em uma abordagem econômica que reflete a evolução darwiniana de seleção natural dos melhores competidores.[49] Ainda, os trabalhos acadêmicos, como John Von Neumann, bem exemplifica nas relações para que houvesse um vencedor necessariamente deveria haver um perdedor. A abordagem partia de um pressuposto predominantemente competitivo de todas as relações – naturalmente, na teoria de negociação o paralelo era de que se negociava como forma de competir por recursos. Para ilustrar com maior clareza esse ponto, vale trazer ao debate o exercício desenvolvido pelos professores Merrill Flood e Melvin Dresher, ambos da Fundação RAND[50] que adotaram, como marco teórico, a teoria dos jogos de Neumann para debater a eficiência de estratégias em dinâmicas continuadas.

Em 1950, Merrill Flood e Melvin Dresher convidaram dois colegas docentes e pesquisadores na RAND Corporation, com personalidades e temperamentos bem distintos, para participarem de um exercício. Armen Alchian ("AA") e John Williams ("JW") foram convidados a participar de uma dinâmica seme-

---

47 *E. g.* NEUMANN, J. V.; MORGENSTERN, O. *Theory of games and economic behavior*, 1953 e RAPOPORT, A. *Lutas, jogos e debates*. 2. Trad. Sérgio Duarte, 1998. Para maiores detalhes quanto ao desenvolvimento histórico da teoria dos jogos, v. ALMEIDA, F. P. L. "A teoria dos jogos: uma fundamentação teórica dos métodos de resolução de disputa". In: GOMMA DE AZEVEDO, A. (org.). *Estudos em arbitragem, mediação e negociação*, 2003, v. 2.

48 Cf. NASAR, S. *Uma mente brilhante*. Trad. Sergio Moraes Rego, 2002, p. 121.

49 Diversos autores sustentam que as ideias de Adam Smith estão intimamente vinculadas ao evolucionismo de Charles Darwin. Cf. RIDLEY, Matt. *The evolution of everything*: how ideas emerge, 2015, e SANTOS, Boaventura de Sousa. *A crítica da razão indolente*: contra o desperdício da experiência, 2000.

50 POUNDSTONE, W. *Prisoner's dilemma*, 1993.

lhante ao dilema do prisioneiro, todavia, neste caso, a dinâmica se repetiria por 100 rodadas e seriam pagos, aos dois, valores conforme a Tabela 1:

Tabela 1 Parâmetros de remuneração para dinâmica de Flood-Dresher		
	Jogador "JW" não coopera (D)	Jogador "JW" coopera (C)
Jogador "AA" não coopera (D)	US$ -1,00; U$ -1,00	US$ -2,00; U$ 2,00
Jogador "AA" coopera (C)	US$ 2,00; U$ -2,00	US$ 1,00; U$ 1,00
Distribuição de ganhos (A; B)		

Como retratado por Poundstone,[51] nessa dinâmica recompensava-se o jogador em um dólar[52] se ambos cooperassem (jogando C) ou subtraía-se de suas contas o mesmo dólar se ambos não cooperassem (jogando D). Na hipótese de um cooperar e o outro não cooperar, aquele que cooperou jogando C perderia dois dólares enquanto quem não cooperou (jogando D) ganharia os dois dólares. Uma curiosa adição à regra: os dois deveriam registrar em blocos de anotações seus pensamentos e estratégias para as rodadas seguintes. Os jogadores não podiam se comunicar sobre suas estratégias antes ou durante o exercício e deveriam anotar seus pensamentos antes de jogarem. Os comentários foram escritos após cada jogador definir sua estratégia, mas antes de ter conhecimento da estratégia do outro. Alguns comentários referem-se, portanto, ao comportamento do outro jogador da rodada anterior. Como tratado por Poundstone,[53] a dinâmica se desenvolveu da seguinte forma:

Tabela 2 Diálogo entre participantes da dinâmica de Flood-Dresher			
John Williams			Armen Alchian
"AA" é uma pessoa inteligente, ele já entendeu esta dinâmica, seguramente jogará C na primeira rodada	C	D	"JW" é uma pessoa inocente, ele deverá jogar C na primeira rodada, posso jogar D

(continua)

---

51 Ibidem. A presente explanação foi adaptada do capítulo de Teoria dos jogos do *Manual de mediação judicial* – v. nota 43.

52 O exercício Flood-Dresher no presente trabalho foi sintetizado para fins pedagógicos. No exercício original tratava-se de um jogo assimétrico em que os ganhos eram distintos para cada jogador.

53 POUNDSTONE, W. *Prisoner's dilemma*, 1993.

5 Fundamentos históricos da Teoria da Negociação 81

Tabela 2 Diálogo entre participantes da dinâmica de Flood-Dresher (*continuação*)

John Williams			Armen Alchian
"AA" deve ter jogado D por desconfiar que eu jogaria D. Agora que ele já viu que joguei C ele deverá jogar C, devo continuar com o C	C	D	Enquanto "JW" estiver jogando C posso continuar jogando D...
Como "AA" não está levando muito a sério o jogo terei que jogar D nesta 3ª rodada para mostrá-lo que também posso prejudicá-lo...	D	D	Enquanto "JW" estiver jogando C posso continuar jogando D...
Enquanto "AA" estiver jogando D devo continuar jogando D...	D	C	Como "JW" jogou D tenho que jogar C para persuadi-lo a jogar C novamente para que eu possa voltar a jogar D...
Como "AA" já jogou C posso voltar a jogar C...	C	D	Como "JW" me viu jogando C na última rodada, ele deve jogar C nesta rodada. Logo, posso voltar a jogar D...
Não entendi... vou tentar mais uma vez...	C	D	Deu certo. Volto a jogar D enquanto "JW" estiver jogando C
(Já irritado) Se ele jogar D mais uma vez, eu jogarei D até o final da dinâmica	C	D	Continuo a jogar D enquanto "JW" estiver jogando C
(Irritado) Jogarei D pois "AA" não está agindo estrategicamente nesta dinâmica	D	D	Continuo a jogar D enquanto "JW" estiver jogando C
(Irritado) Jogarei D pois "AA" não está agindo estrategicamente nesta dinâmica	D	C	Como "JW" jogou D tenho que jogar C para persuadi-lo a jogar C novamente para que eu possa voltar a jogar D...
(Irritado) Não entendi porque ele jogou C, mesmo assim continuarei jogando D	D	D	Como "JW" me viu jogando C na última rodada ele deve jogar C nesta rodada. Logo, posso voltar a jogar D...
Continuarei jogando D...	D	C	Humm... Não deu certo. Devo continuar jogando C até que ele jogue C. Depois volto a jogar D
Continuarei jogando D...	D	C	Devo continuar jogando C até que ele jogue C. Depois volto a jogar D
(Ainda irritado) Não entendi porque ele jogou C, mesmo assim continuarei jogando D	D	C	Devo continuar jogando C até que ele jogue C. Depois volto a jogar D
Talvez ele tenha entendido... volto ao C	C	C	Devo continuar jogando C até que ele jogue C. Depois volto a jogar D
Vamos ver agora...	C	D	Posso voltar ao D...
Ele jogou D! Isto é como ensinar uma criança a usar a privada, tenho que ter paciência... tenho que voltar a jogar D...	D	D	Jogarei D torcendo para que ele acredite que retornarei ao C...

(*continua*)

Tabela 2 Diálogo entre participantes da dinâmica de Flood-Dresher (*continuação*)

John Williams			Armen Alchian
Preciso ensiná-lo a jogar C. Somente posso fazer isso jogando D	D	C	Na soma das rodadas estou com menos do que teria com C desde o início
Continuarei jogando D...	D	C	Preciso estimulá-lo a jogar C, demonstrando que estou inclinado a jogar C repetidas vezes
Acho que já é possível jogar C	C	C	Continuarei tentando...
Vamos ver agora...	C	C	Parece que está indo bem...
Aparentemente, ele compreendeu a dinâmica	C	C	OK
Bom...	C	C	Jogar D agora faria com que ele jogasse D nas próximas rodadas
Continuarei jogando C...	C	C	Jogar D produziria um ganho de curto prazo e perdas de médio prazo. Continuo com C
Bom...	C	C	OK...

Após quase 50 rodadas, ambos os participantes compreenderam que a solução de cooperação (jogar C) seria a melhor opção para otimizar seus próprios ganhos individuais. Assim, se ambos tivessem iniciado a dinâmica com ações cooperativas, ao final de 100 rodadas cada um teria 100 dólares. Por compreenderem esta solução abstrata (posteriormente denominada de Equilíbrio de Nash) somente perto da 50ª rodada, ambos agindo cooperativamente, foi possível aproveitar o potencial de ganho cooperativo a partir desta rodada.

Nash considerou a possibilidade de a cooperação não ser absolutamente incompatível com o pensamento do ganho individual.[54] Para Nash seria possível otimizar ganhos individuais em razão da estruturação de relações cooperativas que maximizassem ganhos individuais concomitantemente. A cooperação traria noção de que é possível maximizar ganhos individuais cooperando com o outro participante (até então, adversário).[55] Como indicou Almeida, "Não é uma ideia ingênua, pois, ao invés de introduzir somente o elemento cooperativo, traz dois ângulos sob os quais o jogador deve pensar ao formular sua estra-

---

54 NASH, J. "Non-cooperative games". In: *The Annals of Mathematics*, n. 54(2), p. 286-95, 1951.
55 BRASIL. CONSELHO NACIONAL DE JUSTIÇA. GOMMA DE AZEVEDO, André (org.). *Manual de mediação judicial*, 2016, p. 59.

tégia: o individual e o coletivo. [Para Nash] 'se todos fizerem o melhor para si e para os outros, todos ganham'."[56]

Para Nash, fez-se necessário desafiar o pressuposto sugerido por Neumann no sentido de que o maior valor realizável em relações decorre de posturas competitivas. Como indicado, John Nash afasta-se do pressuposto apresentado por Neumann e Adam Smith e sugere a possibilidade de se agregar valor ao resultado de uma interação por meio de cooperação e análise racional das opções dos interessados. Segundo este autor, "a combinação de estratégias que os jogadores preferencialmente devem escolher é aquela na qual nenhum jogador faria melhor escolhendo uma alternativa diferente dada a estratégia que o outro escolhe. A estratégia de cada jogador deve ser a melhor resposta às estratégias dos outros".[57] Assim, para Nash, existe um equilíbrio que consiste na análise de estratégias de todos os interessados e que consiste no ponto em que, dadas as estratégias escolhidas, nenhum jogador se arrependeria, pressupondo uma análise puramente racional do contexto, assim não há incentivo para se mudar de estratégia caso jogasse o jogo novamente. Como comentado em outra oportunidade:

> por outra perspectiva, o equilíbrio de Nash seria a solução conceitual segundo a qual os comportamentos se estabilizam em resultados nos quais os jogadores não tenham remorsos em uma análise posterior do jogo considerando a jogada apresentada pela outra parte. Na teoria dos jogos [e na negociação] pode se utilizar essa solução conceitual como uma forma de prever o resultado.[58]

Traduzindo a abordagem de Nash para contextos de negociação, em um grupo de trabalho, composto por quatro integrantes, se todos se esforçarem para produzir o melhor resultado, todos ganham. Se ninguém se esforçar para produzir um resultado eficiente, todos perdem. Por outro lado, sob um prisma meramente individual, se uma pessoa não se esforça para produzir um resultado e deixa que os outros três realizem todo o esforço, o que não trabalhou teria algum ganho com a economia de seu tempo e esforço, todavia em rodadas sucessivas a tendência seria em curto prazo os demais membros do grupo considerarem que não compensa colaborar e, com isso, todos param de colaborar.

---

56 ALMEIDA, F. P. L. "A teoria dos jogos: uma fundamentação teórica dos métodos de resolução de disputa". In: GOMMA DE AZEVEDO, A. (org.). *Estudos em arbitragem, mediação e negociação*, 2003, v. 2.

57 Cf. BAIRD, D. et. al. *Game theory and the law*, 1994. p. 21.

58 BRASIL. CONSELHO NACIONAL DE JUSTIÇA. GOMMA DE AZEVEDO, A. (org.). *Manual de mediação judicial*, 2016, p. 64.

Em seguida, com a cessação da colaboração de todos passa a haver um prejuízo coletivo que, por sua vez, geraria naquele grupo a compreensão de que todos precisam se esforçar para manterem resultados positivos estáveis. Neste momento compreenderam o equilíbrio de Nash que sugere que, em relações continuadas,[59] a solução ótima (no sentido de ótimo de Pareto) consiste na colaboração. Dessa forma, em negociação, a colaboração, realizada mediante estruturas de reforço e segurança de cumprimento de acordos, gera possibilidade de ganhos estáveis de médio e longo prazo.

Para se compreender a dimensão das consequências da compreensão ou não do equilíbrio de Nash, vale indicar, como exemplo, um paralelo com um divórcio que produz resultado semelhantes a esse dilema de cooperar ou competir: "ao presumirem que se encontram em uma dinâmica competitiva, os divorciandos passam a agir de forma não colaborativa e, por conseguinte, têm resultados individuais muito inferiores ao que poderiam obter se adotassem posturas cooperativas".[60] Por outro lado, caso compreendam que o engajamento de forma não cooperativa produzirá resultados indesejáveis para cada indivíduo. Caso estejam se engajando há tempo suficiente e consigam desenvolver um planejamento racional, segundo Nash, os divorciandos tenderiam a compreender que condutas colaborativas produziriam ganhos individuais maiores do que condutas competitivas – frise-se: presumindo a capacidade de abstração de paixões que conduzam os envolvidos a escolhas irracionais.[61]

Assim, o equilíbrio de Nash para a teoria de negociação foi um divisor de águas. Com Nash surgem as primeiras aplicações de seu conceito à teoria do conflito e à teoria da negociação,[62] passam a ser incorporadas à teoria de negociação as noções de ruptura com o modelo competitivo para um modelo no qual se busca a otimização de resultados individuais a partir da colaboração coletiva. Na abordagem colaborativa, a análise de que a relação é continuada proporciona a premissa de que, se construídos os mecanismos de incentivos e meios de se assegurar o cumprimento de acordo, abordagens cooperativas poderão gerar ganhos individuais em razão da realização dos interesses individuais e coletivos das pessoas com quem se negocia. Assim, com essas novas premissas, ao se negociar com uma pessoa não significa interagir "contra" uma pessoa e sim

---

59 Vale o registro de que em relações não continuadas (*e.g.* negociações acerca da última boia salva-vidas em um naufrágio), o equilíbrio de Nash é no sentido de haver competição, por motivos patentes.

60 *V.* nota 58.

61 Cf. AUMANN, R. *Repeated games with incomplete information*, 1995.

62 SCHELLING, T. *The strategy of conflict*, 1980; RAIFFA, H. *The art & science of negotiation*, 1982.

negociar lado a lado buscando identificar oportunidades de realização de ganhos e o compartilhamento destes.

Dois aspectos merecem destaque; o primeiro: na dinâmica de Flood-Dresher, um dos participantes somente pode estimular o outro a cooperar se, em algum momento, aquele não cooperar (ou jogar D). Se no jogo um dos participantes permanecesse jogando C com a esperança de seu parceiro eventualmente alterar sua forma de jogar, certamente o que jogou D (e assim recebeu $ 2,00 por rodada) permaneceria com a mesma estratégia, pois, com esta, permaneceria com constantes ganhos. Assim, por um viés puramente racional, se um participante está colaborando e seu parceiro não está, faz-se necessário por algum tempo não colaborar para que seu parceiro possa compreender o equilíbrio de Nash – ou que, em relações continuadas a não colaboração não gera ganhos individuais em médio e longo prazos. Assim, faz-se necessário orientar o estudante em uma oficina de negociação acerca de opções de não cooperação voltada à compreensão do contexto negocial continuado e ao estímulo de soluções de ganho coletivo e individual decorrentes da colaboração.

O segundo aspecto fundamental na dinâmica Flood-Dresher que repercute no planejamento pedagógico consiste em compreender em qual dinâmica o estudante está engajado. Se este estiver engajado em uma relação continuada deverá envidar esforços para consolidar relacionamentos colaborativos nem que em alguns momentos sinalize de forma não colaborativa para estimular alteração de condutas de competitivas para cooperativas. Por outro lado, havendo a indicação de que a relação não seria continuada, não há por que o estudante deva envidar esforços para colaborar. Por este prisma, a sugestão da abordagem de não violência de Gandhi mostra-se pouco eficiente – como também a de buscar um engajamento adversarial por uso de manifestação inequívoca de força (apenas de, como em um passado recente – *e.g.* no exemplo de John F. Kennedy com a crise de mísseis – havia se provado eficiente).

No campo da teoria dos jogos no final da década de 1970, a preconização de uma abordagem segundo a qual cada um deveria alardear de forma mais explícita possível seu poder e inabalável determinação, já passava a produzir resultados deletérios. Não apenas para França na Indochina,[63] mas também para os Estados Unidos com a constrangedora derrota no Vietnã.[64] Ademais, estas posições apenas fortaleciam a tensão da Guerra Fria e impulsionavam uma corrida armamentícia de crescente aceleração.

---

63 LOGEVALL, F. *Embers of war*: The fall of an empire and the making of America's Vietnam, 2014.

64 Ibidem.

Como sugere Borbély,[65] com a premissa de que práticas de negociação podem ser realizadas colaborativamente com segurança científica ou acadêmica, a partir do final da década de 1960 iniciaram-se debates doutrinários acerca da negociação, segundo Schneider as primeiras teorias de negociação "baseavam-se em um amalgamo de trabalhos conceituais da economia, teoria dos jogos, relações laborais, relações internacionais e psicologia social".[66] Naturalmente não mais com uma abordagem de como derrotar outros em negociação,[67] mas com uma estrutura de construir relacionamentos produtivos para compartilhar estes "produtos". Na década de 1980, cursos de negociação tanto em faculdade de Administração como em faculdade de Direito no exterior tornaram-se mais comuns. Passou-se a elaborar material pedagógico e surgiram professores especificamente engajados com teorias de negociação[68] com a abordagem teórica de negociação e habilidades de resolução de conflitos, cursos que sugeriam como negociar[69] passaram a ser oferecidos e terceiros, que negociariam ou que auxiliariam nos mais diversos contextos as partes a negociar, também passaram a ser encontrados com mais facilidade principalmente na América do Norte. Estes facilitadores de negociação, também chamados em alguns contextos de mediadores,[70] passaram a consolidar práticas de resolução de conflito alternativas ao poder judiciário e frequentemente encontradas em ambientes comunitários.

Nas primeiras obras da década de 1980, a doutrina em negociação consistia principalmente em persuadir advogados de que formas alternativas à "negociação competitiva" seriam mais eficientes. Houve um afastamento progressivo de negociações competitivas para negociações voltadas a solução de problemas. Partia-se da premissa de que a negociação poderia e deveria estar centrada nos interesses daquelas pessoas envolvidas. Com o início da década

---

65 BORBÉLY, A. et al. "A 'grand' unified negotiation theory". In: *Journal of Dispute Resolution*, Primavera 2017, p. 146.

66 SCHNEIDER, A. "The past and future challenges of negotiation theory". *Ohio State Journal on Dispute Resolution*, n. 31, 2016.

67 Vale registrar que alguns autores permaneceram seguindo abordagens não colaborativas de negociação mesmo no século XXI (*e.g.* NIERENBERG, Gerard I. *The complete negotiator*, 2009).

68 MENKEL-MEADOW, C. (ed.). *Foundations of Dispute Resolution*: Vol. I of Complex Dispute Resolution, 2012.

69 NIERENBERG, G. I. *Fundamentals of negotiating*, 125-26, 1973; KARRASS, Chester Louis. *Give & Take*: The Complete Guide to Negotiating Strategies and Tactics, 1974.

70 AUERBACH, J. S. *Justice without law?*, 1983 (esta obra encontra-se parcialmente traduzida em GOMMA DE AZEVEDO, André (org.). *Estudos em arbitragem, mediação e negociação*, 2004, v. 4).

de 1990 a doutrina passou a tratar também de barreiras cognitivas e psicológicas à negociação[71] e elementos de persuasão.[72] Nesse período as críticas à negociação baseada em princípios consistiam predominantemente na arguição de que esta seria excessivamente ingênua na medida em que exporia o negociador a condutas oportunistas de um negociador competitivo. Em razão dessas críticas surgem obras relacionadas à securitização de acordos bem como identificação de fatores emocionais que dificultam a análise racional do contexto sendo negociado.[73]

Como indica a doutrina[74] desde o início do movimento de negociação como de outras práticas consensuais, nos Estados Unidos a abordagem pedagógica foi predominantemente vivencial e realizada por meio de exercícios simulados, vídeos e estudos de casos. Isso ocorreu em parte em função da origem da teoria (da economia aplicada à psicologia) que proporciona modelos vivenciais de pedagogia. No Brasil, por sua vez, cursos de negociação foram sempre muito escassos e em alguns contextos apresentados adotando-se abordagem expositiva Coimbrã. Na América do Norte, no início do século XXI, a formação em negociação envolvia "ciências exatas, sistemas complexos adaptativos, um amplo espectro de tipos de psicologia, temas da antropologia especificamente sobre distinções culturais".[75]

Atualmente, as pesquisas doutrinárias em teoria de negociação versam sobre os temas mais distintos de vieses cognitivos em conflitos negociados,[76] éti-

---

71 Cf. ARROW, K. et al. *The Barriers to conflict resolution*, 1995 (Kenneth Arrow et al., eds., 1995); BAZERMAN, M. H. *Negotiating rationally*, 1992.

72 CIALDINI, R. B. *Influence*: the psychology of persuasion, 1993.

73 STONE, D. et al. *Difficult conversations*: how to discuss what matters most, 1995.

74 SCHNEIDER, A. et al. "The past and future challenges of negotiation theory". In: *Ohio State Journal on Dispute Resolution* n. 31, 2016; BORBÉLY, A. et al. "A 'grand' unified negotiation theory". In: *Journal of Dispute Resolution*, Primavera 2017; LANDE, J. "Moving negotiation theory from the Tower of Babel toward a world of mutual understanding". In: *Journal of Dispute Resolution* n. 1, Primavera 2017.

75 SCHNEIDER, A. "The past and future challenges of negotiation theory". *Ohio State Journal on Dispute Resolution* n. 31, 2016, p. 11.

76 KAUFMAN, S. et al. "Should they listen to us? Seeking a negotiation/conflict resolution contribution to practice in intractable conflicts". In: 2 *Journal of Dispute Resolution*, Outono 2017.

ca na negociação,[77] negociação e gênero,[78] negociações interculturais,[79] negociações multilaterais[80] e complexas,[81] entre tantas outras.

Traduzir o desenvolvimento teórico na consolidação de uma prática certamente consiste em um desafio para a área de negociação. Esse desafio torna-se ainda maior no contexto brasileiro na medida em que o meio acadêmico brasileiro tem resistido ao abandono de abordagens expositivas em salas de aula. Nos Estados Unidos, a maior parte dos cursos de negociação incluem alguma combinação de teoria (abordagens conceituais, estudos empíricos e resultados de pesquisas) e práticas (simulações, aplicações cotidianas e estudos de casos), ao mesmo tempo o modelo instrucional para faculdade de Direito e Administração tem nos cursos de negociação permanecido, segundo Schneider,[82] pouco alterado nos últimos vinte anos. O formato predominante nos programas vivenciais nos Estados Unidos combina textos de negociação com uma série de simulações, concebidas para enfatizar o planejamento efetivo de estratégicas e habilidades combinado com diários de autorreflexão e debates que direcionam o estudante a personalizar alguns pontos essenciais de aprendizagem e continuar desenvolvendo suas aptidões como negociadores após o encerramento da formação. Honeyman, Egner e Coben[83] sugerem abordagens que adotam a metodologia vivencial indicada por Schneider, todavia com enfoques pedagógicos distintos.

NEGOCIAÇÃO: CONCEITO

O conceito que se dá à negociação depende do fim que se empresta a esta. Em períodos em que se ponderava negociação como uma forma polida de subju-

---

77 *E.g.* WELSH, N. A. "Perceptions of fairness". In: SCHNEIDER, A. *The negotiator's fieldbook*, p. 165-75; WELSH, N. A. "Stepping back through the looking glass: real conversations with real disputants about the place, value and meaning of mediation". In: 19 *Ohio State Journal on Dispute Resolution*, 573, 2004.

78 *E.g.* KOLB, D. M. et al. *The shadow negotiation*: how women can master the hidden agendas that determine bargaining success, 2000.

79 *E.g.* BRETT, J. M. *Negotiating globally*: how to negotiate deals, resolve disputes, and make decisions across cultural boundaries, 2001.

80 *E.g.* LEWICKI, R. et al. *Negotiation*, 2014.

81 *E.g.* THOMPSON, L. *The mind and heart of the negotiator*, 2012.

82 SCHNEIDER, A. "The past and future challenges of negotiation theory". In: *Ohio State Journal on Dispute Resolution*, n. 31, 2016, p. 12.

83 HONEYMAN, C. et al. *Rethinking negotiation teaching series*, v. 1: *Rethinking negotiation teaching*, St. Paul, MN: DRI Press, 2009; HONEYMAN, C. et al. *Rethinking negotiation teaching series*, v. 2: *Venturing beyond the classroom*, St. Paul, MN: DRI Press, 2010; EBNER, N. et al. *Rethinking negotiation teaching series*, v. 3: *Assessing our students, assessing ourselves*, St. Paul, MN: DRI Press, 2012.

5 Fundamentos históricos da Teoria da Negociação 89

gar o outro, notam-se conceitos muito distintos daqueles que, após as influências de John Nash e da colaboração na teoria dos jogos, foram consolidados a
partir de uma perspectiva que permite ganhos mútuos. Um bom exemplo da
primeira hipótese (*i.e.* do enfoque competitivo na negociação) consiste na definição do diplomata Daniele Varè para quem a negociação é a arte de deixar o outro lado vencer a sua vitória pelas razões deles.[84] Como exemplo de conceito da
segunda hipótese (negociação com perspectiva colaborativa) cabe destacar a definição apresentada por Yarn em seu *Dicionário de resolução de conflitos*. Para
Yarn a negociação consiste em "um processo conciliatório no qual os participantes se engajam em comunicações em um esforço de ajustar diferenças. Ela é
tipicamente consensual e privada, com mínima participação de terceiros".[85]

Como sugerido por Bazerman,[86] as muitas distinções em conceituação de
negociação refletem modelos mentais distintos acerca do tema. Para Bazerman,
o conceito de modelos mentais em negociação está diretamente relacionado com
algumas construções da psicologia. Bazerman sugere que um modelo mental
consiste em uma representação cognitiva da negociação esperada, uma representação que "contém a compreensão de si, do relacionamento do negociador,
das atribuições em relação à contraparte, percepções e conhecimento da estrutura negocial bem como deste processo".[87]

Ainda no que tange a distintas conceituações, vale registrar a abordagem
de Lax e Sebenius, que definem negociação como um processo de interação potencialmente oportunística na qual duas ou mais partes, com algum conflito
aparente, buscam realizar resultados melhores, em razão de ações mutuamente
decididas, do que conseguiriam de outra forma.[88]

Para Moore, a negociação consiste em uma "relação de barganha entre
partes que têm conflitos de interesse reais ou percebidos. Os participantes voluntariamente vinculam-se de forma temporária com o propósito de educar um
ao outro sobre suas necessidades e interesses bem como trocar recursos específicos ou resolver uma ou mais questões intangíveis como a forma do seu relacionamento no futuro ou o procedimento pelo qual o problema será resolvido".[89]
Para fins deste trabalho, adotamos a orientação de Goldberg, segundo a qual a

---

84 URY, W. L. *Supere o Não*: negociando com pessoas difíceis, 1996, p. 3. No original em
   inglês, "*negotiation is letting the other side having it your way*". URY, William. *Getting
   past No*: negotiating with difficult people, 1991.
85 YARN, D. E. *Dictionary of conflict resolution*, 1999, p. 314.
86 BAZERMAN, M. et al. "Negotiation". In: *Annual Review Psychology*, 2000, p. 276.
87 Ibidem, p. 277.
88 LAX, D.; SEBENIUS, J. *The manager as a negotiator*, 1987, p. 11.
89 MOORE, C. *O processo de mediação*, 1998, p. 6.

negociação consiste em uma comunicação voltada à persuasão.[90] Dessa forma, adota-se uma definição que permite conciliar tanto as abordagens adversariais como as abordagens colaborativas sem exclusões inoportunas.

Vale ressaltar que a maior parte das definições contém alguns elementos comuns tais como: processo decisório comum; necessidade de um acordo para se chegar à uma solução; comunicação na realização de esforços para se alcançar ou influenciar a decisão comum; que o resultado final, havendo acordo, não poderia ser realizado exclusivamente por apenas um dos envolvidos.[91]

Dessa forma, pode-se afirmar que a partir de estudos datados da década de 1980 passou-se a perceber como e quanto a definição e percepção dos envolvidos criam a forma e o processo da negociação, tanto psicologicamente como estruturalmente. Autores como Brandenburger e Nalebuff sugerem que os participantes definam a forma com que interagem (cooperativamente ou competitivamente) pela forma com que percebem a dinâmica ou, nas próprias palavras dos autores, "como partes percebem o jogo é determinante de como jogam o jogo".[92]

CONCLUSÃO

Em parte, a transição da construção epistemológica de uma ciência de negociação[93] de uma abordagem puramente distributiva para potencialmente integrativa correlaciona-se com a necessidade de a administração da justiça também afastar-se da perspectiva polarizadora de que "o processo deve necessariamente ser inteiramente litigioso".[94] Em razão de fundamentos teóricos sólidos, descritos acima, foi possível evoluir modelos de negociação para estruturas que permitem ganhos acentuados de todos os envolvidos.

Mostra-se essencial desafiar o pressuposto (como feito por Neumann) de que o maior valor realizável em relações jurídicas decorre de posturas procedimentalmente competitivas. Sugere-se a possibilidade de se agregar valor ao resultado de uma interação por meio de cooperação e análise racional das opções dos interessados. Dessa forma, tanto na negociação como no próprio processo judicial, a abordagem resolutiva, realizada mediante estruturas de reforço e se-

---

90 GOLDBERG, S. et al. *Dispute resolution*: negotiation, mediation and other processes, 1992, p. 17.

91 YARN, D. E. *Dictionary of conflict resolution*, 1999, p. 316.

92 BAZERMAN, M. et al. "Negotiation". *Annual Review Psychology*, 2000, p. 286.

93 V. RAIFFA, H. *The art & science of negotiation*, 1982.

94 POUND, R. "The causes of popular dissatisfaction with the administration of justice". Palestra realizada na American Bar Association em 29 de agosto de 1906, in 8 *Baylor Law Review*, 1, 6 1956.

gurança de cumprimento de acordos, gera possibilidade de ganhos estáveis de médio e longo prazo.

De igual forma, vale frisar que a administração da justiça efetivamente permanecerá proporcionando elevados graus de insatisfação do jurisdicionado enquanto esta não se voltar para a realização de ganhos (não apenas pecuniários) dos envolvidos. Parafraseando o discurso de Pound e apresentando seu inverso, "a ideia de que o processo deve necessariamente ser inteiramente integrativo ressignifica ou reconstrói a nossa administração da justiça em todos os pontos... em todos os aspectos... a nossa administração da justiça com um viés resolutivo é exitosa. Ela simplesmente passa de defasada para moderna".[95]

REFERÊNCIAS BIBLIOGRÁFICAS

ALMEIDA, F. P. L. "A Teoria dos Jogos: uma fundamentação teórica dos métodos de resolução de disputa". In: GOMMA DE AZEVEDO, A. (org.). *Estudos em arbitragem, mediação e negociação*. Brasília, Grupos de Pesquisa, v. 2, 2003.

ARON, R. *Peace and War*: A Theory of International Relations. New Brunswick, Transaction Publishers, 2003.

ARROW, K. et al. *The Barriers to Conflict Resolution*. São Francisco, WW Norton & Co., 1995.

AUERBACH, J. S. *Justice without Law?* Nova Iorque, Oxford University Press, 1983.

AUMANN, R. *Repeated Games with Incomplete Information*. Cambridge, MIT Press, 1995.

AXELROD, R. *The Evolution of Cooperation*. Nova Iorque, Basic Books, 1984.

BAIRD, D. et al. *Game Theory and the Law*. Harvard University Press, 1994.

BAZERMAN, M. et al. "Negotiation". *Annual Review of Psychology*, 2000, p. 276.

BAZERMAN, M. H. *Negotiating Rationally*. Nova Iorque, Free Press, 1992.

BOBBIO, N. *Teoria generale del Diritto*. Torino, G. Giappichelli, 1993.

BORBÉLY, A. et al. "A 'Grand' Unified Negotiation Theory". *Journal of Dispute Resolution*, Primavera 2017, p. 146.

BRETT, J. M. *Negotiating Globally*: How to Negotiate Deals, Resolve Disputes, and Make Decisions Across Cultural Boundaries. São Francisco, Jossey-Bass, 2001.

CIALDINI, R. B. *Influence*: The Psychology of Persuasion. Nova Iorque: Harper, 1993.

CINTRA, A. C. A. et al. *Teoria geral do processo*. 26.ed. São Paulo, Malheiros, 2010.

DINAMARCO, C. R. *A instrumentalidade do processo*. 8.ed. São Paulo, Malheiros, 2000.

EBNER, N. et al. *Rethinking Negotiation Teaching Series*, v. 3: Assessing our Students, Assessing Ourselves. St. Paul, MN, DRI Press, 2012.

FISCHER, L. *Life of Mahatma Ghandi*. Nova Iorque, Harper Collins, 2004.

GENRO, T. Prefácio do *Manual de mediação judicial*. Brasília, Ministério da Justiça e Programa das Nações Unidas para o Desenvolvimento – PNUD.

GOLDBERG, S. et al. *Dispute Resolution*: Negotiation, Mediation and Other Processes. 6. ed. Aspen Law & Business, 1992.

GOMMA DE AZEVEDO, A. (org.). *Manual de mediação judicial*. 6.ed. BRASIL. CONSELHO NACIONAL DE JUSTIÇA. CNJ, Brasília, 2016.

---

95 A citação original, naturalmente, consiste no inverso deste texto referido.

GOMMA DE AZEVEDO, A. "Desafios de acesso à Justiça ante o fortalecimento da autocomposição como política pública nacional". In: PELUSO, A. C.; RICHA, M. A. (coords.). *Conciliação e mediação*: estruturação da política judiciária nacional. São Paulo, Forense, 2011.

GOMMA DE AZEVEDO, A. (org.). *Estudos em arbitragem, mediação e negociação*. Brasília, Grupos de Pesquisa, v. 4, 2007.

GOMMA DE AZEVEDO, A. (org.). *Estudos em arbitragem, mediação e negociação*. Brasília, Grupos de Pesquisa, 2004. v. 4.

GOMMA DE AZEVEDO, A. (org.). *Estudos em arbitragem, mediação e negociação*. Brasília, Grupos de Pesquisa, v. 2, 2003.

HONEYMAN, C. et al. *Rethinking Negotiation Teaching Series*, v. 1: Rethinking Negotiation Teaching. St. Paul, MN, DRI Press, 2009.

HONEYMAN, C. et al. *Rethinking Negotiation Teaching Series*, v. 2: Venturing Beyond the Classroom, St. Paul, MN, DRI Press, 2010.

IKLE, F. *How Nations Negotiate*. Nova Iorque, Harper Collins, 1964, *apud* YARN, D. E. *Dictionary of Conflict Resolution*, São Francisco, CA, Jossey-Bass Inc., 1999.

KARRASS, C. L. *Give & Take*: The Complete Guide to Negotiating Strategies and Tactics, 1974.

KAUFMAN, S. et al. "Should they Listen to Us? Seeking a Negotiation/Conflict Resolution Contribution to Practice in Intractable Conflicts". 2 *Journal of Dispute Resolution*, Outono 2017.

KOLB, D. M. et al. *The Shadow Negotiation*: How Women Can Master the Hidden Agendas That Determine Bargaining Success. Nova Iorque, Simon & Schuster, 2000.

LANDE, J. "Moving Negotiation Theory from the Tower of Babel Toward a World of Mutual Understanding". *Journal of Dispute Resolution*, n. 1 , Primavera 2017.

LAX, D. et al. *3-D Negotiation*: Powerful Tools to Change the Game in Your Most Important Deals. Boston, MA, Harvard Business School Press, 2006.

LAX, D.; SEBENIUS, J. *The Manager as a Negotiator*. Nova Iorque, Free Press, 1987.

LEWICKI, R. et al. *Negotiation*. 7.ed. Nova Iorque, McGraw Hill, 2014.

LOGEVALL, F. *Embers of War*: The Fall of an Empire and the Making of America's Vietnam, Nova Iorque: Random House, 2014.

LUTTWAK, E. "Give War a Chance". *Foreign Affairs*, v. 78, n. 4 (July/August):36-44, 1999.

MAIR, V. *The Art of War*: Sun Zi's Military Methods. Nova Iorque, Columbia University Press, 2007.

MAQUIAVEL, N. *O príncipe*. Trad. R. Grassi. Rio de Janeiro, Civilização Brasileira, 1982.

MENKEL-MEADOW, C. (ed.). *Foundations of Dispute Resolution*: Vol. I of Complex Dispute Resolution, 2012.

MNOOKIN, R. *Negociando com o Diabo*. São Paulo, Gente, 2011.

MOORE, C. *O processo de mediação*. Porto Alegre, Artes Médicas, 1998.

MORLEY, I. *The Social Psychology of Bargaining*. Boston, Unwin Hyman, 1977.

NASAR, S. *Uma mente brilhante*. Trad. Sergio Moraes Rego. Rio de Janeiro, Record, 2002.

NASH, J. "Non-Cooperative Games". *The Annals of Mathematics*, v. 54(2), p. 286-95, 1951.

NEUMANN, J. V.; MORGENSTERN, O. *Theory of Games and Economic Behavior*. Princeton, Princeton University Press, 1953.

NIERENBERG, G. I. *The Complete Negotiator*. Nova Iorque, Barnes & Noble, 2009.

NIERENBERG, G. I. et al. *The Art of Negotiating*. Michigan, Universidade de Michigan, 1981.

NIERENBERG, G. I. *Fundamentals of Negotiating* 125-26, 1973.

PARCHAMI, A. *Hegemonic Peace and Empire*: The Pax Romana, Britannica and Americana. Nova Iorque, Routledge, 2009.

PELUSO, A. C. ; RICHA, M. A. (coords.). *Conciliação e mediação*: estruturação da política judiciária nacional. São Paulo, Forense, 2011.

POUND, R. "The Causes of Popular Dissatisfaction with the Administration of Justice". In: AMERICAN BAR ASSOCIATION, 29 de agosto de 1906. 8 *Baylor Law Review*, 1, 6 1956.

POUNDSTONE, W. *Prisoner's Dilemma*. Anchor Books, 1993.

RAIFFA, H. *The Art & Science Of Negotiation*. Cambridge, Massachusetts, Harvard University Press, 1982.

RAPOPORT, A. *Lutas, jogos e debates*. 2. Trad. Sérgio Duarte. Brasília, Editora Universidade de Brasília, 1998.

RHODE, D. *In the Interests of Justice*: Reforming the Legal Profession. Nova Iorque, Oxford University Press, 2000.

RIDLEY, M. *The Evolution of Everything*: How Ideas Emerge. Nova Iorque, Harper, 2015.

ROWELL, J. L. *Gandhi and Bin Laden*: Religion at the Extremes. Maryland, University Press of America, 2009.

SANTOS, B. de S. *A crítica da razão indolente*: contra o desperdício da experiência. 2.ed. São Paulo, Cortez, 2000.

SANTOS, B. de S. *O discurso e o poder*: ensaio sobre a sociologia da retórica jurídica. Porto Alegre, Fabris, 1988.

SCHELLING, T. *The Strategy of Conflict*. Cambridge, Harvard University Press, 1980.

SCHNEIDER, A. "The Past And Future Challenges Of Negotiation Theory". *Ohio State Journal on Dispute Resolution*, n. 31, 2016.

STONE, D. et al. *Difficult Conversations*: How to Discuss What Matters Most. Nova Iorque, Penguin, 1995.

THOMPSON, L. The Mind and Heart of the Negotiator. 5.ed. Nova Iorque, Pearson, 2012.

TOCQUEVILLE, A. *A democracia na América*. São Paulo, Martins, 2000.

TRIBE, L. "Too much law, too little justice: an argument for delegalizing America". *Atlantic Monthly*, julho de 1979, p. 25.

URY, W. L. *Supere o não*: negociando com pessoas difíceis. 4.ed. São Paulo, Best Sellers, 1996.

URY, W. L. *Getting Past No*: Negotiating With Difficult People. Nova Iorque, Bantam Books, 1991.

WELSH, N. A. "Stepping Back through the Looking Glass: Real Conversations with Real Disputants about the Place, Value and Meaning of Mediation". 19 *Ohio State Journal on Dispute Resolution*, 573, 2004.

WELSH, N. A. "Perceptions of Fairness". In: SCHNEIDER, A. *The Negotiator's Fieldbook*. Washington, American Bar Association, p. 165-75.

YARN, D. E. *Dictionary of Conflict Resolution*. São Francisco, CA, Jossey-Bass Inc., 1999.

6

A ação monitória no Código de Processo Civil de 2015

Antonio Carlos Marcato

À GUISA DE INTRODUÇÃO

Não escapa à percepção do observador atento à evolução das ideias de acesso *formal* ao acesso *efetivo* à justiça, a circunstância de que a busca de solução para os óbices apontados pela doutrina para a concretização do segundo interessa, imediatamente, apenas ao círculo restrito dos cultores e dos operadores do Direito – não obstante possa influir, como efetivamente influi, direta e decisivamente na vida do destinatário final da atividade jurisdicional.

Este último não está preocupado com as causas da crise do processo, nem com as soluções técnicas engendradas pela doutrina e pelos tribunais: espera apenas, com a expectativa naturalmente pragmática de qualquer consumidor, uma solução rápida, barata e eficiente, cabendo ao aparelho estatal, por sua vez, reconhecer e proteger o direito de quem o tem.

Na lúcida ponderação de Mauro Cappelletti e Bryant Garth, a aptidão para o reconhecimento de um direito e para o exercício da ação ou da defesa, as noções de litigância habitual e litigância eventual e a problemática dos ditos interesses metaindividuais são temas de pouco (ou nenhum) interesse imediato para o homem comum, preocupado, isto sim, quando defrontado com a necessidade de socorrer-se do Poder Judiciário para a resolução de um conflito, com o custo e a demora do processo e com a eficiência prática do resultado por meio dele obtido.[1] E, sendo réu, nutre as mesmas expectativas em relação ao custo-duração do processo e ao resultado que ao final se obtêm, mormente quando

---

1 *Access to justice*: the worlwide movement to make rights effective. A general report (*Acesso à justiça*. Trad. Ellen Gracie Northfleet), 1988, p. 22-8.

convenaido (ainda que eventualmente sem razão) da ilegitimidade da pretensão do autor.

Realmente, os mais visíveis e angustiantes obstáculos que se antepõem ao destinatário final da atividade exercida por meio do processo são, imediatamente, o seu custo e a sua duração, com efeitos que podem ser devastadores, pois ora atuam como fator de pressão sobre a parte mais fraca, que por vezes é compelida a abandoná-lo ou a se sujeitar a acordos muito inferiores àqueles a que teria direito, ora geram resultados que, à luz da vantagem almejada pela parte, são ineficazes ou inócuos. E como já se alertou, "a Justiça que não cumpre suas funções dentro de um 'prazo razoável' é, para muitas pessoas, uma Justiça inacessível", ao passo que a demora pode representar, ao final, a denegação da própria justiça.[2]

Tal não bastasse, a conjugação desses fatores perniciosos tende a afastar do Poder Judiciário uma expressiva parcela do grupo social, circunstância que gera, na adequada expressão cunhada por Kazuo Watanabe, a situação de *litigiosidade contida*,[3] a qual, além de demonstrar a incapacidade estatal para a resolução de todos os conflitos (embora tenha avocado para si o poder de distribuir justiça, por meio de seus órgãos e agentes judiciais), abre espaço para soluções menos ortodoxas, ou até mesmo ilícitas.

É sabido, por outro lado, que a necessidade de cognição plena, pelo juiz, para a outorga de um provimento que ateste, definitivamente, uma certeza juridicamente relevante, com todas as consequências que dela advêm, impõe a utilização de um processo dotado de uma base procedimental adequada ao amplo debate das questões relacionadas ao caso concreto, com um espectro probatório correspondente, circunstâncias que encarecem e tornam morosa a marcha processual. Vale dizer, a técnica do processo de conhecimento é caracterizada, fundamentalmente, pela realização plena do contraditório em forma antecipada, ou seja, o provimento judicial final só será emitido após assegurar-se às partes, com a observância das formas e prazos predeterminados em lei, a possibilidade de fazerem valer todas as suas alegações, defesas e provas, assim permitindo que à declaração contida na sentença seja atribuída a autoridade de coisa julgada material; a essência da cognição plena reside, então, de um lado na predeterminação legal das modalidades de realização do contraditório, das

---

2   Ibidem, p. 20-1.
3   "Filosofia e características básicas do Juizado Especial de Pequenas Causas". In: WATANABE, Kazuo (coord.). *Juizado Especial de Pequenas Causas*, 1985, p. 2.

formas e dos prazos nos quais o processo se articula e, de outro, na realização mesma do contraditório, de forma plena e antecipada.[4]

Daí a necessidade de adoção de técnicas adequadas à obtenção de *tutelas jurisdicionais diferenciadas*, direcionadas à efetividade do resultado desejado pela parte e aos instrumentos para tanto necessários, pois a coincidência do resultado de um trabalho, com o propósito para o qual foi desenvolvido, depende sempre da adequação dos meios ao fim.

Entre essas técnicas, tem especial importância aquela pautada na necessidade de cognição plena, pelo juiz, para a outorga de provimento que ateste definitivamente uma certeza juridicamente relevante, com todas as consequências que dela advêm e que, por isso mesmo, exige a utilização de processo dotado de base procedimental adequada ao amplo debate das questões relacionadas ao caso concreto, com espectro probatório correspondente, circunstâncias que encarecem e tornam morosa a marcha processual. Por outras palavras, a técnica do processo de conhecimento plena é caracterizada, fundamentalmente, pela realização integral do contraditório em forma antecipada, ou seja, o provimento judicial final só será emitido depois de assegurada às partes, com a observância das formas e prazos predeterminados em lei, a possibilidade de fazerem valer todas as suas alegações, defesas e provas, assim permitindo que à declaração contida na sentença seja atribuída a autoridade de coisa julgada material; a essência da cognição plena reside, então, de um lado, na predeterminação legal das modalidades de realização do contraditório, das formas e dos prazos nos quais o processo se articula e, de outro, na realização mesma do contraditório, de forma plena e antecipada.

Vale salientar, no entanto, que se é certo, de um lado, que só haverá absoluta coincidência entre cognição definitiva e executoriedade se a sentença que atua como título for definitiva, certo também é, de outro, que a lei autoriza execuções fundadas em outros títulos (declarações com predominante função executiva), seja em atenção a uma prova certa do direito (a escrita) ou à necessidade de favorecer particularmente determinadas obrigações comerciais, seja em favor do título cambial, seja, finalmente, para favorecer determinados créditos ou em atenção à pessoa do credor ou, ainda, em consideração à natureza e às provas do crédito (situação em que se encarta o procedimento monitório). E, nesses casos, a cognição do juiz é sumária, sumariedade justificada pela ideia de que o processo deva comportar-se, em determinadas situações – e em atenção

---

4   Cf. PISANI, Proto. "La tutela sommaria in generale e il procedimento per ingiunzione nell'ordinamento italiano". II JORNADAS DE DIREITO PROCESSUAL CIVIL, Brasília, agosto de 1995.

ao interesse geral –, de acordo como o que *geralmente acontece* e não como *pode efetivamente acontecer* no caso concreto.[5]

Entre as diversas técnicas pautadas na sumariedade da cognição destacam-se, para a compreensão do tema sob análise, *(a)* a dos títulos executivos de formação extrajudicial e, *(b)* a da antecipação na formação do título executivo judicial, com a supressão de toda a fase de conhecimento tendente à obtenção de sentença condenatória ou de um comando estatal com eficácia executiva equivalente.

Nessa última categoria é que se insere a ação monitória, na qual o juízo de oportunidade da instauração do processo de cognição plena é deixado à parte em cujo interesse o contraditório é predisposto; consiste na possibilidade de obtenção de um provimento judicial *inaudita altera parte*, que tem sua eficácia executiva sujeita à condição suspensiva de ausência de oposição (embargos) por parte do devedor ou à condição resolutiva do acolhimento de eventual oposição de sua parte. Opera-se a derrogação da regra vigente nos processos com procedimento comum, segundo a qual o contraditório deve ser realizado *antes* da emissão do provimento jurisdicional: no processo monitório, o contraditório se mostra ausente na fase de postulação, pelo autor, do mandado monitório, podendo ser ativado *a posteriori* pelo réu, se e quando vier a apresentar embargos àquele decreto judicial; e, se o contraditório é posterior e condicionado à iniciativa do réu, o provimento emanado antes de sua realização será limitado ao conhecimento dos fatos constitutivos alegados pelo autor como fundamentos do direito deduzido em juízo. Trata-se de cognição limitada, porque parcial, tendo por objeto apenas parte dos fatos relevantes, quais sejam os constitutivos expostos pelo autor em sua petição inicial; outros fatos relevantes poderão ser deduzidos em juízo, mas somente após a emissão do provimento judicial e se, contra ele, o réu se opuser tempestivamente.

A AÇÃO MONITÓRIA NO DIREITO BRASILEIRO: GÊNESE E EVOLUÇÃO

O *mandatum de solvendo* do Direito comum

Antecessor do moderno processo monitório, o procedimento do *mandatum de solvendo cum clausula iustificativa* (ou *praeceptum executivum sine causae cognitione*), inspirado no procedimento canônico da *summaria cognitio*,

---

5 Cf. CHIOVENDA, Giuseppe. *Istituzioni di diritto processuale civile (Instituições de direito processual civil.* Trad. J. Guimarães Menegale), 1969, v. 1, n. 71, p. 236-8.

surgiu na Europa, no início do século XIV, predestinado à abreviação da duração dos processos.[6]

Por meio desse procedimento, ficava o juiz autorizado a emitir em favor do credor – e sem a prévia citação do devedor – ordem de pagamento envolvendo pequenos créditos (o *mandatum de solvendo*), que permitia a execução; mas essa ordem devia vir acompanhada da *clausula iustificativa*, ou seja, a de que o devedor, querendo opor defesa, deveria fazê-lo dentro de um certo tempo.

Apresentada oposição ao *mandatum*, este tinha sua eficácia tolhida.[7]

A ação decendiária do direito luso-brasileiro

Primeiro grande ordenamento jurídico marcadamente lusitano, as *Ordenações Afonsinas* vieram à luz em meados do século XV (no ano de 1446, no reinado de Afonso V), fortemente influenciadas pelo direito romano do *Corpus Juris Civilis*, do direito germânico inserido na Lei das Sete Partidas, do direito canônico e dos antigos costumes e assentos da Chancelaria, já que suas fontes principais foram as leis promulgadas a partir de Afonso II (em 1211) até Afonso V, o direito romano (com as interpretações feitas por Acúrsio e Bártolo), os capítulos da corte, desde Afonso III (em 1248) e, finalmente, as concordatas celebradas com o Vaticano por D. Diniz, D. Pedro I e D. João I.[8]

Não obstante as influências já referidas, essas Ordenações não contemplavam qualquer procedimento similar ao *mandatum de solvendo cum clausula iustificativa*, o que veio a ocorrer somente nas Ordenações seguintes, as *Manoelinas*, com a previsão da *ação de assinação de dez dias*, ou ação decendiária, que "poderia ser ajuizada pelo credor para haver do devedor quantia certa ou coisa determinada, conforme provasse escritura pública ou alvará feito e assinado".

Em 1581, Felipe I ordenou que fossem refundidas as Ordenações do Reino, o que ocorreu no ano de 1595, embora somente em 1603, já no reinado de Felipe II, viessem a entrar em vigor as *Ordenações Filipinas*, que regularam a vida do Brasil Colônia e Império praticamente sem alterações de monta, convivendo com a legislação extravagante, que a complementava.

Elas igualmente contemplavam a ação decendiária e vigoraram plenamente em nosso país, até o advento, em 25 de novembro de 1850, do Regulamento n. 737.

---

6 Cf. SICILIANI, Tommaso. "Procedimento per ingiunzione". In: *Nuovo Digesto Italiano*, 1938-XVI, p. 1.096.

7 Cf. CHIOVENDA, op. cit. v. cits., n. 77, p. 255-6.

8 Cf. LÔBO, Maria Tereza de Cárcomo. "Ordenações Portuguesas e o Direito Brasileiro". *Revista Vox Legis*, v. 160, p. 45-9.

A ação decendiária do Direito brasileiro

Esse Regulamento, originalmente aplicável apenas às causas comerciais, também passou a regular as cíveis por força do Decreto n. 763, de 19 de setembro de 1890.

Em seu art. 246, dispunha que a ação decendiária consistia na assinação judicial de dez dias para o réu pagar, ou dentro deles alegar e provar os embargos que tivesse, indicando, o artigo seguinte, os documentos que justificavam o ingresso do credor em juízo. E, de acordo com Moacyr Amaral Santos, "o processo decendiário, ao qual é atribuída genuína origem portuguesa", destinava-se, "semelhantemente aos monitórios documentais [...], a fazer valer obrigações *de dar*, consistentes em dinheiro ou coisa, e que fossem fundadas em prova escrita".[9]

Com o advento da Constituição de 1891, os Estados-membros foram autorizados a legislar sobre processo (art. 34, n. 22, e art. 65, n. 2, conjugados), continuando o Regulamento n. 737 a vigorar apenas naqueles que não adotaram um Código de Processo Civil particular.

Entre os diplomas estaduais que trataram da ação decendiária, merece destaque o paulista, que a regulou no Capítulo XVIII de seu Livro V ("Do Processo Especial"), dedicando-lhe os arts. 767 a 771.

Essa ação cabia "ao credor por obrigação líquida e certa a que não (tivesse) a lei atribuído ação executiva", sendo o réu "citado para na primeira audiência vir ver assinar-se-lhe o prazo de dez dias para pagar ou alegar e provar sua defesa por meio de embargos".[10] Decorrido o decêndio, os autos iam conclusos ao juiz, que adotaria, diante do comportamento do réu, uma entre as seguintes providências: proferiria sentença definitiva, caso o réu não houvesse pago ou oferecido embargos – ou, ofertando-os, fossem considerados irrelevantes; condenaria o réu, apesar da relevância dos embargos, se os mesmos não fossem detidamente provados dentro do decêndio; e, finalmente, recebia os embargos para discussão – e sem condenação –, se os mesmos fossem relevantes e cumpridamente provados (art. 769).

Nos termos do art. 770, recebidos os embargos com ou sem condenação – e extraída, no primeiro caso, a carta de sentença, a permitir a execução provisória –, abria-se para o autor a oportunidade de contestá-los, "prosseguindo a causa sumária ou ordinariamente, conforme a hipótese (arts. 474 e 478)", adotando-se um ou outro dos procedimentos com base no valor da obrigação; su-

---

9   *Ações cominatórias no direito brasileiro*, 1958, n. 48, t. 1, p. 145-6.
10 CÂMARA LEAL, Antônio Luiz da. *Código de Processo Civil e Commercial do Estado de São Paulo*, 1932, v. 4, comentários aos arts. 767 e 768, p. 383-5.

mário, se o valor não ultrapassasse cinco contos de réis, e ordinário, nos demais casos.

Em 1º de março de 1940, entra em vigor nosso primeiro Código de Processo Civil nacional (Decreto-lei n. 1.608, de 18.09.1939), que não contemplou a ação decendiária, igualmente não a contemplando o segundo diploma nacional, de 1973 (Lei n. 5.869, de 11.01.1973).

Reconhecida a eficiência da tutela a ser obtida no processo monitório, na esteira das reformas do CPC/73 foi editada a Lei n. 9.079/95, incluindo os arts. 1.102-A, 1.102-B e 1.102-C àquele Código, com posteriores modificações introduzidas pela Lei n. 11.232/2005.

Moldado no modelo documental – mas regulamentado por apenas três dispositivos legais –, sua aplicação logo deu ensejo a interpretações distintas e, por vezes, antagônicas, como dão prova as diversas súmulas editadas pelo Superior Tribunal de Justiça a partir de junho de 2001.

A AÇÃO MONITÓRIA NO NOVO CÓDIGO DE PROCESSO CIVIL: GENERALIDADES

Apesar da resistência oposta por determinados setores à manutenção da ação monitória no Código de Processo Civil agora em vigor – motivada, ao que tudo indica, pela ignorância de sua importância e desconhecimento de sua efetividade nos países onde há décadas vem sendo adotado –, ele foi incluído no Projeto da Câmara e, na fase final do processo legislativo, aprovado pelo Senado Federal.

Na sua estrutura formal foram mantidos elementos do modelo documental e incluídos outros, típicos do modelo puro, como a previsão de imposição de multas à parte litigante de má-fé,[11] como se passa a demonstrar.

Inadmissibilidade de ação monitória em face de incapaz

Apontamos, em obra anterior, o risco de pessoa incapaz figurar como ré na ação monitória. Isso porque, se é certo que no processo de cognição plena e com contraditório inicial a inércia do réu pode gerar o mais importante efeito da revelia, qual seja a total incontrovérsia dos fatos constitutivos do direito afirmado pelo autor (art. 319 do CPC/73; art. 344 do CPC), autorizando o julgamento antecipado do pedido (art. 330, II, do CPC/73; art. 355, II, do CPC), cer-

---

11 Discorremos amplamente sobre a ação monitória no novo Código em nossa obra *Procedimentos especiais*, 2017, p. 260/28.

6 A ação monitória no Código de Processo Civil de 2015 101

to também é que a lei afasta esse efeito nas situações previstas no art. 320 (art. 345), entre as quais a indisponibilidade do direito em jogo (inciso II).

Então, considerando, de um lado, que são indisponíveis os direitos dos incapazes e, de outro, que no processo monitório a inércia do réu acarreta a imediata convolação do mandado monitório em título executivo judicial, não pode o réu incapaz, imunizado que fica aos efeitos da revelia no processo de cognição plena e exauriente, vir a sofrer aqueles, mais graves, resultantes da aludida conversão e posterior cumprimento da obrigação.[12]

Daí o acerto do Novo Código ao implicitamente vedar, no *caput* de seu art. 700, a propositura de ação monitória diante de devedor incapaz, que poderá, não obstante, figurar como autor ou réu em ação processada com a observância do procedimento comum, pois a vedação legal não se funda em eventual ilegitimidade passiva do incapaz, mas sim na sua *incapacidade para ser parte passiva* no processo monitório. A vedação é relacionada, portanto, a um *pressuposto processual*, não à *condição* de legitimidade *ad causam*.

A legitimidade da Fazenda Pública

No mesmo trabalho já referido, também apontamos os prós e contras à admissibilidade da ação monitória perante a Fazenda Pública, controvérsia que, ao final, foi afastada pelo Superior Tribunal de Justiça ao editar a Súmula n. 339, agora recepcionada pelo CPC/2015 em seu art. 700, § 6º, com o complemento do § 4º do art. 701. É indiscutível, por outro lado, a legitimidade ativa da Fazenda Pública, exceto quando a ação monitória tiver por objeto obrigação de pagar quantia em dinheiro, pois, estando ela autorizada, como está, a constituir seu próprio título executivo extrajudicial para aparelhar execução fiscal (LEF, art. 3º), carece de interesse de agir para a obtenção de título executivo judicial, até mesmo pela via monitória. E nem vale argumentar com a faculdade estabelecida pelo art. 785: gozando da prerrogativa que lhe é atribuída pelo art. 3º da LEF – e tendo à sua disposição processo de execução pleno de outras tantas prerrogativas legais –, não há sentido, inclusive sob o ponto de vista prático, em a Fazenda Pública promover ação monitória, com os naturais percalços decorrentes, para a obtenção de título executivo judicial, podendo, como pode, criar unilateralmente seu próprio título e, desde logo, promover a execução.

---

12 MARCATO, Antonio Carlos. *O processo monitório brasileiro*, 1998, n. 13.2.4, p. 69-71.

A exigência de prova escrita

Conforme acima registrado, entre as diversas técnicas pautadas na sumariedade da cognição destaca-se, para a compreensão do tema sob análise, a da antecipação na formação do título executivo judicial, com a supressão de toda a fase de conhecimento tendente à obtenção de sentença condenatória ou de um comando estatal com eficácia executiva equivalente.

É nessa categoria que se insere a técnica do procedimento monitório, no qual a iniciativa para a instauração de uma fase destinada à cognição plena (via embargos) é do réu, em cujo interesse é predisposto o contraditório; consiste na possibilidade de obtenção, pelo autor, de um provimento judicial emitido *inaudita altera parte*, que tem sua eficácia executiva sujeita à condição suspensiva de ausência de oposição por parte do devedor ou à condição resolutiva do acolhimento de eventual oposição de sua parte.

Repetindo a previsão do art. 1.102-A do CPC/73, o Novo Código condiciona a propositura da ação monitória à apresentação, pelo autor, de prova escrita despida de eficácia de título executivo, mas que evidencie de plano dois de seus atributos, quais sejam a *exigibilidade da obrigação* e a *liquidez da prestação* correspondente (art. 700, § 1°).

A lei não identifica qual documento deverá acompanhar a petição inicial; exige, apenas, que ele tenha sido produzido na forma escrita, ao autor sendo facultado instruir aquela peça com os documentos que repute necessários, a fim de que a eventual insuficiência de um possa ser suprida por outro, isto é, para que o conjunto documental tenha aptidão para induzir a formação de juízo calcado em razoável grau de probabilidade acerca do direito afirmado na petição inicial. Também poderá valer-se de documento proveniente de terceiro, desde que dotado de aptidão para, isoladamente ou em conjunto com outro, demonstrar a existência de uma relação jurídica material que envolva autor e réu e, ainda, para atestar a exigibilidade e a liquidez da prestação.

Enfrentando a questão, o Superior Tribunal de Justiça reconhece como prova escrita hábil o contrato de abertura de crédito em conta corrente acompanhado do demonstrativo de débito, o cheque prescrito, o cheque e a nota promissória destituídos de eficácia executiva, podendo ainda ser indicados, a título ilustrativo, o documento assinado pelo devedor, mas sem testemunhas, a confissão de dívida carente de testemunhas instrumentárias, acordo e transação não homologados, a carta ou bilhete de que se possa inferir confissão de dívida e, de modo geral, documentos desprovidos de duas testemunhas, título de crédito a que falte algum requisito exigido por lei, a duplicata sem aceite, sem protesto e sem o comprovante de entrega da mercadoria, a carta confirmando a aprovação do valor do orçamento e a execução dos serviços etc.

Inovando, o Novo Código admite como prova escrita a oral documentada, produzida antecipadamente (art. 700, § 1º – *v.* arts. 381 a 383); além disso, confere ao portador de título executivo extrajudicial a opção de valer-se do processo de conhecimento para a obtenção de título executivo judicial – o que, em última análise, também o autoriza a, querendo, valer-se da via monitória para o mesmo fim, exceto quando se tratar da Fazenda Pública, pelos motivos já expostos (*supra*, n. 209.1).

A opção pelo procedimento comum

Mesmo dispondo de prova escrita hábil à utilização da via monitória, ainda assim a parte poderá optar, por razões de conveniência, pela submissão da demanda ao procedimento comum. Pode ocorrer que, optando o autor pelo ajuizamento da ação monitória, o juiz venha a ter dúvida quanto à idoneidade da prova documental apresentada com a petição inicial, a impedir a formação de juízo favorável à emissão do mandado monitório. Nesse caso, em vez de simplesmente indeferir a peça inicial, a autoridade judiciária deverá determinar a intimação do autor para, querendo, emendá-la e adaptá-la ao procedimento comum (art. 700, § 5º); não atendida a intimação, a petição inicial deverá ser liminarmente indeferida (arts. 320 e 321).

Indeferimento da petição inicial

Nos termos do § 4º do art. 700, a petição inicial será indeferida se, inexistente a atribuição de valor à causa, não vier instruída com a prova documental indispensável – e o autor, intimado a apresentá-la ou complementá-la, quedar inerte (arts. 320 e 321) – ou, ainda, quando intimado a emendar aquela peça processual, ante a existência de dúvida quanto à idoneidade da prova apresentada, igualmente permanecer inerte (art. 700, § 5º). Também será indeferida nas hipóteses do art. 330, da sentença terminativa cabendo apelação (arts. 485, I, e 1.009).

Citação do réu

No CPC/73 inexistia qualquer previsão a respeito da citação do réu no processo monitório, omissão que ocasionou controvérsia a respeito do cabimento da citação por edital, solucionada com a edição da Súmula n. 282 do Superior Tribunal de Justiça. Afastando qualquer dúvida sobre o assunto, o CPC/2015 autoriza a citação do réu por qualquer dos meios permitidos para o procedimento comum, aqueles os indicados no art. 246 (art. 700, § 7º).

Tendo em vista o duplo objetivo do mandado monitório – citação e cientificação do réu sobre o comando nele contido –, não parece desarrazoado o entendimento de que do mandado deverão constar, além do prazo para o cumprimento voluntário da obrigação e as advertências de redução da verba honorária de isenção das custas processuais caso assim proceda, também as advertências, por aplicação analógica do art. 250, II, final, e III, de que o não cumprimento, ou a não oposição tempestiva dos embargos, acarretará a convolação da ordem judicial em título executivo judicial.

O MANDADO MONITÓRIO

Na dicção do art. 701 do CPC, sendo evidente o direito do autor e atendidos os requisitos da petição inicial, o juiz deferirá, por decisão devidamente fundamentada, a expedição do mandado monitório, concedendo ao réu o prazo de quinze dias para o cumprimento voluntário da obrigação e o pagamento de verba honorária devida ao autor.

Esse mandado representa a ordem judicial, dirigida ao réu, tendo por objeto qualquer das prestações enunciadas no art. 700, não podendo ser confundido, evidentemente, com o ato pelo qual se investe o oficial de justiça de autoridade para proceder ao cumprimento da própria ordem. E, apesar de vir corporificado em decisão interlocutória, o mandado monitório não é impugnável pela via recursal, assegurado ao réu o direito de oposição por meio dos embargos adequados (art. 702, *caput*).

Eficácia do mandado monitório

Na vigência do CPC/73 acabou prevalecendo, em sedes doutrinária e jurisprudencial, o entendimento de que, mantida suspensa a eficácia do mandado monitório em virtude da oposição de embargos pelo réu, sendo eles posteriormente rejeitados, a apelação interposta à sentença seria dotada do denominado efeito suspensivo; consequentemente, até que esse recurso fosse inadmitido ou desprovido em segunda instância, não se iniciava a fase executiva.

Não foi essa, felizmente, a orientação adotada pelo legislador do CPC/2015, como se extrai do disposto no § 4º do art. 702.

Emitido o mandado monitório, sua eficácia fica suspensa no aguardo ou do cumprimento voluntário pelo réu, ou da oposição de embargos. Omitindo-se, o mandado monitório convola-se de pleno direito (*ex vi legis*, portanto) em título executivo judicial, a autorizar o seu imediato e definitivo cumprimento; se opostos os embargos, remanescerá suspensa a eficácia do mandado monitório, mas, diferentemente do que ocorre no regime do CPC/73, sendo eles rejeitados, a interposição de apelação pelo réu-embargante não impedirá o cumprimento provisório, a requerimento do autor, do título executivo judicial.

Cumprimento voluntário do mandado monitório

Cumprindo voluntariamente o mandado e satisfeita a obrigação, o réu ficará isento do pagamento das custas processuais (mas não dos honorários advocatícios, pois já satisfeitos no montante de 5% do valor atribuído à causa) e o juiz extinguirá o processo com resolução do mérito (art. 701, § 1º – *v.* art. 487, III, *a*).

Não podendo o réu, por motivos justificáveis, desincumbir-se da obrigação no prazo de quinze dias, bastará requerer sua prorrogação ao juiz, assegurando assim seu direito à redução da verba honorária. Contudo, concedida a prorrogação e esgotado o prazo correspondente sem o cumprimento do mandado, não mais serão admissíveis os embargos (preclusão lógica), operando-se a convolação daquele em título executivo judicial.

Novidade bem-vinda é contemplada no § 6º do art. 701 ao permitir, com lastro no art. 916 e parágrafos, que o réu, reconhecendo o crédito do autor e previamente depositando em juízo 30% do valor, acrescidos de juros e de honorários advocatícios, proponha o pagamento do remanescente em até seis parcelas mensais, devidamente corrigidas; intimado o autor a manifestar-se sobre essa proposta de moratória, o juiz deverá decidir em cinco dias, nesse ínterim cabendo ao réu depositar prestação que vier a vencer.

Deferida a proposta de parcelamento, o processo monitório terá seu curso suspenso até o pagamento integral da dívida; indeferida, não mais serão admissíveis os embargos ao mandado monitório e, convertido em título executivo judicial, proceder-se-á ao seu cumprimento pelo crédito remanescente, com as devidas correções. No caso de, já deferida a proposta de moratória, o réu deixar de pagar qualquer das prestações, o processo retomará seu curso, convolado o mandado monitório em título executivo judicial para a satisfação do crédito remanescente, devidamente corrigido e acrescido de multa de 10%.

Inércia do réu e a conversão do mandado monitório em título executivo judicial

No processo monitório a contumácia do réu acarreta consequências diferentes, em profundidade e intensidade, daquelas resultantes da revelia no processo de conhecimento com rito comum, pois neste a inércia do réu regularmente citado não acarreta, por si só, a automática emissão de provimento favorável ao autor (*v.g.*, art. 345 do CPC). Sendo revel o réu preso ou aquele citado fictamente (com hora certa ou por edital), o juiz nomear-lhe-á curador especial que o defenda (*rectius*: que oponha embargos – *v.* art. 186 do CPC), curatela a ser exercida pela Defensoria Pública (art. 72, II e parágrafo único).

Realmente, tendo em vista a especialidade do procedimento da ação monitória, pautado pela exigência da prévia apresentação da prova escrita e caracterizado pela técnica do deslocamento da efetividade do contraditório para os embargos a serem opostos pelo réu, da inércia deste resulta a conversão, de pleno direito e sem necessidade de outras formalidades, do mandado monitório em título executivo judicial, vedado ao juiz qualquer pronunciamento sobre a pertinência da pretensão deduzida pelo autor. Afinal, como o mandado monitório vem fundado em prova escrita hábil à sua emissão e a inércia do réu "confirma a existência do direito que já era aceito (em virtude da prova escrita) como provável", a conjugação desses dois elementos já é suficiente para a formação do título executivo judicial. E, formado esse título, iniciar-se-á, a requerimento do credor, o seu cumprimento definitivo, observado, conforme a natureza da obrigação, o disposto nos arts. 513 e seguintes do CPC.

Inércia da Fazenda Pública

Sendo ré a Fazenda Pública, cabe-lhe opor embargos no prazo que a lei lhe assegura (trinta dias úteis – CPC, art. 183). Quedando inerte, a decisão concessiva do mandado será submetida a reexame necessário pelo tribunal (art. 701, § 4º – *v.* art. 496, I, com as ressalvas de seus §§ 3º e 4º) e, mantida, proceder-se-á, a requerimento do credor, nos termos dos arts. 534 e 535.

OS EMBARGOS AO MANDADO MONITÓRIO

Com a edição da Lei n. 9.079/2006, introduzindo a ação monitória no CPC/73, imediatamente surgiram, em sedes doutrinária e jurisprudencial, inúmeras questões a respeito desse novo instituto, principalmente no que concerne à natureza jurídica dos embargos referidos em seu art. 1.102-C.

6 A ação monitória no Código de Processo Civil de 2015 107

Afastando tais questionamentos – já superados, aliás, com a edição da Súmula n. 292 do STJ –, em seu art. 702 e § 1º, o CPC equipara esse instrumento de resistência à contestação, permitindo sua oposição nos próprios autos, para a veiculação de qualquer matéria alegável como defesa no procedimento comum (*v.* arts. 336 e 337), ressalvada a arguição de suspeição ou de impedimento do juiz (arts. 146 e 313, II). Em razão dessa equiparação, autoriza a apresentação de reconvenção pelo réu-embargante, desde que fundada em vínculo conectivo entre ela e a ação "principal" (a ação monitória) ou o fundamento da defesa (os fundamentos dos embargos), vedada ao autor-embargado, por outro lado, a *reconventio reconventionis* (art. 702, § 6º).

Prazo para a oposição dos embargos

Nos termos do art. 702, § 4º, do CPC, uma vez cientificado do mandado monitório o réu disporá do prazo de quinze dias úteis para opor embargos, suspendendo-se, em consequência, a eficácia da decisão concessiva daquele até o julgamento no juízo de origem.

Esse prazo será computado em dobro se o réu for assistido por defensor público, a Fazenda Pública figurar como ré ou, no caso de litisconsórcio passivo, os litisconsortes tiverem advogados distintos (art. 229).

Com a oferta dos embargos instaura-se o contraditório em sua plenitude, a permitir a cognição exauriente da matéria submetida à apreciação judicial. Vale dizer, esgotada a fase inicial do procedimento com a emissão de mandado fundado em cognição sumária e cientificação do réu, opostos os embargos inicia-se a final, destinada ao exercício do direito à ampla defesa pelo embargante e à produção das provas tendentes à desconstituição do mandado, culminando com a prolação de sentença.

Rejeição liminar dos embargos

Fundando seus embargos na alegação de que o autor pleiteia quantia superior à devida, a lei exige que o embargante já declare o valor que entenda correto, com a apresentação de demonstrativo discriminado e atualizado da dívida, sob pena de rejeição liminar desse ato defensivo, se for esse o seu único fundamento; havendo outro, os embargos serão processados, desconsiderada pelo juiz, contudo, a alegação de excesso (art. 702, §§ 2º e 3º).

É clara a razão da exigência de apresentação desse demonstrativo: ao impugnar a quantia reclamada pelo autor por reputá-la excessiva, o réu reconhece a existência da dívida, nos limites por ele aceitos, tornando-os incontroversos. Mas incontroversa também será a quantia reclamada pelo autor, com a imediata rejeição dos embargos, se o réu deixar de indicar o valor que entende correto ou de apresentar o aludido demonstrativo; fundados os embargos em outras defesas, não serão liminarmente rejeitados, mas aquelas omissões do réu implicarão a pura e simples desconsideração daquela defesa pelo juiz.

Embargos parciais

Sendo parciais os embargos opostos pelo réu (*v.g.*, alegação de que o autor pleiteia quantia superior à devida), poderá o juiz determinar a sua autuação e processamento em apartado e, constituindo-se de pleno direito o título executivo em relação à parte incontroversa, é facultado ao autor embargado requerer desde logo o seu cumprimento (CPC, arts. 702, § 7º, e 523 e segs.).

Não obstante o dispositivo sob exame refira-se *à parcela não embargada*, sugerindo a conclusão de que tenha incidência exclusivamente no processo monitório tendo por objeto prestação pecuniária, a mesma solução também poderá ser adotada na obrigação de dar coisas fungíveis, se parciais os embargos, mediante a expedição de mandado para a busca e apreensão da quantidade incontroversa dos bens devidos (CPC, art. 538).

Respostas do embargado

Opostos os embargos e intimado o autor embargado, ele terá o prazo de quinze dias para ofertar resposta, consistente na impugnação daqueles (art. 702, § 5º) e, se for o caso, concomitantemente reconvindo (§ 6º). Já adotado, a essa altura, o procedimento comum em razão da oposição dos embargos, assegura-se às partes o direito à ampla produção de provas, inclusive a pericial, se necessária.

Ônus da prova

Instaurado o contraditório pleno por iniciativa do réu ao opor seus embargos – e assim abrir espaço para um procedimento direcionado à cognição exauriente –, surge a questão relacionada à distribuição do ônus da prova.

Em princípio, dele já se desincumbiu o autor ao provar, por meio dos documentos que instruíram sua petição inicial, os fatos constitutivos de seu afirmado direito – prova considerada suficiente pelo juiz, tanto que ordenou a expedição do mandado monitório. Mas não se pode descartar a hipótese de o réu vir a demonstrar a inexistência daqueles fatos, assim superando a convicção inicial do juiz acerca da probabilidade do direito afirmado pelo demandante.

Há os que sustentam, em lições relacionadas ao procedimento monitório regulado pelo CPC/73, que com a oposição dos embargos opera-se a inversão das posições das partes, assumindo o embargante a posição de sujeito ativo dos embargos, sendo seu, com exclusividade, o ônus probatório, pois dele já se desincumbiu o embargado com a prova documental apresentada, a dispensar complementação.

Pondera-se, no entanto, que diante da existência de pontos de similitude e de convergência entre os embargos ao mandado monitório e os embargos à execução fundada em título executivo extrajudicial, a permitir ao réu no processo monitório a dedução, por meio dos primeiros, de toda e qualquer defesa útil, é razoável concluir que a distribuição do ônus da prova deverá respeitar os critérios estabelecidos pelo art. 373 do CPC, ao embargado cabendo provar (caso se tornem controvertidos) os fatos constitutivos de seu afirmado direito, tendo o embargante o ônus de provar os fatos extintivos, impeditivos e modificativos daquele. Isso porque, somente à luz do caso concreto é que poderá o juiz, destinatário final da prova, valorar o conjunto probatório e proceder, na lição de Barbosa Moreira, à distribuição dos riscos derivados do ônus da prova.

Justamente por assumir a posição formal de autor dos embargos é que continua sendo do embargante o ônus da prova dos fatos nos quais se funda a sua resistência ao mandado monitório, que são os indicados no inciso II daquele artigo; restando controvertidos, no entanto, os fatos constitutivos afirmados pelo autor embargado, poderá ser dele, diante de lacunas ou inconsistências do conjunto probatório, o ônus da prova correspondente. Afinal, a dinâmica do procedimento monitório, pautado pela concessão de tutela de evidência em favor do autor – aquela consistente na emissão do mandado monitório –, coloca as partes em delicada posição de equilíbrio, com a tendência de inclinação em favor do primeiro, devendo o juiz, por isso mesmo, estar permanentemente atento às garantias que informam o devido processo legal, entre elas a de dispensa de tratamento paritário aos protagonistas da relação jurídica processual.

Ademais, ao distanciar-se do *princípio do livre convencimento* consagrado pelo art. 131 do CPC/73 e adotar o do *convencimento judicial motivado* em seu art. 371, o CPC impõe ao juiz, em última análise, não apenas o dever de fundamentar sua decisão (dever que, de resto, já se encontra suficientemente imposto pelo art. 93, IX, da CF), mas, ainda, de levar em consideração, para tanto, as provas submetidas à sua apreciação, independentemente de qual parte as tenha produzido, de sorte que, reanalisando a prova documental apresentada pelo autor na petição inicial em razão da impugnação apresentada pelo réu embargante, poderá vir a desconsiderá-la e, consequentemente, desconstituir o mandado monitório para o qual aquela serviu de substrato.

Julgamento dos embargos

Já examinada a hipótese de rejeição liminar dos embargos, passa-se ao exame de outras possibilidades:

a) *rejeição total dos embargos*: sendo os embargos integralmente rejeitados por sentença de mérito, com a proclamação do direito afirmado pelo embargado e da legitimidade do mandado, opera-se a convolação prometida pelo art. 702, § 8º, intimando-se o devedor e prosseguindo o feito na forma prevista em lei. Da sentença caberá apelação;

b) *acolhimento parcial dos embargos*: acolhidos parcialmente os embargos, a sentença correspondente declarará a inexistência do direito e a ilegitimidade do mandado nos limites da parte acolhida. Definido o *quantum debeatur*, prevalecerão, no mais, as soluções já apontadas no item anterior;

c) *acolhimento integral dos embargos*: três são as situações a ser consideradas em relação ao acolhimento integral dos embargos:

c.1 – se fundados exclusivamente na alegação de que o crédito ou a quantidade de bens indicados pelo embargado é superior ao efetivamente devido, a situação é idêntica à anterior, isto é, será reduzido o *quantum debeatur*;

c.2 – integralmente acolhidos os embargos, por reconhecer o juiz a ausência de requisito de admissibilidade da ação monitória, o mandado será declarado nulo e excluído do mundo jurídico mediante sentença meramente terminativa, podendo o autor postular no futuro, pelas vias próprias, uma tutela condenatória;

c.3 – se o acolhimento integral dos embargos vier pautado no reconhecimento da procedência da defesa de mérito deduzida pelo embargante (*v.g.*, prescrição, pagamento, compensação etc.), a sentença de mérito declarará a inexistência do direito afirmado pelo embargado e a ilegitimidade do mandado, com sua exclusão do mundo jurídico. Excetuadas as situações de rejeição liminar dos embargos e de acolhimento integral fundado no reconhecimento da ausência de requisito de admissibilidade, em todas as demais a sentença é de mérito e, trancada a via recursal, transitará materialmente em julgado.

Recurso

Acolhidos ou rejeitados os embargos, o julgamento correspondente virá corporificado em sentença, impugnável por apelação (art. 702, § 9º). Rejeitados, fica liberada a eficácia executiva da decisão concessiva do mandado (art. 701), até então suspensa em razão da oposição dos embargos e, consequentemente, apelação que vier a ser interposta pelo embargante será destituída do denominado efeito suspensivo, a permitir a execução provisória pelo embargado (arts. 701 e 702, § 4°).

Cabimento de ação rescisória

Como o mandado monitório tem conteúdo similar ao de sentença condenatória, uma vez convertido em título executivo judicial, poderá o devedor, se for o caso, promover ação rescisória tendo por objeto a decisão judicial que o deferiu, fundando seu pedido, por exemplo, na hipótese contemplada no inciso VI do art. 966 do CPC (art. 701, § 3°). Essa possibilidade limita-se, no entanto, àquela situação em que o réu, cientificado do mandado monitório, deixou de cumpri-lo e não opôs embargos (art. 701, §§ 2° e 3°); tendo opostos os embargos e sendo eles rejeitados, não mais caberá a rescisão da aludida decisão, mas sim, eventualmente, da sentença proferida no julgamento dos embargos, se e quando presente qualquer das hipóteses do art. 966.

Como quer que seja, a propositura da ação rescisória não tem o condão de impedir o cumprimento da decisão rescindenda, ressalvada a concessão de tutela provisória pelo relator ou pela turma julgadora (art. 969).

Sanções por litigância de má-fé

Nos termos dos §§ 10 e 11 do art. 702, acolhidos os embargos e constatada a má-fé do autor da ação monitória, o juiz o condenará ao pagamento, além das verbas de sucumbência, também de multa em favor do réu, fixada em 10% sobre o valor da causa; rejeitados os embargos, a mesma condenação será imposta ao réu, se constatada sua má-fé ao opô-los.

Essas sanções têm dupla finalidade: em relação ao réu, motiva-o a cumprir voluntariamente o mandado monitório e penaliza-o, caso contrário, pela injustificada recusa em satisfazer o direito do autor; este, por seu turno, será penalizado por deduzir em juízo pretensão infundada, acionando indevidamente o Poder Judiciário e impondo ao réu o ônus da impugnação.

A execução do título executivo judicial

Não opostos ou rejeitados os embargos, com a conversão do mandado monitório em título executivo judicial, fica automaticamente liberada a eficácia da decisão concessiva daquele comando judicial inicial, começando então, a requerimento do credor, a fase de cumprimento da obrigação (CPC, art. 702, § 8°).

No cumprimento provisório da obrigação de pagar quantia em dinheiro observar-se-á o disposto nos arts. 520 a 522 e, no definitivo, o que dispõem os arts. 523 a 527; transcorrido o prazo de quinze dias sem o cumprimento voluntário – e acrescido o valor exequendo das despesas processuais, da multa de 10% e de honorários no mesmo percentual (arts. 520, § 2º, e 523, § 1º) –, o executado poderá apresentar impugnação (arts. 520, § 1º, e 525, § 1º). Sendo a obrigação de fazer ou não fazer, ou de entregar coisa, o cumprimento processar-se nos moldes estabelecidos pelos arts. 536 a 538, com a possibilidade de oferta de impugnação pelo executado (arts. 536, § 4º, e 538, § 3º).

REFERÊNCIAS BIBLIOGRÁFICAS

CAMARA LEAL, A. L. *Código de Processo Civil e Commercial do Estado de São Paulo*. São Paulo, Livraria Acadêmica Saraiva & Cia., 1932. v. 4.

CAPPELLETTI, M.; GARTH, B. *Acesso à justiça*. Trad. Ellen Gracie Northfleet. Porto Alegre, Sérgio Antonio Fabris Editor, 1988.

CHIOVENDA, G. *Instituições de direito processual civil*. Trad. J. Guimarães Menegale. São Paulo, Saraiva, 1969. v. 1, n. 71.

LÔBO, M. T. C. "Ordenações Portuguesas e o Direito Brasileiro". *Revista Vox Legis*, v. 160, p. 45-9.

MARCATO, A. C. *Procedimentos especiais*. 17.ed. São Paulo, Atlas-GEN, 2017.

MARCATO, A. C. *O processo monitório brasileiro*. São Paulo, Malheiros, 1998.

PISANI, P. "La tutela sommaria in generale e il procedimento per ingiunzione nell'ordinamento italiano". II JORNADAS DE DIREITO PROCESSUAL CIVIL. Brasília, agosto de 1995.

SANTOS, M. A. *Ações cominatórias no Direito brasileiro*. 2ª tiragem. São Paulo, Max Limonad, 1958. t. 1.

SICILIANI, T. "Procedimento per ingiunzione". In: *Nuovo Digesto Italiano*, 1938-XVI, Turim, UTET.

WATANABE, K. "Filosofia e características básicas do Juizado Especial de Pequenas Causas". In: WATANABE, K. (coord.). *Juizado Especial de Pequenas Causas*. São Paulo, RT, 1985.

7

A Escócia e sua "codificação" da arbitragem

David R. Parratt
Tradução de José Lucio Munhoz

INTRODUÇÃO[1]

A arbitragem na Escócia passou por grandes desenvolvimentos na última década. Para qualquer arbitragem sediada na Escócia (internacional ou doméstica), a *lex arbitri*, ou a lei que regerá o procedimento arbitral, será a Arbitration (Scotland) Act 2010.[2] A lei tinha como intenção a "codificação" de toda a legislação de arbitragem da Escócia – de modo a colocar em um só lugar um conjunto único de regras que fariam da arbitragem, como mecanismo de resolução de conflitos, um processo mais atraente para as partes em disputa, tanto nacional quanto internacionalmente.

---

1 Foram inseridas no texto algumas notas de rodapé explicativas, por parte do tradutor, simbolizadas por "N. T.", com o intuito de contribuir com a melhor compreensão do leitor pouco familiarizado com o sistema legal do Reino Unido.

2 Embora a arbitragem seja uma jurisdição privada para a resolução de conflitos, a ela são aplicados diversos princípios e disposições legais, de modo a garantir a justiça, imparcialidade e validade do procedimento. Dois, no entanto, são os principais conjuntos jurídicos a serem utilizados em um processo arbitral: 1) a Lei do Foro da arbitragem (*lex arbitri*), que regulará o procedimento da arbitragem e também os critérios do que pode ser submetido à arbitragem (arbitrabilidade), quem pode contratar, condições para o exercício da condição de árbitro etc.; e; 2) a lei que será utilizada pelo tribunal arbitral para a solução do conflito de fundo entre as partes (*substantive law*), podendo ser utilizada a legislação de um determinado país, um tratado ou mesmo apenas os princípios de justiça (equidade). Portanto, simplificadamente falando, a *lex arbitri* (normalmente definida pelo Estado do local da sede da arbitragem) é voltada para regular a arbitragem, enquanto a *substantive law* será a base jurídica pela qual os árbitros fundamentarão a sua decisão para a resolução da disputa. (N. T.)

Antes da aprovação dessa lei, o direito arbitral era díspar e deveria ser buscado em diversos lugares diferentes. Além disso, como resultado da maneira pela qual ele historicamente se desenvolveu nessa área, acabou ficando anacrônico e não fornecia remédios cada vez mais disponíveis em outros países, tornando a Escócia, na opinião de muitos, pouco atraente como sede de arbitragem internacional.

A lei também foi notável do ponto de vista doutrinário, pois afastou a Escócia como integrante do sistema jurisdicional de arbitragem protagonizado pela Lei Modelo da UNCITRAL,[3] alinhando o país com a posição adotada no sistema do *common law*,[4] seguindo as linhas gerais adotadas pela Inglaterra e País de Gales na sua Lei de Arbitragem (Arbitration Act 1996).

---

3 A Comissão das Nações Unidas para o Direito Internacional do Comércio (UNCITRAL – United Nations Commission on International Trade Law) adotou, em 1985 (emendada em 2006), a sugestão de uma "Lei Modelo" (*Model Law*) sobre arbitragem internacional, visando dar aos Estados-membros uma uniformidade legislativa nessa matéria, dada a grande diferença legal, social e econômica existente entre as nações. Portanto, a *Lei Modelo* consiste num texto legislativo (não obrigatório) sugerindo aos países a adoção daquela norma padrão da ONU no seu direito interno, visando garantir justiça e eficiência na solução das disputas internacionais, propiciando maior confiabilidade e segurança nas relações comerciais. Ao lado da Lei Modelo, a UNCITRAL possui o seu regulamento sobre arbitragem internacional (Arbitration Rules of the United Nations Commission on International Trade Law), caso as partes em disputa queiram adotar aquelas regras para a condução de sua arbitragem. Portanto, a Lei Modelo é destinada aos Estados, visando um padrão legislativo internacional, enquanto o Regulamento se destina às partes, caso pretendam adotá-lo para governar o seu procedimento de arbitragem. Para mais detalhes, consultar o website: https://uncitral.un.org/en/texts/arbitration. (N. T.)

4 *Common law* é o "direito costumeiro", em que a jurisprudência das cortes, na ausência de um estatuto legal, vai construindo o arcabouço jurídico aplicado na respectiva sociedade, dizendo o que é ou não é permitido, por meio de suas decisões, com interpretação jurídica de acordo com os padrões de justiça adotados naquele momento. Tais decisões criam *precedentes*, os quais devem ser obrigatoriamente observados. O sistema é originário da Inglaterra e aplicado em diversos países de língua inglesa, e contrasta com o sistema do *civil law* (direito civil), codificado em leis e baseado no direito romano, que passou a ser estudado e interpretado pelos glosadores (ver nota 12 deste capítulo). Para maiores informações sobre o *common law*, consulte: OLIVEIRA, Ana Carolina Borges de. "Diferenças e semelhanças entre os sistemas da *civil law* e da *common law*". *Revista da Academia de Direito Constitucional*, Curitiba, 2014, v. 6, n. 10, p. 43-68; disponível em: http://www.abdconst.com.br/revista11/diferencasAna.pdf. Acesso em: 07.11.2019. (N. T.)

DESENVOLVIMENTO HISTÓRICO DO DIREITO E DO JUDICIÁRIO NA ESCÓCIA

A Escócia faz parte do Reino Unido,[5] mas manteve suas próprias leis desde a sua unificação com a Inglaterra e o País de Gales em 1707. Em 16 de janeiro daquele ano, o Parlamento da Escócia aprovou o Tratado da União e, ao fazê-lo, o país deixou de existir enquanto Estado autônomo.[6] Os 25 artigos do Tratado foram posteriormente aprovados pelo Parlamento de Westminster, em Londres, e transformados em lei, que entrou em vigor em 1º de maio de 1707, e que formalmente criou o país da Grã-Bretanha. Contudo, a permanência do direito e das Cortes[7] escoceses foi assegurada por meio das disposições dos artigos XVIII e XIX daquele Tratado, que preservavam as leis escocesas e o Colégio de Justiça na Escócia (o Supremo Tribunal na Escócia) como instituições separadas, conservadas intactas durante todo o período.

---

5   Inglaterra incorporou o País de Gales pelos atos de 1535 e 1542 ("Laws in Wales Acts 1535 and 1542"), formando um só Estado. Em 1707 a Escócia aprovou a sua união à Inglaterra e País de Gales, originando o Reino da Grã-Bretanha, ocasionando a destituição dos Parlamentos da Inglaterra e da Escócia e a criação do Parlamento da Grã-Bretanha (Westminster). Em 01.01.1801 o Reino da Grã-Bretanha se unificou ao da Irlanda, criando o Reino Unido. Em 1920, em consequência dos conflitos entre católicos e protestantes, a Irlanda foi dividida administrativamente em Irlanda e Irlanda do Norte, ambas ainda compondo o Reino Unido (The Government of Ireland Act 1920). Em 1922 a Irlanda se declarou independente do Reino Unido (remanescendo na União a Irlanda do Norte), o que acabou sendo formalmente reconhecido pelo Parlamento de Westminster em 1931. Desse modo, a "Grão Bretanha" é a união de Inglaterra, País de Gales e Escócia, enquanto "Reino Unido" é a união desses três (Grã-Bretanha) com a Irlanda do Norte. Embora inicialmente Unidos como uma só nação, Irlanda do Norte, Escócia e País de Gales foram recuperando poderes e autonomia própria, com as leis que lhes foram devolvendo algumas competências (*Devolution Laws*), como o restabelecimento de seus parlamentos, estrutura jurisdicional e administração autônoma, permanecendo a União (Reino Unido) com competência para as principais políticas públicas, orçamento nacional, representação internacional, forças armadas, entre outras. (N. T.)

6   Até a ocorrência do ressurgimento da Escócia com maior autonomia (mas ainda não independente), com a Lei da Devolução de 1997.

7   O sistema estatal de Justiça (Judiciário) é normalmente referido pela doutrina e artigos britânicos como "Cortes" (*Sheriff Court, Court of Session, Supreme Court*), não obstante também existam "Tribunais" integrantes desse mesmo sistema estatal, como por exemplo os Tribunais de Emprego (*Employment Tribunal*) ou o *First-tier Tribunal for Scotland* (que é dividido em diversas unidades, para julgar casos específicos de menor complexidade). A jurisdição privada, exercida por intermédio da arbitragem, normalmente ganha a denominação de "Tribunal". Por conta dessa distinção, para evitar confusões ao público brasileiro, adotou-se nessa tradução a denominação de "Corte" para os órgãos do Judiciário, e de "Tribunal" para os órgãos arbitrais. (N. T.)

116 Cinco anos do CPC: questões polêmicas

Portanto, para os advogados escoceses, naquela época, não houve agitação momentânea. Os anos pós-União foram muito semelhantes aos que antecederam 1707 em termos de funcionamento dos tribunais. O Processo Civil (em oposição aos criminais)[8] e o sistema jurídico escocês como um todo, permaneceram intactos.[9]

Nesse ponto, o direito escocês ainda apresentava todas as características de um sistema civil, cuja gênese, em termos simples, resultara da adoção dos princípios do direito romano. Esses princípios foram importados da França e dos Países Baixos nos séculos anteriores, através de textos de direito romano "glosados"[10] e da incorporação de códigos de procedimento especializados, como o da *Sacra Rota Romana*, aplicado nos tribunais da Igreja Escocesa.

Embora originariamente concebido na forma do *civil law*, na medida que o sistema jurídico na Escócia foi se desenvolvendo após a unificação ao Reino Unido, acabou ocorrendo uma crescente adoção de princípios e ideias do *common law*, a ponto de se fundir, resultando no caráter atual do direito escocês como um "sistema misto".

No entanto, conquanto o direito escocês tenha se originado nessa tradição civil, ele **não seguiu outros sistemas desse tipo**, deixando de consagrar suas regras em "Códigos". Em vez disso, o direito passou a ser declarado, em suas diferentes esferas, em textos doutrinários que adquiriram "*status* institucional", isto é, aqueles textos passaram a ser tratados com reverência e respeito pelos tribunais e foram considerados por eles como contendo declarações definitivas do direito escocês sobre aqueles **tópicos** específicos. Esses textos, embora não codificados (não convertidos em lei), ainda são tratados com respeito no sistema jurídico atual da Escócia.

---

8   Ou "a forma do processo", como o sistema era então denominado. Para maiores informações: PARRATT, D. R. "The Development and Use of Written Pleadings in Scots Civil Procedure" (Ph.D Thesis, University of Edinburgh, 2005), publicado como Volume 48, *Stair Society Series*, Edinburgh; disponível em: http://stairsociety.org/publications/entry/the_development_and_use_of_written_pleadings_in_scots_civil_procedure. Acesso em: 07.11.2019.

9   CAIRNS, J. W. "Historical introduction", K. Reid and R. Zimmermann (eds.). *A History of Private Law in Scotland*. v. 1, Oxford, Oxford University Press, 2000, 14 – 184 at 142, e MURDOCH, A. Murdoch. "The people above", *Politics and Administration in Mid-Eighteenth-Century Scotland*. Edinburgh, Birlinn, 1980, 1-27.

10 A Escola dos Glosadores surge em Bolonha, na Itália, no início do século XI, sendo considerada a fundadora da análise do direito (em especial do direito romano) como uma ciência, uma disciplina específica a ser objeto de estudo e interpretação. Sobre o tema, veja MASSAU, Guilherme Camargo. "A escola dos glosadores (e o início da ciência do direito)". *Revista Sociologia Jurídica*; disponível em: https://sociologiajuridica. net/a-escola-dos-glosadores-o-inicio-da-ciencia-do-direito/. Acesso em: 06.11.2019. (N. T.)

O alicerce do sistema jurídico permaneceu baseado no direito romano, ampliado por esses escritos institucionais, mas adquiriu uma sobreposição de princípios do *common law* inglês, cada vez mais habitual, por meio de estatutos aprovados no Parlamento de Westminster, que se aplicavam a toda a Grã-Bretanha. Também houve a adoção da estrutura inglesa de hierarquias de Cortes, com a Câmara dos Lordes em Londres[11] se tornando a última Corte de apelação em casos civis escoceses e, com isso, foi implementada a doutrina do precedente vinculativo.[12]

O HISTÓRICO DESENVOLVIMENTO DA ARBITRAGEM NA ESCÓCIA

A arbitragem na Escócia tem tido uma longa história desde 1707. Ela era reconhecida como um mecanismo usual de resolução de disputas no século XVI, e sua história e uso podem ser rastreadas até o século XIII.[13] Em seu desenvolvimento, a arbitragem escocesa passou a ser vista como um processo privado e informal, que poderia ser conduzido fora das Cortes, levando a soluções privadas, sem a intervenção do Estado. A arbitragem parece ter se desenvolvido a partir das práticas, terminologia e do procedimento adotado pelo direito romano,[14] bem como por meio do direito canônico, em particular na classificação por este utilizada para os ofícios *de arbiter*,[15] *arbitrator* e *amicable composi-*

---

11 A Câmara dos Lordes é um órgão parlamentar não eleito, formado por cerca de 760 lordes e membros eclesiásticos, que ao longo do tempo vem perdendo parte de suas funções em favor da Câmara dos Comuns (com parlamentares eleitos). Doze integrantes da Câmara dos Lordes, com experiência em matéria legal ("Lordes da Lei"), atuavam compondo a mais alta Corte de apelações do Reino Unido. Em 2005 a Reforma Constitucional autorizou a criação da Suprema Corte do Reino Unido, o que foi implementado em 2009, perdendo a Câmara dos Lordes aquela competência jurisdicional. (N. T.)

12 Ou seja, aquelas decisões das Cortes superiores vinculavam, por "precedentes", as decisões das Cortes inferiores por meio da doutrina do stare decisis (latim: respeite a coisa decidida). Assim, uma Corte inferior seria obrigada a seguir o mesmo raciocínio da decisão de uma Corte superior em um caso originado por similares fatos e direitos.

13 Veja Lord Cooper [T.M. Cooper], *Select Scottish Cases of the Thirteenth Century* (Edinburgh, 1944).

14 O direito romano reconheceu uma submissão voluntária das partes (*compromissum*) a um árbitro. O árbitro *ex compromisso sumptus* não tinha jurisdição coercitiva e, para tornar sua decisão efetiva, o acordo ou submissão era confirmado por ajuste e, em geral, previa punição (*poena, pecunia compromissa*) em caso de desobediência. (1911) Encyclopædia Britannica, v. 2, 324.

15 A palavra *arbiter* era utilizada na Escócia para designar a pessoa do árbitro, mas esse termo foi banido do direito escocês, seguindo as convenções internacionais que utilizam o termo *arbitrator* (Ato de 2010, seção 2).

teur.[16] Mas, o que é mais importante, ela parece também ter se desenvolvido pela prática geralmente livre da influência do Estado e sem nenhuma regulamentação importante por imposição legislativa, com apenas disposições esporádicas nas leis mais antigas do Parlamento escocês.[17]

Embora seu desenvolvimento tenha sido informal na maior parte, o direito escocês passou a reconhecer a decisão do "árbitro" como definitiva e vinculativa e, tal qual um procedimento de adjudicação, era executável como alternativa a uma sentença (decreto) judicial. Além disso, os princípios gerais que seguiram aquela tradição evoluíram, inclusive seguindo o desenvolvimento do direito arbitral em outras jurisdições. Como exemplo, as Cortes reforçaram o princípio fundamental de que os árbitros deveriam tratar as partes "de maneira justa e igualitária",[18] embora reconhecendo que os árbitros possuíam latitude considerável no formato e condução da própria arbitragem.[19] No entanto, em outras áreas, o direito arbitral passou a ser cada vez mais isolacionista e até divergente da prática de outras jurisdições. Por exemplo, era a posição na Escócia que, embora os árbitros tivessem que decidir as questões diante deles de acordo com o direito, a decisão não poderia ser impugnada por erro da aplicação do direito.[20]

Até a Lei de 2010, o papel da legislação (*statute law*) escocesa na regulamentação da arbitragem permaneceu relativamente pequeno. A Lei de Arbitragem de 1894, por exemplo, continha apenas seis seções, e a maior parte dos seus dispositivos derivaram de entendimentos consolidados em decisões judiciais anteriores (*case law*).

---

16 *Amicable compositeur* era aquele que resolvia as disputas com base apenas na equidade, atendendo aos princípios de justiça que entendia mais adequado para aquele caso, sem necessidade de observar as normas legais como fundamento de suas decisões. Embora plenamente possível no Brasil o uso da *equidade* na arbitragem (salvo em casos específicos, como naquelas envolvendo a Administração Pública, por exemplo – art. 2º, § 3º, da Lei n. 9.307/96), ela só pode ser utilizada de modo excepcional pelo Judiciário, e apenas quando expressamente prevista em lei (CPC, art. 140, parágrafo único). (N. T.)

17 O Ato do Parlamento Escocês de 1598 (APS iv 233, c.31), por exemplo, fazia menção às partes que submetessem sua disputa a "dois ou três amigos". A Lei de 1598 caiu em desuso (ou seja, em estado de desuso por não utilização) e não é mais aplicada (Lei de Arbitragem de 2010, seção 28). O 25º Ato dos Artigos do Regulamento de 1695 estabelece certas disposições relativas à arbitragem (Artigo 25) e continuou a ter efeito legal até a aprovação da Lei de Arbitragem de 2010.

18 Sharpe *v.* Bickersdyke (1815) 3 Dow 102.

19 Ledingham *v.* Elphinstone (1859) 22 D. 245. Veja também Parratt & Grahame, *Scotland, World Arbitration Reporter* (2018).

20 Mitchell *v.* Cable (1848) 10 D. 1297.

7 A Escócia e sua "codificação" da arbitragem   119

A prática nesse campo era particularmente doméstica, não recebendo influência do direito arbitral de outras jurisdições, e autônoma, com sua própria terminologia e suas próprias tradições. Como exemplo, era exigido o compromisso arbitral (*submission*)[21] para capacitar os árbitros de poderes para convocar testemunhas, para administrar juramentos e determinar o pagamento de despesas, e eles não poderiam adotar qualquer desses procedimentos sem que fossem previamente autorizados e, ainda, teriam que emitir sua decisão dentro do prazo de um "ano e um dia" (a menos que as partes lhe concedessem uma prorrogação). Ausente norma legal específica, o poder para condenar a parte devedora em juros não era reconhecido aos árbitros pelo direito costumeiro (*common law*), e os únicos fundamentos para tornar sem efeito (anular ou cancelar) uma sentença arbitral (que tinha a denominação de "decreto arbitral") eram "corrupção", "suborno" e "falsidade". A arbitragem internacional era pouco ouvida, muito menos praticada.

Até o século XX, a arbitragem na Escócia permaneceu fiel às suas raízes, seguindo princípios civis e desenvolvendo o direito a partir de suas fundações originais romanas.

INFLUÊNCIAS EXTERNAS NA ARBITRAGEM NA ESCÓCIA

Em meados do século XX, havia duas influências externas no direito escocês. Em primeiro lugar, cada vez mais era necessário respeitar o direito da Inglaterra e País de Gales, à medida que a Escócia expandia seus horizontes nos negócios e na indústria, e o comércio ampliava-se para além das fronteiras. Em segundo lugar, como o Reino Unido adotou e ratificou tratados e convenções internacionais, bem como implementou os requisitos legais da União Europeia (EU) previstos em regulamentos e diretivas; seus estatutos legais (do Reino Unido) tiveram que prever disposições para adaptar a legislação escocesa.

E, assim, durante esse período houve um incremento na produção legislativa, que ampliou o que havia sido um coeso sistema jurídico doméstico. A Lei de Arbitragem de 1950, Parte II, deu vigência à Convenção de Genebra de 1927 (para a Execução de Sentença Arbitral Estrangeira) e ao Protocolo da Ligas das Nações de 1923 (de validade das arbitragens). Mais tarde a Lei de Arbitragem

---

21 No sistema brasileiro, conforme Lei n. 9.307/96, a "Convenção de Arbitragem" é gênero, do qual decorre duas espécies: a "cláusula compromissória" (também chamada de cláusula arbitral, que é o ajuste de vontades para submissão de um eventual futuro litígio à arbitragem) e o "compromisso arbitral" (acordo entre as partes estabelecendo a arbitragem e as regras que serão utilizadas para a solução de um litígio já existente). Na tradução adotou-se a nomenclatura mais próxima da realidade brasileira. (N. T.)

da Inglaterra, de 1975, ratificou a Convenção de Nova York de 1958 (sobre o reconhecimento e execução de sentenças arbitrais estrangeiras). A Lei de Arbitragem de 1966 (Disputas Internacionais de Investimento) deu vigência à Convenção de Washington de 1965 sobre a "Resolução de Controvérsias de Investimento entre Estados e os Nacionais de outros Estados", e quando o Reino Unido teve que implementar suas obrigações de Estado-membro da União Europeia, nos termos da "Diretiva de Termos Injustos nos Contratos de Consumo", também o fez por meio da legislação inglesa (Lei de 1996), e parte dessa regulamentação legal foi aplicada na Escócia.[22]

Além disso, como observado, a própria legislação de arbitragem doméstica inglesa acabou sendo copiada nos estatutos escoceses. A Lei da Administração da Justiça da Escócia, de 1972 (The Administration of Justice (Scotland) Act 1972) introduziu um procedimento segundo o qual uma parte poderia exigir que um árbitro fizesse uma consulta judicial (*state a case*), em qualquer estágio do curso da arbitragem, para a opinião do tribunal sobre a questão de direito surgida no curso do procedimento.[23] Tratava-se de uma cópia direta do sistema inglês *case stated*, pelo qual uma parte poderia requerer ao Judiciário a apreciação de uma "questão de direito", sobre qualquer aspecto legal controvertido na arbitragem, para que a Corte determinasse como o árbitro deveria aplicar aquela questão ao caso.[24]

Esse procedimento passou a ser desvirtuado pelas partes durante a arbitragem, especialmente pelos requeridos, pois permitia que eles "fugissem" dela, invocando temporariamente as Cortes para decidir questões aparentes de direi-

---

22 "Arbitration Act 1996", Seção 89-91 (e Anexos 3 e 4) e "the Unfair Arbitration Agreement (Specified Amount) Order 1999)" dão efeito a algumas das obrigações da Diretiva da Comunidade Europeia CE 93/13, conforme expressas no "the Unfair Terms in Consumer Contracts Regulations 1994".

23 Isso era conhecido na Escócia como *stated case*.

24 Como o árbitro não precisa ter formação profissional na área do direito, para evitar equívocos interpretativos sobre a melhor aplicação da lei na condução daquela disputa, as partes poderiam solicitar ao árbitro, antes do seu julgamento, que submetesse a respectiva questão ao Judiciário, para que este declarasse (*state*) como a lei deveria ser interpretada naquela hipótese (*case*). A ideia por trás do procedimento era evitar custos e perda de tempo no prosseguimento de uma arbitragem que, ao final, pudesse ser considerada inválida em decorrência da má interpretação do direito. Deve ser considerado que boa parte das arbitragens, em especial na construção civil, utilizam engenheiros como árbitros, pela sua especialização e melhor compreensão técnica da questão debatida na disputa. E tais profissionais dificilmente produzirão interpretação jurídica igual àquelas adotadas pelo Judiciário. No entanto, uma decisão arbitral somente poderia ser considerada inválida, por conta de aspecto legal, caso o árbitro tivesse incorrido em grave erro interpretativo. Ver: ELENBOGEN, G. *English Arbitration Practice*. Fall, 1952, 663/665; disponível em: https://scholarship.law.duke.edu/lcp/vol17/iss4/3. Acesso em: 09.11.2019. (N. T.)

to, que resultavam em atrasos e mais despesas. Isso criou insatisfação com a arbitragem na Escócia e foi, em grande medida, um dos principais fatores para a reforma do sistema de arbitragem escocesa que conduziu à Lei de 2010.

CONVERGÊNCIA E DIVERGÊNCIA: ESCÓCIA ADOTA PARA A JURISDIÇÃO ARBITRAL UMA LEI MODELO

Houve uma inovação específica bastante significativa, pertencente exclusivamente à Escócia no que diz respeito à prática arbitral internacional. Até a implementação da reforma legal de 1990, havia uma crescente convergência nas leis de ambas as jurisdições, inglesa e escocesa. Como visto acima, o afloramento da arbitragem internacional e o envolvimento do Reino Unido como um todo na participação em tratados e convenções globais trouxeram à "arbitragem do Reino Unido" um maior destaque nos fóruns internacionais. Considerando que no passado o modelo escocês tinha seguido um modelo tradicionalmente civil, baseado no direito romano, enquanto o direito inglês havia se desenvolvido de acordo com o common law; quando se tratava da caracterização desses dois sistemas arbitrais como parte integrante do Reino Unido, foi havendo cada vez menos diferenças entre eles, pois ambos sistemas passaram a ser baseados no common law. Isso, todavia, mudou com a Escócia adotando a Lei Modelo da UNCITRAL.

A Lei de Reforma (The Law Reform (Miscellaneous Provisions) (Scotland) Act 1990), aplicou a Lei Modelo da UNCITRAL às Arbitragens Comerciais Internacionais na Escócia.[25] Entre 1990 e 2010, a Escócia tornou-se uma jurisdição de "Lei Modelo" em relação à arbitragem internacional. Assim, em teoria, casos internacionais que chegassem a ter assento na Escócia poderiam utilizar a jurisprudência da *Lei Modelo* para fechar lacunas ou preencher omissões no direito aplicável. Como se viu, lamentavelmente muito poucas arbitragens internacionais chegaram à Escócia no período e, portanto, a experiência nem chegou a ser testada.

A história de sua adoção foi prolongada.[26] Em março de 1985, o Secretário de Estado do Comércio e Indústria do Reino Unido criou um comitê consultivo departamental (Departmental Advisory Committee – DAC) sobre o direito da arbitragem comercial internacional, sob a coordenação do então Lord Justice Mustill.

---

25 Ato de 1990, seção 66 (7). A adoção da Lei Modelo foi rejeitada pela Inglaterra e País de Gales e, portanto, no Reino Unido, surgiram dois sistemas distintos de direito arbitral.

26 Melhores esclarecimentos disponíveis em Parratt & Grahame, *Scotland World Arbitration Reporter* (2018).

A comissão aprovou o texto final sobre a aplicação da Lei Modelo em junho de 1985, mas foi nomeadamente incumbida de assessorar o Secretário de Estado do Reino Unido

> se, e em caso afirmativo, até que ponto, as disposições da Lei Modelo devem ser implementadas na Inglaterra e no País de Gales, na Escócia ou na Irlanda do Norte, e quais medidas devem ser adotadas para esse fim, ou quais providências devem ser tomadas para examinar quaisquer aspectos dessa questão, especialmente aquelas que podem ter diferentes implicações para o sistema de arbitragem nos três distritos legais.

Tornou-se evidente que as abordagens escocesa e inglesa para a adoção da *Lei Modelo* eram radicalmente diferentes e o Secretário Jurídico da Escócia, Lord Advocate,[27] em julho de 1986, constituiu um Comitê Consultivo Escocês sob a presidência do então John Murray QC com a finalidade de "aconselhar se, em caso afirmativo, até que ponto as disposições do projeto de Lei Modelo adotado por um grupo de trabalho da Comissão das Nações Unidas para o Direito Internacional do Comércio devem ser implementadas na Escócia e quais medidas devem ser tomadas para esse fim".

As diferenças foram realçadas em outubro de 1987, quando os dois comitês prepararam um documento consultivo conjunto sobre as implicações da adoção da Lei Modelo e, após o resultado das consultas feitas pelos respectivos países, cada comitê preparou o seu relatório final. O Comitê Mustill desaconselhou a adoção da Lei Modelo na Inglaterra, País de Gales e na Irlanda do Norte, enquanto o Comitê Dervaird recomendou sua adoção na Escócia.

Ante o aconselhamento de que a Lei Modelo deveria ser adotada pelo lado escocês, isso acabou sendo implementado por meio da Lei de Disposições Diversas (Escócia) de 1990 (Miscellaneous Provisions (Scotland) Act 1990). A Inglaterra e o País de Gales, no entanto, seguiriam um caminho diferente, resultando na Lei de Arbitragem de 1996 (Arbitration Act 1996), produzindo uma divergência na abordagem da arbitragem no Reino Unido, até a criação da Lei de 2010 pela Escócia.

Na análise final, a incorporação da Lei Modelo pela Escócia foi um experimento fracassado. As razões para isso são múltiplas e variadas, mas principalmente pelo fato de que a Lei Modelo só poderia funcionar como um documento estrutural básico, permanecendo a exigência de que a lei arbitral doméstica tivesse que preencher quaisquer outras lacunas. Conforme esclarecido acima, a

---

27 O já falecido Lord Dervaird.

lei de arbitragem da Escócia não estava em um bom plano e, como resultado de seu desenvolvimento histórico fragmentado, permaneceram incertezas quanto ao seu subjacente regime de arbitragem, o que reproduzia um quadro insatisfatório em um país que tentava atrair arbitragens internacionais para terem assento em seu território. Para citar apenas um exemplo, a Lei Modelo não previa que os árbitros pudessem conceder reparação pelos danos, custos ou juros, e a lei escocesa não esclarecia essas questões, deixando uma falta de clareza sobre como a arbitragem funcionaria.

Todo quadro foi agravado pelo fracasso da Escócia em incorporar as emendas da UNCITRAL à Lei Modelo, feitas em 2006. A consequência foi que a Escócia permaneceu pouco atraente como sede de arbitragem internacional.

UM NOVO AMANHECER E UM NOVO CÓDIGO: A LEI DE 2010

A gênese da Lei de 2010 foi, em parte, a constatação de que a arbitragem na Escócia, no período imediatamente antecedente, havia desenvolvido um procedimento de resolução de disputas arbitrais que muitas vezes conduzia a muitas despesas e atrasos.

O procedimento do referido *stated case*[28] foi em parte culpado por aquele quadro, permitindo levar aspectos ocorridos durante a arbitragem diretamente para o sistema judicial, podendo chegar até à Suprema Corte.[29] A revisão judicial da decisão arbitral também era um remédio disponível às partes,[30] e esses custos legais auxiliares ou simultâneos incorridos na arbitragem tornaram o processo cada vez menos atraente. O experimento da *Lei Modelo*, assim, havia trazido mais dúvidas do que esclarecimentos para o devido uso da arbitragem na Escócia.

Além disso, enquanto o resto do mundo estava adotando a arbitragem através da criação de instituições arbitrais prospectivas modernas, com códigos de regras institucionais, outras jurisdições atreladas à sugestão da UNCITRAL estavam desenvolvendo uma simples fusão da *Lei Modelo* com a sua lei doméstica e tornando a *lex arbitri* cada vez mais sofisticada.[31] Convém lembrar que o direito arbitral na Escócia ainda era encontrado em fontes legais ou regulamentares díspares, e até profissionais experientes achavam difícil aplicar suas dispo-

---

28 Administration of Justice (Scotland) Act 1972, seção 3.

29 O mais notório e recente exemplo foi o caso da *Apollo Engineering Ltd versus James Scott Ltd* [2013] UKSC 37; 2013 S.C. (U.K.S.C.) 286; 2014 S.L.T. 32.].

30 *Tor Corporate v. Sinopec Group Star Petroleum Corporation Ltd* 2008 SC 303; Kyle & Carrick District Council v. A R Kerr and Sons 1992 SLT 629.

31 Especialmente quando o procedimento arbitral possui diferentes foros.

sições, mesmo porque teriam de compatibilizar isso tudo com o sistema base adotado, que era o *common law*.

E esse "*common law* escocês", carregava vestígios que restringiam os poderes dos "árbitros" para fazer suas decisões, e isso também não refletia como a arbitragem havia se desenvolvido na Inglaterra ou em outros lugares.

Estava claro que algo tinha que mudar, e o governo escocês da época percebeu que não apenas a lei de arbitragem na Escócia exigiria uma revisão e atualização, mas que deveria estar alinhada a outras jurisdições modernas e ser feita de modo flexível e capaz de ser implementada quando utilizada com "regras institucionais". Pensou-se também que essa era uma boa oportunidade para posicionar toda legislação relacionada à arbitragem da Escócia em um só lugar, no sentido de um "código" – análogo às jurisdições civis – juntamente com regras que poderiam ser aplicadas em arbitragens *ad hoc*.[32]

Quando o Governo apresentou o Projeto da Lei de Arbitragem ao Parlamento Escocês, declarou publicamente que estava buscando "apoiar e desenvolver a arbitragem doméstica e atrair negócios internacionais de arbitragem para a Escócia", por meio do "desenvolvimento de uma estratégia tripla de reforma que [nós] iremos levar adiante, em parceria com interessados representantes de árbitros e aqueles que atuam em arbitragens e outras formas de resolução de disputas". Eles explicaram que sua abordagem era para "introduzir um Projeto de Lei de Arbitragem para modernizar e codificar as regras num estatuto legal, para alinhá-lo às atualizadas práticas arbitrais de outras jurisdições".

O resultado foi que o Projeto de Lei se tornou a Lei de Arbitragem da Escócia (Arbitration (Scotland) Act 2010). O texto recebeu o aval Real em 5 de janeiro de 2010 e entrou em vigor em 7 de junho de 2010. Ela alcançou o que havia sido buscado no momento de sua apresentação, a saber: uma atualização das abordagens arbitrais civis mais antigas; uma mudança filosófica que afas-

---

32 Diversas instituições trabalham com a arbitragem, seja no âmbito interno do seu próprio país, seja para a resolução dos conflitos internacionais, como a CIArb (Chartered Institute of Arbitrators – Londres), ICC (International Chamber of Commerce, de Paris) ou a AAA (American Arbitration Association, em Nova Iorque). E diversas dessas instituições possuem suas regras próprias para a condução do procedimento de arbitragem, que podem ser livremente adotadas pelas partes. Nessa hipótese diz-se que a arbitragem é "institucional". As partes podem, ainda, criar elas próprias as suas regras e o modo de escolha de árbitros, sem precisar de instituição alguma, de acordo com suas necessidades. Nesse caso, diz-se que a arbitragem é *ad hoc*. Assim, embora a arbitragem tenha que observar os princípios da legislação aplicável na sede do procedimento (ou "assento" – *seat*), podem as partes definirem que as regras de seu funcionamento seja de alguma instituição ou aquelas fixadas por elas próprias, e é razoável que a legislação nacional preveja essa possibilidade e possa ser compatível com isso, afinal a arbitragem é uma jurisdição voluntária e privada. (N. T.)

tasse a aplicação automática da Lei Modelo da UNCITRAL (que havia se tornado parte da lei escocesa em 1990); um alinhamento mais próximo ao sistema arbitral do *common law* inglês (encapsulado na Lei de 1996);[33] e uma facilitada concentração de toda legislação da arbitragem escocesa em um só lugar, na forma de um "código" ou corpo de lei.

Havia um benefício adicional em mover-se mais na direção do *common law* inglês, afastando-se de suas raízes do Direito Civil e da também civil Lei Modelo:[34] árbitros, partes e, de fato, até as Cortes poderiam, agora, para a interpretação da lei escocesa, recorrer à jurisprudência inglesa sobre arbitragem. Vale transcrever o comentário que um juiz escocês fez sobre a nova lei: [35]

> A lei entrou em vigor em 7 de junho de 2010 [...]. Ela marca um novo começo para a arbitragem na Escócia [...]. Uma etapa anterior nessa estrada na Escócia foi tomada na Lei de Reforma ((Miscellaneous Provisions) (Scotland) Act 1990), seção 66 e anexo 7, os quais aplicaram a Lei Modelo da UNCITRAL às arbitragens comerciais internacionais. Embora aderindo à filosofia que fundamenta a Lei Modelo, a nova Lei representa um afastamento dessa abordagem anterior em dois aspectos: Primeiro, em vez de simplesmente aplicar as disposições da Lei Modelo em bloco às arbitragens na Escócia, ela segue a abordagem da Lei de Arbitragem inglesa de 1996, estabelecendo um conjunto de disposições sob medida que abrange todas as etapas do procedimento da arbitragem, de maneira compatível com a Convenção (Nova Iorque). Segundo, aplica-se (ou finalmente se aplicará) a todas as arbitragens na Escócia, não apenas às arbitragens comerciais internacionais.

A LEI DE 2010 COMO UM "CÓDIGO" DO DIREITO ARBITRAL

A Lei de 2010 abrange tanto a arbitragem doméstica quanto a internacional[36] e inclui "termos-chave" e "Princípios Fundadores", que estão contidos na

---

33 Embora isso não tenha agradado a todos, a nova lei de arbitragem escocesa foi modelada e seguindo de perto a Lei inglesa de arbitragem de 1996, tanto no *layout* quanto na terminologia.

34 Esse tinha sido o problema antes, na medida em que a Lei Modelo, como documento-base, precisava necessariamente ser combinada com o antigo *common law* da arbitragem escocesa.

35 Arbitration Application n. 3 de 2011, 2011 CSOH 164; 2012 S.L.T. 150 at para 2 (por Lord Glennie).

36 No Brasil a Lei de Arbitragem não faz distinção entre o processo de arbitragem nacional ou internacional, mas tão somente quanto à decisão. Caso a decisão seja proferida no Brasil, ela será considerada nacional e executada como qualquer outro título judicial (Código de Processo Civil, art. 515, VII). Caso a decisão seja prolatada fora do território brasi-

seção 1 da Lei, indicando que "qualquer pessoa que interprete a Lei deve levá-los em consideração". São eles: que

> *(a)* que o objetivo da arbitragem é resolver disputas de forma justa, imparcial e sem demora ou despesa desnecessária; *(b)* que as partes sejam livres para acordar em como resolver disputas, estando sujeitas apenas às salvaguardas necessárias ao interesse público; *(c)* que o tribunal não deve intervir em uma arbitragem, exceto nos casos previstos nesta lei.

A Lei está dividida em 37 seções, e no Anexo 1 são encontradas as Normas da Arbitragem da Escócia, que compreendem 84 regras e que são individualmente designadas como obrigatórias ou opcionais, ou seja, estas podem ser modificadas ou inaplicadas pelas partes, no todo ou em parte, em qualquer *convenção de arbitragem, acordo apartado* ou *"outro documento"*. O Anexo opera como um conjunto de regras que pode ser incorporado e usado pelas partes em sua arbitragem.

Aos olhos do profissional experiente em arbitragem internacional, todas as disposições necessárias para conduzir o procedimento estão presentes e no lugar certo. A lei fornece orientação e assistência para a interpretação da Convenção de Arbitragem; reconhece as Doutrinas de *Separabilidade*[37] e *Competência-Competência*;[38] faz provisão para a nomeação e remoção de árbitros; estabelece orientações para o procedimento que as partes podem adotar para conduzir a arbitragem; especifica com clareza os critérios para a elaboração da decisão (que pode ser *parcial, final, provisória* e *consensual*); permite questio-

---

leiro, ela será considerada estrangeira e deverá submeter-se ao processo de reconhecimento de decisões estrangeiras, perante o Superior Tribunal de Justiça, STJ (arts. 34 e 35 da Lei de Arbitragem). Caso a arbitragem seja sediada no Brasil, será aplicada a legislação brasileira como *lex arbitri*, do contrário a arbitragem observará a legislação do local de sua sede e será acatada pelo STJ, salvo se violadora de princípios estruturais, nas hipóteses previstas nos arts. 38 e 39 da Lei de Arbitragem. (N. T.)

37 *Separabilidade* é o princípio pelo qual a cláusula compromissória da arbitragem tem vida própria distinta do contrato onde se encontra inserida, de modo que a nulidade deste não implica necessariamente na nulidade daquela. A Lei de Arbitragem brasileira traz o mesmo princípio em seu art. 8º. (N. T.)

38 *Competência-Competência* (ou *Kompetenz-Kompetenz*, provinda da Corte Constitucional Alemã) é a doutrina pela qual compete ao árbitro decidir sobre a sua própria competência para conduzir a arbitragem, sem a intervenção prévia do Judiciário, o qual, salvo situações extraordinárias, somente poderá se pronunciar sobre o tema ao final da arbitragem. Esse princípio também é previsto na Lei de Arbitragem brasileira, em seus arts. 8º, parágrafo único, e 33, §§ 1º e 3º. (N. T.)

CONCLUSÃO

nar a arbitragem nas Cortes nacionais e, finalmente, fornece regras para o reconhecimento e a execução das decisões arbitrais internacionais.

CONCLUSÃO

Ao codificar o direito arbitral, foi gerado o interesse no uso da arbitragem como um mecanismo de resolução de disputas comerciais na Escócia, embora a adoção esteja sendo lenta. Parte da razão desse interesse pode ser pelo fato de as partes em conflito estarem se tornando mais sofisticadas e insistentes na escolha dos métodos de resolução de disputas, ou porque os custos do Judiciário têm aumentado nos últimos anos, ou porque cada vez mais o comércio na Escócia é transnacional e transfronteiriço, o que resulta na vontade das partes em um mecanismo de resolução de conflitos que seja capaz de assegurar a execução em Cortes estrangeiras. Mas, igualmente, pode-se dizer que todo direito arbitral agora possui um uso mais amigável, uma vez que a lei pode ser encontrada em apenas um local e foi modernizada, para refletir as melhores práticas internacionais.

Talvez em decorrência dessa lenta adoção da arbitragem na Escócia, não tenha havido uma quantidade significativa de jurisprudência com base na Lei de 2010. Isso pode dever-se ao fato de que as decisões judiciais inglesas prestam assistência aos praticantes, e com um corpo tão grande de jurisprudência interpretando as disposições da Lei de 1996, ainda não houve a necessidade, portanto, de julgamentos explicativos pelas Cortes escocesas.[39] Outro juiz escocês comentou que "a Lei de 2010 é modelada na Lei de Arbitragem de 1996. Grande parte da redação é semelhante ou idêntica. Eu concordo [...] que as decisões inglesas fornecem orientações úteis nessa área".[40]

A Escócia certamente tentou colocar seu direito arbitral em um documento simplificado e fácil de usar, e ao mesmo tempo demonstrar um sistema unitário, moderno e eficiente. De fato, esse modelo será apresentado à comunidade internacional de arbitragem, para comentários e revisão, quando a ICCA 2020 chegar a Edimburgo.[41]

---

39 Isso foi previsto e sugerido pelo mesmo juiz escocês Lord Glennie (em Arbitration Application n. 3 de 2011, 2011 CSOH 164; 2012 S.L.T. 150) quando ele apontou que "como a Lei foi de perto e desavergonhadamente modelada na Lei Inglesa, e reflete a mesma filosofia subjacente, a jurisprudência relacionada à Lei (e sua antecessora, a Lei de Arbitragem de 1979) serão obviamente relevantes em relação às questões de enfoque e interpretação. Não faz sentido reinventar a roda (da arbitragem)".

40 Arbitration Application n. 1 de 2013, por Lord Woolman.

41 O 25º Congresso do Conselho Internacional para Arbitragem Comercial (The International Council for Commercial Arbitration, ICCA) será em Edinburgo, em Maio de 2020.

8

A principiologia da mediação

Emmanoel Campelo de Souza Pereira

INTRODUÇÃO

A palavra "princípio" traduz, na linguagem corrente, a ideia de começo, início, e, nessa linha, o primeiro momento da existência de algo ou de uma ação ou processo, mas consigo traz, também, o sentido de causa primeira, raiz, razão e, nesta medida, a ideia de aquilo que serve de base a alguma coisa.

Segundo Maurício Godinho Delgado, o significado de princípio assim se apresenta:

> Por extensão, significa, ainda, "proposição elementar e fundamental que serve de base a uma ordem de conhecimentos" e, nesta dimensão, "proposição lógica fundamental sobre a qual se apoia o raciocínio".
> [...] desse modo, carrega consigo a força do significado de proposição fundamental. E é nessa acepção que ela foi incorporada por distintas formas de produção cultural dos seres humanos, inclusive o Direito.[1]

A par dessas premissas, o autor define princípios jurídicos como "[...] grandes fachos normativos, que cumprem o essencial papel de iluminar a compreensão do Direito em sua regência das relações humanas".[2]

Celso Antônio Bandeira de Mello, por sua vez, define princípios jurídicos nos seguintes termos:

---

1 DELGADO, Maurício Godinho. *Curso de direito do trabalho*, 2018, p. 225.
2 Ibidem, p. 246.

8 A principiologia da mediação   **129**

[...] mandamento nuclear de um sistema, verdadeiro alicerce dele, disposição fundamental que se irradia sobre diferentes normas, compondo-lhes o espírito e servindo de critério para sua exata compreensão e inteligência, exatamente por definir a lógica e a racionalidade do sistema normativo, no que lhe confere a tônica e lhe dá sentido harmônico.[3]

Américo Plá Rodriguez conceitua princípios jurídicos como: "[...] linhas diretrizes que informam algumas normas e inspiram direta ou indiretamente uma série de soluções, pelo que podem servir para promover e embasar a aprovação de novas normas, orientar a interpretação das existentes e resolver os casos não previstos".[4]

Em concepção clássica, o referido autor uruguaio ainda identifica uma tríplice missão dos *princípios jurídicos justrabalhistas*, assim sintetizada por Helder Santos Amorim:

a) a *missão informadora*, na medida em que servem de inspiração ao legislador, como fundamentos filosóficos para conformação do ordenamento jurídico;

b) a *missão normativa integradora*, na medida em que atuam como instrumento de integração das normas jurídicas, figurando como *fonte supletiva* de direito na ausência de lei; e

c) a missão interpretadora, eis que operam como critérios orientadores do juiz ou intérprete na aplicação das leis, nos casos concretos.[5]

A doutrina moderna vem, no entanto, cada vez mais, conferindo importância aos princípios jurídicos na solução do caso concreto, atribuindo-lhes inegável caráter de norma jurídica, porquanto capazes de não apenas suprir lacunas na legislação positivada, pela modulação e interpretação do ordenamento jurídico, como também de serem invocados, autonomamente, para a solução de conflitos.

Nessa linha, conferem-se aos princípios jurídicos, hoje, inequívoca força normativa, conforme ensinamentos de Mauro Schiavi:

---

3   MELLO, Celso Antônio Bandeira de. *Curso de direito administrativo*, 1997, p. 573.
4   PLÁ RODRIGUEZ, Américo. *Princípios de direito do trabalho*, 1978, p. 16.
5   AMORIM, Helder Santos. "Os princípios do Direito do Trabalho na Constituição de 1988". In: VIANA, Márcio Túlio; ROCHA, Cláudio Jannotti (coords.). *Como aplicar a CLT à luz da Constituição*: alternativas para os que militam no foro trabalhista, 2016, p. 107.

[...] há, na doutrina, tanto nacional como estrangeira, uma redefinição dos princípios, bem como suas funções no sistema jurídico. Modernamente, a doutrina tem atribuído caráter normativo dos princípios (força normativa dos princípios), vale dizer: os princípios são normas, atuando não só como fundamento das regras ou para suprimento da ausência legislativa, mas para ter eficácia no ordenamento jurídico como as regras positivadas.[6]

Ronald Dworkin também evidencia o paralelismo entre princípios e regras, a reforçar a ideia, atualmente dominante, de que ambos igualmente integram o conceito de norma jurídica, não subsistindo, assim, a ideia de interdependência, já que a solução do litígio pode ser encontrada pela adoção apenas dos primeiros:

A diferença entre princípios e regras é de natureza lógica. Os dois conjuntos de padrões apontam para decisões particulares acerca da obrigação jurídica em circunstâncias específicas, mas distinguem-se quanto à natureza da orientação que oferecem. As regras são aplicadas à maneira do tudo ou nada. Dados os fatos que uma regra estipula, então ou a regra é válida, e neste caso a resposta que ela fornece deve ser aceita, ou não é válida, e neste caso em nada contribui para a decisão [...]. Os princípios possuem uma dimensão que as regras não têm – a dimensão de peso ou importância. Quando os princípios se intercruzam (por exemplo, a política de proteção aos compradores de automóveis se opõe aos princípios de liberdade de contrato), aquele que visa resolver o conflito tem de levar em conta a força relativa de cada um.[7]

De fato, extrai-se do movimento denominado de "constitucionalismo social", surgido a partir do término da Segunda Guerra Mundial, a ideia de se conferir maior destaque à matriz principiológica adotada como fundamento do Estado, de modo a atribuir aos princípios constitucionais força normativa capaz de não só modular a interpretação e a aplicação das regras jurídicas positivadas, como de fazer, por si só, o Direito. Essa alteração doutrinária já havia sido percebida por José Joaquim Gomes Canotilho:

O Direito do *estado de direito* do século XIX e da primeira metade do século XX é o direito das regras dos códigos; o direito do *estado constitucional e de direito* leva a sério os princípios, é o direito dos princípios [...] o tomar a sério os

---

6 SCHIAVI, Mauro. *Manual de direito processual do trabalho*, 2016, p. 84.
7 DWORKIN, Ronald. *Levando os direitos a sério*, 2010, p. 42.

8 A principiologia da mediação **131**

princípios implica uma mudança profunda na metodologia de concretização do direito e, por conseguinte, na atividade jurisdicional dos juízes.[8]

Bonavides referiu-se a essa novidade no campo jurídico, verificada a partir do século XX, como a passagem de uma concepção de Estado de Direito doutrinariamente vinculada ao princípio da legalidade para a concepção de um Estado Constitucional de Princípios que, segundo ele, "[...] deslocou para o respeito dos direitos fundamentais o centro de gravidade da ordem jurídica".[9]

Helder Santos Amorim igualmente evidencia a alteração dogmática verificada em relação aos princípios constitucionais a partir do final da Segunda Grande Guerra, com destaque para a influência dessa dogmática na esfera do Direito do Trabalho no Brasil:

> [...] no plano da dogmática jurídica, os *princípios jurídicos constitucionais* adquiriram uma nova função normativa própria, ao lado das regras jurídicas, por força da revisão paradigmática pós-positivista pela qual passou a ciência do Direito depois do advento da Segunda Guerra Mundial, resultando numa nova hermenêutica constitucional que acentuou a força normativa dos princípios como elemento balizador da ordem legislativa infraconstitucional. Esse tem sido um importante fator de contenção constitucional sobre o agressivo movimento político internacional que reivindica a flexibilização da legislação trabalhista brasileira, para desregulação das relações de trabalho.
>
> O reconhecimento da normatividade dos princípios jurídicos constitucionais e da sua força normativa hierarquicamente equivalente à das regras da Constituição fincou base para a construção do caminho de expansão dos valores democráticos sobre todos os aspectos da vida social. [...][10]

Nessa linha, reconhecendo a inequívoca relevância dos princípios para a doutrina moderna, bem como da importância que a prática da mediação tem ganhado no cenário brasileiro, pretendemos realizar uma breve análise dos princípios da mediação ou princípios norteadores da conduta do mediador.

---

8 CANOTILHO, José Joaquim Gomes. "A principialização da jurisprudência através da Constituição". In: *Revista de Processo*, Repro. v. 98, p. 84.

9 BONAVIDES, Paulo. *Curso de direito constitucional*, 2007, p. 398.

10 AMORIM, Helder Santos. "Os princípios do direito do trabalho na Constituição de 1988". In: VIANA, Márcio Túlio; ROCHA, Cláudio Jannotti (coords.). *Como aplicar a CLT à luz da Constituição*: alternativas para os que militam no foro trabalhista, 2016, p. 111.

O CONCEITO DE MEDIAÇÃO

Ainda que não seja propriamente o objetivo deste trabalho, entendemos necessário conceituar o instituto da mediação, sem pretender exaurir a discussão que existe em torno de sua definição.

Segundo o doutrinador americano David A. Hoffman, a palavra "mediação" tem sua origem na palavra latina *medius*, que significa meio. Na mediação, uma terceira parte pode influenciar o curso da negociação, mas o poder de decidir o resultado cabe inteiramente às partes, não ao mediador. A mediação é talvez a forma mais usada de RAD (Resolução Alternativa de Disputa), e é usada para resolver todo tipo de disputa, incluindo conflitos que ainda não resultaram em litígios.[11]

A mediação pode ser conceituada como um procedimento em que as partes voluntariamente negociam a solução de um conflito entre elas, com o auxílio de um terceiro imparcial, chamado de mediador. Essa definição, mais simples e direta, tem ganhado força na doutrina por se mostrar mais prática e objetiva.

Segundo Jennifer E. Beer e Caroline C. Packard, a mediação é um processo para resolver disputas em que um intermediário ajuda as partes conflitantes conversarem para resolver conjuntamente suas preocupações.[12] As autoras, apesar da aparente simplicidade do conceito, apresentam o detalhamento de cada elemento do conceito da seguinte maneira:

a) Processo: A mediação segue uma sequência orgânica que se desdobra de maneira diferente em cada situação, mas ainda possui fases reconhecíveis.

b) Disputas: Normalmente, as partes têm incidentes, desacordos e preocupações específicas que os levaram à mediação, coisas que eles querem mudar. A mediação também pode abordar conflitos subjacentes e causas sistêmicas, se as partes desejarem assumir esse projeto maior.

---

11 HOFFMAN, David A. *Mediation*: A practice guide for mediators, lawyers, and other professionals, 2013, p. 1-4. Do original: "*The word 'mediation' has its origins in the Latin word 'medius', meaning middle. In mediation, a third party can influence the course of negotiation, but the power to decide the outcome lies entirely with the parties, not the mediator. Mediation is perhaps the most widely used form of ADR, and as discussed in this book, is used to resolve every type of dispute, including conflicts that have not yet resulted in litigation*".

12 BEER, Jennifer E.; PACKARD, Caroline C. *The mediator's handbook*: revised & expanded fourth edition, 2012, p. 3. Do original: "*Mediation is a process for resolving disputes where an intermediary helps conflicting parties have a conversation to jointly resolve their concerns*".

8 A principiologia da mediação 133

c) Intermediário: Literalmente, "aquele que fica entre as partes", por definição, o mediador tem algum grau de imparcialidade e distanciamento do resultado. Mediadores guiam o processo; no entanto, as partes fazem o trabalho de apresentar as soluções e tomar as decisões.

d) Partes: Pode ser uma pessoa, um grupo ou uma nação inteira – que vem como uma unidade para a mediação, ou estão representadas lá, e que compartilham uma identidade ou interesses.

e) Conversa: A saída do conflito é por meio do diálogo, o que significa falar e ouvir diretamente um ao outro. O diálogo amplia o entendimento das partes de sua situação, um do outro e do futuro desejado. Raramente é um processo direto ou racional.

f) Resolução conjunta dos problemas: O objetivo é construir soluções viáveis e duráveis que atendam aos problemas práticos, emocionais e sociais dos participantes da maneira mais completa possível. Os mediadores trabalham para criar uma atmosfera cooperativa para a solução de problemas em que as próprias partes planejam como desejam proceder, individual e coletivamente.[13]

André Gomma de Azevedo também segue essa linha de maior simplicidade, entendendo que "A mediação pode ser definida como uma negociação facilitada ou catalisada por um terceiro [...]".[14]

A Lei n. 13.140, de 26 de junho de 2015, chamada de Lei da Mediação, no seu art. 1º, parágrafo único, por sua vez, traz um conceito que, apesar de incorporar outros elementos, também segue uma linha de simplicidade concei-

---

13 Ibidem. Do original: "*Process: Mediation follows an organic sequence that unfolds differently in each situation, but still has recognizable phases. Disputes: Usually parties have specific incidents, disagreements, and concerns that have brought them to mediation, things they want changed. The mediation may also address underlying conflicts and systemic causes, if the parties want to take on that larger project. Intermediary: Literally, 'one who goes between', by definition a mediator has some degree of impartiality and detachment from the outcome. Mediators guide the process; however, the parties do the work of coming up with the solutions and making the decisions. Parties: These may be a person, a group, or a whole nation – who come as a unit to the mediation, or are represented there, and who share a common identity or interests. Conversation: The way out of conflict is through dialogue, which means talking and listening directly to each other. Dialogue broadens the parties' understanding of their situation, of each other, and of their desired future. This is rarely a neat or rational process! Jointly resolve concerns: The goal is workable, durable solutions that meet the participants' practical, emotional, and social concerns as fully as possible. Mediators work to create a cooperative atmosphere for problem-solving where the parties themselves plan how they wish to proceed, individually and collectively*".

14 AZEVEDO, André Gomma de. (org.). *Manual de mediação judicial*, 2016, p. 20. Disponível em: https://cnj.jus.br/files/conteudo/arquivo/2016/07/f247f5ce60df2774c59d6e-2dddbfec54.pdf. Acesso em: 20.09.2019.

tual, buscando deixar claro quais são os elementos essenciais da mediação, ao estabelecer que "Considera-se mediação a atividade técnica exercida por terceiro imparcial sem poder decisório, que, escolhido ou aceito pelas partes, as auxilia e estimula a identificar ou desenvolver soluções consensuais para a controvérsia".[15]

Observando os elementos trazidos na definição legal, podemos identificar: a) atividade técnica; b) exercida por terceiro imparcial; c) ausência de poder decisório; d) escolha ou aceitação pelas partes; e) auxílio ou estímulo na identificação ou desenvolvimento de soluções consensuais para a controvérsia.

Por outro lado, podemos dizer que, pelo conceito legal, pode ser considerado mediador aquele que possui capacitação técnica para atuar como tal, é imparcial (não possui interesse direto ou indireto na solução acordada pelas partes), não possui poder de decidir o conflito, pode ser escolhido ou aceito pelas partes e deve auxiliar e estimular a identificar ou desenvolver soluções consensuais para a controvérsia.

Entendemos que a definição trazida na lei representa um avanço, já que vem num momento em que o instituto da mediação vem ganhando força e é importante que a sociedade, assim como todos os envolvidos num procedimento de mediação, compreendam minimamente o que ele significa.

Rubens Decoussau Tilkian, apesar de reconhecer a importância do conceito legal, opta por um mais tradicional e mais simples, já consagrado na doutrina e que conta com a maioria dos elementos trazidos na lei, acrescentando outros:

> Sem prejuízo da correta definição de mediação trazida pela lei, cumpre registrar o conceito que muito já vinha se utilizando, antes mesmo da entrada em vigor da lei: *é o método pelo qual quaisquer partes em conflito, judicializado ou não, buscam, de forma voluntária e confidencial, a intermediação e orientação de seus conflitos, valendo-se de um profissional habilitado (o Mediador).*[16]

André Gomma de Azevedo esclarece que outra parte da doutrina prefere definir a mediação de forma mais complexa e detalhada, inserindo outros elementos, conceituando o instituto como

---

15 BRASIL. Lei n. 13.140, de 26 de junho de 2015. Dispõe sobre a mediação entre particulares como meio de solução de controvérsias e sobre a autocomposição de conflitos no âmbito da administração pública; altera a Lei n. 9.469, de 10 de julho de 1997, e o Decreto n. 70.235, de 6 de março de 1972; e revoga o § 2º do art. 6º da Lei n. 9.469, de 10 de julho de 1997. Disponível em: http://www.planalto.gov.br/ccivil_03/_ato2015-2018/2015/lei/l13140.htm. Acesso em: 12.09.2019.

16 TILKIAN, Rubens Decoussau. *Comentários à Lei de Mediação*, 2016, p. 74.

[...] um processo autocompositivo segundo o qual as partes em disputa são auxiliadas por uma terceira parte neutra ao conflito ou por um painel de pessoas sem interesse na causa, para se chegar a uma composição. Tratas-se de um método de resolução de disputas no qual se desenvolve um processo composto por vários atos procedimentais pelos quais o(s) terceiro(s) imparcial(is) facilita(m) a negociação entre as pessoas em conflito, habilitando-as a melhor compreender suas posições e a encontrar soluções que se compatibilizam aos seus interesses e necessidades.[17]

A mediação, enquanto processo autocompositivo, insere a presença de um terceiro imparcial, e a presença dele – mediador – significa que as partes de alguma forma renunciaram em alguma medida o controle da condução da resolução do conflito.

As partes podem encerrar a mediação a qualquer momento, sem que arquem com qualquer prejuízo, pois este é um método não vinculante. Por outro lado, um processo é considerado vinculante quando as partes possuem o ônus, a obrigação de participar dos atos procedimentais. Caso uma das partes opte por não participar, é gerado um gravame processual e um potencial prejuízo material. É o que ocorre no processo judicial e na arbitragem, por exemplo.

A mediação, enquanto método não vinculante, se caracteriza também pela redução ou delegação da condução e do controle do procedimento a um terceiro, o mediador. Todavia, é mantido nas partes o controle com relação ao resultado, ou seja, as partes são responsáveis por aquilo que for decidido, ou melhor, acordado entre elas.

David A. Hoffman considera essa uma das características principais da mediação. Segundo o doutrinador americano, a mediação deve respeitar a autodeterminação, pois as partes, não o mediador, decidem se devem entrar em acordo, e em caso afirmativo, em que termos.[18]

Na mesma linha, Jennifer E. Beer e Caroline C. Packard afirmam que as partes são as "especialistas" sobre sua situação. Na mediação, elas falam por si mesmas, pensam por si mesmas e decidem por si mesmas. O mediador apoia as pessoas a fazer isso com maior clareza e consideração, mas são os participantes que trabalham duro para descobrir como resolver suas preocupações.[19]

---

17 AZEVEDO, André Gomma de. (org.). *Manual de mediação judicial*, 2016, p. 20. Disponível em: https://cnj.jus.br/files/conteudo/arquivo/2016/07/f247f5ce60df2774c59d6e-2dddbfec54.pdf. Acesso em: 20.09.2019.

18 HOFFMAN, David A. *Mediation*: A practice guide for mediators, lawyers, and other professionals, 2013, p. 1-8. Do original: *"Self-determination – the parties, not the mediator, decide whether to settle and, if so, on what terms"*.

19 BEER, Jennifer E.; PACKARD, Caroline C. *The mediator's handbook*: revised & expanded fourth edition, 2012, p. 10. Do original: *"The parties are the 'experts' about their si-*

A DIFERENÇA ENTRE MEDIAÇÃO E CONCILIAÇÃO

Ainda que esteja claro o conceito de mediação, até mesmo pela sua simplicidade, resta diferenciá-lo de outro instituto mais presente e arraigado na cultura judicial brasileira: a conciliação.

Ambos são formas de autocomposição, ou seja, em ambos a solução para o conflito é proporcionada pelas partes, mediante acordo. Ao contrário, na heterocomposição temos a solução do conflito sendo decidida por um terceiro, que pode ser, por exemplo, um árbitro (arbitragem) ou um juiz (jurisdição).

A conciliação sempre esteve presente na cultura judicial, especialmente na Justiça do Trabalho que, desde a redação original da CLT, em seu art. 764, previa não só a solução do conflito mediante conciliação, mas incentivava que as tentativas de solução pacífica da controvérsia continuassem, mesmo depois de encerrada a fase ou etapa conciliatória:

> Art. 764. Os dissídios individuais ou coletivos submetidos à apreciação da Justiça do Trabalho serão sempre sujeitos à conciliação.
>
> § 1º Para os efeitos deste artigo, os juízes e Tribunais do Trabalho empregarão sempre os seus bons ofícios e persuasão no sentido de uma solução conciliatória dos conflitos.
>
> § 2º Não havendo acordo, o juízo conciliatório converter-se-á obrigatoriamente em arbitral, proferindo decisão na forma prescrita neste Título.
>
> § 3º É lícito às partes celebrar acordo que ponha termo ao processo, ainda mesmo depois de encerrado o juízo conciliatório.[20]

Portanto, percebe-se que o incentivo à autocomposição, pelo mecanismo da conciliação, sempre fez parte do processo trabalhista e sempre foi considerado compatível com o Direito do Trabalho, ou seja, firmar-se acordo para solucionar um litígio trabalhista nunca foi um problema, ao contrário, seria a solução mais desejável, já que a própria CLT incentiva essa forma de se solucionar um litígio.

---

tuation. In mediation, they speak for themselves, think for themselves, and decide for themselves. The mediator supports people in doing this with greater clarity and thoughtfulness, but it is the participants who do the hard work of figuring out how to resolve their concerns".

20 BRASIL. Decreto-lei n. 5.452, de 1º de maio de 1943. Aprova a Consolidação das Leis do Trabalho. Disponível em: http://www.planalto.gov.br/ccivil_03/decreto-lei/del5452. htm. Acesso em: 12.09.2019.

No Código de Processo Civil de 1973 (CPC/73) não encontramos qualquer menção ao instituto da mediação, apenas à conciliação e de forma bastante incipiente, buscando apenas legitimá-la no âmbito do processo judicial civil. Já no Código de Processo Civil de 2015 (CPC/2015) vemos um maior avanço, com maior detalhamento dos procedimentos, inclusive colocando a mediação sempre ao lado da conciliação, como forma de resolução do litígio. Ou seja, a mediação encontrou seu espaço no Direito Processual Civil, especialmente com a inclusão dos mediadores e conciliadores como auxiliares da Justiça (arts. 165 a 175), a exemplo do perito e do tradutor.

No tocante à diferenciação entre mediação e conciliação, o CPC/2015, no art. 165, §§ 2º e 3º, optou por um critério funcional, estabelecendo que:

> Art. 165. [...]
> § 2º O conciliador, que atuará preferencialmente nos casos em que não houver vínculo anterior entre as partes, poderá sugerir soluções para o litígio, sendo vedada a utilização de qualquer tipo de constrangimento ou intimidação para que as partes conciliem.
> § 3º O mediador, que atuará preferencialmente nos casos em que houver vínculo anterior entre as partes, auxiliará aos interessados a compreender as questões e os interesses em conflito, de modo que eles possam, pelo restabelecimento da comunicação, identificar, por si próprios, soluções consensuais que gerem benefícios mútuos.

Pelo critério adotado, ainda que seja centrado nas figuras do conciliador e do mediador, poderíamos dizer que a conciliação é o método de solução de conflito a ser empregado preferencialmente nas situações em que não houver vínculo anterior entre as partes, podendo nela se sugerir soluções para o litígio. Por outro lado, a mediação seria o método de solução de conflito a ser empregado preferencialmente nas situações em que houver vínculo anterior entre as partes, não podendo nela se sugerir soluções para o litígio, mas apenas buscar o restabelecimento do diálogo e da comunicação entre as partes para que elas cheguem a uma solução.

Segundo Rogério Neiva Pinheiro, "[...] a diferença entre conciliação e mediação é dada pelo critério relacionado ao nível de atuação do terceiro neutro que atua para buscar a autocomposição. Fazendo propostas, estamos diante de conciliação. Se não faz propostas e somente procura estimular o diálogo, trata-se de mediação".[21]

---

21 PINHEIRO, Rogério Neiva. A diferença entre conciliação e mediação no processo do trabalho. Consultor Jurídico. Disponível em: https://www.conjur.com.br/2016-mai-01/diferenca-entre-conciliacao-mediacao-processo-trabalho. Publicado em: 01.05.2016.

Acreditamos que a distinção optada pelo CPC/2015 merece críticas. Consideramos ser ela imprópria, já que não existe diretamente uma consequência para as situações em que, por exemplo, o mediador sugira soluções, ou o conciliador não o faça, apenas restabeleça o diálogo. Qualquer das duas situações poderá produzir acordos amplamente válidos.

Apesar disso, acreditamos que essa dificuldade se deve ao fato de ser extremamente difícil a distinção dos dois institutos. Por outro lado, a ausência de consequência real na utilização de um método em detrimento de outro mostra que na prática o que importa é que se chegue a um acordo, sendo pouco relevante a nomenclatura que se entenda mais adequada.

Por isso, reconhecemos a importância da distinção apresentada pelo CPC/2015, que muito prestigiou a autocomposição, especialmente em comparação ao diploma anterior, trazendo a oportunidade de sua adoção de forma mais ampla, tratando a conciliação e a mediação sempre de forma imbricada.

OS PRINCÍPIOS DA MEDIAÇÃO

A Lei n. 13.140, de 26 de junho de 2015, conhecida como Lei da Mediação, "Dispõe sobre a mediação entre particulares como meio de solução de controvérsias e sobre a autocomposição de conflitos no âmbito da administração pública [...]",[22] trouxe um rol de princípios, exemplificativos, na nossa opinião, a serem observados durante processo de mediação:

Art. 2º A mediação será orientada pelos seguintes princípios:

I – imparcialidade do mediador;

II – isonomia entre as partes;

III – oralidade;

IV – informalidade;

V – autonomia da vontade das partes;

VI – busca do consenso;

VII – confidencialidade;

VIII – boa-fé.

---

22 BRASIL. Lei n. 13.140, de 26 de junho de 2015. Dispõe sobre a mediação entre particulares como meio de solução de controvérsias e sobre a autocomposição de conflitos no âmbito da administração pública; altera a Lei n. 9.469, de 10 de julho de 1997, e o Decreto n. 70.235, de 6 de março de 1972; e revoga o § 2º do art. 6º da Lei n. 9.469, de 10 de julho de 1997. Disponível em: http://www.planalto.gov.br/ccivil_03/_ato2015-2018/2015/lei/l13140.htm. Acesso em: 12.09.2019.

8 A principiologia da mediação   139

Podemos chamar esses princípios de princípios da mediação, conforme orientado pela Lei especial, ou mesmo de Princípios Norteadores da Conduta do Mediador,[23] como assim denominou o Manual de Mediação Judicial do Conselho Nacional de Justiça.

Como o processo de mediação ocorre sob a condução do próprio mediador, sempre em comum acordo com as partes, estabelecendo previamente os procedimentos e etapas, é justificável que os princípios que norteiem o processo de mediação se confundam com os princípios da mediação, em razão dessa flexibilidade procedimental.

Todavia, em razão da terminologia legal, adotada pela Lei n. 13.140, de 26 de junho de 2015, que expressamente coloca que "A mediação será orientada pelos seguintes princípios [...]",[24] ou seja, se referiu aos princípios orientadores da mediação, e não do mediador em si, para os fins deste trabalho, trataremos como princípios da mediação.

Com relação aos princípios em si, é importante ressaltar que a Lei não tratou de todos os princípios existentes na doutrina, nem há consenso sobre os princípios nela elencados. Por isso acreditamos que o rol de princípios trazidos na Lei é meramente exemplificativo, não inviabilizando a consideração de outros, que doutrinariamente poderão ser ressaltados.

Didaticamente, seguiremos o rol de princípios trazidos pela Lei de Mediação, complementado por outros princípios, especialmente aqueles apresentados pelo *Manual de mediação judicial*, do Conselho Nacional de Justiça, o qual tem sido utilizado para balizar a formação dos mediadores judiciais em todo o Poder Judiciário brasileiro, no âmbito da política pública de incentivo à adoção dos meios autocompositivos no Poder Judiciário.

Logo, a Lei de Mediação traz os seguintes princípios: 1) imparcialidade do mediador; 2) isonomia entre as partes; 3) oralidade; 4) informalidade ou simplicidade; 5) autonomia da vontade das partes ou consensualismo processual; 6) busca do consenso; 7) confidencialidade; e 8) boa-fé.

Acrescentaremos os princípios àqueles princípios trazidos no *Manual de mediação judicial*, do Conselho Nacional de Justiça, que não encontram corres-

---

23 AZEVEDO, André Gomma de. (org.). *Manual de mediação judicial*, 2016, p. 252. Disponível em: https://cnj.jus.br/files/conteudo/arquivo/2016/07/f247f5ce60df2774c59d6e-2dddbfec54.pdf. Acesso em: 20.09.2019.

24 BRASIL. Lei n. 13.140, de 26 de junho de 2015. Dispõe sobre a mediação entre particulares como meio de solução de controvérsias e sobre a autocomposição de conflitos no âmbito da administração pública; altera a Lei n. 9.469, de 10 de julho de 1997, e o Decreto n. 70.235, de 6 de março de 1972; e revoga o § 2º do art. 6º da Lei n. 9.469, de 10 de julho de 1997. Disponível em: http://www.planalto.gov.br/ccivil_03/_ato2015-2018/2015/lei/l13140.htm. Acesso em: 12.09.2019.

pondência com o rol trazido pela Lei de Mediação, quais sejam: 9) Princípio da consciência relativa ao processo; 10) Princípio da decisão informada; 11) Princípio do empoderamento; e 12) Princípio da validação.

Com vigência posterior à Lei de Mediação, o CPC/2015, por sua vez, também trouxe um rol exemplificativo de princípios, estabelecendo o art. 166 que "[...] A conciliação e a mediação são informadas pelos princípios da independência, da imparcialidade, da autonomia da vontade, da confidencialidade, da oralidade, da informalidade e da decisão informada".[25]

Pela transcrição do referido artigo, vemos que todos os princípios nele elencados estão devidamente contemplados no espectro estabelecido anteriormente, não necessitando de maiores comentários.

Ademais, nosso objetivo não é exaurir todos os princípios existentes e aplicáveis ao procedimento de mediação, mas abordar aqueles considerados mais relevantes e indispensáveis pela legislação e pela doutrina, possuindo relativo consenso acerca da sua aplicação.

Princípio da neutralidade e imparcialidade de intervenção

Pelo princípio da neutralidade e imparcialidade de intervenção, o mediador deve atuar com absoluta neutralidade, ou seja, sem vinculação com qualquer das partes. Tem também o dever de imparcialidade, não podendo tomar partido no curso da mediação.

Essa é a posição de André Gomma de Azevedo, ao explicar que o "[...] princípio da neutralidade e imparcialidade de intervenção determina que, ao desenvolver seu ofício, o autocompositor proceda com neutralidade – isto é, isento de vinculações étnicas ou sociais com qualquer das partes – bem como se abstendo de tomar partido no curso da autocomposição".[26]

Segundo Rubens Decoussau Tilkian, "[...] a imparcialidade pressupõe isenção, equidade. Embora o mediador não tenha poder decisório, nos termos do parágrafo único do art. 1º desta lei, é certo que se deve exigir dele o rigoroso cumprimento deste princípio, tal como se exige do juiz presidente da causa".[27]

---

25 BRASIL. Lei n. 13.105, de 16 de março de 2015. Código de Processo Civil. Disponível em: http://www.planalto.gov.br/ccivil_03/_ato2015-2018/2015/lei/l13105.htm#art1045. Acesso em: 12.09.2019.

26 AZEVEDO, André Gomma de. (org.). *Manual de mediação judicial*, 2016, p. 252-3. Disponível em: https://cnj.jus.br/files/conteudo/arquivo/2016/07/f247f5ce60df2774c59d6e-2dddbfec54.pdf. Acesso em: 20.09.2019.

27 TILKIAN, Rubens Decoussau. *Comentários à Lei de Mediação*, 2016, p. 67.

David A. Hoffman, ao descrever a imparcialidade como um dos elementos fundamentais da mediação, afirma que exceto nos casos mais raros, o mediador não deve ter conexões pessoais, profissionais ou financeiras com as partes, seu advogado ou com o problema que precisa ser resolvido.[28]

Segundo Jennifer E. Beer e Caroline C. Packard, os mediadores têm pouca ou nenhuma participação no conflito ou nos termos de sua resolução. Em vez de advogar pelo benefício de uma das partes, eles ajudam as partes a trabalhar em direção a um resultado que melhor satisfaça a todos. Os participantes podem não conhecer o mediador, ou podem estar intimamente conectados. O importante é que o mediador seja alguém em quem todas as partes confiem o suficiente para permitir a intervenção e falar livremente sobre suas preocupações. Os mediadores são responsáveis pelo processo e fornecem dois ingredientes essenciais: a) uma estrutura de conversação para ajudar as pessoas a falar, ouvir e pensar; e b) cuidado e atenção imparcial às pessoas, processos e preocupações.[29]

A observância da neutralidade e da imparcialidade se impõe na medida em que se refere não só à conduta do mediador, mas à percepção que as partes têm de sua condução, cabendo a ele – mediador – manter essa atmosfera.[30] A inobservância tem o potencial de prejudicar a confiança das partes e, portanto, inviabilizar o prosseguimento e sucesso da mediação.

Esse relevante princípio, que entendemos como elementar do processo de mediação, é também inserido no inciso I do art. 2º da Lei n. 13.140, de 26 de junho de 2015, chamada Lei de Mediação: "Art. 2º A mediação será orientada pelos seguintes princípios: I – imparcialidade do mediador".[31]

---

28 HOFFMAN, David A. *Mediation*: A practice guide for mediators, lawyers, and other professionals, 2013, p. 1-8. Do original: "*Impartiality – except in the rarest of cases, the mediator has no personal, professional, or financial connections with the parties, their counsel, or the issue that needs to be resolved*".

29 BEER, Jennifer E.; PACKARD, Caroline C. *The mediator's handbook*: revised & expanded fourth edition, 2012, p. 6. Do original: "*Mediators have little or no stake in the conflict or the terms of its resolution, in the model we use. Rather than advocating for one party's benefit, they help the parties work towards an outcome that best satisfies everyone. Participants may not know the mediator at all, or they may be closely connected. What's important is that the mediator be someone all the parties trust enough to allow the intervention and to speak freely about their concerns. Mediators are in charge of the process, and provide two essential ingredients: A structure for conversation to help people talk, listen, and think. Caring, impartial attentiveness to people, process, and concerns*".

30 AZEVEDO, André Gomma de. (org.). *Manual de mediação judicial*, 2016, p. 253. Disponível em: https://cnj.jus.br/files/conteudo/arquivo/2016/07/f247f5ce60df2774c59d6e-2dddbfec54.pdf. Acesso em: 20.09.2019.

31 BRASIL. Lei n. 13.140, de 26 de junho de 2015. Dispõe sobre a mediação entre particulares como meio de solução de controvérsias e sobre a autocomposição de conflitos no âmbito da administração pública; altera a Lei n. 9.469, de 10 de julho de 1997, e o De-

Este princípio também está presente no art. 166 do CPC/2015, ao estabelecer que "A conciliação e a mediação são informadas pelos princípios da *independência, da imparcialidade*, da autonomia da vontade, da confidencialidade, da oralidade, da informalidade e da decisão informada" (grifamos).[32]

A atuação que privilegia a imparcialidade e a equidade pode levar o mediador a sugerir, ao longo do procedimento, a produção de prova técnica ou perícia, com a finalidade de melhor auxiliar as partes na solução da controvérsia, proporcionando a elas elementos e parâmetros para a tomada de decisão.

Essa atuação

> [...] Estará, na medida do necessário, contribuindo para que haja um equilíbrio de forças entre as partes, promovendo justiça e dando cumprimento à máxima de que a isonomia não se constitui em regra única e absoluta, havendo necessidade, em certos momentos, de tratar desigualmente os desiguais, na medida de suas desigualdades.[33]

Por fim, podemos afirmar que a atuação imparcial do mediador garante a credibilidade do próprio processo de mediação, já que sua observância se traduz num processo justo, equânime e orientado a satisfazer os interesses das partes.

Princípio da isonomia entre as partes

O princípio da isonomia ou da igualdade é um corolário do Estado Democrático de Direito e está previsto no artigo 5º, *caput*, da Constituição Federal de 1988, ao estabelecer que "Todos são iguais perante a lei, sem distinção de qualquer natureza [...]".[34]

Quando aplicado à mediação, o princípio da isonomia pressupõe que as partes litigantes ingressam na mediação em igualdade de condições e a elas deve ser dada também igualdade de tratamento. Esse princípio se comunica com o anterior, na medida em que a conduta de imparcialidade do mediador tende a privilegiar o tratamento isonômico entre as partes.

---

creto n. 70.235, de 6 de março de 1972; e revoga o § 2º do art. 6º da Lei n. 9.469, de 10 de julho de 1997. Disponível em: http://www.planalto.gov.br/ccivil_03/_ato2015-2018/2015/lei/l13140.htm. Acesso em: 12.09.2019.

32 BRASIL. Lei n. 13.105, de 16 de março de 2015. Código de Processo Civil. Disponível em: http://www.planalto.gov.br/ccivil_03/_ato2015-2018/2015/lei/l13105.htm#art1045. Acesso em: 12.09.2019.

33 TILKIAN, Rubens Decoussau. *Comentários à Lei de Mediação*, 2016, p. 68.

34 BRASIL. Constituição da República Federativa do Brasil de 1988. Disponível em: http://www.planalto.gov.br/ccivil_03/constituicao/constituicao.htm. Acesso em: 12.09.2019.

8 A principiologia da mediação **143**

Segundo Rubens Decoussau Tilkian, se uma das partes se comportar de modo a querer anular a outra, é dever do mediador neutralizar tal atitude e garantir que ambas as partes sempre estejam em pé de igualdade. Isso não significa que o mediador esteja sendo parcial, mas, ao contrário, está garantindo um procedimento justo e equilibrado, no qual ambas as partes tenham o seu espaço e a oportunidade de se manifestar livremente, sem receio ou limitações.[35]

Portanto, a observância do princípio da isonomia pressupõe não só o tratamento isonômico das partes e a imparcialidade do mediador, mas a adoção de medidas que venham a equilibrar eventuais distorções surgidas no decorrer do procedimento, garantindo igualdade e paridade entre as partes até o desfecho da mediação.

Princípio da oralidade

O princípio da oralidade garante, ao mesmo tempo, eficiência, celeridade processual e simplicidade ao procedimento de mediação, já que permite a realização de atos de forma meramente verbal, sem a necessidade de documentá--los para que sejam legitimados.

O referido princípio, enquanto norteador do procedimento, também tem sua relevância reconhecida expressamente no inciso III do art. 2º da Lei n. 13.140, de 26 de junho de 2015, chamada Lei de Mediação: "Art. 2º A mediação será orientada pelos seguintes princípios: [...] III – oralidade".[36]

Este princípio também está presente no art. 166 do CPC/2015 ao estabelecer que "A conciliação e a mediação são informadas pelos princípios da independência, da imparcialidade, da autonomia da vontade, da confidencialidade, *da oralidade*, da informalidade e da decisão informada".[37]

Rubens Decoussau Tilkian afirma que

[...] esse princípio exerce papel fundamental, na medida em que, ao lado da informalidade, pressupõe que os atos serão realizados verbalmente, sem necessidade de

---

35 TILKIAN, Rubens Decoussau. *Comentários à Lei de Mediação*, 2016, p. 69.

36 BRASIL. Lei n. 13.140, de 26 de junho de 2015. Dispõe sobre a mediação entre particulares como meio de solução de controvérsias e sobre a autocomposição de conflitos no âmbito da administração pública; altera a Lei n. 9.469, de 10 de julho de 1997, e o Decreto n. 70.235, de 6 de março de 1972; e revoga o § 2º do art. 6º da Lei n. 9.469, de 10 de julho de 1997. Disponível em: http://www.planalto.gov.br/ccivil_03/_ato2015-2018/2015/lei/l13140.htm. Acesso em: 12.09.2019.

37 BRASIL. Lei n. 13.105, de 16 de março de 2015. Código de Processo Civil. Disponível em: http://www.planalto.gov.br/ccivil_03/_ato2015-2018/2015/lei/l13105.htm#art1045. Acesso em: 12.09.2019.

uma forma específica. Como protagonistas, as partes poderão exteriorizar seus anseios, sentimentos e emoções e terão a oportunidade de serem escutadas.[38]

A observância do princípio da oralidade, todavia, não significa o abandono a quaisquer formalidades documentais. Ora, é importante ressaltar que as partes assinem instrumentos no decorrer da mediação, ou seja, participem de atos formais, tais como: termo de anuência no início do procedimento, o acordo firmado no encerramento, entre outros que o mediador julgue relevantes.

Princípio da informalidade ou simplicidade

Quando falamos do princípio da simplicidade, imediatamente nos vem a ideia de informalidade ou menor burocracia. O princípio é importante pois a simplicidade ou informalidade torna o ambiente da mediação naturalmente menos intimidatório do que o ambiente judicial, contribuindo para a solução do litígio.

O princípio teve sua importância reconhecida, mais precisamente, no inciso IV do art. 2º da Lei n. 13.140, de 26 de junho de 2015, a chamada Lei de Mediação: "Art. 2º A mediação será orientada pelos seguintes princípios: [...] IV – informalidade".

Esse princípio também está presente no art. 166 do CPC/2015 ao estabelecer que "A conciliação e a mediação são informadas pelos princípios da independência, da imparcialidade, da autonomia da vontade, da confidencialidade, da oralidade, *da informalidade* e da decisão informada" (grifamos).[39]

Segundo André Gomma de Azevedo, a simplicidade traduz-se na desburocratização das formas, bem como no aproveitamento dos atos que não comprometam o fim buscado (instrumentalidade das formas), buscando-se descomplicar ou simplificar o procedimento, tornando-o totalmente compreensivo às partes.[40]

Nos juizados especiais, já havia a busca pelo atendimento deste princípio, primando-se pela eficiência na solução do litígio, em detrimento do formalismo, já que nos juizados "[...] o procedimento deve ser simples, natural, sem apa-

---

38 TILKIAN, Rubens Decoussau. *Comentários à Lei de Mediação*, 2016, p. 69-70.

39 BRASIL. Lei n. 13.105, de 16 de março de 2015. Código de Processo Civil. Disponível em: http://www.planalto.gov.br/ccivil_03/_ato2015-2018/2015/lei/l13105.htm#art1045. Acesso em: 12.09.2019.

40 AZEVEDO, André Gomma de (org.). *Manual de mediação judicial*, 2016, p. 255. Disponível em: https://cnj.jus.br/files/conteudo/arquivo/2016/07/f247f5ce60df2774c59d6e-2dddbfec54.pdf. Acesso em: 20.09.2019.

rato, franco e espontâneo, a fim de deixar os interessados à vontade para exporem seus objetivos".[41]

Rubens Decoussau Tilkian defende que "[...] um dos pilares da mediação é a ausência de protocolos, de atos formais, prazos, escritos e rituais. Por esse motivo, não se pode afirmar que a mediação é processo, mas sim procedimento".[42]

Nesse sentido, a lei estabelece a desburocratização e prestigia a liberdade de forma, sendo desnecessária a adoção ou criação de ritos para a efetiva resolução dos conflitos. Na mediação, os atos são informais, sendo desnecessária a ritualização, prestigiando-se a liberdade. Com isso, busca-se maior efetividade na resolução dos conflitos.

Porém, ainda que tratemos de informalidade e simplicidade, não significa que não existam regras e procedimentos. Estes devem ser estabelecidos pelo mediador e respeitados pelas partes e advogados. Deve o mediador também manter a ordem dos procedimentos ou restabelecê-la, com a finalidade de não prejudicar o resultado da mediação.

Princípio da autonomia da vontade ou do consensualismo processual

Pelo princípio da autonomia da vontade, também chamado de princípio do consensualismo processual, a mediação somente pode ocorrer mediante o consentimento das partes. Esse princípio aplica-se não só no início do procedimento, mas também no curso da mediação, já que ela pode ser encerrada a qualquer momento por uma das partes, sem que haja necessidade de motivação.

Segundo André Gomma de Azevedo, este princípio estabelece que "[...] somente deve haver mediação se as partes consentirem espontaneamente com esse processo".[43]

Tal princípio é comum ao direito contratual, tido como um dos seus princípios básicos e, segundo Maria Helena Diniz, abrange "[...] o poder de estipular livremente, como melhor lhes convier, mediante acordo de vontade, a disciplina de seus interesses, suscitando efeitos tutelados pela ordem jurídica".[44]

Para David A. Hoffman, que denomina esse princípio de voluntarismo, a participação na maioria das mediações é voluntária e, mesmo nos casos em que

---

41 TOURINHO NETO, Fernando da Costa; FIGUEIRA JUNIOR, Joel Dias. *Juizados Especiais Federais cíveis e criminais*: comentários à Lei 10.259, de 10.07.2001, 2002, p. 68.

42 TILKIAN, Rubens Decoussau. *Comentários à Lei de Mediação*, 2016, p. 69.

43 AZEVEDO, André Gomma de. (org.). *Manual de mediação judicial*, 2016, p. 253. Disponível em: https://cnj.jus.br/files/conteudo/arquivo/2016/07/f247f5ce60df2774c59d6e-2dddbfec54.pdf. Acesso em: 20.09.2019.

44 DINIZ, Maria Helena. *Curso de Direito Civil Brasileiro*: teoria das obrigações contratuais e extracontratuais, 2011, p. 40-1.

um tribunal encaminhe as partes à mediação, elas têm o direito de sair, depois de fazer um esforço de boa-fé para resolver o conflito.[45]

O referido princípio é tão elementar aos processos autocompositivos que se confunde com o próprio conceito de autocomposição. Não por outro motivo está expressamente insculpido no inciso V do art. 2º da Lei n. 13.140, de 26 de junho de 2015, chamada Lei de Mediação: "Art. 2º A mediação será orientada pelos seguintes princípios: [...] V – autonomia da vontade das partes".[46]

Este princípio também está presente no art. 166 do CPC/2015 ao estabelecer que "A conciliação e a mediação são informadas pelos princípios da independência, da imparcialidade, da *autonomia da vontade*, da confidencialidade, da oralidade, da informalidade e da decisão informada" (grifamos).[47]

Na mediação, a autonomia da vontade é um princípio basilar, pois garante o respeito à vontade das partes, sem que se abra qualquer possibilidade de imposição de uma solução para o conflito, seja pela parte adversa, seja pelo mediador. Ou seja, cada parte envolvida é protagonista do procedimento, cabendo a elas aceitar, ou não, o início do procedimento, as eventuais soluções que forem negociadas e o encerramento da mediação, no momento em que acharem conveniente.

É importante frisar que o princípio da autonomia da vontade não afasta a importância da figura do mediador, enquanto facilitador da solução da controvérsia e responsável pela condução do procedimento. Rubens Decoussau Tilkian bem detalha essa observação, ao afirmar que o referido princípio

> [...] não afasta, entretanto, a figura do mediador, que será o responsável por auxiliar as partes no objetivo proposto. Compete a ele estabelecer as fases da mediação, a necessidade de realização de alguma perícia, sugerindo às partes as melhores práticas etc. Cabe-lhe, também, a decisão de promover reuniões com cada uma

---

45 HOFFMAN, David A. *Mediation*: A practice guide for mediators, lawyers, and other professionals, 2013, p. 1-8. Do original: "*Voluntariness – participation in most mediations is voluntary, and, even in cases where a court refers the parties to mediation, they have the right to leave after making a good-faith effort to resolve their conflict*".

46 BRASIL. Lei n. 13.140, de 26 de junho de 2015. Dispõe sobre a mediação entre particulares como meio de solução de controvérsias e sobre a autocomposição de conflitos no âmbito da administração pública; altera a Lei n. 9.469, de 10 de julho de 1997, e o Decreto n. 70.235, de 6 de março de 1972; e revoga o § 2º do art. 6º da Lei n. 9.469, de 10 de julho de 1997. Disponível em: http://www.planalto.gov.br/ccivil_03/_ato2015-2018/2015/lei/l13140.htm. Acesso em: 12.09.2019.

47 BRASIL. Lei n. 13.105, de 16 de março de 2015. Código de Processo Civil. Disponível em: http://www.planalto.gov.br/ccivil_03/_ato2015-2018/2015/lei/l13105.htm#art1045. Acesso em: 12.09.2019.

das partes separadamente (técnica conhecida como Caucus), visando entender seus anseios e receios, num ambiente mais reservado e sem os olhos e os pré-julgamentos da outra parte. Enfim, não obstante a ampla autonomia das partes, o mediador tem como atribuição estabelecer as regras procedimentais, fixando deveres e responsabilidades.[48]

Todavia, é importante ressaltar que, a despeito da relevância e imponência desse princípio no cenário dos procedimentos autocompositivos, afinal, não há que se falar em autocomposição sem autonomia da vontade, sendo importante que ele não seja utilizado para inviabilizar as mediações, necessitando, portanto, da compreensão das partes e de seus respectivos advogados. Deve a mediação, por conseguinte, ser vista como uma oportunidade de se chegar à solução do litígio. Rubens Decoussau Tilkian afirma que "[...] os advogados terão papel de destaque na mediação, pois, se ao contrário do que se espera, optarem por eternizar os litígios, ao final todos sairão perdedores".[49]

Registre-se, ainda, que apesar de termos em alguns ordenamentos a obrigatoriedade da submissão ao processo autocompositivo, isso não significa que as partes são obrigadas a permanecer no processo até que se chegue a um acordo. Ou seja, as partes podem ser obrigadas a iniciar a autocomposição, mas podem encerrá-la no momento que entenderem conveniente.

Essa obrigatoriedade muda de acordo com o modelo adotado em cada país e, segundo André Gomma de Azevedo,

> [...] a maior parte da doutrina especializada entende que a participação voluntária mostra-se necessária, em especial em países que ainda não desenvolveram uma cultura autocompositiva adequada, para a obtenção de resultados legítimos. Vale ressaltar que, no Brasil, a obrigatoriedade da conciliação em sede de Juizados Especiais consiste tão somente na presença das partes na sessão de conciliação – dessa forma, as partes não estão obrigadas a conciliar.[50]

Princípio da busca do consenso

Apesar de ser colocado como princípio, a busca do consenso é o objetivo, a finalidade da mediação e de qualquer procedimento autocompositivo. Ora, o

---

48 TILKIAN, Rubens Decoussau. *Comentários à Lei de Mediação*, 2016, p. 71.
49 Ibidem, p. 71-2.
50 AZEVEDO, André Gomma de. (org.). *Manual de mediação judicial*, 2016, p. 253. Disponível em: https://cnj.jus.br/files/conteudo/arquivo/2016/07/f247f5ce60df2774c59d6e-2dddbfec54.pdf. Acesso em: 20.09.2019.

consenso, o acordo de vontades ou a concordância é exatamente o que se pretende atingir.

O referido princípio consiste na contínua busca por soluções, propostas e acertos que podem, por vezes, exigir das partes um árduo exercício acerca daquilo que podem ceder, bem como daquilo em que devem insistir. Chegando-se a um consenso, este será formalizado por meio da celebração de um instrumento de acordo.

Nessa incessante busca do consenso, é comum verificar situações em que as partes estão

> [...] completamente tomadas por impulsos passionais, com o ego inflamado. Nessas situações, constata-se que elas perdem a oportunidade de solucionar o conflito simplesmente porque a posição egocêntrica e intransigente não lhes permite ceder, para não serem vistas como frágeis ou derrotadas.[51]

Cabe ao mediador, na busca pelo consenso, tentar debelar esses impulsos, promovendo um maior diálogo entre as partes, do ponto de vista qualitativo, podendo, inclusive, indicar profissionais mais capacitados para auxiliarem nesse propósito, como, por exemplo, psicólogos, ou, mesmo, advogados, caso as partes estejam desassistidas. Esse auxílio busca melhorar a capacidade das partes no processo de tomada de decisão, na busca pelo consenso.

Princípio da confidencialidade

O princípio da confidencialidade estabelece que quaisquer informações resultantes da comunicação ou interação entre os envolvidos na mediação devem permanecer em caráter sigiloso, não podendo ser utilizadas fora da mediação nem como como matéria probatória em eventual processo judicial.

Para André Gomma de Azevedo, "[...] as informações constantes nas comunicações realizadas na autocomposição não poderão ser ventiladas fora desse processo nem poderão ser apresentadas como provas no eventual julgamento do caso, nem em outros processos judiciais".[52]

Segundo Rubens Decoussau Tilkian, a confidencialidade "[...] é a essência do procedimento de mediação. Sem confidencialidade, as partes não estarão seguras para a apresentação real do problema, discussão comum daquilo que é

---

51 TILKIAN, Rubens Decoussau. *Comentários à Lei de Mediação*, 2016, p. 72.
52 AZEVEDO, André Gomma de. (org.). *Manual de mediação judicial*, 2016, p. 254. Disponível em: https://cnj.jus.br/files/conteudo/arquivo/2016/07/f247f5ce60df2774c59d6e-2dddbfec54.pdf. Acesso em: 20.09.2019.

objeto do conflito e, por consequência, não estarão abertas para eventuais soluções que posam ser consideradas".[53]

Sobre a confidencialidade, David A. Hoffman esclarece que, com algumas exceções (como mediações de políticas públicas envolvendo agências governamentais), as discussões realizadas na mediação são protegidas contra divulgação por um privilégio estatutário e pelo termo de aceitação de mediação firmado pelas partes, que normalmente inclui uma disposição que proíbe as partes e o mediador de divulgar a substância de suas discussões.[54]

Segundo Jennifer E. Beer e Caroline C. Packard, o mediador deverá manter todas as informações confidenciais, incluindo todas as conversas, os termos do acordo e até mesmo o fato de que as partes compareceram a uma mediação. Tampouco o mediador poderá testemunhar ou fornecer documentos de mediação na hipótese de o caso ser litigado.[55]

Ora, o sucesso da mediação está relacionado com o grau de confiança que as partes têm na figura do mediador. A falta de confidencialidade dificultaria essa relação de confiança e, portanto, a própria mediação em si.

Justificando a importância desse princípio, André Gomma de Azevedo esclarece que a falta de poder coercitivo sobre as partes faz com que o mediador seja dependente da melhora da comunicação, ou mesmo da construção de uma relação de confiança entre os querelantes. Logo, a disposição de se comunicar com franqueza é essencial ao sucesso do processo. Para que isso ocorra é essencial o sigilo profissional, atingindo-se uma comunicação com maior liberdade e evitando-se o uso dessas informações em um ulterior julgamento.[56]

David A. Hoffman esclarece que, para muitas partes, a principal vantagem da mediação é a resolução privada da disputa. Esse será frequentemente o caso em que existem interesses relativos à reputação em jogo, e também em que as

---

53 TILKIAN, Rubens Decoussau. *Comentários à Lei de Mediação*, 2016, p. 73.

54 HOFFMAN, David A. *Mediation*: A practice guide for mediators, lawyers, and other professionals, 2013, p. 1-8. Do original: "*Confidentiality – with a few exceptions (such as public policy mediations involving governmental agencies), the discussions that take place in mediation are protected from disclosure by a statutory privilege and the parties' contractual Agreement to Mediate, which typically includes a provision prohibiting the parties and the mediator from disclosing the substance of their discussions*".

55 BEER, Jennifer E.; PACKARD, Caroline C. *The mediator's handbook*: revised & expanded fourth edition, 2012, p. 34. Do original: "*You will keep all information confidential, including all conversations, the terms of agreement- even that they attended a mediation*". [...] "*Explain your policy of not testifying or providing mediation documents should the case be litigated. Ask them to sign any release or confidentiality forms that you use*".

56 AZEVEDO, André Gomma de. (org.). *Manual de mediação judicial*, 2016, p. 254. Disponível em: https://cnj.jus.br/files/conteudo/arquivo/2016/07/f247f5ce60df2774c59d6e-2dddbfec54.pdf. Acesso em: 20.09.2019.

partes desejem limitar o acesso do público a documentos, exposições, articulações e testemunhos. Numa mediação, as partes determinam quanto do resultado, se houver, estará no registro público – por exemplo, em uma estipulação de demissão. Nos casos que não foram movidos em juízo, não há necessidade de um registro público de qualquer tipo.[57]

Essa também é a posição de Rubens Decoussau Tilkian, ao afirmar que a confidencialidade pressupõe sigilo e envolve todo o procedimento, abrangendo documentos apresentados, laudos realizados, propostas de acordos formuladas. A confidencialidade não está adstrita ao mediador, mas obriga todos aqueles que participam ou colaboram com o procedimento, tais como: observadores; comediadores; estagiários; advogados etc. Tampouco as partes em conflito podem utilizar documentos e informações divulgados na mediação em eventuais processos judiciais.[58]

A relevância do princípio da confidencialidade foi também reconhecida pelo legislador. Não por outro motivo está expressamente insculpido no inciso VII do art. 2º da Lei n. 13.140, de 26 de junho de 2015, chamada Lei de Mediação: "Art. 2º A mediação será orientada pelos seguintes princípios: [...] VII – confidencialidade".[59]

Esse princípio também está presente no art. 166 do CPC/2015 ao estabelecer que "A conciliação e a mediação são informadas pelos princípios da independência, da imparcialidade, da autonomia da vontade, *da confidencialidade*, da oralidade, da informalidade e da decisão informada".[60]

---

57 HOFFMAN, David A. *Mediation*: A practice guide for mediators, lawyers, and other professionals, 2013, p. 1-19. Do original: *"For many parties, the primary advantage of mediation is private resolution of the dispute. This will often be the case where there are reputational interests at stake, and it may also be true where the parties wish to limit public access to documents, exhibits, pleadings, and testimony"*. [...] *"In a mediation, the parties determine how much of the outcome, if any, will be in the public record – for example, in a stipulation of dismissal or agreement for judgment. In cases that have not been filed in court, there is no need for a public record of any kind"*.

58 TILKIAN, Rubens Decoussau. *Comentários à Lei de Mediação*, 2016, p. 73.

59 BRASIL. Lei n. 13.140, de 26 de junho de 2015. Dispõe sobre a mediação entre particulares como meio de solução de controvérsias e sobre a autocomposição de conflitos no âmbito da administração pública; altera a Lei n. 9.469, de 10 de julho de 1997, e o Decreto n. 70.235, de 6 de março de 1972; e revoga o § 2º do art. 6º da Lei n. 9.469, de 10 de julho de 1997. Disponível em: http://www.planalto.gov.br/ccivil_03/_ato2015-2018/2015/lei/l13140.htm. Acesso em: 12.09.2019.

60 BRASIL. Lei n. 13.105, de 16 de março de 2015. Código de Processo Civil. Disponível em: http://www.planalto.gov.br/ccivil_03/_ato2015-2018/2015/lei/l13105.htm#art1045. Acesso em: 12.09.2019.

Cabe-nos registrar que o princípio da confidencialidade, para além do reconhecimento de sua importância na Lei de Mediação, possui uma rede de proteção ampla no nosso ordenamento jurídico. Nesse sentido, o art. 154 do Código Penal tipifica a violação de segredo profissional, apenando a conduta de revelar, sem justa causa, segredo, de que se tem ciência em razão de função, ministério, ofício ou profissão, e cuja revelação possa produzir dano a outrem.[61]

Ademais, merece destaque que a confidencialidade é tida como tão essencial à mediação, que mereceu um tratamento especial, com detalhamento nos arts. 30 e 31 da Lei de Mediação, que tratam da confidencialidade e suas exceções.

O *caput* do art. 30 expressamente esclarece que

> Toda e qualquer informação relativa ao procedimento de mediação será confidencial em relação a terceiros, não podendo ser revelada sequer em processo arbitral ou judicial salvo se as partes expressamente decidirem de forma diversa ou quando sua divulgação for exigida por lei ou necessária para cumprimento de acordo obtido pela mediação.[62]

Princípio da boa-fé

O princípio da boa-fé possui duas vertentes: uma objetiva e outra subjetiva. No campo subjetivo, corresponde a um valor pessoal e intrínseco do indivíduo e está atrelado à sinceridade, à lealdade e à verdade. Já no campo objetivo, a boa-fé ganha contornos jurídicos mais relevantes para o procedimento de mediação.

No campo objetivo, a boa-fé deve manifestar-se por ações concretas de lisura na mediação como um todo, com relação a todos os envolvidos no procedimento: parte contrária, terceiros e demais agentes envolvidos na tentativa de solução do litígio.

Essa é a posição de Rubens Decoussau Tilkian, quando esclarece o caráter abrangente da boa-fé àqueles envolvidos no procedimento de mediação, in-

---

61 BRASIL. Decreto-lei n. 2.848, de 7 de dezembro de 1940. Código Penal Brasileiro. Disponível em: http://www.planalto.gov.br/ccivil_03/decreto-lei/del2848compilado.htm. Acesso em: 12.09.2019.

62 BRASIL. Lei n. 13.140, de 26 de junho de 2015. Dispõe sobre a mediação entre particulares como meio de solução de controvérsias e sobre a autocomposição de conflitos no âmbito da administração pública; altera a Lei n. 9.469, de 10 de julho de 1997, e o Decreto n. 70.235, de 6 de março de 1972; e revoga o § 2º do art. 6º da Lei n. 9.469, de 10 de julho de 1997. Disponível em: http://www.planalto.gov.br/ccivil_03/_ato2015-2018/2015/lei/l13140.htm. Acesso em: 12.09.2019.

cluindo que esta deve ser observada, inclusive, pelo mediador, como não poderia deixar de ser:

> [...] A boa-fé é ínsita ao procedimento, já que as partes ingressam na mediação de forma espontânea, o que indica que não possuem a intenção de fraudá-lo, por exemplo, escondendo patrimônio ou promovendo ações que visem obstaculizar a solução pacífica do conflito. Esta boa-fé também se aplica ao próprio mediador, que tem o dever de agir de forma imparcial e de comunicar às partes quaisquer hipóteses de impedimento ou suspeição, por força do art. 5º, parágrafo único, desta lei.[63]

Princípio da consciência relativa ao processo

Outro relevante mandamento é o princípio da consciência relativa ao processo. Estabelece que as partes devem ter absoluta consciência das consequências de participar da mediação, bem como da liberdade que possuem de encerrá-la a qualquer momento que julguem pertinente.

Ou seja, as partes devem estar cientes da oportunidade que a participação da autocomposição representa, enquanto ato de vontade e de liberdade de escolha, bem como de suas vantagens ao processo judicial ou à heterocomposição.

Segundo André Gomma de Azevedo, "[...] as partes devem compreender as consequências de sua participação no processo autocompositivo, bem como a liberdade de encerrar a mediação a qualquer momento [...]".[64]

Ainda, segundo o autor,

> [...] recomenda-se que as partes sejam estimuladas a tratarem a autocomposição como uma efetiva oportunidade para se comunicarem de forma franca e direta, pois, considerando a confidencialidade do que é debatido em mediação, elas somente têm a ganhar com essa comunicação aberta. Cabe registrar que, em especial em autocomposições forenses, ante a aproximação com a estrutura estatal, muitas partes demonstram receio de que o mediador conte ao magistrado os pontos materiais debatidos na mediação e, devido a essa equivocada percepção, frequentemente se abstêm de os exprimirem com franqueza ou veracidade. Diante de uma situação como esta exemplificada, cabe ao(s) mediador(es) explicar adequadamente o funcionamento do processo de mediação e assegurar às partes a confi-

---

63 TILKIAN, Rubens Decoussau. *Comentários à Lei de Mediação*, 2016, p. 74.
64 AZEVEDO, André Gomma de (org.). *Manual de mediação judicial*, 2016, p. 253. Disponível em: https://cnj.jus.br/files/conteudo/arquivo/2016/07/f247f5ce60df2774c59d6e-2dddbfec54.pdf. Acesso em: 20.09.2019.

dencialidade da autocomposição para que elas possam desenvolver adequada consciência quanto a esse processo autocompositivo.[65]

Princípio da decisão informada

Pelo princípio da decisão informada, a mediação somente poderá ser considerada válida e legítima se as partes tiverem plena consciência dos direitos que possuem, bem como das consequências advindas de eventual renúncia. Ou seja, é o princípio que, em sendo observado, garante que toda decisão tomada no processo autocompositivo seja absolutamente consciente.

Esse princípio também está presente no art. 166 de CPC/2015 ao estabelecer que "A conciliação e a mediação são informadas pelos princípios da independência, da imparcialidade, da autonomia da vontade, da confidencialidade, da oralidade, da informalidade e *da decisão informada*" (grifamos).[66]

David A. Hoffman descreve a importância do consentimento informado, estabelecendo que as partes têm o direito de ter todas as informações relevantes que eles precisam para tomar uma decisão informada sobre acordo.[67]

André Gomma de Azevedo esclarece que este princípio constitui "[...] corolário do princípio da autonomia de vontades ou consensualismo processual [...]" e "[...] estabelece como condição de legitimidade para a autocomposição a plena consciência das partes quanto aos seus direitos e a realidade fática na qual se encontram".[68]

Podemos dizer, por outras palavras, que somente será legítimo o acordo mediado se as partes tiverem plena consciência quanto à existência de eventual direito subjetivo que foi renunciado, bem como das consequências dessa renúncia.

Princípio do empoderamento

O princípio do empoderamento estabelece que a mediação deve ter um caráter pedagógico ou educacional para as partes envolvidas, possibilitando a ca-

---

65 Ibidem.

66 BRASIL. Lei n. 13.105, de 16 de março de 2015. Código de Processo Civil. Disponível em: http://www.planalto.gov.br/ccivil_03/_ato2015-2018/2015/lei/l13105.htm#art1045. Acesso em: 12.09.2019.

67 HOFFMAN, David A. *Mediation*: A practice guide for mediators, lawyers, and other professionals, 2013, p. 1-8. Do original: "*Informed consent – the parties are entitled to have all relevant information that they need in order to make an informed decision about settlement*".

68 AZEVEDO, André Gomma de (org.). *Manual de mediação judicial*, 2016, p. 253. Disponível em: https://cnj.jus.br/files/conteudo/arquivo/2016/07/f247f5ce60df2774c59d6e-2dddbfec54.pdf. Acesso em: 20.09.2019.

pacitação ou empoderamento, para que estas possam, com o passar do tempo, desenvolver competências relacionadas à resolução de conflitos e, assim, não mais necessitem de auxílio de terceiros ou do próprio Poder Judiciário.

Segundo André Gomma de Azevedo, este princípio decorre da reinclusão de novos processos autocompositivos nos modernos sistemas processuais, que passaram a incorporar novos objetivos, como a capacitação (ou empoderamento) das partes, que na mediação podem se traduzir em, por exemplo, técnicas de negociação e resolução de conflitos, para que as partes em disputa possam, cada vez mais, por si mesmas compor conflitos que possam vir a surgir.[69]

Logo, pelo princípio do empoderamento, é necessário haver um componente educativo ou pedagógico na mediação que possa ser utilizado pelas partes e auxiliá-las em eventuais litígios que venham a ocorrer. Ora, o mediador busca o estabelecimento de uma comunicação mais eficiente entre as partes, logo, em razão do princípio do empoderamento, é esperado que, após uma mediação conduzida de forma adequada, as partes tenham aprendido, ou ao menos aprimorado, sua capacidade de negociação e melhorado a sua forma de comunicar-se.

Princípio da validação

O princípio da validação traz um componente de humanização da mediação, enquanto método de solução de conflito. Busca-se que, durante a mediação, seja estimulado o reconhecimento de interesses e sentimentos pelas partes em conflito. Isso gera uma aproximação ou reaproximação real entre as partes em litígio.

Segundo André Gomma de Azevedo, o princípio da validação é favorecido pela participação de um terceiro neutro ao conflito, o mediador. Ele, no decorrer do processo, direciona cada parte a se conscientizar dos seus interesses, sentimentos, necessidades, desejos e valores, e para que cada envolvido venha a compreender como e porque algumas das soluções ventiladas satisfazem ou não as suas necessidades.[70]

Ainda que saibamos a relevância de figura do mediador nesse princípio, especialmente nos estágios iniciais da mediação, deve-se buscar sempre atingir uma comunicação direta entre as partes. Jennifer E. Beer e Caroline C. Packard afirmam que um dos objetivos da mediação é fazer com que as partes se ouçam,

---

69 AZEVEDO, André Gomma de (org.). *Manual de mediação judicial*, 2016, p. 254-5. Disponível em: https://cnj.jus.br/files/conteudo/arquivo/2016/07/f247f5ce60df2774c59d6e-2dddbfec54.pdf. Acesso em: 20.09.2019.

70 Ibidem, p. 255.

conversem umas com as outras cara a cara, em vez de usar o mediador como intermediário ou falar por meio de advogados.[71]

Em não sendo observado o princípio da validação, ou seja, ausente a conscientização ou a compreensão desses valores, as partes estarão menos inclinadas a criar soluções ou a sugerir propostas para a solução do conflito. Ainda, instruindo as partes sobre a melhor maneira de se comunicar e examinar as questões controvertidas, ou mesmo negociar, o mediador estará de certa forma capacitando (ou empoderando) as partes, atendendo também ao princípio do empoderamento, habilitando-as a lidar também com futuros conflitos.

CONCLUSÃO

Feitas essas considerações acerca dos princípios da mediação, esperamos que o presente trabalho sirva como singela contribuição para uma melhor reflexão acerca do tema, especialmente considerando-se a relevância que o estudo da aplicabilidade dos princípios tem ganhado na doutrina moderna.

A medida que a mediação vem, de forma crescente, ocupando espaço na solução de conflitos da sociedade brasileira, especialmente com o advento da Lei de Mediação e do CPC/2015, entendemos que o estudo dos seus aspectos principiológicos não pode ser mais olvidado, merecendo maior destaque, especialmente na academia.

REFERÊNCIAS BIBLIOGRÁFICAS

AMORIM, Helder Santos. "Os princípios do Direito do Trabalho na Constituição de 1988". In: VIANA, Márcio Túlio; ROCHA, Cláudio Jannotti (coords.). *Como aplicar a CLT à luz da Constituição*: alternativas para os que militam no foro trabalhista. São Paulo, LTr, 2016.

AZEVEDO, André Gomma de (org.). *Manual de mediação judicial*. 6.ed. Brasília, Conselho Nacional de Justiça, 2016. Disponível em: https://cnj.jus.br/files/conteudo/arquivo/2016/07/f247f5ce60df2774c59d6e2dddbfec54.pdf. Acesso em: 20.09.2019.

BEER, Jennifer E.; PACKARD, Caroline C. *The mediator's handbook*: revised & expanded fourth edition. Philadelphia, New Society Publishers, 2012.

BONAVIDES, Paulo. *Curso de direito constitucional*. 20.ed. São Paulo, Malheiros, 2007.

BRASIL. Decreto-lei n. 5.452, de 1º de maio de 1943. Aprova a Consolidação das Leis do Trabalho. Disponível em: http://www.planalto.gov.br/ccivil_03/decreto-lei/del5452.htm. Acesso em: 12.09.2019.

---

71 BEER, Jennifer E.; PACKARD, Caroline C. *The mediator's handbook*: revised & expanded fourth edition, 2012, p. 10. Do original: *"The goal is to get the parties listening to each other, talking with each other face-to-face (rather than using the mediator as a go--between, or talking through their lawyers)"*.

BRASIL. Lei n. 13.140, de 26 de junho de 2015. Dispõe sobre a mediação entre particulares como meio de solução de controvérsias e sobre a autocomposição de conflitos no âmbito da administração pública; altera a Lei n. 9.469, de 10 de julho de 1997, e o Decreto n. 70.235, de 6 de março de 1972; e revoga o § 2º do art. 6º da Lei n. 9.469, de 10 de julho de 1997. Disponível em: http://www.planalto.gov.br/ccivil_03/_ato2015-2018/2015/lei/l13140.htm. Acesso em: 12.09.2019.

BRASIL. Decreto-lei n. 2.848, de 7 de dezembro de 1940. Código Penal Brasileiro. Disponível em: http://www.planalto.gov.br/ccivil_03/decreto-lei/del2848compilado.htm. Acesso em: 12.09.2019.

BRASIL. Lei n. 13.105, de 16 de março de 2015. Código de Processo Civil. Disponível em: http://www.planalto.gov.br/ccivil_03/_ato2015-2018/2015/lei/l13105.htm#art1045. Acesso em: 12.09.2019.

CANOTILHO, José Joaquim Gomes. "A principialização da jurisprudência através da Constituição". In: *Revista de Processo*, São Paulo, Revista dos Tribunais, Repro. v. 98, p. 84.

DELGADO, Maurício Godinho. *Curso de direito do trabalho*. 17.ed. rev. atual. e ampl. São Paulo, LTr, 2018, p. 225.

DINIZ, Maria Helena. *Curso de Direito Civil Brasileiro*: teoria das obrigações contratuais e extracontratuais. 27.ed. São Paulo, Saraiva, 2011.

DWORKIN, Ronald. *Levando os direitos a sério*. Trad. Nélson Boeira. São Paulo, Martins Fontes, 2010.

HOFFMAN, David A. *Mediation*: A practice guide for mediators, lawyers, and other professionals. Massachusetts, Massachusetts Continuing Legal Education, 2013.

MELLO, Celso Antônio Bandeira de. *Curso de direito administrativo*. 8.ed. São Paulo, Malheiros, 1997.

PINHEIRO, Rogério Neiva. A diferença entre conciliação e mediação no processo do trabalho. Consultor Jurídico. Disponível em: https://www.conjur.com.br/2016-mai-01/diferenca-entre-conciliacao-mediacao-processo-trabalho. Publicado em: 01.05.2016.

PLÁ RODRIGUEZ, Américo. *Princípios de direito do trabalho*. Trad. Wagner D. Giglio. São Paulo, LTr, 1978.

SCHIAVI, Mauro. *Manual de direito processual do trabalho*. 10.ed. de acordo com Novo CPC. São Paulo, LTr, 2016.

TILKIAN, Rubens Decoussau. *Comentários à Lei de Mediação*. São Paulo, Migalhas, 2016.

TOURINHO NETO, Fernando da Costa; FIGUEIRA JUNIOR, Joel Dias. *Juizados Especiais Federais cíveis e criminais*: comentários à Lei 10.259, de 10.07.2001. São Paulo, Revista dos Tribunais, 2002.

9

Apontamentos sobre o julgamento estendido (art. 942 do CPC)

Fabiano Carvalho

GENERALIDADES

No modelo do Código de Processo Civil de 1973 (CPC/73), alguns julgamentos não unânimes desafiavam a interposição do recurso de origem luso-brasileira, denominado embargos infringentes. Desde a vigência do Código de Processo Civil de 1939 (CPC/39), muito se discutiu sobre as (des)vantagens que justificariam a manutenção deste recurso no sistema processual.[1]

Originalmente, o Anteprojeto e o Projeto do Senado não previram a figura dos embargos infringentes. A exclusão do recurso desagradou alguns, sob o argumento de que os embargos infringentes prestigiam "a justiça da decisão, com a possibilidade de reversão do julgamento, em razão da divergência".[2] A solução encontrada foi transformar o *recurso* em *técnica de julgamento*, fruto da contribuição do Instituto Brasileiro de Direito Processual (IBDP).[3] Segundo a justificativa do Parecer do relator-geral da Câmara dos Deputados, a transformação legislativa propicia, em determinados julgamentos não unânimes, a integração do colegiado com a convocação de um número de magistrados que permita inversão do resultado inicial. Com isso, o procedimento seria mais simplificado, pois não há interposição de recurso e, por consequência, inexiste contrarrazões, muito menos discussões "sobre o cabimento do recurso de embargos infringentes". Por meio da técnica do julgamento alcança-se o mesmo

---

1 A evolução dos embargos infringentes, com ampla referência doutrinária, é bem delineada por Barbosa Moreira, *Comentários ao Código de Processo Civil*, v. V, n. 282, p. 516-9.
2 Conforme Parecer do relator-geral, Dep. Paulo Teixeira, na Câmara dos Deputados.
3 BUENO, Cassio Scarpinella. *Novo Código de Processo Civil anotado*, p. 759.

propósito buscado com os embargos infringentes, sem a necessidade da interposição do recurso.

A *técnica do julgamento estendido*, que não é propriamente novidade no sistema processual brasileiro,[4] consiste na ampliação do julgamento colegiado ocorrido nas hipóteses enumeradas no *caput* e no § 3º do art. 942, com a convocação de novos magistrados, nos termos previamente definidos no regimento interno do tribunal. A aplicação do órgão julgador deve garantir a possibilidade de reversão do resultado inicial.

O objetivo da técnica do julgamento estendido não é a prevalência da posição minoritária, mas, sim, ampliar o contraditório sobre a matéria que é objeto de cognição do órgão colegiado, propiciando maior discussão acerca do *thema decidendum*.[5] Afirma-se que a ampliação do colegiado filia-se ao modelo constitucional do processo civil, pois o julgamento ocorre com maior celeridade, cooperação, eficiência e efetividade.[6]

Dado o disposto no art. 994, que identifica a taxatividade dos recursos, a ausência de voluntariedade e sucumbência, a natureza jurídica da técnica do julgamento estendido não é recursal.[7] Trata-se de único julgamento com duas etapas bem definidas.[8] Na primeira etapa, identifica-se a divergência a partir dos votos dos integrantes do órgão que estejam participando do julgamento. A segunda etapa é marcada pela ampliação do órgão colegiado. O órgão quantitativamente mais amplo tem competência funcional para prosseguir o julgamento na própria sessão ou em outra a ser designada, completando a atividade

---

4   Cf. José Rogério Cruz e Tucci: "Essa técnica não constitui propriamente uma novidade no âmbito do Direito Processual brasileiro, visto que remonta à tradição do velho Direito lusitano. Por meio de um assento da Casa da Suplicação de Lisboa, do século XVIII (20/12/1783), ficou estabelecido que, para confirmar a sentença de primeiro grau, bastavam dois votos concordantes; já para prover o recurso, revogando a decisão, impunham-se 'três conformes'. Encontra-se nesse precedente da jurisprudência reinol a gênese histórica mais próxima da reforma introduzida no nosso novel diploma processual" ("Limites da devolução da matéria objeto da divergência no julgamento estendido"; disponível em: http://www.conjur.com.br/2017-jan-31/paradoxo-corte-limites-devolucao-materia-divergente-julgamento-estendido?imprimir=1; acesso em: 09.06.2020).

5   Cf. BUENO, Cassio Scarpinella. *Manual de direito processual civil*, p. 614.

6   CÂMARA JR., José Maria. Técnica da colegialidade do art. 942 do CPC, n. 1, p. 279.

7   Cf. BONDIOLI, Luis Guilherme Aidar. *Comentários ao Código de Processo Civil*, v. XX, n. 8, p. 30. Pondere-se, porém, o entendimento de Eduardo José da Fonseca Costa para quem "os embargos infringentes não deixam de existir. Em verdade, deixam de ser *voluntários* para que se tornem *necessários* ou *obrigatórios*. Tornam-se 'embargos infringentes *ex officio*'" (*Pequena história dos embargos infringentes no Brasil*: uma viagem redonda, n. 8, p. 399).

8   Contrariamente, Humberto Dalla Bernardina de Pinho sustenta que a técnica do art. 942 cuida de novo julgamento (*Direito processual civil contemporâneo*, v. 2, n. 1.3, p. 770).

jurisdicional com a consequente proclamação do resultado.[9] Em outras palavras, este órgão mais amplo detém competência para julgar o recurso ou a ação rescisória, apreciando todas as matérias pertinentes a este julgamento.

Destaque-se que a equivocada proclamação do resultado (por maioria), declarando encerrado o julgamento, viola o disposto no art. 942 e configura nulidade,[10] o que atrai a interposição de recurso. O interessado poderá manejar embargos de declaração ou recurso especial. Após o trânsito em julgado, em tese, é possível ajuizar a ação rescisória.

Julgamento não unânime como pressuposto da técnica do julgamento estendido

Para a sistemática do art. 942, interessa saber que, ressalvadas as hipóteses de julgamento unipessoal (art. 932), na apelação ou no agravo de instrumento, a decisão será tomada, no órgão colegiado, pelo julgamento de três magistrados (art. 941, § 2º). No que toca à ação rescisória, na generalidade dos casos, o julgamento também se realiza por órgão colegiado, o qual será definido pelo regimento interno do tribunal.

Diante do julgamento colegiado, é possível ocorrer votação não unânime, o que suscita a aplicação do art. 942.

O dissenso apura-se pela conclusão do julgamento e não pelas razões que motivem o seu resultado. É o que se extrai do texto legal: "Quando o resultado [...] for não unânime". Assim, se dois julgadores proviam a apelação com base no fundamento X e o terceiro com base no fundamento Y, embora exista divergência quanto aos motivos, o resultado do recurso é uníssono.[11]

COMPETÊNCIA

Em matéria de competência, o Código delega ao regimento interno do tribunal a forma pela qual os novos magistrados serão convocados para integrar órgão colegiado. A delegação é salutar, sobretudo pela diversidade dos diversos tribunais que compõem a Federação.

---

9   DIDIER-JR.; CUNHA. *Curso de direito processual civil*, v. 3, n. 10.7.2, p. 91.

10 DANTAS, Bruno. *Comentários ao Código de Processo Civil*, v. 4, n. 2, p. 86.

11 Nesse ponto, a técnica de julgamento se assemelha aos extintos embargos infringentes, e as lições doutrinárias do CPC/73 são proveitosas aqui. Com proveito, *v.* Barbosa Moreira, *Comentários ao Código de Processo Civil*, v. V, n. 285, p. 527; BERMUDES, Sérgio. *Comentários ao Código de Processo Civil*, v. VII, n. 175, p. 202.

Naturalmente, o regimento interno somente delega a disciplina da competência para que o julgamento prossiga. A Constituição delimitou de forma precisa o campo de regulamentação dos regimentos internos dos tribunais, cabendo-lhes respeitar a reserva legal imposta pelo art. 942 para edição de normas sobre a competência e o funcionamento dos órgãos jurisdicionais na aplicação da técnica do julgamento estendido (art. 96, I, *a*, da CF).[12]

A convocação de novos magistrados nos termos previamente definidos pelo regimento interno dos tribunais não viola a garantia constitucional do "juiz natural".[13]

DINÂMICA DO JULGAMENTO ESTENDIDO

Segundo dispõe o *caput* do art. 942, "o julgamento terá prosseguimento em sessão a ser designada com a presença de outros julgadores". Todavia, nada obsta a que o julgamento prossiga de imediato, na mesma sessão, se, é claro, ali estiverem os demais julgadores para, em conjunto com a turma julgadora originária, formar o colegiado completo, de modo a garantir a possibilidade de inversão do resultado provisório. Nessa hipótese, os *novos* magistrados devem estar habilitados a proferir imediatamente seu voto, pois, caso contrário, haverá de ser designada nova data para a continuidade do julgamento. Aqui, observe--se que a designação de dia para retomada do julgamento, agora com a turma julgadora amplificada pelos *novos* julgadores, impõe ao presidente a publicação da pauta no órgão oficial. A continuidade do julgamento é precedida do sumário dos votos proferidos na sessão anterior.

Apesar de a técnica de julgamento ampliado propiciar maior discussão para atribuir melhor qualidade à decisão do tribunal, em equilíbrio com o direito fundamental da duração razoável do processo, recomenda-se que a suspensão do julgamento não ultrapasse o intervalo da próxima sessão.[14]

12　Vale a observação de Guilherme Jales Sokal: "cada Tribunal é que pode validamente instituir regras sobre composição da turma julgadora de seus órgãos fracionários, sob pena de relegar à inefetividade a atribuição para dispor sobre as respectivas competências" (*O julgamento colegiado nos tribunais*, n. 3.6.1, p. 279).

13　Cf. ZANETTI JR., Hermes. "Comentários ao art. 942". In: *Comentários ao novo Código de Processo Civil*, n. 5, p. 1372-3. Suscita o problema no caso de necessidade de convocar desembargadores de outras turmas para compor o julgamento: Wambier-Conceição--Ribeiro-Mello, *Primeiros comentários ao novo Código de Processo Civil*: artigo por artigo, p. 1342.

14　NERY; NERY. *Comentários ao Código de Processo Civil*, p. 1870-1.

9 Apontamentos sobre o julgamento estendido (art. 942 do CPC)   **161**

Ressalte-se que a divergência do colegiado determina a suspensão do julgamento, cujo resultado provisório não produz qualquer efeito, salvo, por óbvio, o da integração dos novos magistrados à turma julgadora.[15]

Embora a lei não expresse a quantidade de magistrados que devam integrar o colegiado, a sessão de julgamento somente terá continuidade se estiver presente o número de magistrados suficiente para possibilitar a reversão do resultado inicial. Por esse motivo, é vedado dar continuidade ao julgamento "apenas com o acréscimo de mais um magistrado",[16] ainda que este acompanhe a maioria. Note-se que o propósito da lei não é apenas evitar o empate, mas propiciar o amplo debate sobre o tema, que possibilite, inclusive, alteração de voto proferido na primeira etapa do julgamento.[17]

Um dos objetivos da técnica do julgamento estendido é a ampliação do debate em um colegiado maior, diante do qual se espera um contraditório mais qualificado. Porém, para que isso ocorra, é necessário que os novos integrantes do colegiado tenham prévio contato com o processo e com o que se debateu no julgamento inicial, prontos para enfrentar todos os elementos argumentativos que permeiam o objeto da discussão.[18]

O Código assegura às partes e a eventuais terceiros o direito de sustentar oralmente suas razões perante os novos julgadores em sessão a ser designada na presença de outros julgadores, inclusive por meio de videoconferência ou outro recurso tecnológico de transmissão de sons e imagens em tempo real. No entanto, pondere-se que se a sustentação oral já foi acompanhada pelos *novos* integrantes, em tese, não haveria necessidade para renovar o ato.[19] Há, pois, que

---

15 RODRIGUES, Marcelo Abelha. *Manual de direito processual civil*, n. 5.7, p. 1303.

16 CÂMARA, Alexandre Freitas. *O novo processo civil brasileiro*, n. 23.2, p. 453.

17 Por esse mesmo motivo, viola o princípio do juiz natural o disposto no art. 238 do RITJSP, segundo o qual "Acolhida a ação rescisória por maioria de votos, aplica-se a técnica de julgamento prevista no art. 942 do CPC, elevando-se, no Grupo, a composição do órgão julgador para nove juízes". Segundo o art. 40, IV, *a*, do RITJSP, a ação rescisória de competência do grupo é julgada por sete desembargadores, de modo que elevar a composição do órgão julgador para apenas nove magistrados não cumpre o requisito exigido pelo *caput* do art. 942 ("número suficiente para garantir a possibilidade de inversão do resultado inicial"). Por exemplo, no julgamento da ação rescisória com resultado de por maioria de votos (5x2) pela rescisão do julgado, o acréscimo de mais dois desembargadores não compõe número suficiente para garantir a possibilidade de inversão do resultado inicial.

18 Nesse ponto, para uma crítica do julgamento estendido, *v.* COUY, Giselle Santos. "Da extirpação dos embargos infringentes no novo Código de Processo Civil – um retrocesso ou avanço?", p. 32.

19 Assim, *v.g.*, dispõe o § 6º do art. 240 do Regimento Interno do Tribunal de Justiça do Estado do Paraná: "Após a composição do quórum em Câmara Integral, prosseguindo o julgamento com o quórum ampliado, serão renovados o Relatório e a sustentação oral

ter muito cuidado e alguma sensibilidade no posicionamento da questão, dado que a sustentação oral integra o contraditório que auxilia na qualificação do julgamento. Evidente que não haverá sustentação oral no julgamento estendido de agravo de instrumento interposto contra decisão que julgar parcialmente o mérito, salvo disposição contrária do regimento interno do tribunal. Por terceiros, entendem-se todos aqueles que de alguma forma são alcançados pelos efeitos da decisão provisória, bem como o *amicus curiae*.

Os magistrados que iniciaram o julgamento podem rever seus votos, motivo pelo qual admite-se que a divergência possa ser dissipada durante a sessão do colegiado estendido, com o consequente resultado unânime. Destaque-se que a mudança de voto alcança toda a matéria debatida no colegiado estendido, inclusive questões acessórias, *v.g.*, honorários advocatícios, custas, despesas do processo, correção monetária, juros etc.[20]

Proferidos os votos dos novos julgadores e eventual alteração dos votos daqueles que já se pronunciaram na primeira etapa do julgamento, o presidente da sessão anunciará o resultado, designando para redigir o acórdão o relator ou, se vencido este, o autor do primeiro voto vencedor (art. 941, *caput*). É importante dizer que o voto vencido será necessariamente declarado e considerado parte integrante do julgamento, inclusive para fins de prequestionamento (art. 941, § 3º).

Questão delicada – e muito na ordem do dia – é a de saber se o colegiado estendido está limitado à matéria que foi objeto da divergência. A discussão ganha relevo se adentrarmos na teoria dos capítulos da decisão judicial. Dada sua natureza não recursal, na técnica prevista no art. 942, é impróprio falar em "efeito devolutivo",[21] para imprimir a ideia de que seria transferido ao órgão colegiado estendido apenas a matéria julgada em divergência. Observe-se que em decorrência do resultado não unânime, "o julgamento terá prosseguimento". O sentido dessa expressão é o seguinte: atribui-se competência funcional ao órgão judicial integrado pelos *novos* magistrados nos termos previamente definidos pelo regimento interno do tribunal para seguir o julgamento. Não há proclamação do resultado, de tal sorte que não há falar-se em *estabilidade* da parcela do julgamento cujo resultado foi unânime. Por isso, o órgão colegiado estendido também poderá apreciar a matéria que eventualmente haja alcançado o resultado da unanimidade ou não haja sido apreciada pelo fato da preju-

---

perante os novos julgadores, salvo se já tenham assistido os debates e se sintam habilitados a proferir seus votos".

20 MARINONI; MITIDIERO. *Comentários ao Código de Processo Civil*, v. XV, n. 2, p. 242.

21 Nesse sentido: MARINONI; MITIDIERO. *Comentários ao Código de Processo Civil*, v. XV, n. 1, p. 242.

9 Apontamentos sobre o julgamento estendido (art. 942 do CPC) 163

dicialidade entre os capítulos. Desse modo, a decisão *final*, proferida por órgão colegiado mais amplo, ganha maior coerência, integridade e qualidade.[22]

JULGAMENTO ESTENDIDO NA APELAÇÃO

No caso da apelação, para aplicação da técnica prevista no art. 942, é suficiente a divergência em torno do resultado, independentemente do conteúdo do julgamento (admissibilidade ou mérito do recurso) e da espécie de sentença impugnada (sem a resolução do mérito ou com a resolução do mérito).[23] Tenha-se claro que a divergência em torno de capítulos acessórios (*v.g.*, honorários advocatícios) também poderá ocasionar a ampliação do órgão colegiado para continuidade do julgamento.

Não parece ser adequado recorrer ao disposto no inciso II do § 3º do art. 942 para restringir a ampliação do colegiado no julgamento da apelação somente nas hipóteses em que houver "reforma da decisão que julgar o mérito".[24] O Código é aberto quanto a ampliação do colegiado nos casos de divergência no julgamento da apelação ("Quando o resultado da apelação for não unânime, o julgamento terá prosseguimento"). A restrição vale apenas para os casos delineados pela lei, porquanto "restrições interpretam-se literalmente".[25]

Algumas questões provocam algum debate que na realidade, se examinadas de perto, têm sua origem no revogado Código de 1973. De acordo com o atual sistema processual, as questões revolvidas na fase de conhecimento, a cujo respeito não comportar agravo de instrumento, podem ser suscitadas em preliminar de apelação, eventualmente interposta contra a decisão final, ou nas con-

---

22 De acordo: DIDIER JR.; CUNHA. *Curso de direito processual civil*, v. 3, n. 10.7.2, p. 93; Hermes Zanetti Jr., "Comentários ao art. 942". In: *Comentários ao novo Código de Processo Civil*, n. 4, p. 1371. Porém, registre-se o posicionamento contrário: CRUZ E TUCCI, José Rogério. "Limites da devolução da matéria objeto da divergência no julgamento estendido"; disponível em: http://www.conjur.com.br/2017-jan-31/paradoxo-corte-limites-devolucao-materia-divergente-julgamento-estendido?imprimir=1; acesso em: 09.06.2020; ALVIM, Teresa Arruda. *Ampliação da colegialidade*: o polêmico art. 942 do CPC de 2015, p. 48.

23 Cf. BUENO, Cassio Scarpinella. *Manual de processo civil*, n. 3.5, p. 648; AMARAL, Guilherme Rizzo. *Comentários às alterações do novo CPC*, p. 966; MARCACINI, Augusto Tavares Rosa. "Comentários ao art. 942". In: *Código de Processo Civil anotado*, p. 1290; DIDIER JR.; CUNHA. *Curso de direito processual civil*, v. 3, n. 10.7.4, p. 94. Em sentido contrário: NEVES, Daniel Amorim Assumpção. *Manual de direito processual civil*, n. 57.3, p. 1431; MEDINA, José Miguel Garcia. *Novo Código de Processo Civil comentado*, p. 1274.

24 Como sustentado por NERY; NERY. *Comentários ao Código de Processo Civil*, p. 1870.

25 ASSIS, Araken. *Manual dos recursos*, n. 34.7.2, p. 454.

trarrazões. Nesse contexto, é possível que alguma decisão interlocutória haja sido objeto de contrarrazões de apelação (*v.g.*, condenação em litigância de má-fé) e o julgamento a respeito dela haja sido por maioria de votos. A situação impõe ampliação do colegiado. Perceba-se que o "julgamento da apelação" incorpora as contrarrazões de apelação. Fala-se que o "objeto da apelação é simplesmente ampliado pelas contrarrazões".[26]

Às apelações previstas nos procedimentos especiais regulados pela legislação extravagante aplica-se a técnica do julgamento estendido, inclusive à apelação interposta contra sentença proferida em mandado de segurança[27] e aos procedimentos afetos à Justiça da Infância e Juventude, regulados pelo Estatuto da Criança e do Adolescente.[28]

JULGAMENTO ESTENDIDO NA AÇÃO RESCISÓRIA

A técnica do julgamento estendido será aplicada no caso de julgamento não unânime proferido em ação rescisória, quando o resultado for a rescisão do pronunciamento judicial.

Pelo sentido do texto legal, exposto no inciso I do § 3º do art. 942, conclui-se com que o julgamento não unânime acerca da inadmissibilidade (*v.g.*, indeferimento da petição inicial) ou da improcedência da ação rescisória (*v.g.*, rejeição do pedido rescindente, decidir sobre a ocorrência de decadência) determinará a imediata proclamação do resultado, sem a necessidade de estender o julgamento.

Parece não haver dúvida que a palavra "sentença", exposta no inciso I do § 3º do art. 942, está no sentido gênero, para expressar "decisão" rescindenda (acórdão, decisão unipessoal de membro do tribunal ou decisão interlocutória), em harmonia com o disposto no *caput* do art. 966.[29]

Em algumas hipóteses, porém, mesmo que suceda a rescisão do julgado em decisão por maioria de votos, o julgamento estendido não será admissível.

---

26 BARIONI, Rodrigo. "Preclusão diferida, o fim do agravo retido e a ampliação do objeto da apelação no novo código de processo civil", n. 3, p. 276.

27 Nesse ponto, dada a extinção dos embargos infringentes, o art. 25, primeira parte, da Lei n. 12.016/2009 encontra-se revogado. Em sentido próximo, BARBUGIANI, Luiz Henrique Sormani. "Uma análise comparativa entre os embargos infringentes do CPC de 1973 e a técnica de julgamento do artigo 942 do CPC de 2015: uma alteração de paradigma", p. 17-8.

28 STJ, Ag. Reg. no REsp n. 1.673.215/RJ, rel. Min. Reynaldo Soares da Fonseca, j. 17.05.2018, in *RePro* 284/586.

29 Suscita o problema, TEIXEIRA, Guilherme Freire de Barros. "Art. 942 do CPC 2015 e suas dificuldades operacionais: aspectos práticos", p. 42.

Tal inadmissibilidade ocorre nos casos em que o julgamento da ação rescisória é realizado por órgão *máximo* do tribunal, hipótese em que será impossível, do ponto de vista matemático, ampliar o colegiado (*v.g.*, ação rescisória de julgado do STF que compete ao Plenário, cf. art. I, *c*, do RISTF).

Note-se que de acordo com o inciso I do § 3º do art. 942, no caso de ação rescisória, o "prosseguimento" ocorrerá "em órgão de maior composição previsto no regimento interno". O teor da lei é inusitado: "prosseguimento em órgão de maior composição previsto no regimento interno". Inicialmente, cabem duas interpretações: "órgão de maior composição" é o plenário ou órgão especial; outra interpretação possível é compreender que o órgão numericamente superior ao órgão que deu origem ao julgamento não unânime da ação rescisória. Além disso, considerando o texto da lei, é possível compreender também a transferência do julgamento para outro órgão (de maior composição) e não simplesmente a convocação de novos julgadores para "prosseguimento". Nesse caso, é possível haver "novo" julgamento sem a integração daqueles que já votaram.[30]

De acordo com o disposto no art. 968, o autor deverá deduzir necessariamente o pedido de rescisão do julgado (pedido rescindente) e, se for o caso, o pedido de novo julgamento do processo em que foi proferida a decisão rescindente (pedido rescisório). O *ius rescindens* é prévio e prejudicial ao *ius rescissorium*. É induvidoso que a técnica do julgamento estendido vale para o pedido rescindente ("quando o resultado for a rescisão da sentença"). Entretanto, é possível também ampliar o colegiado quando não houver unanimidade na deliberação do pedido rescisório, pois o rejulgamento do processo somente ocorrerá se houver a rescisão do julgado, pressuposto necessário para aplicação da técnica do julgamento estendido.

JULGAMENTO ESTENDIDO NO AGRAVO DE INSTRUMENTO

O inciso II do § 3º do art. 942 estabelece que a técnica de ampliação do colegiado aplica-se ao julgamento não unânime proferido em agravo de instrumento, quando houver reforma da decisão que julgar parcialmente o mérito.

O dispositivo impõe o diálogo com os arts. 354, parágrafo único, 356, § 5º, e 1.015, II, os quais indicam que a decisão interlocutória de mérito é impug-

---

30 Por exemplo, assim disciplina o art. 3º, I, *h*, do RITJRJ ("as revisões criminais em benefício dos réus que condenar, assim como as ações rescisórias de suas próprias decisões e das decisões proferidas pelas Seções Cíveis, e ainda a complementação do julgamento das ações rescisórias da competência originária das Seções Cíveis, na forma do artigo 942, § 3º, I, do Código de Processo Civil, quando houver a rescisão da decisão impugnada de forma não unânime").

nável por meio do agravo de instrumento. Semelhante situação poderá ocorrer na legislação extravagante, *v.g.*, art. 100 da Lei n. 11.101/2005, pois da decisão que decreta a falência cabe agravo, e da sentença que julga a improcedência do pedido cabe apelação.[31]

Porém, aqui, diferentemente do que ocorre com a apelação, para ampliar o colegiado, importa o conteúdo do julgamento, *i. e.*, é indispensável que o resultado do agravo de instrumento conclua pela reforma da decisão interlocutória de mérito.

Para que a reforma ocorra, é evidente que o tribunal haja conhecido o agravo de instrumento e, por maioria, dê provimento ao recurso.

Embora exista fundada crítica quanto à limitação imposta pelo legislador,[32] o critério eleito pela lei não é novo e de certa forma já se encontrava exposto em legislações anteriores. A ampliação do colegiado não ocorrerá se a decisão do tribunal, ainda que por maioria, estiver em conformidade com a decisão agravada ("princípio da dupla conformidade").[33]

O critério escolhido pela lei para aplicação da técnica prevista no art. 942 ao agravo de instrumento suscitará algumas divergências que eram próprias dos embargos infringentes.[34] Por exemplo, no caso de o agravo de instrumento ser provido por maioria de votos e concluir pela não resolução do mérito (art. 485) ou anulou a decisão interlocutória por *error in procedendo*, poder-se-ia questionar se haveria necessidade de prosseguimento do julgamento com a presença de outros julgadores.[35] O mesmo ocorre na hipótese de divergência no julgamento do agravo de instrumento exclusivamente quanto ao capítulo que trata dos honorários de sucumbência.[36]

JULGAMENTO ESTENDIDO NO AGRAVO INTERNO

No modelo do vigente Código, o agravo interno é o recurso próprio para impugnar qualquer decisão proferida pelo relator (art. 1.021) e algumas deci-

---

31 O tema é lembrado por Araken de Assis, *Manual dos recursos*, n. 34.7.2, p. 455.

32 MARCACINI, Augusto Tavares Rosa. "Comentários ao art. 942". In: *Código de Processo Civil anotado*, p. 1291.

33 CARVALHO, Fabiano. *O princípio da dupla conformidade*, p. 1185-92.

34 A mesma preocupação é compartilhada por ALVIM, Teresa Arruda. *Ampliação da colegialidade*: o polêmico art. 942 do CPC de 2015, p. 47.

35 A jurisprudência do STJ consolidou-se no sentido de não admitir embargos infringentes na hipótese de anulação da sentença de mérito por *error in procedendo* (Ag. Int. no REsp n. 1.325.655/MG, rel. Min. Ricardo Villas Bôas Cueva, *DJe* 19.12.2016; Ag. Reg. no Ag. Reg. no AREsp n. 612.959/SP, rel. Min. Herman Benjamin, *DJe* 05.08.2015).

36 A esse propósito, v. STJ, REsp n. 1.113.175/DF, rel. Min. Castro Meira, *DJe* 07.08.2012.

sões do presidente ou vice-presidente do tribunal (art. 1.030, § 2°; art. 1.035, § 7°; art. 1.036, § 3°).

O procedimento do agravo interno é bastante simples: o recurso será dirigido ao relator, que intimará o agravado para oferecer resposta no prazo de quinze dias, ao final do qual é lícito o juízo de retratação, que, se negativo, o agravo interno será incluído em pauta para julgamento em órgão colegiado (art. 1.021, § 2°).

Admite-se que, no julgamento, o órgão colegiado competente não conheça do agravo interno ou, dele conhecendo, lhe dê ou lhe negue provimento. Contra o acórdão, em tese, será possível a interposição dos seguintes recursos: embargos de declaração, recurso ordinário, recurso especial e recurso extraordinário. Se o resultado do agravo interno não for unânime, em algumas hipóteses, poderá atrair a ampliação do colegiado para concluir o julgamento.

Isso ocorrerá nos casos em que o órgão colegiado admitir o agravo interno interposto contra decisão unipessoal proferida em apelação ou que haja dado provimento ao agravo de instrumento interposto de decisão que julgou parcialmente o mérito (art. 932, III, IV e V). Se o julgamento do agravo interno permear o mérito da apelação ou do agravo de instrumento caberá aplicar a técnica do julgamento estendido.[37]

Porém, nas hipóteses em que o agravo interno for declarado inadmissível ou provido para cassar a decisão unipessoal (*v.g.*, falta de fundamentação), ainda que por maioria de votos, não será possível ampliar o quórum do colegiado.

O argumento não se aplica à ação rescisória porque, em tese, não é lícito ao relator, sem a participação do órgão colegiado, julgar procedente o pedido de rescisão.

JULGAMENTO ESTENDIDO NOS EMBARGOS DE DECLARAÇÃO

De acordo com o atual modelo processual, o acolhimento dos embargos de declaração pode implicar modificação da decisão embargada (art. 1.024, § 2°).

Se a modificação ocorrer no âmbito do julgamento não unânime de apelação, agravo de instrumento interposto contra decisão parcial de mérito, e houver reforma, ou inverter o julgamento de improcedência para procedência de ação rescisória, o julgamento colegiado deverá ser ampliado na forma do art. 942.[38]

---

37 No mesmo sentido: ASSIS, Araken de. *Manual dos recursos*, n. 57, p. 689; ROMANO NETO, Odilon. *A nova técnica de julgamento do artigo 942 do CPC/2015*, n. 5, p. 826.

38 Cabe salientar que o STJ entendeu "por inaplicável o art. 942 do Novo CPC (técnica de complementação de julgamento), tendo em vista que, para que essa técnica seja adotada,

168 Cinco anos do CPC: questões polêmicas

Todavia, eventual julgamento não unânime acerca da admissibilidade dos embargos de declaração ou para sanar omissão, obscuridade ou contradição, sem alteração do resultado, não desafia a ampliação do órgão colegiado.[39]

INAPLICABILIDADE DA TÉCNICA DO JULGAMENTO COLEGIADO ESTENDIDO

Na linha do § 4º do art. 942 é inaplicável a ampliação do colegiado nas hipóteses de julgamento não unânime do incidente de assunção de competência, do incidente de resolução de demandas repetitivas, da remessa necessária e nos casos de julgamentos proferidos, nos tribunais, pelo plenário ou pela corte especial.

Diante do órgão julgador representativo dos órgãos fracionários para *julgar* os incidentes de assunção de competência e resolução de demandas repetitivas, a restrição quanto à aplicação da técnica do julgamento estendido é justificável.

De outro lado, critica-se a vedação imposta pela lei quanto à remessa necessária, dada a similitude quanto deste instituto com a apelação. A mesma questão jurídica poderá chegar por duas vias. No entanto, se houver julgamento não unânime na apelação, haverá ampliação do quórum para que o julgamento prossiga em colegiado mais qualificado, podendo ocorrer a inversão do resultado; porém, se a divergência da mesma questão ocorrer no julgamento da remessa necessária, não haverá convocação de outros julgadores, o que poderá gerar dispersão jurisprudencial. Aqui, preservou-se o entendimento compendiado na Súmula 390/STJ.[40]

O julgamento "não unânime proferido, nos tribunais, pelo plenário ou pela corte especial" obsta a incidência da técnica prevista no *caput* do art. 942. O plenário e o órgão especial são órgãos jurisdicionais de cúpula altamente qualificados, daí por que não há espaço para ampliar o colegiado. Além disso, em

---

é necessário que o acórdão não unânime seja proferido no julgamento da Apelação, Agravo de Instrumento ou Ação Rescisória, o que não é a hipótese dos autos, que trata de recurso de Embargos de Declaração julgados, por maioria, por esta Corte Superior" (STJ, EDcl nos EDcl nos EDcl no Ag. Reg. no AREsp n. 705.844/SP, rel. Min. Herman Benjamin, *DJe* 19.10.2016). Observe-se, porém, que esse entendimento foi esposado em julgamento de agravo em recurso especial, fato que *per si* é o suficiente para negar a aplicação da técnica prevista no art. 942. Todavia, se os embargos de declaração foram opostos de julgamentos de apelação, agravo de instrumento de decisão parcial de mérito ou de decisão de procedência da ação rescisória não se pode afastar a ampliação do colegiado.

39 Cf. DIDIER JR.; CUNHA. *Curso de direito processual civil*, v. 3, n. 10.7.6, p. 96.
40 GRECO, Leonardo. *Instituições de direito processual civil*, v. III, n. 6.5.3.4, p. 137.

9 Apontamentos sobre o julgamento estendido (art. 942 do CPC) 169

alguns tribunais, há impossibilidade numérica de ampliar o plenário ou órgão especial.

Finalmente, entende-se que não haverá complementação do julgamento colegiado em sede de juizados especiais.[41]

---

41 Sob a justificativa da preservação dos princípios da economia processual, simplicidade e taxatividade, a Turma Recursal do Juizado Especial Federal da 3ª Reg., Proc. n. 0003551-84.2010.4.03.6315, Juiz Federal Kyu Soon Lee, inadmitiu a técnica prevista no art. 942.

10

Mediação como ferramenta
e estratégia da advocacia moderna

Guilherme Bertipaglia Leite da Silva

Uma das inovações trazidas pelo Código de Processo Civil foram as audiências de conciliação e mediação de maneira organizada, regulada e definida. Inovação que traz uma série de oportunidades relevantes e de desafios. Fato é que todos nós experimentamos conflitos. Eles existem independentemente da classe social, localidade, condições de saúde de cada envolvido ou do quanto saudável é uma empresa ou instituição. Resolvê-los é necessário. É condição de sobrevivência e condição da manutenção da vida e dos negócios. Ao tratar do tema, contornar alguns assuntos é imperioso. A iniciar pelo conflito mencionado, inerente aos terráqueos e consequentemente ao ser humano. Conflito este que será colocado em foco por ser o motivo da existência da máquina judiciária, instituída com o fim de estabilizar relações sociais e solucionar controvérsias.

Contribuir para as soluções de controvérsias é função de todos para o bem individual e coletivo. Contribuir com as soluções de disputas é contribuir com a qualidade de vida e com a saúde dos indivíduos.

É comum que as pessoas percebam os conflitos de modo doloroso e desgastante. Pergunto apenas como reflexão, muito francamente, como você, leitor, percebe situações de conflitos (as leves e as intensas), quando você pensa em conflito, qual situação você passou que vem na sua memória? (Se quiser compartilhar, mantenha contato, será um prazer!)

O conflito é tido naturalmente como: "1. Falta de entendimento grave ou oposição violenta entre duas ou mais partes. 2. Encontro violento entre dois ou mais corpos; choque, colisão. 3. Discussão veemente ou acalorada; altercação.

4. Encontro de coisas que se opõem ou divergem. 5. Luta armada entre potências ou nações; guerra".[1]

Napoleão Bonaparte, em toda sua experiência, disse que as pessoas lutam mais bravamente pelos seus interesses que pelos seus direitos, e sua fala revela o que se vê diariamente nos tribunais: pessoas com interesses e necessidades não atendidas, que, por sua vez, buscam seus direitos e esperam por decisões para seguir com suas vidas e seus negócios e ali são submetidos por vezes seus maiores sonhos, veja, por exemplo, em uma questão de família, um divórcio, ou uma disputa de guarda, trata-se também naquele espaço de lidar com o desfazimento de um sonho daquelas pessoas, sonho em que dedicaram tempo, empenho, esforço e vida delas ali.

Ao se tratar, por exemplo, de uma questão acerca de um conflito empresarial, em diversos casos esbarramos também na esfera familiar. No Brasil aproximadamente 90% das empresas são familiares, é o que revela pesquisa recente do IBGE e Sebrae citados em publicação da *Revista Exame*.[2] Esses dados revelam ainda que elas representam cerca de 65% do PIB e empregam 75% da força de trabalho do país e apontam que, a cada 100 empresas desse tipo, 70% não passam pela geração do fundador e apenas 5% conseguem chegar à terceira geração.

Conflitos não são inertes! Eles têm poder. Sim, poder de transformar, formar, deformar ou reformar pessoas, situações, realidades e contextos, e cada uma dessas possibilidades *é*, como regra, definida de acordo com a maneira que as pessoas escolhem adotar, ou qual caminho resolvem trilhar na tentativa de solucionar suas questões.

Afirma Daniel Kahneman, Prêmio Nobel de Economia: "[...] a cognição é corporificada; você pensa com seu corpo, não apenas com seu cérebro".[3] Utilizar bem a matéria-prima, auxiliando pessoas a resolver bem seus conflitos ou disputas, é contribuir para a saúde não apenas emocional, mas também física. É melhorar resultados, elevar ganhos financeiros. É contribuir com um mundo efetivamente melhor. É contribuir com a saúde. É contribuir com a nossa e com as próximas gerações. O que mais precisamos é de pessoas que contribuam, de verdade!

Alguns movimentos são comuns em cenários de conflitos e disputas, e ficam destacados dois deles aqui para apresentar o que a experiência em solução

---

1 Disponível em: https://michaelis.uol.com.br/moderno-portugues/busca/portugues-brasileiro/conflito/. Acesso em: 14.09.2019.

2 Disponível em: https://exame.abril.com.br/negocios/dino/empresas-familiares-assumem-lideranca-de-mercado/. Acesso em: 03.09.2019.

3 KAHNEMAN, Daniel. *Rápido e devagar*: duas formas de pensar, 2012, p. 68.

negociada de disputas tem indicado. O primeiro movimento comum é o corte da comunicação entre os envolvidos no ambiente de conflito. Depois de estabelecido o conflito, ou ainda quando não solucionado de modo por vezes pouco produtivo pelas pessoas, elas tendem a cortar a comunicação, no entanto esse primeiro movimento pode ser perigoso, já que naturalmente precisam umas das outras para atender, em alguma medida, seus interesses e necessidades. Acontece também de as pessoas tentarem conversas e impor seus pedidos e necessidades sem zelo ou habilidades comunicacionais, o que pode gerar um resultado não esperado na solução dessas questões, passando então a cortar a comunicação. O segundo movimento comum é a busca de aliados, o que se observa quando as pessoas começam a compartilhar sua questão (foco do conflito ou disputa) com pessoas próximas, seja na busca de um acalento ou ainda na busca de opiniões e auxílio para solucionar tal questão, assim, dividem e partilham com mais pessoas na busca de solidificar seus argumentos.

Tanto o corte de comunicação como a busca de aliados estão frequentemente presentes nos ambientes de conflitos e disputas.

As soluções negociadas *são* aquelas em que as pessoas têm poder de decisão em suas mãos, autonomia de expor suas vontades, podem decidir de acordo com suas realidades, limitações, interesses e necessidades e para tanto deve haver diálogo, e, se for produtivo, as chances de solução aumentam.

Diálogo este que, com a escolha do uso da mediação, será fomentado pelo mediador que deve, para tanto, ter capacitação específica e que conduzirá tal processo de maneira profissional e técnica, o que oportuniza diálogo ainda em cenários que não sejam aparentemente possíveis de ocorrer. Muito comum, portanto, os advogados ficarem surpresos positivamente com a metodologia e com o que ela pode oferecer.

Diálogo que pode ser fomentado também por seus advogados, e recentemente no Brasil profissionais da advocacia têm tido a iniciativa de procurar capacitação para tanto.

Tanto nos treinamentos como na prática das soluções autocompositivas, tem sido possível observar com frequência fenômenos interessantes como a percepção de que as soluções negociadas tendem a levar para a satisfação dos envolvidos o que já fora sinalizado sobre satisfação de usuários do sistema de justiça, nos estudos de Deborah Rhode Hensler,

> [...] indicam que a satisfação dos participantes depende muito de fatores como a percepção de que o procedimento adotado foi justo, outra nota feita pela autora é no sentido de a participação do usuário na escolha de qual o procedimento vai adotar para dirimir as suas questões eleva de forma considerável a percepção de

que foi justa a solução tida no caso. Em decorrência disso, quando o Estado proporciona mecanismos que caminham juntos, não diretamente ligados, porém em sintonia a credibilidade no sistema de justiça é elevada.[4]

A seguir verificamos alguns dados que apresentam a realidade do sistema de justiça brasileiro, como um raio X, revelado pelo Conselho Nacional de Justiça em seu relatório Justiça em Números.

O relatório *Justiça em Números*, do Conselho Nacional de Justiça,[5] revela (em sua figura 118) que o tempo médio de duração de uma ação de conhecimento em primeiro grau na Justiça estadual brasileira é de dois anos e quatro meses; se a ação é de execução, o tempo médio é de seis anos e um mês. Que a justiça estadual no Brasil recebeu mais de 19 milhões de novos casos durante o ano de 2018 e que tem mais de 62 milhões de casos pendentes. O relatório fornece ainda informações valiosas sobre a realidade de cada estado e de cada ramo de justiça.

A experiência em mediação revela que a duração de um procedimento de mediação é de aproximadamente de cinco meses do convite ao encerramento do termo de mediação. Sendo que alguns casos têm solução mais célere e outros em razão da presença de multipartes e da complexidade chegam a durar tempo próximo a um ano.

Ao desenvolver a estratégia de solução da disputa ou do conflito é essencial compreender não apenas o contexto, as peculiaridades do caso, mas também como é o tempo médio de solução daquele perfil de caso na região em que o profissional atuará, visto que, a depender do caso e dos recursos discutidos no caso, o tempo é fato determinante para perda de recursos, perda de chances, deterioração de bens, alterações econômicas locais ou regionais, entre outras perdas com a disputa. No desenvolvimento da estratégia, essa pesquisa pode ser feita em sites específicos que indicam a duração média de processos em determinadas regiões, que são consultados nas duas primeiras fases do desenvolvimento estratégico, a fase de análise e de planejamento.

O Brasil experimenta a inclusão da consensualidade no seu ordenamento jurídico em diversos graus, tendo desenhado um microssistema autocompositivo, atualmente composto por normas como o Código de Processo Civil (Lei n. 13.105/2015), a Lei de Mediação (Lei n. 13.140/2015), a Lei dos Juizados Especiais (Lei n. 9.099/95), a Lei dos Juizados Especiais Federais (Lei n. 10.259/2001) e a Lei da Arbitragem (Lei n. 13.129/2015), que permite o consenso entre as partes, além da Resolução n. 125/2010 do Conselho Nacional de Justiça.

---

4 HENSLER, Deborah R. "Puzzling over ADR: drawing meaning from the RAND Report". *Dispute Resolution Magazine*, n. 8, 1997, p. 9 e 133.

5 *Justiça em Números 2019*. Conselho Nacional de Justiça, Brasília, CNJ, 2019.

A "Política Pública de tratamento adequado dos conflitos de interesses", ou "Política Judiciária Nacional de tratamento adequado dos conflitos de interesse", instituída em 2010 pela Resolução n. 125 do Conselho Nacional de Justiça, tem também a finalidade de zelar pelo acesso à ordem jurídica justa velando pelo acesso à justiça que proporcione a efetiva pacificação social, objeto primordial de uma sociedade, proporcionando aos cidadãos um judiciário que forneça uma prestação eficiente, em tempo adequado e que venha a enfrentar os conflitos na sua real abrangência.

A inicial postura do Estado, tida como imperativa e autoritária, pouco a pouco vem se transformando, flexibilizando alguns conceitos considerados como extremamente rígidos, por exemplo, a supremacia do interesse público sobre o interesse privado, que ganha a cada dia um tom mais próximo do diálogo, da participação popular e culmina naturalmente na construção conjunta de justiça e no consenso.

Para ilustrar, a Lei n. 9.099/95 passa a admitir a celebração de transação no âmbito penal. No Processo Penal, com a Lei n. 12.850/2013, passa a se admitir a colaboração premiada, fazendo possível o perdão judicial, a redução da pena privativa de liberdade ou ainda, se for o caso, sua conversão em pena restritiva de direito. Na esfera do combate à corrupção e licitação, a Lei n. 12.846/2013 regula o acordo de leniência.

O CPC (Lei n. 13.105/2015) firma como norma fundamental o incentivo ao consenso no bojo do seu art. 3º. A Lei de Mediação (Lei n. 13.140/2015) estabelece as normas, princípios e procedimentos na mediação com o particular (mediação judicial e extrajudicial), bem como na mediação com a administração pública. A Lei de Arbitragem (Lei n. 13.129/2015) estimula o consenso entre os envolvidos, seja entre particulares ou envolvendo a administração pública.

A Lei de Mediação, além de trazer uma definição clara de mediação, sendo do "[...] atividade técnica exercida por terceiro imparcial sem poder decisório, que, escolhido ou aceito pelas partes, as auxilia e estimula a identificar ou desenvolver soluções consensuais para a controvérsia", desenha quais são os espaços de possível utilização da mediação, registrando em seu art. 3º que "pode ser objeto de mediação o conflito que verse sobre direitos disponíveis ou sobre direitos indisponíveis que admitam transação", além de tratar especificamente de como deve funcionar a mediação, os mediadores, regular o procedimento, tratar da confidencialidade e das exceções, e indicar como poderão ocorrer as mediações envolvendo a administração pública, sendo essencial ao advogado moderno conhecer o funcionamento dessa metodologia para que atue com excelência no ambiente autocompositivo, devendo se preparar para tanto.

A Lei de Mediação evidencia seu zelo pela manutenção do sigilo das informações tratadas no procedimento autocompositivo, motivo pelo qual destaca uma seção específica para tratar desse tema com exclusividade, essencial, portanto, para que os envolvidos possam colocar ali pontos importantes que não seriam expostos num ambiente, por exemplo, de processo judicial que poderia influenciar de alguma maneira a decisão e o livre convencimento do magistrado. A longa experiência em mediações indica que tais informações trazidas ao procedimento, e destarte apresentadas na sessão por ser confidencial, são chaves que abrem portas de soluções e são pontes que conectam as situações conflituosas a pensamentos criativos de solução, oportunizando, de fato, construção de caminhos eficientes e produtivos na resolução da disputa em tela.

O CPC elevou a autocomposição ao patamar de norma fundamental quando na Parte Geral, no Livro que trata das normas processuais civis e no Título acerca das normas fundamentais e da aplicação das normas processuais, em especial no art. 3º, § 3º, traz a ordem de estímulo à autocomposição com a seguinte redação: "A conciliação, a mediação e outros métodos de solução consensual de conflitos deverão ser estimulados por juízes, advogados, defensores públicos e membros do Ministério Público, inclusive no curso do processo judicial".

O legislador que, em tese, não coloca palavras na lei sem motivos, embora em alguns casos os Tribunais Superiores já entenderam que determinadas palavras não são as adequadas, faz menção clara ao estímulo à autocomposição pelos agentes do processo, utiliza o verbo "dever" com conjugação mandatória, indicando, na letra fria da lei, uma obrigação de promoção da autocomposição por esses agentes. Tudo isso certamente balizado em conjunto com os princípios do Processo Civil e Constituição Federal, sendo que o referido diploma legal anota ainda no art. 6º que "Todos os sujeitos do processo devem cooperar entre si para que se obtenha, em tempo razoável, decisão de mérito justa e efetiva".

O art. 334 do CPC, que trata da audiência de conciliação ou de mediação, apresenta a obrigatoriedade da audiência, salvo se ambas as partes manifestarem, expressamente, desinteresse na composição consensual ou não de admitir a autocomposição, hipóteses previstas expressamente no § 4º do referido artigo. Assunto muito discutido, com algumas polêmicas ao redor da obrigatoriedade do comparecimento, oportuno esclarecer que o legislador indicou como obrigatório o comparecimento no sentido de fomentar a autocomposição, sendo a redação coerente com as normas fundamentais do processo civil, e como forma de oportunizar às partes que conheçam o que de fato é a mediação. Na expectativa, como definido em lei que, na sala de conciliação e ou mediação, haja um profissional devidamente capacitado para apresentar-lhes o procedimento, acolhendo-as e explicando como é, de fato, o desenvolvimento dos trabalhos, que ali ninguém será obrigado a fazer um acordo, que as pessoas podem escolher qual o melhor caminho para suas vidas e questões, por exemplo.

Cabe diferenciação básica entre os verbos "comparecer" e "permanecer". O CPC obriga o comparecimento, indicando no § 8º do art. 334 que "O não comparecimento injustificado do autor ou do réu à audiência de conciliação é considerado ato atentatório à dignidade da justiça e será sancionado com multa de até dois por cento da vantagem econômica pretendida ou do valor da causa, revertida em favor da União ou do Estado". O legislador valorizou tanto o ato que considerou como atentatório à dignidade da justiça o não comparecimento, qualificação esta mencionada apenas sete vezes ao longo do extenso diploma processual. E, nesse sentido, anotou ainda na Lei de Mediação no § 2º do art. 2º que "Ninguém será obrigado a permanecer em procedimento de mediação", lendo o CPC, em conjunto com os princípios informadores da mediação. Indicou a obrigatoriedade de comparecer para conhecer e ter a oportunidade de conversar a respeito de suas questões, equilibrando que não será obrigado a permanecer na mediação caso não queira, em total consonância com o princípio da autonomia da vontade.

Registrou ainda no CPC a obrigatoriedade de as partes estarem acompanhadas de seus advogados ou defensores públicos, cabendo aqui nota essencial para a advocacia moderna. No atual cenário jurídico dominar habilidades negociais e comunicacionais é grande diferencial do advogado, profissional da justiça, e profissionais com tais habilidades têm utilizado o ato da audiência de conciliação ou de mediação, comumente chamada "audiência do 334" para não só confeccionarem composições quanto ao conteúdo, à matéria, ao mérito discutido, mas também utilizando esse espaço para confeccionar acordos quanto ao procedimento naquele caso específico, já que o CPC permite às partes definirem mudanças no procedimento, naqueles casos previstos no art. 190 do CPC, a seguir colacionado:

> Art. 190. Versando o processo sobre direitos que admitam autocomposição, é lícito às partes plenamente capazes estipular mudanças no procedimento para ajustá-lo às especificidades da causa e convencionar sobre os seus ônus, poderes, faculdades e deveres processuais, antes ou durante o processo.
>
> Parágrafo único. De ofício ou a requerimento, o juiz controlará a validade das convenções previstas neste artigo, recusando-lhes aplicação somente nos casos de nulidade ou de inserção abusiva em contrato de adesão ou em que alguma parte se encontre em manifesta situação de vulnerabilidade.[6]

---

6 BRASIL. Código de Processo Civil. Lei n. 13.105, de 16 de março de 2015. **Disponível em:** http://www.planalto.gov.br/ccivil_03/_ato2015-2018/2015/lei/l13105.htm. Acesso em: 16.08.2019.

10 Mediação como ferramenta e estratégia da advocacia moderna 177

Nessa tônica, o legislador demonstra reforçar sua efetiva preocupação com as pessoas e com as relações sociais e externa isso ao longo do Código, por exemplo, quando trata das ações na esfera familiar, indica a necessidade de empreender esforços para que a disputa seja solucionada de modo consensual, como prevê o art. 694 do diploma processual, nos termos que seguem:

> Art. 694. Nas ações de família, todos os esforços serão empreendidos para a solução consensual da controvérsia, devendo o juiz dispor do auxílio de profissionais de outras áreas de conhecimento para a mediação e conciliação.
>
> Parágrafo único. A requerimento das partes, o juiz pode determinar a suspensão do processo enquanto os litigantes se submetem a mediação extrajudicial ou a atendimento multidisciplinar.[7]

Zelo que se repete, por exemplo, ao consignar no art. 695, § 1º, que o mandado de citação deverá ser encaminhado desacompanhado de cópia da petição inicial, isso por saber, bastando observar a prática diária dos operadores do direito, ser comum os profissionais da advocacia, pública ou privada, "carregarem um pouco na tinta", ou seja, reforçar ideias e teses de modo mais incisivo, deixando-as mais robustas, por vezes em suas petições, o que pode gerar uma percepção a aumentar o conflito por parte do indivíduo que recebe tal petição. Por saber que, quando a parte recebe a citação, tem a comum sensação de "guerra declarada". Sabendo que o ato seguinte será a audiência de mediação, optou por tentar retardar a escalada do conflito, com o não envio da inicial com falas e imputações de leitura indesejável, ou em expressão comum utilizada no interior com sotaque típico, "tentar evitar que uma parte garre mais ódio da outra", cuidando, dessa forma, das relações entre essas pessoas.

> Art. 695. Recebida a petição inicial e, se for o caso, tomadas as providências referentes à tutela provisória, o juiz ordenará a citação do réu para comparecer à audiência de mediação e conciliação, observado o disposto no art. 694.
>
> § 1º O mandado de citação conterá apenas os dados necessários à audiência e deverá estar desacompanhado de cópia da petição inicial, assegurado ao réu o direito de examinar seu conteúdo a qualquer tempo.
>
> § 2º A citação ocorrerá com antecedência mínima de 15 (quinze) dias da data designada para a audiência.
>
> § 3º A citação será feita na pessoa do réu.

---

7 Ibidem.

§ 4º Na audiência, as partes deverão estar acompanhadas de seus advogados ou de defensores públicos.[8]

Repensar o modelo de solução é fundamental, e assim como observamos no microssistema autocompositivo brasileiro as atualizações atinentes à consensualidade, o legislador dá indicadores de mudanças nesse sentido ao sinalizar cuidados no tocante às relações familiares, recheadas de afeto, sentimentos e emoções. Como ensina Talita Seiscento Baptista:

> Temos de repensar o modelo judicial como centro da resolução dos diversos conflitos que vivemos em uma sociedade. Já está mais que claro que o Poder Judiciário não se mostrou eficaz em muitos dos casos em que é chamado para dirimir interesses controversos, especialmente no campo do direito de família. Conhecendo esses fatos, é necessário garantir às partes outras maneiras de atuar frente a essas situações da vida, pelos chamados meios extrajudiciais de resolução de conflitos. (tradução livre)[9]

Para que profissionais do direito e da justiça façam uso eficiente das oportunidades ofertadas ao longo do caminho processual, há que desenvolver habilidades específicas para tanto, e aqui se faz referência às habilidades autocompositivas devidamente estruturadas, com base técnica, científica e não apenas a base empírica. Embora o empirismo seja essencial e contribua muito, como de fato se verifica no cotidiano dos operadores do direito e da justiça, a estruturação técnica é necessária e faz diferença na prática, o que pode ser constatada pelo autor que atua com frequência em mediações e consultorias para profissionais na elaboração de estruturas e estratégias para solução de disputas.

Para tratar alguns conceitos e noções sobre a mediação, utilizar-se-á, em especial, as referências trazidas no *Manual de mediação judicial* do Conselho Nacional de Justiça[10] considerando a riqueza do seu conteúdo e por ser o ma-

---

8   Ibidem.
9   BAPTISTA, Talita Seiscento. "La mediación familiar. Aspectos relevantes en el ámbito brasileño". In: *Proceso Civil, Mediación Y Arbitraje en América Latina Y España*, 2018, p. 265. No original: *"Tenemos que repensar el modelo judicial como centro de la resolución de los diversos conflictos que vivimos en una sociedad. Ya está mas que claro que el Poder Judicial no se mostró eficaz en muchos de los casos en los que es llamado para dirimir intereses controversiales, especialmente en el campo del derecho de familia. Conociendo estos hechos es necesario garantizar a las partes otras maneras de actuar frente a estas situaciones de la vida, por los llamados medios extrajudiciales de resolución de conflitos".*
10   AZEVEDO, André Gomma de (coord.). *Manual de mediação judicial*, p. 9-206.

terial mais adotado na implantação da política pública em âmbito nacional, inclusive que fora distribuído pelo Ministério da Justiça para os tribunais utilizarem como base, em meados de 2013 bem como pelo fato de ser o material desenvolvido pelos idealizadores da sistemática abordada no trabalho, ou seja, a política pública e suas ramificações.

Fazer um destaque é importante neste ponto. Nem todos tiveram boas experiências com a mediação judicial e carregam consigo uma referência pouco produtiva, isso também acontece, por exemplo, quando o indivíduo vai até um estabelecimento comercial e lá não é bem recebido pela pessoa que está na frente do atendimento, quando isso acontece é comum que aquele que não recebe o tratamento esperado sai de lá com uma impressão ruim do estabelecimento e não apenas do indivíduo que o atendeu. Também acontece com pessoas que provaram uma fruta azeda. Veja, se uma criança pela primeira vez prova um abacaxi azedo ou uma banana que está "amarrando" a boca, é provável que ela dirá que não gosta de abacaxi ou não gosta de banana, já se a primeira experiência é boa, com um abacaxi ou uma banana no ponto adequado de amadurecimento e doce, a referência será positiva. No Brasil, se tem que muitos profissionais tiveram, por vezes, experiências ruins com a mediação nos tribunais e ficaram com uma impressão ruim, apenas por terem recebido um atendimento inadequado, o que não significa que o procedimento e a metodologia sejam ruins, ao contrário, as pesquisas feitas em atuações adequadas revelam índice de satisfação que chega próximo da integral satisfação, ou seja, próximo de 100% de satisfação, o que é corroborado pelo relatório de atividades do Núcleo Permanente de Métodos Consensuais de Solução de Conflito e Cidadania do Tribunal de Justiça do Distrito Federal e Territórios,[11] que indica a elevada satisfação apontando que 90,6% dos usuários que avaliaram indicaram como satisfeitos ou muito satisfeitos com o serviço recebido nos espaços autocompositivos.

Evidente que a implantação da mediação é uma clara quebra de paradigma, que tem por consequência resistência por parte dos envolvidos no sistema judiciário, desde magistrados, servidores, advogados, peritos, defensores, promotores, entre outros, e até mesmo, em casos pontuais, por alguns conciliadores que estavam habituados com o sistema anterior de conciliação, na qual esse conciliador desenvolvia um trabalho de perguntador se havia ou não havia acor-

---

11 Relatório de atividades do Núcleo Permanente de Métodos Consensuais de Solução de Conflito e Cidadania do Tribunal de Justiça do Distrito Federal e Territórios. Disponível em: https://www.tjdft.jus.br/informacoes/cidadania/nupemec/institucional/publicacoes/relatorios/nupemec/2018/Relatrio1semestre2018_2510.pdf/@@download/file/Relat%C3%B3rio%20 1%C2%BA%20semestre%202018_25%2010.pdf. Acesso em: 02.10.2019.

do, tentando, sem técnicas adequadas, fechar um acordo. Por se tratar de um novo modelo apresentado pelo CNJ, trazido pelo CPC e pela Lei de Mediação, muitos se espantaram no início, o que é esperado de qualquer ser humano que se depara com algo desconhecido, sendo muito mais cômodo permanecer na zona de conforto que proporciona segurança.

De acordo com a definição trazida na capa do *Manual de mediação judicial*,

> pode-se definir mediação como um processo autocompositivo segundo o qual as partes em disputa são auxiliadas por um terceiro, neutro ao conflito, ou um painel de pessoal sem interesse na causa, para auxiliá-las a chegar a uma composição. Trata-se de uma negociação assistida ou facilitada por um ou mais colaboradores em que se desenvolve um processo composto por vários atos procedimentais pelos quais o(s) terceiro(s) imparcial(is) facilita(m) a negociação entre pessoas em conflito, habilitando-as a melhor compreender suas posições e a encontrar soluções que se compatibilizam aos seus interesses e necessidades. A mediação, além de auxiliar as partes a resolverem suas disputas com elevado grau de satisfação, proporciona a elas um aprendizado quanto a formas apropriadas de resolução de disputas e promove, ainda, uma oportunidade de exercício de empatia até então não encontrado no processo civil ou penal.[12]

Existem diversos tipos e modelos de mediação e é preciso compreender a prática como um sistema de pacificação social e caminho para a efetividade na prestação do serviço de solução efetiva de disputas. Com toda reverência e respeito à contextualização histórica da mediação,

> A história da mediação está intimamente ligada ao movimento de acesso à justiça iniciado ainda na década de 70. Nesse período, clamava-se por alterações sistêmicas que fizessem com que o acesso à justiça fosse melhor na perspectiva do próprio jurisdicionado. Um fator que significativamente influenciou esse movimento foi a busca por formas de solução de disputas que auxiliassem na melhoria das relações sociais envolvidas na disputa. [...] Nessa oportunidade houve clara opção por se incluir a mediação – definida de forma ampla como uma negociação catalisada por um (ou mais) terceiro imparcial – como fator preponderante no ordenamento jurídico, podendo-se afirmar inclusive que, nesse período, começou-se a perceber que a relevância da incorporação de técnicas e processos autocompositivos como no sistema processual como meio de efetivamente realizar os interesses das partes de compor suas diferenças interpessoais como percebidas pelas próprias

---

12 AZEVEDO, André Gomma de (coord.). *Manual de mediação judicial*, 2013, capa.

partes. Com isso, iniciou-se uma nova fase de orientação da autocomposição à satisfação do usuário por meio de técnicas apropriadas, adequado ambiente para os debates e relação social entre mediador e partes que favoreça o entendimento.[13]

O *Manual de mediação*, versão de 2013, escolhida, pela forma que trouxe o texto, enriquece seus esclarecimentos quando registra que:

> na mediação há a possibilidade de administração do conflito de forma a manter ou aperfeiçoar o relacionamento anterior com a outra parte. Finalmente, cumpre destacar que a celeridade e baixo custo do processo de mediação são também frequentemente indicadas como benefícios da autocomposição técnica.[14]

As pesquisas sobre o Poder Judiciário[15] direcionam no sentido de que o jurisdicionado percebe os tribunais como locais onde estes terão impostas sobre si decisões ou sentenças.

Diante das observações de que a satisfação daqueles que utilizam dessa prestação jurisdicional depende da percepção, e se o procedimento foi ou não justo, nota-se que não basta o acesso à justiça, mas sim um resultado que solucione o conflito, afinal esse é o ideal do Judiciário, solucionar problemas e, para tanto, precisa se equipar com ferramentas para tal.

Ao abordar a mediação e conciliação acerca das diferenças entre elas, a doutrina é farta em distinções, no entanto para fins dessa análise, serão ambas (conciliação e mediação) consideradas como mediação que, de acordo com os estudos de Leonard Riskin, ensina sobre as técnicas de negociações de Harvard[16] sugerindo uma diferenciação entre as abordagens "facilitadora" e "avaliadora" para a prática da mediação.

Assemelha-se ao conceito que se tem de "conciliação" aquele modelo em que o terceiro, neutro ao conflito, faz sugestões e adota postura com atitudes que interferem mais nos resultados, para Riskin esse procedimento está mais amoldado à mediação avaliadora, sendo mais adequado aos casos que as partes tenham uma relação pontual, por exemplo, um acidente de trânsito no qual as pessoas não se conheçam, uma relação de consumo ou uma prestação de serviço de telefonia.

---

13 Ibidem, p. 21.
14 Ibidem, p. 100.
15 SOUZA SANTOS, Boaventura de, et al. *Os tribunais nas sociedades contemporâneas*, 1996, p. 19-56.
16 RISKIN, Leonard L. "Understanding mediator orientations, strategies and techniques: a grid for the perplexed". 1 *Harv. Negot.*

Aproxima-se do conceito que se tem de "mediação" o modelo em que o terceiro, neutro ao conflito, adota uma postura com finalidade de facilitar a comunicação, restabelecer o contato dissolvido ou desgastado. Em sua atuação não interfere nos resultados, não faz sugestões, tampouco dá direção para as partes, se restringe a trabalhar com perguntas, esclarecer algumas situações jurídicas se pertinentes desde que não atribua a elas tendência no seu discurso para que as partes tenham condições básicas para tomarem suas decisões, estimular as partes a gerarem opções e selecionar a que entenderem mais adequadas e com resultados de ganhos mútuos mais produtivos, para Riskin esse procedimento se amolda à mediação facilitadora, mais adequada aos casos em que as partes tenham tido, têm ou terão uma relação continuada, ou seja, que se prolonga no tempo, por exemplo, casos que envolvem família, vizinhos, condomínio ou sociedade empresarial em que sócios se relacionem.

Feita essa breve distinção para ilustrar a sistemática proposta por Leonard Riskin, a atuação de um mediador avaliador contempla atitudes como estimular e incentivar as partes a aceitar acordos restritos baseados em posições e/ou interesses, propor acordos restritos baseados em posições e/ou interesses, prever consequências de processos judiciais e outros métodos, avaliar os pontos fortes e fracos de cada lado, prever impacto do não acordo sobre os interesses, promover a conscientização sobre os interesses. Já a atuação de um mediador facilitador pode ser visualizada ao englobar atitudes como auxiliar as partes a avaliar propostas, auxiliar as partes a desenvolver e trocar propostas restritas baseadas em posições e interesses, perguntar às partes sobre as consequências do possível não acordo e como isso seria para elas, perguntar às partes sobre as prováveis consequências de um processo judicial ou outros processos, auxiliar as partes a desenvolverem opções baseadas em interesses e auxiliá-las a entenderem os interesses envolvidos na disputa apresentada.

Natural que ao discorrer sobre um tema como esse, aos olhos de juristas que trazem nas suas bagagens acadêmicas formalismo vinculado às normas positivadas, pode parecer um absurdo que, por meio de abordagens sociais, obtenha-se resultados satisfatórios, alguns possivelmente dirão que a Constituição prevê regras e normas que devem ser seguidas, e devem, sim, ser seguidas, normas essas integrantes da mesma constituição que em seu preâmbulo visa instituir um Estado Democrático, que é "fundada na harmonia social e comprometida, na ordem interna e internacional, com a solução pacífica das controvérsias".[17] Portanto, esse complexo sistema com inúmeras facetas deve abarcar as diversas

---

17 BRASIL. Constituição (1988). *Constituição da República Federativa do Brasil*, 1988 (Preâmbulo).

formas de harmonização social para cumprir o fim ao qual foi criado, não podendo ofertar apenas o formato da judicialização com resultados, majoritariamente, desgastantes para os envolvidos.

A figura do mediador e do conciliador integra esse sistema com atuação primordial voltada à aludida harmonização e pacificação social, sendo ele um agente de provocação de mudança, tendo importante papel no judiciário e na sociedade na medida em que contribui para a compatibilização das relações sociais e humanas auxiliando as pessoas que "descobrem-se num dilema"[18] a organizar, por meio de técnicas e ferramentas adequadas, seus conflitos, proporcionando, com isso, conforto às partes que se descobriram em uma situação nova sem saber qual a saída ou, ao menos, qual a melhor saída.

No Brasil há hoje um microssistema legal da autocomposição, como acima mencionado, e suas normas apresentam princípios relativos aos mecanismos da conciliação e da mediação, que devem ser sempre observados, sob pena de colocar em xeque a atividade, a qualidade e a satisfação dos usuários.

A mediação e a conciliação, metodologias científicas de solução de disputas, são baseadas nos princípios elencados no quadro comparativo que segue:

Resolução n. 125/2010 do Conselho Nacional de Justiça	Lei de Mediação (Lei n. 13.140/2015)	Código de Processo Civil (Lei n. 13.105/2015)
Confidencialidade	Confidencialidade	Confidencialidade
Imparcialidade	Imparcialidade do mediador	Imparcialidade
Autonomia	Autonomia da vontade das partes	Autonomia da vontade
Decisão informada		Decisão informada
Independência		Independência
	Oralidade	Oralidade
		Informalidade
Empoderamento		
Validação		
Respeito à ordem pública e às leis		
Competência		
	Isonomia das partes	
	Boa-fé	

---

18 FISCHER, Roger. *Como chegar ao sim*: negociação de acordos sem concessões. Trad. Vera Ribeiro, Ana Luiza Borges, 2005, p. 16.

Compreender a estrutura dos princípios nos permite entender a maneira como a mediação existe, funciona e ainda como deve ser feita sua manutenção, em especial aos usuários desse sistema, no caso o advogado que escolhe adotar estrategicamente essa metodologia.

Pode-se dizer que Conciliação e Mediação são uma metodologia de solução de conflitos, com validação científica, embasadas por princípios, sendo eles distribuídos, portanto, nas normas mencionadas, na Resolução n. 125/2010 do CNJ, no CPC e na Lei de Mediação, devendo ser interpretados de modo que se integrem e não se excluam, já que tais normas compõem o microssistema da autocomposição. Os princípios que sustentam a metodologia da conciliação e da mediação devem estar fundados também em pilares que garantam a qualidade dos trabalhos, sendo eles a qualidade técnica, ambiental, social e ética.[19]

As características da mediação contemplam um procedimento flexível, que revela seus princípios fundamentais, no entanto sua aplicação técnica e profissional é qualificada por métodos preparados e cientificamente comprovados com toda precisão e em razão dessa caracterização é considerada um mecanismo. Mecanismo de solução consensual de conflitos.

Embora na doutrina tenhamos diversas linhas de pensamento sobre o tema mediação e conciliação, pode-se afirmar que os referidos princípios sustentam tal ciência, e o art. 166 do CPC vigente traz os mesmos princípios para ambas, ou seja, elas são fundadas pelos mesmos pilares, indicando, portanto, se tratar da mesma ciência de solução de conflitos.

> Art. 166. A *conciliação e a mediação são* informadas pelos princípios da *independência, da imparcialidade, da autonomia da vontade, da confidencialidade, da oralidade, da informalidade e da decisão informada.*
>
> § 1º A confidencialidade estende-se a todas as informações produzidas no curso do procedimento, cujo teor não poderá ser utilizado para fim diverso daquele previsto por expressa deliberação das partes.
>
> § 2º Em razão do dever de sigilo, inerente às suas funções, o conciliador e o mediador, assim como os membros de suas equipes, não poderão divulgar ou depor acerca de fatos ou elementos oriundos da conciliação ou da mediação.
>
> § 3º Admite-se a aplicação de técnicas negociais, com o objetivo de proporcionar ambiente favorável à autocomposição.

---

19 BRASIL. CONSELHO NACIONAL DE JUSTIÇA. AZEVEDO, André Gomma de (org.). *Manual de mediação judicial*, 2016, p. 107.

§ 4º A mediação e a conciliação serão regidas conforme a livre autonomia dos interessados, inclusive no que diz respeito à definição das regras procedimentais.[20] (grifos do autor)

Olhar para a formação desses profissionais é imprescindível, e de acordo com o Anexo I da Resolução n. 125/2010 do CNJ, que trata das Diretrizes Curriculares, a formação dos profissionais é comum, havendo diferenças na sua atuação, como prevê sabiamente o art. 165 do CPC.

A lei processual apresenta as diferenças no tocante à atuação do profissional ao tratar do profissional e da sua atuação que será distinta a depender da natureza e das peculiaridades do caso concreto, como veremos.

No Brasil, em momentos passados, existiram diferenças de capacitação de profissionais, assim como práticas autocompositivas isoladas em diversos tribunais, o que fazia com que a autocomposição no Brasil não caminhasse de maneira uniforme e no mesmo sentido. A Resolução n. 125/2010 vem, organiza e cria um sistema uniforme para evitar as diferenças improdutivas e as práticas distintas, buscando assegurar a boa execução dos trabalhos autocompositivos no sistema de justiça. Uma das organizações e uniformizações trazidas é quanto à formação dos profissionais da autocomposição, denominados "terceiros facilitadores", deixando clara a formação ser uniforme para esses profissionais, elencando no Anexo I da Resolução n. 125/2010 do CNJ parâmetros curriculares mínimos para a capacitação de terceiros facilitadores, indicando assim a espinha dorsal do conteúdo a ser ministrado na formação de tais profissionais (conciliadores e mediadores), que poderá ser acrescida de acordo com o perfil do programa de ensino. As diretrizes curriculares vêm para traçar um conteúdo mínimo que permita o desenvolvimento de habilidades e competências desses profissionais, capacitando-os para atuar minimamente com os casos que lhes serão submetidos. Naturalmente casos mais complexos demandam mais habilidades e, portanto, na seleção e definição do conciliador e mediador a experiência, treinamento e horas de atuação são fatores que terão impacto na condução do processo autocompositivo e que o profissional da advocacia deve estar atento, para que, com isso, possa entregar uma melhor experiência na solução da disputa de seu cliente.

O legislador faz diferença quanto às aplicações da ciência autocompositiva com atuação de *terceiro imparcial sem poder decisório, que, escolhido ou*

---

20 BRASIL. Código de Processo Civil. Lei n. 13.105, de 16 de março de 2015. Disponível em: http://www.planalto.gov.br/ccivil_03/_ato2015-2018/2015/lei/l13105.htm. Acesso em: 15.09.2019.

aceito pelas partes, as auxilia e estimula a solucionarem suas questões, mas não com relação à ciência da autocomposição (conciliação e mediação).

> Art. 1º Esta Lei dispõe sobre a mediação como meio de solução de controvérsias entre particulares e sobre a autocomposição de conflitos no âmbito da administração pública.
>
> Parágrafo único. Considera-se mediação a atividade técnica exercida por terceiro imparcial sem poder decisório, que, escolhido ou aceito pelas partes, as auxilia e estimula a identificar ou desenvolver soluções consensuais para a controvérsia. (Lei de Mediação).[21]

O CPC deixa clara a diferença entre o "conciliador" e o "mediador", respectivamente tratados no art. 165, §§ 2º e 3º, principalmente quanto a atuação, quando, após a expressão "conciliador" e após a expressão "mediador", faz menção a atuação desses profissionais.

Profissionais cujas atividades têm natureza jurídica de auxiliares de justiça por força da disposição do art. 149 do CPC.

CAPÍTULO III

DOS AUXILIARES DA JUSTIÇA

> Art. 149. São *auxiliares da Justiça*, além de outros cujas atribuições sejam determinadas pelas normas de organização judiciária, o escrivão, o chefe de secretaria, o oficial de justiça, o perito, o depositário, o administrador, o intérprete, o tradutor, *o mediador, o conciliador judicial*, o partidor, o distribuidor, o contabilista e o regulador de avarias.[22] (grifos do autor)

Ao olharmos para modelos estrangeiros de autocomposição semelhantes ao nosso, vemos características muito semelhantes, mantendo o cerne de um modelo que ao redor do mundo recebe o nome de Mediação. No Brasil, apenas, faz-se menção aos dois nomes Mediação e Conciliação.

Em síntese, o legislador trata mediação e conciliação de maneira conjunta e interligada, com os mesmos princípios, indicando tratar-se da mesma ciên-

---

21 BRASIL. Lei de Mediação. Dispõe sobre a mediação entre particulares como meio de solução de controvérsias e sobre a autocomposição de conflitos no âmbito da administração pública. Lei n. 13.140, de 26 de junho de 2015. Disponível em: http://www.planalto. gov.br/ccivil_03/_ato2015-2018/2015/lei/L13140.htm. Acesso em: 15.07.2019.

22 BRASIL. Código de Processo Civil. Lei n. 13.105, de 16 de março de 2015. Disponível em: http://www.planalto.gov.br/ccivil_03/_ato2015-2018/2015/lei/l13105.htm. Acesso em: 22.05.2019.

cia que pode ser usada ou aplicada de diferentes formas pelo profissional, seja ele mediador ou conciliador, vejamos,

> Seção V
> Dos Conciliadores e Mediadores Judiciais
> Art. 165. Os tribunais criarão centros judiciários de solução consensual de conflitos, responsáveis pela realização de sessões e audiências de conciliação e mediação e pelo desenvolvimento de programas destinados a auxiliar, orientar e estimular a autocomposição.
> § 1º A composição e a organização dos centros serão definidas pelo respectivo tribunal, observadas as normas do Conselho Nacional de Justiça.
> § 2º O *conciliador*, que *atuará preferencialmente nos casos* em que não houver vínculo anterior entre as partes, poderá sugerir soluções para o litígio, sendo vedada a utilização de qualquer tipo de constrangimento ou intimidação para que as partes conciliem.
> § 3º O *mediador*, que *atuará preferencialmente nos casos* em que houver vínculo anterior entre as partes, auxiliará aos interessados a compreender as questões e os interesses em conflito, de modo que eles possam, pelo restabelecimento da comunicação, identificar, por si próprios, soluções consensuais que gerem benefícios mútuos.[23] (grifos do autor)

O CPC quando menciona os verbetes "conciliação" e "mediação" traz quase em sua totalidade as duas expressões de modo conjunto, não fazendo, em qualquer lugar, distinção entre as metodologias. Como técnica legislativa se quisesse diferenciar o faria, assim como fez com a atuação dos profissionais (ou seja, com relação ao profissional, ao indivíduo e não à metodologia), e tantos outros institutos ao longo do diploma processual, explicando e segmentando as diferenças.

Ainda sobre os princípios alusivos ao tema, temos que a Resolução n. 125/2010 do Conselho Nacional de Justiça traz, no art. 1º do Anexo III, que trata do Código de Ética de Conciliadores e Mediadores Judiciais, os seguintes princípios que regem a atuação de conciliadores e mediadores judiciais, sendo a confidencialidade, decisão informada, competência, imparcialidade, independência e autonomia, respeito à ordem pública e às leis vigentes, empoderamento e validação. Cabendo aqui um olhar para os princípios no que se refere claramente à atuação dos profissionais da autocomposição.[24]

---

23 Ibidem.
24 CONSELHO NACIONAL DE JUSTIÇA (Brasil). Resolução n. 125, de 29 de novembro de 2010. Disponível em: http://www.cnj.jus.br/images/atos_normativos/resolucao/resolucao_125_29112010_11032016162839.pdf. Acesso em: 08.08.2019.

O CPC revela no seu art. 166 que "a conciliação e a mediação são informadas pelos princípios da independência, da imparcialidade, da autonomia da vontade, da confidencialidade, da oralidade, da informalidade e da decisão informada".[25]

A Lei de Mediação destaca em seu art. art. 2º que "a mediação será orientada pelos seguintes princípios: I – imparcialidade do mediador; II – isonomia entre as partes; III – oralidade; IV – informalidade; V – autonomia da vontade das partes; VI – busca do consenso; VII – confidencialidade; VIII – boa-fé".[26]

E por meio de uma condução qualificada, com ferramentas adequadas, baseadas em pilares sólidos, as partes por si próprias, confeccionam suas decisões acerca das questões ali apresentadas, sendo a sessão ou audiência presidida por um terceiro facilitador sem poder decisório que as auxilia e estimula a compreender melhor suas questões, necessidades e interesses, permitindo a elas desenhar o melhor modelo de solução.

Nesse contexto a advocacia ganha mais uma ferramenta oferecida pelo CPC, que traz benefícios diversos como a solução célere, adequada, que abrange interesses e necessidades que frequentemente não são tuteladas pelo processo judicial no seu modelo tradicional, e para a advocacia benefícios como alto índice de satisfação de clientes, imagem positiva do profissional, sensação para o cliente que o profissional por ele escolhido o integrou na solução da sua disputa, e consequentemente o recebimento mais célere dos seu honorários profissionais, que não devem ser reduzidos pela solução na via autocompositiva, conforme prevê o Código de Ética e Disciplina da Advocacia.

Afirmou Alvin Toffler, escritor e futurista americano, em consonância com nosso tema, que, "ou você tem uma estratégia própria ou você é parte da estratégia de alguém".

Estratégico, portanto, o profissional da advocacia escolher, de acordo com o caso concreto, o uso da autocomposição, seja a submissão do caso diretamente à mediação ou o tentar adotar inicialmente a negociação e na sequência, se necessário o uso da mediação antes da judicialização ou da submissão à arbitragem. Tentada a negociação com a parte ou com as partes contrárias e não

---

25 BRASIL. Código de Processo Civil. Lei n. 13.105, de 16 de março de 2015. Disponível em: http://www.planalto.gov.br/ccivil_03/_ato2015-2018/2015/lei/l13105.htm. Acesso em: 08.08.2019.

26 BRASIL. Lei de Mediação. Dispõe sobre a mediação entre particulares como meio de solução de controvérsias e sobre a autocomposição de conflitos no âmbito da administração pública. Lei n. 13.140, de 26 de junho de 2015. Disponível em: http://www.planalto.gov.br/ccivil_03/_ato2015-2018/2015/lei/L13140.htm. Acesso em: 15.09.2019.

tendo êxito, se valer da mediação é, como regra, caminho inteligente, em especial por resultados altíssimos, e portanto das altas chances de solução.

No Tribunal de Justiça de São Paulo, em 2018, os casos pré-processuais, aqueles levados aos Centros Judiciários de Solução de Conflito e Cidadania (CE-JUSCs) antes do ajuizamento de uma ação, na área de família, 84% dos casos submetidos à autocomposição tiveram acordo e na área cível 55% dos casos tiveram acordo, é o que revela o Relatório de atividades do NUPEMEC-TJSP[27] (Núcleo Permanente de Métodos Consensuais de Solução de Conflito e Cidadania).

Já na seara processual, ou seja, os casos que já possuem ações judiciais em tramitação, na área de família, 61% dos casos submetidos à autocomposição tiveram acordo e na área cível 28% dos casos tiveram acordo, é o que revela o Relatório de atividades do NUPEMEC-TJSP.[28]

No Tribunal de Justiça do Distrito Federal e Territórios, o Relatório de atividades semestral,[29] referente ao primeiro semestre de 2018, indica que entre conciliações e mediações pré-processuais a média geral foi de 74,25% de acordo e nos casos processuais a média geral de acordo de 44%. O relatório revela ainda de maneira detalhada que na mediação processual cível a taxa de acordo foi de 47,6%, na mediação processual de família de 59,5%, e ainda na mediação pré-processual geral foi de 83,3% de acordo.

A prática autocompositiva revela diariamente que quanto mais cedo as partes se submetem à mediação maiores as chances de terem suas questões resolvidas, e isso também é o que revelam as estatísticas da mediação judicial no Tribunal de Justiça de São Paulo e do Tribunal de Justiça do Distrito Federal e Territórios, sendo também uma realidade percebida na prática das soluções extrajudiciais estruturadas.

Acerca dos honorários advocatícios, pensar em como cobrar faz toda diferença na cobrança. Explico. Se olhar para o advogado como resolvedor de problema faz sentido cobrar pela solução. Se olhar para tal profissional como ajuizador de ações e acionador de petições faz mais sentido cobrar pelo trabalho feito e pelas petições elaboradas. E, sim, esse é o ponto fundamental da co-

---

27 Relatório de atividades do Núcleo Permanente de Métodos Consensuais de Solução de Conflito e Cidadania do Tribunal de Justiça de São Paulo. Disponível em: https://issuu.com/tjspoficial/docs/info2018a4. Acesso em: 02.10.2019.

28 Ibidem.

29 Relatório de atividades do Núcleo Permanente de Métodos Consensuais de Solução de Conflito e Cidadania do Tribunal de Justiça do Distrito Federal e Territórios. Disponível em: https://www.tjdft.jus.br/informacoes/cidadania/nupemec/institucional/publicacoes/relatorios/nupemec/2018/Relatrio1semestre2018_2510.pdf/@@download/file/Relat%C3%B3rio%201%C2%BA%20semestre%202018_25%2010.pdf. Acesso em: 02.10.2019.

brança dos honorários, a partir do momento em que o profissional se posiciona como efetivamente um resolvedor de problemas ou como alguns preferem como um auxiliar de solução de conflitos, o profissional gira a chave para seu modelo de trabalho e cobrança, naturalmente com ajustes nas suas abordagens e forma de "vender" seu valioso capital intelectual.

Algumas frases, entre várias, ouvidas nas orientações e consultorias que marcaram e são motivo de alegria para o autor, que transcreve: "O longo tempo entre o ajuizamento da ação e a solução do problema acaba com a advocacia"; "Você tem razão, cliente quer o problema dele resolvido e o advogado quer cliente satisfeito"; "Não passou pela minha cabeça ser possível cobrar o mesmo valor, até entender que eu ofereço um melhor meio de resolver o problema dele"; "Nós, os advogados, queremos muito resolver, mas nem sempre sabemos tecnicamente como devemos organizar uma negociação e uma mediação, você conseguiu fazer uma grande diferença em minha carreira e no negócio do meu cliente. Obrigado" (tradução livre); "Quando você diz que cliente satisfeito chama mais cliente, é isso! Sempre quis isso para o meu escritório e tenho conseguido implementar com sua ajuda".

Honorários que devem ser valorizados e que a lei atribuiu a característica de crédito privilegiado,[30] não fosse sua importância e relevância, conforme disposto no art. 24 da Lei n. 8.906/94, corroborado pela Súmula vinculante n. 47 do Supremo Tribunal Federal,[31] que assevera a característica de verba alimentar dos honorários, sendo parte essencial da atividade do profissional da advocacia, e o Código de Ética tende, no mesmo sentido, a considerar as cobranças pelas soluções, vejamos.

O Código de Ética e Disciplina da Ordem dos Advogados do Brasil (CED OAB), considerando a atividade do profissional com um olhar para a resolução de conflitos e disputas, na mesma linha adotada nos deveres profissionais de estímulo ao consenso e prevenção da instauração de litígios, veda a diminuição dos honorários ajustados em decorrência da solução extrajudicial, seja pela via da negociação, da conciliação e mediação ou outros métodos de solução consensual de conflitos consoante ao disposto no art. 48 do CED OAB. Outra es-

---

30 "Art. 24. A decisão judicial que fixar ou arbitrar honorários e o contrato escrito que os estipular são títulos executivos e constituem crédito privilegiado na falência, concordata, concurso de credores, insolvência civil e liquidação extrajudicial."

31 STF, Súmula vinculante n. 47: Os honorários advocatícios incluídos na condenação ou destacados do montante principal devido ao credor consubstanciam verba de natureza alimentar cuja satisfação ocorrerá com a expedição de precatório ou requisição de pequeno valor, observada ordem especial restrita aos créditos dessa natureza. Disponível em: http://www.stf.jus.br/portal/jurisprudencia/menuSumario.asp?sumula=2504. Acesso em: 07.09.2019.

tratégia adotada que tem sido implementada em escritórios com resultados muito interessantes apontados, como não só a garantia dos honorários, mas também a valorização do trabalho do profissional e consequente satisfação dos clientes que tem se mostrado elevada quando estruturada de maneira adequada. Assim, o profissional da advocacia tem base normativa para garantir seus honorários no mesmo parâmetro que na via da judicialização, vejamos o que discorre o Código de Ética,

CAPÍTULO IX
DOS HONORÁRIOS PROFISSIONAIS
Art. 48. A prestação de serviços profissionais por advogado, individualmente ou integrado em sociedades, será contratada, preferentemente, por escrito.

§ 1º O contrato de prestação de serviços de advocacia não exige forma especial, devendo estabelecer, porém, com clareza e precisão, o seu objeto, os honorários ajustados, a forma de pagamento, a extensão do patrocínio, esclarecendo se este abrangerá todos os atos do processo ou limitar-se-á a determinado grau de jurisdição, além de dispor sobre a hipótese de a causa encerrar-se mediante transação ou acordo.

§ 2º A compensação de créditos, pelo advogado, de importâncias devidas ao cliente, somente será admissível quando o contrato de prestação de serviços a autorizar ou quando houver autorização especial do cliente para esse fim, por este firmada.

§ 3º O contrato de prestação de serviços poderá dispor sobre a forma de contratação de profissionais para serviços auxiliares, bem como sobre o pagamento de custas e emolumentos, os quais, na ausência de disposição em contrário, presumem-se devam ser atendidos pelo cliente. Caso o contrato preveja que o advogado antecipe tais despesas, ser-lhe-á lícito reter o respectivo valor atualizado, no ato de prestação de contas, mediante comprovação documental.

§ 4º *As disposições deste capítulo aplicam-se à mediação, à conciliação, à arbitragem ou a qualquer outro método adequado de solução dos conflitos.*

§ 5º *É vedada, em qualquer hipótese, a diminuição dos honorários contratados em decorrência da solução do litígio por qualquer mecanismo adequado de solução extrajudicial.*

§ 6º Deverá o advogado observar o valor mínimo da Tabela de Honorários instituída pelo respectivo Conselho Seccional onde for realizado o serviço, inclusive aquele referente às diligências, sob pena de caracterizar-se aviltamento de honorários.

§ 7º O advogado promoverá, preferentemente, de forma destacada a execução dos honorários contratuais ou sucumbenciais.[32] (grifos do autor)

---

32 Ibidem.

Alvin Toffler afirma ainda que "os analfabetos do próximo século não são aqueles que não sabem ler ou escrever, mas aqueles que se recusam a aprender, reaprender e voltar a aprender". Notável que a mediação está posta. Faz parte do nosso ordenamento e carece de aprendizado por todos nós operadores do direito. Que possamos aprender e utilizar de maneira adequada como forma de benefício e favorecimento do ser humano.

A mediação aplicada de modo adequado é estratégia rica e eficaz na solução de disputas gerando resultados marcantes para os advogados e para seus constituintes. Ofertar não apenas ao cliente, mas também ao profissional um espaço dentro ou fora do Poder Judiciário, seja nos Centros Judiciários ou através do uso de mediadores privados, de maneira individual ou por meio de câmaras de mediação, para que seu cliente receba a prestação de um serviço que integre segurança jurídica com atendimento acolhedor, profissionais qualificados, que o valorize e valorize seu cliente, e, em tendo uma composição, possa ter todo o aparato necessário para sair com um acordo estruturado que atenda aos interesses e necessidades dos envolvidos e, querendo, ser ainda homologado, portanto com uma sentença. Sentença que registre a decisão confeccionada pelos próprios envolvidos dentro dos seus limites e daquilo que eles queiram efetivamente resolver. A escolha, portanto, de maneira intencional e estratégica da metodologia oportuniza benefícios para todos os participantes, com benefícios tanto nos aspectos sociais e econômicos, profissionais e pessoais, de maneira individual e coletiva.

REFERÊNCIAS BIBLIOGRÁFICAS

AZEVEDO, André Gomma (coord.). *Manual de mediação judicial.* 6.ed. Brasília, CNJ, 2016.
_____. *Manual de mediação judicial.* 4.ed. Ministério da Justiça. Secretaria de Reforma do Judiciário, 2013.
BAPTISTA, Talita Seiscento. "La mediación familiar. Aspectos relevantes em el ámbito brasileño". In: *Proceso Civil, Mediación Y Arbitraje en América Latina Y España.* Espanha, Ratio Legis, 2018, p. 265.
BRASIL. Código de Processo Civil. Lei n. 13.105, de 16 de março de 2015. **Disponível em:** http://www.planalto.gov.br/ccivil_03/_ato2015-2018/2015/lei/l13105.htm.
BRASIL. Constituição da República Federativa do Brasil. Brasília. Senado Federal. Centro Gráfico, 1988.
BRASIL. Lei da Mediação. Dispõe sobre a mediação entre particulares como meio de solução de controvérsias e sobre a autocomposição de conflitos no âmbito da administração pública. Lei n. 13.140, de 26 de junho de 2015. Disponível em: http://www.planalto.gov.br/ccivil_03/_ato2015-2018/2015/lei/L13140.htm.
CNJ – CONSELHO NACIONAL DE JUSTIÇA. *Justiça em Números 2019.* Brasília, 2019.
CNJ – CONSELHO NACIONAL DE JUSTIÇA. Resolução n. 125, de 29 de novembro de 2010. Disponível em: http://www.cnj.jus.br/images/atos_normativos/resolucao/resolucao_125_29112010_11032016162839.pdf.

FISCHER, Roger. *Como chegar ao sim*: negociação de acordos sem concessões. Trad. Vera Ribeiro e Ana luiza Borges. 2.ed. revisada e ampliada. Rio de Janeiro, Imago, 2005.

HENSLER, Deborah. R. "Puzzling over ADR: Drawing Meaning from the RAND Report". *Dispute Resolution Magazine*. n. 8, 1997, p. 9 e 133.

KAHNEMAN, Daniel. *Rápido e devagar*: duas formas de pensar. Trad. Cassio Arantes Leite. Rio de Janeiro, Objetiva, 2012.

MICHAELIS. *Dicionário Brasileiro da Língua Portuguesa*. Disponível em: https://michaelis.uol.com.br/moderno-portugues/busca/portugues-brasileiro/conflito/.

RISKIN, Leonard L. "Understanding Mediator Orientations, Strategies and Techniques: A Grid for the Perplexed". 1 *Harv. Negot.*

SOUZA SANTOS, Boaventura de et al. *Os tribunais nas sociedades contemporâneas*. Porto, Afrontamento, 1996.

STF. Súmula vinculante n. 47. Disponível em: http://www.stf.jus.br/portal/jurisprudencia/menuSumario.asp?sumula=2504.

TJDFT. Relatório de atividades do Núcleo Permanente de Métodos Consensuais de Solução de Conflito e Cidadania do Tribunal de Justiça do Distrito Federal e Territórios. Disponível em: https://www.tjdft.jus.br/informacoes/cidadania/nupemec/institucional/publicacoes/relatorios/nupemec/2018/Relatrio1semestre2018_2510.pdf/@@download/file/Relat%C3%B3rio%201%C2%BA%20semestre%202018_25%2010.pdf.

TJSP. Relatório de atividades do Núcleo Permanente de Métodos Consensuais de Solução de Conflito e Cidadania do Tribunal de Justiça de São Paulo. Disponível em: https://issuu.com/tjspoficial/docs/info2018a4.

11

Jurisdição, intervenção de terceiros e o novo Código de Processo Civil: uma análise da figura do *amicus curiae* no direito processual civil brasileiro

José Eduardo Martins Cardozo
Hugo Nunes Nakashoji Nascimento

INTRODUÇÃO

O Código de Processo Civil de 2015 (CPC/2015) produziu importantes e significativas inovações processuais no direito positivo brasileiro. O estímulo à observância da jurisprudência das nossas Cortes jurisdicionais, atribuindo relevância ao sistema de precedentes judiciais, e a própria criação de um gênero comum para a *tutela provisória*, adotando a disciplina de um regime jurídico uniforme para a *tutela cautelar e antecipada*, não podem deixar de ser considerados como inovações relevantes. Ao lado de outras, devem merecer destaque também as inovações trazidas pelas regras inseridas no Título III do Livro III do nosso vigente estatuto adjetivo civil, ao tratarem das modalidades de intervenção de terceiros. Além de disciplinarem, em boa técnica e de modo oportuno, o incidente de *desconsideração* da personalidade jurídica, excluíram desse novo contexto normativo a *oposição*, transformando-a em procedimento especial previsto nos arts. 682 e seguintes do novo *Codex*. Substituíram ainda a *nomeação à autoria* pela transferência ao réu do ônus de indicar o sujeito passivo da relação jurídica, nos casos em que alegar a sua ilegitimidade (art. 339).

Nesse contexto, ou seja, no âmbito das regras que tratam da intervenção de terceiros no nosso processo civil, dedicaremos algumas breves linhas à nova disciplina normativa atribuída a atuação processual do *amicus curiae*.

De imediato, cumpre observar que, mesmo antes do nosso vigente estatuto processual civil, interessantes questões se apresentavam em face dessa particular forma de intervenção jurídico-processual de terceiro, motivando polêmicas e indagações merecedoras de reflexões aprofundadas. Aliás, a própria origem histórica do instituto sempre se apresentou como um problema a ser esclareci-

11 Jurisdição, intervenção de terceiros e o novo Código de Processo Civil **195**

do, a despeito da induvidosa etimologia latina da expressão.[1] Duas grandes vertentes doutrinárias foram esboçadas a respeito. A primeira remonta à ideia de que o *amicus curiae* teria suas raízes fincadas no antigo direito romano. A segunda, por sua vez, parte da premissa de que estaria no direito inglês a sua origem. Donde dizer Cassio Scarpinella Bueno, que

> a origem do *amicus curiae* não é clara na história do direito processual civil. Há autores que afirmam estarem suas origens mais remotas no direito romano; outros, com base em ampla documentação, sustentam que a figura vem do direito inglês, com uso frequente desde o século XVII quando, gradativamente, passou a ter ampla aplicação no direito norte-americano.[2]

Não podemos deixar de observar, contudo, que a preferência doutrinária parece inclinar-se para o entendimento de que o instituto, ao menos nos moldes em que é aplicado no Brasil, teria dado os seus primeiros passos no direito inglês, sob a égide da *common law*.[3] Sob essa perspectiva, Rafael Dilly Patrus sustenta que

> o formato contemporâneo do *amicus,* importado por vários países, muitos deles de sistema distante do *common law,* nasceu a partir de uma construção jurisprudencial estadunidense. Nesse ponto, é imperioso mencionar o caso *Müller vs. Oregon*, julgado pela Suprema Corte em 1907, em que o célebre advogado Louis D. Brandeis apresentou ao tribunal um parecer técnico com opiniões médicas, estatísticas sociais e econômicas e um estudo comparativo de legislações estrangeiras. Completamente distinto dos *amici* que o antecederam, o *Brandeis Brief*, como ficou conhecido, centrava-se em argumentos extrajurídicos ou em questões jurídicas alheias ao ordenamento e à jurisprudência norte-americana.[4]

Seja como for, podemos afirmar que o instituto processual do *amicus curiae* foi desenvolvido e aprimorado de forma distinta e em *modus* diversificado em cada sistema jurídico que o acolhe, seja sob a perspectiva da *civil law*, seja sob

---

1   O instituto processual do *amicus curiae* pode também ser denominado de *friend of court*, no direito norte-americano, ou como *Freund des Gerichts*, na sistemática do direito germânico.

2   BUENO, Cassio Scarpinella. Amicus curiae *no Projeto de novo Código de Processo Civil*, 2011, p. 113. Disponível em: https://www2.senado.leg.br/bdsf/bitstream/handle/id/242885/000923086.pdf?sequence=1; acesso em: 12.06.2020.

3   AGUIAR, Mirella de Carvalho. *Amicus curiae*, 2005, p. 11.

4   PATRUS, Rafael Dilly. "O *amicus curiae* como instrumento de democratização da jurisdição constitucional brasileira". *Observatório da Jurisdição Constitucional* – Instituto de Direito Público. Ano 6, n. 2 (jul./dez. 2013), p. 139.

a sistemática processual da *common law*.[5] Em um rápido olhar sobre as experiências do direito comparado, porém, chama a atenção o fato de que a experiência jurídica desse instituto no direito estadunidense apresenta aspectos convergentes, em alguma medida, com os encontráveis no processo civil brasileiro. Naquele país, em que atualmente a atuação do *amicus curiae* é considerada tradicional, ela vem regulamentada nas US Supreme Court Rules,[6] configurando-se processualmente em casos mais expressivos e que excedam os interesses individuais. Sua função primordial, perante a Suprema Corte estadunidense, será a de levar à tribuna uma questão relevante, não ventilada pelas partes,[7] com o propósito de fornecer subsídios para a formação do convencimento dos responsáveis pela decisão judicial. Guarda, com isso, semelhança com o que ocorre no vigente direito brasileiro, como a seguir se dirá.

Desse modo, é possível afirmar-se que, nos dois sistemas jurídicos (o brasileiro e o estadunidense), a intervenção processual do *amicus curiae* se justifica, *a priori*, pelo notório conhecimento do terceiro sobre a matéria judicializada, e também pela dimensão teleológica de que, uma vez admitida a sua atuação, poderá haver uma melhor qualificação da prestação jurisdicional do Estado.

O PANORAMA GERAL DA APLICAÇÃO DO *AMICUS CURIAE* NO DIREITO BRASILEIRO (PERÍODO ANTERIOR AO ATUAL CPC)

No ordenamento jurídico brasileiro, o instituto do *amicus curiae* foi introduzido pelo art. 31 da Lei n. 6.385/76, instituidora da Comissão de Valores Mo-

---

5   A figura processual é consagrada na legislação de países como o Canadá e a Austrália, de tradição jurídica anglo-saxã, mas também na França, na Itália e na Argentina, de forma distinta. Cabe destacar que o instituto também encontra amparo nos ordenamentos supranacionais, por exemplo, no Regulamento da Corte Interamericana de Direitos Humanos nos arts. 45.1 e 45.3. Dispõe esse diploma normativo que "A Corte poderá, em qualquer fase da causa: 1. Instruir-se, *ex officio*, com toda prova que considere útil. De modo particular, poderá ouvir, na qualidade de testemunha, de perito ou por outro título, a qualquer pessoa cujo testemunho, declaração ou opinião considere pertinente. [...] 3. Solicitar a qualquer entidade, escritório, órgão ou autoridade de sua escolha que obtenha informação, que expresse uma opinião ou elabore um relatório ou parecer sobre um determinado item".

6   As *US Supreme Court Rules* são consideradas o Regimento Interno da Suprema Corte Norte Americana.

7   *"Rule 37. Brief for an Amicus Curiae. 1. An amicus curiae brief that brings to the attention of the Court relevant matter not already brought to its attention by the parties may be of considerable help to the Court. An amicus curiae brief that does not serve this purpose burdens the Court, and its fling is not favored. An amicus curiae brief may be fled only by an attorney admitted to practice before this Court as provided in Rule 5."* Disponível em: https://www.supremecourt.gov/ctrules/2019RulesoftheCourt.pdf; acesso em: 12.06.2020.

biliários (CMV), que determinou a intervenção da autarquia em processos da sua competência. Posteriormente, foi publicada a Lei n. 8.884/94 que, em seu art. 89, permitiu a intervenção do Conselho Administrativo de Defesa Econômica (CADE) nas ações que envolvessem direito da concorrência. Em seguida, a Lei n. 8.906/94, que instituiu o Estatuto da Ordem dos Advogados do Brasil (OAB), permitiu a atuação da entidade, por meio de seu Presidente, em demandas, e até mesmo em inquéritos, em que os advogados fossem partes e/ou investigados.

Até então o escopo da legislação vinha sendo o de possibilitar a intervenção de órgãos e entidades que possuíssem interesse direto na demanda. Contudo, no final da década de 1990, a partir da edição das leis que regulamentaram os processos objetivos de controle de constitucionalidade (Leis ns. 9.868/99 e 9.882/99), o instituto ganhou uma nova dimensão. Ao referir-se a essa particular forma de intervenção de terceiros, a exposição de motivos da Lei n. 9.868/99, afirmou, *in verbis*, que:

> Trata-se de providência que confere um caráter pluralista ao processo objetivo de controle abstrato de constitucionalidade, permitindo que o Tribunal decida com pleno conhecimento dos diversos aspectos envolvidos na questão.
>
> Da mesma forma, afigura-se digna de realce a proposta formulada com o sentido de permitir que o relator, considerando a relevância da matéria e a representatividade dos postulantes, admita a manifestação de outros órgãos ou entidades (arts. 7º, § 2º, e 18, § 2º). Positiva-se, assim, a figura do *amicus curiae* no processo de controle de constitucionalidade, ensejando a possibilidade de o Tribunal decidir as causas com pleno conhecimento de todas as suas implicações ou repercussões.[8]

Note-se, assim, que a edição de leis que regulamentaram as ações de controle abstrato da constitucionalidade foi a mola propulsora da normatização mais aperfeiçoada do instituto do *amicus curiae* no direito positivo brasileiro. A razão pela qual isso ocorreu é evidente: em ações de eficácia decisória *erga omnes* se deve ter como essencial que o julgador obtenha opiniões e informações técnicas dos diferentes segmentos da sociedade que possam contribuir para a formação do juízo de convicção jurisdicional. Com isso, melhor se conhecerá e se fundamentará a decisão de mérito a ser proferida.

---

8 BRASIL. Exposição de Motivos da Lei n. 9.868, de 10 de novembro de 1999. Disponível em: https://www2.camara.leg.br/legin/fed/lei/1999/lei-9868-10-novembro-1999-369587-exposicaodemotivos-150030-pl.html; acesso em: 12.06.2020.

Cinco anos do CPC: questões polêmicas

Sendo assim, dada a relevância social das decisões prolatadas em sede de controle concentrado de constitucionalidade, foram nessas ações que se revelou, *prima facie*, a verdadeira razão de ser do instituto, qual seja, *a pluralização e a democratização do debate enquanto fator de legitimação dos interesses da sociedade para as decisões tomadas pelo Poder Judiciário*. Afinal, como sustenta Dirley da Cunha Júnior

> a intervenção do *amicus curiae* no processo objetivo de controle de constitucionalidade pluraliza o debate dos principais temas de direito constitucional e propicia uma maior abertura no seu procedimento e na interpretação constitucional, nos moldes sugeridos por Peter Haberle em sua sociedade aberta dos intérpretes da constituição.[9]

Ou como diria Cassio Scarpinella Bueno, o instituto em comento

> mostra sua face mais visível na exata medida em que se reconhece a necessária interação do juiz com as partes – ou com os outros sujeitos que possam atuar, de alguma forma, no processo – em busca de melhor aproximação e, portanto, mais completa definição dos temas e matérias que deverão ser necessariamente enfrentados pelo magistrado ao julgar o objeto litigioso.[10]

Partindo-se dessa premissa, torna-se clara a constatação de que a admissão da intervenção como *amicus curiae* no processo civil brasileiro guarda uma correlação natural com o fenômeno jurídico da constitucionalização do processo civil. Por esse fenômeno, como se sabe, a Constituição acaba sendo acolhida como parâmetro de referência axiológico-jurídico para a formulação dos institutos do direito processual, prefigurando e modelando o que muitas vezes é denominado doutrinariamente de "direito processual constitucional". Segundo Cândido Dinamarco,

> [...] por direito processual constitucional queremos designar um método consistente em examinar o sistema processual e os institutos do processo à luz da Consti-

---

9 CUNHA JR., Dirley da. "A intervenção de terceiros no processo de controle abstrato de constitucionalidade – a intervenção do particular, do colegiado e do *amicus curiae* na ADIN, ADC e ADPF". In: DIDIER JR., Fredie; WAMBIER, Teresa Arruda Alvim (coords.). *Aspectos polêmicos e atuais sobre os terceiros no novo processo civil e assuntos afins*, 2004, p. 165.

10 BUENO, Cassio Scarpinella. Amicus curiae *no processo civil brasileiro*: um terceiro enigmático, 2008, p. 56.

11 Jurisdição, intervenção de terceiros e o novo Código de Processo Civil **199**

tuição e das relações mantidas com ela. O método constitucionalista inclui em primeiro lugar o estudo das recíprocas influências existentes entre a Constituição e processo – relações que se expressam na tutela constitucional do processo e, inversamente, na missão deste como fator de efetividade dos preceitos e garantias constitucionais de toda ordem.[11]

A partir do quatro principiológico delineado pela Carta Constitucional de 1988, foi a afirmação de que o nosso país é um Estado Democrático de Direito, e a legitimação que disso decorre para as normas e atos que com base nesse princípio devem ser editados, que veio a propiciar a entronização definitiva do instituto do *amicus curiae* no ordenamento jurídico pátrio com inegável relevância jurídica. A propósito, inclusive, chegou a afirmar o nosso Pretório Excelso que:

> A intervenção de terceiros no processo da ação direta de inconstitucionalidade é regra excepcional prevista no art. 7º, § 2º, da Lei 9.868/1999, que visa a permitir "que terceiros – desde que investidos de representatividade adequada – possam ser admitidos na relação processual, para efeito de manifestação sobre a questão de direito subjacente à própria controvérsia constitucional. A admissão de terceiro, na condição de *amicus curiae*, no processo objetivo de controle normativo abstrato, qualifica-se como fator de legitimação social das decisões da Suprema Corte, enquanto Tribunal Constitucional, pois viabiliza, em obséquio ao postulado democrático, a abertura do processo de fiscalização concentrada de constitucionalidade, em ordem a permitir que nele se realize, sempre sob uma perspectiva eminentemente pluralística, a possibilidade de participação formal de entidades e de instituições que efetivamente representem os interesses gerais da coletividade ou que expressem os valores essenciais e relevantes de grupos, classes ou estratos sociais. Em suma: a regra inscrita no art. 7º, § 2º, da Lei n. 9.868/99 – que contém a base normativa legitimadora da intervenção processual do *amicus curiae* – tem por precípua finalidade pluralizar o debate constitucional" (ADI 2.130-MC, rel. Min. Celso de Mello, *DJ* 02.02.2001). Vê-se, portanto, que a admissão de terceiros na qualidade de *amicus curiae* traz ínsita a necessidade de que o interessado pluralize o debate constitucional, apresentando informações, documentos ou quaisquer elementos importantes para o julgamento da ação direta de inconstitu-

---

11 DINAMARCO, Cândido Rangel. *Instituições de direito processual civil*, 2001, v. I, p. 188-9. Note-se que a expressão "direito processual constitucional" a que se faz aqui referência, deriva da expressão "modelo constitucional do processo" referida na obra *Il modelo constituzionale del processo civile italiano*, de Italo Andolina e Giuseppe Vignera.

cionalidade (ADI 3.921, rel. Min. Joaquim Barbosa, decisão monocrática, j. em 24.10.2007, *DJ* 31.10.2007).

Donde ser possível afirmarmos, conclusivamente, que a *raison d'être* do instituto do *amicus curiae é a* criação de um instrumento de efetivação e de otimização do Estado de Direito no âmbito do direito processual civil, com intuito de aperfeiçoar e de legitimar as decisões tomadas no exercício da função jurisdicional.

Por fim, observe-se que as Leis ns. 9.868/99 (ADI e ADC) e 9.882/99 (ADPF) propiciaram uma alteração substantiva em relação ao instituto processual em comento. Até então, admitia-se a intervenção, na qualidade de *amicus curiae*, sempre que o magistrado, diante da complexidade da causa, solicitasse o ingresso de terceiro nos autos, com o objetivo de melhor qualificar a prestação jurisdicional. Entretanto, após a edição desses diplomas legais, se passou a admitir a intervenção de forma espontânea, aceitando-se que o terceiro *voluntariamente* pudesse pleitear, *in concreto*, a sua atuação processual em uma determinada lide. Deu-se, com isso, maior dinamicidade e praticidade a essa figura processual.

Não se pode esquecer, todavia, que essa realidade normativa, tratada em legislação especial e submetida ao desenvolvimento jurisprudencial e doutrinário, fez com que o *amicus curiae* viesse a ser referido como o "terceiro enigmático",[12] revelando a necessidade de que o instituto viesse a receber um melhor e mais apurado delineamento ontológico e normativo. A sua natureza jurídica ainda era absolutamente controvertida. Alguns autores compreendiam o instituto como uma modalidade de intervenção atípica ou anômala,[13] definida com fundamento no interesse essencialmente econômico previsto no art. 5º da Lei n. 9.469/97. Outros, porém, qualificavam essa figura processual como um auxiliar do juízo,[14] por óbvio, não no sentido atribuído aos serventuários

---

12 A expressão foi cunhada por Cassio Scarpinella Bueno na sua magnífica obra Amicus curiae *no processo civil*: um terceiro enigmático, 2008.

13 CARNEIRO, Athos Gusmão. "Mandado de Segurança: assistência e *amicus curiae*". *Revista de processo*, v. 112, 2003, p. 219; CUNHA, Leonardo José Carneiro da. "Intervenção anômala: a intervenção de terceiros pelas pessoas jurídicas de direito público previsto no parágrafo único do art. 5º da Lei 9.469/1997". In: DIDIER JR., Fredie; WAMBIER, Teresa Arruda Alvim (coords.). *Aspectos polêmicos e atuais sobre os terceiros no novo processo civil e assuntos afins*, 2004, p. 622-5.

14 GÓES, Gisele Santos Fernandes. "*Amicus curiae* e sua função nos processos objetivos". Necessidade de universalização do instituto para outras demandas. In: DIDIER JR., Fredie et al. (coords.). *O terceiro no processo civil brasileiro e assuntos correlatos*: Estudos em homenagem ao Professor Athos Gusmão Carneiro, 2010.

que participam do processo, mas na dimensão subjetiva atribuída àqueles que têm por função aprimorar e fornecer suporte técnico às decisões do Poder Judiciário. Nesse sentido, como disse Humberto Theodoro Júnior, o *amicus curiae* seria "um auxiliar especial do juiz, a quem cabe fornecer informações técnicas reputadas relevantes para o julgamento da causa".[15]

A INSERÇÃO DO INSTITUTO PROCESSUAL NO CÓDIGO DE PROCESSO CIVIL DE 2015

Com esse cenário antecedente, sobreveio o CPC/2015. Por ele, pela primeira vez na nossa história, se regulamentou, de modo sistematizado e abrangente, a figura processual do *amicus curiae* (art. 138).[16] Definiu-se normativamente a sua ontologia jurídica, delimitando-se, com clareza, as suas características e o seu regime jurídico. Dessa maneira, o nosso novo estatuto adjetivo civil não apenas solucionou a controvérsia doutrinária até então existente, mas ainda o consagrou como um instituto processual típico e geral, qualificando-o como uma particular espécie de intervenção de terceiros interessados.

Sob a perspectiva de que o *amicus curiae* possui "interesse na causa", cumpre esclarecer que o nosso Código não exigiu, para a legitimação do seu uso por quem quer que seja, a existência de qualquer interesse jurídico subjetivo ou direto, tal como exigido para a identificação das partes processuais ou mesmo dos assistentes simples ou litisconsorciais. Cuida-se, a bem da verdade, de uma outra forma de interesse jurídico, passível de ser identificada como um *interesse direcionado ao melhor esclarecimento processual de uma matéria jurídica*. Deveras, tendo em vista notório conhecimento da pessoa legitimada a intervir como *amicus curiae*, sua intervenção processual é admitida, unicamente, com o propósito institucional de que o magistrado tenha melhores subsídios para proferir a sua decisão.

Donde termos na legitimação para a atuação como *amicus curiae*, uma outra forma de "interesse jurídico". Em boa formulação podemos firmar que é um autêntico interesse de natureza "jurídico-institucional", ou simplesmente, um "interesse institucional" na boa solução da lide. A propósito, vem a calhar

---

15 THEODORO JÚNIOR, Humberto. *Curso de direito processual civil*, 2018, v. 1, p. 423.
16 "Art. 138. O juiz ou o relator, considerando a relevância da matéria, a especificidade do tema objeto da demanda ou a repercussão social da controvérsia, poderá, por decisão irrecorrível, de ofício ou a requerimento das partes ou de quem pretenda manifestar-se, solicitar ou admitir a participação de pessoa natural ou jurídica, órgão ou entidade especializada, com representatividade adequada, no prazo de 15 (quinze) dias de sua intimação."

as bem-postas palavras de Daniel Amorim Assumpção Neves. Afirma este autor que

> [...] é preciso reconhecer que o *amicus curiae* contribui com a qualidade da decisão dando sua versão a respeito da matéria discutida, de forma que ao menos o interesse para a solução da demanda no sentido de sua manifestação sempre existirá. Ainda que tenha muito a contribuir em razão de seu notório conhecimento a respeito da matéria, não é comum que as manifestações do *amicus curiae* sejam absolutamente neutras. [...] O interesse institucional é voltado à melhor solução possível do processo por meio do maior conhecimento da matéria e dos reflexos no plano prático da decisão.[17]

No mesmo sentido, também afirma Cassio Scarpinella Bueno que

> o interesse institucional deve ser compreendido de forma ampla, a qualificar quem pretende ostentar o *status* de *amicus curiae* em perspectiva metaindividual, apto a realizar interesses quer não lhe são próprios nem exclusivos como pessoa ou entidade, interesses, quiçá, que nem poderiam ser fruídos diretamente pelo *amicus curiae*. São por definição, interesses que pertencem ao grupo (determinado ou indeterminado) de pessoas e que, por isso mesmo, precisam ser considerados no proferimento de específicas decisões.[18]

Se nos debruçarmos agora sobre a disciplina dogmática da matéria *sub examine*, nos termos normatizados pelo CPC/2015, constataremos que são apontados três requisitos de admissibilidade para a legitimação da intervenção de um *amicus curiae*. São estes: (i) a *relevância da matéria*; (ii) as *especificidades do tema objeto da demanda*; e (iii) a *repercussão social da questão*. Em boa exegese, estes requisitos devem ser vistos como *objetivos* e *alternativos*. *Objetivos* por se referirem aos elementos próprios do processo. *Alternativos* por se entender que a lei sugere, em boa compreensão, ser suficiente o atendimento de apenas um deles para que se legitime a intervenção nessa condição processual. Foi, aliás, o que resultou assentado no Enunciado n. 395 do Fórum Permanente dos Processualistas Civis, ao estabelecer que "os requisitos objetivos exigidos para a intervenção do *amicus curiae* são alternativos".

---

17 NEVES, Daniel Amorim Assumpção. *Manual de direito processual civil*, v. único, 2018, p. 372.

18 BUENO, Cassio Scarpinella. *Manual de direito processual civil*, v. único, 2019, p. 211.

11 Jurisdição, intervenção de terceiros e o novo Código de Processo Civil **203**

Para melhor compreensão do disposto na nossa nova lei processual, teçamos alguns brevíssimos comentários sobre estes três requisitos exigidos para a intervenção de um *amicus curiae*.

No que concerne à *relevância da matéria*, o pressuposto é intrínseco aos recursos afetados pela repercussão geral ou pela sistemática dos repetitivos e, a rigor, pelas ações de controle abstrato. Portanto, para a demonstração da relevância da matéria é trivial que a questão demandada judicialmente transcenda os interesses individuais, fazendo-se necessário a presença de um interesse institucional propriamente dito.

Quanto à *especificidade do tema*, este requisito destina-se a evidenciar o manifesto conhecimento técnico, científico ou mesmo prático, do terceiro legitimado a intervir no processo na condição de "amigo da corte", de modo a que a sua atuação possa vir a ser reconhecidamente útil na formação do juízo de convicção dos julgadores.

A *repercussão social*, por sua vez, implica a análise e o reconhecimento, pelo órgão julgador, do panorama geral da matéria judicializada, não devendo se limitar tão somente às questões eminentemente jurídicas. Deveras, as decisões proferidas, inclusive no âmbito do controle difuso,[19] nos julgamentos de casos repetitivos nos termos do art. 928, I e II, do CPC, ou em sede de controle concentrado, deverão refletir, repercutir e influenciar aspectos econômicos, sociais ou políticos relevantes.

Desse modo, por tudo isso, cumpre observar que o *amicus curiae* sempre atuará na defesa de interesses gerais e coletivos, não podendo ser admitida a sua legitimação a partir de critérios para os quais não existam quaisquer limites preestabelecidos. O conhecimento e a especialidade do terceiro interveniente sempre deverão guardar correlação ou pertinência com o tema objeto da controvérsia. Nesse sentido, Daniel Amorim Assumpção Neves lembra que é essencial "que o terceiro demonstre ter um interesse institucional na causa, não sendo suficientes interesses corporativos, que digam respeito somente ao terceiro que pretende ingressar".[20] A representatividade adequada, portanto, mostra-se como requisito subjetivo que, de acordo com o entendimento do STF, "deve apoiar-se em razões que tornem desejável e útil a sua atuação processual na cau-

---

19 No que tange ao controle difuso, o CPC/2015 dispôs sobre o incidente de arguição de inconstitucionalidade, nos arts. 948 a 950. Nessa temática, o legislador previu a possibilidade, no art. 950, § 3º, de manifestação de órgãos e entidades, desde que preenchidos os pressupostos subjetivos e objetivos do *amicus curiae*.

20 NEVES, Daniel Amorim Assumpção. *Manual de direito processual civil*, v. único, 2018, p. 374.

sa, em ordem a proporcionar meios que viabilizem uma adequada resolução do litígio constitucional".[21]

Na atual sistemática, deve ser também admitida a intervenção de *amicus curiae* por pessoa física, desde que respeitados os critérios legalmente estabelecidos. Essa opção legislativa teve por objetivo a ampliação do rol de entes habilitados a intervir no processo, uma vez que, até então, apenas poderia ocorrer mediante habilitação de órgão ou por entidade, na conformidade do disposto na Lei da Ação Direta de Inconstitucionalidade, Lei n. 9.868/99.[22]

Apesar das inovações e alterações oriundas da Lei n. 13.105/2015, que de fato representaram uma mudança paradigmática na lógica processual civil adotada pelo direito brasileiro, cumpre salientar que o nosso vigente CPC, ao dispor sobre a figura do *amicus curiae,* acabou por herdar preceitos das legislações pretéritas e referências doutrinárias e jurisprudenciais anteriores. Desse modo, é importante reconhecer que o instituto processual, no *modus* em que veio a ser entronizado no novo estatuto processual civil, não se apresentou como algo novo e revolucionário. Seu novo tratamento foi o resultado bem trabalhado de uma contínua construção doutrinária, jurisprudencial e legislativa que se verificou através dos anos.

À vista disso, podemos afirmar que o procedimento para intervenção processual previsto no *Códex* em vigor para o *amicus curiae* tem como base a já referida Lei n. 9.868/99, que admitiu a forma voluntária da sua atuação. Nessa perspectiva processual agora regulada de forma genérica e abrangente, o terceiro poderá, por meio de petição simples, apresentar a sua manifestação, expondo a sua pretensão de intervir no processo. Em qualquer caso, seja decidida de ofício ou voluntariamente pleiteada pelo interessado, após o deferimento da sua admissão, o *amicus curiae* terá o prazo de quinze dias para apresentar sua manifestação. Note-se, todavia, que o CPC/2015 não determinou em qual momento o *amicus curiae* deve intervir no processo, deixando a resolução da questão para a jurisprudência. Por isso, tem sido assentado, por decisões da nossa Suprema Corte e do próprio Superior Tribunal de Justiça, que o ingresso do ter-

---

21 STF, ADI n. 2.321-MC, rel. Min. Celso de Mello, 25.10.2000.

22 É necessário salientar, todavia, que a nossa Suprema Corte, mesmo antes da vigência do CPC/2015, já vinha admitindo a intervenção de pessoa física na condição processual de *amicus curiae.* O STF admitiu, no HC n. 82.424, em julgamento acerca do tema de direitos humanos, a atuação do Professor Celso Lafer, da Faculdade de Direito da Universidade de São Paulo e membro da Academia Brasileira de Letras, em virtude do seu manifesto conhecimento da questão julgada.

11 Jurisdição, intervenção de terceiros e o novo Código de Processo Civil **205**

ceiro, na condição processual em apreço, será possível apenas até a inclusão do processo na pauta de julgamento.[23]

Outra questão importante inserida no presente tema é ainda a relativa à legitimidade recursal do *amicus curiae*. Em boa compreensão, ela deve ser desdobrada em duas diferentes perspectivas.

Primeiramente, ao consolidar a figura processual do interveniente como uma nova modalidade de intervenção de terceiros, o art. 138 do CPC/2015 estabeleceu que o juiz ou o relator do processo, ao decidir sobre a solicitação ou admissibilidade do *amicus curiae*, proferirá sempre uma decisão *irrecorrível*. Assim, na eventualidade de o terceiro ter voluntariamente requerido a autorização para intervir como *amicus curiae*, ao ter seu ingresso indeferido, a irrecorribilidade imposta *ex lege* incidirá *apenas sobre essa exclusiva decisão*, não abrangendo outras que porventura possam vir a ser tomadas naquele processo relativamente a outras postulações. A respeito, Elpídio Donizetti afirma que "a irrecorribilidade recai tão somente sobre a decisão que solicita (o próprio juiz ou relator) ou admite (pedido formulado pelas partes ou pelo próprio *amicus curiae*)".[24]

Com isso, também naturalmente se afasta, por força do próprio princípio da especialidade, toda e qualquer possibilidade interpretativa de se aventar a utilização de quaisquer formas recursais admissíveis para a revisão de decisões relativas ao ingresso de terceiros, para os casos em que houve a apreciação decisória do ingresso de um *amicus curiae*. Aliás, o próprio Supremo Tribunal Federal já estabeleceu, ao julgar o RE n. 602.584/DF, que "é irrecorrível a decisão denegatória de ingresso no feito como *amicus curiae*. Assim, tanto a decisão do relator que admite como inadmite o ingresso do *amicus curiae* é irrecorrível".[25]

Por fim, no que toca à decisão que autoriza ou rejeita a intervenção do terceiro na qualidade de *amicus curiae*, é oportuno salientar que cabe ao magistrado fixar, na própria decisão, os poderes que confere ao terceiro, isto é, desde a apresentação de memoriais até a possibilidade de sustentação oral no julgamento da demanda em que o terceiro tem admitida a sua possibilidade de intervenção. Tal medida decorre do parcial silêncio do Código de Processo Civil sobre o detalhamento dos atos processuais que a pessoa que atua nessa condição pode vir a praticar.

---

23 Nessa toada: STF, ADI n. 4.071 Ag. Reg./DF, rel. Min. Menezes Direito, *DJ* 22.04.2009, e STJ, QO no REsp n. 1.003.955/RS, rel. Min. Eliana Calmon, DJ 12.11.2008, *Info* 376.
24 DONIZETTE, Elpídio. *Curso didático de direito processual civil*, 2019, p. 320.
25 RE n. 602.584 no Ag. Reg./DF, rel. orig. Min. Marco Aurélio, red. p/ ac. Min. Luiz Fux, j. 17.10.2018 (repercussão geral) (*Info* 920).

Assim, o segundo aspecto referente à legitimidade recursal do terceiro interveniente diz respeito à possibilidade de interposição de recursos, em face de decisões proferidas ao longo do processo em que o *amicus curiae* foi autorizado a intervir. Essa questão é tratada, expressamente, no art. 138, § 1°, do CPC/2015. De acordo com essa norma, existe a vedação da possibilidade de interposição de recursos por essa particular espécie de terceiro, ressalvada a oposição de embargos de declaração.

Por óbvio, essa opção do nosso legislador encontra fundamento na própria natureza do instituto processual em tela. Como é de conhecimento notório, os aclaratórios tem por finalidade tornar a decisão embargada hígida, sanando eventuais obscuridades, contradições, omissões e erros materiais que a contamine, nos termos do art. 1.022 do CPC/2015. Ora, se a função desempenhada pelo *amicus curiae* é a de qualificar[26] a prestação jurisdicional, fornecendo suporte e legitimidade às decisões do magistrado, a partir da pluralização e da democratização do debate, parece acertado legitimá-lo para que possa lançar mão dessa particular espécie recursal. Como diz Elpídio Donizetti:

> embargos de declaração é espécie de recurso que tem por finalidade esclarecer decisão obscura ou contraditória, ou ainda, integrar julgado omisso. Como o *amicus curiae* intervém no processo para auxiliar o juízo, pluralizando o debate acerca da matéria objeto da controvérsia, nada mais correto que legitimá-lo a interpor essa espécie recursal contra eventual sentença ou acórdão omisso, obscuro ou contraditório.[27]

Essa mesma razão, naturalmente, autorizou o CPC/2015, no § 3° do seu art. 138, a admitir a possibilidade do terceiro interveniente opor embargos de declaração no bojo de Incidente de Resolução de Demandas Repetitivas (IRDR). Afinal, o pano de fundo desse Incidente é a proteção da isonomia e da segurança jurídica, quando constatada a multiplicação de ações fundadas sobre a mesma questão de direito, como dispõe o art. 976, I e II, do CPC/2015. Ao proferir decisão no bojo do Incidente de Resolução de Demandas Repetitivas, o órgão julgador tem como objetivo o resguardo do jurisdicionado, em face às decisões contraditórias acerca de uma mesma questão judicializada, que poderiam instaurar um cenário de insegurança jurídica.

---

26 BRASIL. Exposição de motivos do Código de Processo Civil de 2015. Lei n. 13.105 de 16 de março de 2015. Disponível em: https://www2.senado.leg.br/bdsf/bitstream/handle/id/512422/001041135.pdf; acesso em: 12.06.2020.

27 DONIZETTE, Elpídio. *Curso didático de direito processual civil*, 2019, p. 321.

No bojo das reflexões acerca da figura do *amicus curiae*, é ainda louvável que se discorra sobre a necessidade ou não, de que seja constituído advogado para que o terceiro peça regularmente o seu ingresso e atue na demanda. A capacidade postulatória é requisito processual para a validade de atos processuais praticados no exercício da função jurisdicional do Estado, sendo esta conferida apenas aos bacharéis em direito inscritos na Ordem dos Advogados do Brasil. Para as modalidades de intervenção de terceiros dispostas no CPC/73, não restavam dúvidas quanto à indispensabilidade de representação por advogado. Em igual sentido, nos parece se postar o CPC/2015, apesar de ser silente a respeito. A regra é a mesma, inexistindo qualquer razão de direito para que se repute tenha sido alterada. Afinal, as espécies de intervenção de terceiros elencadas na Lei n. 13.105/2015 devem ser arguidas na primeira oportunidade que parte tiver de falar nos autos, ou seja, na petição inicial ou na contestação, como ocorre da denunciação da lide e no chamamento ao processo, ou em forma de incidente processual, tal qual no incidente de desconsideração de personalidade jurídica. A presença de advogado nesses casos, portanto, será sempre obrigatória.

Desse modo, entendemos que em todas as formas de intervenção de terceiros devem ter por necessária a atuação de advogado regularmente constituído nos autos, não havendo razão jurídica plausível para que, no caso de *amicus curiae*, se sustente algo diferente. Mormente, aliás, quando a própria lei defere a este terceiro legitimado a possibilidade excepcionalíssima de recorrer, opondo embargos de declaração, como visto anteriormente.

CONCLUSÃO

Soberania popular, pluralismo e democracia representativa e participativa são pilares fundamentais do Estado Democrático de Direito consagrados na nossa Carta Constitucional. Assim, é imprescindível que disponha, o nosso direito positivo, de instrumentos que viabilizem não apenas a sua efetivação, mas também a sua otimização.

Desse modo, torna-se indispensável a consideração do direito processual civil como um potencial instrumento de concretização e desenvolvimento do Estado Democrático de Direito. A partir de um modelo processual definido no sistema constitucional brasileiro, o direito processual civil deve dispor de institutos adequados para atender a essa realidade axiológico-jurídica.

Um desses institutos é a intervenção processual na condição de *amicus curiae*. Introduzida no ordenamento jurídico brasileiro a partir da edição da Lei n. 6.385/76, que instituiu a Comissão de Valores Mobiliários (CVM), essa figura processual passou a ser gradativamente aperfeiçoada pela legislação pátria, de sorte que, diante da necessidade de regulamentação das ações de controle concentrado de constitucionalidade, sobrevieram as Leis ns. 9.868/99 e 9.882/99, que foram fundamentais para lastrear o novo tratamento da matéria fixado pelo nosso vigente Código de Processo Civil.

Donde podermos afirmar que a intervenção como *amicus curiae*, na lógica do direito processual civil brasileiro, deve ser vista como um instrumento jurídico-processual de efetivação e otimização dos valores intrínsecos ao próprio Estado Democrático de Direito. É nessa dimensão que deve ser compreendida a sua disciplina no nosso vigente Código de Processo Civil.

REFERÊNCIAS BIBLIOGRÁFICAS

AGUIAR, Mirella de Carvalho. *Amicus curiae*. Salvador, Juspodium, 2005.

BRASIL. Exposição de motivos do Código de Processo Civil de 2015. Lei n. 13.105 de 16 de março de 2015. Disponível em: https://www2.senado.leg.br/bdsf/bitstream/handle/id/512422/001041135.pdf; acesso em: 12.06.2020.

BRASIL. Exposição de Motivos da Lei n. 9.868, de 10 de novembro de 1999. Disponível em: https://www2.camara.leg.br/legin/fed/lei/1999/lei-9868-10-novembro-1999-369587-exposicaodemotivos-150030-pl.html; acesso em: 12.06.2020.

BUENO, Cassio Scarpinella. *Manual de processo civil*: volume único. 5.ed. São Paulo, Saraiva Educação, 2019.

_____. "*Amicus curiae* no Projeto de novo Código de Processo Civil". 2011. Disponível em: https://www2.senado.leg.br/bdsf/bitstream/handle/id/242885/000923086.pdf?sequence=1; acesso em: 12.06.2020.

_____. Amicus curiae *no processo civil brasileiro*: um terceiro enigmático. 2.ed. ver., atual. e ampl. São Paulo, Saraiva, 2008.

CARNEIRO, Athos Gusmão. "Mandado de Segurança: assistência e *amicus curiae*". *Revista de processo*, v. 112, São Paulo, RT, 2003.

CUNHA JR, Dirley da. "A intervenção de terceiros no processo de controle abstrato de constitucionalidade – a intervenção do particular, do colegiado e do *amicus curiae* na ADIN, ADC e ADPF". In: DIDIER JR., Fredie; WAMBIER, Teresa Arruda Alvim (coord.). *Aspectos polêmicos e atuais sobre os terceiros no novo processo civil e assuntos afins*. São Paulo, RT, 2004.

DINAMARCO. Cândido Rangel. *Instituições de direito processual civil*. São Paulo, Malheiros, 2001. v. I.

DONIZETTE, Elpídio. *Curso didático de direito processual civil*. 22.ed. Ver., atual. e ampl. São Paulo, Atlas, 2019.

GÓES, Gisele Santos Fernandes. "*Amicus curiae* e sua função nos processos objetivos. Necessidade de universalização do instituto para outras demandas". In: DIDIER JR., Fredie et al. (coords.). *O terceiro no processo civil brasileiro e assuntos correlatos*: Estudos em homenagem ao Professor Athos Gusmão Carneiro. São Paulo, RT, 2010.

NEVES, Daniel Amorim Assumpção. *Manual de direito processual civil* – Volume único. 10.ed. Salvador, JusPodivm, 2018.

11 Jurisdição, intervenção de terceiros e o novo Código de Processo Civil   209

PATRUS, Rafael Dilly. "O *amicus curiae* como instrumento de democratização da jurisdição constitucional brasileira". *Observatório da Jurisdição Constitucional* – Instituto de Direito Público. Ano 6, n. 2 (jul./dez. 2013).

THEODORO JÚNIOR, Humberto. *Curso de direito processual cilvil.* 1. 59.ed. ver., atual. e ampl. Forense, Rio de Janeiro, 2018.

US Supreme Court Rules. Disponível em: https://www.supremecourt.gov/ctrules/2019RulesoftheCourt.pdf; acesso em: 12.06.2020.

12

Cooperação judiciária: esboços para uma teoria geral e princípios

José Eduardo de Resende Chaves Júnior

INTRODUÇÃO

A cooperação judiciária, uma novidade inspirada na cooperação judiciária transnacional (*rectius*: cooperação comunitária) praticada na União Europeia, tem profundas implicações no intercâmbio de atos jurisdicionais, na harmonização de rotinas forenses, na colaboração para a produção das provas, na comunicação interna e externa dos tribunais e também no próprio modelo de gestão do Poder Judiciário, porquanto propõe a reconstrução de uma nova perspectiva do exercício da jurisdição.

O Conselho Nacional de Justiça (CNJ), em novembro de 2011, após um ano de desenvolvimento de projeto, aprovou a Recomendação n. 38,[1] para instituir a Rede Nacional de Cooperação Judiciária,[2] que passou a propiciar uma mudança estrutural e até paradigmática no Judiciário, a partir da transformação do modelo competitivo, num modelo de gestão cooperativa. O atual Código Processual Civil, nascido sob os influxos do chamado giro linguístico e pragmático da filosofia, do princípio do discurso,[3] de uma racionalidade dialógica e

---

1 DJE/CNJ n. 205/2011, de 07.11.2011, p. 20-2. O texto da Recomendação n. 38/2011 CNJ está disponível em: https://atos.cnj.jus.br/atos/detalhar/285; acesso em: 15.07.2020.

2 A Recomendação n. 38 foi transformada na Meta Geral n. 4 do CNJ para o ano de 2012.

3 A formulação do "Princípio D", princípio do discurso de Habermas, neutro e genérico, que inclusive subordina os princípios da moralidade e da democracia, é a seguinte, em tradução livre do espanhol: "válidas são aquelas normas (e só aquelas normas) a que todos que possam ver-se afetados por elas pudessem prestar seu assentimento como participantes em discursos racionais" (HABERMAS, J. *Facticidad y validez*: sobre el derecho y el estado democrático de derecho en términos de teoría del discurso, 2005, p. 172).

210

12 Cooperação judiciária: esboços para uma teoria geral e princípios **211**

cooperativa,[4] abriu-se, naturalmente, à prática da chamada "cooperação judiciária", fruto do referido projeto desenvolvido no âmbito do CNJ,[5] passando a incorporar, no Capítulo II, Título III, do Livro II da Parte Geral, batizado de *Cooperação Nacional* (arts. 67 a 69), quase que literalmente, o cerne da regulamentação da Rede Nacional de Cooperação Judiciária. É importante não se reduzir ou confundir o gênero cooperação judiciária com uma de suas espécies, ou seja, o mero compartilhamento de estruturas, que também foi disciplinado pelo CNJ por meio de sua Resolução n. 28 de 2009.

A cooperação judiciária no Judiciário brasileiro, nesse sentido mais abrangente, contemporâneo e inspirado na experiência europeia, mas indo além dela, de maneira inovadora, teve como primeira iniciativa mais institucionalizada a do Tribunal Regional do Trabalho de Minas Gerais, culminada na experiência denominada SINGESPA – Sistema Integrado de Gestão Judiciária e Participação da Primeira Instância na Administração da Justiça do TRT-MG, sistema que será detalhado mais adiante.

GESTÃO JUDICIÁRIA: DA COMPETIÇÃO À COOPERAÇÃO

Jurisdição e gestão são duas ideias umbilicalmente imbricadas. O Judiciário sem gestão, sem ferramentas de mensuração de desempenho, sem análises e diagnóstico da litigiosidade é como uma nau à deriva no meio do oceano dos conflitos sociais, sem bússola, em busca do primeiro porto. Não há, evidentemente, justiça à vista, nem terra da segurança jurídica nessas circunstâncias.

A mencionada Recomendação n. 38 institui dois mecanismos singelos, (i) um de viés individual, criando a figura do "juiz de cooperação" e (ii) outro de uma perspectiva mais coletiva, por meio dos denominados "núcleos de cooperação judiciária". O juiz de cooperação exercerá o papel inédito de uma espécie de mediador entre juízes, para agilização dos atos que envolverem mais de um magistrado. O núcleo de cooperação é um alvissareiro espaço institucional de diálogo e diagnóstico coletivo dos juízes, que projeta um perfil de gestão muito mais contemporâneo, participativo e democrático.

---

4 A conexão entre linguagem e cooperação é ressaltada num famoso texto do filósofo da linguagem inglês, Paul Grice, "Logic and Conversation", publicado originalmente em *The Logic of Grammar*, D. Davidson and G. Harman (eds.), Encino, CA: Dickenson, 64-75. Reprinted in SWW. Posteriormente, foi publicado em uma coletânea de seus principais artigos, em 1989: *Studies in the Way of Words* (SWW), Cambridge MA: Harvard University Press. O texto foi traduzido para o português e publicado em 1982, em coletânea organizada pelo Professor Marcelo Dascal.

5 Projeto desenvolvido na gestão do Ministro Cezar Peluso.

Sem abrir mão das ferramentas de mensuração de desempenho, a gestão cooperativa foca não apenas o processo, mas também o conflito social que o antecede. Não enxerga apenas o Poder Judiciário, como repartição, estanque, mas opera em termos de "sistema de justiça", envolvendo também os demais membros indispensáveis à administração da justiça, bem assim a própria sociedade articulada.

Por falta de pesquisa acadêmica ou institucional a respeito e de preparo dos juristas para lidar com o tema da gestão, acabaram-se adotando, de forma precipitada, alguns modelos concebidos para a iniciativa privada, sem levar em conta as especificidades das questões que envolvem a gestão pública.

O CNJ, a partir de uma visão privatista e gerencialista, passou a conceber a realização de metas, o que é natural, pois toda atividade humana deve ter um objetivo. Não é possível que os juízes brasileiros exerçam sua função com uma ideia abstrata de fazer justiça, mas sem a menor noção de como enfrentar concretamente a pletora de processos que inunda o Judiciário brasileiro.

A receita de gestão privatística priorizou os dados estatísticos, a abordagem quantitativa e economicista e, principalmente, o viés de competição, incorporando o espírito concorrencial de mercado; foram instituídos, até mesmo, *rankings* e prêmios.

O problema é que esse modelo privado é incapaz, tanto do ponto de vista teórico quanto da experiência prática, de lidar com uma abordagem não organizacional, ou seja, com um tipo de gestão que ultrapasse a organização, não sendo adequado para operar algo mais sistêmico.

Não se pode resolver o problema de justiça no Brasil focando apenas o Judiciário, pois na verdade existe algo mais amplo que é um "sistema de justiça" com vários atores determinantes, principalmente os advogados. Se considerarmos apenas a tradicional teoria angular do processo, temos pelo menos três partes: autor, réu e juiz. O Judiciário, portanto, seria apenas um terço do problema.

Considerem-se, ainda, outros atores fundamentais: o Ministério Público, a defensoria, os sindicatos, as ONGs e, principalmente, o próprio Estado litigante que, sem dúvida, junto com o sistema financeiro e das telecomunicações, são os grandes responsáveis pela saturação do "sistema de justiça" no país.

A resposta para superar a concepção tradicional de justiça, morosa e conservadora, não parece ser o padrão empresarial. Na verdade, esse modelo de produção industrial em série acaba por transformar a justiça em produto e os direitos em mercadoria. Os cidadãos, nesse modelo, são reduzidos à condição de mero consumidores.

As cartas precatória e de ordem são modalidades específicas e tradicionais de cooperação interna, que vigoram, contudo, sob o manto de uma racionali-

12 Cooperação judiciária: esboços para uma teoria geral e princípios   213

dade mais formalista. A elas o CPC/2015 acresceu uma nova modalidade, a carta arbitral (art. 237, IV), para permitir uma interação entre o juízo estatal e o arbitral, a fim de potencializar este último.

Para pontuar bem a distinção da visão tradicional de cooperação e comunicação de atos judiciários e a perspectiva contemporânea, é importante verificar que na regulamentação das cartas precatória e de ordem há previsão expressa de recusa de cumprimento (art. 267). Em se tratando da nova cooperação judiciária, não nos parece possa caber a recusa, pois ela constitui um dos princípios conformadores do CPC/2015. Não combina com a lógica da cooperação a recusa, seria o mesmo que se recusar à urbanidade ou à própria civilidade dialógica.

É certo, contudo, que a cooperação não funciona sob o prisma da coação, pois ela demanda dos atores cooperantes um *plus* de energia colaborativa, que se incompatibiliza com a obrigatoriedade; basta que o juiz adote um enfoque mecanicista e formal para a cooperação não funcionar. Nessa perspectiva, a cooperação se aproxima mais da gestão judicial.

A cooperação, dessa forma, acaba se apresentando como um modelo mais adequado, que valoriza tanto os princípios constitucionais da administração pública, sobretudo o da eficiência, como os de legalidade, impessoalidade, moralidade e publicidade, insculpidos no art. 37 de nossa Carta, e acaba também por revelar uma sintonia com uma forma de gestão mais contemporânea, que envolve a articulação de redes com as ideias de mobilidade, inovação e complexidade inerentes aos fenômenos de uma sociedade plural, mas que é profundamente desigual, sem que com isso perca a pretensão de ser democrática.

COOPERAÇÃO JUDICIÁRIA NO DIREITO COMPARADO

O princípio da cooperação no processo civil já vem sendo consagrado em vários países. Na Alemanha, embora seja controvertida a sua existência na qualidade de princípio, a lei processual (§ 139 da ZPO)[6] prescreve os deveres de *di-*

---

6   "§ 139 Direção Material do Processo. (1) O órgão judicial deve discutir com as partes, na medida do necessário, os fatos relevantes e as questões em litígio, tanto do ponto de vista jurídico quando fático, formulando indagações, com a finalidade de que as partes esclareçam de modo completo e em tempo suas posições concernentes ao material fático, especialmente para suplementar referências insuficientes sobre fatos relevantes, indicar meios de prova, e formular pedidos baseados nos fatos afirmados. (2) O órgão judicial só poderá apoiar sua decisão numa visão fático-jurídica que não tenha a parte, aparentemente, se dado conta ou considerado irrelevante, se tiver chamado a sua atenção para o ponto e lhe dado oportunidade de discuti-lo, salvo se se tratar de questão secundária. O mesmo vale para o entendimento do órgão judicial sobre uma questão de fato ou de direito,

reção *material do processo* do juiz (*Materielle Prozessleitung*); na França (art. 16 do CPC francês)[7] e na Inglaterra, a partir do novo Código de Processo Civil inglês (The Civil Procedure Rules, de 1998).[8] O princípio do processo cooperativo, entretanto, muito embora seja uma alvissareira evolução no exercício da

---

que divirja da compreensão de ambas as partes. (3) O órgão judicial deve chamar a atenção sobre as dúvidas que existam a respeito das questões a serem consideradas de ofício. (4) As indicações conforme essas prescrições devem ser comunicadas e registradas nos autos. Só é admitido contra o conteúdo dos autos prova de falsidade. (5) Se não for possível a uma das partes responder prontamente a uma determinação judicial de esclarecimento, o órgão judicial poderá conceder um prazo para posterior esclarecimento por escrito" (tradução livre). No original: "*§ 139 Materielle Prozessleitung. (1) Das Gericht hat das Sach-und Streitverhältnis, soweit erforderlich, mit den Parteien nach der tatsächlichen und rechtlichen Seite zu erörtern und Fragen zu stellen. Es hat dahin zu wirken, dass die Parteien sich rechtzeitig und vollständig über alle erheblichen Tatsachen erklären, insbesondere ungenügende Angaben zu den geltend gemachten Tatsachen ergänzen, die Beweismittel bezeichnen und die sachdienlichen Anträge stellen. (2) Auf einen Gesichtspunkt, den eine Partei erkennbar übersehen oder für unerheblich gehalten hat, darf das Gericht, soweit nicht nur eine Nebenforderung betroffen ist, seine Entscheidung nur stützen, wenn es darauf hingewiesen und Gelegenheit zur Äußerung dazu gegeben hat. Dasselbe gilt für einen Gesichtspunkt, den das Gericht anders beurteilt als beide Parteien. (3) Das Gericht hat auf die Bedenken aufmerksam zu machen, die hinsichtlich der von Amts wegen zu berücksichtigenden Punkte bestehen. (4) Hinweise nach dieser Vorschrift sind so früh wie möglich zu erteilen und aktenkundig zu machen. Ihre Erteilung kann nur durch den Inhalt der Akten bewiesen werden. Gegen den Inhalt der Akten ist nur der Nachweis der Fälschung zulässig. (5) Ist einer Partei eine sofortige Erklärung zu einem gerichtlichen Hinweis nicht möglich, so soll auf ihren Antrag das Gericht eine Frist bestimmen, in der sie die Erklärung in einem Schriftsatz nachbringen kann*".

7   "O juiz deve, em todas as circunstâncias, respeitar e fazer respeitar-se o princípio do contraditório. Ele não deverá considerar, na sua decisão, os meios, as explicações e os documentos invocados ou apresentados pelas partes, a menos que tenham sido capazes de debatê-los adversamente. Ele não pode basear a sua decisão em fundamentos que suscitou *ex officio*, sem ter convidado as partes a apresentarem as suas observações" (tradução livre). No original: "*Le juge doit, en toutes circonstances, faire observer et observer lui-même le principe de la contradiction. Il ne peut retenir, dans sa décision, les moyens, les explications et les documents invoqués ou produits par les parties que si celles-ci ont été à même d'en débattre contradictoirement. Il ne peut fonder sa décision sur les moyens de droit qu'il a relevés d'office sans avoir au préalable invité les parties à présenter leurs observations*".

8   "PARTE 1, OBJETIVO SUPERIOR – Dever do tribunal de gerenciar casos 1.4. (1) O tribunal deve promover o objetivo principal, gerenciando ativamente os casos. (2) O gerenciamento ativo de casos inclui: (a) incentivar as partes a cooperar entre si na condução dos procedimentos; [...] (f) ajudar as partes a resolver a totalidade ou parte do caso" (tradução livre). No original: "*PART 1, OVERRIDING OBJECTIVE – Court's duty to manage cases 1.4 – (1) The court must further the overriding objective by actively managing cases. (2) Active case management includes – (a) encouraging the parties to co-operate with each other in the conduct of the proceedings; [...] (f) helping the parties to settle the*

12 Cooperação judiciária: esboços para uma teoria geral e princípios **215**

jurisdição, é ainda uma perspectiva mitigada da ideia mais contemporânea da cooperação judiciária. Nessa perspectiva mitigada, cabe ao juiz o dever, em relação às partes, de consulta, prevenção, esclarecimento e até auxílio. O juiz não deve surpreender as partes, senão colaborar com elas, para que possam dialogar no processo, valendo-se de todas as provas e argumentos possíveis ou razoáveis.

Esse novo princípio vem sendo agitado pela doutrina, contudo, de uma maneira muito unilateral e limitada. Um processo cooperativo não se limita apenas a isso, pois existem três perspectivas fundamentais que são deixadas de fora: (i) o dever de cooperação das partes entre si; (ii) o dever da cooperação das partes com o processo e com o juiz; e (iii) o dever de recíproca cooperação entre os órgãos judiciários.

A cooperação é também um dever das partes e dos juízes e não pode ser enfatizada como um direito solipso e unilateral da parte ou mesmo como poder do juiz. Antes de exigir do Estado, a parte deve também colaborar com o processo. Na cooperação ressalta-se a ideia de uma participação dialógica e ética de todos os atores. Não só o juiz tem o dever de colaborar, a parte, por seu turno, tem também o dever de participar de um contraditório interativo.

Nessa linha, o princípio do contraditório, ínsito ao da cooperação, é revisitado não apenas como direito de defesa, mas com um *plus* de compromisso com a construção ética do processo judicial. É a participação com responsabilidade ética de todos os sujeitos do processo.

Nesse sentido, a atual legislação portuguesa parece mais adequada a esse sentido mais plural do princípio da cooperação, na medida em que o art. 266, I, do Código de Processo Civil português o erige não só como dever do magistrado, mas se destina a todos os operadores do processo, reciprocamente.[9] Por outro lado, no âmbito da União Europeia é que o conceito específico de "cooperação judiciária" se desenvolveu, a partir do Livro Verde da Comissão Europeia, de 9 de fevereiro de 2000, procurando levantar os problemas que o demandante transfronteiriço enfrentava.[10] A partir daí, vieram uma série de normas, dando concretude à criação do que é chamado no jargão comunitário de "espaço de liberdade, segurança e justiça", previsto nos programas de Tampere (1999-2004), Haia (2004-2009) e de Estocolmo (2010-2014). Atualmente está

---

whole or part of the case". Disponível em: http://www.legislation.gov.uk/uksi/1998/3132/part/1/made. Acesso em: 19.06.2016.

9 Código de Processo Civil de Portugal, art. 266: "Princípio da cooperação. 1. Na condução e intervenção no processo, devem os magistrados, os mandatários judiciais e as próprias partes cooperar entre si, concorrendo para se obter, com brevidade e eficácia, a justa composição do litígio".

10 O *Livro Verde* está disponível no sítio da União Europeia em: http://eur-lex.europa.eu/legal-content/PT/TXT/HTML/?uri=URISERV:l33122&from=ES. Acesso em: 19.06.2016.

regulado no Tratado de Lisboa, também conhecido como Tratado de Funcionamento de União Europeia – TFUE, firmado em 2007 e com vigência a partir de 2009, no art. 81, n. 1, protocolos ns. 21 e 22.

Os antecedentes dogmáticos da cooperação judiciária em matéria civil, na União Europeia, estão no Tratado de Maastricht, de 1992, que criou a União Europeia.

O Regulamento CE n. 44/2001, do Conselho da União Europeia, de 22 de dezembro de 2000, conhecido como Regulamento Bruxelas I, que regula a competência judicial de cada Estado-membro quanto ao reconhecimento e à execução de decisões em matéria civil e empresarial, é considerado o principal instrumento da cooperação judiciária. Ele foi complementado em 2003 pelo Regulamento Bruxelas II-A, relativo a matérias de execução de decisões em matéria matrimonial e em matéria de responsabilidade parental.

A partir de então pululara uma série de normas que passaram a regular a cooperação judiciária civil – e também a cooperação penal.

É importante também destacar a criação das redes europeias de cooperação judiciária. A "Rede Judiciária Europeia em Matéria Civil e Comercial" foi criada com o intuito de "criar e manter um sistema de informação destinado ao público sobre a cooperação judiciária em matéria civil e comercial no interior da União Europeia, sobre os instrumentos comunitários e internacionais pertinentes e sobre o direito interno dos Estados-Membros".[11] Atualmente, a União Europeia, a partir de um "Portal Europeu da Justiça",[12] desenvolveu um interessante "Atlas Judiciário Europeu"[13] em que o cidadão e os operadores do processo, de uma maneira geral, podem fazer solicitações a outros países por meio de formulários eletrônicos.

Cooperação na dogmática brasileira

A cooperação judiciária tradicional no Código Civil brasileiro se resume aos institutos das cartas precatória, de ordem e, no plano internacional, rogatórias.

A lei de organização judiciária da Justiça Federal, Lei n. 5.010/66, contudo, em seu art. 42,[14] já consagrava os princípios basilares da cooperação judi-

---

11 Art. 3º, 2, c, da Decisão do Conselho da União Europeia, de 28.05.2001.

12 Disponível, inclusive em língua portuguesa, em: https://e-justice.europa.eu. Acesso em: 20.06.2016.

13 Disponível em: https://e-justice.europa.eu/content_european_judicial_atlas_in_civil_matters-321-pt.do. Acesso em: 20.06.2016.

14 "Art. 42. Os atos e diligências da Justiça Federal poderão ser praticados em qualquer Comarca do Estado ou Território pelos Juízes locais ou seus auxiliares, mediante a exibição de ofício ou mandado em forma regular. § 1º Somente se expedirá precatória, quando,

12 Cooperação judiciária: esboços para uma teoria geral e princípios **217**

ciária, quais sejam a informalidade, a celeridade e a unidade da jurisdição nacional. A lei de ação civil pública sobre processos coletivos, que tramita na Câmara dos Deputados, PL n. 5.139/2009, adota explicitamente a colaboração como um de seus princípios pilares.[15]

CARACTERÍSTICAS APROXIMATIVAS E OBJETIVOS JURÍDICOS DA COOPERAÇÃO JUDICIÁRIA

Hoje se critica a profusão *ex nihilo* dos princípios jurídicos, a partir de uma concepção moralista e hermenêutica, cujo objetivo é controlar a discricionariedade judicial. Independentemente desse debate, é importante assinalar que, em se tratando de um instituto novo, é importante que se fixem algumas de suas características aproximativas (Deleuze), princípios em sentido lato ou postulados que possam subsidiar a aplicação mais estável desse novo instituto.

Não é demais observar que a fixação de alguns *topoi* interpretativos, ao contrário de aumentar o potencial interpretativo subjetivo, estabelece critérios e limites intersubjetivos à aplicação da cooperação judiciária por parte de todos os sujeitos do processo.

Nessa linha, partindo da dogmática do CPC, podem-se vislumbrar alguns dos postulados ou até mesmos comandos de otimização (Alexy) próprios da ideia de cooperação judiciária. Vejamos.

Transversalidade

O princípio da transversalidade está insculpido no art. 67 do CPC, ou seja, a cooperação abrange todos os ramos do Judiciário, inclusive o Supremo Tribunal Federal e os tribunais superiores. Não obstante a norma não deixar clara a aplicação ao Supremo Tribunal, não faz sentido excluí-lo dessa nova forma de exercício da jurisdição. Em geral, na prática, o STF demandará mais do que será requisitado em matéria de cooperação, mas é importante que a mais alta corte do país fomente essa nova racionalidade, de forma exemplar, como meio de irradiação a todo o Judiciário brasileiro.

---

por essa forma, for mais econômica e expedita a realização do ato ou diligência. § 2º As diligências em outras Seções sempre que possível, serão solicitadas por via telegráfica ou postal com aviso de recepção. § 3º As malas dos serviços da Justiça Federal terão franquia postal e gozarão de preferência em quaisquer serviços públicos de transporte. § 4º A Justiça Federal gozará, também, de franquia telegráfica."

15 "Art. 3º O processo civil coletivo rege-se pelos seguintes princípios: [...] VII – dever de colaboração de todos, inclusive pessoas jurídicas públicas e privadas, na produção das provas, no cumprimento das decisões judiciais e na efetividade da tutela coletiva."

A norma avança em relação à regulação do Conselho Nacional de Justiça, que previa apenas que os tribunais estaduais ou regionais designassem a figura do magistrado de cooperação. Com o CPC/2015, entende-se que para dar concretude à cooperação judiciária em âmbito nacional é importante que o Supremo Tribunal Federal e os tribunais superiores instituam os seus núcleos de cooperação judiciária e designem seus magistrados de cooperação, para, em concerto com o CNJ, coordenarem todo o sistema nacional.

A coordenação nacional por segmentos do Judiciário é fundamental para organizar e fomentar a cooperação, bem assim os comitês estaduais, compostos por magistrados de cooperação de todos os ramos da Justiça, a fim de promoverem o diálogo interinstitucional, não apenas com os demais tribunais do mesmo estado ou região, mas também com as demais instituições do sistema de justiça.

Mobilidade

A cooperação judiciária não está vedada em nenhum âmbito do Judiciário, seja no âmbito penal, no administrativo, no eleitoral, no militar, no coletivo, seja no privado. A ideia de um Judiciário que atue como um todo harmônico é mais do que simplesmente compatível com todos as áreas do Direito, é desejável.

É evidente que em determinadas situações há limitações em matéria de competência absoluta que podem limitar o alcance da cooperação, mas tais limitações não podem ser escusas para interditar o diálogo entre os juízos, porquanto mesmo nessas hipóteses de cooperação restringida pela competência funcional absoluta há espaço para a criatividade dos juízes, para a harmonização e a agilização de atos a respeito de questões que afetem a mais de um órgão jurisdicional.

Eventual restrição da cooperação pelos limites da competência absoluta abre espaço, por outro lado, para um novo viés de jurisdição compartilhada e coordenada entre os juízes. A prática de atos isolados, sem comunicação e articulação entre os juízos envolvidos em questões que afetem a mais de um órgão jurisdicional, tende a ocasionar distorções no acertamento judicial da lide e a potencializar a sua conflituosidade, ou seja, acarreta o efeito inverso àquela solução buscada para o conflito.

Desordenamento e complexidade

O sistema judicial constitui-se na verdade num sistema complexo, que envolve um tipo especial de interação entre os seus agentes, que têm procedimen-

12 Cooperação judiciária: esboços para uma teoria geral e princípios 219

tos de decisões diferenciados, com interesses e objetivos diversos. A racionalidade tradicional do processo tem sido inadequada para lidar com esse emaranhado de litígios sociais – e o passivo de 100 milhões de processo o comprova.

Na história da crise da ciência moderna, desempenha de forma importante o processo que teve lugar na termodinâmica, especialmente a partir do seu segundo princípio, em conjugação com a ideia da degradação de energia que ocorre em qualquer processo de transformação que insere a ideia seminal de desordem no universo ordenado.[16] Na física de partículas se deu a exponencialização da desordem no *quid* da matéria, na medida em que não há mais certeza nem identidades absolutas, já que as identidades atômicas ora se comportam como ondas, ora como partículas, sem qualquer previsibilidade.[17] Toda essa série de constatações deu início a uma cadeia de perspectivas nos domínios da filosofia e da ciência, bem assim na sociologia do conhecimento a respeito das relações entre a ordem e a desordem.

As leis da natureza eram na verdade simplificações inventadas pelos cientistas, eram abstrações que partiam do concreto.[18] Na origem das leis do universo está o aleatório, o singular, o evento, o condicional[19] e a complexidade. Edgar Morin conclui que "a ordem, perdendo seu caráter absoluto, nos obriga a considerar o mais profundo mistério que, como todos os mistérios, é encoberto pela mais obtusa evidência: a desaparição das Leis da Natureza põe a ques-

---

16 Na termodinâmica ocorreu algo semelhante à dualidade quântica da superposição de estados. Foi consagrada uma espécie de princípio de equilíbrio por meio do caos. O primeiro princípio da termodinâmica reconhece que a energia é dotada de um poder muito importante de transformação. Consagra que a energia nunca se destrói, sempre se transforma. A partir daí se tem a ideia de que as energias do universo são algo eterno, que é conveniente à ideia de autossuficiência do universo. O segundo princípio da termodinâmica, contudo, esboçado por Carnot, e formulado por Clausius em 1850, introduz a ideia de degradação da energia. É importante enfatizar que o segundo princípio introduz a ideia de degradação, não a de desperdício, que seria incompatível com o primeiro princípio. Essa degradação, entretanto, acontece apenas em relação à energia calorífica, pois nesse tipo de energia há uma especificidade: a impossibilidade de se converter novamente em energia. Ao contrário de se converter em energia, a energia calorífica se degrada ou se converte no aumento da agitação das moléculas. Essa aptidão para a diminuição irreversível da energia, própria do calor, foi denominada *entropia* Clausius. Essa degradação da energia caminha em direção à desordem, pois significa o aumento de agitação e velocidade das moléculas. Tal agitação, esse aumento de entropia, significa, ao mesmo tempo, de forma paradoxal, equilíbrio do sistema, pois na entropia máxima não haverá mais calor e a manifestação desse fenômeno no sistema como um todo se processará como homogeneização e morte térmica (MORIN, Edgar. *O método*: a natureza da natureza, 2002, v. 1, p. 53-6).
17 MORIN, Edgar. *O método*: a natureza da natureza, 2002, v. 1, p. 57.
18 Ibidem, p. 101.
19 Ibidem, p. 101, *in fine*.

tão das leis da natureza".[20] A profunda dialética entre ordem e desordem, que é mais entrelaçada do que se imaginava, nos permite vislumbrar uma nova noção: "organização", a possibilidade de encontrar caminhos para investigar a natureza das leis. Essa noção se situa no nível do próprio paradigma, no sentido kuhniano, pois é preciso deixar em suspenso o paradigma lógico no qual ordem e desordem se excluem.[21] A "organização" remete à ideia de organização complexa, que, ao mesmo tempo, conviva com ordem e desordem, e, ainda, se negue à atualização cristalizada das virtualidades combinatórias que esse jogo, complexo e contraditório, abre perspectiva.

Ela é complexa, mas é também essencialmente relacional e de interação. A extrema complexidade da ordem conterá a desordem, e a máxima complexidade da desordem conterá a ordem. Morin designa ao quadrinômio "ordem--desordem-interação-organização" como o caminho para a operacionalização ordem/desordem na nova ordem complexa.

A "organização" não pode ser mais uma ideia simples, unitária, coerente e plena. A organização bobbiana do *Ordenamento* é a organização da ordem antiga, da ordem que não interagia intrinsecamente com a desordem.

O *Ordenamento* bobbiano é ainda puramente estrutural, ou seja, pretende reduzir os fenômenos sistêmicos e os problemas da organização a termos de estrutura relacional. Essa forma de operação sacrifica a complexidade e desperdiça inteligibilidade. Em outras palavras, corresponde a uma perda bruta de fenomenalidade.[22] A cooperação judiciária nesse plano complexo de entrelaçamento de competências jurisdicionais funciona melhor que o sistema tradicional de organização ordenada e simplificada do processo tradicional, justamente porque se compatibiliza melhor que esse tipo de racionalidade, que permite ao juiz e às partes uma interação processual de forma mais flexível, com maior celeridade e efetividade.

Instantaneidade e resiliência

O *caput* do art. 69 apresenta de maneira clara dois princípios que informam a cooperação judiciária: (i) instantaneidade e (ii) resiliência.

A "celeridade" é um conceito surrado e fictício no sistema tradicional. "Instantaneidade" é mais contemporâneo e retrata melhor a ideia, pois encarna tanto a perspectiva interativa, como a da emergência tecnológica. Interação

---

20 Ibidem, p. 104.
21 Ibidem, p. 105.
22 Ibidem, p. 168.

12 Cooperação judiciária: esboços para uma teoria geral e princípios   221

é um agir instantâneo e compartilhado, simultâneo, reticular, averso a uma comunicação descontínua e linear.

A "instantaneidade" diz respeito à prática de atos forenses *sincrônicos*, coordenados prontamente em *tempo real*. A expedição de ofícios, a espera por respostas é o mundo da diacronia, da segmentação, do *tempo fictício*.

Os atos de cooperação devem ser os mais imediatos possíveis, não podem desperdiçar a energia colaborativa no instante em que ela se enseja, se atualiza, se concretiza. O uso das novas tecnologias de comunicação e informação não é apenas permitido, como também é desejável e preferível, pois aceleram os trâmites, aproximam os atores e reduzem os custos.

A cooperação não opera por coação, senão por convicção. Ela não funciona concebida de uma maneira mecânica ou burocrática. Não é propriamente ordenada, em etapas, pois procede como fluxo.

A informalidade busca sua confiabilidade jurídica muito mais na espontaneidade do instante, na integridade da interação, na instrumentalidade das formas, do que na segurança jurídica formal.

Essa informalidade imprime uma eficácia resiliente aos atos processuais, a fim de que se adaptem de forma mais consistente aos procedimentos. O art. 68, ao deixar de restringir a cooperação a uma determinada gama de atos, combina sua universalização à flexibilidade processual, para impedir que razões de ordem formal interrompam o fluxo e a ductibilidade dos atos cooperativos.

Conectividade

A cooperação judiciária tem influxo também na desmaterialização do processo judicial, mas nesse ponto dialoga com a informatização não da perspectiva que normalmente se costuma enfatizar, qual seja (i) a automatização dos atos processuais ou (ii) o aspecto ecológico referente à economia de papel – e de árvores – que essa informatização acarreta.

O que se sublinha quanto à informatização do processo no que respeita à cooperação são as repercussões que novas as tecnologias de informação e comunicação – TICs – trazem para a integração e a comunicação, não só dos atos forenses, mas sobretudo dos sujeitos do processo.

O maior potencial de emancipação que o processo eletrônico carrega, embora seja pouco percebido ainda, é superar o medieval princípio da escritura (*quod non est in actis non est in mundo*), cristalizado desde o século XIII[23] e

---

23 Cfr. os novos princípios do processo eletrônico em CHAVES JR., José Eduardo de Rezende. *Comentários à Lei do Processo Eletrônico*, 2010.

que separa os autos do mundo – ou seja, descompromete a justiça com a sociedade. O revolucionário no processo eletrônico é justamente conectar os autos ao mundo e tornar os cidadãos jurisdicionados beneficiários não só da conectividade, mas também da inteligência coletiva da rede no momento de reivindicar judicialmente seus direitos. Pensar o processo em termos cooperativos passa também pela perspectiva de sua integração reticular, ou seja, pela incorporação das novas TICs e pela virtual inserção do processo na rede mundial de computadores, a internet.

A partir dessa perspectiva do processo em rede, dessa interface autos-mundo, ganha-se em integração, interação e agilidade (*rectius*: instantaneidade). O processo em rede, ao contrário de afastar a pretensão de verdade real construída no mundo da vida daquela construída no processo, permite aproximar – *rectius*: conectar – a pretensão de verdade *real-virtual* e a inteligência coletiva da rede do debate dialógico do processo, o que, sem dúvida, enriquece sobremaneira o manancial de informações de que tradicionalmente dispunham as partes para se valerem judicialmente de seus direitos.

Nessa linha, com um processo mais conectado ao mundo e com interação *on-line*, abrem-se as perspectivas e as possibilidades de uma resolução judicial do litígio mais socialmente adequada.

Outra ferramenta interessante é o chamado *Atlas Judiciário*. Trata-se de uma ferramenta a ser desenvolvida no portal do CNJ, em que se detalham os nomes e os endereços de todos os tribunais e órgãos de primeira instância, assim como referência à área territorial abrangida pela sua jurisdição. Como já se viu, essa ferramenta já é aplicada na União Europeia,[24] sendo extremamente útil não só para a agilização dos atos de cooperação, como também para fornecer informações às partes. O *Atlas* deverá permitir que o juiz de cooperação ou o próprio juiz natural da causa entre em contato com o juízo requerido ou deprecado, diretamente, por via telefônica, *e-mail* ou fax, ou mesmo por meio de um formulário eletrônico.

Recomenda-se, inclusive, conjugar-se essa ferramenta de georreferenciamento ao *Malote Digital*, já implantado pelo CNJ,[25] cuja responsabilidade poderia ficar a cargo inclusive do juiz de cooperação, a fim de imprimir maior articulação e fluidez ao sistema de comunicação entre os órgãos judiciários, inclusive com o próprio CNJ.

---

24 Pode-se conferir o *Atlas Judiciário Europeu* no Portal da União Europeia, disponível em: https://www.ejn-crimjust.europa.eu/ejn/EJN_Home.aspx?l=PT&; acesso em: 17.07.2020.

25 O Malote Digital foi criado pela Resolução n. 100/2009 do CNJ. Disponível em: https://www.cnj.jus.br/sistemas/malote-digital/; acesso em: 15.07.2020.

Interatividade dialógica

Como interface da conectividade, o princípio do diálogo informa os procedimentos de colaboração forense. Nesse diálogo, prevalece a noção de interação, de diversidade e diferença.

A interatividade nos permite superar o velho contraditório linear, segmentado e estático, em que o prazo se transforma em cavalo de batalha, transmuta-se de tempo para defesa em tempo para encontrar uma desculpa e esconder a verdade.

Podemos imaginar um contraditório mais intenso, mais extensível inclusive, um contraditório em tempo real, que torna tudo mais verossímil, autêntico e instantâneo. O contraditório por etapas lineares, sequenciais, estanques torna-se um contraditório mecânico, maniqueísta e artificial, pois a essência do contraditório nem é o *contradizer*, em si, senão a pura possibilidade de participação no processo,[26] com igualdade de oportunidades.[27] A interação dialógica enseja um contraditório hipertextual, hiper-real, intermediático, imediato. Imediato e participativo acaba se tornando muito mais *interação* do que mera *contradição*. A interação significa uma mudança de escala, uma transformação qualitativa em relação à mera contradição linear e segmentada. Interagir é contradizer e participar em tempo real, com sinergia e maior grau de autenticidade.

A contradição se contenta com a participação paritária, e se reduz a um mero procedimentalismo, sem qualquer compromisso material com a realidade ou com a verdade; é pura forma. O princípio da interação é, assim, um *plus* em relação ao contraditório tradicional, pois incorpora um aspecto substancial, de compromisso com a verdade e com a realidade-virtual.

Os estudiosos da nova teoria das redes entendem que o conceito de "participação" é um conceito antigo, linear, de um mundo vertical e menos democrático. Sugerem justamente o conceito de "interação", que é mais compatível com o mundo conectado e plugado, *e*-democratizado. "Participação" pressupõe participar de algo alheio. "Interação" pressupõe participar/interagir de algo próprio.[28] Enfim, o princípio do contraditório está mais ligado, portanto, à democracia procedimental, competitiva, ao passo que o princípio da interação dialógica decorre de uma nova visão política, participativa e colaborativa.

---

26 Cfr. FAZZALARI, *Instituições de direito processual*, 2006, p. 119.

27 Cfr. GONÇALVES, *Técnica processual e teoria do processo*, 1992, p. 127.

28 Cfr.: http://escoladeredes.net/profiles/blogs/redes-sao-ambientes-de; acesso em: 15.07.2020.

Inovabilidade

A operação de um procedimento complexo, interativo, plural e conectivo desafia procedimentos novos e a criatividade das partes e do juiz. Nessa operação prevalece a emergência da inovação processual.

Evidentemente que há limites constitucionais às inovações, mas em sede da disposição colaborativa das partes e do juiz a dúvida se resolve a favor das soluções construídas de forma dialógica pelos sujeitos processuais. O limite, fora dos lindes constitucionais, é a economicidade e a ética dos procedimentos.

A vontade de todos os atores envolvidos no processo deve prevalecer, militando nesse caso o princípio da livre disposição. A exceção é a vedação às soluções encontradas pelos participantes no discurso processual. A regra é encontrar caminhos novos e mais efetivos do que aqueles que a tradição do processo tem oferecido de forma insuficiente e inadequada.

O uso das redes sociais e das novas tecnologias de comunicação e informação deve ser também incentivado, sempre temperado pelo bom senso.

A REDE NACIONAL DE COOPERAÇÃO JUDICIÁRIA

A cooperação judiciária é transversal, ela não pode se conter em delimitações rígidas de competência ou de estruturações próprias de cada ramo judiciário. Seu desenho não é vertical, hierárquico, mas em rede.

A Rede Nacional de Cooperação Judiciária, prevista na Recomendação n. 38/2011, do CNJ, pressupõe uma alvissareira perspectiva para o Poder Judiciário, que ainda não se adaptou de maneira adequada às demandas da sociedade de massa e atua, praticamente, da mesma forma que oficiava no século XIX, quando tínhamos uma sociedade pré-industrial e uma população predominantemente rural, quase vinte vezes menor e com níveis de conflitos incomparavelmente inferiores.

O modelo tradicional de jurisdição, para lidar com a pulverização de demandas repetitivas, conexas ou que pressuponham a intersecção de competência de mais de um juiz, tende muitas vezes a potencializar o conflito. É comum constatar-se entre os juízes um fogo cruzado de liminares ou até conflitos de competência; o litígio acaba migrando, de forma paradoxal, das partes em demanda para aqueles que têm por missão constitucional apaziguá-lo.

O paradigma da cooperação pretende substituir o *conflito* pela *colaboração* interna entre os órgãos do Poder Judiciário. Para tanto, a referida Recomendação n. 38/2011 propõe, como já mencionado, dois mecanismos: (i) a figura do juiz de cooperação e (ii) o núcleo de cooperação judiciária.

Juiz de cooperação

O juiz de cooperação tem por tarefa fazer a ligação entre juízes, com objetivo de dar maior fluidez e agilidade aos atos interjurisdicionais. A figura é inspirada na cooperação judiciária no âmbito da União Europeia, que tem os chamados *ponto de contato* e *magistrado de enlace*, cujas funções objetivam imprimir maior celeridade aos atos judiciais entre os países-membros. O juiz de cooperação pode ser inclusive o embrião do "magistrado de enlace" para o Mercosul ou também para a Unasul.

No espaço judicial da União Europeia, o magistrado de enlace é, portanto, um representante adido[29] do Poder Judiciário que atua e vive num país estrangeiro. Sua função é atuar como facilitador dos atos judiciais internacionais entre o país em que vive o magistrado de enlace e o seu país de origem.[30] O que a Recomendação n. 38/2011 propõe é um pouco diferente: que os tribunais designem magistrados para atuar como facilitadores dos atos judiciais que devam ser cumpridos fora da circunscrição territorial ou da competência material ou funcional do juiz competente para dirimir o conflito, ou, ainda, como catalisadores de atos concertados entre juízos em demandas em que se vislumbre potencial conflito de competência material ou territorial.

É importante frisar que o modelo europeu revelou-se muito indicado para adoção no plano interno do Judiciário brasileiro, fundamentalmente por três razões: (i) a extensão continental do território brasileiro; (ii) a concepção federalista da República do Brasil; e (iii) a divisão do Poder Judiciário em cinco ramos autônomos, com insuficientes mecanismos de comunicação. Temos no Brasil hoje 91 tribunais-ilhas, com um déficit enorme de integração e comunicação.

O juiz de cooperação deve atuar como facilitador dos atos judiciais que devam ser cumpridos fora da competência territorial, material ou funcional do julgador requerente da cooperação.

Além disso, o juiz de cooperação pode figurar também como uma espécie de mediador de atos concertados entre dois ou mais juízes, o que permite maior

---

29 O Desembargador José Maria Quadros de Alencar, do TRT-8, sugere o nome "aditância judicial".

30 Na gestão da Presidência do Ministro Carlos Ayres Britto, o Plenário do CNJ aprovou uma resolução a respeito da cooperação judiciária internacional, instituindo a figura do "magistrado de ligação" nos moldes da cooperação judiciária comunitária da União Europeia. Tal medida veio a lume a partir de um pedido do governo francês, como contrapartida à instituição, em território brasileiro, do juiz de ligação que a França designou para atuar no Brasil, na Venezuela e na Bolívia. Todavia, de maneira inusitada, o Ministro Ayres Brito não publicou a deliberação do Plenário, de modo que a referida resolução subsiste num inadmissível limbo jurídico.

fluidez, flexibilidade e harmonia na tramitação de demandas sujeitas a mais de um ramo judiciário.

Núcleo de cooperação judiciária

O núcleo de cooperação é, sobretudo, um espaço institucional de diálogo entre os juízes para que possam diagnosticar os problemas e as características da litigiosidade em cada localidade e, a partir daí, traçar, coletivamente, uma política judiciária mais adequada à realidade. Será um poderoso instrumento para harmonizar, consensualmente, as rotinas e os procedimentos.

O referido espaço institucional poderá ser concretizado com reuniões, anuais ou semestrais, entre os juízes de um mesmo foro ou tribunal, para discutirem e deliberarem, de forma coletiva e participativa, eventual harmonização de procedimentos, reunião de processos repetitivos ou mesmo para definirem, com as administrações dos tribunais, as prioridades no aparelhamento ou melhoria na estrutura judiciária.

A gestão judiciária não pode mais ser analisada em segmentação à atividade-fim do juiz. A nova gestão judiciária envolve tanto as atividades-meio como os procedimentos e as rotinas da secretaria do juízo, além dos próprios atos ordinatórios do processo.

Tradicionalmente é reservado ao juiz apenas a função de decidir os conflitos materiais e os microconflitos processuais que se sucedem durante a demanda. Além disso, em geral, o juiz decide esses conflitos de forma extremamente isolada, a partir de um contraditório segmentado, sem interação com as partes, com outros atores processuais ou com os demais órgãos do Poder Judiciário.

Na atuação tradicional, a independência judicial acaba se confundindo com a fragmentação dos conflitos e o isolamento do juiz. A gestão judiciária, normalmente, é delegada aos setores administrativos do Poder Judiciário. E mesmo na primeira instância, as funções decisórias, ordinatórias e administrativas são também rigidamente separadas.

Além disso, o juiz preocupa-se de uma maneira geral apenas com o processo e não com o conflito social. Por outro lado, o envolvimento do magistrado com os aspectos ordinatórios do processo, com as rotinas forenses ou com os aspectos administrativos da vara é, na maioria das vezes, um envolvimento meramente fiscalista, como corregedor da vara e não como seu gestor.

O que a Recomendação n. 38/2011 do CNJ propõe é que não basta que o juiz atue apenas como corregedor da vara, como gestor de processos, é preciso também que ele seja, além disso, um gestor de conflitos.

12 Cooperação judiciária: esboços para uma teoria geral e princípios   227

Mas é importante frisar que a gestão judiciária tem suas peculiaridades e não pode se confundir com outro tipo de gestão. O Poder Judiciário não deve, evidentemente, desconhecer os anseios sociais por uma justiça eficiente. Ao lidar com recursos públicos, o juiz tem de se preocupar com a relação custo/benefício do processo, bem assim, com a sua eficácia social. Mas, por outro lado, por se tratar de atividade republicana e de Estado, não parece adequado que a preocupação com eficiência se submeta ao modelo economicista e competitivo de mercado, em que impera a estatística e a visão meramente calculista.

O mapeamento interno do Poder Judiciário é fundamental, pois é preciso diagnosticar quais são os seus gargalos para que as estratégias de combate efetivo das ineficiências do sistema sejam traçadas. Só a partir de um trabalho sério de consistência dos dados é possível fazer esse diagnóstico.

As estratégias a serem traçadas, contudo, não podem se pautar apenas em dados estatísticos, que também são muito relevantes, mas que não podem ser ferramenta exclusiva, pois é preciso também captar a essência da origem dos conflitos sociais a serem dirimidos pela Justiça, e, muito importante, a efetiva observância da garantia dos direitos constitucionais ao processo justo, o que, evidentemente, demanda uma interação coletiva entre os juízes e deles com os demais sujeitos do processo.

Além do aspecto dialógico que envolve os sujeitos processuais do caso concreto, é importante que o diálogo judiciário se descole do processo e se estenda ao mundo da vida, envolvendo também os atores sociais e do Estado que estejam envolvidos nos conflitos em potencial, como, aliás, está dogmaticamente previsto no § 3º do art. 3º do CPC.[31] Nesse sentido, inclusive, a CLT institui os "Núcleos Intersindicais de Conciliação Trabalhista",[32] previstos em seu art. 625-H, criados pela Lei n. 9.968/2000 e que diferem da lógica das "Comissões de Conciliação Prévia", apesar de haverem sido instituídas pela mesma norma, porquanto as últimas se contentam com um mero modelo liberal de contratualis-

---

31 Art. 3º, § 3o: "A conciliação, a mediação e *outros métodos de solução consensual de conflitos deverão ser estimulados por juízes*, advogados, defensores públicos e membros do Ministério Público, inclusive no curso do processo judicial" (grifos nossos).

32 O magistrado e professor de UFMG Antônio Gomes de Vasconcelos, idealizador do sistema NINTER, esclarece que tal sistema "democratiza a jurisdição porque retira o magistrado da solidão institucional e o introduz no diálogo social, com o devido cuidado de preservar-lhe o que confere ao seu discurso a força performativa de ser sempre ouvido com distinção: a imparcialidade, a integridade, a moralidade, a dignidade, a parcimônia, a moderação, a honradez e a probidade enquanto expectativa social depositada no símbolo do cargo e enquanto correspondência do ocupante da função a tais atributos" (VASCONCELOS, Antônio Gomes de. *Pressupostos Filosóficos e político-constitucionais do sistema núcleo intersindical de conciliação trabalhista*, 2014, p. 391).

mo e autorreferenciais.[33] Na linha, a forma de gestão mais adequada à atividade republicana de jurisdição é o modelo de envolvimento cooperado e participativo do juiz, com transparência, gestão democrática e, sobretudo, coletiva.

Os núcleos de cooperação judiciária constituem, pois, mecanismos de gestão judicial *coletiva*, tanto de rotinas e procedimentos como articulação de estratégias para a própria composição de conflitos. Funcionam sob os princípios de descentralização, colaboração, conexão e harmonização de mecanismos de gestão administrativa e processual.

SINGESPA

O núcleo de cooperação judiciária do Foro da Justiça do Trabalho de Belo Horizonte foi a primeira iniciativa institucionalizada de cooperação judiciária no Brasil. Desse núcleo nasceu o I Encontro de Magistrados do Foro da Justiça do Trabalho da capital mineira, envolvendo 96 magistrados de primeiro grau, entre juízes titulares e substitutos, que definiram 79 diretrizes de ação. Em ato contínuo, institucionalizou-se um sistema Integrado de Gestão Judiciária (Portaria n. 1.813/2010, de 07.10.2010, TRT-MG).[34] O referido sistema de gestão integrada tem como mecanismo principal o denominado Sistema Integrado de Gestão Judiciária e Participação da Primeira Instância na Administração da Justiça do TRT-MG – SINGESPA/TRT-MG. Essa iniciativa pioneira em gestão judiciária tem como objetivo inicial racionalizar e padronizar procedimentos e práticas judiciais, com base nas experiências de juízes de primeira instância, que passaram a definir, conjuntamente, políticas jurisdicionais que observem as diretrizes e as metas do CNJ.

Esse sistema executado pelo TRT-MG significa uma mudança paradigmática na atuação do juiz, pois troca o conflito (de competência) pela cooperação, permitindo aos magistrados da primeira instância aprimorar e harmonizar rotinas processuais, sem prejuízo da individualidade e da independência deles, além de ensejar a participação dos juízes de primeiro grau na governança judiciária.

O sistema foi criado em 2010 pelo tribunal mineiro, a partir do Núcleo de Cooperação Judiciária do Foro de Belo Horizonte. Após o I Encontro de Ma-

---

33 "Também não há mais um grande ideologia que se constitua numa utopia capaz de mobilizar os povos e as sociedades, senão a 'ausência' dela propugnada pelo pensamento liberal hegemônico. Por isso, quando as instituições se colocam, em discursos autorreferenciais, como baluarte ou garantia da democracia, é preciso objetar-lhes a questão central acerca de 'qual democracia' e em 'que quadro de referências elas se baseiam'" (VASCONCELOS, Antônio Gomes de. *O sistema núcleo intersindical de conciliação trabalhista*, 2014, p. 390).

34 Disponível em: http://as1.trt3.jus.br/bd-trt3/handle/11103/3642; acesso em: 15.07.2020.

12 Cooperação judiciária: esboços para uma teoria geral e princípios · 229

gistrados do Foro da Justiça do Trabalho de Belo Horizonte, em agosto do mesmo ano, o projeto foi ampliado para todo o estado.

O SINGESPA é composto por unidades regionais de gestão judiciária e de participação da primeira instância na administração da Justiça, as chamadas URGEs. Além da unidade da capital, formam o sistema as URGEs Região Metropolitana de Belo Horizonte, Norte, Sul, Triângulo/Alto Paranaíba, Nordeste e Zona da Mata. As unidades se organizam em grupos de trabalho dos encontros anuais, em que os magistrados discutem diretrizes de ação para as URGEs. As propostas podem ser encaminhadas individualmente, como proposições, aos grupos de trabalho, ou coletivamente, à plenária de representantes das unidades. As instâncias superiores de decisão são os encontros anuais das URGEs e o Encontro Bienal dos Representantes das URGEs, este devendo ser realizado no último semestre de cada período de administração do TRT 3ª Região. Para o Encontro Anual do Singespa 2016, foi criado um fórum virtual preparatório. Pela primeira vez, participaram do Encontro Anual os magistrados de segundo grau.

MODALIDADES DE COOPERAÇÃO JUDICIÁRIA NA JUSTIÇA DO TRABALHO

O art. 69 do Código de Processo Civil, de forma não exaustiva, apresenta algumas modalidades. Vejamos quais são essas modalidades.

Auxílio direto

Auxílio direto são atos forenses ou processuais que dispensam a intervenção dos juízes a que o caso ou os processos estariam em tese ou na prática vinculados. O auxílio direto é próprio, quando os atos envolvem apenas as partes, os advogados ou os servidores. São impróprios quando dispensam a intervenção de apenas um dos magistrados envolvidos nos processos originários da cooperação, ou quando existam atos administrativos do juízo autorizando a prática em abstrato de atos de cooperação sem a chancela do juiz no caso concreto.

O auxílio direto imprime agilidade à prática dos atos e desafoga o juiz.

Reunião ou apensamento de processos

A reunião ou apensamento de processos pode resultar de agenciamentos de cooperação coletiva. A centralização de processos num ou em poucos juízos permite que os magistrados tenham oportunidade de conhecer melhor, mais aprofundada e de maneira mais abrangente, todas as nuances do conflito. Ela potencializa a força decisória, porquanto a fragmentação do litígio, em micro-conflitos individuais, pulveriza a potência da resolução adjudicada do conflito, reduzindo, de forma exponencial, a capacidade do Judiciário de dirimir os conflitos.

Além disso, o tratamento mais isonômico entre os envolvidos, transmite uma maior sensação de equidade, de justiça e de estabilidade jurídica.

Os critérios para a reunião devem ser objetivos para observância do princípio do juiz natural, embora devam dar mais atenção aos aspectos pragmáticos do conflito social ou econômico concreto que está subjacente aos processos reunidos do que a critérios dogmáticos e de ordem teorética.

A interação entre os magistrados e as partes envolvidas, para o estabelecimento desses critérios, é a melhor maneira de se dar consistência jurídica e adequação social a tais critérios.

A ideia dos processos estocásticos, desencontrados, pululantes desestabiliza tanto as relações sociais como a produção econômica. A ideia do juiz natural, na democracia contemporânea, discursiva e plural, está muito mais afeta aos aspectos dialógicos do que a critérios de ordem dogmática.

Prestação de informações

As prestações de informações são modalidades específicas de auxílio direto. Em face do princípio da publicidade, as informações dispensam a autorização judicial, salvo em casos de processos que transitem em segredo de justiça e com relação aos chamados dados sensíveis, ou seja, informações que, não obstante não sejam abrigadas pelo manto do sigilo, envolvem a esfera da privacidade ou da intimidade. Nesses últimos casos, demandam juízo de delibação.

Atos concertados entre os juízes cooperantes

A cooperação judiciária é campo fértil para a criatividade de todos os atores do processo. O encadeamento formal, pré-ordenado e previsível, embora seja uma virtude tradicional e consagrada na seara processual, tem se revelado muitas vezes insuficiente para dar conta da complexidade da realidade.

A cooperação judiciária é cabível para qualquer tipo de ato judicial (*numerus apertus*). O § 2º do art. 69 do CPC exemplifica com hipóteses não exaustivas. É importante observar que o inciso VI do mencionado parágrafo traz hipótese mais específica, "centralização de processos repetitivos", ao passo que o inciso II do art. 69 trata da reunião e do apensamento de processos, ou seja, neste último, a perspectiva é mais abrangente, pois não envolve apenas os processos repetitivos, senão o conflito social ou econômico subjacente aos processos reunidos.

Os benefícios de um maior grau de resiliência processual são muitos, porque uma racionalidade, mais estável e previsível, pressupõe uma gama mais estática de fenômenos; entretanto, a contemporaneidade tende a ser a cada dia mais líquida, cambiante e complexa.

Os limites da competência territorial do juiz – e mesmo da competência absoluta – têm se tornado obstáculos para uma justa e adequada dirimição dos conflitos. Os fenômenos sociais têm se revelado a cada dia mais complexos, interdisciplinares e transfronteriços. O processo eletrônico e a conexão em rede exponencializam essa inadequação dos territórios e das competências rígidas.

Por outro lado, o exercício tradicional da jurisdição solipsista, sem interação com os demais atores do processo, ou mesmo com os demais órgãos jurisdicionais e instituições, é mais do que nunca incapaz de lidar com o emaranhado de situações que a realidade revela.

A própria noção de independência judicial deve se descolar dos cânones tradicionais e individualistas. O juiz é mais independente e capaz de imprimir maior efetividade, tanto aos direitos dos cidadãos como às suas próprias decisões, na medida em que se empodera coletivamente, seja por meio de articulações intrajudiciárias, endoprocessuais, seja por meio de arranjos e concertações interinstitucionais.

Não se trata de buscar um juiz mais poderoso (*potestas*), senão um julgador mais potente (*potentia*)[35] e efetivo, potencializado em sua jurisdição pela força da energia cooperativa e dialógica.

Para citar um exemplo prático e concreto da mencionada ação concertada, pode-se pensar nas estratégias de procedimento deliberado consensualmente entre o juízo da falência e o trabalhista, para agilização da liquidação de créditos privilegiados e quirografários, ou mesmo para possibilitar a recuperação de empresas.

---

35 O filósofo Espinosa parte da distinção entre "poder" (*potestas*), como capacidade (de ser afetado) de um governante e "potência" (*potentia*), como força ativa, tornada ato e expressada como a vontade de Deus – pura imanência da própria essência divina (DELEUZE, Gilles. *Espinosa*: filosofia prática, 2002, p. 103). Espinosa situa o império absoluto da democracia como resultado da *potentia* imanente da multidão. Uma potência imanente que até mesmo define o direito: "*Hoc jus, quod multitudinis potentia definitur*" (tradução livre: "esse direito, definido pela potência da multidão"; *Tratado Político*, II, XVII). Cfr. SPINOZA, 1913 [b], p. 11); "*Nam civitatis ius potentia multitudinis, quae una veluti mente ducitur, determinatur*" ("de fato o direito civil [ou o direito das Civitas] é determinado pela potência da multidão, que é conduzida como se fora um pensamento uno"; *Tratado Político*, III, VII). Cfr. SPINOZA, 1913 (b), p. 15).

Uma muito bem-sucedida experiência, realizada em 2019, pelo CEJUSC de segunda instância do TRT-MG, envolveram, além das partes e do juízo trabalhista, a Justiça Federal, o INSS e a AGU, para dirimir a questão complexa denominada de "limbo previdenciário", ou seja, a hipótese em que a autarquia previdenciária dá alta ao empregado, mas o departamento médico da empresa atesta que o trabalhador não tem condições de saúde para voltar a trabalhar.

Os conflitos de competência entre o juízo da execução, principalmente na Justiça Federal ou na Justiça do Trabalho, e o juízo do registro de imóveis são também um campo promissor para a possibilidade de atuação concertada dos juízos conflitantes em face da quantidade de conflitos interjurisdicionais que se verificam na prática.

OBSERVAÇÕES FINAIS

O instituto da cooperação judiciária, a par de aprimorar a interação entre os órgãos judiciais e aperfeiçoar a comunicação entre eles, irá inclusive promover sua integração, consagrando a ideia de que a jurisdição nacional é, e deve ser, una.

A cooperação judiciária enseja mecanismos simples, sem custos e precipuamente voluntários, de gestão de procedimentos judiciários e de conflitos. A perspectiva da gestão colaborativa, fundada em mecanismos informais entre juízes e os demais atores sociais, além de imprimir maior celeridade e eficácia aos atos forenses, permite que o Judiciário se descole do modelo conflituoso, individualista e fragmentário, a benefício de uma atuação mais solidária, coletiva, comunicativa[36] e harmônica.

Confrontar órgãos judiciais é pura perda de tempo, dinheiro público e energia forense. A função do juiz é pacificar o conflito, e não o replicar. Confluir competências, por meio de cooperação, tende a tornar o processo mais rápido, econômico e eficaz.

É conhecido o calvário que é cumprir um ato judicial em outro Estado da Federação, ainda que no mesmo ramo do Judiciário. E quando se envolve o entrelaçamento de competências materiais, e não apenas territoriais, a coisa se embaralha mais ainda, principalmente quando existe confronto de competência entre os órgãos jurisdicionais.

---

36 "Toda decisão deve ser resultado de um fluxo discursivo balizado por um procedimento embasado nos princípios fundamentais (processo) que permita uma formação processual de todo exercício do poder" (NUNES, Dierle J. *Processo Jurisdicional Democrático*, 2008, p. 203).

Se os mecanismos judiciários tradicionais de composição dos conflitos já eram inadequados e ultrapassados quando o direito era sedentário, o que dizer, então, agora, com a economia movente, cognitiva e global, com a imbricação virtual dos territórios, a superinteração das redes sociais, a judicialização da política e a hiperemergência das inovações tecnológicas?

O novo paradigma de atuação do juiz, a partir da perspectiva da cooperação judiciária, tem influxos também na própria concepção tradicional de exercício da jurisdição, que, em princípio, afastava o juiz da gestão administrativa, dividindo e separando, em compartimentos estanques, a atividade-meio da atividade-fim.

Com o desenvolvimento do projeto, espera-se que os tribunais brasileiros passem a ter maior grau de comunicação e conexão, interna e externa, possibilitando a agilização, deformalização e maior eficácia dos atos interjurisdicionais. Além disso, espera-se que, com os mecanismos de cooperação judiciária, os magistrados de todas as instâncias passem a ter maior interesse, participação e envolvimento na gestão judiciária.

É importante também evoluir de uma gestão judiciária fundada no microcosmo da vara ou do processo. É fundamental que a gestão considere fundamentalmente o litígio social e coletivo que antecede o procedimento judicial. Além disso, é importante também superar o modelo privatista, gerencial, quantitativo e competitivo de gestão. Tal modelo de gestão reduz a cidadania a mera instância de consumo.

Urge que se adotem ferramentas de gerenciamento mais republicanas, que levem em consideração os aspectos qualitativos, pois a justiça não pode ser equiparada a um produto em série que sai de uma linha de produção. Tampouco é estabelecendo uma competição de produtividade entre os juízes que se dará à sociedade um processo que ela espera. Uma abordagem cooperativa parece mais adequada a uma gestão pública do Poder Judiciário.

O princípio da cooperação em voga no processo civil é uma evolução na perspectiva de envolvimento do juiz com a causa, mas é ainda insuficiente para lidar com a nova sociedade de demandas em massa. A cooperação não é apenas um direito unilateral da parte, senão um dever recíproco de todos os sujeitos do processo.

Enfim, a difusão da cultura da cooperação, em detrimento do fomento do conflito, enseja o *background* necessário para permitir não só a harmonização prática de rotinas e procedimentos forenses, mas também, sobretudo, para construir a base de um novo processo judicial cooperativo, fundado na boa-fé, e que permita evoluir de um mero voluntarismo decisório, demasiadamente focado no solipsismo do Estado-juiz, para um mecanismo contemporâneo de solução de litígios, mais interativo, comunicativo, democrático, eficaz e justo.

REFERÊNCIAS BIBLIOGRÁFICAS

ÁLVARO DE OLIVEIRA, Carlos Alberto. "Poderes do juiz e visão cooperativa do processo". *Revista da AJURIS*, Porto Alegre v. 30, n. 90, 2003.

ALVES DA SILVA, Paulo Eduardo. *Gerenciamento de processos judiciais*. São Paulo, Saraiva, 2010.

ARENHART, Sérgio Cruz; OSNA, Gustavo. "Os acordos processuais no novo CPC: aproximações preliminares". *Revista do Tribunal Regional do Trabalho da 9ª Região*, Curitiba, v. 4, n. 39, abr/2015, p. 103-17.

BORRÁS, Alegría et al. *La cooperación internacional de autoridades*: âmbitos de família y del proceso civil. Madrid, Iprolex, 2009.

_____. "La cooperación judicial en materia civil en el Tratado de Maastricht". In: *Perspectivas jurídicas actuales, Homenaje a Alfredo Sánchez-Bella Carswell*. Centro de Estudios Ramón Areces SA, 1995, p. 387-95.

_____. "Il Titolo IV del Trattato dell'Unione Europea". *La cooperazione giudiziaria nell'Europa dei cittadini*. Situazione esistente prospettive di sviluppo (Speciale documenti giustizia – 1, 1996), p. 260-72.

BOYNE, George. "*Public and private management: what's the difference?*" Journal of Management Studies, 39 (1), 2002, p. 97-122.

BRASIL. Diretrizes de Ação – I Encontro de Magistrados do Foro da Justiça do Trabalho de Belo Horizonte, Tribunal Regional do Trabalho da 3ª Região, Belo Horizonte, 2010.

BRASIL. Recomendação n. 38 do Conselho Nacional de Justiça. *DJ-e* 205/2011, 07.11.2011, p. 20-2.

CHAVES JÚNIOR, J. E. R. et al. *Comentários à lei do processo eletrônico*. São Paulo, LTr, 2010.

DELEUZE, Gilles. *Espinosa*: filosofia prática. Trad. Daniel Lins e Fabien Pascal Lins. Rev. tec. Eduardo Diatahy Bezerra de Menezes. São Paulo, Escuta, 2002.

DIDIER Jr., Fredie. "O princípio da cooperação: uma apresentação". *Revista de Processo*, São Paulo, v. 127, 2005, p. 75-80.

DIDIER Jr., Fredie. *Curso de direito processual civil*: teoria geral do processo e processo de conhecimento. 9.ed. Salvador, Juspodivm, 2008, v. 1.

FAZZALARI, Elio. *Instituições de direito processual*. 8.ed. Trad. Elaine Nassif. 1.ed. Campinas, Bookseller, 2006.

GARRIGA, Georgina. "O espaço judicial europeu: a cooperação judiciária penal e civil". *Revista do Tribunal Regional do Trabalho da 3ª Região*, v. 49, n. 79, jan-jun/2009, p. 163-200.

GOMES, Camila de Magalhães. "A prova no processo coletivo – Teoria dos modelos da prova aplicada ao processo coletivo 2009". Disponível em: http://portais4.ufes.br/posgrad/teses/tese_3172_dissertacaocamillagomes.pdf. Acesso em: 26.07.2015.

GONÇALVES, Aroldo Plinio. *Técnica processual e teoria do processo*. Rio de Janeiro, Aide, 1992.

GONZÁLEZ-CUÉLLAR SERRANO, Nicolás. "Aceleración de la justicia civil en la Unión Europea". In: GONZÁLEZ-CUÉLLAR SERRANO et al. *Mecanismos de Cooperación Judicial Internacional*. Madrid, Aranzadi, 2006, p. 15-18.

GOUVEIA, Lúcio Grassi. "*O dever de cooperação dos juízes e tribunais com as partes – uma análise sob a ótica do direito comparado*". Revista da ESMAPE, Recife, v. 5, n. 11, jan--jun/2000, p. 247-73.

12 Cooperação judiciária: esboços para uma teoria geral e princípios 235

HABERMAS, Jürgen. *Facticidad y validez*: sobre el derecho y el estado democrático de derecho en términos de teoría del discurso. Trad. para espanhol Manuel Jiménez Redondo. 4.ed. Madri, Trotta, 2005.

IGLESIAS BUHIGUES, J. L. *La cooperación judicial internacional en materia civil* – cooperación jurídica internacional. Edição a cargo de S. ÁLVAREZ GONZÁLEZ, J. R. REMACHA y TEJADA. 2001, n. 5, p. 47-58 (col. Escuela Diplomática).

LACERDA, Maria Francisca dos Santos. *Ativismo-cooperativo na produção de provas*. São Paulo, LTr, 2012.

MITIDIERO, Daniel Francisco. *Colaboração no processo civil*. São Paulo, RT, 2009.

MORIN, Edgar. *O método*: a natureza da natureza. Trad. Ilana Heineberg. Porto Alegre, Sulina, 2002, v. 1.

MURILLO, M.; GARCÍA-ATANCE. "La cooperación jurídica internacional – cuestiones prácticas de derecho internacional público y cooperación jurídica internacional". *Cuadernos de Derecho Judicial*, 1994, p. 359-449.

NUNES, Dierle J. Coelho. *Processo jurisdicional democrático*: uma análise das reformas processuais. (1.ed. 2008), 4. reimpr. Curitiba, Juruá, 2012.

REINO UNIDO. *The civil procedure rules 1998*. Disponível em: http://www.legislation.gov. uk/uksi/1998/3132/contents/made. Acesso em: 26.07.2015.

SPINOZA, Benedicti de. *Opera quotquot reperta sunt*: tractatus politicus, Tractatus theologico-politicus. 3.ed. [S.l.], Martinum Nijhoff, 1913, v. 2.

_____. *Tratado político*. Trad. castel., introd., índice analítico e notas Atilano Domínguez. Madrid, Alianza, 1986, 2004.

SOUSA, Miguel Teixeira. "Aspectos do novo processo civil português". *Revista de Processo*, n. 86, abr-jun/1997, p. 174-84.

UNIÃO EUROPEIA. *La coopération en matière pénale au sein de l'Union Européenne*. EU – Copen Training Programme, 2007, p. 7-31.

VASCONCELOS, Antônio Gomes. *O sistema núcleo intersindical de conciliação trabalhista*: do fato social ao instituto jurídico. São Paulo, LTr, 2014.

VASCONCELOS, Antônio Gomes. *Pressupostos filosóficos e político-constitucionais do sistema núcleo intersindical de conciliação trabalhista*: teoria e prática da razão dialógica e do pensamento complexo na organização do trabalho e na administração da justiça. São Paulo, LTr, 2014.

ZARAGOZA AGUADO. *Nuevos instrumentos de cooperación judicial*: la orden europea de detención. Mecanismos de Cooperación Judicial Internacional, 2006.

13

O tempo do Judiciário e a aceleração do ritmo da vida: Simmel e a aceleração social do tempo

José Guilherme Vasi Werner

INTRODUÇÃO

Em 5 de maio de 2016, após a decisão do Supremo Tribunal Federal que, pela unanimidade dos votos de seus ministros, suspendeu o Presidente da Câmara dos Deputados de suas funções, o Presidente de nossa corte suprema declarou que:

> esse julgamento demonstra que o Poder Judiciário está atento aos acontecimentos que ocorrem no país e tem ofertado a sua prestação jurisdicional àqueles que o procuram em seu devido tempo. *O tempo do Judiciário não é o tempo da política e não é o tempo da mídia.* Temos ritos, procedimentos e prazos que devemos observar. (PASSARINHO; RAMALHO, 2016 – grifamos)

Essa declaração nos leva a indagar sobre o sentido dessa diferenciação entre os "tempos" do Judiciário e da mídia e da política. Será possível falar-se em tempos diferenciados? Afinal, os dias, as horas e os minutos transcorrem absolutos e no mesmo ritmo nos gabinetes e nas redações.[1]

---

1   Não custa registrar, em função dessa alusão à medição do tempo, que experimentos científicos já demonstraram que dois relógios atômicos sincronizados sofrem defasagem quando um deles é colocado mais longe da massa terrestre, sofrendo consequentemente menor atração gravitacional. Um desses experimentos foi realizado sob a organização de Stephen Hawking (Disponível em: http://www.leapsecond.com/great2016a. Acesso em: 03.07.2016). O que sofre defasagem, porém, é o processo de contagem dos impulsos atômicos do relógio, pelo que os instrumentos de medição é que ficam comprometidos pela relatividade, não necessariamente a grandeza medida (se é que ela existe).

No entanto, a sucessão de dias, horas e minutos é mesmo o tempo? Ou é apenas a forma de medir uma sucessão de acontecimentos?

Ao que parece, o que mais importa na tentativa de compreender a diferenciação aludida pelo Presidente do STF não é a natureza do tempo, mas a sua percepção. E com isso devemos adequar o objeto de nosso esclarecimento perguntando agora se é ou não possível falar-se em *percepções* diferenciadas de tempo.

Essa questão se tornou ainda mais relevante com o atual Código de Processo Civil, que há cinco anos inaugurou novos prazos, muitos deles mais elásticos, para a prática dos atos processuais que, de certa forma, interfere no tempo do Judiciário.

Abordaremos brevemente a possibilidade de haver diferentes percepções do tempo e, em seguida, com base nas lições de Georg Simmel sobre a Modernidade, trataremos do fenômeno que ele descreveu como aceleração do ritmo da vida. Ligando esse fenômeno com o conceito de aceleração social do tempo, nosso objetivo será indicar seus efeitos na vida política atual e com isso tentar compreender a declaração do Presidente do STF não apenas como mais uma constatação envergonhada do atraso na resposta do Judiciário aos anseios sociais mas como uma possível exortação a uma reflexão sobre a importância, em certas situações, de processos desacelerados.

PERCEPÇÕES DIFERENCIADAS DE TEMPO

Segundo François Dosse, é precisamente a tensão entre um tempo exteriorizado e um tempo interiorizado que teria ensejado a abordagem feita por Paul Ricouer, em sua obra *Tempo e narrativa*, sobre o "terceiro tempo"[2] (DOSSE, 2012, p. 146). Já por meio dessa abordagem seria possível conceber a ideia de um tempo natural (dos acontecimentos da natureza, da sucessão dos dias e noites, das rotações e translações da Terra, um tempo cosmológico), em contraposição à noção íntima do tempo (um tempo da consciência, da vivência humana), que, se não deixa de estar conectado ao tempo da natureza, é presidido por marcadores por vezes bem distintos.

Esse terceiro tempo seria o tempo histórico, que Reinhard Koselleck procurou discernir negando sua identificação com o tempo físico-astronômico, que seria apenas um seu pré-requisito, e aproximando-o do que é humano, de suas ações e instituições e que, por isso mesmo, diante da miríade de suas variações,

---

2   Assim também REIS, José Carlos. *Teoria e história*: tempo histórico, história do pensamento histórico ocidental e pensamento brasileiro, 2012, p. 38.

não pode ser considerado uno, único, mas multifacetado. O tempo, para Koselleck, pode ser percebido e experimentado de três modos: pela irreversibilidade dos eventos, pela recorrência de eventos e pela contemporaneidade do não contemporâneo. Por este último modo, diferentes categorias de sequências históricas poderiam coexistir em um mesmo tempo natural ou físico, conforme o grupo social que as aprecie:

> Mesmo a singularidade de um tempo histórico peculiar presumidamente distinto de um tempo natural mensurável pode ser posta em dúvida. O tempo histórico, se é que este conceito tem um significado preciso, está ligado às ações sociais e políticas com seres humanos de verdade agindo e sofrendo e com suas instituições e organizações. Todas essas ações têm formas de conduta assumidas e definidas, cada uma com seu ritmo próprio. Basta pensar (limitando-se à vida cotidiana) no ciclo anual de feriados e festivais que marcam a vida social ou nas mudanças na jornada de trabalho e sua duração que determinaram o curso da vida e continuam a fazê-lo. (KOSELLECK, 2004, p. 2 – tradução nossa)[3]

Koselleck referiu-se a planos de historicidade e os enxergou como estando ligados a períodos ou épocas distintas, como se extrai da análise que faz a partir dos significados atribuídos ao quadro de Altdorfen,[4] mas também se voltou para o estudo das percepções diferenciadas de tempo em grupos contemporâneos que estariam subjacentes aos pares de conceitos contrapostos (helenos-bárbaros, cristãos-hereges, humanos-inumanos). Seja sincrônica, seja diacronicamente, o que está em jogo na análise de Koselleck é a relação entre espaço de experiência e horizonte de expectativas, variáveis que podem resultar em distintas articulações.

Essa admissão da existência de percepções diferenciadas de tempo é encontrada também na noção de "regime de historicidade", conforme desenvolvi-

---

3   *"Even the singularity of a unique historical time supposedly distinct from a measurable natural time can be cast in doubt. Historical time, if the concept has a specific meaning, is bound up with social and political actions, with concretely acting and suffering human beings and their institutions and organizations. All these actions have definite, internalized forms of conduct, each with a peculiar rhythm. One has to only think (keeping to everyday life) of the annual cycle of public holidays and festivals that punctuate social life, or of changes in working hours and their duration that have determined the course of life and continue to do so."*

4   Koselleck parte da obra *Alexanderschlacht*, de Albrecht Altdorfen, para introduzir o conceito de planos de historicidade que estariam representados na significação do quadro (que mostraria a batalha de Issus em que Alexandre, o Grande, derrotou os persas), para épocas distintas.

da por François Hartog (2015). Para o historiador francês, uma das principais funções desse conceito seria a de permitir a comparação dos diversos modos de relacionamento com o tempo que poderiam ser encontrados em cada sociedade, pressupondo exatamente a diversidade de regimes de experiência temporal. Ele mesmo define regime de historicidade como "o modo no qual uma sociedade aborda seu passado e reflete sobre ele" ou "as modalidades de autoconsciência que toda e qualquer sociedade adota em suas elaborações de tempo e suas percepções" (HARTOG, 2015, p. 9 – tradução nossa).

Não caberia aqui uma análise mais aprofundada dos conceitos elaborados e tão ricamente discutidos por esses autores em suas obras, mas acreditamos que essas breves alusões já podem mostrar que percepções diferenciadas de tempo são, sim, possíveis. Para Elias, aliás, arriscamos dizer, o tempo não seria mais que isso. Uma percepção que ganha caráter funcional, de modo a servir como elemento de coordenação e sincronização de processos, que pode se refinar conforme a maior complexidade de cada sociedade e a extensão da cadeia de interdependência entre seus membros (ELIAS, 1998).

Seguindo Hartog, com essa "ferramenta" intelectual, seria possível superar a limitação de estar preso a um tempo único, imutável e enxergar diversos, superpostos e defasados tempos.

Diante disso, terá o Presidente do STF sugerido que o tempo do Judiciário e de seus agentes é percebido de forma diversa do restante da sociedade e que Judiciário, mídia e política estariam em regimes diferenciados de tempo?

As percepções diferenciadas que procuramos abordar na forma de tensões entre espaços de experiência e horizontes de expectativa ou de regimes de historicidade se relacionam à vivência temporal específica de um grupo social. Em que pese admitir-se que indivíduos singulares possam ter consciências distintas do tempo de suas vidas, a possibilidade de comparar percepções históricas distintas do tempo só ganha relevância entre grupos bem demarcados de indivíduos, como se infere dos trabalhos de Ricoeur, Hartog e Koselleck.

Nesse sentido, não nos parece que o Judiciário e seus agentes possam ser isolados do restante de nossa sociedade a ponto de se lhes atribuir uma consciência própria e peculiar do seu tempo que o torne incompatível com o tempo do "Brasil". Cremos ser precisamente uma percepção do tempo comum que permite que o próprio Judiciário e seus agentes venham reconhecendo a defasagem dos processos judiciais como um problema, cuja solução passa por diversas tentativas de aceleração, de adaptação à velocidade dos processos sociais.

Judiciário, mídia, política e seus agentes compartilham a mesma percepção do tempo, pois estão sujeitos às mesmas condições que a formam. O que os diferencia é a velocidade dos processos que presidem suas respostas aos problemas que a sociedade os apresenta – e a velocidade do processo judiciário é bem menor.

É isso que o Presidente do STF quis enfatizar, sendo essa a premissa embutida em sua mensagem. Importa saber, para os fins de nossa investigação, como e com que atitude ela é transmitida, se como confissão ou como exortação.

Se a mensagem que transparece da declaração quanto à distinção entre o tempo do Judiciário e o tempo da sociedade é uma confissão conformada ou pelo menos envergonhada da defasagem do processo judicial, não iria aí novidade alguma. Estaríamos, nesse caso, no campo da chamada "morosidade do Judiciário", um elemento e uma característica praticamente reconhecida à unanimidade por todos os que tratam do nosso sistema de Justiça.

O que parece ocorrer é que nos últimos anos o desconforto e a insatisfação sociais com essa defasagem vêm se aguçando e se intensificando, tornando as respostas judiciárias cada vez mais distantes, alienadas, ineficazes e ilegítimas em relação aos anseios e às expectativas da sociedade, especialmente no que se refere a questões de ordem político-constitucional. E é diante desse aguçamento e dessa intensificação que pode ser interessante captar a mensagem da declaração em termos de exortação a uma reflexão sobre a utilidade do tempo do judiciário.

Excluída qualquer defesa da ineficiência e da incompetência por detrás de boa parte do atraso no provimento jurisdicional,[5] essa reflexão envolveria a eventual necessidade de contrapor-se à pressão por uma resposta cada vez mais imediata.

Antes, porém, nos parece essencial buscar compreender esse fenômeno de defasagem (e, portanto, de déficit de legitimidade) das respostas judiciárias em relação à sociedade e a perplexidade dele decorrente.

SIMMEL E A ACELERAÇÃO SOCIAL DO TEMPO

Nesse ponto, entendemos que as lições de Georg Simmel seriam de grande valia nessa empresa, em especial a sua teoria da Modernidade, que contém importante descrição das transformações do ritmo da vida.

---

5   Importante fazer essa ressalva para que nossa discussão possa prosseguir. Não se trata de modo algum de justificar a morosidade. O que se pretende é, considerando um processo normalizado de decisão (sem atrasos causados por ineficiência, falta de pessoal, estrutura etc.), discutir a pressão social por uma decisão cada vez mais imediata e a eventual necessidade de garantir um espaço de reflexão que a preceda e informe.

13 O tempo do Judiciário e a aceleração do ritmo da vida **241**

A preocupação de Simmel com a pressão homogeneizante e objetivista da sociedade sobre a personalidade e o modo de interação dos indivíduos pode iluminar o exame de nosso tempo presente que, mesmo na distância de mais de um século da época em que Simmel escreveu, ainda apresenta diversos sintomas da modernidade que ele soube tão bem descrever.

Mesmo tendo escrito nas últimas décadas do século XIX e nas duas primeiras do século XX, muitos de seus temas ainda nos são familiares e envolvem duas das principais manifestações da Modernidade que permanecem conosco até hoje:[6] a grande cidade e a economia monetária.

O que torna os estudos de Simmel tão valiosos e adequados aos nossos dias é que sua análise não ambiciona descrever as causas da transição entre a sociedade medieval e a moderna ou entre a sociedade feudal e a industrial capitalista (descrições que necessariamente se apegavam aos modelos sociais vivenciados pelos teóricos que buscaram tais descrições e, em muitos aspectos, ultrapassados), mas se concentra na investigação da experiência da Modernidade pelos seus contemporâneos, uma experiência que se sentia no nível interacional e que ele registrava, mais do que em seu conteúdo, na forma dessa interação. Seu conceito de "sociação" (ligações recíprocas entre indivíduos que exercem influência mútua e assim mutuamente se determinam[7]) exprime esse método interacionista, que se revelaria o mais adequado para um relato fiel da vivência moderna, cujas fraturas e dissoluções somente poderiam ser apreendidas a partir da perspectiva individual. E esse enfoque dado às formas de interação é que enseja a utilização de seu método para a descrição das nuances da experimentação das transformações sociais posteriores.

É nesse nível de análise, que alcança a percepção do ritmo e da velocidade das interações, que acreditamos ser possível encontrar pistas que nos aproximem da compreensão da perplexidade originada da defasagem da resposta judiciária em relação às expectativas da sociedade.

Como dissemos, a teoria da modernidade de Simmel está amparada especialmente na análise de duas de suas principais manifestações: a economia monetária e a metrópole.

Nessas manifestações da vida moderna Simmel situa seu exame das interações entre os indivíduos e das transformações que teriam levado à intensificação da tensão entre eles e o grupo social. Essa tensão teria um efeito bem marcado na personalidade individual que, diante da proliferação de contatos e da

---

6   E por isso para Habermas seria um projeto inacabado, não se podendo falar em pós-Modernidade.

7   SIMMEL, Georg. *Questões fundamentais da sociologia*, 2006, p. 17.

desqualificação das relações, tenderia a uma secessão entre seus aspectos subjetivo e objetivo.[8]

Examinemos um pouco melhor essa tensão e seus efeitos com base no que Simmel escreveu sobre a metrópole e o dinheiro.

Dois dos textos mais importantes para a compreensão de sua análise sobre a relação do dinheiro e da grande cidade com a personalidade moderna são respectivamente "O dinheiro na cultura moderna", de 1896 e "A grande cidade e a vida do espírito", de 1903.[9] É a partir desses textos e de suas conexões que concentraremos nossa investigação, sem prejuízo de nosso reconhecimento de que muitos dos temas neles discutidos foram aprofundados na obra *A filosofia do dinheiro*, ainda sem tradução para o português, que citaremos oportunamente.

Assim, exatamente por se referirem a manifestações de um mesmo fenômeno – a Modernidade –, os dois textos nos permitem encontrar, em seu exame conjugado, elementos comuns da experiência subjetiva em relação às interações da vida moderna.[10]

Seguindo as pistas de Habermas, a noção de modernidade começa a se traçada no domínio da crítica estética na *"Querelle des anciens et des modernes"*, a partir do que Charles Baudelaire vinculou o moderno ao transitório, ao evanescente e ao efêmero, a um presente que se torna a interseção de tempo passado e eternidade. Teria sido Hegel, porém, o "primeiro filósofo a desenvolver um conceito preciso de modernidade" ao descobrir seu princípio: a subjetividade (HABERMAS, 1990, p. 20).

É nessa subjetividade que encontramos a secessão entre as culturas subjetiva e objetiva que veio a ser objeto dos estudos de Simmel. Para ele a Modernidade fez o indivíduo perder o contato direto com o mundo exterior. Sua existência passa a ser preenchida pela diversidade e pela complexidade de seu

---

8   Como sugere David Frisby, os traços de um certo "psicologismo", que teria dirigido a preferência metodológica de Simmel pelo nível do indivíduo e sua preocupação com as impressões gravadas na sua personalidade pelos contatos cada vez mais numerosos e superficiais, deve-se a alguma influência da *"Völkerpsychologie"* de seus professores Moritz Lazarus e Heymann Steinthal cujos programas conteriam, por sua vez, um grande componente sociológico (FRISBY, 1992).

9   Utilizamos a versão desses textos que foi incluída na obra de Botelho (2013) e passaremos a nos referir a eles com o ano de sua publicação no original.

10 Essa familiaridade de temas entre os textos de Simmel é explicada por Leopoldo Waizbort em termos da presença de uma tridimensionalidade na obra do autor, que articularia todos os seus escritos: a teoria do moderno, o diagnóstico do presente e a teoria da cultura, sem prejuízo de que, em cada um deles possa prevalecer uma ou outra dimensão, como é o caso de "As grandes cidades..." e "O dinheiro..." (WAIZBORT, 2013).

mundo interior, de suas experiências e impressões mais íntimas, para contrapor--se à força cristalizadora que a vida objetiva exerce contra ele.

Em suas palavras:

> o desenvolvimento da cultura moderna caracteriza-se pela preponderância daquilo que se pode determinar espírito objetivo sobre o espírito subjetivo, isto é, tanto na linguagem como no direito, tanto na técnica de produção quanto na arte, tanto na ciência quanto nos objetos do âmbito doméstico encarna-se uma soma de espírito cujo crescimento diário é acompanhado a uma distância cada vez maior e de modo muito incompleto pelo desenvolvimento espiritual dos sujeitos. (SIMMEL, 2013 (1903), p. 326)

Os textos nos quais nos concentramos, que invocam a cidade grande e o dinheiro, podem ser compreendidos como duas expressões dessa luta do indivíduo contra a força niveladora do social. Daí a perspectiva "psicológica" adotada.

> A essência da modernidade é o psicologismo, a experimentação e a interpretação do mundo em termos das reações de nossa vida interior e até mesmo de nosso mundo interior, a dissolução de conteúdos fixos no elemento fluido da alma, do qual tudo que é substancial é filtrado e cujas formas são meras formas de movimento.[11] (citado em FRISBY, 1992, p. 47 – tradução nossa)

A força niveladora do social contra a qual luta a personalidade interior opera uma redução da complexidade e da profundidade do conteúdo das interações entre os indivíduos, que cada vez menos teriam em comum diante de sua crescente diversidade. Daí a relevância que ganha o dinheiro, um padrão comum que serve bem como um intermediário na superficialidade das interações ("o dinheiro criou um nível comum de interesses tão abrangente para todos os homens como nunca foi possível na época da economia natural" – SIMMEL, 2013 (1896), p. 335).

No texto de 1896, no qual procura examinar como a relação entre sujeito e objeto foi afetada pela economia monetária, Simmel destaca a intermedia-

---

11 *"The essence of modernity is psychologism, the experiencing and interpretation of the world in terms of the reactions of our inner life and indeed as an inner world, the dissolution of fixed contents in the fluid elements of the soul, from which all that is substantive is filtered and whose forms are merely forms of motion."*

ção, que transformou não apenas a relação entre pessoas e coisas,[12] mas também as relações entre personalidade e comunidade. Estas se refletiriam nas associações modernas que, comparadas às medievais, perdem sua "coesão totalizante", mas se tornam muito mais frequentes, pois podem se formar em função de um interesse meramente pecuniário, culminando nas sociedades anônimas. Assim, o dinheiro tem um efeito agregador, pois estabelece uma rede de relações fundadas na dependência recíproca entre os membros de uma comunidade que servem uns aos outros intermediando produtos e serviços por dinheiro:

> Na medida em que o dinheiro possibilita a divisão da produção, ele une os homens de maneira irresistível, pois agora um trabalha para o outro; somente o trabalho de todos estabelece a extensa unidade econômica que complementa o desempenho parcial do indivíduo. (SIMMEL, 2013 (1896), p. 335)

Mas essa "estreiteza e inevitabilidade" de relações com um número cada vez maior de pessoas as mais diversas faz com que elas só se exponham àqueles tratos da personalidade que afloram à superfície, mantendo submersa a maior parte de sua personalidade, fazendo com que se recolham em si mesmos, o que gera forte individualismo.

Se essa liberdade de ação dada pela intermediação do dinheiro em quase todas as relações promove a independência interior do sujeito em relação à comunidade, por outro lado reduz significativamente o caráter pessoal das interações:

> Assim, a natureza do dinheiro permitiu uma clara distinção entre a ação econômica objetiva do homem e sua coloração individual, seu verdadeiro eu, que agora se afasta daquelas relações e, dessa forma, pode se retirar para suas camadas mais íntimas. (SIMMEL, 2013 (1896), p. 336)

Nesse ponto, Simmel aponta para o conflito, a tensão, entre o indivíduo e a sociedade que leva à subjetivação cada vez maior, à interiorização cada vez maior das relações e seus interesses[13] e passa a considerar diversos efeitos da

---

12 Interesses e rendas passam a ser extraídos de um bem não mais diretamente, mas por relações mediadas – receber em Berlim "rendas provenientes de ferrovias americanas, hipotecas norueguesas e minas de ouro africanas" (SIMMEL, 2013 (1896), p. 332).

13 "As correntes da cultura moderna deságuam em duas direções aparentemente contrárias: por um lado, na nivelação, na compensação, no estabelecimento de círculos sociais cada vez mais abrangentes por meio da articulação com o mais remoto sob condições iguais; e, por outro lado, por meio da elaboração do mais individual, na independência da pes-

economia monetária, abordando o reducionismo de coisas e interesses ao nível monetário, a vulgarização do dinheiro e o embotamento da mentalidade.

Outro desses efeitos que não pode nos passar despercebido nessa busca pela compreensão do fenômeno de deslegitimação do tempo judiciário é a sobreposição de meios pelos fins que o dinheiro oferece para os espíritos menos cultivados. Tal efeito deve ser entendido em atenção ao conceito de "alargamento da cadeia teleológica" que Simmel desenvolve na obra *Filosofia do dinheiro*.[14]

Com a crescente complexificação da vida e interposição de instrumentos intermediários para a consecução dos interesses mais elevados, que se tornam cada vez mais sofisticados, as metas ficam cada vez mais distantes das ações imediatas e, portanto, é preciso viver cada etapa na perseguição dessas metas como se fosse a mais importante, ao mesmo tempo sem se esquecer de que é apenas um meio. Diante dessa dificuldade, as mentes menos cultivadas acabam por sucumbir à representação de que o dinheiro é o objetivo final e não mais um instrumento a ser usado para prosseguir nessa cadeia teleológica.

Para Simmel, a crescente importância do dinheiro

> depende de ser depurado de tudo o que não seja somente um meio, porque seu conflito com as características específicas dos objetos é assim eliminado. O valor do dinheiro como um significado aumenta com seu valor como meio até o ponto em que é válido como um valor absoluto e a consciência de propósito que detém se finda. (SIMMEL, 2004, p. 232 – tradução nossa)[15]

Essa dificuldade em esperar, em conseguir discernir meios de fins na busca pela satisfação imediata de interesses, com o consequente "perder de vista" da totalidade da cadeia teleológica, nos parece bem adequada para descrever alguns aspectos de nossa cultura atual e pode nos auxiliar na compreensão dos tempos diferenciados da declaração do Presidente do STF.

Prosseguindo no exame dos textos referenciais de Simmel, passemos ao ensaio de 1903 sobre a metrópole. Nele iremos encontrar, como já adiantamos, a descrição de alguns dos mesmos sintomas já tratados no texto de 1896, ain-

---

soa, na autonomia de sua formação" (p. 336) – ambas as direções carregadas pela economia monetária.

14 Ainda sem tradução para o português no Brasil. Encontramos notícias de que uma tradução estaria para ser editada em breve, a cargo de Antônio C. Santos.

15 *"Its growing importance depends on its being cleansed of everything that is not merely a means, because its clash with the specific characteristics of objects is thereby eliminated. Money's value as a means increases with its value as a means right up to the point at which it is valid as an absolute value and the consciousness of purpose in it comes to an end."*

da que sob o enfoque de uma sociologia do espaço, que se volta para os efeitos recíprocos entre o espaço de convivência das personalidades e as sociações.

Fazendo uma analogia entre o uso do tempo no senso comum para descrever (equivocadamente, como ele deixa claro) os efeitos do arrefecimento de desejos e ideias, "processos espirituais curativos ou costumes arraigados" como se fosse uma própria ação do tempo, Simmel sustenta logo ao início do texto "O espaço e a sociedade", incluído na coletânea de sociologia de 1908, "que o espaço é uma forma que em si mesma não produz efeito algum".[16] Para ele, não são as formas de proximidade e distância espacial que causam os fenômenos da vizinhança ou proximidade ou fazem de alguém um estrangeiro, mas apenas fatores espirituais.

Ao mesmo tempo, ele admite estar plenamente justificada essa importância dada ao espaço na determinação de coisas e acontecimentos:

> poucos percebem claramente de que maneira maravilhosa a extensão do espaço se liga à intensidade das relações sociológicas, até que ponto a continuidade do espaço permite traçar em todas as partes limites subjetivos, precisamente porque, efetivamente, não há em nenhum lugar um limite absoluto.[17]

Simmel faz uma distinção entre os dois possíveis sentidos da preposição "entre" no que se refere às relações entre indivíduos. Um deles é o sentido abstrato da inter-relação: o conteúdo do relacionamento fica internalizado em cada uma das personalidades em relação. O outro é espacial: o "entre" é efetivamente o espaço físico entre os indivíduos, que ficaria preenchido pela troca relacional entre eles e pode então condicionar outras sociações. Daí o interesse em "inquirir a importância que as condições espaciais de uma sociação têm no sentido sociológico, para suas demais qualidades e consequências".[18]

Simmel se concentra agora nas "adaptações mediante as quais a personalidade (do indivíduo) se conforma com as potências que lhe são exteriores (do grupo social)" (SIMMEL, 2013 (1903), p. 312), passando da ênfase nas esferas de circulação de coisas e dinheiro para a ênfase na esfera de circulação de grupos e indivíduos em proximidade espacial.

---

16 SIMMEL, Georg. *Sociología*: estudios sobre las formas de socialización, 2014, pos. 14270.

17 *"Pocos perciben netamente de qué manera maravillosa la extensión del espacio se abraza con la intensidad de las relaciones sociológicas, hasta qué punto la continuidad del espacio permite trazar en todas partes límites subjetivos, precisamente porque, en efecto, no tiene en ningún sitio un límite absoluto"* (SIMMEL, 2014, pos. 14403 – tradução nossa).

18 *"[...] inquirir la importancia que las condiciones espaciales de una socialización tienen en el sentido sociológico, para sus demás cualidades y desarrollos"* (SIMMEL, 2014, pos. 14317 – tradução nossa).

13 O tempo do Judiciário e a aceleração do ritmo da vida **247**

Dentre as reações que apresenta o indivíduo diante desse quadro, destacam-se a intelectualidade, a objetividade e a adoção de um esquema temporal coordenado. Mas todas elas decorrem de um mesmo fenômeno: a intensificação da vida nervosa que os indivíduos experimentam na grande cidade, onde, "a cada saída à rua, com a velocidade e as variedades da vida econômica, profissional e social", ficam sujeitos a uma profusão de experiências e contatos, o que ocasiona uma "mudança rápida e ininterrupta de impressões interiores e exteriores", bem diversa da regularidade das impressões sentidas, por exemplo, em uma pequena comunidade (SIMMEL, 2013 (1903), p. 312).

A intelectualização da vida (que poderíamos chamar também de racionalização) é a reação envolvida na utilização do órgão mais adaptado para essa profusão de contatos, o cérebro (ou intelecto), o único capaz de abstrair os sentimentos (desde o ódio ao amor) que a convivência próxima pode despertar. Sem a intelectualização, uma certa "civilidade" somente poderia ser obtida com a distância: "a ação da distância consiste unicamente em eliminar as excitações, rubores, atrações e repulsões que a proximidade sensível produz, fazendo assim com que na complexidade dos fenômenos anímicos socializantes predominem os processos intelectuais".[19]

Por outro lado, a redução da profundidade do conteúdo das interações, já destacada por ocasião do exame da economia monetária, impõe a objetividade cada vez maior, empurrando para os planos mais íntimos os instintos e os sentimentos que poderiam complicar a eficiência dos contatos. Essa eficiência, por sua vez, induz à adoção de atitudes calculistas e prestigia a coordenação das atividades em um esquema temporal reconhecido por todos: "A técnica da vida em cidade não é concebível sem que todas as atividades e relações mútuas sejam ordenadas em um esquema temporal fixo e suprasubjetivo" (SIMMEL, 2013, p. 316).

Pensamos que com essa breve descrição dos ensaios sobre a economia monetária e a vida nas grandes cidades tenha sido possível destacar os principais aspectos da teoria da modernidade de Simmel, construída principalmente com base nessas manifestações.

Entre esses aspectos e tendo em vista a investigação que nos propomos a realizar, nos chama a atenção a proliferação dos contatos com a consequente redução da qualidade (do conteúdo) das relações.

---

19 "*La acción de la distancia consiste unicamente en eliminar las excitaciones, roces, atracciones y repulsiones que produce la proximidad sensible, haciendo así que en la complejidad de los fenómenos anímicos, socializantes, predominen los procesos intelectuales*" (SIMMEL, 2014, pos. 14837).

Se por um lado a concentração de indivíduos em um mesmo espaço (a grande cidade) induz o aumento das experiências e das impressões com a grande circulação de pessoas, ligando-as em redes cada vez mais complexas,[20] em "rápida concentração de imagens em mudança", por outro a circulação amplificada de mercadorias e serviços reduz suas interações ao mínimo denominador comum que é o dinheiro e o valor monetário das coisas. Diante da diversidade dos conteúdos subjetivos da personalidade e à tendência à sua diferenciação qualitativa, cada vez menos as pessoas tendo em comum, não resta mesmo muitas coisas aproximando os indivíduos além do dinheiro. Nesse sentido, é efetivamente possível reconhecer uma "afinidade eletiva" entre essas duas manifestações da vida moderna.

Ora, o que está por detrás dessa superficialidade é precisamente a velocidade e a fluidez dos contatos, que se retroalimenta na necessidade de novas e diversas experiências e vivências em uma aceleração que é em tese infinita. A personalidade dividida se identifica na sua porção exteriorizada com esse ritmo *allegro assai* e espera, então, cada vez mais interações em períodos de tempo cada vez mais curtos, ansiando por esse tipo de sociação acelerada e rasa.

A ACELERAÇÃO SOCIAL DO TEMPO E SEUS EFEITOS

A análise de Simmel pode contribuir de modo relevante para a compreensão das expectativas quanto ao tempo das decisões judiciais, pois se a vida moderna cria na personalidade do indivíduo uma ânsia de superação do presente e de uma passagem imediata para novos contatos e interações, é cada vez mais difícil aguardar-se uma decisão, o resultado de uma ponderação refletida e deliberada ao qual antecede um processo mais ou menos demorado.

E aí podemos começar a compreender o sentido da diferenciação mencionada na declaração do Presidente do STF quanto ao tempo do Judiciário e da sociedade. Não se trata realmente de haver percepções de tempo diferenciadas entre um e outro, mas uma única percepção compartilhada que por isso mesmo permitiria que se identifiquem processos mais velozes ou mais lentos bem como que se reconheça que aqueles seriam mais legítimos que estes apenas por conta dessa característica.

Os anseios por novas soluções e a superação de contatos e das experiências atuais e presentes gera certo desprezo por processos que não conseguem, por seu próprio ritmo, atender a essa expectativa.

---

20 Ver, nesse ponto, os esquemas desenhados por Simmel para demonstrar a rede de interações do indivíduo como ponto de cruzamento das relações sociais (WAIZBORT, 2013, p. 489-90).

13 O tempo do Judiciário e a aceleração do ritmo da vida **249**

Ainda que se atribua a Henry Adams o pioneirismo na formulação de uma teoria da aceleração social, Simmel abordou algumas das principais consequências dessa aceleração, desse crescente ritmo de sucessão de imagens, experiências e interações e, por isso, sua análise é tão frutífera, sendo seguida de estudos mais específicos, dentre os quais destacamos os de Hartmut Rosa e William Scheuerman, sobre os efeitos da aceleração social do tempo na política.

Para Rosa, aliás, a própria Modernidade seria caracterizada pelo movimento, tão bem descrito por Simmel: "a experiência da modernidade é uma experiência de aceleração" (ROSA, 2014, p. 21).

A análise da aceleração foi sistematizada por ele e pode ser descrita em três expressões: aceleração técnica (em termos de melhoramentos e evoluções de processos específicos, como transportes, comunicações e computação); aceleração do ritmo de mudança social (com as estruturas e os padrões básicos de ação social, preferências partidárias, participações em grupos de interesse, estilos de moda e artísticos mudando cada vez mais rapidamente); e aceleração de episódios de experiência de vida por unidade de tempo (ROSA, 2014, p. 63-4). Note-se que este último seria o aspecto de aceleração enfatizado por Simmel.

As duas primeiras formas se alimentariam mutuamente gerando um ciclo contínuo de aceleração e levando as pessoas a inserirem cada vez mais atividades em suas rotinas de modo a atender às expectativas cada vez mais ambiciosas, pelo menos em termos de quantidade.

Segundo Scheuerman,

> onde a experiência rotineira se ampara em uma mudança constante e até mesmo características fundamentais da vida social sofrem rápidas alterações, o caráter relativamente contingente da vida social se torna cada vez mais evidente. A aceleração social é uma fonte fundamental da visão tipicamente moderna de que propósitos, papéis, ocupações e estilos de vida individuais não são dados nem fixados. Isso incentiva uma consciência de novas possibilidades de autorrealização, bem como uma inquietude e vulnerabilidade particularmente moderna enquanto nos debatemos com a dura realidade de que tradição e costumes podem ser irrelevantes face a essa nova experiência. (SCHEUERMAN, 2009, p. 295 – tradução nossa)[21]

---

21 "*Where everyday experience rests on constant change, and even relatively fundamental features of social life undergo rapid-fire alteration, the relatively contingent character of social life becomes increasingly self-evident. Social acceleration is a fundamental source of the characteristically modern insight that individual 'purposes, roles, occupations, and lifestyles are not given and never fixed'. It helps breed an awareness of novel possibilities for self-realization, as well as a particularly unease and vulnerability as we grapple with the hard truth that tradition and custom may be irrelevant in the face of novel experience.*"

A inquietude e a impaciência da vida moderna alcançam agora todas as manifestações da vida social, ameaçando afastar as pessoas das atividades mais reflexivas, pondo em risco a legitimidade dos processos mais demorados como o próprio processo legislativo e o judicial.

A sociedade moderna se caracterizou não somente por ser o lócus dessas expressões, mas igualmente por ter sido capaz de conduzi-las e de algum modo dirigi-las. O Estado teria sido um dos principais incentivadores e patrocinadores dessas formas de aceleração. Por meio do poder legislativo, vários setores da vida social foram afetados, tendo o ordenamento jurídico, em maior ou menor grau, operado algumas transformações relevantes. Nesse sentido, a política (em sentido lato) desempenhou um papel fundamental na regulação da velocidade dessas transformações, servindo como uma instância reguladora e integradora do horizonte de expectativas da sociedade.

Nas últimas décadas, porém, parece que esse protagonismo do Estado tem começado a falhar. Para Rosa, a aceleração ultrapassou o limite no qual era possível essa integração e atualmente as aspirações são geradas em ritmo inalcançável.

Sociedades sujeitas a uma rápida sucessão de transformações perdem a capacidade de fazer de seu passado um repositório de conhecimento e orientação para seus desafios futuros e vivem cada vez mais no presente. Essa problemática foi colocada em termos claros por Koselleck no seu estudo sobre a evolução do conceito de História, que inicialmente envolvia um tempo estático e que podia ministrar lições de vida (*historia magistra vita*) e que passa, na modernidade, a referir a um tempo em movimento, diante da divergência entre espaço de experiência e horizonte de expectativas (KOSELLECK, 2004, p. 26-42).

Isso se reflete no âmbito da política de um modo bem preocupante, indicando uma defasagem entre os instrumentos socioestatais de desenho e construção do futuro e a ansiedade das expectativas de mudança. Para Rosa,

> a crise temporal da política transparece mais claramente [...] (da) dessincronização entre a "temporalidade intrínseca" da política e as estruturas de tempo de outras esferas da sociedade, em particular a economia e o desenvolvimento tecnológico, mas crescentemente também entre a organização política e o desenvolvimento sociocultural. (ROSA, 2014, p. 258-9 – tradução nossa)[22]

---

22 *"This temporal crisis of the political comes to light most clearly in [...] the desynchronization between the 'intrinsic temporality' of politics and the time structures of other social spheres, in particular the economy, but increasingly also between political organization and sociocultural development."*

13 O tempo do Judiciário e a aceleração do ritmo da vida   **251**

Essa defasagem e a consequente pressão social por soluções mais rápidas poria em risco a legitimidade das deliberações e das decisões.

No campo específico da função legislativa, a aceleração do tempo se reflete, lembra Scheuerman, em uma redução da vida média das normas e estatutos, precisamente por essa constante modificação das expectativas provocada pela radical alteração na relação entre experiência e expectativa.

Entendemos que se até um período relativamente recente as pressões sociais por processos mais rápidos de deliberação sobre temas de interesse social pouparam o Judiciário, agora o alcançam finalmente.[23]

Isso se deve, em boa parte, ao fenômeno da judicialização da política, tão bem descrito por Luiz Werneck Vianna (1999) que, como consequência de diversos fatores, colocou na pauta de decisões do Judiciário questões antes deixadas exclusivamente para um juízo puramente político, isto é, dos agentes designados para legislar ou governar.

Para uma sociedade em alta velocidade, que já se acostumou ao novo papel do Judiciário como ordenador de decisões de cunho político e, portanto, que já não se surpreende e nem se admira com essa assunção de funções, não mais diferenciando a origem da deliberação estatal, pouco importa qual processo irá prover a mudança que anseia. A pressão por celeridade desconsidera as peculiaridades próprias do processo judicial e exige e impõe ao Judiciário decisões mais rápidas e responsivas.

O processo judicial, porém, seja nos ordenamentos jurídicos da *common law*, seja naqueles inspirados no sistema romano-germânico, como o nosso, foi idealizado para veicular a argumentação e a deliberação ponderada, seja com base em precedentes, seja com base na lei formal. Essa função o torna incompatível com a decisão reativa e superficial que às vezes caracteriza a pressão social por mudanças.

Essa condição se verifica especialmente em decisões que podem representar uma escolha social por um futuro possível, normalmente aquelas que envolvem decisões de repercussão nacional (e por isso mesmo normalmente deixadas à competência dos tribunais superiores e, sobretudo, do Supremo Tribunal Federal).

---

23 Não tratamos aqui da notória demanda por celeridade do processo judicial, tão bem refletida, por exemplo, nas diversas alterações da norma processual civil desde o final dos anos 1980 (por exemplo, Leis ns. 8.952/94, 9.079/95, 9.139/95, 9.800/99, 10.352/2001, 10.358/2001, 10.444/2002 e 11.232/2005), mas dos processos de relevância nacional, especialmente aqueles que envolvem a solução de questões políticas, que vêm sendo levadas cada vez mais aos tribunais nos últimos anos.

Voltando às lições de Simmel, se a pressão social por mudança é fruto do simples desejo de superação das experiências presentes e da sobreposição de meios por fins, com desprezo ao alargamento da cadeia teleológica da evolução social, um processo judicial que se dobre a essa pressão e produza decisões aceleradas pode ser veículo de determinações voláteis, que não representem a verdadeira vontade social e acabem contribuindo para a destruição de vias de acesso otimizado às suas legítimas expectativas.

Pensamos que muitas das demandas sociais por decisões mais céleres de questões submetidas ao Supremo Tribunal Federal envolvem mudanças mais que legitimadas diante do sentimento de atraso e do distanciamento de nossas expectativas em relação às experiências já vividas por outras nações,[24] por conta de nosso déficit de cidadania, cujo caminho tortuoso foi precisamente descrito por José Murilo de Carvalho (2014). Quanto a isso, o atual Código de Processo Civil não foi feliz, pois alargou em demasia os prazos processuais ao invés de encurtá-los.

Ao que parece, porém, algumas decisões requerem um processo mais demorado, que permita o exercício pleno da argumentação por parte de todos os segmentos interessados e a ponderação cuidadosa desses interesses em uma decisão que deve ter como parâmetro um referencial bem definido: a constituição e o espaço de experiências e o horizonte de expectativas que ela representou quando de sua edição.

Nesse sentido, entendemos que a declaração do Presidente do STF pode ser lida também, não como um reconhecimento conformado ou, quando muito, envergonhado dessa distinção, mas como uma exortação à necessidade de reflexão e de processos de desaceleração social.

REFERÊNCIAS BIBLIOGRÁFICAS

BOTELHO, André. *Essencial (sociologia)*. São Paulo, Penguin Classics Companhia das Letras, 2013.

CARVALHO, José Murilo. *Cidadania no Brasil*: o longo caminho. 18.ed. Rio de Janeiro, Civilização Brasileira, 2014.

DOSSE, François. *A história*. São Paulo, Unesp, 2012.

ELIAS, Norbert. *Sobre o tempo*. Rio de Janeiro, Zahar, 1998.

FRISBY, David. *Simmel and Since*: essays on Georg Simmel's social theory. New York, Routledge, 1992.

---

24 Esse aspecto da aceleração social é destacado por Koselleck em texto no qual se dedica a analisar o conceito de aceleração, sustentando que a ideia de que a condição técnico-industrial atingida pelos países desenvolvidos possa ser igualada pelos países menos desenvolvidos gera uma necessidade de aceleração das mudanças para reduzir as diferenças: *"one's experience is the other's expectation"* (KOSELLECK, 2009, p. 134).

HABERMAS, Jürgen. *O discurso filosófico da modernidade*. Lisboa, Dom Quixote, 1990.

HARTOG, François. *Regimes of historicity*: presentism and experiences of time. New York, Columbia University Press, 2015.

KOSELLECK, Reinhard. *Futures past*: on the semantics of historical time. New York, Columbia University Press, 2004.

_____. "Is there an acceleration of history?" In: ROSA, Hartmut; SCHEUERMAN, William. *High speed society*: social acceleration, power and modernity. University Park, Pennsylvania University Press, 2009.

PASSARINHO, Nathália; RAMALHO, Renan. Tempo do Judiciário não é o tempo da mídia nem o da política, diz Lewandowsky. *Portal G1*. 05.05.2016. Disponível em: http://g1.globo.com/politica/noticia/2016/05/tempo-do-judiciario-nao-e-o-da-midia-nem-o--da-politica-diz-lewandowski.html. Acesso em: 08.05.2016.

REIS, José Carlos. *Teoria e história*: tempo histórico, história do pensamento histórico ocidental e pensamento brasileiro. Rio de Janeiro, FGV, 2012.

ROSA, Hartmut. *Social acceleration*: a new theory of modernity. New York, Columbia University Press, 2014.

_____; SCHEUERMAN, William. *High speed society*: social acceleration, power and modernity. University Park, Pennsylvania University Press, 2009.

SCHEUERMAN, William. "Citizenship and speed". In: ROSA, Hartmut; SCHEUERMAN, William. *High speed society*: social acceleration, power and modernity. University Park, Pennsylvania University Press, 2009.

SIMMEL, Georg. *The philosophy of money*. FRISBY, David (ed). 3.ed. New York, Routledge, 2004.

_____. *Questões fundamentais da sociologia*. Rio de Janeiro, Zahar, 2006.

_____. "O dinheiro na vida moderna (1896)". In: BOTELHO, André. *Essencial (sociologia)*. São Paulo, Penguin Classics Companhia das Letras, 2013, p. 330-50.

_____. "As grandes cidades e a vida do espírito (1903)". In: BOTELHO, André. *Essencial (sociologia)*. São Paulo, Penguin Classics Companhia das Letras, 2013, p. 311-29.

_____. *Sociología*: estudios sobre las formas de socialización. Carretera Picacho-Ajusco, Fondo de Cultura Económica, 2014.

VIANNA, Luiz Werneck et al. *A judicialização da política e das relações sociais no Brasil*. Rio de Janeiro, REVAN, 1999.

WAIZBORT, Leopoldo. *As aventuras de Georg Simmel*. 3.ed. São Paulo, 34, 2013.

14

Jurisdição nacional exclusiva quanto aos imóveis: uma visão sobre a questão imobiliária resolvida por decisões arbitrais

José Lucio Munhoz

É próprio do ser humano exercer do modo mais amplo possível sua liberdade, construindo de suas experiências e vivências sua própria visão de mundo, sua compreensão social e seu estilo de vida. E isso, somado a diferentes aspectos biológicos e intelectuais, nos faz seres individuais próprios, diferentes uns dos outros, não obstante o fato de vivermos sob regras padronizadas e em coletividade. E essa convivência social de seres independentes acaba gerando fricções e disputas que o Direito visa disciplinar ou resolver. Não há, portanto, relações humanas sem conflitos; e para aqueles não solucionados pelas próprias partes era preciso estabelecer um modo de solução que atendesse aos interesses da sociedade na busca da paz e da justiça.

Para a resolução desses conflitos, as nações estabeleceram órgãos próprios de poder, com competência para impor as decisões com base nas regras e no arcabouço jurídico daquela própria sociedade. Os princípios decorrentes da Revolução Francesa de 1789 estenderam-se sobre o mundo ocidental, com separações bastante claras dentro da estrutura do Estado, a respeito da divisão de competência para lidar com as questões de administração pública. Convencionou-se a existência de uma gestão governamental com um Poder Executivo, que gerencia os serviços públicos na vida em sociedade, um Legislativo que trata da elaboração das leis e regras de conduta, e o Judiciário que decide sobre a devida interpretação da lei e resolve os conflitos.[1]

---

1 O pensamento filosófico relacionado à divisão de Poderes pode ser mais bem observado no trabalho de João Victor Caetano Alves, *O conselho de estado e o princípio da divisão de poderes (1828-1834)*, dissertação de mestrado, Franca-Unesp, 2008. Disponível em:

14 Jurisdição nacional exclusiva quanto aos imóveis   255

Ao Judiciário de um país, originalmente, cabia decidir sobre os conflitos ocorridos na sua respectiva área de jurisdição. Com a evolução da sociedade, todavia, em especial pela globalização decorrente do fácil acesso aos meios de transporte, comunicação e comercialização de produtos, essas relações pessoais e empresariais começaram a ultrapassar limites territoriais geográficos. Hoje é comum o Judiciário brasileiro determinar que uma empresa aérea de outro país indenize um cidadão nacional por conta de uma viagem comercializada no exterior, inclusive adotando legislação internacional.[2] Recentemente pudemos ver pelos jornais a Justiça americana apreciando questões envolvendo a Petrobras[3] e, não raro, casais brasileiros contraem matrimônio ou se separam no estrangeiro, gerando repercussões jurídicas em suas vidas em ambos os lugares.

Nesses casos, na maior parte das vezes, ambos os países possuem em sua legislação a previsão de competência de seu Judiciário para a análise da matéria.[4] Essas são as competências nacionais concorrentes, ou seja, o litígio tanto pode ser julgado no Brasil quanto no exterior, conforme preveem os arts. 21 e 22 do Código de Processo Civil (CPC). Parte da doutrina chegou a desenvolver, inclusive, a chamada existência do princípio do *Forum Shopping*, em que a parte poderia escolher em qual dos países propor a ação, na hipótese de jurisdição concorrente entre dois ou mais Estados estrangeiros.[5]

Em contrato internacional, ademais, é possível às partes escolherem de comum acordo onde será solucionada eventual controvérsia que vier a existir en-

---

    https://repositorio.unesp.br/bitstream/handle/11449/93186/alves_jvc_me_fran.pdf?sequence=1&isAllowed=y. Acesso em: 10.10.2019.

2   "Com base em acordo internacional, companhia aérea é condenada a indenizar passageiros brasileiros por atraso em voo", *Rota Jurídica*, 24.05.2018. Disponível em: https://www.rotajuridica.com.br/com-base-em-acordo-internacional-companhia-aerea-e-condenada-a-indenizar-passageiros-brasileiros-por-atraso-em-voo/. Acesso em: 02.09.2019.

3   MOTTA ARAÚJO, A. "O ativismo imperial do departamento de justiça norte-americano", *GGN*, publicado em 17.03.2019. Disponível em: https://jornalggn.com.br/justica/o--ativismo-imperial-do-departamento-de-justica-norte-americano-por-andre-araujo-3/. Acesso em: 02.10.2019.

4   Convém mencionar que por vezes abordaremos o tema sob a denominação de "competência", porque o Código de Processo Civil utiliza esse termo na distribuição, aos órgãos do Judiciário, da "atribuição" de prestar a atividade jurisdicional. Quando se trata da distribuição dessa atividade entre os diversos membros do Poder Judiciário nacional, corretamente se utiliza a denominação de "competência". No entanto, em matéria de divisão internacional dessa atividade entre diferentes Estados, a denominação mais adequada seria "jurisdição", ao contrário do expressamente referido no art. 25, § 1º, do CPC.

5   Desde que isso pudesse facilitar o acesso ao Judiciário, mas não como forma de prejudicar a parte adversa ou pretender resultados mais favoráveis. Como esse tema foge ao objeto deste artigo, remetemos o leitor ao excelente livro de Solano Camargo, *Forum Shopping – A escolha da jurisdição mais favorável* (Editora Intelecto, 2019).

tre eles, decorrente do respectivo negócio. Nesse caso, mesmo havendo em tese a possibilidade de exercer a jurisdição em mais de um foro, aqueles não escolhidos no ajuste de vontades entre as partes estariam suprimidos dessa possibilidade, como prescreve o art. 25 do CPC.[6]

Além das decisões de tribunais nacionais e estrangeiros, como exercício da atividade estatal de justiça, vem também crescendo o uso de mecanismos privados de solução de litígios, em especial a arbitragem. Nesse sistema, as partes escolhem, por contrato ou por meio de uma instituição arbitral, uma ou mais pessoas físicas que atuarão como juízes, formando um tribunal arbitral privado, com a finalidade exclusiva de resolver o respectivo conflito entre elas. Com diversos aspectos positivos, quando comparada ao sistema tradicional de resolução de litígios pelo Poder Judiciário, a arbitragem é o atual método preferencial de resolução de disputas em incorporações empresariais ou grandes transações internacionais. Convém lembrar que apenas pessoas capazes e cujas disputas versem sobre direitos patrimoniais disponíveis podem submeter-se a esse sistema privado de resolução de conflitos.[7]

No sistema brasileiro, a arbitragem ganhou consistência jurídica apenas após a sua regulamentação especial, com a vigência da Lei n. 9.307/96, cujos princípios foram positivamente atualizados pela Lei n. 13.129/2015. Circunstância fundamental nesse caminho, também, foi a ratificação, pelo Brasil (Decreto n. 4.311/2002), da Convenção de Nova Iorque, coordenada pela ONU, sobre o reconhecimento e a execução das decisões arbitrais internacionais. Coroando a importância e a validade da arbitragem, o Código de Processo Civil de 2015 trouxe diversos dispositivos que consolidam o instituto, garantindo a soberania das decisões arbitrais e facilitando a eficácia do sistema.

Quando a decisão judicial ou arbitral é nacional, o sistema legal já lhes dá prévio reconhecimento e validade jurídica, sem prejuízo de possíveis contesta-

---

6   Art. 25 do CPC: "Não compete à autoridade judiciária brasileira o processamento e o julgamento da ação quando houver cláusula de eleição de foro exclusivo estrangeiro em contrato internacional, arguida pelo réu na contestação".

7   Lei da Arbitragem, art. 1º: "As pessoas capazes de contratar poderão valer-se da arbitragem para dirimir litígios relativos a direitos patrimoniais disponíveis". A princípio não comungamos do entendimento de que o Código Civil, em seu art. 852, teria revogado parcialmente a Lei da Arbitragem, eliminando a necessidade da "disponibilidade" do bem patrimonial para a submissão à arbitragem, ao dispor que "É vedado compromisso para solução de questões de estado, de direito pessoal de família e de outras que não tenham caráter estritamente patrimonial". Tratando-se de uma transação, a disponibilidade sobre o objeto da disputa acaba sendo uma condição para a validade do próprio negócio (convenção de arbitragem), razão pela qual entendemos em vigor a integralidade original do art. 1º da Lei de Arbitragem.

14 Jurisdição nacional exclusiva quanto aos imóveis 257

ções pelos meios previstos no ordenamento pátrio. Na hipótese de decisão judicial ou arbitral estrangeira,[8] todavia, para que ela seja reconhecida como válida dentro do território brasileiro ou possa ser aqui executada, é preciso que ela seja previamente homologada pelo Superior Tribunal de Justiça (STJ),[9] que verificará a existência dos requisitos legais de validade.[10]

JURISDIÇÃO EXCLUSIVA

Existem alguns aspectos de uma sociedade organizada, todavia, que, em caso de conflitos, reserva apenas à autoridade judicial daquele país a competência para resolvê-los. Nessas hipóteses não se aceitam decisões estrangeiras (judiciais ou arbitrais) nem mesmo soluções nacionais que não passem pelo respectivo Poder Judiciário. Trata-se da chamada "jurisdição nacional exclusiva", como um exercício de soberania do Estado, em temas que são fundamentais ou importantes para a respectiva nação.[11] São matérias que racionalmente não fariam sentido serem decididas por juízes alienígenas, posto que estranhas a outras realidades. Não seria razoável, por exemplo, um juiz inglês decidir sobre direito de vizinhança em Jacarepaguá, proteção de área ambiental às margens do Rio Tietê ou sobre testamento particular de residentes no Brasil. Tais dispu-

---

8   Sentença arbitral nacional é aquela produzida no Brasil (ainda que as partes e o contrato sejam internacionais) e sentença arbitral estrangeira é aquela produzida fora do território nacional, ainda que os árbitros, partes ou o objeto do contrato se encontre no Brasil ou aqui tenha se realizado a maior parte do procedimento arbitral (art. 34, parágrafo único, da Lei n. 9.307/96).

9   Constituição Federal, art. 105, I, *i*; Lei de Arbitragem, art. 35 e Regimento Interno do STJ, arts. 216-A a 216-N.

10 CPC, art. 963: "Constituem requisitos indispensáveis à homologação da decisão: I – ser proferida por autoridade competente; II – ser precedida de citação regular, ainda que verificada a revelia; III – ser eficaz no país em que foi proferida; IV – não ofender a coisa julgada brasileira; V – estar acompanhada de tradução oficial, salvo disposição que a dispense prevista em tratado; VI – não conter manifesta ofensa à ordem pública".

11 Embora esse instituto não seja de todo absoluto nos dias atuais, como realça Antonio Augusto Trindade, sobre a competência nacional exclusiva: "ela afigura-se como um reflexo, manifestação da particularização da própria noção de soberania, inteiramente inadequada ao plano das relações internacionais, porquanto originalmente concebida, tendo em mente o Estado *in abstracto* (e não em relações com outros Estados), e como expressão de um poder interno, de uma supremacia própria de um ordenamento de subordinação, claramente distinto do ordenamento internacional, de coordenação e cooperação, em que todos os Estados são, ademais de independentes, juridicamente iguais" (*A proteção internacional dos direitos humanos*: fundamentos jurídicos e instrumentos básicos, 1991, p. 4).

tas, entre tantas outras hipóteses, poderiam envolver terceiros ou direitos coletivos outros, inviabilizando uma decisão alienígena sobre a contenda.

A Lei de Introdução às Normas do Direito Brasileiro (LINDB), a título de exemplo, em seu art. 12, § 1º, estabelece que "só à autoridade judiciária brasileira compete conhecer das ações relativas a imóveis situados no Brasil". O CPC/73, no mesmo sentido, em seu art. 89,[12] detalhava que apenas o Judiciário brasileiro poderia decidir sobre ações relativas a imóveis situados no Brasil (I) ou quanto a inventário e partilha de bens situados no país (II). O CPC/2015 deu nova redação ao texto da reserva de jurisdição, apenas deixando mais claro as hipóteses da jurisdição exclusiva na partilha de bens. Eis o atual texto legal:

> Art. 23. Compete à autoridade judiciária brasileira, com exclusão de qualquer outra:
> I – conhecer de ações relativas a imóveis situados no Brasil;
> II – em matéria de sucessão hereditária, proceder à confirmação de testamento particular e ao inventário e à partilha de bens situados no Brasil, ainda que o autor da herança seja de nacionalidade estrangeira ou tenha domicílio fora do território nacional;
> III – em divórcio, separação judicial ou dissolução de união estável, proceder à partilha de bens situados no Brasil, ainda que o titular seja de nacionalidade estrangeira ou tenha domicílio fora do território nacional.

O CPC, nesses temas, reservou apenas à "autoridade judiciária brasileira" a competência para resolver o conflito.[13] Embora a arbitragem possua a característica "jurisdicional", o árbitro não é uma "autoridade" e não é "judiciária", ou seja, não pertence ao Poder Judiciário. Embora as decisões arbitrais constituam títulos executivos judiciais (art. 515, VII, do CPC),[14] o que torna a arbitragem uma atividade *jurisdicional* (que presta jurisdição), o árbitro não está

---

12 CPC, Art. 89: "Compete à autoridade judiciária brasileira, com exclusão de qualquer outra: I – conhecer de ações relativas a imóveis situados no Brasil; II – proceder a inventário e partilha de bens, situados no Brasil, ainda que o autor da herança seja estrangeiro e tenha residido fora do território nacional".

13 Como alerta Marcelo Gustavo Silva Siqueira, existem outros casos de jurisdição exclusiva no nosso sistema jurídico, como aquelas promovidas contra o Estado brasileiro ou as de quebra das patentes (art. 57 da Lei n. 9.279/96), cuja competência é da Justiça Federal ("A jurisdição e a cooperação internacional no projeto de lei do novo Código de Processo Civil (conforme aprovado no Senado)", *Revista Eletrônica de Direito Processual – REDP*, v. VIII, p. 714).

14 CPC, art. 515: "São títulos executivos judiciais, cujo cumprimento dar-se-á de acordo com os artigos previstos neste Título: [...] VII – a sentença arbitral".

14 Jurisdição nacional exclusiva quanto aos imóveis **259**

investido de qualquer autoridade legal e igualmente não faz parte da estrutura judiciária (Poder Judiciário).[15] Ainda que o árbitro se equipare aos funcionários públicos para efeitos penais[16] (tal como o perito médico e outros profissionais em atividades similares),[17] esse aspecto não o torna uma "autoridade" pública, posto que não investido em cargo de tal envergadura legal. Deve-se recordar que a essência da arbitragem é caracterizada por um ajuste particular de vontades (contratual), que se afasta da oficialidade e da autoridade do Poder Público, constituindo uma jurisdição privada. Desse modo, com o devido respeito às ilustres posições contrárias, não teria sentido imaginar o árbitro como sendo uma "autoridade legal", ainda que tenha de agir com independência, imparcialidade e cumprir com outras obrigações legais. O médico, o engenheiro, o advogado, o oficial de justiça, no exercício de suas atividades, também carregam obrigações legais de significativas grandezas e nem por isso esses profissionais são equiparados às autoridades de Estado.

Logo, a princípio, essas matérias previstas no art. 23 do CPC não poderiam ser decididas por árbitros (nacionais[18] ou estrangeiros) nem por magistra-

---

15 "A figura do árbitro, destarte, jamais poderá ser confundida com a de uma 'autoridade pública', passível de ter seus atos sujeitos à uma cassação ou modificação, através da ação de mandado de segurança. O controle de seus atos, na verdade, fica sujeito apenas ao controle posterior do Estado, através da ação própria de nulidade da sentença arbitral, com esteio na Lei da Arbitragem, uma vez verificadas as nulidades previstas no seu artigo 32, ou ainda através da ação de embargos" (Francisco Cláudio de Almeida Santos. "O não cabimento de mandado de segurança contra ato de árbitro ou tribunal arbitral", 2013. Disponível em: https://issuu.com/cebramar/docs/o_n__o_cabimento_de_mandado_de_ segu. Acesso em: 12.08.2019). No mesmo sentido é o posicionamento de Marina Vessoni Labate Lacaz ("Cabimento de mandado de segurança em arbitragem". *Revista dos Tribunais Online*, Thomson Reuters, 2014. Disponível em: http://ead2.fgv.br/ls5/centro_rec/ docs/cabimento_mandado_seguranca_arbitragem.pdf. Acesso em: 12.08.2019).

16 Lei da Arbitragem, art. 17: "Os árbitros, quando no exercício de suas funções ou em razão delas, ficam equiparados aos funcionários públicos, para os efeitos da legislação penal".

17 "O conceito de funcionário público para fins penais deve ser considerado em termos amplos. Portanto, no caso concreto, embora o ofendido (perito) não fosse titular de emprego público remunerado, o certo é que exercia uma função pública para a qual fora designado pelo Judiciário. [...] Conforme já decidiu o Supremo Tribunal Federal, o perito judicial insere-se no conceito de funcionário público" (STF, *HC* n. 65.556, rel. Min. Francisco Rezek, j. 23.02.1988).

18 André Monteiro, ao contrário do que defendemos, entende que a reserva exclusiva de jurisdição do art. 23 do CPC seria apenas quanto aos métodos de resolução de disputas provindas do exterior, permitindo que tais temas fossem solucionados por arbitragem nacional: "Será que faz sentido admitir que uma sentença arbitral proferida no Brasil possa dispor sobre bens imóveis situados no País, mas uma sentença arbitral prolatada no exterior não possa fazer o mesmo?" (MONTEIRO, A. "Arbitragem, 'Competência Interna-

dos de outros países.[19] Apenas o Poder Judiciário brasileiro poderia decidir, validamente, sobre tais temas.[20] A regra reafirma a ideia de que cabe ao próprio país, no exercício de sua soberania, naquelas hipóteses legais, estabelecer ou fiscalizar os critérios de divisão de bens em seu próprio território, ainda que se trate de direitos disponíveis. A decisão estrangeira, que trate desses temas, por consequência, não poderia ser homologada pelo STJ, ao menos integralmente.

Portanto, não comungamos dos doutos entendimentos que veem no disposto no art. 23, *caput*, o não impedimento da arbitragem para aquelas disputas. André Monteiro, por exemplo, faz a leitura referindo que:

> Observe-se que o *caput* do art. 23 dispõe que "compete à autoridade judiciária brasileira, com exclusão de qualquer outra [...] conhecer de ações relativas a imóveis situados no Brasil". É de se verificar que, após utilizar a expressão "autoridade judiciária", a lei usa a expressão "qualquer outra". Pergunta-se: "Qualquer outra" o quê? Qualquer outra "autoridade judiciária", é o que me parece. O texto legal, portanto, deve ser lido da seguinte forma: compete à autoridade judi-

---

cional Exclusiva' e homologação de sentença arbitral estrangeira que verse sobre bens imóveis situados no Brasil". *Revista Brasileira de Arbitragem*, v. XV, n. 59, p. 20).

19 Nesse sentido a posição de Carmem Tibúrcio: "[...] é válido fazer um breve esclarecimento conceitual no que diz respeito à diferença entre competência concorrente e exclusiva, uma vez que o novo CPC segue prevendo regras distintas para cada uma dessas. Enquanto na primeira hipótese, as questões podem ser decididas tanto pela autoridade judiciária brasileira quanto pela estrangeira, na segunda, os casos obrigatoriamente devem ser submetidos ao judiciário nacional" ("As regras sobre o exercício da jurisdição brasileira no novo Código de Processo Civil". *Revista Interdisciplinar de Direito*, Faculdade de Direito de Valença, v. 16, n. 1, 2018, p. 67).

20 Alguns entendem que a Lei de Arbitragem, ao prever a sua aplicação para bens disponíveis e por partes capazes (art. 1º), seria incompatível com a regra do art. 23 do CPC (antigo art. 89). Assim, com a declaração de constitucionalidade da Lei de Arbitragem pelo STF, não seria aplicável o art. 23 do CPC nas arbitragens nacionais (e, por via da lógica, também não teria sentido impedir as arbitragens internacionais). Esse é o posicionamento, por exemplo, de Flavia Savio C. S. Cristofaro ("A relação entre a arbitragem e as regras sobre competência internacional previstas nos artigos 88 e 89 do código de processo civil brasileiro". Disponível em: http://bsbcadvogados.com.br/publicacoes/a-relacao-entre-a-arbitragem-e-as-regras-sobre-competencia-internacional--previstas-nos-artigos-88-e-89-do-codigo-de-processo-civil-brasileiro/. Acesso em: 21.09.2019). Pensamos de modo diverso, seja pela especialidade da regra da jurisdição exclusiva, igualmente retratada no art. 12, § 1º, da Lei de Introdução às Normas do Direito Brasileiro (que não se submete às regras de leis gerais que não expressamente as afastem), seja por ser o CPC posterior à Lei da Arbitragem e, portanto, caso houvesse contradição entre os dois dispositivos, prevaleceria o mais atual.

14 Jurisdição nacional exclusiva quanto aos imóveis **261**

ciária brasileira, com exclusão de qualquer outra autoridade judiciária, conhecer ações relativas a imóveis situados no Brasil.[21]

Tal visão, respeitabilíssima, não nos parece a mais adequada. O dispositivo trata da jurisdição nacional "exclusiva" e, portanto, não haveria sentido interpretar-se no texto a permissão do exercício de jurisdição para outras formas de resolução de conflitos, muito menos admitindo-a apenas para as privadas. A segunda parte do texto legal ("com exclusão de qualquer outra") não seria nem necessária, uma vez que a primeira parte do dispositivo já deixa clara a competência estatal exclusiva ("compete à autoridade judiciária brasileira conhecer [...]"). Ao referir "com a exclusão de qualquer outra", o texto legal apenas pretendeu reforçar o comando já mencionado na primeira parte do texto, jamais torná-lo mais fraco ou impor interpretação limitativa. Podemos adiantar que defendemos a possibilidade de ocorrer a arbitragem nas questões atinentes à propriedade ou posse de bens imóveis localizados no Brasil, mas por conta da interpretação dada ao termo "ações relativas a imóveis", conforme melhor explicaremos nos tópicos seguintes, mas não pelo argumento de que o art. 23 do CPC não exclui a atuação de jurisdições privadas.

OS IMÓVEIS E SUAS INTRINCADAS REPERCUSSÕES JURÍDICAS

A propriedade imobiliária carrega obrigações que afetam com certa magnitude o seu proprietário, lembrando que o uso adequado dela pode ser exigido pelo Poder Público, inclusive sob pena de parcelamento ou edificação compulsória, imposição de imposto progressivo ou expropriação.[22] A propriedade de um imóvel gera diversas outras repercussões jurídicas para o seu titular, pois ela pode afetar outros interesses da própria comunidade, tais como a função social exigida constitucionalmente,[23] critérios de ocupação do solo,[24] preservação ambiental,[25] direito de vizinhança,[26] direito de passagem,[27] circunstâncias sani-

---

21 MONTEIRO, A. "Arbitragem, 'Competência Internacional Exclusiva' e homologação de sentença arbitral estrangeira que verse sobre bens imóveis situados no Brasil". *Revista Brasileira de Arbitragem*, v. XV, n. 59, p. 35.
22 Constituição Federal, art. 182, § 4º.
23 Constituição Federal, art. 5º, XXIII: "a propriedade atenderá a sua função social".
24 Circunstância de competência dos municípios, nos termos do art. 30, VIII, da Constituição Federal: "promover, no que couber, adequado ordenamento territorial, mediante planejamento e controle do uso, do parcelamento e da ocupação do solo urbano".
25 Lei n. 12.651/2012 (Código Florestal).
26 Código Civil, arts. 1.277 e seguintes.
27 Código Civil, arts. 1.285 e 1.286.

tárias, de mobilidade urbana, confrontações e limites com outras propriedades,[28] entre outros. Ademais, a Lei dos Registros Públicos (Lei n. 6.015/73) ainda traz uma série de exigências e documentos para validação do título da propriedade, matrícula e registro, além de disciplinar sobre as anotações que digam respeito às garantias de possíveis credores.

Portanto, diante de um complexo sistema jurídico, que envolve União, estados e municípios, além da regulamentação de diversos órgãos de fiscalização e registro sobre o uso da propriedade imobiliária, era natural que a lei tenha mirado reservar à autoridade estatal, representada pelo Poder Judiciário nacional, a competência exclusiva para "conhecer de ações relativas a imóveis situados no Brasil". Diversas das ações ou litígios envolvendo imóveis, ademais, exigem a citação de confrontantes ou intervenção do Ministério Público, circunstâncias de todo inviáveis na via arbitral ou num juízo estrangeiro. Afinal, não faria muito sentido o juiz de um país decidir aspectos relacionados a imóveis existentes em outro.[29]

Quando algum interessado pretende o reconhecimento de decisão estrangeira abordando tal aspecto, o STJ normalmente se mostra protetor dessa disposição processual garantidora da competência exclusiva, seguindo precedentes do STF[30] e o preceito estabelecido no art. 964 do CPC,[31] como se denota de recente decisão da Corte Especial:

> [...] Registre-se, ainda, que, caso a sentença estrangeira trouxesse disposição acerca da partilha de bem imóvel situado no Brasil, o que não ocorre na hipótese, estar-se-ia diante de causa de competência exclusiva da autoridade judiciária brasileira, nos termos do art. 89 do CPC de 1973 (atual art. 23 do CPC de 2015), o que também impossibilitaria a homologação da decisão alienígena. (SEC n. 14.069/EX, Min. Raul Araújo, j. 07.08.2019, ac. unânime)[32]

---

28 Lei n. 6.766/79 (parcelamento de solo urbano).

29 Ver GUERRA, M. "Competência internacional no Código de Processo Civil e princípios, à luz da jurisprudência do STF e STJ", 2010. Disponível em: http://www.dominiopublico. gov.br/pesquisa/DetalheObraForm.do?select_action=&co_obra=197273. Acesso em: 28.08.2019.

30 STF, SE-2289, rel. Min. Moreira Alves, j. 18.09.1975.

31 CPC, art. 964: "Não será homologada a decisão estrangeira na hipótese de competência exclusiva da autoridade judiciária brasileira".

32 No mesmo sentido: "Processual civil. Enunciado administrativo n. 3/STJ. Agravo interno na sentença estrangeira contestada. Inadimplemento contratual. Disposição de bem imóvel localizado no Brasil. Competência exclusiva. Impossibilidade. Indeferimento da homologação. Agravo interno não provido. 1. Consta na tradução do título apresentado para homologação a determinação de transferência de propriedade. Ademais, o recorrido assevera que a lide estrangeira tratou de direito propriedade, de direito de vizinhança

14 Jurisdição nacional exclusiva quanto aos imóveis **263**

De todo modo, caso haja outros temas abordados pela decisão estrangeira, não há óbice para a homologação deles (parcial)[33] se atendidos os demais requisitos legais, como também já decidido pelo STJ:

> [...] Apenas no que diz respeito aos bens imóveis situados no Brasil, inviável a homologação da partilha efetuada pela autoridade estrangeira, pois, nos termos do art. 89, I, do CPC/73, em vigor quando da prolação da sentença estrangeira, a partilha dos bens imóveis situados no Brasil apenas pode ser feita pela autoridade judiciária brasileira, com a exclusão de qualquer outra. Sentença estrangeira parcialmente homologada. (STJ, HDE n. 176/EX, Min. Benedito Gonçalves, j. 15.08.2018)

A PROPRIEDADE OU POSSE IMOBILIÁRIA

Embora as questões atinentes "aos imóveis" tenham que ser decididas pelo Judiciário pátrio, como vimos, defendemos a posição de que as decisões estrangeiras ou arbitrais que abordem questões relativas "à propriedade" deles ou obrigações relativas à transmissão de posse ou titularidade imobiliária possam ser homologadas pelo STJ e ter validade em território brasileiro se presentes os demais requisitos legais para essa homologação.[34]

De fato, não teria sentido, como antes demonstrado, que aspectos relacionados ao parcelamento do solo, registro imobiliário, disputa de limites geográficos, entre outros aspectos atinentes ao imóvel propriamente dito, pudessem ser decididos por órgão jurisdicional estrangeiro ou mesmo por um árbitro nacional, despido de autoridade estatal para tratar de temas que possam repercutir na coletividade. Portanto, é salutar que as "ações relativas a imóveis" situados no Brasil continuem sendo decididas pelo Poder Judiciário nacional.

Entretanto, as questões atinentes à "propriedade" do imóvel ou ao exercício de sua "posse" se vinculam às pessoas, físicas ou jurídicas, investidas nesse direito pelo sistema jurídico. Tais direitos (bem como as ações deles decorrentes), portanto, não dizem respeito ao respectivo "imóvel", mas sim às pessoas que disputam sua propriedade ou posse. Nessas ações o que se discute é o elo entre a pessoa e a coisa, não aspectos próprios da coisa ou de seu uso. Dessa forma, defendemos que tais matérias não estariam submetidas à jurisdição exclusiva estatal,

---

e de outras questões (inclusive obrigacionais). 2. Títulos judiciais estrangeiros em que se discutem titularidade de bem imóvel não podem ser homologados nos termos das disposições normativas brasileiras. 3. Agravo interno não provido" (STJ, Ag. Int. na SEC n. 12.300/EX, Min. Mauro Campbell Marques, j. 05.09.2018).

33 CPC, art. 961, § 2º: "A decisão estrangeira poderá ser homologada parcialmente".

34 CPC, art. 963 (ver nota 10).

pois essas ações não seriam "relativas a imóveis", mas sim quanto ao direito de propriedade, uso ou posse, os quais se vinculariam às pessoas envolvidas na disputa.

Quando duas partes litigam sobre a titularidade de um veículo, o elo de propriedade não dá ao seu proprietário, de modo automático, o direito de dirigir o automóvel ou transportar coisas e pessoas. A propriedade lhe dá apenas e tão somente o direito sobre o veículo e sua posse, mas se este não tiver condições regulamentares de uso, nos termos da legislação específica, ele não poderá rodar. Se o proprietário não possuir condições de habilitação para a direção, não poderá dirigi-lo. Se estacionado em local irregular ou sem os devidos registros, o proprietário poderá ser multado e ter o automóvel removido compulsoriamente. Todos esses aspectos relacionados ao veículo e sua destinação ou uso legal não guardam relação com o elo de propriedade que se estabelece entre o seu proprietário e o automóvel.

O mesmo raciocínio pode ser apresentado em relação ao imóvel. A decisão sobre a propriedade ou posse de uma casa apenas cria um vínculo entre a pessoa e o bem, mas as demais circunstâncias atinentes ao imóvel continuam sendo reguladas de modo independente. Assim, continuam em plena eficácia as regras atinentes à obrigação dos reparos urgentes que garantam a segurança do imóvel, a autorização prévia do poder público para alterações de suas características, os registros para a preservação de interesses de terceiros, o impedimento de uso para finalidade distinta daquela prevista no sistema legal etc.

Para o estabelecimento da titularidade da propriedade ou direito de uso do imóvel, não há necessidade ou justificativa especial para a reserva exclusiva da jurisdição estatal nacional. Caso as partes sejam capazes e o direito seja disponível, não há razão lógica para se impedir o uso dos meios privados de solução de conflitos, em especial a arbitragem. Decidida pela arbitragem a questão atinente à propriedade do imóvel ou o direito de uso sobre ele, o beneficiário terá que se ajustar às demais exigências legais relacionadas ao imóvel, como qualquer outro proprietário ou usuário.

Dois brasileiros, residentes no exterior, firmam um contrato de promessa de compra e venda, envolvendo a propriedade de um terreno no Brasil, com empréstimo e fiança bancária no exterior. Não há justificativa plausível para que eles não possam utilizar o sistema de justiça do exterior, onde residem e sob as regras legais que pautaram aquele negócio jurídico, para dirimir aquele conflito e estabelecer, afinal, qual seria o proprietário daquele título de terras. Essa disputa, a mero título exemplificativo, nada tem a ver com o "imóvel" propriamente dito, mas sim com a mera titularidade do direito sobre ele.

A hermenêutica, todos sabemos, não é estática. Ela evolui com o tempo, permitindo a utilização de expressões legais em diferentes contextos ou ocasiões, dan-

14 Jurisdição nacional exclusiva quanto aos imóveis **265**

do-lhes a interpretação mais adequada no caminho do que possa parecer o resultado mais justo para aquele caso, na compreensão externada pela respectiva coletividade naquele momento. Afinal, o objetivo do direito é atender aos anseios de justiça das pessoas, não produzir um resultado destituído de razão lógica ou desconectado de seu tempo. "Estado de necessidade", "dignidade da pessoa humana" e "atentado ao pudor", como simples exemplos, possuem na atualidade significados bastante diferentes daqueles compreendidos no início do século passado. Os termos legais são exatamente os mesmos, mas as suas dimensões atuais possuem compreensões totalmente distintas, e os juízes bem compreendem essas variáveis, adaptando as decisões ao que hoje mais se aproxima do justo ou adequado aos novos tempos. Do contrário, sequer haveria razão de existir o disposto no art. 5º da LINDB: "Na aplicação da lei, o juiz atenderá aos fins sociais a que ela se dirige e às exigências do bem comum".[35] Defendemos que similar atualização interpretativa se deva dar no caso do art. 23 do CPC e do art. 12, § 1º, da LINDB.

Um banco estrangeiro que adquira ou incorpore uma instituição nacional, por certo, adquirirá no pacote uma série de imóveis que compõem o patrimônio da empresa adquirida ou incorporada.[36] Esse tipo de transação internacional, na absoluta maioria das vezes, contém uma cláusula de arbitragem. Investimentos estrangeiros em empreendimentos agrícolas nacionais normalmente trazem uma cláusula arbitral e, do mesmo modo, por vezes o negócio empreendido implica a transmissão de imóvel, cessão ou o seu uso como garantia. Nessas e em tantas outras hipóteses, não estarão em litígio aspectos relacionados intrinsecamente ao imóvel, mas sim o direito de propriedade ou de posse relacionado às partes em litígio. A disputa se dará a respeito da condição de titularidade das pessoas sobre o direito em conflito, não sobre aspectos relacionados ao imóvel propriamente dito. E, portanto, dando o que nos parece ser a melhor interpretação aos arts. 12, § 1º, da LINDB, e 23, I, do CPC ("conhecer de ações relativas a imóveis situados no Brasil"), *quando o litígio não envolver aspectos intrínsecos ao próprio imóvel*, não se deve reconhecer a competência nacional exclusiva para as demandas atinentes à propriedade ou posse desses bens.

Por certo não se desconhece que os direitos reais compreendem a propriedade e diversos outros aspectos relacionados aos imóveis (Código Civil, art.

---

35 Do mesmo modo o CPC, em seu art. 8º: "Ao aplicar o ordenamento jurídico, o juiz atenderá aos fins sociais e às exigências do bem comum, resguardando e promovendo a dignidade da pessoa humana e observando a proporcionalidade, a razoabilidade, a legalidade, a publicidade e a eficiência".

36 Em situações assim, é igualmente comum estar em jogo diversos contratos de promessa de compra e venda ou outros garantidores dos direitos reais que, para efeitos legais, juntamente com as ações que visam suas garantias, também constituem natureza imobiliária (art. 80 do CPC).

1.225), sendo que eles próprios (direitos reais) e as ações necessárias para assegurá-los também são considerados bens imóveis (Código Civil, art. 80, I). Igualmente não se ignora que a doutrina e a jurisprudência predominante entendem que os direitos reais e obrigacionais estariam incorporados nessa reserva jurisdicional nacional, dentro da expressão "relativas a imóveis".[37] No entanto, para efeito do que interessa para o desenvolvimento da ideia retratada aqui e melhor compreensão da matéria, não nos prenderemos a esses conceitos jurídicos ou outros tecnicismos.

Caso abordássemos o tema sob a ótica dos direitos reais, seria necessário entrar na seara dos direitos obrigacionais (ou das coisas), o que desviaria o foco do que ora tratamos.[38] Além disso, observamos que o dispositivo legal sobre a jurisdição nacional exclusiva não fez o uso dessa divisão clássica sobre direitos reais ou obrigacionais (do Código Civil), nem das ações reais ou pessoais (relacionadas ao Processo Civil), mas apenas utilizou a expressão "relativas a imóveis", o que nos permite desprender daqueles rótulos jurídicos que, ademais, são inaplicáveis na análise do tema.

Apenas para justificar esse afastamento àquela distinção clássica, que nesse tema mais confunde do que esclarece, podemos dar o exemplo do art. 47, § 2º, do CPC.[39] Alguns poderiam imaginar que ele reservaria ao juízo da localidade do imóvel, naquela hipótese (direitos reais possessórios), a reserva de jurisdição exclusiva nacional sobre o tema, ao referir a "competência absoluta". No entanto, essa "competência" ali descrita, como já referimos antes, trata da divisão entre os órgãos de jurisdição nacionais, encontrando-se o dispositivo no Título III, do CPC ("Da Competência Interna"), nada tendo a ver com a reserva de jurisdição estatal prevista no Título II, Capítulo I ("Dos Limites da Jurisdição Nacional"), em que se encontra o art. 23.

---

37 MONTEIRO, A. "Arbitragem, 'Competência Internacional Exclusiva' e homologação de sentença arbitral estrangeira que verse sobre bens imóveis situados no Brasil". *Revista Brasileira de Arbitragem*, v. XV, n. 59, p. 16-7.

38 Apenas para uma análise mais didática dessas matérias, remete-se o leitor ao artigo de Gisele Leite ("A diferença entre os direitos reais e direitos pessoais, obrigacionais ou de crédito". *Revista Âmbito Jurídico, Caderno Civil*, n. 57, 2008. Disponível em: https://ambitojuridico.com.br/cadernos/direito-civil/a-diferenca-entre-os-direitos-reais-e-direitos-pessoais-obrigacionais-ou-de-credito/. Acesso em: 24.10.2019.

39 CPC, art. 47: "Para as ações fundadas em direito real sobre imóveis é competente o foro de situação da coisa. § 1º O autor pode optar pelo foro de domicílio do réu ou pelo foro de eleição se o litígio não recair sobre direito de propriedade, vizinhança, servidão, divisão e demarcação de terras e de nunciação de obra nova. § 2º A ação possessória imobiliária será proposta no foro de situação da coisa, cujo juízo tem competência absoluta".

14 Jurisdição nacional exclusiva quanto aos imóveis **267**

Não se pode esquecer, ainda, que o art. 1.225 do Código Civil estabelece serem direitos "reais" a propriedade, o uso, o direito do promitente comprador do imóvel, entre outros. Ao incluir essa catalogação como parte integrante do conceito de ações "relativas a imóveis" (o que não se depreende da racionalidade por trás do dispositivo legal do art. 23 do CPC, seja na interpretação literal, seja na hermenêutica), haveria uma restrição ainda severa, impedindo o uso de outras formas de resolução de conflitos para a mera discussão sobre o direito ou não de um promitente comprador. Portanto, nos afastamos da posição de André Monteiro que, a princípio, parece permitir essa divisão clássica quanto à interpretação sobre a aplicação do dispositivo em questão.[40]

É importante mencionar que o próprio Supremo Tribunal Federal já esposou similar posicionamento, em sua composição unânime, em 1979. No entanto, lamentavelmente, essa interpretação jamais voltou a ser referida em decisões posteriores, seja do STF, seja do STJ (que, ao contrário, parecem contrariá-lo). Naquele caso apreciado pelo Supremo Tribunal Federal, a Corte utilizou esse entendimento para, a contrário senso, decidir pela inexistência da jurisdição exclusiva. Na hipótese, a Justiça brasileira e a paraguaia se deram por incompetentes para decidir sobre um pré-contrato de compra e venda de um imóvel localizado no Paraguai, onde uma das partes pleiteava a outorga da escritura definitiva. Para o STF, aquela ação não era uma ação "relativa a imóveis", mas sim uma "ação pessoal", consistente numa "obrigação de fazer". Portanto, não se tratava de uma ação sujeita à jurisdição exclusiva nacional do local do imóvel, o que permitiu à Corte decidir que a Justiça brasileira poderia conhecer da ação sobre uma disputa que tratava de um imóvel localizado no Paraguai. Vejamos o acórdão:

> Internacional privado. Competência da autoridade judiciária brasileira. Ações relativas a imóveis. Não é desta natureza a ação que, exibindo pré-contrato de promessa de venda, feito por documento particular, pede a condenação do promitente a outorgar a escritura definitiva. Trata-se de ação pessoal, visando a obrigação de fa-

---

40 Embora o autor faça a distinção entre a reserva jurisdicional exclusiva entre os atores estatais e privados, permitindo o uso da arbitragem para as duas hipóteses clássicas (reais e obrigacionais), ele acaba por incluir tal conceito na interpretação do art. 23, I, do CPC: "Talvez fosse o momento de passar a defender, na seara judicial, que a expressão 'ações relativas a imóveis' diga respeito apenas e tão somente a ações reais relacionadas a bens imóveis situados no Brasil. Afinal de contas, trata-se de uma regra de exceção, cuja boa hermenêutica recomenda interpretação restritiva. Não faz mais sentido interpretar a expressão 'ações relativas a imóveis' como que se referindo a toda e qualquer ação relativa a bens imóveis situados no Brasil" (MONTEIRO, A. "Arbitragem, 'Competência Internacional Exclusiva' e homologação de sentença arbitral estrangeira que verse sobre bens imóveis situados no Brasil". *Revista Brasileira de Arbitragem*, v. XV, n. 59, p. 17).

zer. Muito embora situado em território estrangeiro o imóvel pretendido vender, não cabe reconhecer-se, nesse caso, a competência da autoridade estrangeira, por aplicação, *a contrario sensu*, da regra do art. 89, I, do CPC. Domiciliados no Brasil os contratantes, e tendo, de resto, eleito o foro de seu domicílio para a execução do contrato, neste deverá ter curso a ação proposta, a despeito de localizar-se na vizinha República do Paraguai o imóvel. Caso em que tanto a Justiça de 1º e 2º graus do Paraguai como do Brasil declinaram de sua competência. Conhecimento e provimento do recurso extraordinário (CPC, arts. 88 e 111, c/c, art. 42, Súmula n. 335), para que, afastada a declinação de competência para a Justiça paraguaia, tenha a causa o julgamento que mereça ter. (STF, RE n. 90.961-3, rel. Min. Décio Miranda, j. 29.05.1979)

O STF captou a essência do tema, ao verificar que não faz sentido a reserva jurisdicional exclusiva nacional para tratar de relação entre pessoas capazes, sob objeto no campo de sua livre disponibilidade. Todavia, a Corte acabou "derrapando" ao cair na tentação de "classificar" a situação com base na teoria clássica de separação de ações, quando o dispositivo da jurisdição exclusiva (art. 23, I, do CPC) não faz tal distinção. E ao fazê-lo, com o devido respeito, o acórdão cometeu um equívoco, pois mesmo na vigência do Código Civil de 1916 (art. 674) o direito sobre a propriedade já era considerado um "direito real", não pessoal. Muitas vezes os juristas sentem-se tentados a classificar doutrinariamente uma questão meramente factual, e nem sempre isso auxilia na busca de uma resposta adequada para o caso.

Inexiste justificativa plausível para reserva jurisdicional numa disputa sobre uma questão negocial entre pessoas capazes e sob bem disponível. Essas disputas, embora tenham a propriedade ou o uso de um imóvel como objeto do contrato, "não é da natureza da ação relativa a imóveis". Como melhor esclareceu o relator do STF em seu voto:

> Tratando-se, no caso dos autos, de demanda em que o autor procura os efeitos do contrato particular de promessa de compra e venda de imóvel, ainda mais se acentua o caráter puramente obrigacional do pedido, que visa a condenação na obrigação de fazer, eis que uma das alternativas da solução do litígio poderá ser a conversão da obrigação em perdas e danos. (STF, RE n. 90.961-3, rel. Min. Décio Miranda, j. 29.05.1979)

Nesse exemplo e em outros relacionados a questões não atinentes ao imóvel em si, é juridicamente possível às partes estabelecerem a jurisdição (privada ou estatal, nacional ou estrangeira) na qual a demanda deverá ser resolvida (art. 25 do CPC) e, caso omissa tal possibilidade, a jurisdição seria concorrente, se

14 Jurisdição nacional exclusiva quanto aos imóveis **269**

presentes os requisitos do art. 21 ou 22 do CPC, ou nacional, na forma da regra geral de competência interna (Título III do CPC).

Como mencionado por André Monteiro, em seu belo trabalho sobre o tema, ainda que com fundamento diverso do aqui apresentado, não há particular justificativa para recusar a homologação e a validade de uma decisão arbitral internacional que disponha sobre direitos envolvendo a propriedade de imóveis localizados no Brasil, pois isso "não ofende a ordem pública internacional, tal como entendida no Brasil, ou seja, não ofende as noções de justiça, devido processo legal, imparcialidade, igualdade, moralidade e dignidade da pessoa humana".[41]

ACORDO DE VONTADES ENTRE CAPAZES E BENS PATRIMONIAIS DISPONÍVEIS

O próprio STF já havia flexibilizado a interpretação legal sobre a regra de competência exclusiva (cujo entendimento vem sendo mantido pelo STJ), o que ratifica e justifica o entendimento que ora defendemos nesse trabalho. O art. 23, III, do CPC, por exemplo, estabelece expressamente que *"compete à autoridade judiciária brasileira*, com exclusão de qualquer outra [...] em divórcio, separação judicial ou dissolução de união estável, *proceder à partilha de bens situados no Brasil"* (destaques inexistentes no original). Portanto, segundo o texto legal, apenas o Judiciário brasileiro seria o competente para proceder a partilha de bens situados no Brasil em caso de separação, divórcio ou dissolução de união estável. Um juiz estrangeiro poderia decidir sobre o divórcio, pensão alimentícia, direito de visita ou guarda de menores, entre outros temas, mas não sobre a partilha dos bens do casal existentes no Brasil.

Quando se aprecia questão de competência jurisdicional, sabemos que o juiz deve ser competente não apenas para decidir o litígio, mas também para a homologação do acordo entre as partes sobre o objeto daquela disputa, até porque esse ato homologatório carrega carga decisória sobre o mérito da demanda, não se tratando de um ato meramente automático. Ao analisar o acordo o juiz exerce a sua competência jurisdicional, apreciando o pedido, os fatos e a lei, podendo acolher o acordo ou negar a sua homologação. Se o juiz não possui competência para decidir, também não tem competência para apreciar ou homologar o acordo das partes, até porque aquela decisão também constitui uma sentença que resolve o mérito do litígio posto sob sua análise (art. 487, III, *a*, do CPC). Não cabe ao juiz do trabalho homologar um acordo de divórcio e nem ao juiz criminal homologar o reconhecimento de um vínculo de emprego.

---

41 MONTEIRO, A. "Arbitragem, 'Competência Internacional Exclusiva' e homologação de sentença arbitral estrangeira que verse sobre bens imóveis situados no Brasil". *Revista Brasileira de Arbitragem*, v. XV, n. 59, p. 42.

270 Cinco anos do CPC: questões polêmicas

Ambos são incompetentes para aquelas respectivas matérias, o que deve ser, inclusive, reconhecido de ofício (art. 64, § 1º, do CPC).

Todavia, o STF já admitia, mesmo contra a expressa previsão legal do então art. 89 do CPC/73, que um juízo estrangeiro homologasse acordo sobre a partilha de bens existentes em território brasileiro, no caso de divórcio, separação ou dissolução de união estável (STF, SE n. 3.408/EUA, rel. Min. Rafael Mayer, 31.10.1985). E o STJ vêm mantendo essa regra, mesmo após o art. 23, III, do atual CPC:

> [...] No caso, a partilha de bens imóveis situados no Brasil, em decorrência de divórcio ou separação judicial, é competência exclusiva da Justiça brasileira, nos termos do art. 23, III, do Código de Processo Civil. *Nada obstante, a jurisprudência pátria admite que a Justiça estrangeira ratifique acordos firmados pelas partes, independente do imóvel localizar-se em território brasileiro.* (STJ, SEC n. 15.639/EX, Corte Especial, rel. Min. Og Fernandes, 04.10.2017). No mesmo sentido: STJ, SEC n. 14.822, rel. Min. Francisco Falcão, j. 13.09.2018.

Se o juízo estrangeiro não tinha competência para decidir o litígio envolvendo a partilha dos bens localizados em território brasileiro, também não teria competência para homologar eventual acordo entre as partes sobre esses mesmos bens. No entanto, a regra criaria uma situação que não se justificaria do ponto de vista da razoabilidade. Tratando-se de partes capazes e com direitos disponíveis ou indisponíveis transigíveis[42] (negociáveis),[43] seria cruel e imporia cus-

---

42 Lembrando que o acordo sobre bens indisponíveis transigíveis, em regra, exige a homologação judicial e a manifestação do Ministério Público (Lei n. 13.140/2015, art. 3º, § 2º), salvo quando previstas outras hipóteses legais, como no caso de alimentos, em que é possível a existência de acordo extrajudicial para a sua fixação (art. 911, do CPC). A ausência dessa prévia manifestação do Ministério Público, todavia, em caso de acordo sobre bens indisponíveis transigíveis previsto em decisão arbitral ou judicial estrangeira, em nossa opinião, não impediria a homologação pelo STJ, posto que o Ministério Público é obrigatoriamente ouvido no processo de homologação (Regimento Interno do STJ, art. 216-L), e caso note a existência de alguma violação quanto à dignidade da pessoa humana ou à ordem pública, isso seria suficiente para impedir a homologação daquela decisão (Regimento Interno do STJ, art. 216-F). Havendo essa possibilidade de controle e fiscalização do Ministério Público durante o processo de homologação de sentença estrangeira, ainda que *a posteriori* ao feito original, e não constatada qualquer irregularidade atentatória à ordem pública, não haveria sentido exigir novo processo judicial para mera repetição burocrática e inútil de procedimentos, até porque a nulidade formal não deve ser declarada pelo juiz se o ato alcançar a sua finalidade (art. 277 do CPC).

43 Interessante material sobre o tema foi produzido por Nilton César Antunes da Costa e Rebeca Barbosa dos Santos, "A transação de direitos indisponíveis na mediação". *Revista Direito UFMS*, v. 5, n. 1, 2009, p. 208-32.

14 Jurisdição nacional exclusiva quanto aos imóveis **271**

tos e desgastes desnecessários deixar de aceitar como válida a decisão homologatória estrangeira sobre a partilha dos bens existentes no Brasil. A jurisdição estatal deve servir para auxiliar as pessoas na resolução de seus conflitos, contribuindo com a felicidade delas, não para impor-lhes, de modo irrazoável, a prorrogação da disputa, maiores custos e perda de tempo.

Se o casal faz um acordo sobre a partilha dos seus bens, homologada por um juiz estrangeiro ou por um árbitro, realmente não faz sentido negar a validade aos seus termos, se inexistentes outras razões significativas que pudessem justificar o indeferimento. Portanto, bem age o STJ ao homologar essas decisões. A Corte dá, assim, realce e validade ao ajuste de vontades, preferindo não intervir na seara individual das partes, respeitando a autonomia delas em gerir seus próprios destinos.

Convém referir, ainda, que o STF admitia ainda mais que isso. Mesmo que não houvesse acordo entre as partes, o STF admitia como válida sentença estrangeira que decidia a partilha, desde que o juiz tivesse aplicado as leis brasileiras:

> Não fere o art. 89, II, do Código de Processo Civil, que prevê a competência absoluta da justiça brasileira para proceder a inventário e partilha de bens situados no Brasil, a decisão de Tribunal estrangeiro que dispõe sobre a partilha de bens móveis e imóveis em decorrência da dissolução da sociedade conjugal, aplicando a lei brasileira. (STF, SEC n. 4.512, rel. Paulo Brossard, j. 21.10.1994)

Parece ser claro que a mera escolha, pelo juiz, do direito aplicável para a resolução do caso concreto não possui a capacidade de atribuir a ele, juiz, uma competência inexistente nos termos da legislação pátria. Se o STF entendeu por validar uma sentença estrangeira nesses termos, proferida por juiz incompetente à luz de uma visão singela de nossa legislação, foi porque a Corte verificou o óbvio: não faz sentido submeter as partes à nova peregrinação jurisdicional, com todos os prejuízos financeiros e emocionais daí decorrentes, se a disputa já foi adequadamente resolvida.

Seguindo essa mesma trilha, espera-se que o STJ também deva dar como válida a decisão arbitral nacional ou internacional que decida sobre bens imóveis no Brasil, em disputa envolvendo pessoas capazes (e, nesse sentido, se incluem as disputas de divisas e todas as outras similares). Afinal, inexiste procedimento arbitral sem acordo de vontades entre pessoas capazes e sobre bens patrimoniais disponíveis.[44] O procedimento arbitral é um ajuste privado, resul-

---

44 Lei da Arbitragem, art. 1º.

tante de um acordo entre pessoas capazes e, portanto, de plena força jurídica (se observados os demais requisitos legais, claro).[45] Negar validade à decisão arbitral, que decorre do resultado de um acordo entre as partes, de submissão do conflito à resolução do árbitro, é, em última análise, negar validade ao próprio ajuste de vontades livremente entabulado por elas. É impor a presença estatal em uma questão privada, contra a vontade de partes capazes e a respeito de disputa sobre bem patrimonial disponível, o que foge ao bom senso e vai ao encontro das sensatas decisões do STF e do STJ, ao homologar partilha decorrente de acordo ou quando a decisão estrangeira é pautada na legislação brasileira.

Mais que isso, o STJ já reconheceu válida a arbitragem nacional (doméstica) envolvendo compra e venda de imóveis. Se a Corte entendeu não caber à autoridade estatal nacional a exclusividade dessa ação, como prescreve o art. 23 do CPC, admitindo a jurisdição privada nessas hipóteses, não faz qualquer sentido impedir a jurisdição internacional. Vejamos a decisão do STJ:

> Recurso especial. Processual civil e consumidor. Contrato de adesão. Aquisição de unidade imobiliária. Convenção de arbitragem. Limites e exceções. Contratos de consumo. Possibilidade de uso. Ausência de imposição. Participação dos consumidores. Termo de compromisso. Assinatura posterior. 1. Ação ajuizada em 29.07.2015. Recurso especial interposto em 24 de janeiro de 2018 e atribuído a este gabinete em 01.06.2018. 2. O propósito recursal consiste em determinar a legalidade de procedimento arbitral instaurado para dirimir controvérsia originada de contrato de promessa de compra e venda de unidade de empreendimento imobiliário – um contrato de adesão – em que os consumidores, em momento posterior, assinaram termo de arbitragem para a solução de controvérsia extrajudicial. 3. O art. 51, VII, do CDC se limita a vedar a adoção prévia e compulsória da arbitragem, no momento da celebração do contrato, mas não impede que, posteriormente, diante do litígio, havendo consenso entre as partes – em especial a aquiescência do consumidor –, seja instaurado o procedimento arbitral. Precedentes. 4. É possível a utilização de arbitragem para resolução de litígios originados de relação de consumo quando não houver imposição pelo fornecedor, bem como quando a iniciativa da instauração ocorrer pelo consumidor ou, no caso de iniciativa do fornecedor, venha a concordar ou ratificar expressamente com a instituição. [...] (STJ, REsp n. 1.742.547, rel. Min. Nancy Andrighi, j. 21.06.2019)

---

45 O mesmo se poderia dizer da escolha contratual pelas partes, de um foro judicial estrangeiro para resolver esses mesmos aspectos relacionados aos possíveis bens existentes no Brasil. Se as partes, capazes, firmam um ajuste em que celebram a escolha de um juízo estrangeiro para solucionar a eventual lide, não faria sentido a intervenção da Justiça brasileira para impedir tal avença, a qual deveria ser validada.

Grandes acionistas ou incorporadores internacionais não pretendem ver a resolução de seus eventuais conflitos emperrados em disputas judiciais, num sistema jurisdicional que não dominam. Não há qualquer possibilidade de um complexo conflito envolvendo um empreendimento internacional imobiliário, com milhares de documentos, contratos e o uso de legislação alienígena, ter um adequado tratamento numa Vara Estadual Cível, administrada por um juiz que recebe três ou quatro mil processos por ano. Faltaria ao magistrado condições materiais, humanas e tempo para dedicar-se à detalhada análise de um caso como esse. Impedir a solução arbitral nesses casos, pactuada livremente por partes capazes e sob direitos disponíveis, por conta de uma interpretação legislativa que não acompanha a evolução da sociedade contemporânea, fere a razoabilidade que se espera do sistema jurídico, ignora a razoável duração do processo (art. 5º, LVXXVIII, da CF/88) e desatende os princípios da cooperação nacional e da primazia da integral decisão de mérito, justa e razoável, que deve nortear todos os atores processuais e, dentre eles, o próprio julgador (arts. 4º e 6º do CPC).

A legislação brasileira, embora adote os princípios de vanguarda e internacionalmente aceitos no âmbito da arbitragem, não é de todo sistematizada e possui algumas lacunas, cujas decisões do STJ vem preenchendo com extraordinária altivez e com olhar visionário. Seria fundamental, nesse ponto, que o STJ continuasse a dar os mesmos importantes passos, de modo a rever a jurisprudência sobre a jurisdição nacional exclusiva para as disputas envolvendo pessoas capazes e direitos disponíveis em relação à propriedade ou posse de bens imóveis, facilitando as transações internacionais que estabeleçam a arbitragem ou um fórum internacional para a solução desses conflitos.

A imersão de um país num mercado global, na atualidade, é de profunda importância para o desenvolvimento econômico e social, e todos os mecanismos razoáveis que contribuam nesse sentido são sempre bem-vindos. Estimular as negociações internacionais, mediante a retirada de entraves que as dificultam, constitui avanço significativo. Portanto, permitir que as partes possam escolher o modo de resolução de conflitos que mais atendam às suas necessidades, sobre bens de sua livre disponibilidade (estando ou não em território brasileiro), constituirá mais um passo de vanguarda entre aqueles já consagrados pelo conjunto de decisões do Superior Tribunal de Justiça nessa seara.

REFERÊNCIAS BIBLIOGRÁFICAS

ALVES, João Victor Caetano. "O conselho de Estado e o princípio da divisão de Poderes (1828-1834)". Franca, 2008. Dissertação (Mestrado). Unesp. Disponível em: https://repositorio.unesp.br/bitstream/handle/11449/93186/alves_jvc_me_fran.pdf?sequence=1&isAllowed=y; acesso em: 10.10.2019.

CAMARGO, Solano de. *Forum shopping*: a escolha da jurisdição mais favorável. São Paulo, Intelecto, 2019.

COSTA, Nilton César Antunes da; SANTOS, Rebeca Barbosa dos. "A transação de direitos indisponíveis na mediação". *Revista Direito UFMS*, v. 5, n. 1, 2009, p. 208-32.

CRISTOFARO, Flavia Savio C.S. "A relação entre a arbitragem e as regras sobre competência internacional previstas nos artigos 88 e 89 do Código de Processo Civil brasileiro". Disponível em: http://bsbcadvogados.com.br/publicacoes/a-relacao-entre-a-arbitragem-e-as-regras-sobre-competencia-internacional-previstas-nos-artigos-88-e-89-do-codigo-de-processo-civil--brasileiro/; acesso em: 21.09.2019.

GUERRA, M. "Competência internacional no Código de Processo Civil e princípios, à luz da jurisprudência do STF e STJ". 2010. Disponível em: http://www.dominiopublico.gov.br/pesquisa/DetalheObraForm.do?select_action=&co_obra=197273; acesso em: 28.08.2019.

LACAZ, Marina Vessoni Labate. "Cabimento de mandado de segurança em arbitragem". *Revista dos Tribunais Online*, Thomson Reuters, 2014. Disponível em: http://ead2.fgv.br/ls5/centro_rec/docs/cabimento_mandado_seguranca_arbitragem.pdf; acesso em: 12.08.2019.

LEITE, Gisele. "A diferença entre os direitos reais e direitos pessoais, obrigacionais ou de crédito". *Revista Âmbito Jurídico, Caderno Civil*, Revista 57, 2008. Disponível em: https://ambitojuridico.com.br/cadernos/direito-civil/a-diferenca-entre-os-direitos-reais-e-direitos-pessoais-obrigacionais-ou-de-credito/.

MONTEIRO, A. *Arbitragem, "Competência Internacional Exclusiva" e homologação de sentença arbitral estrangeira que verse sobre bens imóveis situados no Brasil*. Revista Brasileira de Arbitragem. Comitê Brasileiro de Arbitragem CBAr & IOB; Kluwer Law International 2018, v. XV, n. 59, p. 7-44. Disponível em: https://www.academia.edu/37886524/Arbitragem_Compet%C3%AAncia_Internacional_Exclusiva_e_homologa%C3%A7%C3%A3o_de_senten%C3%A7a_arbitral_estrangeira_que_verse_sobre_bens_im%C3%B3veis_situados_no_Brasil. Acesso em: 24 out. 2019.

MOTTA ARAÚJO, A. "O ativismo imperial do departamento de Justiça norte-americano". *GGN*, publicado em 17.03.2019. Disponível em: https://jornalggn.com.br/justica/o-ativismo-imperial-do-departamento-de-justica-norte-americano-por-andre-araujo-3/; acesso em: 02.10.2019.

SANTOS, Francisco Cláudio de Almeida. "O não cabimento de mandado de segurança contra ato de árbitro ou tribunal arbitral". 2013. In: ISSUU. Disponível em: https://issuu.com/cebramar/docs/o_n__o_cabimento_de_mandado_de_segu.

SIQUEIRA, Marcelo Gustavo Silva. "A jurisdição e a cooperação internacional no projeto de lei do novo Código de Processo Civil (conforme aprovado no Senado)". *Revista Eletrônica de Direito Processual – REDP*, v. VIII, p. 714.

TIBÚRCIO, Carmem. "As regras sobre o exercício da jurisdição brasileira no novo Código de Processo Civil". *Revista Interdisciplinar de Direito*, Faculdade de Direito de Valença, v. 16, n. 1, 2018.

TRINDADE, Antonio Augusto. *A proteção internacional dos direitos humanos*: fundamentos jurídicos e instrumentos básicos. São Paulo, Saraiva, 1991.

15

Humanização do Judiciário pelos métodos adequados de solução de conflitos

José Roberto Neves Amorim
Vanda Lúcia Cintra Amorim

SISTEMA DE JUSTIÇA

O sistema de justiça é complexo, compondo-se de vários fatores para sua operação, que inicia com as pessoas que dele participam, além de toda a estrutura de poder e física para o seu exercício.

O Poder Judiciário é parte do sistema e tem como membros juízes, desembargadores, ministros (18.141)[1] e toda a gama de servidores, concursados ou não; o Ministério Público nas esferas da União e dos Estados (11.106);[2] as Defensorias Públicas da União e dos Estados (5.900);[3] Procuradores de todas as naturezas (municipais, autárquicos etc.); a OAB representada pelos seus advogados devidamente inscritos (1.162.266),[4] além de todos os demais operadores do direito que, de alguma forma, vivenciam o sistema.

Essa estrutura de poder possibilita exercitar a convocação de pessoas para participar de atos, criando a facilidade de fazer com que o sistema funcione de forma regulamentada.

A estrutura física representada pelas instalações que permitem o exercício regular das atividades judiciais e extrajudiciais inerente ao Poder Judiciário deve ser adequada e acessível para todos aqueles que, de alguma forma, tenham que se valer dessa estrutura.

---

1 CNJ – Conselho Nacional de Justiça – Justiça em Números (2019).
2 CNMP – Conselho Nacional do Ministério Público (2018).
3 ANADEP – Associação Nacional de Defensoras e Defensores Públicos (2018).
4 CFOAB – Conselho Federal da OAB (2019).

Assim, a união desses itens fará com que, com o preparo necessário, os que necessitem da jurisdição exerçam com a dignidade seus direitos e possam cumprir seus deveres.

IMPORTÂNCIA DO JUDICIÁRIO

O Judiciário, como Poder de Estado, é imprescindível à preservação dos direitos individuais, coletivos e sociais, solucionando os conflitos pela participação do Estado-Juiz, legitimado para tanto.

Porém, quando se fala em processo, imediatamente se remete à dificuldade de comunicação entre os envolvidos num litígio, porque o sistema tradicional de solução de conflitos afasta as partes envolvidas diante do seu sistema adversarial, portanto, burocrático e ineficiente.

Podemos, diante disso, concluir que na medida em que terceirizamos nossos conflitos, ou seja, abrimos mão de solucionarmos nós mesmos e o entregamos ao Estado-Juiz, nos submetemos a uma decisão imposta na sentença e que, via de regra, atende aos anseios de uma só das partes, o que acirra o conflito, porque imposta de cima para baixo.

Inevitavelmente abrimos mão da pacificação e enveredamos pelo frontal conflito. A decisão judicial não pacifica, apenas soluciona o processo e põe fim ao conflito de direito material.

JUSTIÇA MULTIPORTAS

O sistema multiportas permite a escolha da forma de solução de conflitos que se deseja, com técnicas puras de mediação, conciliação, negociação e arbitragem, até mesmo da judicialização, propondo-se o esgotamento das demais formas.

Vem se adotando até mesmo a utilização conjunta de técnicas, sistema híbrido, como a cláusula MED-ARB, que ganha força nos Estados Unidos e representa a combinação da mediação e da arbitragem, admitida na própria Lei de Arbitragem (art. 21, § 4°); quando a composição for frutífera, poderá o árbitro declará-la por sentença arbitral.

Desde a Resolução n. 125/2010, do CNJ, a mediação vem ganhando força no Brasil, mormente quando adotada expressamente pelo CPC e com o advento da Lei de Mediação (Lei n. 13.140/2015).

Ainda, infelizmente, encontramos algumas resistências por parte de operadores do direito e até mesmo de pessoas que preferem judicializar conflitos em vez de resolvê-los de forma pacífica e definitiva.

15 Humanização do Judiciário pelos métodos adequados de solução de conflitos   277

Vemos, portanto, que a tão esperada mudança de cultura ainda tardará, porque a frase "vá buscar os seus direitos" permanece na boca do cidadão, quando a melhor dicção seria: "podemos conversar?".

Na verdade, tudo é uma questão de perseverança, insistência, demonstração de que a pacificação é o caminho da paz social, do interesse do bem comum, seu e do outro.

Trícia Navarro Xavier Cabral, ao tratar da Justiça multiportas, na obra *Visão multidisciplinar das soluções de conflito no Brasil*, muito bem expressa a ideia:

> A forma de tratamento dos conflitos vem passando por relevante mutação, atualizando, assim, o conceito de acesso à justiça, tradicionalmente vinculado à ideia de imposição de uma sentença pelo juiz.
>
> As transformações sociais, jurídicas e legislativas já mencionadas deram ensejo à formação no Brasil da Justiça Multiportas, que oferece ao jurisdicionado diversas opções de resolução de suas controvérsias, compatibilizando-as com o tipo de conflito em jogo, a fim de que esta adequação garanta uma solução que seja efetivamente satisfatória para os consumidores da justiça.
>
> Nesse contexto, o acesso à justiça passa a ser concebido como acesso à ordem jurídica justa, capaz de garantir às partes não só diversas maneiras de se ingressar ao Poder Judiciário, mas também diversos caminhos de o evitar ou dele sair com dignidade.[5]

Para reforçar o argumento da importância da mediação, sua expansão vem trazendo benefícios sociais inestimáveis, principalmente diante de uma sociedade com tantas desigualdades, como a nossa, em que parece que o acesso à Justiça só existe para os que têm melhores condições financeiras, apesar da estrutura das defensorias públicas, que desenvolvem um excelente trabalho.

A mediação ganha contornos fundamentais, alcançando áreas específicas, ou seja, fugindo das lides tradicionais. Atinge vertentes próprias como as mediações escolares, penais, parentais, familiares, além das tradicionais de consumo e cíveis em geral.

Bianka Pires André e Décio Nascimento Guimarães, na conclusão do artigo "Multiculturalismo e mediação no Brasil: repensando o tratamento das diferenças", assim se pronunciam:

---

5   CABRAL, Trícia Navarro Xavier. *Visão multidisciplinar das soluções de conflito no Brasil*, 2018, v. 6, p. 333-45.

Vivemos um momento histórico de mudanças significativas e aceleradas nos âmbitos tecnológicos, científicos, sociais, econômicos e políticos. No entanto, precisamos estar sensíveis também à necessidade de mudança de paradigmas no âmbito cultural ao se estabelecer as relações sociais que são diretamente afetadas pelos câmbios ocorridos nessa conjuntura global. Tendo em vista que o objetivo deste artigo é trazer uma reflexão sobre a necessidade de se repensar o tratamento das diferenças na sociedade brasileira a partir de um multiculturalismo efetivo e com a ajuda da mediação através de uma educação social, percebemos que este momento histórico de mudança é especialmente propício para repararmos erros cometidos no passado e promovermos uma nova mentalidade brasileira.

Continuam:

O rompimento que gera transformação, apresentado por Carneiro (2011), é a única forma de deixarmos de lado a ilusão que vivemos em um país livre de preconceitos dos diversos tipos. Nesse sentido, faz-se necessário trazer a mediação de forma mais significativa para dentro da sociedade a fim de que os conflitos já existentes há tanto tempo sejam tratados, passem por um processo curativo. O conflito cultural deveria ser visto como oportunidade de crescimento, e não como uma oportunidade de legitimação de poder como vem acontecendo. Segundo André (2012), "pelo tempo que já levamos negando e silenciando as diferenças culturais presentes em nossa sociedade, deveríamos começas a pensar em um 'multiculturalismo à brasileira'..." (André, 2012, p. 21). Para a autora, é necessário que a sociedade brasileira supere se "daltonismo cultural" e crie políticas próprias a partir de suas experiências sociais.[6]

A HUMANIZAÇÃO

Embora não seja um tema novo, restou esquecido e deve ser trazido à lume para que a Justiça possa fazer parte da vida do cidadão com mais tranquilidade, sem apreensão ou receio.

A principal ideia da humanização é a aproximação das pessoas e da justiça, fazendo-o por meio de um atendimento mais atencioso e acolhedor, mostrando que está relacionada à cultura da pacificação dos conflitos e, principalmente, que o diálogo é o melhor caminho para o entendimento.

---

6   "Mediação, linguagem, comportamento e multiculturalismo". Coleção Acesso à Justiça; Global Mediation 2014; IIAMA – Instituto Internacional Acadêmico de Mediação; 2015.

Assim, por meio do contato mais humanizado e a utilização das técnicas de mediação, a população será paulatinamente educada nessa nova cultura da pacificação social.

Quando falamos de educação, nos referimos ao aprendizado de determinado tema, aqui tratamos do relacionamento humano. Vale aqui citar a lição do filósofo Immanuel Kant: "É no problema da educação que assenta o grande segredo do aperfeiçoamento da humanidade".

Para que haja uma efetiva humanização do Judiciário, num primeiro momento, dois aspectos devem ser levados em consideração, os externos e os internos.

Os aspectos internos se traduzem na estrutura física para o recebimento das pessoas, como cuidados com a acessibilidade e ambiente acolhedor, além da formação dos atendentes, desde os mediadores, serventuários da justiça, até a preparação dos juízes, que, embora não participem da mediação, são os destinatários da composição para homologá-la, podendo ter contato com as partes envolvidas.

Os aspectos externos estão relacionados à forma de divulgação e conhecimento da possibilidade de acesso à mediação pelos possíveis cidadãos que farão uso da técnica para solucionar seus conflitos.

A principal indagação que se faz é: quais os benefícios da humanização no Judiciário?

A resposta nos parece evidente para aqueles que estão envolvidos na mediação, mas nem tanto para os que não a conhecem, nem estão habituados a praticá-la.

O que o ser humano mais deseja é a preservação das relações, justamente aquilo que primeiro se destrói no conflito judicializado. Na grande maioria dos embates sociais, que decorrem das relações humanas, apesar do desentendimento, as pessoas querem resolver amigavelmente a questão, mantendo o relacionamento social pretérito.

As sensações que mais confortam na pacificação são a paz e a justiça social. A paz pela tranquilidade das relações e a justiça social pelo senso comum de que justiça que cada qual possui dentro de si. A pior sensação que o ser humano sente é da injustiça, que causa a revolta e, consequentemente, o conflito.

Outro fator preponderante na mediação é o diálogo, resultante do falar e ouvir e vice-versa. As tratativas negociadas pela palavra falada, depois convertida em escrita, tem expressivo resultado, porque muitas vezes a solução está em externar o que se pensa e ouvir também o que o outro tem a dizer.

Portanto, a humanização se efetiva pela preservação da futura relação das partes, pela paz e pela justiça social e pelo diálogo, representado pelo falar e ouvir.

DESENVOLVIMENTO DA HUMANIZAÇÃO

Certamente que para o desenvolvimento da humanização, necessária a escolha de locais e instituições para atendimento dos cidadãos e de seus conflitos, desde que mediáveis, quer pela natureza, quer pela vontade dos envolvidos.

A premissa fundamental para o sucesso da mediação está na capacitação dos mediadores, que se formarão em cursos próprios para a habilitação, obrigando-se a obedecer aos oito princípios estabelecidos no art. 2º da Lei de Mediação (Lei n. 13.140/2015) e no art. 166 do CPC, principalmente os da imparcialidade e da confidencialidade, que dão sustentação e credibilidade ao instituto. O Código de Processo Civil também trata dos mediadores judiciais nos arts. 165 a 175.

Henrique Gomm Neto, em seu artigo "A questão da confidencialidade na mediação", ao tratar do tema, expressa a importância do princípio da confidencialidade:

> Para propiciar a consideração dos interesses e necessidades, da percepção e dos significados que as partes emprestam aos fatos, a estrutura do processo de mediação contempla a realização de reuniões privadas do mediador com as partes e as estimula adotarem uma postura mais flexível no que concerne às informações privadas, de modo a criar múltiplas opções de acordo.
>
> É preciso reconhecer que há necessidade de um alto grau de confiança no mediador para uma parte se abrir com franqueza, sobretudo na vigência de um estado de litigância.
>
> Portanto, a confidencialidade tem como propósito alcançar dois objetivos essenciais:
>
> 1 – Oferecer segurança aos participantes da mediação de que as informações particulares prestadas no curso do processo de mediação não poderão ser utilizadas em prejuízo dos seus pleitos na hipótese de eventual, posterior, processo judicial ou arbitral.
>
> Daí decorre o impedimento de arrolar o mediador como testemunha em ulterior processo legal.
>
> 2 – A proteção da confidencialidade tem significativo impacto noutro princípio fundamental da mediação: a imparcialidade do mediador.[7]

Para a efetivação da Política Pública de mediação, tanto a Lei de Mediação quanto o CPC determinaram aos tribunais a criação dos Centros Judiciá-

---

7   GOMM NETO, Henrique. "A questão da confidencialidade na mediação", 2019.

15 Humanização do Judiciário pelos métodos adequados de solução de conflitos **281**

rios de Solução Consensual de Conflitos – CEJUSC, apenas reiterando o que havia na Resolução n. 125/2010 do CNJ, onde os atendimentos por mediadores tiveram início.

Cada tribunal criou o seu NUPEMEC, Núcleo Permanente de Mediação e Conciliação, responsável pela instalação e administração dos CEJUSCs, onde efetivamente se desenvolvem as atividade autocompositivas, além de desenvolver a política judiciária de tratamento adequado dos conflitos de interesse, planejar, implementar, manter e aperfeiçoar as ações voltadas ao cumprimento da política e suas metas, e, ainda, atuar na interlocução com outros tribunais e órgãos integrantes na rede mencionada na Resolução n. 125/2010. Responde, também, por incentivar e promover capacitação, treinamento e atualização permanente de magistrados, servidores, conciliadores e mediadores; propor ao respectivo tribunal a realização de convênios e parcerias com entes públicos e privados (prefeituras, associações comerciais, defensoria pública, faculdades, universidades, prestadoras de serviço etc.); criar e manter cadastro de conciliadores e mediadores, de forma a regulamentar o processo de inscrição e desligamento; e cuidar da remuneração dos conciliadores e mediadores.

Para que a mediação frutifique, imprescindível a formação e a capacitação dos mediadores, que serão os guardiões do acolhimento do cidadão para solucionar o conflito, dando-lhes o tratamento humano imposto pela sua formação. Daí podermos afirmar que a porta de entrada da humanização do Poder Judiciário está no referidos Centros Judiciários, porque só assim a pacificação fará parte do desenvolvimento social.

Os CEJUSCs são unidades do Poder Judiciário que podem ser instalados por meio de parcerias com entidades públicas e privadas, em próprios dos tribunais ou imóveis de terceiros, desde que firmado convênio, como, por exemplo, instituição de ensino.

São atribuições fundamentais dos Centros Judiciários as conciliações e as mediações pré-processuais e processuais, o que é feito em sessões previamente agendadas por mediadores capacitados, tendo como principais conflitos as causas de direito de família, cíveis em geral (acidente de trânsito, cobranças, dívidas bancárias, conflitos de vizinhança, dentre outros). Ao final, restando frutífera a mediação, o acordo será homologado pelo juiz, tendo, portanto, eficácia de título executivo judicial.

Importante novidade trazida na Lei de Mediação e no CPC (art. 167) foi a possibilidade de instalarem-se câmara privadas, ou seja, a iniciativa privada atuando juntamente com o poder público para atendimento do cidadão. Porém, para isso, necessário o credenciamento, quer da câmara, quer dos mediadores, que nela exercerão suas atividades. A regular atividade, devidamente cadastrada autoriza a homologação judicial dos acordos oriundos da mediação, tal qual nos CEJUSCs.

Compatível com nossas ideias, o eminente magistrado Ricardo Pereira Júnior, responsável pela condução do CEJUSC central de São Paulo, ao tratar dos novos critérios operacionais da justiça, em seu artigo "O Centro Judiciário de Solução de Conflitos e Cidadania de São Paulo – primeiros passos", assim se expressa:

> Em contraposição ao formalismo e complexidade da atividade judiciária adjudicativa, os novos parâmetros de atuação da Justiça na área da conciliação e mediação pautam-se pela simplicidade, rapidez e informalidade.
>
> Busca-se no procedimento uma alternativa à motivação da complexa máquina judiciária, afastando-se em primeiro lugar o viés profissional e litigante. Não há necessidade de autos, ou apresentação de provas, ou mesmo de envolvimento de profissionais que se engajam num procedimento argumentativo-probatório. Dispensa-se a custosa estrutura voltada à produção de provas e de formalização do contraditório. Somente é necessário um espaço de contato para aproximação das partes, um grupo de colaboradores eventuais que atuarão como mediadores e conciliadores, e ainda, um grupo que gerencie os convites e formaliza os acordos.
>
> Uma das mais importantes características do procedimento, por seu turno, é a radical mudança dos atores principais. De fato, se no procedimento tradicional os principais atores são os profissionais legais, focados no jogo argumentativo à luz da lei, agora os profissionais legais têm lugar acessório. O ator principal volta a ser o titular dos direitos, que é convidado a participar ativamente das formas de negociação conduzidas pelo conciliador ou mediador. Cabe aos titulares dos direitos supostamente conflitantes buscar uma via comum de solução do embate, ao invés de exigir a submissão da parte contrária à interpretação que julga mais correta pela via do processo judicial. Engajam-se num processo didático de reconhecimento de direitos recíprocos, para posterior negociação a viabilizar a convivência de interesses.[8]

CONCLUSÃO

É inquestionável que a humanização no trato com os cidadãos deve evoluir em todos os sentidos e áreas de atuação social, mormente quando estão envolvidos direitos e saúde.

---

8 PEREIRA JR., Ricardo. "O Centro Judiciário de Solução de Conflitos e Cidadania de São Paulo – primeiros passos", 2013, p. 267-311.

No nosso caso, tratamos especificamente dos direitos discutidos num determinado conflito, ao qual se busca uma solução, que pode ser a imposta pelo Estado-Juiz, quando os envolvidos judicializam a demanda, ou pelos métodos autocompositivos, quando a preocupação é o diálogo e a manutenção das relações sociais.

Destarte, o desenvolvimento das relações das pessoas com o Estado passa agora por uma evolução que pensamos ser fundamental para o desenvolvimento do sistema de justiça, mas mais que isso, do crescimento e da evolução da sociedade para uma dignidade relevante, em que o cidadão pode escolher como solucionar seus conflitos diante da maneira como é acolhido e recepcionado pelas instituições.

O acolhimento humanizado, com a atenção e o olhar diferenciados, trará um novo patamar ao preceito constitucional da dignidade da pessoa humana.

REFERÊNCIAS BIBLIOGRÁFICAS

ANDRÉ, Bianka Pires; GUIMARÃES, Décio Nascimento. "Multiculturalismo e mediação no Brasil: repensando o tratamento das diferenças". Coleção Acesso à Justiça; Global Mediation 2014; *Mediação, linguagem, comportamento e multiculturalismo*; IIAMA – Instituto Internacional Acadêmico de Mediação; 2015.

CABRAL, Trícia Navarro Xavier. In: RODAS, João Grandino; SOUZA, Aline Anhezini de; DIAS, Eduardo Machado; BERTIPAGLIA, Guilherme; POLLONI, Juliana (coords.). *Visão multidisciplinar das soluções de conflito no Brasil*. Coleção Biblioteca de Direito e Economia, v. 6. Curitiba, Prismas, 2018, p. 333-45.

GOMM NETO, Henrique. "A questão da confidencialidade na mediação". In: LAGRASTA, Valéria Ferioli; BACELLAR, Roberto Portugal. *Conciliação e mediação*: ensino em construção. 2.ed. São Paulo, IPAM e ENFAM, 2019.

PEREIRA JR., Ricardo. "O Centro Judiciário de Solução de Conflitos e Cidadania de São Paulo – primeiros passos". In: SILVEIRA, João José Custódio da; AMORIM, José Roberto Neves. A nova ordem das soluções alternativas de conflitos e o Conselho Nacional de Justiça. Brasília, Gazeta Jurídica, 2013, p. 267-311.

16

Tutela jurídica do direito ao esquecimento

Maria Helena Diniz

O direito a ser esquecido é um *direito da personalidade*, incluído no rol dos direitos à integridade moral e, além disso, como esclarece Ingo Wolfgang Sarlet, o direito a ser esquecido, ante a omissão legal, é um direito fundamental implícito, que pode ser inferido do enunciado de outras normas, ao afirmar:

> Como direito humano e direito fundamental, o assim chamado direito ao esquecimento encontra sua fundamentação na proteção da vida privada, honra, imagem e ao nome, portanto, na própria dignidade da pessoa humana e na cláusula geral de proteção e promoção da personalidade em suas múltiplas dimensões.
>
> Cuida-se, nesse sentido, em virtude da ausência de disposição constitucional expressa que o enuncie diretamente, de um típico direito fundamental implícito, deduzido de outras normas, sejam princípios gerais e estruturantes, como é o caso da dignidade da pessoa humana, seja de direitos fundamentais mais específicos, como é o caso da privacidade, honra, imagem, nome entre outros.[1]

O direito a ser esquecido não tutela apenas pessoa que não deseja rememorar lesão sofrida por fato pretérito de conduta negativa. É preciso esclarecer, ainda, que o direito a ser esquecido tutela: a) pessoa que não deseja rememorar lesão sofrida por fato pretérito de conduta negativa; b) condutas positivas, tais como: um ato de coragem, que, ao resistir, por exemplo, a um estupro, acaba

---

1. SARLET, Ingo W. "Temas da moda, direito ao esquecimento é anterior à internet". Disponível em: http://www.conjur.com.br/2015-mai-22/direitos-fundamentais-tema-moda--direito-esquecimento-anterior-internet; acesso em: 27.10.2015.

16 Tutela jurídica do direito ao esquecimento **285**

provocando a morte do agressor, ou o desejo de uma celebridade de ficar só e viver em paz.[2]

René Ariel Dotti afirma com muita propriedade que o direito a ser esquecido é a "faculdade de a pessoa não ser molestada por atos ou fatos do passado que não tenham legítimo interesse público".[3]

A única menção expressa, no ordenamento jurídico brasileiro, ao direito a ser esquecido encontra-se na Lei do Marco Civil (Lei n. 12.965/2014), art. 7º, X, que assim reza:

> O acesso à internet é essencial ao exercício da cidadania e ao usuário é assegurado o direito à exclusão definitiva dos dados pessoais que tiver fornecido a determinada aplicação da internet, a seu requerimento, ao término da relação entre as partes, ressalvadas as hipóteses de guarda obrigatória de registros previstas em lei.

Tal norma rege o uso da internet e assegura de um lado a liberdade de expressão, comunicação, manifestação do pensamento dos usuários da rede, e por outro lado protege a privacidade e dados pessoais.[4]

A violação do direito a ser esquecido pode ferir a dignidade do ser humano, visto que a publicação não autorizada de fatos pretéritos pode consistir num atentado à privacidade, à reputação etc., que acarreta danos físicos ou psíquicos às vítimas, que terão direito a uma reparação, por força do art. 50, X, da CF que considera "invioláveis a intimidade, a vida privada, a honra e a imagem

---

2 CONSOLI, Giuseppe. "Il diritto all'oblio", 1999, p. 53.

3 DOTTI, René Ariel. "O direito ao esquecimento e a proteção do 'habeas data'", 1998, p. 300.

4 FERRAJOLI, Luigi. *Los fundamentos de lós derechos fundamentales*, 2007, p. 315-38; LIMA, Erik N. K. P. "Direito ao esquecimento discussão europeia e sua repercussão no Brasil". *Revista de Informação Legislativa*, 199:277, 2013; MARTINS, Guilherme M. "Direito ao esquecimento é garantido por Turma do STJ". Disponível em: http://www.conjur.com.br/2013-out-21/direito-esquecimento-garantido-turma-STJ-enunciado-cjf; acesso em: 27.02.2016; MOTA PINTO, Paulo. "Direitos da personalidade no Código Civil português e no Código civil brasileiro". *Revista Jurídica*, n. 313. p. 7; AUSLOOS, Jef. "The right to Be forgotten – worth remembering?". Disponível em: https://papers.ssrn.com/s013/papers.cfm?abstract_id=1970392; acesso em: 20.01.2016; TOSCANO JR., Jose A. et al. "O direito a ser esquecido frente ao avançar de novos paradigmas engendrados pelo desenvolvimento tecnológico". *Revista Eletrônica – Direito – FDB*, v. 1, n. 1, jul--dez/2014, p. 136-7; DEVERGRANNE, Thiébaut. "Le droit à l'oubli sur internet: petit guide juridique pour faire valoir ses droits". Disponível em: https://www.donneespersonnelles.fr/droit-a-l-oubli; acesso em: 10.02.2016; o Código Civil de Portugal, art. 70, I, contém uma "cláusula de proteção geral da personalidade", visto que resguarda "os indivíduos contra qualquer ofensa lícita ou ameaça de ofensa à sua personalidade física ou moral".

das pessoas, assegurando-lhe o direito à indenização por dano material ou moral decorrente de sua violação".

Se tais direitos da personalidade forem lesados, ter-se-á o desrespeito à dignidade do ser humano, e além disso, os direitos fundamentais também refletem, se violados, na dignidade da pessoa humana.

O respeito à dignidade humana constitui o "farol" que indicará aos meios de comunicação o caminho que devem percorrer para preservar a privacidade das pessoas que pretendem fazer valer seu direito a serem esquecidas, refazendo retamente suas vidas para atingirem seu direito à felicidade.[5]

INTERLIGAÇÃO ENTRE DIREITO A SER ESQUECIDO E O MÍNIMO EXISTENCIAL

O direito a ser esquecido confere à pessoa o poder de controlar, juridicamente, fatos pretéritos ocorridos em sua vida, resguardando sua privacidade, sua imagem e sua liberdade de autodeterminação, na escolha de eventos que devam ser olvidados.[6] Em certos casos é totalmente impossível *viver* sem esquecer. É preciso esquecer para viver, abrindo espaço para o que vem, apagando da memória certos fatos ruins, fazendo prevalecer as lembranças boas.

O esquecimento social, admitindo a evolução de pessoa com o passar do tempo e a sua capacidade de aprender com as experiências passadas, ajustando o seu comportamento, deve dar a ela uma segunda chance para que tente, por exemplo, novos negócios e que tenha perspectivas de uma vida melhor e mais digna.

O esquecer é muito importante para o bem viver, para a preservação da privacidade histórica e para o desenvolvimento da personalidade. Daí ser necessário que a sociedade esqueça certos fatos, dados ou informações relativas a uma pessoa, para que esta possa vivenciar o presente de forma sadia, reconstruir uma projeção social diversa da existente no passado, diante da mudança ocorrida na sua conduta, e ter uma vida digna.

---

5   GARCIA, Emerson. "Dignidade da pessoa humana: referencial metodológico e regime jurídico". *De jure*, 8: 137, p. 63; LOUREIRO, Claudia Regina de O. M. S. "A proteção universal dos direitos da personalidade", 2014, p. 46; DINIZ, Maria Helena. *O estado atual do biodireito*, 2014, p. 41-5; HABERMAS, Jürgen. *Sobre a Constituição da Europa*, 2012, p. XIII; COSTA, Helena Regina L. da. *A dignidade humana*, 2008; CAVALIERI FILHO, Sergio. *Programa de responsabilidade civil*, 2010, p. 82.

6   LETTERSON. "Le droit à l'oubli". *Revue du droit public*, 1996, n. 2, p. 407; FINOCCHIARO, Giusella. "La memoria della rete e il diritto all'oblio". *Il Diritto Dell'Informazione e Dell'Informatica*, fasc. 3, 2010, p. 397; RODOTÁ, Stefano. *La vita e la regole tra diritto e non diritto*, 2009, p. 157.

Se essa pessoa não pudesse ter a pretensão de impedir o esquecimento de uma informação relacionada à sua vida passada, que foi divulgada, sofreria lesão na vida negocial, profissional ou pessoal, se houver reabilitação, prescrição ou anistia.

A publicação de evento pretérito para que venha, novamente, à tona requer: a) consenso da pessoa envolvida e b) necessidade de ordem pública por envolver, por exemplo, a história da nação, investigação criminal, segurança nacional, saúde pública. Enfim, qualquer interesse público pode prevalecer sobre o interesse do particular de ver esquecida certa informação pessoal do seu passado, logo, não se poderia pretender destruição de arquivos públicos ou privados que contenham fatos passados que, pelo justo interesse social, devem ser dotados de publicidade.

Urge reconhecer tais parâmetros para o exercício do direito a ser esquecido para que o mínimo existencial seja garantido, possibilitando uma segunda chance na conquista de emprego, e para que possa exercer uma profissão ou ter uma vida digna, em que haja respeito à privacidade histórica.

É imprescindível que informações pretéritas fiquem no passado, preservando-se, assim, a privacidade histórica e a real identidade do titular, que depende do momento presente, demonstrando, na atualidade, como a pessoa é e como pensa, resguardando a reputação adquirida no meio social e a concretização do direito à esperança de obter uma vida melhor.

MEIOS PROCESSUAIS PROTETIVOS DO DIREITO AO ESQUECIMENTO

A proteção do direito a ser esquecido como um direito autônomo hodiernamente ganha relevância pela necessidade de uma solução diante da rapidez de divulgação de fatos pelos meios de comunicação e da digitalização da sociedade, pois a internet causa perenidade de dados.

O art. 12 do Código Civil prescreve:

> Pode-se exigir que cesse a ameaça, ou a lesão, a direito da personalidade, e reclamar perdas e danos, sem prejuízo de outras sanções previstas em lei.
>
> Parágrafo único. Em se tratando de morto, terá legitimação para requerer a medida prevista neste artigo o cônjuge sobrevivente, ou qualquer parente em linha reta, ou colateral até o quarto grau.

Se assim é o lesado direto (vítima) e os indiretos (cônjuge, companheiro, parentes) pela violação do direito a ser esquecido, poderão pleitear a cessação de ameaça ou lesão e reclamar indenização por perdas e danos.

Para obter restrição de publicação ou da circulação de informação que contenha fato que deve ser esquecido, em razão de decurso de tempo e da falta de interesse público, para que o titular possa viver em paz, hábil seria a tutela inibitória e, ainda, mais acertadamente, a tutela provisória de urgência.

A *tutela inibitória* está amparada pelo:

a) art. 5º, XXXV, da CF/88 que assim reza: "a lei não excluirá da apreciação do Poder Judiciário lesão ou ameaça de direito".

b) art. 497, parágrafo único, do CPC, que prescreve:

> Na ação que tenha por objeto a prestação de fazer ou de não fazer, o juiz, se procedente o pedido, concederá a tutela específica ou determinará providências que assegurem a obtenção de tutela pelo resultado prático equivalente.
>
> Parágrafo único. Para a concessão da tutela específica destinada a inibir a prática, a reiteração ou a continuação de um ilícito, ou a sua remoção, é irrelevante a demonstração da ocorrência de dano ou da existência de culpa ou dolo.

A tutela inibitória tem por escopo impedir, definitiva e imediatamente, a violação do direito a ser esquecido, vedando publicação ou circulação de fato pretérito em jornais ou revistas, programas de TV ou de rádio, internet (p. ex., remoção de conteúdo de *site*; bloqueio de *site*; filtragem de notícia pelo *site* de busca), por ter perdido utilidade no momento presente e por ser contrária ao direito da personalidade. Com isso, evitar-se-á a ocorrência de dano, pois essa ação inibe a prática, a reiteração ou a continuação do ilícito. É uma forma de tutela preventiva, visto que impede a violação do direito, mediante proibição de reprodução de fatos relativos ao autor da ação, que não têm, na atualidade, relevância pública, tendo por base a inviolabilidade de direito da personalidade, como o da privacidade histórica, o da intimidade, o da honra objetiva ou o de imagem-atributo.

Pode-se, portanto, evitar a publicação de fato pretérito por meio de tutela inibitória (CPC, art. 497, parágrafo único), independentemente de culpa ou dolo ou de existência de dano, bastando a mera aferição da possibilidade de risco iminente a direito da personalidade.

David Cury Neto observa que a tutela inibitória também se reveste de significado quanto aos danos econômicos do indivíduo, pondo este a salvo de cadastros negativos mantidos por organismos bancários ou de proteção ao crédito, cujos bancos de dados deverão ser atualizados com frequência por seus responsáveis, de sorte a impedir que espelhem realidade já superada ou inexistente.

Com a tutela inibitória protege-se, portanto, o direito a ser esquecido por impedir a atividade lesiva, evitando nova publicação de evento ocorrido no pas-

16 Tutela jurídica do direito ao esquecimento **289**

sado, que, no momento presente, não possui a relevância de outrora, nem apresenta interesse público. É, sem dúvida, um remédio processual eficaz para inibir ação indevida da imprensa.

No entanto, se ocorrer divulgação desnecessária daquele evento, que deve ser esquecido, qualquer que seja o meio de veiculação, cabível será a *tutela provisória de urgência*, havendo elementos evidenciadores da probabilidade do direito e do perigo de dano ou do risco ao resultado útil do processo (CPC, art. 300).

A tutela de urgência contém caracteres de medida cautelar e antecipação de tutela se houver evidência de probabilidade de direito (*fumus boni iuris*) e perigo de dano irreparável ou de difícil reparação (*periculum in mora*). Se constatados o *fumus boni iuris* e o *periculum in mora*, o órgão judicante deverá concedê-la e poderá, conforme o caso, exigir caução real ou fidejussória para ressarcir eventuais prejuízos que o requerido possa sofrer, porém tal caução poderá ser dispensada se a parte economicamente não puder oferecê-la (CPC, art. 300, § 1º). A tutela de urgência poderá ser concedida liminarmente, no início do processo, e sem a oitiva prévia da parte contrária ou após justificação prévia (CPC, art. 300, § 2º).

E, além disso, pelo art. 536, § 1º, do CPC:

> No cumprimento de sentença que reconheça a exigibilidade de obrigação de fazer ou de não fazer, o juiz poderá, de ofício ou a requerimento, para a efetivação da tutela específica ou a obtenção de tutela pelo resultado prático equivalente, determinar as medidas necessárias à satisfação do exequente.
>
> § 1º Para atender ao disposto no *caput*, o juiz poderá determinar, entre outras medidas, a imposição de multa, a busca e apreensão, a remoção de pessoas e coisas, o desfazimento de obras e o impedimento de atividade nociva, podendo, caso necessário, requisitar o auxílio de força policial.

É possível que o órgão judicante aplique *multa cominatória* para evitar consumação ou continuidade do ato ilícito e determine a *busca e apreensão de material* ofensivo ao direito a ser esquecido, assegurando sua retirada de circulação ou impedindo sua exibição em quaisquer programas.

A remoção de dados, no Brasil, dar-se-á por via judicial. Usuário de internet, que se sentir lesado pela divulgação de informações sobre seu passado em *sites*, poderá requerer, em juízo, a retirada do conteúdo do veículo de informação original e não apenas do *link* obtido no *site* de buscas. O lesado em seu direito a ser esquecido deverá discriminar, com detalhes, o conteúdo, que o prejudicou, cuja remoção pretende, ou seja, deverá indicar a *Uniform Resource Locator* (URL) na qual o conteúdo se encontra armazenado.

Pelo Enunciado n. 404 do CJF, aprovado na V Jornada de Direito Civil:

A tutela da privacidade da pessoa humana compreende os controles espacial, contextual e temporal dos próprios dados, sendo necessário seu expresso
consentimento para tratamento de informações que versem especialmente sobre o
estado de saúde, a condição sexual, a origem racial ou étnica, as convicções religiosas, filosóficas e políticas.

A Lei de Acesso à Informação (Lei n. 12.527/2011) assegura o direito fundamental de acesso à informação e limita sua aplicação, determinando que,
quanto às informações pessoais, dever-se-á respeitar intimidade, privacidade,
honra e imagem da pessoa.

Em razão da agilidade dos meios tecnológicos e diante de abusos de certos usuários, para proteger a vítima, a Comunidade Europeia procurou alterar
a Diretiva n. 95/45/CE, em 2012, art. 17, que, tratando do direito a ser esquecido e da supressão de dados, apresenta quatro hipóteses que admitiriam seu exercício, como bem nos ensina Pere Simon Castellano: a) a retirada do consentimento pelo interessado ou a expiração do prazo para a conservação desses dados;
b) a oposição do interessado quanto ao tratamento dos seus dados pessoais, ressalvada a existência de motivos imperiosos e legítimos, pelo responsável pelo
tratamento das informações, que prevaleçam sobre os direitos e as liberdades
individuais do interessado; c) a ilegitimidade do tratamento dos dados, quer
pela ausência de autorização do interessado, quer pela falta de motivos a justificar o seu tratamento; e d) a ocorrência de exceções à faculdade de supressão
dos dados pessoais pelo interessado, nos casos de livre exercício do direito à liberdade de expressão, por motivos de interesse público no âmbito da saúde pública, para o exercício da investigação histórica, estatística e científica ou em
cumprimento de uma obrigação legal imposta pelo Direito da União Europeia
ou pela legislação de Estado-membro, sempre que relacionada a um objetivo de
interesse público e que seja proporcional à finalidade visada.

E acrescenta no art. 17°, n. 1: o titular dos dados tem direito de obter do
responsável pelo tratamento o apagamento de dados pessoais que lhe digam respeito e a cessação da comunicação ulterior desses dados, especialmente em relação a dados pessoais que tenham sido disponibilizados pelo titular dos dados
quando ainda era uma criança, sempre que se apliquem um dos motivos seguintes: a) Os dados deixaram de ser necessários em relação a finalidade que moti-
vou a sua escolha ou tratamento; b) O titular dos dados retira o consentimento sobre o qual é baseado o tratamento nos termos do art. 6°, n. 1, alínea a), ou
se o período de conservação consentido tiver terminado e não existir outro fun-

damento jurídico para o tratamento dos dados; c) O titular dos dados opõe-se ao tratamento de dados pessoais nos termos do art. 19°; d) O tratamento dos dados não respeita o presente regulamento por outros motivos. O dispositivo versa, ainda, sobre a responsabilidade daquele que trata dos dados pessoais alheios, notadamente quando disponibilizados a terceiros (n. 2), e os limites impostos ao direito ao apagamento (n. 3 a 8).

A Lei n. 12.965/2014 procura, ao regulamentar a rede mundial de computadores, o uso da internet (art. 1°), o respeito à liberdade de expressão (art. 2°, *caput*) e aos direitos humanos, ao desenvolvimento da personalidade e ao exercício da cidadania em meios digitais (art. 2°, I), dando suporte à proteção do direito a ser esquecido, no art. 7°, X, ao prescrever a possibilidade de exclusão definitiva de dados pessoais fornecidos pelo usuário a terceiro que opera na internet, após o término da relação existente entre ambos, ressalvada a hipótese de guarda obrigatória de registros prevista legalmente e no art. 19 e § 1° ao tratar da responsabilização civil por danos do provedor de aplicação da internet, havendo ordem judicial específica, contendo identificação clara do conteúdo infringente, para tomar providências, dentro do prazo assinalado, nos limites técnicos do serviço.

O Projeto de Lei n. 7.881/2014 pretende obrigar remoção de *links*, ao prescrever no art. 1°: "É obrigatória a remoção de *links* dos mecanismos de busca da internet que façam referência a dados irrelevantes ou defasados, sobre o envolvido, por iniciativa de qualquer cidadão ou a pedido da pessoa envolvida".

O PL n. 1.676/2015, por sua vez, no art. 3°, dispõe:

> O direito ao esquecimento é expressão da dignidade da pessoa humana, representando a garantia de desvinculação do nome, da imagem e demais aspectos da personalidade relativamente a fatos que, ainda que verídicos, não possuem, ou não possuem mais, interesse público.
>
> Parágrafo único. Os titulares do direito ao esquecimento podem exigir dos meios de comunicação social, dos provedores de conteúdo e dos sítios de busca da rede mundial de computadores, internet, independentemente de ordem judicial, que deixem de veicular ou excluam material ou referências que os vinculem a fatos ilícitos ou comprometedores de sua honra.

Possível será, portanto, a remoção de dados pessoais ou da notícia de fatos deletérios de vida passada publicada indevidamente em *site*, jornais arquivados em biblioteca ou sede de empresa jornalística, por exemplo.

Não se pode, ainda, olvidar do *habeas data* (CF, art. 5°, LXXII; Lei n. 9.507/97; *BAASP* 1893:35, 1936: 33) que também respalda o direito à verdade e à memória, uma vez que assegura não só o conhecimento de informações relativas à pessoa do impetrante, constantes de registros ou bancos de dados de entidades governamentais ou de caráter público, mas também a retificação de dados quando não se prefira fazê-lo por processo sigiloso, judicial ou administrativo.

E, além disso, o CPC, art. 369, assegura o uso de todos os meios legais e moralmente legítimos para provar a verdade dos fatos.

Portanto, o *habeas data* é uma ação especial para assegurar o conhecimento de informações relativas à pessoa do impetrante, constantes de registros ou bancos de dados de entidades governamentais ou de caráter público (*habeas data* preventivo), e para retificação de dados inverídicos ou incorretos, existentes nos registros informativos, quando não se preferir fazê-lo por processo sigiloso, judicial ou administrativo (*habeas data* corretivo). Trata-se de remédio para tutelar certos direitos garantidos constitucionalmente, como os direitos à honra, à tranquilidade, a ser esquecido, ao patrimônio, à privacidade, à boa fama contra atos praticados por órgãos públicos ao anotarem e registrarem informações sobre a pessoa, pois todos aqueles valores poderão ser vulnerados por informação errônea.

Observa, ainda, Newton de Lucca que é urgente uma Emenda Constitucional que proteja a pessoa se for atacada por jornalistas, instituindo o *habeas midia* no Brasil, que é meio protetivo individual, coletivo ou difuso, tanto de pessoas físicas como jurídicas que sofrerem ameaça ou lesão ao patrimônio jurídico indisponível (honra, privacidade etc.) em razão de eventuais abusos cometidos pela mídia.

Se o dano por ofensa ao direito a ser esquecido já se consumou por ter havido uma indevida republicação de fato passado ou de informação já divulgada outrora, haverá responsabilidade civil do lesante. Assim, se houver violação ao direito a ser esquecido, ante a repercussão em outros direitos da personalidade, ter-se-á à reparação do dano moral e/ou patrimonial.

A responsabilidade civil cinge-se, portanto, à reparação do dano causado a outrem, desfazendo tanto quanto possível seus efeitos, restituindo o prejudicado ao *status quo ante* (sanção direta), mediante restauração, reconstituição ou recomposição natural da lesão sofrida com divulgação de fato passado, que, infelizmente, em caso de violação do direito a ser esquecido, nem sempre é possível (p. ex., invasão de privacidade histórica, atentado à intimidade ou à honra), e mesmo quando possível é insuficiente para reparar integralmente o dano. Assim, por exemplo, em relação a uma matéria divulgada em internet ou em veículo de comunicação social, a vítima tem *direito à resposta* ou retificação gratuita e proporcional ao agravo à sua privacidade, honra, intimidade, reputação, nome, imagem. Tal direito deverá ser exercido no prazo decadencial de

60 dias, contado da data da divulgação, publicação ou transmissão da matéria ofensiva, mediante correspondência com aviso de recebimento. Urge lembrar que a retratação espontânea não impede o direito de resposta nem prejudica a ação de reparação por dano moral. O ofendido poderá requerer que a resposta ou retificação se dê no mesmo espaço, dia da semana e horário do agravo. E se o gravame se deu por meio de mídia impressa, de circulação periódica, a resposta ou retificação dar-se-á na edição seguinte à ofensa ou em edição extraordinária (CF, art. 5º, V e X; Lei n. 13.188/2015).

Ante a impossibilidade da reconstituição natural na *restitutio in integrum* ou reparação *in natura* pelo desagravo, há o recurso à "situação material correspondente" ou indenização por equivalente, ou seja, operar-se-á uma conversão da obrigação em dívida de valor (CC, art. 947), garantindo-se sempre o restabelecimento total do equilíbrio violado pelo evento danoso. No caso de atentado ao direito a ser esquecido, é mais comum o pagamento de certa soma em dinheiro, ou seja, de uma indenização (sanção indireta), tendo-se a "execução por equivalente", como ponderam Marty e Raynaud.

Nessa hipótese, deverá haver uma plena e integral reparação dos direitos do lesado, até onde suportarem as forças do patrimônio do lesante, apresentando-se para o lesado (direto ou indireto) como uma compensação pelo prejuízo sofrido por força de violação ao direito a ser esquecido.

O dano moral causado pelo desrespeito ao direito a ser esquecido é uma lesão ao direito da personalidade (privacidade, intimidade, honra, imagem etc.) e não pressupõe a verificação de sentimentos humanos como dor, angústia, sofrimento, humilhação, desgosto, o complexo ou trauma que sofre a vítima ou o lesado indireto, pois esses estados de espírito constituem a consequência do dano. O lesado pode pleitear uma indenização pecuniária em razão: a) de dano moral, sem pedir um preço para sua dor ou vexame, mas um lenitivo que atenue, em parte, as consequências do prejuízo sofrido, melhorando seu futuro. Não há quantia capaz de corresponder ao sofrimento, à humilhação ou ao abalo emocional pelo impacto de um ato lesivo ao direito de ser deixado em paz; b) de dano patrimonial, mediante comprovação de lucros cessantes, dano emergente, dificuldade de obter trabalho ou crédito no mercado, por exemplo.

Além disso, a ofensa ao direito a ser esquecido pode abranger não só um eventual benefício perdido como também a *perda da chance*, de frustação de uma oportunidade em que seria obtido um benefício caso não houvesse o corte abrupto em decorrência da nova divulgação indevida de fato pretérito, que requer o emprego do tirocínio equitativo do juiz, distinguindo a possibilidade da probabilidade e fazendo uma avaliação das perspectivas favoráveis ou não à situação do lesado, para atingir a proporção da reparação e deliberar seu *quan-*

tum. A indenização não seria de ganho que deixou de ter, mas da chance. Realmente, em certos casos, o esquecimento pode constituir-se, como diz Fabiana Santos Dantas, em uma segunda chance, no recomeço de vida para a pessoa. Nesse sentido, a perda da chance é um bem que deve ser tutelado juridicamente.

A perda da chance é, portanto, um dano real indenizável se se puder calcular o grau de probabilidade de sua concretização.

A perda da chance, oriunda de lesão extrapatrimonial, abarca o *dano existencial*, ou o dano a um projeto de vida, por ser uma lesão à existência e à dignidade da pessoa, decorrente da violação de um de seus direitos fundamentais, que provoca frustração ou modificação nas atividades cotidianas por ela exercidas na consecução de um plano ou projeto de vida pessoal, dando azo a um ressarcimento para que haja proteção à personalidade. O atentado ao direito a ser esquecido provoca dano existencial por comprometer a consecução de um objetivo pretendido por causar uma alteração nos hábitos da vítima e uma deterioração em sua qualidade de vida, por perder o convívio com seu grupo, por sofrer privação em sua liberdade ou em seu direito de fazer o que aprouver ou de concretizar suas metas. O dano à existência gera mudança brusca no dia a dia, modificando a relação da vítima, na esfera familiar, social, negocial etc.

As normas que regem a indenização por dano moral podem ser aplicadas na ressarcibilidade do dano existencial (CF, arts. 1º, III, e 5º, V e X; CC, arts. 12, 186, 927, 948; STJ Súmulas 137; STF Súmula n. 491).7

BREVE CONSIDERAÇÃO FINAL

Como vimos, o direito a ser esquecido é, concomitantemente, no nosso entendimento, um direito fundamental e um direto da personalidade, tendo a natureza jurídica de um *direito subjetivo "excludendi alios"*.

---

7   Sobre a tutela do direito a ser esquecido, *vide*: NERY JR., Nelson; ANDRADE NERY, Rosa Maria de. *Comentários ao Código de Processo Civil*, 2015, p. 857-89 e 1183-6; ARENHART, Sérgio C. A tutela inibitória da vida privada, 2001; MURITIBA, Sérgio S. "Tutela inibitória e dos direitos da personalidade". *RP* 122:22 e segs.; CURY NETO, David. "Tutela civil do direito ao esquecimento, 2015, p. 158-86; FERRIANI, Luciana de Paula Assis. "O direito ao esquecimento como um direito da personalidade", 2016, p. 128-35; CASTELLANO, Pere Simon. *El régimen constitucional del derecho al olvido digital*, 2012, p. 170; MALERBI, Diva P. *Perfil do habeas data*, 1989; SIQUEIRA JR., Paulo H. "*Habeas Data*: remédio jurídico da sociedade de informação", 2007, p. 251-74; DINIZ, Maria Helena. *Norma constitucional e seus efeitos*, 2009, p. 157-9; DINIZ, Maria Helena. "Uma visão constitucional e civil do novo paradigma de privacidade: o direito a ser esquecido", v. 13,n. 2, 2017, p. 7-25; DINIZ, Maria Helena. "Efetividade do direito a ser esquecido", v. 18(1), 2017, p. 17-41; DANTAS, Fabiana S. *Direito fundamental à memória*, 2010, p. 197.

O direito a ser esquecido, por ser um direito da personalidade, merece proteção jurídica.

A importância desse direito é tão grande que a sua ofensa dará azo à indenização por dano moral e/ou patrimonial e existencial e por perda da chance, dando legitimidade para que o lesado ingresse em juízo contra o lesante, com ação de responsabilidade civil para reparação do gravame sofrido, podendo, ainda, para obter restrição da publicação daquela informação, fazer uso da tutela inibitória, da tutela provisória de urgência, da remoção de dados, do *habeas data* etc.

REFERÊNCIAS BIBLIOGRÁFICAS

ARENHART, Sérgio C. *A tutela inibitória da vida privada*. São Paulo, RT, 2001.

AUSLOOS, Jef. "The right to Be forgotten – worth remembering?". Disponível em: https://papers.ssrn.com/s013/papers.cfm?abstract_id=1970392; acesso em: 20.01.2016.

CASTELLANO, Pere S. *El régimén constitucional del derecho al olvido digital*. Valência, Tirant lo Blanc, 2012.

CAVALIERI FILHO, Sérgio. *Programa de responsabilidade civil*. São Paulo, Atlas, 2010.

CONSOLI, Giuseppe. "Il diritto all'oblio". In: GABRIELLI, Enrico (org.). *Atti del convegno di studi del 17 maggio 1997*. Nápoles, Scintifiche Italiane, 1999.

COSTA, Helena Regina L. da. *A dignidade humana*. São Paulo, RT, 2008.

CURY NETO, David. "Tutela civil do direito ao esquecimento". Dissertação (Mestrado em Direito). Pontifícia Universidade Católica de São Paulo, 2015.

DANTAS, Fabiana S. *Direito fundamental à memória*. Curitiba, Juruá, 2010.

DEVERGRANNE, Thiébaut. "Le droit à l'oubli sur internet: petit guide juridique pour faire valoir ses droits". Disponível em: https://www.donneespersonnelles.fr/droit-a-l-oubli; acesso em: 10.02.2016.

DINIZ, Maria Helena. "Efetividade do direito a ser esquecido". *Revista Argumentum*, v. 18, n. 1, 2017, p. 17-41.

_____. "Uma visão constitucional e civil do novo paradigma da privacidade: o direito a ser esquecido". *Revista Brasileira de Direito*, v. 13, n. 2, 2017, p. 7-25.

_____. *O estado atual do biodireito*. São Paulo, Saraiva, 2014.

_____. *Norma constitucional e seus efeitos*. São Paulo, Saraiva, 2009.

DOTTI, René Ariel. "O direito ao esquecimento e a proteção do 'habeas data'". In: WAMBIER, Teresa (coord.) *Habeas data*. São Paulo, RT, 1998.

FERRAJOLI, Luigi. *Los fundamentos de lós derechos fundamentales*. Madrid, Trotta, 2007.

FERRIANI, Luciana de P. Assis. "O direito ao esquecimento como um direito da personalidade". São Paulo, 2016. 245 p. Tese (Doutorado em Direito). Pontifícia Universidade Católica de São Paulo.

FINOCCHIARO, Giusella. "Il diritto all'oblio nel quadro dei diritto della personalità". In: Il Diritto Dell' Informazione e Dell' Informática, fasc. 4 e 5, 2014.

GARCIA, Emerson. "Dignidade da pessoa humana: referencial metodológico e regime jurídico". *De jure*, v. 8, p. 137-63.

HABERMAS, Jürgen. *Sobre a Constituição da Europa*. São Paulo, Unesp, 2012.

LETTERON. "Le droit à l'oubli". Revue Du droit public, 1996, n. 2, p. 407 e segs.

LIMA, Erik N. K. P. "Direito ao esquecimento discussão europeia e sua repercussão no Brasil". *Revista de Informação Legislativa*, 199:277, 2013.

LOUREIRO, Claudia R. de O. M. S. "A proteção universal dos direitos da personalidade". São Paulo, 2015. 251 p. Tese (Doutorado em Direito). Pontifícia Universidade Católica de São Paulo.

MALERBI, Diva P. *Perfil do* habeas data. São Paulo, RT, 1989.

MARTINS, Guilherme M. "Direito ao esquecimento é garantido por Turma do STJ". Disponível em: http://www.conjur.com.br/2013-out-21/direito-esquecimento-garantido-turma-STJ-enunciado-cjf; acesso em: 27.02.2016.

MOTA PINTO, Paulo. "Direitos da personalidade no Código Civil português e no Código civil brasileiro". *Revista Jurídica*, n. 313. p. 7.

MURITIBA, Sérgio S. "Tutela inibitória e dos direitos da personalidade". *RP*, 122: 22 e segs.

NERY JR, Nelson; ANDRADE NERY, Rosa Maria. *Comentários ao Código de Processo Civil*. São Paulo, RT, 2015.

RODOTÁ, Stefano. *La vita e la regole tra diritto e non diritto*. Milão, Feltrinelli, 2009.

SIQUEIRA JR., Paulo H. "*Habeas Data*: remédio jurídico da sociedade de informação". In: PAESANI, L. M. (org.). *O direito na sociedade de informação*. São Paulo, Atlas, 2007.

TOSCANO JR., Jose A. et al. "O direito a ser esquecido frente ao avançar de novos paradigmas engendrados pelo desenvolvimento tecnológico". *Revista Eletrônica – Direito – FDB*, v. 1, n. 1, jul-dez/2014, p. 136-7.

17

Apelação e a eficácia imediata da sentença

Milton Paulo de Carvalho Filho

INTRODUÇÃO E OBJETIVOS DO CÓDIGO DE PROCESSO CIVIL DE 2015

Recurso por excelência que é, a apelação obsta que sejam produzidos imediatamente os efeitos da sentença, podendo com isso causar dano irreparável ao apelado-vencedor.

Busca-se aqui ressaltar o quanto era importante que o legislador tivesse promovido a alteração do efeito suspensivo conferido ao recurso de apelação por ocasião da reforma da lei e de que maneira, diante da falta de disposição expressa, pode-se tentar buscar a imediata eficácia da sentença, com o que é oferecido hoje por nosso sistema processual.

Com essa finalidade, parte-se do estudo do panorama das reformas promovidas pelo legislador, suas características e relevância, especialmente, no campo dos recursos, passando-se, a seguir, aos efeitos da apelação, com a exposição de razões que demonstram a chance perdida naquela ocasião e a conveniência para alterar o sistema, a fim de que propiciasse a pronta eficácia da sentença, para se discorrer, ao final, sobre a possibilidade de ainda hoje obter-se o cumprimento imediato da decisão.

Acerca da reforma do Código de Processo Civil, tem-se que foi elaborado a partir de *cinco objetivos* que constam expressamente de sua exposição de motivos.

São eles:

a) *harmonia com a Constituição da República, incluindo entre suas disposições princípios constitucionais (modelo constitucional de processo civil):* garantia do contraditório (exemplo: desconsideração da personalidade jurídica);

publicidade, razoável duração do processo; e estímulo à uniformização da jurisprudência, para garantir a segurança jurídica e a isonomia;

b) *fidelidade ao contexto social, mediante maior aderência possível às realidades subjacentes ao processo* (exemplos: possibilidade de as partes porem fim ao litígio por meio da conciliação e da mediação; presença do *amicus curiae* (ajuda ao juiz); abandono da estrita legalidade quanto ao procedimento; adequação às necessidades do conflito: adaptabilidade do procedimento (arts. 190 e 139, VI));

c) *simplificação dos procedimentos, eliminando formalidades inúteis e desnecessárias* (exemplos: incidentes em preliminar da contestação; unificação dos casos de denunciação da lide e chamamento ao processo; extinção de alguns procedimentos especiais);

d) *maior rendimento possível a cada processo* (exemplos: fim da extinção sem mérito, em razão da impossibilidade jurídica do pedido; autoridade da coisa julgada às questões prejudiciais; estabilização da tutela; decisão pelo tribunal de todas as questões não decididas; autorização para mudança da causa de pedir; conversibilidade de recurso especial em extraordinário); e

e) *maior grau de organicidade ao sistema, tornando-o mais coeso* (*organização e harmonização das regras*): criação de parte geral, com princípios e garantias fundamentais, que chamam para si solução de questões relativas às demais partes do Código; desaparecimento do processo cautelar, com colocação das medidas em seus devidos lugares, entre outros.

Atento a tais objetivos, o legislador ainda promoveu algumas *supressões* em determinados ritos, entre eles, do procedimento sumário; dos incidentes processuais (exceções rituais, ação declaratória incidental, falsidade documental, impugnação ao valor da causa etc.); das medidas cautelares nominadas típicas; do juízo de admissibilidade da apelação; do agravo retido; do recurso ordinário ou especial retidos; e dos embargos infringentes.

O CPC atual também *criou técnicas e institutos* como o incidente de desconsideração da personalidade jurídica, o *amicus curiae*, a adoção de processo digital, a audiência prévia de conciliação ou de mediação, conduzida pelo terceiro facilitador, a estabilização dos efeitos da tutela antecipada, a distribuição dinâmica do ônus da prova, a ordem cronológica na tramitação dos processos, o julgamento antecipado parcial do mérito, os honorários da sucumbência em segunda instância e medidas relacionadas com a união estável.

Entre as inovações realizadas, três podem ser consideradas mais relevantes, profundas e que, de fato, estão gerando maior alteração no nosso sistema processual. São elas:

a) *o dever de cooperação entre as partes e o juiz (art. 6º)* (modelo colaboracionista);

b) *a valorização dos meios alternativos de solução de litígios (mediação, conciliação e arbitragem – art. 3º, § 3º)* – fidelidade ao contexto social: aderência às realidades subjacentes do processo – aquele que participou da construção de uma solução para o litígio sente-se muito mais confortável, satisfeito, feliz e aliviado do que aquele a quem o juiz impôs uma solução; e

c) *a valorização dos precedentes judiciários*, como técnica de decidir, empregando-os como princípios argumentativos, buscando assegurar a isonomia e a segurança jurídica.

ALTERAÇÕES PROMOVIDAS EM RELAÇÃO AOS RECURSOS

Visando simplificar, resolver problemas e reduzir complexidade de subsistemas, o legislador promoveu alterações no campo recursal.

Entre as principais modificações, podem ser citadas:

a) a uniformização dos prazos para interposição e resposta dos recursos;

b) a exclusão do juízo de admissibilidade em 1º grau de jurisdição para se evitar um novo recurso;

c) estabeleceu-se a taxatividade das hipóteses de cabimento do agravo de instrumento;

d) foram suprimidos os embargos infringentes, instituindo-se a regra do julgamento estendido;

e) no campo dos recursos excepcionais, foram criadas regras de aproveitamento do processo, de forma plena, devendo ser decididas todas as razões que podem levar ao provimento ou desprovimento do recurso;

f) criou-se regra de que não há mais extinção do processo por decisão de inadmissão de recurso, caso o tribunal destinatário entenda que a competência seria de outro tribunal;

g) há ainda novo dispositivo determinando que, se os embargos de declaração são opostos com o objetivo de prequestionar a matéria objeto do recurso principal, e não são admitidos, considera-se havido o prequestionamento.

Modificou-se também o regime das preclusões. Agora todas as decisões anteriores à sentença podem ser impugnadas na apelação, observando que, na verdade, o que se alterou foi exclusivamente o momento da impugnação, pois tais decisões, de que se recorria, no sistema anterior, por meio de agravo retido, só eram mesmo modificadas ou mantidas quando o agravo era julgado, como preliminar de apelação. Com o novo regime, o momento de julgamento será o mesmo, não o da impugnação.

As modificações promovidas no sistema recursal proporcionaram simplificação e realmente estão conduzindo ao maior rendimento possível de cada processo.

A APELAÇÃO E O EFEITO DE SUA INTERPOSIÇÃO

A apelação é o recurso tratado pelo disposto nos arts. 1.009 a 1.014 do Código de Processo Civil. Segundo o art. 1.009, é cabível contra a sentença, que é o pronunciamento por meio do qual o juiz, com fundamento nos arts. 485 e 487, põe fim à fase cognitiva do procedimento comum, bem como extingue a execução (CPC, art. 203, § 1º). É decisão emanada do juiz de primeiro grau de jurisdição. Por intermédio da apelação, se busca obter a reforma total ou parcial da decisão impugnada, ou até sua invalidação.

A grande alteração da lei processual atual com relação à anterior diz respeito à extinção da regra da recorribilidade em separado das decisões interlocutórias. Segundo o disposto no art. 1.009, § 1º, do CPC, as questões resolvidas na fase de conhecimento que não puderam ser impugnadas por meio do recurso do agravo de instrumento poderão ser suscitadas em preliminar de apelação, eventualmente interposta, ou em contrarrazões.

Adotando o *sistema da taxatividade das decisões interlocutórias agraváveis*, o art. 1.015 do CPC definiu restritamente quais as questões resolvidas durante a marcha processual que autorizam a interposição de agravo de instrumento, relegando para a ocasião do cabimento da apelação a impugnação daquelas não abrangidas por referida norma processual. Portanto, as questões que não ficaram cobertas pela preclusão não restarão irrecorríveis, podendo ser objeto de irresignação quando da interposição da apelação ou do oferecimento das contrarrazões, sendo, pois, irrecorríveis em separado.

Buscando ainda mais simplificar o sistema recursal, o legislador estabeleceu uma regra geral relativa aos efeitos dos recursos (CPC, art. 995), ao dispor que eles não impedem a eficácia da decisão, salvo disposição legal (*ope legis*) ou decisão judicial (*ope iudicis*) em sentido diverso.

Portanto, não havendo regra legal ou ordem judicial de concessão do efeito suspensivo, *o recurso só terá efeito devolutivo*, transferindo para a instância superior a apreciação da matéria impugnada. A regra geral, ainda que não agrade por sua possibilidade de alteração nas duas hipóteses em que menciona, é oportuna e esclarecedora, pois, além de simplificar o sistema, uniformizando os efeitos dos recursos, não deixa margem a dúvida quanto aos casos em que há incidência.

17 Apelação e a eficácia imediata da sentença 301

Quando tratou do recurso da apelação, quanto aos seus efeitos, o legislador estabeleceu os mesmos critérios dos recursos em geral, criando uma disposição específica de caráter genérico, em que impõe ter a *apelação efeito suspensivo* (CPC, art. 1.012), além do devolutivo, cogitando de outras duas disposições em que referido efeito é retirado do recurso ou por força dos casos estabelecidos pela lei, ou em razão de decisão judicial, diante de pedido do interessado.

Destarte, a interposição da apelação impedirá que a sentença produza efeitos imediatos, relegando a efetivação do seu resultado para, apenas, após o julgamento da demanda em segundo grau de jurisdição.

A lei prevê exceções a essa regra (CPC, art. 1.012, § 1º) ao enumerar casos em que o efeito suspensivo será retirado do apelo, produzindo a sentença efeitos desde o momento de sua publicação, ou desde quando se tornou pública, podendo o vencedor promover o seu cumprimento desde logo (§ 2º). A parte interessada poderá pedir a concessão de efeito suspensivo nas hipóteses abrangidas pelas exceções referidas, mediante petição ao relator, a quem for distribuído o apelo, que analisará a presença dos requisitos exigidos pela lei para o seu acolhimento (§§ 3º e 4º).

Como sabido, o *efeito suspensivo* obsta a eficácia imediata da decisão judiciária e não diz respeito à formação da coisa julgada, sendo essa, na verdade, uma qualidade da sentença, que torna a decisão imutável. A eficácia da sentença consiste na sua aptidão em produzir os seus efeitos e na efetiva produção deles, quaisquer que sejam, segundo o seu conteúdo, ficando apenas subordinada à validade da sentença, isto é, à sua conformidade com a lei. Assim, a outorga pela lei de efeito suspensivo à apelação (que é a regra do CPC brasileiro), bem assim sua subtração em algumas hipóteses, é mecanismo de reconhecimento da possibilidade de distinção entre o início da execução do julgado (eficácia) e de sua imutabilidade.[1] A eficácia da sentença não sofre, nos limites de seu objeto, nenhuma limitação subjetiva, valendo em face de todos, e está limitada subjetivamente só às partes do processo.[2]

Consoante já se teve oportunidade de sustentar,[3] respaldado na melhor doutrina, o *efeito suspensivo* é de fato um efeito da própria recorribilidade e não do recurso em si mesmo ou de sua interposição, tendo em vista que a deci-

---

1   BUENO, Cassio Scarpinella. *Execução provisória e antecipação da tutela*: dinâmica do efeito suspensivo da apelação e da execução provisória: conserto para a efetividade do processo, 1999, p. 34.

2   LIEBMAN, Enrico Tullio. *Eficácia e autoridade da sentença e outros escritos sobre a coisa julgada*, 2006, p. 165.

3   CARVALHO FILHO, Milton Paulo de. *Apelação sem efeito suspensivo*, 2010, p. 11.

são só passa a produzir efeitos após o trânsito em julgado.[4] Esse efeito não incide sobre a decisão recorrida, mas é suspensivo de efeitos, pois o ato judicial em si não é suspenso, só os efeitos que ele se destinava a produzir.[5] A suspensão é da eficácia do ato decisório como um todo, e não apenas da eficácia dele como título executivo.[6] O recurso recebido sem esse efeito autoriza a execução provisória da sentença.

O efeito suspensivo é determinado por lei, originário, portanto, da vontade do legislador de que específica decisão produza ou não efeitos, levando-se em conta *técnicas de segurança ou de efetividade*, relacionadas diretamente com a tutela jurisdicional a ser prestada.

A suspensividade dos efeitos imediatos da sentença é regra adotada pelo legislador processual (art. 1.012 do CPC), que expressamente discriminou as situações em que ela deve ser excluída (o efeito devolutivo existe em todos os recursos). Concedido efeito suspensivo ao recurso, que retroage à data da publicação da sentença atacada, será vedada a prática de atos de sequência do procedimento, até o trânsito em julgado da decisão recorrida, ressalvada a possibilidade de serem determinadas pelo juiz, quando necessárias, providências de urgência.

SUSPENSÃO DA EFICÁCIA IMEDIATA DA SENTENÇA

Como exposto, o Código de Processo Civil vigente ratificou norma já contida no CPC/73, ao dispor em seu art. 1.012 regra que confere efeito suspensivo à apelação.

Segundo Cassio Scarpinella Bueno,[7] retrata

> um dos grandes retrocessos do novo CPC que se choca frontalmente com o que, a este respeito, propuseram o Anteprojeto e o Projeto do Senado. Infelizmente, o Senado, na derradeira fase do processo legislativo, não recuperou a sua própria proposta (art. 968 do Projeto do Senado), mantendo, em última análise, a regra de que a apelação, no direito processual civil brasileiro, tem (e continua a ter) efeito suspensivo.

---

4   MIRANDA, Gilson Delgado; PIZZOL, Patrícia Miranda. *Recursos no processo civil*, 2006, p. 35-6. No mesmo sentido: MARINONI, Luiz Guilherme. *Tutela antecipatória, julgamento antecipado e execução imediata da sentença*, 1999, p. 201.

5   DINAMARCO, Cândido Rangel. *Nova era do processo civil*, 2003, p. 137.

6   MOREIRA, José Carlos Barbosa. *Comentários ao Código de Processo Civil*, 2004, v. 5, p. 257.

7   BUENO, Cassio Scarpinella. *Novo Código de Processo Civil anotado*, 2015, p. 649.

17 Apelação e a eficácia imediata da sentença   303

O dispositivo do anteprojeto trazia a seguinte redação: "A atribuição de efeito suspensivo à apelação obsta a eficácia da sentença". O art. 949, § 1º, por sua vez, dispunha que "a eficácia da decisão poderá ser suspensa pelo relator se demonstrada a probabilidade de provimento do recurso, ou, sendo relevante a fundamentação, houver risco de dano grave ou difícil de reparação, observado o art. 968". Ou seja, pretendeu o PLS n. 166/2010 (Senado) estabelecer que a apelação deveria ter como regra apenas efeito devolutivo. Não havia, nesse projeto, qualquer exceção previamente estabelecida, razão pela qual a eventual análise acerca da suspensividade dependeria de pedido da parte, de comprovação de risco de dano e de decisão judicial.[8]

Por perder oportunidade rara e histórica para aprimoramento do sistema recursal, vários outros doutrinadores também criticaram a regra que atribui à apelação o efeito suspensivo.

Rogério Licastro,[9] em estudo sobre o tema, dispôs que:

> O projeto de Novo CPC em sua versão proveniente do Senado Federal (Projeto n. 166/2010) apresentava sensibilíssima e positiva modificação relativamente aos efeitos em que recebido o recurso de apelação: este seria recebido, em regra, apenas no efeito devolutivo (e não mais no efeito suspensivo, em regra), o que significaria que toda a sentença seria, *ab initio*, passível de requerimento de cumprimento provisório desde sua publicação em primeiro grau, de modo que pudesse produzir efeitos práticos independentemente do recurso de apelação interposto pela parte prejudicada, e a suspensão dos efeitos da sentença poderia ocorrer apenas mediante pedido expresso da parte, demonstrando-se a existência de risco de dano irreparável (o efeito suspensivo da apelação seria assim excepcional). E esta proposição legislativa (apelação recebível apenas no efeito devolutível, em regra) nos parecia de tudo correta: perfaria uma tomada de posição em prestígio do juízo de primeiro grau, prestigiaria o fato de existir, após sentença, conjunto de elementos de convicção que, no mais das vezes conduzem à percepção de que o direito de uma das partes em desfavor de outra, já evidente, permitindo e autorizada sua imediata fruição (mediante cumprimento provisório) e deslocaria para sucumbente-apelante o ônus de postular a suspensão dos efeitos da sentença. Tal proposta (apelação recebível apenas no efeito devolutivo) representaria, se aprovada fosse, radical mudança no tempo do processo: em vez de ser obrigada a aguardar o geralmente largo tempo exigido para que se dê o transito em julgado autorizador da execução, o litigante poderia promover o cumprimento provisório da sentença tão

---

8   Cf. DONIZETTI, Elpídio. *Curso didático de Direito Processual Civil*, 2017, p. 1.350.

9   LICASTRO, Rogério. *Breves comentários ao novo Código de Processo Civil*, 2016, p. 2.492.

logo esta fosse publicada, deslocando-se para o apelante a incumbência de postular atribuição de efeito suspensivo ao seu recurso para impedi-lo. No texto substituído do Projeto de Novo CPC da Câmara dos Deputados, contudo, restaurou-se o efeito suspensivo automático da apelação, persistindo a impossibilidade de as sentenças serem, em regra, objeto de pedido de cumprimento provisório, permanecendo tudo como já ocorria quando vigente o CPC 1973, perdendo-se, em nosso sentir, oportunidade histórica de aprimoramento procedimental da apelação.

Luiz Guilherme Marinoni, Sérgio Cruz Arenhart e Mitidiero também sustentaram que

> o direito brasileiro não admite como regra a eficácia imediata da sentença. Vale dizer: não admite como regra, em sendo o caso, o cumprimento imediato de sentença. De um lado, trata-se de opção evidentemente questionável, na medida em que não permite uma adequada distribuição do peso do tempo no processo de acordo com a evidência da posição jurídica sustentada pela parte. Observe-se que quem tem de suportar o tempo de tramitação do recurso é a parte que dele precisa para lograr uma situação mais vantajosa no processo. De outro lado, essa mesma opção encerra uma incômoda contradição em nosso sistema de tutela de direitos, porquanto o direito brasileiro, ao mesmo tempo em que admite a eficácia imediata da tutela antecipatória, lastreada em cognição sumária (juízo de probabilidade), não permite, salvo em contadas exceções, a eficácia imediata da sentença de procedência, que tem esteio em cognição exauriente (juízo de verdade). O novo Código perdeu a oportunidade de corrigir essa evidente contradição com o nosso sistema.[10]

Por fim, Luis Guilherme Aidar Bondioli comentou igualmente sobre a retirada do efeito suspensivo da apelação ao referir:

> De acordo com o *caput* do art. 1012 do CPC, "a apelação terá efeito suspensivo". Como já dito nos comentários do art. 995 do CPC, essa outorga ordinária de efeito suspensivo para a apelação faz soar como propaganda enganosa a ideia de que os recursos não impedem a eficácia da decisão (*supra* n. 11). Afinal o recurso, por excelência, continua impedindo a eficácia da sentença, desde quando cabível até o esgotamento do seu prazo (quando não interposto) ou até o seu julgamento (quando interposto). Nesse contexto, em matéria de apelação, há uma inversão lógica estabelecida para a contenção dos efeitos da decisão recorrida: en-

---

10 MARINONI, Luiz Guilherme; ARENHART, Sérgio Cruz Arenhart; MITIDIERO, Daniel. *Código de Processo Civil comentado*, 2017, p. 1.086-7.

quanto para a generalidade dos recursos a regra é a ausência de efeito suspensivo, sendo necessária expressa e específica disposição legal ou deliberação judicial em sentido contrário para a produção desse efeito, para a apelação a regra é a produção do efeito suspensivo, sendo necessário explícito e especial texto de lei em sentido contrário para que ele não se produza.[11]

RAZÕES QUE JUSTIFICAVAM A RETIRADA DO EFEITO SUSPENSIVO DA APELAÇÃO

O autor deste capítulo sempre sustentou a produção imediata dos efeitos da sentença, manifestando-se contrariamente à suspensividade decorrente da interposição do recurso de apelação.[12]

Os argumentos que outrora foram apresentados para que a apelação não impedisse que a sentença produzisse efeitos imediatos foram enumerados e subsistem à luz do novo ordenamento jurídico processual.

A eliminação do efeito suspensivo do recurso de apelação é instrumento que está inspirado no princípio motor da efetividade do processo, já que voltado para o atendimento dos escopos da jurisdição, e que tem por fim dotar o Poder Judiciário de mais um mecanismo que confira maior utilidade às decisões judiciais.

Serviam e ainda se sustentam para fundamentar a mudança, entre outros motivos, a demora do julgamento em segundo grau de jurisdição ou da demora excessiva do processo; a necessidade de valorizar a decisão de primeiro grau de jurisdição; a necessidade de desestimular a interposição de recursos protelatórios; a necessidade de harmonizar o nosso código à visão atual do processo civil e às legislações estrangeiras; e, por fim, voltar-se em benefício da coletividade.

A inversão da regra geral do efeito suspensivo nas apelações também deve ter por justificativa a grave distorção no sistema processual brasileiro, na medida em que admite a execução imediata dos provimentos antecipatórios, decor-

---

11 AIDAR BONDIOLI, Luis Guilherme. *Comentários ao Código de Processo Civil*, 2016, p. 98-9.

12 Ainda tendo em vista o Projeto de Lei n. 3.605/2004, que sofreu emendas no Senado e na Câmara dos Deputados, que alterava a redação do art. 520 do CPC/73 (conferia efeito suspensivo à apelação), estabelecendo que mencionado recurso seria recebido com efeito devolutivo, criando exceções, para permitir o efeito suspensivo a tal regra geral, já se estudou com profundidade a questão da produção imediata dos efeitos da sentença e as consequências práticas irreversíveis decorrentes de sua suspensão, em trabalho de conclusão de curso de pós-graduação na Pontifícia Universidade Católica de São Paulo – PUCSP. Referido trabalho deu origem à obra *Apelação sem efeito suspensivo*, publicada pela Editora Saraiva, em 2010.

rentes de cognição sumária e superficial, e não permite a execução provisória da sentença que foi emitida com base em juízo de certeza, após cognição plena e exauriente.

A execução provisória da sentença contra a qual pende recurso é remédio eficiente contra o abuso do direito de recorrer e a interposição de recursos procrastinatórios, porquanto desestimula a interposição desses, apenas com o fim de impedir que a decisão produza efeitos imediatamente, dando início à execução forçada.

A não suspensividade dos efeitos da sentença da forma como proposta não põe em risco a segurança jurídica dos litigantes, porque o legislador, além de indicar de forma clara e precisa os parâmetros e os limites de sua aplicação e de proporcionar aos seus destinatários o pleno conhecimento e compreensão do seu teor, oferece mecanismos idôneos para corrigir os males de eventuais erros ou injustiças, entre eles a exigência de caução como contracautela e a obrigatoriedade de indenizar os prejuízos causados ao adversário, decorrente de uma responsabilidade civil estabelecida pela própria lei.

Atribuir à primeira instância o centro de gravidade do processo é, segundo a melhor doutrina, diretriz de política legislativa muito prestigiada nos tempos modernos, e numerosas iniciativas reformadoras levam-na em conta. Assim, busca-se hoje a valorização do juízo de primeiro grau, por isso sua sentença não pode ser mais considerada como um simples projeto de decisão de segundo grau, especialmente porque é ato legítimo e justo, derivado do maior contato do julgador com as partes e as provas orais.

E nem se argumente que o duplo grau de jurisdição pode constituir empecilho para a execução imediata dos efeitos da sentença, uma vez que não configura regramento constitucional garantido pelo devido processo legal. Importa, na verdade, ofensa ao princípio constitucional do acesso à justiça, desprestígio do juiz de primeiro grau, transformando sua sentença em mero requisito de continuidade do processo, e atenta contra o princípio processual da oralidade.

Ressalte-se que hoje já é possível vislumbrar um melhor preparo dos magistrados de primeiro grau de jurisdição, a transmitir maior confiança na correção dos seus pronunciamentos judiciais, em razão das atividades que vêm sendo desenvolvidas pelos Tribunais de Justiça dos estados, por suas respectivas Escolas de Magistratura e pelas associações de juízes que, com cursos e estudos de técnicas e mecanismos de aplicação aos processos, buscam o aprimoramento e a atualização da atividade jurisdicional de primeiro grau.

Oportuno ainda salientar que para adotar-se a regra do só efeito devolutivo ao recurso de apelação, o ordenamento jurídico brasileiro já experimentou essa sistemática em leis extravagantes, por exemplo, a Lei n. 8.245/91 – Lei de

Locações, obtendo êxito, na medida em que valorizou o procedimento em primeiro grau de jurisdição e inibiu o recurso protelatório. Assim, pelo sucesso da empreitada anterior e da adotada pelo legislador estrangeiro, é possível prever o bom acolhimento da nova técnica processual sugerida.

Em suma, a execução dos efeitos imediatos da sentença é técnica processual que deveria ter sido implementada, embora constitua reforma processual necessária e radical, que demonstraria ousadia do legislador para solucionar o problema da efetividade do processo.

Repita-se, a valorização dos julgamentos do juiz de primeiro grau é objetivo a ser perseguido pelo legislador contra os males decorrentes da interposição dos recursos protelatórios.

A execução provisória da sentença ainda sujeita a recurso também pode servir de medida pedagógica contra o hábito maléfico e prejudicial de se recorrer contra toda e qualquer decisão judicial. Está em consonância com a finalidade das outras reformas proporcionadas pelo legislador processual e harmoniza segurança jurídica com efetividade. O perigo de o credor provocar danos irreparáveis ao devedor é menor do que o de não receber o seu crédito, uma vez que já dispõe de um reconhecimento de seu direito pela sentença. E os riscos oriundos da execução provisória das decisões de primeiro grau são reduzidos, se comparados com os que são produzidos pela demora do encerramento das demandas.

AINDA A POSSIBILIDADE DE PRODUÇÃO IMEDIATA DOS EFEITOS DA SENTENÇA

Apesar da reforma processual, nosso ordenamento jurídico manteve a mesma orientação da codificação anterior, importando verdadeiro retrocesso na busca incansável da efetividade da prestação jurisdicional. E consoante salientado, já se teve a oportunidade de sustentar tese em que apontava a possibilidade de retirada do efeito suspensivo da apelação, que já o possuía como regra.

Sustentou-se na ocasião a viabilidade da retirada do efeito suspensivo da apelação, aplicando-se o disposto em artigo que também tinha incidência em tal recurso, e que autorizava, *ope iudicius*, a concessão, mediante o preenchimento de determinados requisitos, da suspensividade da apelação em casos que a lei não o conferia (CPC/73, art. 588 e parágrafo único – atual art. 995, parágrafo único).

Ou seja, propôs-se a aplicação do referido dispositivo legal de forma a tornar-se útil para poder conferir ao vencedor-apelado o direito de obter a retirada do efeito suspensivo do recurso do apelante-vencido, e executar imediatamente a sentença.

É ainda hoje possível sustentar-se aquele ponto de vista, aplicando-se, agora, a regra contida no parágrafo único do art. 995 do CPC para novamente se tentar retirar do apelo o efeito suspensivo, em razão da inalterabilidade do dispositivo legal que confere, como regra, suspensividade aos efeitos da sentença diante da interposição de apelação, ressalvando apenas algumas hipóteses.

Valendo-se do princípio da proporcionalidade para tal objetivo, especialmente, em virtude de sua finalidade e utilidade para a resolução das controvérsias judiciais atuais, visa-se demonstrar que, com a suspensão dos efeitos imediatos da sentença, o vencedor em primeiro grau, que agora figura como apelado na relação processual, poderá vir a sofrer lesão grave e de difícil reparação, em razão da demora do julgamento definitivo do processo, tornando irreversíveis as consequências práticas advindas desse fato.

Isso porque, se ao apelante é concedido o direito de obter, com probabilidade de provimento do recurso, conjugada com o risco de dano grave ou difícil reparação, a suspensão do cumprimento da sentença, contra o próprio texto legal, que impõe ao recurso somente o efeito devolutivo (art. 1.012, *caput*), parece que não se justifica, em face do tratamento igualitário que deve ser dado às partes do processo, não conferir ao apelado o direito à execução provisória da sentença, para evitar a ocorrência de dano da mesma espécie que o apelante busca não ver consumado.

O princípio da proporcionalidade tem tido aplicação no campo da juridicidade e visa calibrar a maior ou menor prevalência de outros princípios em colisão ou regras em conflito. Ensina Marcelo José Magalhães Bonício:[13]

> No direito processual civil brasileiro, este princípio projeta riquíssimos efeitos, destinados a evitar excessos, a procurar a justa adequação de meios e, ainda, a estabelecer uma proporção razoável entre os interesses em conflito, inserindo-se, portanto, entre os princípios informativos do sistema processual, com uma missão especial e um tanto diferente da missão reservada aos demais princípios: lidar quase exclusivamente com situações excepcionais, reveladoras de flagrantes injustiças, onde deve funcionar como um fator de proteção aos direitos fundamentais envolvidos.

É composto por subprincípios que constituem o conjunto de critérios que possibilita ao operador jurídico solucionar a colisão entre direitos fundamentais. São eles: a) *adequação de meios*: a medida adotada deve ser apropriada para o alcance do fim visado; b) *necessidade*: opção, entre as soluções possíveis, pela

---

13 BONÍCIO, Marcelo José Magalhães. *Proporcionalidade e processo*: a garantia constitucional da proporcionalidade, a legitimação do processo civil e o controle das decisões judiciais, 2006, p. 212.

menos gravosa; e c) *proporcionalidade em sentido estrito*: pesagem das desvantagens dos meios em relação às vantagens do fim.

E do estudo dos elementos que compõe o princípio da proporcionalidade foi possível concluir sobre a sua incidência, a fim de que pudesse ser retirado o efeito suspensivo da apelação para que se admita ao apelado, vencedor da demanda, reconhecido como tal pela sentença recorrida, o direito de obter a sua execução imediata, mesmo contra a regra contida no *caput* do art. 1.012 do CPC.

A aplicação do princípio, a partir de seus elementos, resta assim exposta:

a) o apelado deverá valer-se do disposto no parágrafo único do art. 995 do CPC (*medida adequada*), quer em razão da possibilidade de também se adotar em seu favor o efeito suspensivo ativo, proporcionando tratamento igualitário às partes do processo, quer em razão da viabilidade de exercício do poder geral de cautela conferido ao juiz, quer ainda em face da existência de possibilidade de adotar-se estratégia autorizando a retirada de efeito suspensivo nos casos em que a lei o impõe;

b) como medida necessária menos gravosa a ele, apelado, por se tratar de uma sentença favorável, decorrente de cognição ampla e exauriente, e com grande probabilidade de ser mantida em segundo grau de jurisdição (*necessidade*); e que, após

c) sopesados os interesses em jogo, constatou-se que, em tese, os prejuízos que poderão advir ao vencedor em razão da inexecução da sentença são maiores do que os do vencido, que contra ela apresentou recurso de apelação (*proporcionalidade em sentido estrito*).[14]

Portanto, utilizando-se o princípio da proporcionalidade e do disposto no parágrafo único do art. 995 do CPC, é possível fazer com que a regra do *caput* do art. 1.012 do CPC não tenha incidência quando presente risco de ocorrência de dano irreparável ou de consequências práticas irreversíveis ao apelado.

REFERÊNCIAS BIBLIOGRÁFICAS

AIDAR BONDIOLI, Luis Guilherme. *Comentários ao Código de Processo Civil*. São Paulo, Saraiva, 2016, v. XX.

BONÍCIO, Marcelo José Magalhães. *Proporcionalidade e processo*: a garantia constitucional da proporcionalidade, a legitimação do processo civil e o controle das decisões judiciais. São Paulo, Atlas, 2006.

---

14 Ver CARVALHO FILHO, Milton Paulo de. *Apelação sem efeito suspensivo*, 2010, capítulo 7, item 7.2.4.

BUENO, Cássio Scarpinella. *Execução provisória e antecipação da tutela*: dinâmica do efeito suspensivo da apelação e da execução provisória: conserto para a efetividade do processo. São Paulo, Saraiva, 1999.

_____. *Novo Código de Processo Civil anotado*. São Paulo, Saraiva: 2015.

CARVALHO FILHO, Milton Paulo de. *Apelação sem efeito suspensivo*. São Paulo, Saraiva, 2010.

DINAMARCO, Cândido Rangel. *Nova era do processo civil*. São Paulo, Malheiros, 2003.

DONIZETTI, Elpídio. *Curso didático de direito processual civil*. 20.ed. São Paulo, Gen/Atlas, 2017.

LICASTRO TORRES DE MELLO, Rogério. *Breves comentários ao novo Código de Processo Civil*. 3.ed. São Paulo, RT, 2016.

LIEBMAN, Enrico Tullio. *Eficácia e autoridade da sentença e outros escritos sobre a coisa julgada*. 4.ed. Rio de Janeiro, Forense, 2006.

MARINONI, Luiz Guilherme. *Tutela antecipatória, julgamento antecipado e execução imediata da sentença*. 3.ed. São Paulo, RT, 1999.

_____; ARENHART, Sérgio Cruz; MITIDIERO, Daniel. *Código de Processo Civil comentado*. 3.ed. São Paulo, RT, 2017.

MIRANDA, Gilson Delgado; PIZZOL, Patrícia Miranda. *Recursos no processo civil*. 5.ed. São Paulo, Atlas, 2006 (Série Fundamentos Jurídicos).

MOREIRA, José Carlos Barbosa. *Comentários ao Código de Processo Civil*. 11.ed. rev. e atual. Rio de Janeiro, Forense, 2004. v. 5.

18

A nova causa madura nas instâncias originária e recursal

Reinaldo Branco de Moraes

INTRODUÇÃO

A teoria da causa madura é rotineiramente indicada pela doutrina e pela jurisprudência pátria como o pronunciamento da instância recursal que afasta vício constatado na decisão recorrida e, sem determinar o retorno dos autos à origem, desde logo, emite novo pronunciamento, não só suprindo a deficiência constatada, como também analisando o mérito.[1]

O Código de Processo Civil anterior (Lei n. 5.869, de 11.01.1973), quando de sua vigência a partir de 01.01.1974, não possuía previsão da teoria da causa madura.

O CPC/73 obteve várias alterações com vista a tornar mais célere e efetivo o exame da causa/lide e dentre elas o acréscimo da Lei n. 11.277/2006 (art. 285-A – causa madura no juízo de origem)[2] e da Lei n. 10.352/2001 (§ 3º do art. 515 – causa madura no juízo recursal).[3]

---

1 Não vemos a nova causa madura como restrita à instância recursal, segundo rotineiramente enfatizado pela doutrina e pela jurisprudência pátrias, com a devida vênia.

2 CPC/73: "Art. 285-A. Quando a matéria controvertida for unicamente de direito e no juízo já houver sido proferida sentença de total improcedência em outros casos idênticos, poderá ser dispensada a citação e proferida sentença, reproduzindo-se o teor da anteriormente prolatada. § 1º Se o autor apelar, é facultado ao juiz decidir, no prazo de 5 (cinco) dias, não manter a sentença e determinar o prosseguimento da ação. § 2º Caso seja mantida a sentença, será ordenada a citação do réu para responder ao recurso".

3 CPC/73, § 3º do art. 515: "Nos casos de extinção do processo sem julgamento do mérito (art. 267), o tribunal pode julgar desde logo a lide, se a causa versar questão exclusivamente de direito e estiver em condições de imediato julgamento".

311

312 Cinco anos do CPC: questões polêmicas

Na instância originária, esses diplomas legais permitiam o julgamento do processo antes da citação (presentes os requisitos do art. 285-A). Em recurso, caso afastada a preliminar acolhida na origem (sentença terminativa), era possível ao Tribunal avançar no exame do mérito, se a causa versasse "questão exclusivamente de direito" e estivesse "em condições de imediato julgamento" (requisitos do § 3º do art. 515).

Porém, com o advento da EC n. 45/2004, ao inserir o inciso LXXVIII do art. 5º da CF/88 no sentido de que "a todos, no âmbito judicial e administrativo, são assegurados a *razoável duração do processo* e os *meios que garantam a celeridade de sua tramitação*" (grifamos), salutar que o legislador avançasse no âmbito infraconstitucional a fim de dar concretude ao comando da Lei Maior.

Todavia, somente mais de uma década depois surge o novo Código de Processo Civil (Lei n. 13.105/2015), com vigência a partir de 18.03.2016, trazendo novos princípios para, em sintonia com a Carta Política, imprimir celeridade aos processos a fim de que, em tempo razoável, e sanados eventuais óbices processuais, ocorra o efetivo exame da questão de fundo (lide/mérito). O novo modelo processual não se contenta com a sentença somente terminativa (aquela que deixa de analisar o conflito de interesses com pretensão resistida), ele quer sentença definitiva (apreciação do litígio).

Teceremos doravante modestas considerações acerca da "nova causa madura", tanto no âmbito da instância originária como na recursal, realçando temas outros que, de uma ou outra forma, segundo nossa visão, estão entrelaçados com essa relevante temática.

TEMAS PERTINENTES À CAUSA MADURA NA INSTÂNCIA ORIGINÁRIA

Nova principiologia e os requisitos da petição inicial

Estabelecia o CPC/73 – e também o faz o atual – a obrigatoriedade de o juiz, ao constatar situações na petição inicial que possam dificultar o exame do mérito, intimar a parte autora para saná-las. O descumprimento ao pronunciamento judicial acarreta o indeferimento da peça de ingresso. Segue transcrição desses mandamentos:

> CPC/73 – Art. 284. Verificando o juiz que a petição inicial não preenche os requisitos exigidos nos arts. 282 e 283, ou que apresenta defeitos e irregularidades capazes de dificultar o julgamento de mérito, *determinará* que o autor a emende, ou a complete, no prazo de dez (10) dias.

Parágrafo único. Se o autor não cumprir a diligência, o juiz indeferirá a petição inicial.

CPC/2015 – Art. 321. O juiz, ao verificar que a petição inicial não preenche os requisitos dos arts. 319 e 320 ou que apresenta defeitos e irregularidades capazes de dificultar o julgamento de mérito, *determinará* que o autor, no prazo de 15 (quinze) dias, a emende ou a complete, indicando com precisão o que deve ser corrigido ou completado.

Parágrafo único. Se o autor não cumprir a diligência, o juiz indeferirá a petição inicial. (grifamos)

O art. 317 do CPC/2015 determina ao juiz que *antes* de ato decisório sem exame de mérito permita à parte, sendo possível, sanar o defeito: "Art. 317. Antes de proferir decisão sem resolução de mérito, o juiz *deverá* conceder à parte oportunidade para, se possível, corrigir o vício" (grifamos).

O *princípio matriz* (gênero) atinente à *primazia da integral decisão de mérito* previsto no art. 4º do CPC/2015[4] possui *espécies* em outros dispositivos no novel Diploma Processual Civil. Os arts. 317 e 321 são exemplos dessas espécies e o juiz, se o vício for de requisito da exordial, facultará a emenda ou a complementação, mas não sem apontar "com precisão o que deve ser corrigido ou complementado" (*caput* do art. 321 do CPC/2015).

Além de reafirmar que a prestação jurisdicional deve ser entregue em prazo razoável e abrangendo a atividade satisfativa, o art. 4º do CPC hodierno, como dito, traz o *princípio da primazia da integral decisão de mérito*. Consiste no *direito subjetivo* das partes à tutela jurisdicional que solucione a lide e no *poder-dever* do julgador de concretamente permitir aos jurisdicionados sejam afastados os obstáculos porventura existentes à apreciação do mérito.

A nova exigência legislativa de tornar a causa madura, a todo momento, no curso da relação jurídica processual, atribui ao julgador a obrigação de promover os atos necessários à correção de vícios, defeitos e/ou irregularidades processuais.

O trecho a seguir transcrito de sentença de nossa lavra alerta sobre a transposição de dispositivos do CPC anterior para o atual em descompasso com os novos princípios deste:

[...] a nova principiologia do CPC vigente deve se sobrepor àqueles dispositivos do CPC/1973 que foram "copiados" para o CPC/2015 em notória e flagrante colisão

---

4 "Art. 4º As *partes* têm o *direito* de obter em prazo razoável *a solução integral do mérito*, incluída a atividade satisfativa" (grifamos).

com aqueles princípios (*refiro-me, apenas a título exemplo, às "amarras" do art. 329 do NCPC, norma em total desacordo com os princípios estampados/normatizados nos primeiros artigos da atual Lei Processual Civil*).[...]

Não mais interessa ao Estado-Juiz trâmite de causa que conduza o processo à resolução sem julgamento do mérito/lide. Pronunciamento sem análise de tema de fundo nega o pleno exercício do direito de ação e obsta a definitiva solução da causa, em um só processo.

Daí a determinação legal para que o magistrado efetue *constante fiscalização sobre os pressupostos processuais* (quer de constituição e/ou de desenvolvimento) e que *analise a presença ou não destes* devendo fazê-lo enquanto não entregue a prestação jurisdicional e até mesmo *após sua entrega enquanto ausente trânsito em julgado*.

Não por motivo outro é que o *princípio (raiz) da primazia da integral decisão de mérito* encontra desdobramento em vários dispositivos da Lei Processual Civil vigente. No art. 4º está o *princípio matriz* e, em outros, *espécies desse princípio*, como os arts. 76, § 1º, I a III, 139, IX, 218, § 4º, 317 e 321, e até mesmo a *alteração ou complementaridade do polo passivo* (arts. 338 e 339), além da concessão de prazo para *sanar vícios em recursos* (arts. 76, § 2º, I e II, 99, § 7º, 932, III, parágrafo único, 1.007, §§ 2º, 4º, 5º, 6º e 7º, 1.017, § 3º, 1.029, § 3º, 1.031, §§ 2º e 3º, 1.032 e 1.033). Esse diploma legal *rompeu com o formalismo existente no CPC/1973*, embora, inadvertidamente existam dispositivos "copiados/mantidos" da lei anterior colidentes com a nova principiologia, situação a impor a interpretação lógico-racional e sistemática em prol da harmonia do sistema. (RTOrd n. 0000530-85.2016.5.12.0033, Juiz Reinaldo Branco de Moraes, 21.07.2019)

O art. 6º do CPC/2015 inaugura o *princípio da cooperação dos atores processuais* para a solução de fundo da causa, ao preceituar que "Todos os sujeitos do processo devem cooperar entre si para que se obtenha, em tempo razoável, *decisão de mérito* justa e efetiva" (grifamos). O novo processo civil é *coparticipativo* e, por isso, todos os seus atores têm que auxiliar para que a lide tenha exame e passe a ser a lei das partes.[5]

Deve-se no processo obter o máximo de atuação com o mínimo de tempo (princípio da eficiência).[6] Porém, o integral exame do mérito pressupõe sejam

---

5   CPC/2015: "Art. 503. A decisão que julgar total ou parcialmente o mérito tem *força de lei* nos limites da questão principal expressamente decidida" (grifamos).

6   CPC/2015: "Art. 8º *Ao aplicar o ordenamento jurídico, o juiz atenderá* aos fins sociais e às exigências do bem comum, resguardando e promovendo a dignidade da pessoa humana e *observando* a proporcionalidade, a razoabilidade, a legalidade, a publicidade e a *eficiência*" (grifamos).

18 A nova causa madura nas instâncias originária e recursal   315

as partes previamente ouvidas, antes de pronunciamento judicial, com vista à preservação do *princípio do contraditório material/substancial/efetivo/pleno/exauriente*,[7] mesmo porque a atual Lei Processual Civil veda decisão[8] e fundamento surpresa.[9]

A determinação legal ao julgador de respeitar essa principiologia tem por objetivo tornar o processo livre de aspectos obstativos do exame do mérito e, dessarte, propiciar que vícios sejam corrigidos a fim de que a *causa* se apresente como madura e apta, a tempo e modo, ao exame do litígio, razão da provocação estatal pelo promovente da demanda.

Indeferimento "liminar" de petição inicial

Tanto o CPC/73 (art. 282) como o atual (art. 319) contém dispositivo elencando os requisitos da petição inicial e o dever do juiz de permitir a emenda para sanar eventuais defeitos e, ainda, ambos os diplomas processuais relacionam situações em que "a petição inicial será indeferida" (CPC/73, art. 295; CPC/2015, art. 330).

Não há dúvida sobre a duplicidade de tratamento à *falta de pedido e/ou causa de pedir*, quer no anterior como no atual modelo processual.

De fato, previa o art. 282 do CPC/73 como requisitos da peça vestibular: "III – *o fato e os fundamentos jurídicos do pedido*; IV – *o pedido*, com as suas especificações" (grifamos).

Preceituava o mesmo Diploma Legal:

> Art. 284. Verificando o juiz que a *petição inicial não preenche os requisitos exigidos nos arts. 282 e 283*, ou que apresenta defeitos e irregularidades capazes de di-

---

7   CPC/2015: "Art. 7º *É assegurada às partes paridade de tratamento* em relação ao exercício de direitos e faculdades processuais, aos meios de defesa, aos ônus, aos deveres e à aplicação de sanções processuais, *competindo ao juiz zelar pelo efetivo contraditório*" (grifamos).

8   O *princípio da vedação de decisão surpresa* constitui a regra e há exceções. Estabelece o CPC atual: "Art. 9º Não se proferirá decisão contra uma das partes sem que ela seja previamente ouvida. Parágrafo único. O disposto no *caput* não se aplica: I – à tutela provisória de urgência; II – às hipóteses de tutela da evidência previstas no art. 311, incisos II e III; III – à decisão prevista no art. 701". Tenho por cabíveis embargos de declaração quando a parte não for previamente ouvida, nos casos em que deveria, apontando através deste remédio jurídico as razões, por si só, suficientes a levar a veredicto diverso, inclusive pelo princípio da cooperação dos atores processuais à decisão integral do mérito.

9   CPC/2015: "Art. 10. O juiz não pode decidir, em grau algum de jurisdição, com base em fundamento a respeito do qual não se tenha dado às partes oportunidade de se manifestar, ainda que se trate de matéria sobre a qual deva decidir de ofício".

ficultar o julgamento de mérito, *determinará* que o autor a emende, ou a complete, no prazo de 10 (dez) dias.

Parágrafo único. Se o autor não cumprir a diligência, o juiz indeferirá a petição inicial. (grifamos)

E ainda:

Art. 295. A petição inicial *será* indeferida:
I – quando for inepta; [...]
Parágrafo único. Considera-se inepta a petição inicial quando:
I – lhe *faltar pedido* ou *causa de pedir*; [...] (grifamos)

Indene de dúvida, inquestionável o conflito, nos pontos em exame, entre os mandamentos legais do CPC/73. Pelos arts. 282, III e IV c/c art. 284, *caput*, de rigor permitir a *correção dos requisitos* da *causa petendi* e do "pedido, com suas especificações", e apenas caso não cumprida a determinação judicial ocorreria o indeferimento da proemial. Em linha exatamente oposta, a falta de pedido e/ou da causa de pedir acarretava imediato pronunciamento de rejeição da petição inicial (art. 295, I, e parágrafo único, I).

No CPC/2015 continuam sendo *requisitos* da peça inaugural a causa de pedir e o pedido com suas especificações,[10] persistindo o *poder-dever* do juiz indicar a deficiência e permitir sua correção (art. 321, retrotranscrito) e só após indeferir a petição inicial em não cumprida a determinação judicial pela parte autora (parágrafo único do art. 321).

Porém, a Lei Instrumental Civil atual mantém a "mesma contradição" do CPC anterior ao elencar dentre as hipóteses de *indeferimento* da petição inicial a falta de pedido e/ou de causa de pedir.[11]

Na verdade, em momento algum e em quaisquer dos dois CPC (1973 ou de 2015), há previsão para o indeferimento liminar da petição inicial.[12] Inexiste previsão nesse sentido em qualquer dispositivo específico elencando situações do "indeferimento" da inicial, seja pela ausência dos seus requisitos, por apre-

---

10 "Art. 319. A petição inicial indicará: [...] III – o fato e os fundamentos jurídicos do pedido; IV – o pedido com as suas especificações".

11 "Art. 330. A petição inicial será indeferida quando: I – for inepta; [...] § 1º Considera-se inepta a petição inicial quando: I – lhe faltar pedido ou causa de pedir".

12 CPC/73, arts. 282-284 e 295, I a VI, parágrafo único, I a IV; CPC/2015, arts. 319-321 e 330, I a IV, § 1º, I a IV, §§ 2º e 3º.

18 A nova causa madura nas instâncias originária e recursal **317**

sentar defeitos ou irregularidades, seja pela ausência de documentos indispensáveis à propositura da ação.[13]

O art. 330, *caput*, do CPC atual não traz qualquer previsão de indeferimento *liminar* da petição inicial, e tal situação também não se encontra contemplada dentre as exceções previstas no parágrafo único do art. 9º do mesmo diploma legal. Desse modo, é inegável a incidência da aplicação da regra estampada no *caput* deste mesmo art. 9º, no sentido de ser vedada decisão surpresa contra a parte (no caso, uma vez que estamos tratando da petição inicial, estaria vedando-se a decisão surpresa desfavorável ao autor). E isso ainda mais se justifica, no ponto, pela incidência do direito ao contraditório *prévio substancial* e *vedação de fundamento surpresa* (arts. 7º, *in fine*, e 10), da obediência à *eficiência* (parte final do art. 8º) e do próprio óbice estampado no art. 317 (concessão de prazo para sanar o defeito), todos do CPC/2015.

A previsão do art. 317, ademais, serve para *qualquer* ato decisório que acarrete a resolução do feito sem análise da lide (CPC, art. 485, I a X).

Em consequência, *não há falar em indeferimento liminar de petição inicial*, nem total, nem parcial. Na verdade, seja qual for a imperfeição, inconsistência ou defeito daquela peça, impõe-se o respeito aos arts. 4º, 6º, 7º, 8º, 9º, 10, 317 e 321, todos do CPC vigente.

Isso porque o objetivo encartado na nova legislação processual civil consiste *oportunizar* sejam sanadas/corrigidas quaisquer irregularidades com a clara intenção do legislador de *compelir/obrigar* o juiz à busca da *decisão de mérito*, aspecto esse, segundo pensamos, com direta relação ao tema em apreço (*causa madura, ou a prática de atos voltados a torná-la apta ao julgamento da questão de fundo*).

Nítida, dessarte, a expressiva alteração legislativa de respeito aos jurisdicionados na busca do que ambos os integrantes da relação jurídica material e processual almejam: dizer o direito e, logo, decidindo o litígio. Equivale dizer: apreciar o conflito de interesses, objetivo que será alcançado uma vez corrigidos eventuais vícios processuais, ainda mais quando, sabidamente, a mais elementar noção de "justiça" consiste em "dar a cada um o que é seu".

No modelo processual civil anterior, o marco temporal para a correção dos vícios era "enquanto não proferida sentença de mérito".[14] No entanto, é

---

13 CPC/73, art. 283, e CPC/2015, art. 320.

14 Art. 267, § 3º: "O juiz conhecerá de ofício, em qualquer tempo e grau de jurisdição, *enquanto não proferida a sentença de mérito*, da matéria constante dos ns. IV, V e VI; todavia, o réu que a não alegar, na primeira oportunidade em que lhe caiba falar nos autos, responderá pelas custas de retardamento" (grifamos). Veja-se que o inciso IV do art. 267 diz respeito a *pressupostos processuais* sendo estes *subjetivos* (dizendo respeito aos sujei-

importante enfatizar que o CPC/2015 foi além ao determinar sejam as dificuldades à apreciação do mérito corrigidas *"enquanto não ocorrer o trânsito em julgado"*.[15] Logo, apenas a título de exemplo, se o juiz proferisse sentença de mérito e notasse a incompetência absoluta enquanto em curso o prazo recursal, seja por provocação ou de ofício, *deveria* (poder-dever) trazer o feito à ordem. Na sequência, após exposição dos motivos acerca desse entendimento daquela incompetência – resguardando direito ao contraditório material prévio até para também prevenir decisão/fundamento surpresa –, *deveria* emitir pronunciamento de remessa dos autos ao juízo competente (deixando a este a condução do processo quanto aos efeitos do pronunciamento estatal).[16]

Julgamento "liminar" de improcedência do pedido

O art. 332 do CPC vigente, em substituição ao preceituado no art. 285-A do CPC anterior, estabelece a desnecessidade de citação e determina que ocorra o julgamento "liminar" de rejeição do pedido, nos casos ali elencados, *verbis*:

> Art. 332. Nas causas que dispensem a fase instrutória, o juiz, independentemente da citação do réu, *julgará liminarmente improcedente o pedido* que contrariar:
> I – enunciado de súmula do Supremo Tribunal Federal ou do Superior Tribunal de Justiça;
> II – acórdão proferido pelo Supremo Tribunal Federal ou pelo Superior Tribunal de Justiça em julgamento de recursos repetitivos;

---

tos principais – partes e juiz) e objetivos (intrínsecos – dentro do processo – e extrínsecos – fora do processo). Entre os pressupostos processuais objetivos de ordem intrínseca estão os requisitos da petição inicial (art. 282 e incisos) e todas as deficiências que podem gerar seu indeferimento (art. 295 e incisos), pelo que reputa-se que o inciso I do art. 267 do CPC/73 sempre fez parte integrante do rol de incisos indicados no § 3º desse mesmo dispositivo, a despeito de ali não expressamente relacionado. Todos os dispositivos aqui citados dizem respeito ao CPC/73.

15 Art. 485: "§ 3º O juiz conhecerá de ofício da matéria constante dos incisos IV, V, VI e IX, em qualquer tempo e grau de jurisdição, *enquanto não ocorrer o trânsito em julgado*" (grifamos). Pelas mesmas razões indicadas na nota remissiva anterior, considera-se o inciso I do art. 485 do CPC/2015 como integrante do rol de incisos apontados no § 3º desse mesmo normativo, conquanto ali não expressamente incluído, máxime frente à *interpretação lógico-racional e sistemática* e à *teoria do diálogo das fontes* (esse diálogo impera entre diplomas legais distintos e também entre os dispositivos insertos na mesma lei, por razões óbvias).

16 Art. 64: "§ 4º Salvo decisão judicial em sentido contrário, conservar-se-ão os efeitos de decisão proferida pelo juízo incompetente até que outra seja proferida, se for o caso, pelo juízo competente".

III – entendimento firmado em incidente de resolução de demandas repetitivas ou de assunção de competência;

IV – enunciado de súmula de tribunal de justiça sobre direito local. [...]

§ 3º Interposta a apelação, o juiz poderá retratar-se em 5 (cinco) dias.

§ 4º Se houver retratação, o juiz determinará o prosseguimento do processo, com a citação do réu, e, se não houver retratação, determinará a citação do réu para apresentar contrarrazões, no prazo de 15 (quinze) dias.

Notório que as hipóteses elencadas dispensam produção de provas e até mesmo a ciência da parte acionada, na medida em que a decisão de mérito, independentemente da tese veiculada na contestação, seria a mesma, qual seja, a rejeição do pedido. Estando a *causa pronta* (madura) para ser julgada, considera o legislador indispensável a imediata entrega da prestação jurisdicional julgando improcedente o pedido.

Esse julgamento ocorre *sem* a prévia ouvida da parte autora? Pensamos que não. A faculdade de o juiz retratar-se, em sendo interposta apelação (§ 3º do art. 332 acima transcrito), não retira o *dever de respeito à principiologia constante nos primeiros dispositivos do CPC/2015*, principalmente o direito ao contraditório material prévio, vedação de decisão e fundamento surpresa contra a parte autora, além do direito autoral à decisão de mérito "justa e efetiva" (arts. 6º, 7º, 9º e 10).

Reputa-se que o termo "liminar" significa "antes da ciência/citação da parte demandada", mas deve o juiz apontar, objetivamente, por qual(is) motivo(s) julgará com base em um ou mais incisos do dispositivo antes transcrito (art. 332), oportunizando prévia manifestação à parte demandante.

O fato de, em princípio, estar a "causa madura" de modo a permitir o julgamento de improcedência do pedido não tolhe a interpretação do julgador de, respeitando a nova principiologia, oportunizar prévia manifestação do promovente da demanda, ainda mais que poderá indicar hipótese(s) de *superação* ou mesmo de *distinção* para a(s) qual(is) o julgador não atentou, se o demandante assim ainda não procedeu na peça vestibular.

Julgamento antecipado total ou parcial do mérito

Superadas as providências dos arts. 347 a 353 do CPC/2015, o processo atinge a fase processual denominada "Do julgamento conforme o estado do processo", constituída de quatro etapas:

a) "Da extinção do processo" (art. 354): prolação de sentença nas situações dos arts. 485 e 487, II e III (*caput* do art. 354 do CPC/2015). O parágrafo único desse dispositivo trata da hipótese de existir mais de um pedido e de remanescer ao menos um para ser apreciado, caso em que a decisão do(s) pedido(s) é impugnável por agravo de instrumento (CPC/2015, art. 1.015, XIII);

b) "Do julgamento antecipado do mérito" (art. 355): o juiz proferirá sentença, com resolução do mérito, quando "não houver necessidade de produção de outras provas" ou "o réu for revel, ocorrer o efeito previsto no art. 344 e não houver requerimento de prova, na forma do art. 349" (incisos I e II do art. 355). Aqui há o julgamento antecipado *total* da lide (enfrentamento do mérito) por desnecessárias outras provas;

c) "Do julgamento antecipado parcial do mérito" (art. 356): apreciação de um ou mais pedidos permanecendo outro(s) pendente(s) de análise. Transcrevo os incisos desse dispositivo:

> Art. 356. O juiz decidirá parcialmente o mérito quando um ou mais dos pedidos formulados ou parcela deles:
> I – mostrar-se incontroverso;
> II – estiver em condições de imediato julgamento, nos termos do art. 355.

Trata-se a situação em foco da "decisão em capítulos".[17] O legislador acaba com a exigência de sentença una, ou seja, havendo pedido(s) maduro(s) e outro(s) não, aguardar-se-ia momento único para análise de todos.

Com o advento do CPC/2015, havendo mais de um pedido, cada qual será apreciado quando "maduro". Quanto a pedido(s) remanescente(s) ainda "não maduro(s)", o feito prosseguirá.

d) "Do saneamento e da organização do processo" (art. 357): pedido(s) não enquadrado(s) nas três situações antes abordadas, o processo seguirá para saneamento. Esse pode ocorrer por decisão monocrática (saneamento singular), por ato consensual das partes (saneamento consensual) ou em audiência com o auxílio das partes nas causas complexas (saneamento compartilhado), segundo o art. 357, *caput* e §§ 1º a 3º, do CPC vigente.

Nesse contexto, os arts. 354, *caput* e parágrafo único, 355 e 356, também possuem situações que, a nosso sentir, identificarão momentos processuais em que a causa está total ou parcialmente madura.

---

17 No âmbito do direito processual civil atual não se pode falar em "sentença em capítulos" porque os *atos decisórios* na fase de conhecimento, segundo a nova definição, consistem em *sentença e decisão interlocutória*. Há sentença quando o pronunciamento finaliza a fase do procedimento comum. *Se, a despeito do ato decisório, remanescer pedido para exame, o pronunciamento é caracterizado como decisão interlocutória.* Nesse sentido, o disposto nos §§ 1º e 2º do art. 203 do CPC/2015.

A causa madura na instância recursal

Justamente devido ao acima exposto é que fazemos a distinção entre causa madura na instância originária e causa madura na instância recursal.

A causa madura na instância recursal

Embora a causa madura na instância recursal seja normalmente pronunciamento exarado por órgão colegiado, convém desmembrar esse exame.

Por isso, num primeiro momento, analisar-se-ão os atos preparatórios pela Superior Instância, tanto singularmente (pelo relator) como pelo colegiado – situações do art. 938 do CPC/2015 – para posterior exame do art. 1.013, §§ 3º, I a IV, e 4º, dispositivo este geralmente considerado como o que retrata/contém a *teoria da causa madura*.

Não obstante, em verdade, na instância recursal, tanto o art. 938, §§ 1º a 4º, como o art. 1.013, §§ 3º, I a IV, e 4º, representam espécies do gênero intitulado causa madura.

Atuação singular ou colegiada no âmbito recursal

No modelo processual hodierno ocorreu ampliação das atribuições do relator comparativamente ao CPC/73,[18] persistindo o poder-dever de "dar" ou "negar" provimento a recurso em determinadas hipóteses, mas novas atribuições foram elencadas no CPC vigente:

> Art. 932. *Incumbe ao relator:*
>
> I – *dirigir e ordenar o processo no tribunal, inclusive em relação à produção de prova*, bem como, quando for o caso, homologar autocomposição das partes; [...]
>
> III – *não conhecer de recurso inadmissível, prejudicado ou que não tenha impugnado especificamente os fundamentos da decisão recorrida;*
>
> IV – *negar provimento* a recurso que for contrário a:
>
> *a)* súmula do Supremo Tribunal Federal, do Superior Tribunal de Justiça ou do próprio tribunal;
>
> *b)* acórdão proferido pelo Supremo Tribunal Federal ou pelo Superior Tribunal de Justiça em julgamento de recursos repetitivos;

---

18 CPC/73: "Art. 557. O relator negará seguimento a recurso manifestamente inadmissível, improcedente, prejudicado ou em confronto com súmula ou com jurisprudência dominante do respectivo tribunal, do Supremo Tribunal Federal, ou de Tribunal Superior. § 1º-A Se a decisão recorrida estiver em manifesto confronto com súmula ou com jurisprudência dominante do Supremo Tribunal Federal, ou de Tribunal Superior, o relator poderá dar provimento ao recurso".

c) entendimento firmado em incidente de resolução de demandas repetitivas ou de assunção de competência;

V – depois de facultada a apresentação de contrarrazões, *dar provimento ao recurso* se a decisão recorrida for contrária a:

a) súmula do Supremo Tribunal Federal, do Superior Tribunal de Justiça ou do próprio tribunal;

b) acórdão proferido pelo Supremo Tribunal Federal ou pelo Superior Tribunal de Justiça em julgamento de recursos repetitivos;

c) entendimento firmado em incidente de resolução de demandas repetitivas ou de assunção de competência; [...]

Parágrafo único. Antes de considerar inadmissível o recurso, o relator concederá o prazo de 5 (cinco) dias ao recorrente para que seja sanado vício ou complementada a documentação exigível. [...]

Art. 938. A questão preliminar suscitada no julgamento será decidida antes do mérito, deste não se conhecendo caso seja incompatível com a decisão.

§ 1º *Constatada a ocorrência de vício sanável, inclusive aquele que possa ser conhecido de ofício, o relator determinará a realização ou a renovação do ato processual, no próprio tribunal ou em primeiro grau de jurisdição*, intimadas as partes.

§ 2º *Cumprida a diligência* de que trata o § 1º, o relator, sempre que possível, *prosseguirá no julgamento do recurso*.

§ 3º Reconhecida a necessidade de produção de prova, o relator *converterá o julgamento em diligência*, que se realizará no tribunal ou em primeiro grau de jurisdição, decidindo-se o recurso após a conclusão da instrução.

§ 4º Quando não determinadas pelo relator, as providências indicadas nos §§ 1º e 3º poderão ser determinadas pelo órgão competente para julgamento do recurso. (grifamos)

A primeira atribuição do relator consiste em determinar os atos necessários para o *julgamento da causa* (casos de competência originária), *do recurso* (competência recursal) ou da *remessa necessária*.

Nesse contexto, não sendo hipótese de julgamento monocrático, incumbe ao relator identificar se presentes ou não os pressupostos processuais a fim de levar o julgamento ao órgão colegiado e, sendo possível, as temáticas de fundo (tudo antecedido das providências necessárias a sanar dificuldades acaso constatadas ao conhecimento do apelo).

Nessa senda, compete ao relator as *mesmas atribuições do juiz da instância originária*. O processo não pode ter vícios e, tendo, que seja oportunizado saná-los, a tempo e modo, para a apreciação da pretensão resistida.

Na condição de relator (juiz convocado), nos deparamos com processo contendo dois réus e, quanto ao último, de fato, a peça vestibular continha somente o nome dele (Estado de Santa Catarina). Na sentença foi reconhecida a inépcia da petição inicial (falta de pedido e de causa de pedir). O autor requereu no apelo fosse afastada a inépcia após ser assegurado o direito à emenda. Despacho prolatado para assegurar o direito à emenda da peça inaugural, sendo após respeitado o contraditório e a ampla defesa aos adversos. Ausentes outras provas a produzir, houve o julgamento pelo colegiado tendo o acórdão a seguinte ementa:

> Princípio da causa madura (NCPC, arts. 932, I, c/c 938, §§ 1º a 4º, e 1.013, §§ 3º, I a IV, e 4º). Nova roupagem no modelo processual civil de 2015. Aplicação na seara laboral.
>
> O princípio da causa madura, ampliado no CPC/2015, não se exaure nas hipóteses elencadas nos §§ 3º, I a IV, e 4º, do art. 1.013, como poder-se-ia imaginar, caso não adotada a indispensável interpretação sistemática e o diálogo das fontes (ou comunicação dos dispositivos de um mesmo diploma legal), porquanto presente, também, nos arts. 932, I c/c 938, §§ 1º a 4º, todos da Lei Processual Civil.
>
> Estando a causa em condições de julgamento, como na espécie, em que preliminar acolhida na origem foi afastada, surge o poder-dever de imediata análise das questões de fundo em face dos princípios da economia, da efetividade e da razoável duração do processo, sabidamente norteadores do processo do trabalho. (Autos físicos RO n. 0004104-11.2015.5.12.0047, rel. Reinaldo Branco de Moraes, publicado no TRTSC/*DOE* em 22.06.2018)

Cito da fundamentação deste aresto:

> De fato, não há, na petição inicial das fls. 2-12, narrativa fática e nem pedido na inicial a respeito da possível responsabilização do Estado de Santa Catarina pelo pagamento das parcelas eventualmente deferidas ao autor. Todavia, não há falar em inépcia. Conforme esclarecido no despacho das fls. 130-131v, diante de irregularidade(s) na exordial, há que dar-se *predomínio à possibilidade de emenda e não ao imediato indeferimento até para a justa composição do litígio* (pela conciliação ou pelo exame da causa).
>
> O entendimento exposto decorre da inteligência dos arts. 282, 283, 284 e 295 do CPC/1973, assim como da Súmula 263 do Eg. TST, até por ser *direito subjetivo da parte autora a oportunidade de suprir os vícios da exordial*.
>
> É certo, ainda, que a CLT não possui expressa previsão de emenda da peça de ingresso. Há omissão e, portanto, aplicável o regramento do processo comum

pela compatibilidade com os princípios que norteiam o processo do trabalho (CLT, art. 769).

Aliás, o processo laboral é permeado por princípios que buscam afastar óbices processuais com vista ao exame do mérito (bem da vida perseguido na lide), como celeridade, economia, efetividade, razoável duração do processo, pleno acesso à justiça (inclusive pelo *jus postulandi*), informalidade e simplicidade, não havendo necessidade de rigor técnico para especificar o pedido.

As normas processuais servem apenas como instrumento à busca do direito material. Neste (direito material do trabalho), sabidamente, o trabalhador está amparado pelos princípios que lhe são próprios (como o princípio de proteção). Naquele (direito processual trabalhista), pelos princípios processuais antes declinados até porque busca verbas de natureza jurídica salarial. O instrumento não pode ser mais importante do que o próprio direito subjetivo material vindicado para não tolher a apreciação da lide.

Ademais, *na vigência do CPC/2015, a busca do legislador pelo exame do mérito mostra-se ainda evidente, ante o princípio da primazia da integral decisão de mérito* (art. 4º), não sendo permitida decisão, sem exame do mérito, sem que oportunizada prévia manifestação e correção pela parte demandante, inclusive com indicação objetiva do defeito a sanar (arts. 317 e 321 e TST, Súmula n. 263). Logo, caso existisse algum vício na inicial, não mais se cogita de indagar se a irregularidade seria sanável ou insanável. Ao contrário, *impõe-se, sempre*, oportunizar à parte autora falar sobre o defeito constatado e corrigi-lo quando possível.

Nessa senda, cumpre destacar, que o autor, diante do despacho das fls. 130-131v, emendou a petição inicial, acrescentando os fatos e o pedido de responsabilização solidária ou subsidiária do segundo réu pelo pagamento das parcelas reconhecidas na presente demanda (fls. 133-134).

Desta forma, acolho a preliminar para afastar a inépcia da inicial em relação ao Estado de Santa Catarina.

No caso citado, por evidente, a causa não estava madura para que a instância recursal pudesse enfrentar o mérito (a peça vestibular sequer possuía causa de pedir e pedido quanto ao segundo demandado). Suficiente um despacho para *torná-la madura* (com a observância do contraditório) e, dessarte, o colegiado enfrentou o mérito do pedido de responsabilidade do segundo réu quanto às verbas deferidas na origem, tendo a primeira demandada como devedora principal.

Mas, se a petição inicial tiver sido indeferida *antes* da citação e o tribunal prover o recurso para afastar a sentença terminativa, nessa hipótese, a causa não estará madura, devendo o feito retornar à instância originária para o trâmite processual. A situação que analisamos na decisão acima indicada era diversa da aqui cogitada, pois nela os réus foram citados e após o procedimento de praxe na origem – audiência e produção de provas – houve sentença na qual foi o processo dado por resolvido, sem exame de mérito, por inépcia da peça vestibular, por falta de pedido e causa de pedir quanto ao segundo demandado (Estado de Santa Catarina). Logo, impende sempre analisar as peculiaridades de cada caso concreto.

No âmbito da *competência recursal*, como decorrência da nova ordem jurídica processual de obediência e respeito a precedentes obrigatórios, de forma unipessoal, o relator analisará o recurso, sem levá-lo ao colegiado, por se encontrar a causa madura, mantendo ou reformando o ato objurgado conforme em sintonia ou não com precedentes obrigatórios (hipóteses dos incisos IV e V do art. 932 retrotranscrito).

Outra circunstância que exige decisão singular por parte do relator diz respeito à *remessa necessária* (CPC/2015, art. 496, § 4°, I a IV), caso tal expediente tenha sido utilizado de modo indevido. Afinal, situações que não comportam essa remessa não devem ser remetidas ao tribunal. Nesse caso, mediante invocação do inciso III do art. 932 do CPC vigente, o relator, singularmente, julgará o recurso inadmissível, após respeitar o parágrafo único do último dispositivo aqui citado.

Por outro lado, *indeferida ou não sendo realizada prova na origem* que reputar necessária ao julgamento do recurso, incumbe ao relator determinar seja produzida, no próprio tribunal ou em primeiro grau de jurisdição (CPC/2015, arts. 932, I, e 938, §§ 1° e 3°), caso contrário o órgão colegiado o fará quando levado o processo a julgamento (CPC/2015, art. 938, § 4°). Após a produção da prova, sempre que possível, prosseguir-se-á no julgamento do recurso,[19] sendo certo que o juízo primitivo não mais possui competência para emitir pronunciamento decisório.[20] Essa competência é *exclusiva* da instância recursal, por óbvio, se e quando estiver a causa madura.

---

19 Normalmente, na vigência do CPC/13, o indeferimento de prova acarretava a anulação do processo desde o cerceio da produção da prova. Essa diretriz foi alterada no CPC/2015 porque, *se a causa ainda não está madura para julgamento na instância recursal*, basta que o relator ou o órgão competente determine a *conversão do julgamento em diligência* para, produzida a prova faltante, no próprio tribunal ou na origem, prossiga o julgamento.

20 Atuamos como relator (juiz convocado) nos autos físicos RO n. 0000422-87.2014.5.12.0013, 5ª Câmara, publicado no TRTSC/*DOE* em 22.06.2018, em recurso autoral em face da sentença recorrida que, de ofício, acolheu preliminar de inépcia do pedido de adicional de insalubridade (o sentenciante entendeu ausente pleito dessa verba no rol dos pedidos). Não vislumbramos essa deficiência porque o pedido constava no corpo da petição inicial. No entanto, o pedido objeto de sentença terminativa e atacada, no ponto, pela parte au-

A decisão de mérito para ser "justa e efetiva" (CPC, art. 6º) deve propiciar a *produção das provas* necessárias à comprovação de suas alegações. Não só as partes têm o direito à produção de provas, à busca da verdade (a mais próxima do que se denomina "verdade real"), pois dever do julgador – como um dos atores do processo – determinar as necessárias ao julgamento do mérito,[21] inclusive quanto ao uso de prova emprestada, quando for o caso.[22]

Ato decisório singular do relator admite agravo interno.[23] Entretanto, necessário distinguir entre *despacho* e *decisão interlocutória* do relator. Aquele não admite recurso (CPC, art. 1.001), ao passo que esta enseja o agravo interno (CPC, art. 1.021). Todos os atos unipessoais oportunizando sejam sanados vícios ou irregularidades processuais representam *despacho* (sujeitos, evidentemente, a reexame, seja pelo próprio relator, seja pelo órgão competente por ocasião da decisão colegiada). Em consequência, recorrível unicamente a *decisão* que *não conhecer, dar ou negar provimento a recurso* e não o despacho[24] que prepara o ato decisório.

---

tora, pressupunha, para o exame de fundo, prévia realização de perícia (apurar o trabalho ou não em condições morbígenas – CLT, art. 195, § 2º). O colegiado acolheu as proposições deste relator: "a) afastada a preliminar de inépcia da inicial quanto ao adicional de insalubridade; b) convertido o julgamento em diligência com retorno dos autos à Vara de origem para que seja realizada perícia atinente à insalubridade e, após, manifestação das partes ao laudo, inclusive com esclarecimentos do perito a eventuais impugnações, *retornando para prosseguimento do julgamento* (CPC, art. 938 e §§), ficando sobrestado o exame das demais temáticas recursais". Os autos retornaram à primeira instância sendo realizada a prova técnica, como determinado. Porém, os autos retornaram com sentença de mérito sobre o pedido de adicional de insalubridade e o sentenciante argumentou que "o prosseguimento do recurso, segundo os termos invocados do art. 938 do CPC, somente seria possível *após proferida decisão nesta jurisdição*". O colegiado não conheceu da sentença que enfrentou o mérito do pedido de adicional de insalubridade e analisou a questão de fundo desse pedido.

21 CPC/2015: "Art. 370. Caberá ao juiz, de ofício ou a requerimento da parte, determinar as provas necessárias ao julgamento do mérito".

22 CPC/2015: "Art. 372. O juiz poderá admitir a utilização de prova produzida em outro processo, atribuindo-lhe o valor que considerar adequado, observado o contraditório". A "admissão" da prova emprestada pode ser requerida como também determinada *ex officio* e o juiz não fere o dever de imparcialidade quando determina provas de ofício necessárias ao julgamento do mérito (interpretação conjunta dos arts. 370 e 372 do CPC vigente), mesmo porque nem no art. 372 antes transcrito há referência a que "prova produzida em outro processo" somente pode ser aproveitada para outro(s) feito(s) apenas "a requerimento".

23 CPC/2015: "Art. 1.021. Contra *decisão* proferida pelo relator caberá agravo interno para o respectivo órgão colegiado, observadas, quanto ao processamento, as regras do regimento interno do tribunal" (grifamos).

24 CPC/2015: "Art. 1.001. Dos despachos não cabe recurso".

A *irrecorribilidade de despacho* autoriza o relator, sendo interposto agravo interno, recebê-lo como mera insurgência ou simples petição, submetendo essa irresignação, no momento oportuno, ao colegiado, até por economia e celeridade processuais.

A causa madura ampliada nos tribunais

O § 3º do art. 515 do Digesto Processual Civil anterior facultava ao tribunal julgar o mérito se a sentença atacada fosse terminativa e versasse matéria exclusivamente de direito. Essa a causa madura vigente até 17.03.2016 perante os tribunais. No dia 18.03.2016, entrou em vigor o CPC/2015 e o legislador, quanto à causa madura recursal, foi muito além.

Com efeito, segue transcrição do dispositivo do Diploma Processual Civil que alberga a teoria da *causa madura* perante a *instância recursal* e com roupagem notoriamente ampliada:

Art. 1.013. A apelação devolverá ao tribunal o conhecimento da matéria impugnada.

§ 1º Serão, porém, objeto de apreciação e julgamento pelo tribunal todas as questões suscitadas e discutidas no processo, ainda que não tenham sido solucionadas, desde que relativas ao capítulo impugnado.

§ 2º Quando o pedido ou a defesa tiver mais de um fundamento e o juiz acolher apenas um deles, a apelação devolverá ao tribunal o conhecimento dos demais.

§ 3º Se o processo estiver em condições de imediato julgamento, o tribunal *deve* decidir desde logo o mérito quando:

I – reformar sentença fundada no art. 485;

II – decretar a nulidade da sentença por não ser ela congruente com os limites do pedido ou da causa de pedir;

III – constatar a omissão no exame de um dos pedidos, hipótese em que poderá julgá-lo;

IV – decretar a nulidade de sentença por falta de fundamentação.

§ 4º Quando reformar sentença que reconheça a decadência ou a prescrição, o tribunal, se possível, julgará o mérito, examinando as demais questões, sem determinar o retorno do processo ao juízo de primeiro grau. (grifamos)

Não há negar que o dispositivo acima transcrito contempla a teoria da causa madura, ou seja, situações em que o julgamento do mérito deve ser realizado *desde logo* pela instância recursal. Sustenta-se, porém, ele não é o único a tratar de causa madura.

Madura está a causa sempre que estiver em condições de julgamento, conforme abordagem anterior, como nos casos de indeferimento da petição inicial (art. 330), de julgamento (liminar) de improcedência do pedido (art. 332), de análise de todos os pedidos ou de parte deles (art. 354 e parágrafo único), de julgamento antecipado (total) do mérito (art. 355) e de julgamento antecipado parcial do mérito (art. 356).

Há diferença entre os arts. 932, I, e 938 e respectivos parágrafos com o disposto no art. 1.013, § 3º, I a IV. Aqueles preveem *poder-dever* do julgador singular (relator) ou do órgão competente (colegiado) para determinar *correção de vícios* e até mesmo a *produção de provas faltantes* a fim de, posteriormente, aí sim estando a causa madura, passar ao julgamento do mérito (quando possível). Por sua vez, nos casos dos incisos I a IV do § 3º do art. 1.013, a causa, como regra, está "pronta/apta" para ter o exame de mérito, a despeito dos vícios constantes de seus incisos.

Por isso, segundo a nova dicção legislativa – § 3º do art. 1.013 –, apresentando o processo condições de imediata apreciação, "o tribunal *deve* decidir desde logo o mérito". Se não estiver, o relator ou o órgão competente/colegiado determinará as providências para esse julgamento. Não há *faculdade*, mas *dever/imperatividade* de julgamento nas situações legalmente definidas como de causa madura.

Abordam-se, a seguir, as situações elencadas nos incisos I a IV do § 3º do art. 1.013 do CPC vigente:

"I – reformar sentença fundada no art. 485"

O tribunal, afastada a sentença terminativa, deve apreciar os demais temas da lide, iniciando pelas questões processuais (como preliminar(es) ainda não analisadas) e depois as questões de fundo (prejudiciais de mérito, questões prejudiciais e exame de cada pedido).

A instância recursal passou também a deter *competência ampla* como o julgador de origem. Equivale dizer: em prol da celeridade, da razoável duração do processo, da apreciação do mérito de forma justa e efetiva em tempo razoável, não há mais motivação para retorno dos autos à instância *a quo* se a instância recursal reforma pronunciamento que impediu prosseguir na apreciação das demais temáticas da causa. Só por isso se percebe a *nítida intenção legislativa em priorizar preceitos constitucionais* (como razoável duração do processo e celeridade) em detrimento de outros, constitucionais ou não. Essa opção do legislador não torna a nova causa madura "inconstitucional" tampouco fere os princípios do duplo grau de jurisdição, do juiz natural ou da supressão da instância originária. Adotou-se a *ponderação de princípios* (predomínio de um/uns sobre outro/outros).

18 A nova causa madura nas instâncias originária e recursal **329**

Em outro caso do TRT/SC em que atuamos como relator, o magistrado de origem acolheu preliminar para reconhecer a ilegitimidade ativa *ad causam* do Ministério Público do Trabalho (MPT). Apreciados os argumentos, decidimos afastar aquela preliminar (com exame e rejeição de outras não apreciadas na sentença) e, estando a causa madura, foi decidido o mérito do processo principal e do cautelar em apenso, pois essa exatamente a hipótese do inciso I do § 3° do art. 1.013 do CPC/2015. O acórdão possui a seguinte ementa:

> Dispensa em massa. Ausência de pagamento de verbas rescisórias. Legitimidade ativa (concorrente) *ad causam* do Ministério Público do Trabalho. Direitos individuais homogêneos.
>
> Constatada a origem comum da não quitação das verbas decorrentes da extinção contratual em massa dos trabalhadores de três estabelecimentos da reclamada, pertencentes ao mesmo grupo econômico, evidenciado está o caráter individual homogêneo da tutela pretendida pelo MPT (Lei n. 8.078/90, art. 81, III), razão pela qual deve ser reformada a decisão que acolheu a preliminar de ilegitimidade ativa (inteligência dos arts. 127, *caput*, e 129, III e IV, da Constituição Federal, a Lei Complementar n. 75/93, em seu art. 83 c/c o art. 6°, VII, *d*).
>
> Causa madura. Afastamento de preliminar de ilegitimidade ativa para a causa. Feito que observou o contraditório, a ampla defesa e o devido processo legal. Poder-dever do Tribunal de prosseguir no julgamento. Inocorrência de violação ao duplo grau de jurisdição e supressão de instância.
>
> Não há violação do duplo grau de jurisdição no pronunciamento jurisdicional que afasta preliminar acolhida na origem e prossegue no julgamento estando a causa madura. O duplo grau de jurisdição é princípio constitucional sem caráter absoluto, tanto que a CF/88 assegura o direito aos "recursos inerentes" sem explicitar a extensão da recorribilidade e sem vedar requisitos na legislação infraconstitucional para a recorribilidade (tanto que persistem as causas de alçada – Lei 5.584/1970, art. 2°, § 4°). Daí por que aquele princípio pode e é atenuado pelo legislador, notadamente diante do poder-dever de julgamento de causa madura pelos tribunais em sintonia com previsão legal expressa – em menor amplitude no CPC anterior e de forma ampliativa no atual –, tudo a priorizar outros princípios como o da primazia da integral decisão de mérito e da eficiência, além dos da celeridade, da razoável duração do processo e do devido processo legal, estes também constitucionais. Incogitável, assim, em supressão de instância, mas no respeito às inovações da lei processual civil vigente em prol da mais rápida entrega da tutela estatal (inteligência CF, art. 5°, LVXXXVIII, CPC/1973, art. 515, § 3°, CPC/2015, arts. 4°, 8°, 932, I, 938, §§ 1° a 4°, 1.013, § 3°, I a IV, TST, Súmula n. 393 e IN n. 39/2016, arts. 3°, XXVIII, e 10, *caput*). (Autos físicos RO n. 0001497-

43.2015.5.12.0041, rel. Reinaldo Branco de Moraes, publicado no TRTSC/*DOE* 21.03.2017)

"II – decretar a nulidade da sentença por não ser ela congruente com os limites do pedido, ou da causa de pedir"

Caso o tribunal reconheça a nulidade da sentença (por não ter analisado a lide segundo os limites do pedido ou da causa de pedir) declarando-a *extra* ou *ultra petita*, deverá emitir pronunciamento em sintonia com a causa. Sendo *ultra petita*, como se fazia no modelo do processo civil anterior, basta retirar o excesso, hipótese essa que não é de causa madura e, sim, de extirpar do *decisum* o excesso havido. No caso do vício *extra petita*, o tribunal afastará o exame realizado e emitirá outro em respeito aos limites da lide e aos elementos da ação (partes, pedido e causa de pedir), como deveria ter ocorrido na instância primitiva (CPC/2015, arts. 141[25] e 492[26]).

"III – constatar a omissão no exame de um dos pedidos, hipótese em que poderá julgá-lo"

Não tendo o ato decisório exaurido completamente a apreciação de todos os pedidos, por certo, conveniente sejam ofertados aclaratórios. Não interpostos[27] ou interpostos e persistindo a omissão no exame de pedido(s), é possível o manuseio de apelo com requerimento para que a instância superior analise o(s) pedido(s) não analisado(s). Assim, será sanado o vício da sentença *citra petita*.

Não se comunga do entendimento de que, na omissão de exame de pedido(s) pela instância inferior, exista *faculdade* de imediato julgamento pelo tribunal, devido ao fato da expressão da parte final do inciso em comentário ("[...] hipótese em que *poderá* julgá-lo"). Qual a lógica de, quanto a pedido não analisado, dessa suposta "faculdade" e, em um dos casos do inciso anterior, seja o tribunal *compelido* a analisar desde logo o mérito (reconhecendo que a sentença é *extra petita*)?

---

25 CPC/2015: "Art. 141. O juiz decidirá o mérito nos limites propostos pelas partes, sendo-lhe vedado conhecer de questões não suscitadas a cujo respeito a lei exige iniciativa da parte".

26 CPC/2015: "Art. 492. É vedado ao juiz proferir decisão de natureza diversa da pedida, bem como condenar a parte em quantidade superior ou em objeto diverso do que lhe foi demandado".

27 A parte interessada em recorrer à instância superior não é obrigada a previamente ofertar embargos de declaração (a fim de provocar o exame na origem de pedido não enfrentado), uma vez que inexiste exigência legal para tanto e isso tampouco constitui pressuposto recursal.

Na hipótese de pronunciamento em desarmonia com o pedido (*extra petita*), a lide apreciada *não* foi aquela em disputa, isto é, o litígio continua ainda "pendente" de exame, o mesmo ocorrendo nas hipóteses de sentença *citra petita* (em que o pedido não obteve resposta estatal). Em consequência, sustentamos persistir o *poder-dever* do tribunal em julgar, desde logo, o mérito dos recursos em que também constatar a ocorrência de pronunciamento *citra petita*.

No mês seguinte à vigência do CPC/2015 fomos relator, como juiz convocado, em autos cuja ementa pontuamos as novidades do novo modelo processual:

> Princípio da causa madura. Pedido não analisado na origem. Apreciação pela instância recursal. Compatibilidade da ampliação daquele princípio no CPC/2015 (art. 1.013, § 3º, III) com o processo do trabalho.
>
> Em demanda que envolve prestações de trato sucessivo/continuado ou periódicas (como em contrato de trabalho vigente), eventual condenação deve abranger as vencidas até o ajuizamento da ação e as vincendas durante o processo enquanto subsistente o estado de fato, providência que compete ao juízo recursal enfrentar quando impugnado o pedido expresso no apelo, caso não examinado o pedido implícito (parcelas vincendas) na origem, pela *ampliação das hipóteses do princípio da causa madura* (NCPC, art. 1.013, § 3º, III) e em conformidade com o *princípio da primazia da integral decisão de mérito* (NCPC, art. 4º) e da *interpretação do pedido* considerando o "conjunto da postulação" (CPC/2015, art. 322, § 2º), porquanto *abandonado o modelo anterior de interpretação restritiva da postulação* (CPC/1973, art. 293) e de apreciação do mérito apenas quando "resolvido o processo sem apreciação do mérito" e versando a causa "questão exclusivamente de direito" (CPC/1973, art. 515, § 3º).
>
> Tanto na vigência do CPC/1973 como no de 2015, as parcelas vincendas reputar-se-ão incluídas no pedido principal, *mesmo quando não expressamente deduzidas* (pedido implícito ao principal expresso/escrito, como denomina a doutrina), justamente para evitar a repetição de idêntica ação entre os contendores, a cada inadimplemento, enquanto inalterada a realidade fática objeto da lide (inteligência CPC/1973, arts. 290 e 471, I, c/c CPC/2015, arts. 323 e 505, I). Irrelevante, portanto, a falta de pedido expresso de condenação em parcelas vincendas no curso do processo porque reputadas pelo legislador como incluídas no pedido expresso. Ademais, no caso em foco, houve pleito expresso de condenação em parcelas vincendas e a pretensão foi indeferida na origem.
>
> Esse novo modelo processual civil, de ampliação das situações de incidência do princípio da causa madura, está em sintonia com os princípios da simplicidade, da economia, da efetividade e da razoável duração do processo, sabidamente nortea-

dores do processo do trabalho. (Autos físicos RO n. 0001563-80.2015.5.12.0022, rel. Reinaldo Branco de Moraes, publicado no TRTSC/*DOE* 15.04.2016).

"IV – decretar a nulidade de sentença por falta de fundamentação"

A exigência de fundamentação está prevista na CF/88 (art. 93, IX) e na legislação infraconstitucional (CPC/2015, arts. 11, *caput*, e 489). Pronunciamento desmotivado acarreta sua nulidade.

O tribunal, reconhecendo o vício no ato recorrido, *deve* suprir-lhe a "falta de fundamentação".

Se a motivação declinada na instância recursal não acarretar mudança na conclusão do ato recorrido, por evidente, dar-se-á a "complementação do pronunciamento" unicamente para esse fim. Ao contrário, diversa a conclusão, haverá, no ponto, desfavorável ao recorrente, fato que não colide com a vedação de reforma para pior (mera consequência da necessidade de sanar a irregularidade diante da causa madura) – CPC, art. 1.008.[28]

Com relação à reforma do ato decisório que reconheça *decadência* ou *prescrição* (§ 4º do art. 1.013 do CPC/2015), o tribunal, sendo possível, "julgará o mérito, examinando as demais questões, sem determinar o retorno do processo ao juízo de primeiro grau". Quando o contraditório e a ampla defesa foram exercidos na instância inferior e pronunciada a decadência ou prescrição na decisão recorrida, afastada a prejudicial de mérito, nada obsta exame das demais

---

28 A vedação *reformatio in pejus* não se sustenta quando a hipótese é de causa madura recursal. De fato, nos casos de causa madura recursal, não há negar, o tribunal atuará como se fosse a "instância originária", seja determinando produção de provas necessárias (CPC, art. 938, §§ 1º a 4º), seja afastando o que está a impedir, de forma justa e efetiva, o exame de fundo/mérito (CPC, arts. 4º, 6º e 1.013, §§ 3º, I a IV, e 4º). Com efeito, em sentença terminativa reformada (art. 1.013, § 3º, I) passa-se ao exame de todos os demais pontos da causa, iniciando por preliminar(es), acaso sequer analisada(s) na origem, e após os temas de mérito (prejudiciais de mérito – prescrição/decadência –, questões prejudiciais e, por fim, o mérito propriamente dito, isto é, o exame das postulações). Em sentença *citra petita*, *extra petita* e em casos de omissão de exame de pedido(s), efetuará a apreciação da lide, tal como posta pelas partes, enfrentando pretensões pendentes de análise (art. 1.013, § 3º, II e III). Em nulidade de sentença por falta de fundamentação (art. 1.013, § 3º, IV), supre-se o defeito. Por fim, afastada prescrição ou decadência, se possível, analisam-se os demais temas de mérito pendentes (art. 1.013, § 4º). Em todas essas situações, a competência absoluta *funcional/hierárquica* é da instância recursal. Todas as espécies de *competência absoluta* (matéria, pessoa e hierarquia/funcional) constituem *matéria de ordem pública*, incidindo independentemente da vontade dos sujeitos da lide (CPC, arts. 337, § 5º, e 485, § 3º). Nesse contexto, impondo o CPC vigente que o *tribunal deve decidir desde logo o mérito* nas hipóteses que elenca (art. 1.013, §§ 3º, I a IV, e § 4º), eventual reforma para pior, antes vedada – pela interpretação do *caput* do art. 515 c/c art. 512 do CPC/73 –, agora está expressamente autorizada ou excepcionada.

matérias de fundo (questões prejudiciais e do mérito propriamente dito) no âmbito da competência recursal. Ao contrário, sentença proferida antes de contestação, afastada pelo tribunal a prejudicial de mérito, de rigor o retorno dos autos à instância *a quo* para o regular trâmite processual.

Por fim, necessário enfrentar a seguinte questão: a aplicação da causa madura recursal pressupõe requerimento da parte recorrente ou decorre de a matéria ser impugnada em recurso?

Há duas interpretações possíveis:

a) o requerimento do recorrente limita a atuação do tribunal: o princípio dispositivo, da demanda ou da inércia da jurisdição, tem aplicação também no âmbito recursal. Logo, se o recorrente requereu o exame do vício e o retorno dos autos à origem caso reconhecido, há que ser *respeitada a extensão do apelo*;

b) a causa madura decorre da lei: a matéria impugnada delimita o campo de atuação do tribunal por força do *caput* do art. 1.013 do CPC/2015 (sem prejuízo do exame, de ofício, daquelas de ordem pública). Mas, presentes os requisitos da teoria da causa madura (§§ 3º, I a IV, e 4º do art. 1.013, ou mesmo dos §§ 1º a 4º do art. 938) e se o processo estiver em condições de imediato julgamento, o tribunal deve desde logo julgar o mérito, máxime quando o objetivo do mandamento legal é a concretização da duração razoável do processo e da celeridade, *não estando ao alcance do recorrente limitar o campo da atuação jurisdicional*.

Como o legislador não disse claramente sua opção, caberá à doutrina e à jurisprudência pátrias essa definição.

CONCLUSÃO

A nova causa madura e os meios dos quais dispõe o julgador, tanto o de origem como o(s) que atua(m) no âmbito recursal, para tornar essa causa "madura", representam relevante evolução à busca do que efetivamente interessa em cada processo, qual seja, o exame da lide, do litígio, do mérito.

Mais do que passada a hora do legislador atribuir ao juiz o poder-dever de facultar às partes sanar eventuais óbices processuais para o exame do ponto central da celeuma (questão de fundo).

O CPC atual (arts. 932, I, 938 e 1.013, §§ 3º, I a IV, e 4º) sinaliza a mudança de diretriz em relação à teoria da causa madura no âmbito recursal, em comparação ao anterior modelo processual. Evidencia-se a nítida intenção legislativa de compelir o tribunal a fazer as vezes de julgador originário, apreciando o mérito da causa, como se percebe ao determinar que o relator e, em sua omissão, o órgão competente (colegiado), pratique os atos necessários para tanto – e apenas quando preciso for.

Há que ser aplaudida, incentivada e concretamente colocada em prática a ampliada teoria da causa madura, quer na instância originária, quer na recursal.

A causa madura, na extensão que procuramos apontar – longe de exaurimos a temática –, trouxe novas luzes à celeridade, à duração razoável do processo, à efetividade e à eficiência rumo ao exame do mérito.

19

Mediação de conflitos em massa: identificação, estruturação e concretização da atividade autocompositiva

Ricardo Pereira Júnior

INTRODUÇÃO

O trabalho do Poder Judiciário sempre se fundamentou na absoluta independência do juiz em decidir, como corolário do direito fundamental de acesso à ordem jurídica justa. A Constituição Federal consagra, nesse âmbito, regras que garantem a imparcialidade e a independência do julgador.

Para alcance de uma decisão justa, proferida por um juiz imparcial e independente, o caminho a ser trilhado é o da decisão judicial. Da mesma forma, a Constituição Federal traça as linhas básicas do devido processo legal, que é constituído como garantia instrumental que se deve observar para que se alcance o objetivo maior da decisão justa.

Tal sistema foi concebido no quadro do Estado liberal, em que o uso da Justiça era medida excepcional. O processo, altamente garantista, visava – e visa até hoje – não somente a solução do conflito, mas também, e principalmente, a elaboração de uma sucessão de decisões judiciais que espanquem qualquer risco de não esclarecimento de direitos, por meio de um sistema processual altamente complexo que induz, com seus recursos, a contínua rediscussão dos pontos do conflito conforme a corte em que o feito se encontre, até uma decisão final. O processo constitui-se, com isso, no mais importante e complexo meio de solução de conflitos, que permite a repetição de debates por diversas instâncias julgadoras até que se chegue a uma decisão superior definitiva. É o caminho que permite o exaurimento das discussões sobre o litígio, permitindo às partes aportar múltiplos pontos de vista sobre os fatos e as interpretações dos direitos em pauta, bem como a manifestação dos mais diversos de pontos de vista dos vários e sucessivos julgadores que se manifestam em seu curso.

335

Não obstante, a sociedade moderna – ou pós-moderna, questão que não pretendemos abordar no presente artigo – não é mais compatível com tal modelo para a solução de todas as crises de direito. Ao contrário. Vários pontos colocam em xeque a posição do processo como forma mais avançada de resolução de conflitos.

A cronologia do mundo do direito e do processo é diferente da cronologia do mundo real. Hoje, as novas tecnologias imprimem ao tempo uma noção *just in time*, com a percepção de um tempo de urgência. Enquanto isso, o processo exige tempo próprio, mais delongado, para exercício do contraditório e da ampla defesa, por meio de desenvolvimento de teses, produção de provas, julgamentos e rediscussões de fatos e direitos mediante recursos (especialmente fartos na configuração processual nacional). A longevidade do processo, diretamente decorrente de seu caráter garantista, é de aceitação cada vez mais difícil para o usuário do Poder Judiciário. Aliás, o próprio Direito Processual Civil cedeu seu tradicional passo à premência de tempo na modernidade, ao abrir as suas portas às tutelas de urgência e evidência, e aos provimentos antecipados parciais, a possibilitar rápido atendimento das pretensões das partes, mesmo que mediante juízos superficiais ou em prejuízo ao escorreito esclarecimento das teses em debate.

Agrega-se à dificuldade do processo em atender a demanda de tempo da sociedade moderna o problema da crescente complexidade do Direito Positivo. As normas a serem aplicadas ao final do longo caminho processual apontam um quadro de difícil compreensão. São geradas por fontes diferentes, que criam padrões de comportamento muitas vezes conflitantes entre si, e exigem para seu reforço a manifestação do Poder Judiciário para a solução das antinomias. Com isso, aumenta-se a demanda do Judiciário como fonte da solução não somente dos conflitos entre as partes, mas do próprio conflito entre as normas, cabendo ao Judiciário o fechamento de uma legislação sem poder de definição clara de condutas, como sustenta Maria Rosaria Ferrarese,[1] principal fonte de angústia do trabalho jurídico.

Nesse quadro de insatisfação com a operacionalidade do processo tradicional, surgiu, com a Resolução CNJ n. 125/2010, o movimento pela adoção da conciliação e da mediação como novo caminho para solução de conflitos em paralelo ao sistema de adjudicação tradicional. A Resolução muito sabiamente apostou na criação de vias de saída do processo para a solução de conflitos, induzindo a instauração institucional da conciliação e da mediação na área judi-

---

1 FERRARESE, Maria Rosaria. *L'istituzione difficile, la magistratura tra professione e sistema politico*, s.d. p. 173.

cial, em que os conflitos efetivamente afloram, buscando dar-lhes tratamento diverso do da demorada adjudicação.

Muito se fala da conciliação e da mediação e suas técnicas. Pondera-se que, por meio do processo autocompositivo, alcança-se efeito educativo muito maior do que o da sentença, permitindo-se às partes em situação de conflito o aprendizado acerca de como lidar com situações conflitivas, e prevenir ou remediar fontes de conflito, reorientando suas condutas para que elas pedagogicamente evitem se envolver em situações similares.

Se a mediação soluciona conflitos atomizados entre partes, tanto mais eficaz será para os grandes litigantes. A possibilidade de instauração de uma política pública de solução de conflitos para articulação de meios autocompositivos de grande porte é um aspecto tratado sem a devida atenção. Mas é também questão fulcral e estratégica para o sucesso da conciliação e da mediação. Também os grandes litigantes podem ser sensibilizados a aderir ao fomento de uma política de conciliação, a ser induzida pelo Poder Judiciário. Os grandes litigantes passam a detectar más condutas internas, a serem corrigidas, para evitar o afloramento de novos conflitos ou processos. Podem, ao final, resguardar seus relacionamentos, minimizando a perda de clientes e investimentos em razão de uma má rotina interna de neutralização de conflitos. Por fim, permite a detecção de dissonâncias entre os interesses centrais da organização e eventuais órgãos, internos ou terceirizados, cuja função específica seja lidar com os conflitos surgidos dos relacionamentos dos clientes.

De se ponderar, ainda, que numa sociedade de massas as grandes organizações necessariamente se especializam, sendo que os centros administrativos se distanciam dos polos de cumprimento de decisões: a operacionalidade e a articulação entre centro e especialidades tornam-se difíceis, gerando conflitos internos de interesses, enquanto que os reclamos dos destinatários do serviço acabam perdendo relevância dentro da organização.

Antes, ao Poder Judiciário somente era dado ver a árvore: o conflito era visto através da sua manifestação processual pelo juiz competente, caso a caso, e ainda, dentro dos estreitos limites da legitimidade das partes, e não como uma faceta de um fenômeno complexo de um relacionamento de massa. Não obstante, após a Resolução, permitiu-se pela primeira vez ao Poder Judiciário focar-se não mais somente nas árvores, mas também na floresta: ver o fenômeno do conflito como um fenômeno de massa, e permitir que o Poder Judiciário, tradicionalmente estacionado no preceito da inércia da jurisdição, abandonasse tal posição para atuar de maneira ativa, identificado fenômenos repetitivos e grandes fontes de litígio, para chamar o grande responsável pela litigância massiva para o estabelecimento de caminhos de prevenção dos conflitos ou eliminação de processos por meio da autocomposição.

Como diria Vieira, para o homem se ver, são necessários olhos, luz e espelho.[2] A Resolução CNJ n. 125/2010 permitiu que, pela primeira vez, o Judiciário tivesse o espelho das estatísticas e a luz das políticas públicas para observar as reais faces do conflito em sua inteireza, para propor parcerias de caráter educativo para eliminação efetiva de fontes conflitivas pelos grandes litigantes.

As iniciativas da Resolução tiveram tanto sucesso que acabaram por ser incorporadas ao atual Código de Processo Civil, que consolidou o sistema autocompositivo concebido pelo Conselho Nacional de Justiça, propondo o desafio de sua universalização.

A OPERACIONALIDADE DO JUDICIÁRIO TRADICIONAL E SUAS DISFUNÇÕES

Max Weber sustenta que uma das notas das instituições modernas é o desenvolvimento das grandes instituições burocráticas. Por meio da burocracia, criam-se normas gerais, que fixam padrões de conformação impessoais, valendo-se de regras despersonalizadas, que permitem a rapidez de decisão.[3]

A sociologia das organizações de Max Weber não distinguia entre empresas e poder público. Todas as instituições burocráticas pautam-se pela fixação de normas gerais em escalada hierárquica, dissociando os entes fixadores das normas como entes autônomos, detentores efetivos dos poderes de conformação, e os destinatários das normas, membros da organização.

A organização burocrática é rígida e hierárquica, com instâncias fixas de controle e supervisão.[4] Constituem-se em espaços de competência e independência, sendo a qualificação profissional elemento alimentador da expansão das modernas burocracias. Guarda justamente a distância entre os núcleos decisórios e os destinatários das normas que lidam diretamente com os problemas das instituições. Os núcleos de decisão protegem sua autonomia delegando o cumprimento das decisões a entes especializados da organização burocrática. Com isso, a administração alcança "o máximo de rendimento em virtude de precisão, continuidade, disciplina, rigor e confiabilidade – isto é, calculabilidade tanto para o senhor como para os demais interessados".[5]

Nesse proceder, é crescente a demanda de solução de conflitos numa sociedade que os produz em massa, o sistema burocrático impõe a necessidade de

---

2 VIEIRA, Padre Antônio. *Os sermões*, 1993, v. 1, p. 78.
3 WEBER, Max. *Economia e sociedade*, 2004, p. 41.
4 Ibidem, p. 142-5.
5 Ibidem, p. 145.

19 Mediação de conflitos em massa **339**

controle da produtividade para alcançar eficiência. O Judiciário, como organização burocrática legal-racional por excelência, produz a figura do juiz produtivo, que fará uso de rotinas de serviços e modelos automatizados de decisões, tão temido por Tércio Sampaio Ferraz Júnior.[6] O juiz, premido pela crescente demanda de soluções de conflitos, responderá pelo instrumento tradicional de manifestação do Poder Judiciário, proferindo decisões judiciais.

O juiz, ao decidir, encerra a sua participação no processo ao definir o direito que entende aplicável ao caso concreto. Ocorre que a sua decisão não exaure o trabalho do Poder Judiciário. Ao contrário, o sistema recursal permite o contínuo debate acerca dos direitos envolvidos em novas instâncias. Em suma, uma decisão judicial que define o direito põe fim somente em uma fase de um longo caminho entre a inicial e a concretização efetiva do direito após a execução, dando vezo à possibilidade de abertura de outra fase processual. Não põe termo, portanto, ao conflito, mas tão somente à participação de um entre muitos julgadores e órgãos colegiados, perpassando a competência pela continuidade do debate a outra instância ou órgão julgador.

A contínua e crescente atuação burocrática por produtividade do juiz por meio da atuação processual ritualista e mecânica acaba por subtrair do juiz o poder de conhecer os problemas efetivos por detrás dos processos. Ao contrário, ao juiz não é dado conhecer a questão de fundo do conflito, o litígio real. Cabe-lhe somente conhecer o litígio formal, tal qual colocado pelas partes dentro do instrumento do processo, limitando-se o juiz a trabalhar sobre os dados legais que lhe são fornecidos externamente, para fins de oferta de decisões caso a caso de maneira vinculada, adstrito àquilo que foi pedido pelas partes dentro de um sistema de solução de conflitos limitado.

Com isso, o trabalho do juiz se torna opressivo e angustioso:[7] conta ele apenas com as ferramentas do processo formalista e de um sistema de direito material cada vez mais pejado de normas contraditórias, para dar conta de uma crescente demanda por soluções de conflito característica da sociedade de massas. O sistema de produção de decisões é artesanal, demandando atenção caso a caso, pouco importa se se trate de situações análogas, dentro de um sistema de estreita legitimidade de partes, impondo tratamento sob medida para fenômenos multitudinários. Há verdadeiro descompasso entre os meios de produção de conflitos e a forma de sua solução.

---

6 FERRAZ JÚNIOR, Tércio Sampaio. *Estudos de filosofia de direito, reflexões sobre o poder, a liberdade, a justiça e o direito*, 2003, p. 255.

7 PEREIRA JÚNIOR, Ricardo. *Judiciário e modernidade*: ordem jurídica, tempo, espaço e atuação da Justiça, 2016, p. 103.

O distanciamento burocrático dos órgãos julgadores dentro do Judiciário, por seu turno, induz a criação de nichos de interesse dissonantes entre si dentro da organização. Leciona Michel Crozier que "o isolamento de cada estrato lhe permite controlar completamente aquilo que é do seu interesse, e ignorar os objetivos gerais da organização".[8] Cada grupo especializado preocupa-se exclusivamente com as competências que lhe são atribuídas, perdendo o foco das regras gerais que deveriam nortear a prestação do serviço. A visão focada, portanto, no encerramento da prestação jurisdicional faz o julgador perder a noção da necessidade da resolução efetiva do problema, e focar sua ação exclusivamente no exaurimento de sua participação, dentro dos estritos limites de sua competência. Se tal afirmação é correta quanto aos vários julgadores que participam do processo, ela se exacerba se considerarmos outros focos de interesse, em especial os de advogados, promotores de justiça e defensores: a solução do conflito mediante processo torna-se uma imbricação complexa de interesses diversos colidentes entre si, e as partes envolvidas no jogo processual perdem a funcionalidade principal da ação, qual seja a solução dos conflitos que lhe são apresentados pelas partes.

A operacionalidade tradicional do Judiciário se lastreia, ainda, em sucessivas presunções. Num primeiro momento, o paradigma comportamental como *best standard* a ser observado pela sociedade faz presumir a existência de um *legislador racional*, que faz a sua opção por meio da manifestação de vontade de criação de uma lei que prescreve condutas. Tal legislador cria, em tese, normas harmônicas dentro de um sistema legal hierárquico, que nega validade a normas que colidem com normas superiores.

Formada a lei, existe a presunção de seu conhecimento por todos. Ocorre que a legislação, numa sociedade de massas, também é produzida em escala de massas, por sujeitos diferentes, o que leva à inviabilidade do conhecimento total do direito pelo próprio profissional legal, como sustenta Diez-Picazo.[9] O que se dirá dos destinatários das normas, os cidadãos comuns?

Para dar exequibilidade concreta a tais normas, existe agora um juiz, movido pela persuasão racional, que mensurará a situação fática para verificar se a lei prescrita pelo legislador tem seus elementos presentes no caso em concreto para subsunção da norma ao fato. O legislador racional, portanto, precisa agora de um juiz racional, que atuará dentro de um sistema processual também racionalmente elaborado para a concretização do preceito legal.

---

8   CROZIER, Michel. *O fenômeno burocrático*: ensaio sobre as tendências burocráticas dos sistemas de organização modernos e suas relações na França como sistema social e cultural, 1981, p. 279.

9   DIEZ-PICAZO, Luis. *Derecho y massificación social, tecnologia y derecho privado (dos esboços)*, 1979, p. 80.

Presume-se também que o processo, como forma mais refinada de solução dos conflitos, permitirá às partes o amplo debate acerca dos pontos principais da causa e, ainda, a plena apresentação das provas necessárias para a demonstração dos fatos em concreto.

Findo todo esse trabalhoso *iter*, o resultado final, a decisão judicial, também deverá ser presumidamente aceita pelo destinatário da norma como esclarecimento acerca do seu direito, como ato de conhecimento manifestado pelo juiz às partes, permitindo a intelecção concreta da correta extensão dos direitos em debate.

Todas essas presunções lastreiam a operacionalidade do processo como forma principal de solução de conflitos. Não é razoável crer, contudo, que sempre ocorrerão em conjunto. Ao contrário, é bastante comum que o preceito legal não seja suficiente trabalhado pelo legislador. Ou ainda, que o processo contenha falhas que prejudiquem as partes (tanto que desenvolvido todo um sistema de nulidades). Ou, ainda, que haja desnível entre a verdade real e a verdade formal. E, por fim, que a parte não entenda ou não queira entender uma decisão judicial, por mais bem fundamentada que ela seja.

O elevado risco do processo tradicional recomenda que, ao lado do processo como via tradicional de solução de conflitos, busque-se o desenvolvimento de vias paralelas ou instrumentos complementares, que muitas vezes poderão se voltar muito mais à efetiva solução dos litígios sociais, e não somente dos litígios formais, com muito mais poder de pacificação do que as vias tradicionais e limitadas que se apresentam por meio da solução adjudicada.

O litígio de massa, por seu turno, é elemento secundário no mundo jurídico. Ele é eventualmente reconhecido nas ações civis públicas, que sofrem sérias dificuldades de solução (execuções de ações coletivas) e agora no fenômeno do recurso repetitivo, reconhecido pelo Código de Processo Civil. No mais, a fenomenologia do litígio de massa é sentida pelo julgador de maneira indireta, por um sem-número de casos repetitivos. Mas a exemplo do Poder Judiciário, as grandes corporações causadoras de conflitos também são organizações burocráticas, com grupos concorrentes entre si e perda de foco em razão da sua complexidade. Não havia instrumentos, afora os mencionados, para controle da fenomenologia dos litígios de massas, que experimentam tratamento atomizado por parte da Justiça.

Leciona Araken de Assis:

> O processo coletivo afigura-se indispensável na sociedade de massas, mas seu alcance revelou-se, em mais de um caso, insuficiente. A eficácia *erga omnes* e *ultra partes* da sentença coletiva não equacionou, a contento, determinados litígios. Foi

necessária a intervenção legislativa, por exemplo, para assegurar o pagamento dos interessados e, simultaneamente, a saúde financeira de fundo público que beneficia os trabalhadores na oportunidade do desfazimento da relação de emprego e outros eventos. É possível atribuir o problema a possível *error in judicando*, não harmonizando a autoridade judiciária todos os interesses envolvidos nessa problemática equação financeira; porém, tampouco parece legítimo, *a priori*, descartar como causa da falta de efetividade as limitações intrínsecas do próprio instrumento que se propõe dar cabo ao conflito. Em princípio, carregam-se as dificuldades na aplicação do "direito processual coletivo comum" à mentalidade ortodoxa e conservadora dos figurantes da relação processual, em especial dos juízes. O diagnóstico constitui meia verdade. Talvez o processo não substitua propriamente políticas públicas governamentais bem planejadas e articuladas.[10]

Daí a importância das políticas públicas na autocomposição. Se as grandes instituições – Estado, instituições privadas e entes reguladores – falham, o Judiciário agora entra como colaborador com competência legal para organizar suas próprias políticas públicas e auxiliar as organizações que fazem uso massivo da justiça a retraçar o perfil de seus conflitos.

DA COMPETÊNCIA PARA CONCRETIZAÇÃO DAS POLÍTICAS PÚBLICAS AUTOCOMPOSITIVAS

O quadro da atuação fragmentada do Poder Judiciário no combate aos litígios de massa veio, pela primeira vez, a se alterar com o advento da Resolução CNJ n. 125/2010.

Dentro de um viés absolutamente inovador, superou-se a imagem do juiz isolado sentenciando uma infinidade de processos similares. Permitiu-se, por um lado, a utilização da autocomposição promovida por um mediador ou conciliador, com qualificação própria para tanto, preocupação principal da Resolução, no sentido de fornecer novo profissional para desarmamento de conflitos e construção de soluções.

A Resolução, também de maneira inovadora, preocupou-se com a formatação de políticas públicas centralizadas para induzir a autocomposição. Pela primeira vez, permitiu-se ao próprio Poder Judiciário analisar seus fluxos de serviço além das unidades jurisdicionais, para identificação das grandes fontes de litígios. Uma vez identificadas tais fontes e seus atores, a Resolução incentiva os Núcleos Permanentes de Mediação de Conflitos dos tribunais e os Centros Ju-

---

10 ASSIS, Araken de. *Processo civil brasileiro*. Parte Geral, 2015, p. 91-2.

diciários de Solução de Conflitos e Cidadania à concepção e à execução de políticas públicas de autocomposição. Para tanto, o Centro Judiciário de Solução de Conflitos e Cidadania é unidade centralizadora da atividade, podendo coordenar a ação entre várias varas ou juizados, solicitando processos para a realização de ações e mutirões.

Segundo Bertipaglia e Neves Amorim:

> A Política Pública é implementada com a finalidade de ofertar mais um mecanismo de solução de conflitos, que seja célere, atenda efetivamente aos interesses e necessidades dos envolvidos, permita a estruturação do consenso com base em um modelo de diálogo qualificado e adequado por meio da participação de profissional competente para tanto, ou seja, o conciliador e mediador, que deve, por sua vez, preencher os requisitos para atuar dentro do Poder Judiciário, além de competências e habilidades para tratar de conflitos sensíveis, oferecendo aos envolvidos um espaço acolhedor, de conforto, e que permita aproximar as pessoas em disputa.[11]

A Resolução CNJ n. 125/2010, em seu art. 2º, I, determina que a implantação da política pública de pacificação social observará a centralização das estruturas judiciárias. O dispositivo impõe a unificação de políticas públicas de pacificação. Antes da Resolução, ficava a cargo de cada juiz a adoção das vias autocompositivas. Algumas iniciativas contemplavam a conciliação extraprocessual. Outras implantavam a conciliação dentro de processos em andamento, e em fases diferentes. Para fins de unificação da política e da qualidade dos procedimentos de conciliação e mediação, a atividade foi centralizada, na visão de Morgana Richa,[12] em uma só unidade judicial, o Centro Judiciário de Solução de Conflitos e Cidadania, o CEJUSC.

O referido art. 2º, I, acabou por ser incorporado ao Código de Processo Civil, que em seu art. 165, disciplinou: "Os tribunais criarão centros judiciários de solução consensual de conflitos, responsáveis pela realização de sessões e audiências de conciliação e mediação, pelo desenvolvimento de programas destinados a auxiliar, orientar e estimular a autocomposição".

Com isso, primeiramente, o legislador atribui a responsabilidade da organização da atividade autocompositiva aos Centros Judiciários de Solução de

---

11 LEITE DA SILVA, Guilherme Bertipaglia; NEVES AMORIM, José Roberto. "A formação do operador do direito pelo prisma da autocomposição, a política pública e suas relações com a mediação e conciliação", 2018, p. 29.

12 RICHA, Morgana de Almeida. "Evolução da semana nacional de conciliação como consolidação de um movimento nacional permanente da justiça brasileira", 2011, p. 71.

Conflitos e Cidadania. A centralização da atividade nas mãos do juiz coordenador dá o tom de criação das novas competências a ele atribuídas.

De fato, leciona Cássio Scarpinella Bueno:

> Competência é medida da jurisdição, é a jurisdição na medida em que pode e deve ser exercida pelo juiz. Embora a jurisdição seja "una" e "indivisível", isto não quer significar que ela não pode ser compartimentada (como de resto, ela é), para ser melhor exercida. Admitem-se, assim, especializações do exercício da função jurisdicional com vistas ao seu melhor desempenho.[13]

Assim, verifica-se que no regime do atual Código de Processo Civil, os centros judiciários de solução de conflitos tornaram-se órgão com competência especializada para organização da atividade conciliatória por meio de conciliadores e mediadores, para correta e adequada promoção das mais diversas práticas compositivas, com o intuito de levar as partes à justa composição da lide mediante acordo. A especialização demonstra a necessidade de conhecimentos específicos na área, a formatar conjunto de capacidades profissionais teóricas e práticas para fins de desarmamento dos conflitos e aproximação das partes com o fim de sua pacificação.

A competência centralizada justifica-se face à qualificação exigida dos profissionais, que agora, por força do art. 167, § 1º, do Código de Processo civil, e art. 12 da Resolução CNJ n. 125/2010, devem ter formação específica para atuação. O conciliador ou mediador deverá ser formado em curso de capacitação reconhecido pelos tribunais, observando-se o Anexo I da Resolução, que contém os requisitos pedagógicos mínimos para a formação desse novo profissional. A geração de conhecimento específico justifica a centralização das atividades e a supervisão de seu desenvolvimento, permitindo-se a manutenção de padrões de qualidade de atendimento dos usuários do Poder Judiciário.

O mesmo art. 165, além de centralizar a organização da atividade de mediação e conciliação nas mãos dos juízes coordenadores dos Centros Judiciários de Solução de Conflitos, também lhes atribui o desenvolvimento de programas destinados a auxiliar, orientar e estimular a autocomposição. Consolida-se a possibilidade de os juízes coordenadores dos centros, à luz da realidade de suas comarcas, elaborarem ações a fim de incentivar a conciliação e a mediação.

O juiz coordenador de cada CEJUSC deve prospectar as grandes fontes de litígios, e convidar os grandes litigantes para uma ação conjunta, organi-

---

13 BUENO, Cássio Scarpinella. *Curso sistematizado de direito processual civil*: teoria geral do direito processual civil, 2007, p. 257.

zando verdadeiras linhas de produção de subsídios e ambiente necessários para levar as partes à composição. Numa sociedade de massas em que os litígios são produzidos de forma repetitiva, a solução consensual afigura-se como o melhor critério de sua eliminação, tanto para fins de satisfação das partes litigantes como também sob a ótica de aprendizado do grande causador de litígio, que na promoção da atividade autocompositiva poderá prospectar problemas na sua atuação com o intuito de evitá-los, agora em parceria com o Poder Judiciário.

Observe-se, por fim, que a atividade conciliatória realizada pelo juiz é diversa daquela praticada pelo facilitador. Isso porque o pressuposto da atuação deste último é justamente a qualificação do conciliador e do mediador à luz das regras e dos princípios éticos consagrados pela Resolução CNJ n. 125/2010 e pelo Código de Processo Civil. A competência de realização de audiências de conciliação por parte do juiz, por seu turno, não é pautada pelos termos da Resolução, restringindo-se ao tradicional procedimento conciliatório sempre praticado pelo julgador que conduz o processo, nos termos do art. 359 do Código de Processo Civil, no mais das vezes com viés avaliativo e dependente da força da autoridade que a preside, procedimento muito diverso da autocomposição por mediadores e conciliadores.

Com isso, concentra-se nas mãos do juiz coordenador do Centro Judiciário de Solução de Conflitos e Cidadania a organização da atividade compositiva manejada por conciliadores e mediadores, cabendo a ele criar as diretrizes gerais de atendimento das demandas compositivas dentro de cada comarca, compondo políticas públicas para tanto.

É certo, contudo, que o juiz coordenador deve trabalhar em cooperação com os juízes atuantes na jurisdição tradicional, permitindo-se a conciliadores e mediadores a adaptação à rotina de cada vara. O viés colaborativo demonstra-se na fiscalização da atuação do facilitador, que é realizada tanto pelo juiz coordenador do CEJUSC como pelos julgadores das unidades jurisdicionais em que os facilitadores exercem a sua atividade, nos termos do art. 173, § 2º, do Código de Processo Civil.

AUTOCOMPOSIÇÃO COMO NOVA FORMA DE SOLUÇÃO DE CONFLITOS DE MASSA

Em razão da insuficiência do Judiciário tradicional em lidar com o conflito de massa, que repercute de forma multitudinária em diversos juízos, permitiu-se pela Resolução CNJ n. 125/2010 a administração de soluções de conflitos em massa nos centros de conciliação.

Para instauração da política pública de eliminação de conflitos com o grande litigante, há, em primeiro lugar, de se convidar o grande litigante para, em ação conjunta com o Poder Judiciário, traçar-se o perfil das demandas judicializadas para prospecção dos motivos que levam os litígios à Justiça e as características da demanda. Em seguida, prospectam-se os elementos de convencimento necessários para subsidiar as negociações das partes durante o procedimento autocompositivo, para sua apresentação às partes.

Delimitado o perfil das demandas e os subsídios de que as partes devem se valer na negociação, a Resolução delineia duas formas de promoção do processo autocompositivo por conciliadores e mediadores: as sessões de conciliação e mediação pré-processuais ou processuais. As sessões, em regra, devem ser realizadas nos Centros, que contam com estrutura adequada e ambiente neutro para recepção das partes, tratando-se em geral de locais com mesas redondas e salas reservadas. Eventualmente, contudo, as ações podem ser realizadas nos Juízos, Juizados ou varas (art. 8°, § 1°, da Resolução CNJ n. 125/2010).

A ação autocompositiva promovida por conciliadores e mediadores sempre será administrada e supervisionada pelo juiz coordenador do Centro (art. 9° da Resolução CNJ n. 125/2010), objetivando-se a padronização da qualidade das atividades para todos os juízes. As ações pré-processuais podem ser realizadas livremente. Na área processual, contudo, já pendente a competência do juiz natural para resolver o processo por sentença, estabeleceu-se a competência do juiz coordenador do Centro para promoção e organização da atividade compositiva, podendo inclusive solicitar feitos em andamento em outras unidades para organização de pautas concentradas e mutirões (art. 8°, § 7°, da Resolução CNJ n. 125/2010).

A própria resolução cinde as modalidades de atividade. A autocomposição pré-processual dá-se em procedimento administrativo, em que as partes são aproximadas e convidadas a participar da conciliação ou mediação. Em havendo acordo, será ele homologado judicialmente, valendo como título judicial (art. 515, III, do Código de Processo Civil). Gera-se acordo similar àquele que seria obtido por meio da propositura de uma ação, dispensando-se, contudo, as formalidades do processo.

A autocomposição processual cinde-se, nos termos do art. 8°, § 7°, da Resolução CNJ n. 125/2010, em pautas concentradas ou mutirões. Nas pautas concentradas, permite-se a centralização das atividades conciliatórias dentro do fluxo normal dos processos oriundos das varas, juizados ou juízos, enquanto nos mutirões elegem-se casos para promoção de conciliação, mesmo que já passado o momento processual em que a conciliação deveria ter sido realizada.

Os mutirões, como eventos organizados sobre processos eleitos, no mais das vezes apresentam alto grau de sucesso por somente alcançarem casos eleitos pelos grandes litigantes como de composição possível. Já as pautas centralizadas melhor exibem o grau de efetividade das políticas públicas de composição, não se constituindo somente de processos eleitos, mas de promoção de ação compositiva inserida no fluxo normal de casos em andamento que entraram na fase de conciliação. Tal metodologia de trabalho, ademais, é mais saudável por inserir a sessão de autocomposição na rotina processual, unificando os procedimentos das unidades que dela fazem uso.

Nos termos do art. 334 do Código de Processo Civil, o momento correto para designação da audiência de conciliação ou mediação é aquele seguinte ao recebimento da inicial. O objetivo do legislador ao posicionar a sessão de conciliação logo no início do processo foi justamente evitar drenar os recursos econômicos e a energia das partes para a pronta continuidade do litígio, com a oferta de contestação, como ocorria no rito prescrito no Código de Processo Civil revogado. No rito antigo, alternativa não havia ao réu senão o investimento no conflito, eis que somente lhe era dado contestar o feito, impondo ao réu, de plano, despesas que poderiam ser investidas na solução consensual da causa.

A conciliação somente após o saneador, ademais, permitia a troca de imputação entre as partes, agudizando o conflito entre elas e prejudicando o necessário ambiente colaborativo para entabular negociações para um acordo. Segundo Araken de Assis:

> Em muitos casos, a polarização natural das partes no processo impede a solução justa. A estrutura da relação processual conduz a um desfecho alternativo inexorável – vitória ou derrota –, transformando o mecanismo num jogo em que tudo se perde ou tudo se ganha mediante decisão autoritária. É foco da atividade processual o passado, e não o futuro dos desavindos.[14]

O Código de Processo Civil vigente deslocou o momento da audiência de tentativa de conciliação para o início do processo. Isso permitiu ao réu ao menos ter a possibilidade de tentar a composição com o autor antes de efetivar o dispêndio com a oferta de defesa e, ainda, de se valer de um ambiente ainda não contaminado com a troca de acusações do processo tradicional para viabilizar a restauração de expectativas entre as partes.

Melhor teria andado o atual Código de Processo Civil, contudo, se tornasse o comparecimento das partes obrigatório, nos mesmos moldes da Lei dos Jui-

---

14 ASSIS, Araken de. *Processo civil brasileiro*, 2015, p. 92.

zados Especiais, penalizando a ausência do autor com o arquivamento da ação (art. 51, I, da Lei n. 9.099/90) e a ausência do réu com a revelia (art. 20 da Lei n. 9.099/90). Não obstante, permitiu-se que as partes se escusem de comparecer à audiência de conciliação ou mediação por comum acordo no desinteresse em compor (art. 334, § 4º, do Código de Processo Civil) ou, ainda, penalizar a parte ausente com multa de 2% da vantagem econômica pretendida (art. 334, § 8º, do Código de Processo Civil), multa esta a ser revertida em favor da União ou do Estado, que depende, por isso, de cobrança pelas vias adequadas, a colocar em risco a eficácia da sanção.

A estruturação dos grandes eventos de conciliação depende de ações em três momentos: uma ação prévia, preparatória ao evento; uma ação no momento de realização do evento para acompanhamento do fluxo de trabalhos; e uma ação posterior ao evento, para regularização dos atos e sua avaliação.

Na ação preparatória ao evento, já prospectados os casos eleitos e os subsídios necessários para que as partes aprofundem a discussão do litígio para negociação, organizam-se a coleta e a forma de apresentação dos dados para instrução da ação. Também se organizam a infraestrutura de atendimento e o fluxo de trabalhos: número de salas, prepostos e facilitadores presentes no dia da ação. Além disso, estabelecem-se as políticas públicas que justificarão a cessão do espaço público para o evento: as vantagens que serão ofertadas às partes litigantes, como política de descontos, parcelamentos e alinhamento de padrões de negociação.

Na ação a ser realizada durante o evento, o correto desenvolvimento dos trabalhos é acompanhado pelo juiz coordenador e pelas partes envolvidas na ação. Verifica-se a uniformidade das propostas, a adequação do fluxo de serviço concebido para o evento, a qualidade dos prepostos, que devem ser autônomos e propositivos, a qualidade de atendimento dos conciliadores e mediadores participantes do evento e a satisfação do público atendido. Eventuais correções necessárias devem ser propostas imediatamente para a pronta otimização da ação, reordenando-se o fluxo de serviços.

Por fim, posteriormente à ação, avalia-se a percepção do público e participantes do evento quanto ao espaço utilizado, a qualidade dos prepostos, dos facilitadores e do atendimento dos funcionários do Centro, permitindo-se o aprendizado corretivo para os próximos eventos.

Esses três eixos de ação permitem o contínuo aprimoramento da ação voltada à concretização de políticas públicas. Tal aprendizado – inexistente dentro da operacionalidade jurídica tradicional, que não comporta avaliações de qualidade e correções – tem se demonstrado como eficiente caminho para contínuo aperfeiçoamento das grandes ações autocompositivas em conflitos de massa.

A SENSIBILIZAÇÃO DOS GRANDES LITIGANTES PARA INDUÇÃO DA AUTOCOMPOSIÇÃO

Para que a ação compositiva tenha sucesso, indispensável o apoio institucional do grande litigante, seja ele público, seja privado, para modificação das rotinas internas de serviço e sua abertura para introdução de meios mais abertos de solução de conflitos.

De fato, como observado anteriormente, quando se falou acerca do Judiciário, as grandes instituições públicas ou privadas modernas são dotadas de complexidades burocráticas internas diretamente proporcionais a seus tamanhos, de forma que a direção da organização tenha controle sobre as pontas produtoras de atendimento, na visão de Max Weber. Esse distanciamento cria a disfunção do excesso de controle que limita a autonomia daqueles que solucionam o problema, mas, ao mesmo tempo, tolda a possibilidade de inovação sem a autorização da direção da organização. Quem tem o poder de corrigir os fluxos de trabalho ou não os corrige por não ter autonomia concedida pelo poder da direção da organização ou preserva a sua autonomia para ter poder frente à direção da organização, sublinhando sua diferenciação com base nos interesses próprios do grupo de iguais. Com isso, as reações da organização ou são engessadas pela direção ou são desconectadas do objetivo geral da organização, criando ruído entre direção e grupos específicos. Com isso, o ambiente se torna desconectado das pretensões da organização e de extraordinária rigidez, como pondera Crozier.[15]

A introdução da ferramenta das políticas públicas com a ação colaborativa entre Poder Judiciário e grandes litigantes contribui justamente para afastar o distanciamento entre os centros de poder de ambas as instituições e os seus polos de interação com os usuários, a criar diálogo inexistente no sistema burocrático tradicional entre o núcleo das instituições para construção de vias de atendimento das pretensões dos usuários, e elimina ou minimiza a dependência da ferramenta do processo. Agora, o Judiciário pode convidar os grandes parceiros para construir em conjunto políticas públicas de solução de conflitos, expressamente autorizado pelo Código de Processo Civil e pela Resolução CNJ n. 125/2010, permitindo-se que os problemas organizacionais dos grandes litigantes sejam conjuntamente estudados pelas direções de ambas as organizações

---

15 CROZIER, Michel. *O fenômeno burocrático*: ensaio sobre as tendências burocráticas dos sistemas de organização modernos e suas relações na França como sistema social e cultural, 1981, p. 272.

para construção de soluções que satisfaçam seus usuários e maximizem os efeitos corretivos de ambas as organizações – Justiça e grandes litigantes.

A sensibilização dos grandes litigantes pelos órgãos que cuidam da autocomposição dentro dos tribunais passa pela conscientização de que ambos os órgãos têm necessidades recíprocas. As grandes organizações precisam das pessoas para alcançar seus objetivos e, em contrapartida, as pessoas também necessitam das organizações para alcançar os seus. Apesar da existência de aparente ambiente de disputa, uma situação disruptiva geral é indesejada, eis que a colaboração de ambos é necessária para a manutenção dos serviços para o público, objetivo comum aos usuários e à instituição.

A Resolução CNJ n. 125/2010 determinou que funcionários, juízes e facilitadores tivessem cursos de formação em Políticas Públicas de Resolução Consensual de Conflitos, mas não basta que os juízes e os colaboradores do Judiciário tenham preparação. De fato, ambientes acolhedores e facilitadores bem treinados nada podem inovar com prepostos que atuam em ambiente institucional árido, rígido e avesso a inovações. Por isso, a implantação das políticas públicas reclama, por um lado, a sensibilização das direções das organizações para adoção interna de políticas públicas autocompositivas. Por outro lado, também há que se investir na formação de corpo de prepostos diferenciados, reorientados para atendimento dos interesses gerais da organização, com poderes de acolhimento, negociação e esclarecimento do usuário final insatisfeito com a organização.

A mudança de postura da direção da organização depende da mitigação do poder do centro da burocracia, que deve abrandar sua posição excessivamente hierárquica para receber construtivamente *feedbacks* tanto dos usuários da instituição como dos membros da própria organização que lidam com eles. A adoção de posição aberta por parte do núcleo da organização facilita a circulação de informações, e permite um retrato melhor dos sucessos e das falhas do fluxo de serviços, permitindo que todos sejam convidados para trabalhar os interesses em comum. O abrandamento da burocracia é ponto especialmente sensível na sociedade moderna, em que vemos a corrosão dos padrões de liderança tradicionais lastreados na autoridade. O maior recurso das instituições não é mais a força da imposição, mas a utilização do próprio homem para o contínuo aperfeiçoamento e modernização das instituições, em especial numa sociedade plurifacetada, de multiplicidade de fontes de padrão de comportamento, em que não se pode, de antemão, identificar um padrão superior de conformação. Nessa sociedade sem donos da razão, o maior recurso é a cooperação humana, que exige estudo de contexto e compartilhamento de práticas colaborativas para atendimento de expectativas pessoais diversas, mas compatíveis, e interesses comuns grupais.

Nesse sentido, a sábia lição de Gisele Leite:

> A mediação atende ao ideal de normatividade democraticamente construída, do Direito em si mesmo, onde a reciprocidade simétrica esquadrinha nova rede de obrigações e direitos consubstanciados na eticidade e na função social do Estado de Direito.
>
> Reafirma-se a mediação como solução cosmopolita dentro da reconstrução do espaço temporal da deliberação democrática, de um novo contrato social, atendendo melhor os conflitos peculiares do século XXI e que extrapolam o mero contexto estatal e as distinções rígidas entre o Estado e a sociedade civil, entre o público e o privado.[16]

Assim, a mudança de paradigma operacional da aplicação de normas impessoais típica do sistema burocrático legal racional weberiano para um sistema aberto que conte com as pessoas como principal fonte de inovação, dentro de um ambiente colaborativo de trabalho, é o principal desafio para implantação de uma política pública de solução consensual de conflitos. Se a alteração de paradigma é um desafio para o próprio Poder Judiciário, também o é para os grandes litigantes, em especial para a direção das organizações, que devem aderir voluntariamente aos novos métodos de solução de conflitos.

A disponibilidade de prepostos qualificados e com poder de transigir é uma das principais dificuldades que a ação autocompositiva de litígios de massa apresenta. De fato, a pauta concentrada é altamente vantajosa para os grandes litigantes, eis que permite que as instituições com grande expressivo número de litígios mobilizem prepostos com poderes para transigir e recursos para o evento. Em apoio a tal centralização, o Conselho Nacional de Justiça propôs cursos de formação de prepostos em parceria com o Tribunal de Justiça, para que sejam acolhedores, prospectivos, e utilizem linguagem não conflitiva durante o procedimento autocompositivo. Com isso, a qualidade dos prepostos se harmoniza com a qualificação já exigida de mediadores e conciliadores, tornando o ambiente o menos litigioso possível.

A utilização de estruturas abertas e adaptáveis, em contraposição às fechadas e hierárquicas, é típica de uma sociedade de redes como a moderna, que não mais aceita soluções impostas de maneira hierárquica e de fórmulas rígidas. Segundo Castells, este o conceito de complexidade das estruturas modernas:

---

16 LEITE, Gisele. *Novo CPC*: comentários às principais inovações do novo direito processual civil, 2016, p. 108-9.

O centro das suas atenções está na compreensão da emergência das estruturas que se auto-organizam, que criam complexidade a partir da simplicidade e a ordem superior a partir do caos, através de várias ordens de interactividade entre os elementos básicos na origem do processo.

[...]

Contudo, este enfoque parece proibir qualquer enquadramento sistemático e integrador. O pensamento para a complexidade deveria ser considerado como um método para entender a diversidade, em vez de uma meta-teoria unificada. O seu valor epistemológico poderia surgir pelo conhecimento do caráter auto-organizativo da natureza e da sociedade. Não que não existam quaisquer regras, mas as regras são criadas e modificadas num processo de inexoráveis acções deliberadas e de interacções originais.[17]

É o que se introduz pelo Código de Processo Civil e pela Resolução CNJ n. 125/2010: um sistema aberto, colaborativo, auto-organizado pelos participantes não mais por meio de normas de direito posto ou emitidas pela direção das organizações, mas por meio de regras criadas diretamente pela interação das partes, que dependem reciprocamente uma da outra para atendimento dos seus próprios interesses.

Nesse passo, afasta-se a burocracia do processo decisório. A atuação tradicional do sistema de justiça trata o conflito por um número de processo. Nessa nova atuação, recoloca-se o homem no centro do processo decisório: a direção da organização, o usuário da organização, o terceiro isento facilitador e o próprio juiz ganham faces e nomes, e não estão preocupados com a aplicação de regras. Ao contrário, o processo permite o conhecimento dos problemas de todos os atores humanos envolvidos nos conflitos, aproximando-os e neutralizando as forças conflitantes, para construção de um caminho de convivência. A convivência é elaborada mediante regras construídas sob medida pelos participantes e a ação leva à sensação de pertencimento à sociedade, que reforça a unidade e o respeito recíproco entre os seus membros.

CONCLUSÕES

A mediação e a conciliação são vistas, neste primeiro momento, como uma nova via de eliminação consensual de conflitos, de maneira atomizada, tal qual eram vistas a antiga conciliação do Código de Processo Civil anterior, ou mesmo a transação.

---

17 CASTELLS, Manuel. *A sociedade em rede*, 2007, v. 1, p. 92.

No entanto, há que se chamar a atenção de que estes novos instrumentos podem ser agregados a uma ação muito maior, a política pública de eliminação consensual de conflitos, em especial para aplicação nos litígios de massa, repetitivos e característicos da nossa sociedade. Os instrumentos de controle do litígio de massa dentro do Poder Judiciário tradicional são insuficientes e fracionários, mas agora é possível ao Judiciário, por meio da importante participação do juiz do Centro Judiciário de Solução de Conflitos e Cidadania, organizar uma atividade compositiva massiva, centralizando a organização de linhas de produção de subsídios e estruturas para acolher as partes envolvidas em litígios de massas, e convidá-las à autocomposição.

Essa competência específica espelha, a rigor, as novas capacidades desses auxiliares na administração da justiça, criando profissão auxiliar à profissão legal por excelência. O novo profissional reúne capacidades de desarmamento de conflitos e indução das partes ao reconhecimento recíproco de direitos para alinhamento dos interesses em comum como forma de convivência. A audiência de conciliação não se demonstra somente como uma das possibilidades ofertadas pelo conceito de tribunal multiportas, mas, principalmente, a porta de saída de um processo complexo e demorado, que muitas vezes não irá atender aos interesses de qualquer das partes nele envolvidos, embora, reconheça-se, esteja mais de acordo com a tradição do mundo jurídico e com os interesses, as vaidades e até mesmo os vícios dos profissionais legais.

Supera-se a vinculação ao processo altamente complexo e ao direito material produzido por múltiplas fontes normativas, todos submetendo as partes à autoridade estatal, para, dentro de uma sociedade moderna, colocar os grandes agentes – públicos ou privados – em interação para a busca de soluções conjuntas, criadas à luz de conceitos próprios de justiça emitidos pelas partes no caso em concreto, a gerar intelecção recíproca de direitos e a compreensão da necessidade de convivência e dependência recíproca para sua observância.

Se isso se aplica com propriedade para casos atomísticos, tanto mais viável será sua aplicação para grandes fontes de litígio, em que as organizações realizam grandes investimentos de recursos para controle forçoso da organização. A substituição dessa operacionalidade de solução de conflitos por outra que implique a formação controlada de preceitos abertos de justiça permite a contínua adaptação dessas grandes instituições a situações novas, muitas vezes sem regulação normativa ou sem processos formais de solução de conflitos adequadamente concebidos, que continuamente e cada vez mais surgirão reclamando soluções *just in time*, tão características da sociedade moderna, mas tão difíceis de serem alcançadas dentro dos padrões operativos do Judiciário tradicional.

Somente com o investimento do Poder Judiciário no redimensionamento de suas relações com a sociedade, e o aproveitamento do ferramental da mediação e da conciliação acoplado às políticas públicas de solução de conflitos em massa, poderemos ter a estruturação de via paralela de eliminação de conflitos – e talvez via expressa e principal – que atenderá aos interesses de pacificação efetiva da sociedade.

REFERÊNCIAS BIBLIOGRÁFICAS

ASSIS, Araken de. *Processo civil brasileiro*. Parte Geral. São Paulo, Thomson Reuters/RT, 2015.

BUENO, Cássio Scarpinella. *Curso sistematizado de direito processual civil*: teoria geral do direito processual civil. São Paulo, Saraiva, 2007. v. 1.

CASTELLS, Manuel. *A sociedade em rede*. 3.ed. Lisboa, Fundação Calouste Gulbenkian, 2007. v. 1.

CROZIER, Michel. *O fenômeno burocrático*: ensaio sobre as tendências burocráticas dos sistemas de organização modernos e suas relações na França como sistema social e cultural. Trad. Juan A. Gili Sobrinho. Brasília, UnB, 1981.

DIEZ-PICAZO, Luis. *Derecho y massificación social, tecnologia y derecho privado (dos esboços)*. Madrid, Cuadernos Civitas, 1979.

FERRARESE, Maria Rosaria. *L'istituzione difficile, la magistratura tra professione e sistema politico*. S.l., Edizioni Scientifiche Italiane, s.d.

FERRAZ JÚNIOR, Tércio Sampaio. *Estudos de filosofia de direito, reflexões sobre o poder, a liberdade, a Justiça e o Direito*. 2.ed. São Paulo, Atlas, 2003.

LEITE, Gisele. *Novo CPC*: comentários às principais inovações do novo direito processual civil. Campo Grande, Contemplar, 2016.

LEITE DA SILVA, Guilherme Bertipaglia; NEVES AMORIM, José Roberto. "A formação do operador do direito pelo prisma da autocomposição, a política pública e suas relações com a mediação e conciliação". In: *Visão multidisciplinar das soluções de conflitos no Brasil*. Curitiba, Prismas, 2018.

PEREIRA JÚNIOR, Ricardo. *Judiciário e modernidade*: ordem jurídica, tempo, espaço e atuação da justiça. São Paulo, Edusp, 2016.

RICHA, Morgana de Almeida. "Evolução da semana nacional de conciliação como consolidação de um movimento nacional permanente da justiça brasileira". In: RICHA, Morgana de Almeida; PELUZO, Antônio Cezar (coords.). *Conciliação e mediação*: estruturação da política judiciária nacional. Rio de Janeiro, Gen, 2011.

RODAS, João Grandino et al. *Visão multidisciplinar das soluções de conflitos no brasil*. Curitiba, Prismas, 2018.

VIEIRA, Padre Antônio. *Os Sermões*. Porto, Lello & Irmão, 1993. v. 1.

WEBER, Max. *Economia e sociedade*. 4.ed. São Paulo, UnB, 2004.

20

Honorários sucumbenciais: princípios aplicáveis

Rogério Licastro Torres de Mello

PRINCÍPIOS APLICÁVEIS AOS HONORÁRIOS SUCUMBENCIAIS

É evidente a relevância de se conhecer mais detalhadamente quais são os princípios aplicáveis a determinado tema jurídico.

Os princípios atuam como vetores elucidativos, iluminando todas as alamedas pelas quais trafegará o intérprete no trato do tema sob exame.

No caso dos honorários advocatícios sucumbenciais, como não poderia deixar de ser, há princípios que guiam sua aplicação pragmática, atuando como faróis para a sua correta existência.

Vejamos, a seguir, os princípios cuja incidência identificamos acerca do tema "honorários advocatícios sucumbenciais".

OS HONORÁRIOS SUCUMBENCIAIS E O CPC/2015

O CPC/2015 representa, induvidosamente, um marco legislativo no tratamento do relevante tema dos honorários advocatícios sucumbenciais.

De forma inédita na história do direito processual civil brasileiro, o legislador de 2015, no art. 85 do chamado novo CPC, buscou trazer para a realidade legislativa diversas disposições que ou já contavam com definição jurisprudencial, ou já reclamavam tratamento legislativo inequívoco e claro de modo a coibir a continuidade de polêmicas forenses.

A natureza alimentar dos honorários, a impossibilidade de utilização dos honorários sucumbenciais pela parte para fins de compensação de seu débito para com a parte contrária, a regra da fixação dos honorários advocatícios sucumbenciais em percentuais (sendo subsidiária a fixação por equidade), entre outros, são assuntos tratados na nova codificação processual civil.

Novidades como os honorários sucumbenciais recursais também foram objeto de atenção pelo legislador.

Está-se, enfim, diante de uma nova realidade legislativa, que merece ser adequadamente compreendida, notadamente à luz dos princípios que a norteiam.[1]

PRINCÍPIO DA AUTONOMIA

O primeiro princípio merecedor de atenção no tocante aos honorários advocatícios sucumbenciais é o *princípio da autonomia*, já consagrado pela jurisprudência quando da vigência do CPC/73 e expressamente prestigiado no CPC/2015, cujo art. 85, § 14, dispõe: "Os honorários constituem direito do advogado e têm natureza alimentar, com os mesmos privilégios dos créditos oriundos da legislação do trabalho, sendo vedada a compensação em caso de sucumbência parcial".

Acerca de encimado princípio, não se pode descurar o que dispõe a norma regente da advocacia. *Ipso facto,* dispõe o art. 22 da Lei federal n. 8.906/94 (o chamado Estatuto do Advogado): "Art. 22. A prestação de serviço profissional assegura aos inscritos na OAB o direito aos honorários convencionados, aos fixados por arbitramento judicial e aos de sucumbência".

Os honorários sucumbenciais, portanto, constituem direito autônomo do advogado e, para fins de exigibilidade perante a parte devedora, independente da execução do crédito principal.[2]

Na vigência do CPC/73, a jurisprudência firmou-se no sentido de reconhecer a existência de legitimidade concorrente entre o advogado e o cliente para promover a execução da verba honorária.[3]

---

1 Tratamos mais detidamente no tema em MELLO, Rogerio Licastro Torres de. *Honorários advocatícios*: sucumbenciais e por arbitramento, 2019.
2 "[...] É certo que da condenação em honorários depende a prestação de uma tutela jurisdicional integral, de modo que a necessidade do processo não reverta em dano àquele que utilizou esse instrumento para o reconhecimento de um direito. Trata-se, no entanto, de condenação imposta em face de situação diversa daquela discutida no mérito do processo, que se sujeita a fatos constitutivos distintos e dá azo à formação de outro direito material, pertencente ao advogado e não à parte [...]". LOPES, Bruno Vasconcelos Carrilho. "O direito intertemporal e as novidades do novo Código de Processo Civil em tema de honorários advocatícios", 2016, v. 7, p. 106.
3 STJ, REsp n. 766.103/SP, rel. Min. Luiz Fux, 30.10.2016.

O CPC/2015, no sentido do que já era jurisprudencialmente assente antes de sua entrada em vigor, apenas fez por consolidar essa autonomia do crédito decorrente de honorários sucumbenciais, de modo que sua exigibilidade pelo advogado pode ser veiculada em caráter independente do chamado crédito principal, da parte.

PRINCÍPIO DA REMUNERAÇÃO

Com o advento do Estatuto da Advocacia de 1994 (Lei n. 8.906/94), particularmente em seu art. 23, a condenação sucumbencial passou a, *ex vi legis*, servir de remuneração ao patrono da parte vitoriosa na causa. Essa é a literal decorrência do precitado art. 23.

Dessarte, a redação original do art. 20 do CPC/73, que tinha como premissa a destinação da honorária sucumbencial à parte vencedora para fins ressarcitórios, foi superada pelo art. 23 da Lei n. 8.906/94.

Com o surgimento da Lei n. 8.906/94 e de seu específico art. 23, consolidou-se jurisprudencialmente a orientação de que a condenação em honorária sucumbencial é cabível ao advogado, a despeito de persistir, incômoda e indevidamente, a parte inicial do *caput* do art. 20 do CPC/73 com texto a *contrario sensu* (revogada pela Lei n. 8.906/94, como acima sustentamos).

De modo a colocar pá de cal em qualquer controvérsia a respeito, e em sintonia com o Estatuto da Advocacia de 1994, o CPC/2015, em seu art. 85, unificou a regência da matéria e, às expressas, consolidou o direcionamento da honorária sucumbencial ao advogado da parte vencedora: "Art. 85. A sentença condenará o vencido a pagar honorários ao advogado do vencedor".

Temos como atualmente induvidosa, portanto, a existência do princípio da remuneração ao advogado como um dos vetores essenciais a serem utilizados quando da correta aplicação dos honorários sucumbenciais.

PRINCÍPIO DA CAUSALIDADE

A teor do princípio da causalidade, os custos inerentes à deflagração e ao desenvolvimento de um processo devem ser suportados por aquele que deu causa à ação.

Em termos gerais, o responsável pelos custos inerentes ao processo é o vencido, vale dizer, o sucumbente.

Com efeito, ao ser a parte de uma ação judicial considerada, por decisão judicial, não detentora de razão no plano jurídico, revela-se que a existência dessa ação se deveu apenas e exclusivamente à postura não compatível com o ordenamento jurídico da parte sucumbente. Em outras palavras, foi a conduta da parte perdedora que ocasionou a existência de um processo judicial e de todos os custos a ele inerentes.

Se restou decidido, no plano da ação judicial, que uma das partes não tem, juridicamente, razão, considera-se que esta parte deu *causa* à demanda, dando também causa, por conseguinte, a todos os custos inerentes a esta demanda. Em virtude dessa relação de causalidade entre a conduta do sucumbente (derrotado) e a existência da ação judicial, àquele impõe-se o dever de suportar os custos decorrentes da existência da demanda, dentre os quais se inclui a figura dos honorários sucumbenciais.

Há, por assim dizer, uma relação de causalidade entre derrota e honorários sucumbenciais.

O princípio da causalidade, ao contrário do que sucede com o princípio da sucumbência, serve de paradigma para fins de estipulação de honorários sucumbenciais em virtude não do insucesso da pretensão (o que é característico do princípio da sucumbência), porém da circunstância de uma das partes da ação haver dado causa ao ajuizamento desta.

Explica-se. Há situações forenses nas quais a vitória experimentada pelo autor da ação não necessariamente permite concluir que o ajuizamento da demanda se deu por conta de postura resistente da parte ré, como se fora esta recalcitrante relativamente à satisfação do direito do autor e, portanto, merecedora de condenação ao pagamento de honorários sucumbenciais ao advogado do demandante.

É o que se verifica, por exemplo, nas hipóteses em que são ajuizados embargos de terceiro por aquele que tenha adquirido determinado bem imóvel sem que tenha, contudo, promovido a regularização da matrícula do bem de modo a atualizá-la, fazendo-se constar seu nome como o efetivo proprietário do imóvel. Em suma, o imóvel ainda está, em termos registrais, em nome do alienante, mesmo tendo sido ultimada a aquisição por terceiro.

Imaginemos que o alienante do bem figure como executado em determinada ação de execução de título extrajudicial, ocorrendo, via de consequência, penhora do imóvel ainda registrado em seu nome, mesmo já tendo sido vendido tal bem.

O adquirente do bem imóvel, tendo ciência da constrição deste, entende por bem promover o ajuizamento de embargos de terceiro, e o faz em face de quem requereu, no juízo da ação executiva, a penhora imobiliária (o exequente).

Processados os embargos e demonstrando-se que o bem imóvel constrito, pese constar em nome do executado-alienante nos registros imobiliários, foi vendido a terceiro (o adquirente), naturalmente serão tais embargos de terceiro acolhidos, tendo o embargante-adquirente razão no plano do direito material.

Não obstante o sucesso dos embargos de terceiro quanto ao seu mérito, há que se indagar: qual a vinculação do embargado (o exequente), em termos de causalidade, com as circunstâncias ensejadoras da constrição ilegal que justificou o aforamento dos embargos?

Absolutamente nenhuma! De fato, o exequente-embargado procedeu como qualquer um procederia: buscando localizar bens do executado, promoveu pesquisas cartoriais e localizou bem imóvel em nome deste último, não sendo possível ou razoável impor-lhe a prévia ciência acerca da alienação de tal bem ao embargante, notadamente porque pode tal alienação ter sido objeto de negócio jurídico instrumentalizado em caráter particular (e no mais das vezes é o que ocorre), sem ciência de terceiros.

Nas circunstâncias acima sugeridas a título exemplificativo, nota-se que, a despeito de o embargante ser bem-sucedido relativamente ao mérito dos embargos de terceiro, é fato que a constrição ilícita ensejadora de tais embargos apenas e somente ocorreu por força da incúria e da inércia do próprio embargante, que não promoveu a atualização da matrícula imobiliária de modo a nela fazer constar a aquisição do imóvel do executado.

A rigor, no exemplo que ora examinamos, quem deu causa aos fatos componentes da causa de pedir dos embargos de terceiro e, portanto, quem deu causa ao próprio ajuizamento destes foi o próprio embargante, cuja inércia ao não registrar a aquisição do imóvel constrito funcionou como elemento indutor do embargado-exequente ao erro.

No quadro exemplificativo acima sugerido, apenas existiu a ação de embargos de terceiro em decorrência da conduta omissiva do próprio embargante, o qual deu causa a tal ação.

Em outras palavras, quem deu causa à constrição ilegal, em *ultima ratio*, foi o próprio embargante de terceiro, ao não proceder ao registro da aquisição do bem imóvel de modo a fazê-lo constar, em registro imobiliário, como seu.

A temática concernente à aplicação do princípio da causalidade para fins de atribuição de condenação sucumbencial nos embargos de terceiro já foi, aliás, objeto do Enunciado n. 303 da Súmula do STJ, cujo teor é o seguinte: "Em embargos de terceiro, quem deu causa à constrição indevida deve arcar com os honorários advocatícios".

Em um dos precedentes que justificaram a emissão do Enunciado n. 303 da Súmula do STJ, colhe-se que, "segundo o princípio da causalidade, consagrado tanto na doutrina quanto na jurisprudência, os encargos processuais devem ser atribuídos à parte que provocou o ajuizamento da ação".[4]

PRINCÍPIO DA CAUSALIDADE E VOCAÇÃO SANCIONATÓRIA

Em virtude de ser visceralmente conectado à condenação em honorários sucumbenciais, o princípio da causalidade impregna a condenação sucumbencial de claro aspecto sancionatório inerente à fixação de honorária em decorrência da derrota na causa.

É algo intrínseco ao estabelecimento de condenação ao pagamento de honorários sucumbenciais um evidente componente sancionatório à parte derrotada, especialmente no sentido de impor-se a esta, além da condenação proporcionada pelo insucesso na causa (condenação que podemos chamar de "principal", relacionada ao direito material controvertido), uma consequência adicional consistente em punição patrimonial da parte vencida manifestada nos honorários sucumbenciais, funcionando como espécie de agravamento imposto ao derrotado por ter gerado, com sua conduta, a existência de uma ação judicial e por haver experimentado insucesso nesta.

Os honorários de sucumbência têm, por assim dizer, clara relação com o caráter pedagógico produzido pelo insucesso na causa. Não fosse assim, inexistindo condenação em honorária sucumbencial, haveria evidente estímulo à litigiosidade, dado que seria pensamento comum que acometeria o inadimplente ou o violador de um direito deixar de solver seus problemas jurídicos extrajudicialmente porque, uma vez judicializadas as controvérsias, o resultado prático seria quase idêntico àquele vivenciado caso não houvesse ação judicial, acrescido ainda de alguma procrastinação.

Haveria, caso inexistente a possibilidade de condenação em honorários sucumbenciais, forte e evidente estímulo à litigiosidade irresponsável, como fora o Judiciário uma esfera convidativa àquele que decidisse não se conduzir corretamente em suas relações jurídicas.

A condenação em honorária sucumbencial, neste passo, é dotada de evidente relevância no sentido de funcionar como elemento de agravamento da situação daquele que se concluiu ser violador de um direito da parte vitoriosa.

O princípio da causalidade, nessa linha de pensamento, apresenta forte matriz punitiva daquele derrotado no processo e tido como provocador, por força de sua conduta, da existência da ação judicial e todos os desgastes a esta inerentes, patrimoniais (dinheiro gasto etc.) ou não patrimoniais.

---

4   STJ, Ag. Reg. no REsp n. 576.219/SC, rel. Min. Denise Arruda, 31.05.2004.

PRINCÍPIO DA SUCUMBÊNCIA

Sabe-se que os honorários advocatícios se subdividem, essencialmente, em honorários convencionais e honorários sucumbenciais.

Por honorários advocatícios convencionais, temos a verba honorária devida ao profissional da advocacia em virtude de celebração, por este, de contrato com o cliente-constituinte.

Os honorários advocatícios sucumbenciais, por sua vez, são aqueles decorrentes, em regra, de condenação imposta a uma das partes da relação processual que tenha experimentado sucumbência em determinada ação judicial. Por sucumbência entende-se, como cediço, derrota, insucesso. Sucumbir, em suma, é ser vencido em determinada ação judicial, vale dizer, experimentar insucesso porque (i) sua pretensão foi rejeitada no plano do direito material ou (ii) sequer apreciou-se o *meritum causae* em virtude de vícios atinentes às condições da ação ou aos pressupostos processuais.

Cabe, neste ponto, um breve registro: não apenas honorários sucumbenciais são fixados pelo órgão jurisdicional.

De fato, há honorários estipulados pelo juiz que não têm origem precisamente sucumbencial, na medida em que não derivam de sucumbência propriamente dita, senão de imposição legal destinada ao estabelecimento de honorária decorrente da provocação do Judiciário para que se compila o requerido ao cumprimento de obrigação de pagar quantia certa objeto de sentença ou decorrente de título executivo extrajudicial. Melhor seria, em nosso pensar, que o CPC previsse um grupo denominado "honorários judiciais", entre os quais estariam os honorários sucumbenciais e honorários inerentes à fase de cumprimento de sentença ou à execução de título extrajudicial.

De todo modo, não sejamos, bem dizer, mais "realistas que o rei": a nomenclatura "honorários sucumbenciais" consagrada está e devemos, feito o registro constante do parágrafo acima, utilizá-la, porque no mais das vezes os honorários estipulados pelo órgão jurisdicional realmente têm gênese na sucumbência de uma das partes.

Ao tratarmos da verba honorária que uma das partes da relação processual, em virtude do insucesso de sua pretensão (no plano material ou no plano processual, em caso de decisões sem resolução de mérito), terá que pagar ao advogado da outra parte, estamos a cogitar de estipulação judicial de honorários, vale dizer, o Estado, na figura do Poder Judiciário, em observância aos parâmetros legais existentes (fundamentalmente, o art. 85 do CPC/2015), define o valor que será pago pela parte derrotada ao advogado da parte vitoriosa a título de honorários sucumbenciais.

Confira-se, neste passo, o disposto no *caput* do art. 85 do CPC/2015: "Art. 85. A sentença condenará o vencido a pagar honorários ao advogado do vencedor".

Pode-se afirmar, portanto, que a fixação de honorários sucumbenciais se orienta por um vetor básico, primordial: a derrota (sucumbência) na ação judicial, impondo-se à parte vencida o pagamento de "honorários ao advogado do vencedor".

PRINCÍPIO DA SANÇÃO

Apontamos em tópico acima desenvolvido que há, no princípio da causalidade, forte viés punitivo da parte derrotada na ação, no sentido de funcionar a imposição da condenação sucumbencial, particularmente dos honorários sucumbenciais, como elemento de punição em virtude de haver sido adotada determinada conduta geradora da necessidade de acionamento da atividade jurisdicional.

Quem, ao cabo do processo, foi tido como indevidamente causador deste tem que arcar, além da condenação dita principal, com condenação sucumbencial em acréscimo; caso contrário, não houvesse condenação sucumbencial, a parte que deu causa indevidamente à demanda sairia injustamente ilesa da experiência forense, vale dizer, vivenciaria, *ad absurdum*, experiência idêntica à que teria se houvesse espontânea e corretamente observado o bom direito na sua relação com a outra parte.

Podemos dizer, portanto, que a sanção, no sentido de punição, de repto, de penalidade, compõe fator relevante na fixação dos honorários sucumbenciais.

Temos visto que a honorária sucumbencial sofre influxos de diversas naturezas: ostenta caráter remuneratório, guia-se pela causalidade, pelo critério de sucumbência e, também, apresenta caráter punitivo.

Quanto a este último, temos a sensação de que não é percebido com a mesma intensidade que os demais elementos componentes dos honorários sucumbenciais.

Com efeito, e o dizemos à luz de nossa experiência forense, tem sido incomodamente perceptível a fixação de honorários sucumbenciais por equidade (isto é, sem a observância dos patamares mínimo e máximo de 10% e 20% sobre determinada expressão econômica) em hipóteses que não comportam tal postura decisória, a qual, como já asseveramos aqui, é legalmente excepcional, subsidiária.

Tem-se multiplicado a estipulação de algumas centenas, às vezes constrangedoras dezenas, de reais a título de honorários sucumbenciais mesmo em causas cuja expressão econômica é vultosa, ocasionando inexplicável – e infensa à lei – dissonância entre o volume condenatório principal e o volume condenatório em honorários sucumbenciais.

E tal situação não se justifica, seja por conta do caráter remuneratório dos honorários sucumbenciais, seja por força de seu escopo punitivo da parte derrotada para que não repita a conduta que gerou, indevidamente, a existência da causa, com todos os seus consectários danosos (acionamento da máquina forense, necessidade de pagamento de custas judiciais, contratação de advogado etc.).

O que queremos realçar é que, para além do caráter remuneratório, do qual nos ocupamos em tópico próprio deste capítulo, a fixação módica de honorários sucumbenciais, desgarrada dos critérios legais regentes da matéria (que estabelecem alíquotas e bases de cálculo objetivas: condenação, valor da causa etc.), culmina por, (i) além de violar o espírito de paga, de custeio do profissional da advocacia (notadamente o advogado privado), (ii) *desatender o igualmente importante, senão essencial, objetivo punitivo* da condenação honorária sucumbencial.

O ponto a ser considerado é que, quando fixados honorários sucumbenciais modicamente, por equidade, como fora tal fixação regra geral (e não subsidiária), ao contrário do que explicitamente dispõe o art. 85, § 8º, do CPC/2015, acaba por ocorrer verdadeiro estímulo à litigância aventureira, irresponsável, oportunista: a cada estipulação de honorários de sucumbência quase que simbólicos, como fosse mera gorjeta ou "caixinha", não se observando que estes (os honorários sucumbenciais) têm como um de seus atributos a sanção à parte derrotada e causadora do litígio, comporta-se o Judiciário como que transmitente de uma mensagem de estímulo ao sucumbente, ao causador da ação, como se informasse a este que a derrota judicial, em termos patrimoniais, não lhe ocasionaria grandes dissabores ou consequências nocivas por haver decidido resistir, ilegitimamente, à pretensão da parte adversa.

O que há que se consignar com toda a clareza é que a dosimetria dos honorários sucumbenciais, mais do que nunca em face da clareza do art. 85 do CPC/2015, está programada para ocorrer mediante a observância de uma conjugação de elementos que se situam no mesmo patamar de relevância, como que se justificando reciprocamente: a honorária sucumbencial deve a um só tempo, e com a mesma potência, remunerar (o advogado vitorioso) e punir (a parte causadora do conflito intersubjetivo, produzindo a necessidade de acionamento do Judiciário).

Por tudo o que acima dissemos, o viés punitivo dos honorários sucumbenciais, pois, permite-nos, senão exige-nos, que indiquemos a existência do que chamamos de princípio da sanção inerente à estipulação da honorária de sucumbência.

REGISTRO FINAL E OBRIGATÓRIO

De remate, e rompendo um pouco o protocolo acadêmico, registro meu imenso carinho e orgulho de ter a companhia acadêmica do José Roberto Neves Amorim, nosso ilustre professor e amigo há muitos anos na nossa querida Faculdade de Direito da Fundação Armando Alvares Penteado, hoje por ele dirigida.

A vida acadêmica proporciona muitas realizações e, talvez, a mais relevante delas seja a angariação de amizades enriquecedoras.

Vida longa ao nosso querido Prof. Amorim!

REFERÊNCIAS BIBLIOGRÁFICAS

LOPES, Bruno Vasconcelos Carrilho. "O direito intertemporal e as novidades do novo Código de Processo Civil em tema de honorários advocatícios". In: YARSHELL, Flávio Luiz; PESSOA, Fabio Guidi Tabosa (coords.). *Direito intertemporal*. Salvador, Juspodivm, 2016. v. 7. (col. Grandes Temas do Novo CPC).

MELLO, Rogerio Licastro Torres de. *Honorários advocatícios*: sucumbenciais e por arbitramento. São Paulo, RT, 2019.

21

A legitimidade de parte na ação de dissolução parcial de sociedade

Sérgio Seiji Shimura

NOTAS INTRODUTÓRIAS

Inicialmente, renovo os agradecimentos ao Dr. José Lucio Munhoz, eminente Juiz da 3ª Vara do Trabalho de Blumenau, pelo honroso convite para participar dessa obra, em justa e oportuna homenagem ao Prof. Dr. José Roberto Neves Amorim, que dignificou a magistratura paulista e que vem dirigindo de maneira ímpar o curso de Direito da Fundação Armando Alvares Penteado, em São Paulo.

Para compreender a "ação de dissolução parcial de sociedade", cumpre lembrar que o CPC/39 previa tão somente a dissolução "total" da sociedade, visto que à época – pelo ordenamento jurídico – não havia preocupação maior na preservação da empresa (ou teoria da empresa) (arts. 655 a 674, CPC/39).

Porém, já era objeto de reflexão da doutrina e da jurisprudência a função social da empresa, como fonte de empregos, tributos e circulação de riquezas, que admitiam a dissolução do vínculo societário com relação a um dos sócios, sem que houvesse a extinção da pessoa jurídica (sociedade) (veja-se, por exemplo, RE n. 89.464, rel. Min. Décio Miranda, j. 12.12.1978).

O CPC/73 manteve as disposições do CPC/39, limitando-se a editar que "Continuam em vigor até serem incorporados nas leis especiais os procedimentos regulados pelo Decreto-lei n. 1.608, de 18 de setembro de 1939, concernentes (VII) à dissolução e liquidação das sociedades (arts. 655 a 674)" (art. 1.218, VII, CPC/73).

O Código Civil de 2002, inspirado no Código Civil italiano de 1942 editado no período da Segunda Guerra Mundial, e atento à importância da preservação da empresa e de sua função social, veio normatizar, da ótica material, o "Direito de Empresa" e, pois, a dissolução parcial da sociedade. Nesse aspecto, passou a regrar a "resolução da sociedade em relação a um sócio" (arts. 1.004, 1.028 a 1.032, 1.077, CC) e a "resolução da sociedade em relação a sócios minoritários" (arts. 1.085 e 1.086, CC).

A disciplina processual veio com o CPC/2015. A dissolução *total* segue o procedimento comum (art. 1.046, § 3º, CPC), ao passo que a "parcial" se sujeita ao procedimento especial (arts. 599 e 609, CPC).

Pela primeira vez, o sistema processual passou a prever a denominada "ação de dissolução parcial de sociedade", referindo-se à "sociedade" (contratual, simples ou anônima de capital fechado).

Cabe anotar que o art. 44 do Código Civil elenca as espécies de pessoas jurídicas de direito privado: "I – as associações; II – *as sociedades*; III – as fundações; IV – as organizações religiosas; V – os partidos políticos; e VI – as empresas individuais de responsabilidade limitada" (grifo nosso).

A sociedade empresária é aquela que tem por objeto o exercício de atividade própria de empresário, isto é, atividade econômica organizada para a produção ou a circulação de bens ou de serviços, sujeita à inscrição no Registro Público de Empresas Mercantis (art. 967, CC; arts. 3º e 6º, Lei n. 8.934/94).

As demais sociedades, isto é, as que não exerçam atividade própria de empresário, serão consideradas simples, cujo contrato social fica sujeito à inscrição no Registro Civil das Pessoas Jurídicas (art. 998, CC). Podem até exercer atividade econômica, mas seu objeto não diz respeito à produção ou à circulação de bens ou de serviços (ex.: sociedade de médicos, de advogados etc.).

O art. 982, parágrafo único, do Código Civil abre as seguintes exceções: a *sociedade por ações* é sempre considerada empresária, independentemente de seu objeto; a *cooperativa* é considerada sociedade simples, mas deve ser registrada na Junta Comercial (arts. 1.093 a 1.096, CC; Lei n. 5.764/71).

A ação de dissolução envolve "sociedade", pressupondo a existência de "sócios", distinguindo-se de outras pessoas jurídicas, como a associação (art. 53, CC), a empresa individual de responsabilidade limitada (EIRELI, art. 980-A, CC).

Além disso, também não se sujeitam à ação de dissolução as sociedades "não personificadas" (sociedade em comum e sociedade em conta de participação), marcadamente por não terem personalidade jurídica (arts. 986 a 996, CC). O que se admite é, uma vez reconhecida judicialmente a *sociedade de fato*, segue-se a possibilidade de dissolução.

OBJETO DA AÇÃO DE DISSOLUÇÃO PARCIAL

A ação de dissolução parcial, como dito, tem por objeto a resolução da *sociedade empresária contratual* ou *simples*, em relação a um (ou alguns) dos sócios (art. 599, CPC). Ademais, quanto ao *tipo societário*, na ação de dissolução parcial, em regra, a sociedade deve ser *contratual* (nome coletivo, comandita simples, limitada) ou *simples* (arts. 997 e segs., CC).

Excepcionalmente, o art. 599, § 2°, do CPC estende a possibilidade da dissolução parcial de sociedade à *sociedade anônima de capital fechado* quando demonstrado, por acionista ou acionistas que representem cinco por cento ou mais do capital social, que não pode preencher o seu fim.

A respeito, já dispunha o art. 206, II, *b*, da Lei n. 6.404/76 que "Dissolve-se a companhia por decisão judicial: [...] *b*) quando provado que *não pode preencher o seu fim*, em ação proposta por acionistas que representem 5% (cinco por cento) ou mais do capital social" (grifo nosso).

Na sociedade de capital (ou institucional), como ocorre na sociedade anônima ou na comandita por ações, a dissolução parcial tem previsão restrita e específica, qual seja quando "não preencher seu fim", quando não puder mais alcançar os objetivos projetados pelos acionistas.

Na "sociedade anônima de capital fechado", prevalece a relação pessoal entre os sócios/acionistas, o caráter pessoal e a vontade dos acionistas se associarem (*affectio societatis*). Mas por expressa disposição legal, por se tratar de *sociedade anônima de capital fechado*, a dissolução tem lugar apenas quando "não pode preencher seu fim".

Todavia, essa hipótese de dissolução parcial (quando não puder preencher seu fim) vem sendo criticada, e com razão, uma vez que se o objeto social não puder mais ser alcançado, a solução é de dissolução *total*, e não apenas *parcial*.

A propósito, Fábio Ulhoa Coelho ressalta que "Se a sociedade não pode preencher seu fim, esta irrealizabilidade do objeto social atinge todos os vínculos entre os sócios. A finalidade da sociedade não pode ser irrealizável para parte dos sócios e realizável para os demais". De qualquer modo, como forma de dar algum rendimento, algum resultado operacional ao disposto no art. 599, § 2°, do CPC, este Jurista classifica a situação como "sociedades anônimas heterotópicas", aplicando-se-lhes o regime próprio das *sociedades contratuais*.[1]

Nessa linha, ainda que se aplique o regime das *sociedades limitadas* (sociedades contratuais), a exclusão do sócio somente é cabível em caso de "falta grave" ou "justa causa".

Ao propósito, o art. 1.030 do Código Civil reza que "Ressalvado o disposto no art. 1.004 e seu parágrafo único, pode o sócio ser excluído judicialmente, mediante iniciativa da maioria dos demais sócios, por *falta grave* no cum-

---

1   COELHO, Fábio Ulhoa. "A dissolução de sociedade no Código de Processo Civil", 2018, p. 160.

primento de suas obrigações, ou, ainda, por incapacidade superveniente" (grifo nosso).

E o art. 1.085 do Código Civil, reafirma que "Ressalvado o disposto no art. 1.030, quando a maioria dos sócios, representativa de mais da metade do capital social, entender que um ou mais sócios estão pondo em risco a continuidade da empresa, em virtude de atos de *inegável gravidade*, poderá excluí-los da sociedade, mediante alteração do contrato social, desde que prevista neste a exclusão por *justa causa*" (grifo nosso).

Manoel de Queiroz Pereira Calças leciona que

> Por isso mesmo, a jurisprudência contemporânea não admite a exclusão de sócio fundamentada na simples alegação de quebra da *affectio societatis*, sendo de rigor a demonstração da prática de atos de inegável gravidade, tais como violação de cláusula contratual, prática de concorrência desleal, desvio de clientela ou de *know-how*, abuso no uso da firma social ou denominação, conduta social irregular que comprometa a imagem da sociedade, praticar atos de liberalidade à custa da empresa, tomar por empréstimo recursos ou bens da sociedade.[2]

LEGITIMIDADE ATIVA

A causa ensejadora da dissolução parcial da sociedade afeta diretamente as condições da ação (legitimidade e interesse processual), o pedido e a fixação da data da resolução.

Isso porque dependendo da causa de pedir (fatos e fundamentos jurídicos), alteram-se a legitimidade (ativa e passiva), o respectivo pedido e o momento que servirá de critério para apuração de haveres.

Espólio do sócio falecido

O art. 600, I, do CPC, ao conferir legitimidade ativa ao *espólio* para "a ação de dissolução parcial", em verdade autoriza a quem não integra o quadro societário a pedir, quando muito, a liquidação da quota do falecido sócio. O mesmo ocorre quanto aos sucessores (inciso II), pelo sócio que já se retirou ou foi excluído (incisos IV e VI).

Pois bem, no caso de morte do sócio, tem legitimidade ativa o espólio "quando a totalidade dos sucessores não ingressar na sociedade" (art. 600, I, CPC).

---

2 CALÇAS, Manoel de Queiroz Pereira. "Comentários ao Código Civil – Direito Privado Contemporâneo", 2019, p. 1.473, nota ao art. 1.085, CC.

O art. 1.028 do CC diz que "No caso de morte de sócio, liquidar-se-á sua quota, salvo: I – se o contrato dispuser diferentemente; II – se os sócios remanescentes optarem pela dissolução da sociedade; III – se, por acordo com os herdeiros, regular-se a substituição do sócio falecido".

Com o falecimento do sócio, se o *contrato social não dispuser* sobre o ingresso dos sucessores no quadro social da empresa, caberá ao espólio postular tão somente a *apuração dos haveres*, proporcionalmente às quotas do falecido.

Aqui a ação não será propriamente de "dissolução parcial da sociedade", mas tão somente de *apuração de haveres* contra a sociedade.

Sucessores

Diante do falecimento do sócio, aberto o inventário e concluída a partilha, legitimados ativos são os respectivos sucessores. O contrato social pode prever o ingresso, ou não, dos herdeiros na sociedade (art. 1.028, CC). Se não houver previsão no contrato, os herdeiros têm legitimidade para a apuração de haveres, e não propriamente ação de "dissolução parcial" da sociedade.

E mais. Os herdeiros do sócio falecido, em não ingressando no quadro societário, têm direito, quando muito, aos haveres a serem apurados com base na data da resolução (falecimento), e não a eventuais lucros ou dividendos supervenientes à morte do sócio.

De conseguinte, o herdeiro do sócio também não ostenta interesse processual de postular exibição de contas contra a sociedade ou contra sócio administrador, com vistas a verificar se, após o falecimento, a empresa teve lucro ou distribuiu dividendos.

Com efeito, a lei civil autoriza o sócio (vivo) a ingressar com ação de exibição de contas contra o administrador, à luz dos arts. 1.020 ("Os administradores são obrigados a prestar aos sócios contas justificadas de sua administração, e apresentar-lhes o inventário anualmente, bem como o balanço patrimonial e o de resultado econômico") e 1.021 do Código Civil ("Salvo estipulação que determine época própria, o sócio pode, a qualquer tempo, examinar os livros e documentos, e o estado da caixa e da carteira da sociedade").

Sociedade

A sociedade tem legitimidade ativa nas seguintes hipóteses: a) se os sócios sobreviventes não admitirem o ingresso do espólio (ou sucessores), apesar de haver previsão contratual autorizando tal ingresso; b) quando a lei não autorizar a exclusão extrajudicial.

Nesse ponto, mesmo que haja previsão no contrato social de exclusão *extrajudicial*, a sociedade sempre terá direito de valer da via judicial, em decorrência do princípio da inafastabilidade do controle jurisdicional (art. 5º, XXXV, CF). No entanto, no pedido de *exclusão de sócio* do quadro social é preciso a prova de falta grave.

Nesse passo, interessa considerar o previsto na lei material, ao tratar da resolução quanto ao sócio minoritário.

O art. 1.030 do Código Civil dispõe que "Ressalvado o disposto no art. 1.004 e seu parágrafo único, pode o sócio ser excluído judicialmente, mediante *iniciativa da maioria dos demais sócios*, por falta grave no cumprimento de suas obrigações, ou, ainda, por incapacidade superveniente" (grifo nosso).

O art. 1.085 do Código Civil edita que:

> Ressalvado o disposto no art. 1.030, quando a maioria dos sócios, *representativa de mais da metade do capital social*, entender que um ou mais sócios estão pondo em risco a continuidade da empresa, em virtude de atos de inegável gravidade, poderá excluí-los da sociedade, mediante alteração do contrato social, desde que prevista neste a exclusão por justa causa. Parágrafo único. Ressalvado o caso em que haja apenas *dois sócios* na sociedade, a exclusão de um sócio somente poderá ser determinada em reunião ou assembleia especialmente convocada para esse fim, ciente o acusado em tempo hábil para permitir seu comparecimento e o exercício do direito de defesa. (cf. redação dada pela Lei n. 13.792/2019) (grifo nosso)

Conjugando esses dois dispositivos, tem-se que a exclusão de sócio reclama prova de "falta grave" ou "justa causa".

Ainda, quando houver apenas *dois sócios*, a exclusão pode ser determinada em reunião especialmente convocada para tal fim, devendo o sócio faltoso ser notificado em tempo hábil para poder comparecer e exercer o seu direito de defesa (conforme modificação feita no parágrafo único do art. 1.085, CC).

Mas duas questões se põem: a primeira diz respeito às locuções dos arts. 1.030 e 1.085 do Código Civil. O art. 1.030 alude à "iniciativa da maioria dos demais sócios". O art. 1.085 menciona "maioria dos sócios, representativa de mais da metade do capital social".

Parece-nos que são situações distintas. Suponha-se uma sociedade com apenas dois sócios. Um tem 5%, o outro, 95% das quotas sociais. O que tem 5% poderia excluir o outro, com 95%?

Pelo art. 1.030 do CC, sim, poderia, uma vez que o detentor de 5% representa a maioria dos demais sócios. Quer dizer, os "demais sócios" são tão somente o sócio titular de 5%, que está deliberando pela saída do outro. Já pelo art. 1.085 do CC, a "maioria dos sócios" deve ser representativa de mais da metade do capital social.

A segunda dúvida reside em se saber quem tem legitimidade para ajuizar a ação de dissolução parcial: os "demais sócios" ou apenas a "sociedade" (art. 600, V, CPC)?

Em nosso modo de ver, tem legitimidade a própria sociedade, após a deliberação pelos "demais sócios". Será a sociedade que aglutinará o desejo dos sócios que pretendem a exclusão do outro, faltoso.

Ainda nesse tópico, é importante lembrar o disposto no art. 599, § 2º, do CPC, relativamente à *sociedade anônima de capital fechado* ("A ação de dissolução parcial de sociedade pode ter também por objeto a sociedade anônima de capital fechado quando demonstrado, por acionista ou acionistas que representem cinco por cento ou mais do capital social, que não pode preencher o seu fim").

Como regra, a dissolução parcial tem lugar somente para as sociedades *contratuais* (simples, limitada, nome coletivo e comandita simples).

Como referido, na sociedade de capital, também conhecida como "institucional", a possibilidade de dissolução parcial restringe-se à impossibilidade de atender a sua finalidade.

A respeito, o art. 206, II, *b*, da Lei n. 6.404/76 dispõe que "Dissolve-se a companhia por decisão judicial (b) quando provado que *não pode preencher o seu fim*, em ação proposta por acionistas que representem 5% (cinco por cento) ou mais do capital social" (grifo nosso).

Corroborando, o art. 599, § 2º, do CPC preconiza que "A ação de dissolução parcial de sociedade pode ter também por objeto a sociedade anônima de capital fechado quando demonstrado, por acionista ou acionistas que representem cinco por cento ou mais do capital social, que *não pode preencher o seu fim*" (grifo nosso).

Na "sociedade anônima de capital fechado", prevalece a relação pessoal entre os sócios/acionistas, o caráter pessoal e a vontade dos acionistas de se associarem (*affectio societatis*).

No entanto, por expressa disposição legal, por se tratar de *sociedade anônima de capital fechado*, a dissolução tem lugar apenas quando "não pode preencher seu fim". Porém, mesmo essa hipótese de dissolução parcial (quando não puder preencher seu fim) vem sendo criticada, e com razão.

No mesmo sentido:

> Civil e comercial. Recurso especial. Dissolução parcial de sociedade. Exclusão de sócio. Quebra da *affectio societatis*. Insuficiência. 1. A ausência de decisão sobre o dispositivo legal supostamente violado, não obstante a interposição de em-

bargos de declaração, impede o conhecimento do recurso especial. Incidência da Súmula n. 211/STJ. 2. O reexame de fatos e provas em recurso especial é inadmissível. 3. Deficiência de fundamentação do recurso. Incidência da Súmula n. 284/STF. 4. Inexiste ofensa ao art. 535 do CPC, quando o tribunal de origem se pronuncia de forma clara e precisa sobre a questão posta nos autos. 5. Para exclusão judicial de sócio, não basta a alegação de quebra da *affectio societatis*, mas a demonstração de justa causa, ou seja, dos motivos que ocasionaram essa quebra. 6. Recurso especial a que se nega provimento. (REsp n. 1.129.222/PR, 3ª, rel. Min. Nancy Andrighi, j. 28.06.2011, *DJe* 01.08.2011)

Sociedade limitada exclusão de sócio. Sócia minoritária excluída da sociedade em reunião dos demais sócios quotistas. Medida cautelar inominada na qual foi concedida liminar suspendendo os efeitos da deliberação. Exclusão aparentemente motivada somente pela quebra da *affectio societatis*. Inadmissibilidade. Motivos invocados pela maioria dos sócios que em princípio não configuram justa causa para a exclusão do sócio, como exige o art. 1.085 do CC. Presença de *fumus boni iuris* e de *periculum in mora*. Liminar mantida. Recurso desprovido. (Agravo de Instrumento n. 0247191-43.2012.8.26.0000, 1ª Câmara Reservada de Direito Empresarial, rel. Alexandre Marcondes, j. 01.08.2013)

Dissolução parcial de sociedade. Exclusão de sócio. Sociedade composta por dois sócios, autor e ré, cada qual titular de 50% das quotas sociais e com iguais poderes de administração. Autor que fundamenta seu pleito em quebra da *affectio societatis* e em cometimento de suposta falta grave por parte da ré. Inviável no atual regime jurídico elevar a simples desarmonia entre os sócios como elemento determinante para o afastamento de um deles da sociedade. Configuração da falta grave que depende de elementos objetivamente apuráveis, para além do mero desentendimento entre os sócios. Autor que exige da ré atendimento a suas "determinações" em franca desconsideração à idêntica participação e poder de administração dos sócios. Decisões desencontradas de autor e ré que denotam falta de harmonia, mas não configuram falta grave ensejadora de exclusão da sócia. Reconvenção igualmente improcedente. Suposta falta grave do autor que consistiria nas imputações desairosas feitas na inicial, que não se amolda à hipótese prevista no artigo 1.030 do Código Civil. Juntada de documentos novos pela ré com a dedução de pesadas acusações de desvio de recursos em face do autor após a estabilização da lide. Possibilidade de juntada dos documentos novos, nos termos do artigo 397 do Código de Processo Civil, que, entretanto, não dá azo à ampliação da causa de pedir, após a estabilização da demanda por ocasião do saneamento do processo. Ação e reconvenção improcedentes. Recurso da ré provido em parte. (Apelação n. 9000025-65.2011.8.26.0100, 1ª Câmara Reservada de Direito Empresarial, rel. Francisco Loureiro, j. 04.07.2013)

Sócio exercente do direito de retirada e recesso

O sócio pode exercer o seu direito de retirada, uma vez que não está obrigado a manter o vínculo societário com que não deseja, isso por decorrência da garantia constitucional prevista no art. 5º, XX, da CF.

No entanto, a lei impõe algumas exigências: se a sociedade for de prazo indeterminado, o sócio retirante deve notificar os demais sócios, com antecedência mínima de sessenta dias; se de prazo determinado, deve provar judicialmente justa causa (art. 1.029, CC).

Se o sócio já se desligou da sociedade, por meio de regular alteração contratual, o sócio terá legitimidade apenas para a apuração de haveres.

Como dito, embora o CPC aluda à ação de dissolução, em verdade, o sócio que já se retirou ou já foi excluído, tem direito tão somente à liquidação de sua quota.

Quando o sócio discordar dos rumos da sociedade, do modo pelo qual vem sendo gerida ou mesmo com mudança do objeto social, tem direito de pedir a sua saída, aqui denominada de direito de "recesso".

A despeito da legitimidade do sócio que pretende exercer o seu direito de retirada ou recesso, a lei processual prevê que, se a *alteração contratual* consensual formalizando o desligamento não for providenciada pelos demais sócios, a ação só pode ser intentada depois de transcorridos dez dias do exercício do direito (art. 600, IV, CPC).

Cabe trazer à baila outras situações em que há mudança do quadro societário, mas que não se confunde com a ação de dissolução parcial da sociedade normatizada pelos arts. 599 a 609 do CPC.

Uma delas refere-se à "cessão de quotas", hipótese que não verdadeiramente de dissolução parcial da sociedade. Nessa quadra, o art. 1.003 do Código Civil enuncia que

> A cessão total ou parcial de quota, sem a correspondente modificação do contrato social com o consentimento dos demais sócios, não terá eficácia quanto a estes e à sociedade. Parágrafo único. Até dois anos depois de averbada a modificação do contrato, responde o cedente solidariamente com o cessionário, perante a sociedade e terceiros, pelas obrigações que tinha como sócio.

Outra situação refere-se ao chamado "trespasse", que envolve os sócios alienam que o conjunto de bens a outros, que dão regular prosseguimento à atividade empresarial, assumindo a clientela e os negócios celebrados anteriormente.

Em relação à *apuração de haveres*, o art. 606 do CPC estabelece que

Em caso de omissão do contrato social, o juiz definirá, como critério de apuração de haveres, o valor patrimonial apurado em *balanço de determinação*, tomando-se por referência a data da resolução e avaliando-se bens e direitos do ativo, tangíveis e intangíveis, a preço de saída, além do passivo também a ser apurado de igual forma. (grifo nosso)

Por "balanço de determinação", é preciso interpretar no sentido de se apurar o valor real que reflita a situação real da empresa, e não meramente contábil ou escritural. O Superior Tribunal de Justiça tem entendido que

a apuração de haveres por meio de balanço de determinação, utilizada pelos tribunais nacionais, tem o escopo de apurar, à data presente, o valor patrimonial real da empresa parcialmente dissolvida. Trata-se de balanço especial destinado a apontar o valor financeiro que se alcançaria por meio da dissolução total da empresa, de forma a determinar o valor mais próximo do real a que o sócio retirante teria direito. Assim, a elaboração do balanço de determinação deve atender a dois princípios, nos termos das Normas Brasileiras de Contabilidade do CFC (NBC-T-4): i) valor de mercado; e ii) valor presente.[3]

Cônjuge

Na hipótese de a sociedade ser composta pelos cônjuges ou companheiros, o *término do casamento*, ou da união estável, confere legitimidade ao cônjuge para postular, não a dissolução parcial da sociedade, mas tão somente a apuração de haveres, por força do art. 600, parágrafo único, do CPC ("O cônjuge ou companheiro do sócio cujo casamento, união estável ou convivência terminou poderá requerer a apuração de seus haveres na sociedade, que serão pagos à conta da quota social titulada por este sócio").

Cabe, porém, lembrar que a situação patrimonial da sociedade pode afetar o interesse processual do cônjuge ou companheiro do sócio, visto que o art. 1.027 do Código Civil estabelece que "os herdeiros do cônjuge do sócio, ou o cônjuge que se separou judicialmente, *não podem exigir desde logo* a parte que lhes couber na quota social, mas concorrer à divisão periódica dos lucros, até que se liquide a sociedade" (grifo nosso).

---

3   REsp n. 1.286.708/PR, 3ª T., rel. Min. Nancy Andrighi, j. 27.05.2014, *DJe* 05.06.2014.

LEGITIMIDADE PASSIVA

Quanto ao polo passivo, não há consenso a respeito. Quando a ação for proposta pelo *sócio* que quer se retirar, o art. 601, *caput*, do CPC reza "Os sócios e a sociedade serão citados", dando a entender que haveria *litisconsórcio passivo necessário*.

Quanto à presença de *todos os sócios* no polo passivo, a justificativa residiria no fato de o decreto de dissolução afetar tanto o vínculo societário entre todos os sócios, como a divisão das quotas sociais entre os sócios remanescentes. Nesse ponto, os *demais sócios* respondem pelo pedido de exclusão; a *sociedade*, pela apuração de haveres.

E a necessidade da presença da *sociedade* deve-se ao fato de ter personalidade jurídica distinta da de seus membros (art. 45, CC), bem como ter de responder por eventuais haveres a que o sócio retirante faça jus, considerando que a liquidação das quotas tomará por base a situação patrimonial da sociedade à data da resolução (art. 1.030, CC).[4]

De outro lado, há quem afirme que o litisconsórcio passivo seria, quando muito, meramente *facultativo*.

João Paulo Hecker da Silva escreve que

> se aplicadas as premissas de direito material corretamente, a legitimidade para figurar no polo passivo da Ação de Dissolução Parcial de Sociedade seria unicamente da Sociedade. Isso porque o contrato social, enquanto característico contrato plurilateral, ao não pressupor relações recíprocas entre os sócios, retira desses últimos qualquer interesse jurídico direto no que se refere à dissolução parcial (art. 599, I). Até porque a rotatividade de seus membros é característica marcante nos contratos plurilaterais. No que se refere ao pedido de condenação em haveres então, nem se fale (art. 599, II). *O patrimônio envolvido é da Sociedade e o pagamento dos haveres será feito pela Sociedade; ou seja, não há, por outro lado também, qualquer interesse econômico direto dos sócios.*[5] (grifo nosso)

Outro aspecto que sugere a facultatividade do litisconsórcio é a dispensa da citação da sociedade, como se extrai do parágrafo único do art. 601, do CPC: "A sociedade *não será* citada se todos os seus sócios o forem, mas ficará sujei-

---

4 Nesse sentido: REsp n. 77.122/PR, rel. Min. Ruy Rosado de Aguiar, j. 13.02.1996; REsp n. 613.629/RJ, rel. Min. Nancy Andrighi, *DJ* 16.10.2006).

5 SILVA, João Paulo Hecker da. "A legitimidade passiva na ação de dissolução parcial de sociedade do Código de Processo Civil de 2015: uma análise crítica", 2018, p. 359-60.

ta aos efeitos da decisão e à coisa julgada" (grifo nosso). A redação dá a entender que é possível que *nem todos* os sócios sejam citados.

Quando a autora for a *sociedade*, todos os sócios devem figurar no polo passivo da ação. Nesse caso, todos os sócios serão réus, inclusive aquele que a sociedade quer excluir.

REFERÊNCIAS BIBLIOGRÁFICAS

CALÇAS, Manoel de Queiroz Pereira. "Comentários ao Código Civil – Direito Privado Contemporâneo". In: NANI, Giovanni Ettore (coord.). São Paulo, Saraiva-Jur, 2019.

COELHO, Fabio Ulhoa. "A dissolução de sociedade no Código de Processo Civil". In: YARSHELL, Flávio Luiz Yarshell; PEREIRA, Guilherme Setoguti J. *Processo Societário III*. São Paulo, Quartier Latin, 2018.

SILVA, João Paulo Hecker da. "A legitimidade passiva na ação de dissolução parcial de sociedade do Código de Processo Civil de 2015: uma análise crítica". In: YARSHELL, Flávio Luiz Yarshell; PEREIRA, Guilherme Setoguti J. *Processo Societário III*. São Paulo, Quartier Latin, 2018.

22

Facetas contemporâneas da jurisdição: a duração razoável e a mediação

Silvio Luís Ferreira da Rocha

CONSIDERAÇÕES GERAIS

No biênio 2011 a 2013, tive a satisfação de integrar o Conselho Nacional de Justiça por indicação do Superior Tribunal de Justiça e de desfrutar do privilégio de conviver com muitos colegas, um deles de dedicação exemplar e inteligência acurada. Refiro-me ao Desembargador do Estado de São Paulo, José Roberto Neves Amorim, ilustre processualista, indicado pelo Supremo Tribunal Federal para integrar o Conselho Nacional de Justiça. A ele rendemos esta singela homenagem corporificada nesta obra.

JURISDIÇÃO, AÇÃO E PROCESSO

Jurisdição, ação e processo são institutos jurídicos voltados à solução de conflitos de interesses, que nascem das pretensões das pessoas humanas ou jurídicas em subordinar outrem a interesses próprios. Entendemos por interesse a relação de importância entre bens e as necessidades humanas. É a posição favorável à satisfação de uma necessidade. O titular do interesse é o ser humano ou a pessoa jurídica, enquanto o objeto do interesse é o bem. O interesse individual é a relação entre o homem e o bem, conforme suas necessidades, e o interesse coletivo é a relação entre o homem e o bem, conforme necessidades idênticas do grupo social.

O conflito nasce da desigualdade, da desproporção, do desencontro entre os interesses ilimitados e os bens limitados. Para evitá-lo e garantir a coexistência na sociedade, o Direito, por normas gerais e abstratas, regula a distribuição dos bens entre os diferentes sujeitos.

Ainda assim o conflito é inevitável, pois nem sempre haverá o cumprimento das regras jurídicas. O conflito pode ser interno, subjetivo, como ter pouco dinheiro para o alimento e para o lazer, de modo que a pessoa terá que escolher entre um desses bens, mas pode, também, ser externo e intersubjetivo. É o conflito entre dois sujeitos, denominado "conflito de interesses", que pressupõe duas pessoas interessadas no mesmo bem.

O conflito de interesses deve ser resolvido pelos próprios litigantes ou por decisão obrigatória e vinculante de um terceiro. A solução por decisão imperativa de um terceiro se dá pela atuação da jurisdição mediante provocação e instauração de relação jurídica designada habitualmente de "processo", que na era contemporânea constitui o meio normal para o término das disputas.

O conflito de interesses transposto para o processo denomina-se lide. A lide é o conflito de interesses qualificado por uma pretensão resistida transportada para uma relação jurídica dirigida por uma autoridade imparcial designada juiz.

A lide será solucionada pelo Poder Judiciário por intermédio de juízes regularmente investidos, ou, excepcionalmente, árbitros escolhidos pelas partes, não integrantes do Poder Judiciário. Os juízes exercem habitualmente função jurisdicional, enquanto os árbitros exercem-na apenas excepcionalmente e temporariamente.

Não temos uma única definição de jurisdição. O conceito varia de acordo com a característica a ser realçada. Todas as definições são úteis e se complementam. Para alguns, a jurisdição é atividade estatal consistente em aplicar a lei ao caso concreto e, nesse sentido, exercer jurisdição seria afirmar e atuar a vontade da lei. A jurisdição substituiria a atividade privada de outrem por uma atividade pública. Para outros, a jurisdição seria a atividade de decidir com caráter imutável. A essência do ato jurisdicional estaria em sua aptidão para produzir a coisa julgada. A jurisdição consistiria, ainda, na justa composição da lide, mediante sentença de natureza declarativa, por meio da qual o juiz *dicit ius*, isto é, diz o direito.

A essência da jurisdição reside na solução dos conflitos que lhe são apresentados por iniciativa dos interessados, com elevado grau de definitividade, por meio de processo presidido por agente estatal imparcial.

A ação é um "direito público subjetivo e abstrato, de natureza constitucional, regulado pelo CPC, de provocar o Estado-juiz a exercer a jurisdição necessária para solucionar determinada lide".[1] Pela ação, a pessoa natural ou ju-

---

1   WAMBIER, Luiz Rodrigues; ALMEIDA, Flávio Renato Correia de; TALAMINI, Eduardo. *Curso avançado de processo civil*, v. 1, p. 118, 2016.

rídica, pública ou privada, deflagra a relação jurídica processual necessária para compor a lide resistida ou insatisfeita.

A ação é autônoma, abstrata e instrumental. Autônoma porque o conteúdo da ação é a prestação jurisdicional pedida ao Estado, que não se confunde com a pretensão deduzida pela parte contra outra com fundamento em direito material. Na ação, o sujeito ativo ou respectivo titular é aquele que pede a prestação jurisdicional. Destinatário desse direito não é o sujeito passivo do direito subjetivo material, e sim o Estado representado pelo órgão judiciário a quem é endereçado o pedido de julgamento da pretensão. Abstrata porque o direito de ação é exercido independentemente de ter o protagonista razão ou não. É a denominada "teoria da ação como direito autônomo e abstrato" que prega a ideia de ser o direito de ação independente e autônomo diante do direito material invocado como causa de pedir, embora a ele seja vinculado instrumentalmente porque sua finalidade é dar solução a uma pretensão de direito material. É instrumental porque a finalidade da ação é a de obter o julgamento de pretensão resultante de um direito subjetivo material. Os atos praticados no curso do processo, como desdobramento do direito de ação, objetivam resolver uma situação contenciosa por meio de uma decisão sobre os interesses em conflito.

O processo é o instrumento da jurisdição. É o meio de que se vale o Estado para exercer a função jurisdicional, isto é, para a resolução das lides. O processo não se resume a um ato único; trata-se de uma série de atos voltados a uma finalidade, a resolução dos conflitos de interesses qualificados por uma pretensão resistida ou pretensão insatisfeita. Os atos coordenados visam à sentença ou à satisfação do credor na execução. Definimos o processo como uma sucessão coordenada de atos voltados para a composição das lides por meio dos órgãos jurisdicionais, que resultam de uma relação jurídica entre os sujeitos processuais, isto é, entre o juiz, o autor e o réu.

DURAÇÃO RAZOÁVEL DO PROCESSO

O processo enquanto meio de expressão da jurisdição, destinada a compor conflitos de interesses ou a satisfazer pretensões insatisfeitas é influenciado pelo tempo e mantém com ele uma relação conflituosa. Numa perspectiva, o processo deve garantir às partes oportunidades para alegarem e provarem o necessário à defesa dos seus interesses, materializado, com isso, parte do conteúdo do devido processo legal e, nesta perspectiva, deve ser evitada qualquer aceleração que viole o respeito ao contraditório e à ampla defesa, enquanto noutra perspectiva o processo não deve prolongar-se além do necessário, pena de causar danos às partes e prejudicar a tutela do direito a ser protegido, tornando ineficaz o provimento jurisdicional a ser proferido. O equilíbrio entre essas duas perspectivas – aceleração antigarantista e dilação indevida – ocorre em torno do direito a um processo que tramite em prazo razoável ou sem dilações indevidas.

Efetividade e tempestividade do provimento jurisdicional são duas qualidades exigidas na relação jurídica processual nas últimas décadas. Com efeito, as alterações legislativas mais recentes ocuparam-se de minimizar os efeitos nocivos do tempo sobre o direito do autor. Essas inovações promoveram alterações no ônus decorrente da demora do processo, sem, contudo, fixar um direito fundamental à duração razoável do processo, o que ocorreu, em nosso ordenamento, de forma expressa, com a Emenda Constitucional n. 45, que, ao cuidar da reforma do Judiciário, introduziu no art. 5°, LXXVIII, no âmbito judicial e administrativo, a razoável duração do processo e os meios que garantam a celeridade de sua tramitação.

A razoável duração do processo parece ter sido o cerne da Reforma do Judiciário, pois a reforma contemplou diversos institutos ou mecanismos próprios a contribuir com a duração razoável do processo, entre eles a necessidade de demonstração da repercussão geral das questões constitucionais discutidas no caso para o conhecimento do recurso extraordinário (CF, art. 102, § 4°); a súmula vinculante (CF, art. 103-A); a atividade jurisdicional ininterrupta (CF, art. 93, XII); a exigência que o órgão jurisdicional tenha número de juízes proporcional à efetiva demanda judicial e à respectiva população (CF, art. 93, XIII); a distribuição imediata de processos nos tribunais.

As fontes do direito fundamental à duração razoável do processo, num período mais recente, podem ser localizadas na Declaração Universal dos Direitos do Homem, datada de 10.12.1948, precisamente no art. 10, que serviu de fonte direta do art. 6.1 da Convenção Europeia para Salvaguarda dos Direitos do Homem e das Liberdades Fundamentais, como também dos arts. 7.5 e 8.1 da Convenção Americana de Direitos Humanos.

Com a inclusão da duração razoável do processo no rol dos direitos e garantias fundamentais, o princípio do *devido processo legal* ganha, com isso, *nova configuração*, e seu núcleo expressa, além das garantias do amplo acesso à jurisdição; do juízo natural; do contraditório; da plenitude de defesa – com todos os meios e recursos inerentes, aí incluído o direito ao advogado ou ao defensor público –; da fundamentação racional das decisões jurisdicionais, *a garantia de um processo sem dilações indevidas*.

A garantia da duração razoável do processo ou o direito a um processo sem dilações indevidas significa que o processo deve durar o necessário, dentro do razoável, para chegar a seu termo com a prestação jurisdicional declaracória, constitutiva, condenatória ou executória, admitido certo excesso no resultado da soma dos prazos processuais individualmente considerados, o que indica que a garantia da duração razoável do processo ou o direito a um processo sem dilações indevidas não significa a constitucionalização dos prazos processuais previstos na legislação. Por dilações indevidas, proibidas pelo direito fundamental acima citado, entendem-se os atrasos ou delongas que se produzem no processo por inobservância dos prazos estabelecidos, por injustificados prolongamentos das etapas mortas que separam a realização de um ato processual de outro, sem subordinação a um lapso temporal previamente fixado, e, sempre, sem que aludidas dilações dependam da vontade das partes ou de seus mandatários.

A aferição da inocorrência de duração razoável ou dilação indevida pode ser feita com o recurso aos critérios utilizados pela Corte Europeia de Direitos Humanos, que levam em conta a complexidade das questões de fato e de direito discutidas no processo, o comportamento das partes e de seus procuradores e a conduta das autoridades judiciárias.

Nessa perspectiva, a *complexidade das questões discutidas no processo*, comprometedoras de sua razoável duração, pode resultar, por exemplo, da pluralidade de litisconsortes, que deverão ser citados, da necessidade de intervenção de terceiros, da dificuldade de se localizarem testemunhas, com isto frustrada a realização de audiências, da necessidade de se produzirem provas periciais demoradas e intrincadas, da multiplicidade de incidentes processuais pertinentes suscitadas pelas partes ou da controvérsia sobre o direito aplicável ao caso, quando ocorrentes alterações legislativas de relevância nacional provocadoras de grandes divergências ou incertezas doutrinárias e jurisprudenciais; no entanto, sob a perspectiva do *comportamento das partes*, elas estão obrigadas, em razão do dever da lealdade e probidade, a praticar diligentemente os atos que as normas processuais lhes impõem, a não usarem manobras protelatórias e, com *relação à conduta das autoridades judiciárias,* o Estado deve estruturar o sistema jurisdicional de tal maneira que seus juízes e tribunais tenham condições de cumprir o preceito normativo que impõe a razoável duração do processo.

No entanto, consideram-se dilações indevidas do processo as situações de inércia pura e simples dos órgãos jurisdicionais, ineficientes em impulsionar os atos do processo nas suas diferentes fases, além dos atrasos e delongas causados aos processos pelos próprios órgãos jurisdicionais, que não cumprem os prazos previstos nos Códigos processuais, geram injustificáveis prolongamentos das chamadas etapas mortas do processo, que separam a realização de um ato processual do outro imediatamente seguinte, sem subordinação a um lapso de tempo prévia e legalmente fixado.

Não afasta a caracterização de dilações indevidas do processo o número excessivo de processos existentes nos órgãos jurisdicionais causadores de sobrecarga de trabalho, nem a demora ou a dificuldade do Estado em prover os cargos vagos de juízes.

O direito à duração razoável do processo foi previsto no texto constitucional como direito fundamental integrado ao conceito normativo do devido processo legal, possibilitado a qualquer um do povo exigir que o serviço jurisdicional lhe seja prestado dentro de um prazo razoável.

Há efeitos imediatos e efeitos que dependem do trabalho do legislador.

O direito fundamental à duração razoável do processo capacita o destinatário da garantia, qualquer pessoa, física ou jurídica, a valer-se do mandado de segurança para obter do Poder Judiciário ou da Administração Pública o cumprimento do citado direito fundamental, mediante a concessão de segurança, liminar ou definitiva, para pôr fim à dilação indevida.

A par disso, o descumprimento à duração razoável do processo dá ensejo ao dever do Estado de reparar os danos causados, a exemplo do que acontece na Itália pela aplicação da Lei de 24 de março de 2001 (a chamada Lei Pinto, por ser o sobrenome de um dos senadores autores do projeto de lei posteriormente convertido em lei), que admite uma indenização equitativa por dano moral e material àquele que sofreu danos morais e materiais pela violação do direito fundamental à duração razoável do processo, que pode ser pleiteada ainda que pendente o processo em que tenha ocorrido a violação da duração razoável. Cabe realçar que podem propor à ação as partes da relação jurídica processual com dilação indevida, sendo irrelevante quem tenha razão na demanda.

No Brasil, a partir da caracterização do direito de todos à duração razoável do processo, surge à responsabilidade civil do Estado por dilação indevida do processo. O pedido de indenização pode referir-se tanto a um processo judicial como a um processo administrativo, já que o direito fundamental à duração razoável do processo incide no âmbito judicial e no âmbito administrativo.

O CPC tratou da duração razoável do processo no art. 4º ao dispor: "As partes têm o direito de obter em prazo razoável a solução integral do mérito, incluída a atividade satisfativa".

A MEDIAÇÃO

A resolução pelos interessados pode ser unilateral, também denominada de autodefesa, na qual há a imposição do ponto de vista de um e o sacrifício do interesse do outro. Recorre-se à violência, real ou simbólica, com prevalência da força. A resolução pelos próprios interessados pode se dar, também, de forma altruísta, denominada autocomposição, da qual são espécies a desistência, o reconhecimento jurídico do pedido, a transação e a mediação. Portanto, além da jurisdição, forma de heterocomposição, o CPC, a exemplo do que consta da Resolução n. 125 do Conselho Nacional de Justiça, estimula a autocomposição pela criação de Centros Judiciários de Solução Consensual de Conflitos responsáveis por sessões e audiências de conciliação e mediação.

Conciliação e mediação são técnicas de autocomposição. A diferença entre uma e outra está relacionada ao papel desempenhado pelo terceiro. O conciliador tem um papel mais ativo na solução da controvérsia e pode, inclusive, propor os termos do acordo para as partes, enquanto o mediador tem um papel mais passivo na solução da controvérsia, pois cabe a ele apoiar e estimular as partes para que delas nasça a solução do conflito.

A mediação é definida pela Lei n. 13.140, de 26 de junho de 2015, como a "atividade técnica exercida por terceiro imparcial sem poder decisório, que, escolhido ou aceito pelas partes, as auxilia e estimula a identificar ou desenvolver soluções consensuais para a controvérsia". O atual Código de Processo Civil previu, também, a figura do mediador ao estabelecer que ele "auxiliará aos interessados a compreender as questões e os interesses em conflito, de modo que eles possam, pelo restabelecimento da comunicação, identificar, por si soluções consensuais que gerem benefícios mútuos" (art. 165, § 3º). Em princípio a mediação é forma de composição de litígios desprovida de força coercitiva, na medida em que, diferentemente da arbitragem, o conciliador não está investido de poder decisório. Além disso, como mediador, não lhe cabe propor soluções para os litigantes.

A mediação seria, assim, uma forma de solução de conflitos na qual uma terceira pessoa, neutra e imparcial, facilitaria o diálogo entre as partes, para que elas construam, com autonomia e solidariedade, a melhor solução para o problema. Em regra, a mediação é utilizada em conflitos multidimensionais, ou complexos.

O objeto da mediação – por ser meio de composição desprovido de força – segundo a lei é amplo e pode incidir sobre direitos disponíveis ou sobre direitos indisponíveis que admitam a transação, hipótese em que o consenso das partes que envolvam direitos indisponíveis, mas transigíveis, deva ser homologado em juízo, após a oitiva do Ministério Público.

A conciliação é um método utilizado em conflitos mais simples, ou restritos, no qual o terceiro facilitador pode adotar uma posição mais ativa, porém neutra com relação ao conflito e imparcial. É um processo consensual breve, que busca uma efetiva harmonização social e a restauração, dentro dos limites possíveis, da relação social das partes.

Segundo os termos da Resolução n. 125 do Conselho Nacional de Justiça, são princípios fundamentais que regem tanto a atuação de conciliadores como a atuação de mediadores judiciais: *confidencialidade, decisão informada, competência, imparcialidade, independência e autonomia, respeito à ordem pública e às leis vigentes, empoderamento* e *validação.*

A confidencialidade consiste no dever de manter sigilo sobre todas as informações obtidas na sessão, salvo autorização expressa das partes, ficando proibido o conciliador ou o mediador de ser testemunha do caso ou atuar como advogado dos envolvidos, em qualquer hipótese.

A decisão informada consiste no dever de manter o jurisdicionado plenamente informado quanto aos seus direitos e do contexto fático no qual está inserido.

A competência consiste no dever de possuir qualificação que o habilite à atuação judicial, observada a reciclagem periódica obrigatória para formação continuada.

A imparcialidade é o dever de agir com ausência de favoritismo, preferência ou preconceito, assegurando que valores e conceitos pessoais não interfiram no resultado do trabalho.

A independência e a autonomia representam o dever de atuar com liberdade, sem sofrer qualquer pressão interna ou externa, sendo permitido recusar, suspender ou interromper a sessão se ausentes as condições necessárias para seu bom desenvolvimento.

O respeito à ordem pública e às leis vigentes consiste no dever de velar para que o eventual acordo entre os envolvidos não viole a ordem pública nem contrarie as leis vigentes.

O empoderamento é o dever de estimular os interessados a aprender a resolver da melhor forma seus conflitos futuros em função da experiência de justiça vivenciada na autocomposição.

A validação é o dever de estimular os interessados a se perceberem reciprocamente como seres humanos merecedores de atenção e respeito.

De acordo com o art. 2º da referida resolução do Conselho Nacional de Justiça, as regras que regem o procedimento da conciliação ou da mediação são normas de conduta observáveis pelos conciliadores e pelos mediadores para o bom desenvolvimento daquele, permitindo que haja o engajamento dos envolvidos, com vistas à sua pacificação e ao comprometimento com eventual acordo obtido, sendo elas: I – Informação: dever de esclarecer aos envolvidos sobre o método de trabalho a ser empregado, apresentando-o de forma completa, clara e precisa, informando sobre os princípios deontológicos, as regras de conduta e as etapas do processo; II – Autonomia da vontade: dever de respeitar os diferentes pontos de vista dos envolvidos, assegurando-lhes que cheguem a uma decisão voluntária e não coercitiva, com liberdade para tomar as próprias decisões durante ou ao final do processo e de interrompê-lo a qualquer momento; III – Ausência de obrigação de resultado: dever de não forçar um acordo e de não tomar decisões pelos envolvidos, podendo, quando muito, no caso da conciliação, criar opções, que podem ou não ser acolhidas por eles; IV – Desvinculação da profissão de origem: dever de esclarecer aos envolvidos que atuam desvinculados de sua profissão de origem, informando que, caso seja necessária orientação ou aconselhamento afetos a qualquer área do conhecimento, poderá ser convocada para a sessão o profissional respectivo, desde que com o consentimento de todos; V – Compreensão quanto à conciliação e à mediação: dever de assegurar que os envolvidos, ao chegarem a um acordo, compreendam perfeitamente suas disposições, que devem ser exequíveis, gerando o comprometimento com seu cumprimento.

A atividade de conciliador ou mediador pressupõe capacitação a ser feita em entidade credenciada, cujo curso deve atender ao currículo mínimo estabelecido pelo Conselho Nacional de Justiça. Devidamente capacitado, o conciliador ou mediador deve inscrever-se em cadastro nacional ou regional. A inscrição pode dar-se por credenciamento ou por concurso, a critério do Tribunal. A par disso, o Tribunal pode optar pela criação de quadro próprio de conciliadores e mediadores, a ser preenchido por concurso público de provas e títulos. Nesse caso, o Poder Legislativo atendendo projeto de lei de iniciativa do Poder Judiciário deverá aprovar lei com os cargos de conciliadores e mediadores, que, posteriormente, serão preenchidos por concurso público de provas e títulos.

A mediação e a conciliação chegaram ao Poder Público. Cabe aos entes que integram a Administração Pública deliberar sobre dirimir conflitos envolvendo órgãos e entidades da administração pública, ou, avaliar a admissibilidade dos pedidos de resolução de conflitos, por meio de conciliação, ou, então, promover, quando couber, a celebração de termo de ajustamento de conduta. O CPC permite às pessoas jurídicas de direito público interno com capacidade política, cujos interesses, em princípio, são indisponíveis, que criem câmara de mediação e conciliação com o propósito de dirimir, de forma consensual, conflitos interorgânicos, bem como lides entre a Administração Pública e particulares.

Por outro lado, a Lei n. 13.140/2015 dispõe sobre a mediação como meio de solução de controvérsias entre particulares e sobre a autocomposição de conflitos no âmbito da administração pública.

Admitimos o recurso à mediação como forma de autocomposição de conflitos perante a Administração Pública quando: a) há controvérsia acerca do direito formativo da Administração Pública em função da baixa densidade normativa do dispositivo decorrente de sua vaguidade, ambiguidade, indeterminação, falta de clareza, que provoca dúvidas interpretativas razoáveis acerca da extensão do direito em favor da Administração Pública; b) a solução proposta pela mediação, além de tutelar de forma razoável o interesse da Administração, lhe seja mais eficiente, célere e condizente. Nesses casos, desde que devidamente fundamentado, a Administração Pública poderá fazer uso da mediação como uma alternativa à clássica forma de composição judicial dos litígios.

CONCLUSÃO

Duração razoável do processo e mediação são as novas faces do processo enquanto instrumento da jurisdição. Nelas, em especial na mediação, podemos notar grande contribuição de nosso homenageado que, como Conselheiro do Conselho Nacional de Justiça, foi o responsável pela implantação no Brasil dos Centros Judiciários de Solução de Conflitos e Cidadania e procura mudar a cultura do litígio pela cultura do diálogo e da conciliação.

REFERÊNCIAS BIBLIOGRÁFICAS

WAMBIER, Luiz Rodrigues; ALMEIDA, Flávio Renato Correia de; TALAMINI, Eduardo. *Curso avançado de processo civil*. 2.ed. São Paulo, Revista dos Tribunais, v. 1, 2016.

23

Homologação de sentenças estrangeiras cibernéticas[1]

Solano de Camargo

GENERALIDADES

A concretização da justiça no plano internacional depende, o mais das vezes, da proximidade da relação jurídica com o direito material aplicado e a jurisdição competente.[2] Como corolário, a sociedade internacional é vista como uma comunidade sem fronteiras, de forma que as jurisdições ao redor do globo são consideradas fungíveis entre si, todas aptas a realizar a justiça, com níveis similares de qualidade.[3]

No direito internacional privado, a disciplina do conflito de jurisdições parte da presunção de que há um universalismo judicial.[4] Porém, isso não significa que as sociedades internacionais tenham alcançado o mesmo nível de proteção a direitos e garantias individuais.

---

1   A versão resumida deste capítulo foi publicada em: CALHEIROS, Clara et al. (orgs.). *Direito na lusofonia*: direito e novas tecnologias. Revisão Diana Coutinho. Braga (Portugal): Escola de Direito da Universidade do Minho, 2018.
2   MUIR WATT, Horatia. *La fonction de la règle de conflit des lois*, 1985, p. 124; LAGARDE, Paul. "Le principe de proximité dans le droit international privé contemporain: cours général de droit international privé", v. 196, 1986, p. 128; VON MEHREN, Arthur Taylor. "Jurisdiction to adjudicate: reflections on the role and scope of specific jurisdiction", 1993, p. 561.
3   CORBION, Lycette. *Le déni de justice en droit international privé*, 2004, p. 124.
4   NIBOYET, Jean-Paulin. *Traité de droit international privé français*, 1938, v. 1, p. 624; WOLFF, Martin. *Private international law*, 1950, p. 245; ARAÚJO, Nádia de. *Direito internacional privado*: teoria e prática brasileira, 2016 (*e-book*); DOLINGER, Jacob; TIBURCIO, Carmen. *Direito internacional privado*, 2017, p. 15-21.

Esse problema decorre do próprio objeto da disciplina do direito internacional privado, ao considerar que as soberanias dos Estados são *niveladas, autônomas* e, em regra, *legítimas*.

No mundo de hoje, os diversos sistemas jurídicos não mais guardam entre si as bases originais de criação do direito internacional privado, de forma que as relações estabelecidas têm sido cada vez mais extensas, progressivas e, muitas vezes, turbulentas. Nesse caso, o que deve prevalecer como base da teoria geral do direito internacional privado: a essência do pensamento original de Savigny ou a perda de sua vocação universalista, ante a variedade de culturas hoje interligadas?[5]

Tal questão, como bem notado por Gannagé, não é frequentemente tratada pela doutrina, mesmo nos diversos estudos que cuidam dos conflitos de civilização. E, quando são tratadas, há enorme divergência sobre o tema.[6]

Apesar de as regras de jurisdição na ordem internacional serem centradas na figura dos Estados, cujas regras delimitadoras estão contidas, desde o século XVII, basicamente na territorialidade e na nacionalidade, o direito internacional das últimas décadas tem se alterado profundamente, ao reconhecer os direitos humanos como um de seus objetos.[7]

Em síntese, contrastando com as regras de competência basicamente estáticas da jurisdição estatal, é inegável que os fundamentos do direito internacional passaram da soberania autolimitadora do Estado para um escopo preocupado com a *humanidade*,[8] ou ainda da compreensão da soberania como *responsabilidade*, ao invés de um direito absoluto.[9]

Conceituar soberania sempre causou, e ainda hoje causa, inúmeras controvérsias. A definição de soberania como *suprema potestas superiorem non recognoscens* (poder supremo que não reconhece outro acima de si) remonta ao nascimento dos grandes Estados nacionais europeus, no limiar da Idade Moderna.[10]

---

5 SALAMÉ, Georgette. *Le devenir de la famille en droit international privé*: une perspective postmoderne, 2006, p. 176.

6 GANNAGÉ, Pierre. "La coexistence des droits confessionnels et des droits laïcisés dans les relations privées internationaux", 1979, v. 164, p. 339.

7 SLAUGHTER, Anne-Marie. *A new world order*, 2004, p. 215.

8 TEITEL, Ruti. *Humanity's law*, 2011, p. 65. TESÓN, Fernando R. Tesón. *The Kantian theory of international law*, v. 92, 1992, p. 53; SOHN, Louis B. *The new international law*: protection of the rights of individuals rather than states, 1982, v. 32, p. 35.

9 "The responsibility to protect. Report of the International Commission on Intervention and State Sovereignty, 2001. Disponível em: http://responsibilitytoprotect.org/ICISS%20 Report.pdf; acesso em: 24.02.2018.

10 FERRAJOLI, Luigi. *A soberania no mundo moderno*, 2002, p. 66.

Embora a tradição da teoria do direito internacional positivista abranja uma variedade de crenças, algumas ideias são essenciais. Isto é, os Estados ainda são vistos como os principais atores do direito internacional, sendo eles formalmente independentes, livres, iguais e, não menos importante, *soberanos*. A soberania na teoria positivista, embora seja um conceito contestado, tem como um de seus efeitos o entendimento de que os Estados possuem ao menos algumas liberdades irrestritas como condição *a priori*.

Essa concepção positivista de soberania como um valor *a priori*, situada acima do direito internacional, não por menos tem sido descrita como "a areia movediça sobre a qual se constroem os fundamentos do direito internacional tradicional".[11]

Por conta disso, ainda para o processo civil, a jurisdição é definida como uma atribuição exclusiva do Estado. Para Moacyr Amaral, "nenhum outro poder se encontra em melhores condições de dirimir os litígios do que o Estado, não só pela força que dispõe, como por nele presumir-se interesse em assegurar a ordem jurídica estabelecida".[12] Na mesma linha, Dinamarco: "[a jurisdição] é uma expressão do poder estatal, que por sua vez é uno e indivisível, definindo-se como *capacidade de decidir imperativamente e impor decisões*".[13]

Nos dias de hoje, o conceito de soberania vem sofrendo desgastes, inclusive por conta de manter as premissas estruturais westfalianas, ao invés de se reconhecer as necessidades funcionais da sociedade pós-moderna. Segundo Ferrajoli, o Estado nacional unitário é *desajeitado* para o desempenho de suas tarefas atuais. A globalização econômica, a descentralização do poder pela emergência de novos atores no cenário internacional e o compartilhamento quase sem controle de informações pela internet sugerem que o Estado seria "grande demais para a maioria de suas atuais funções administrativas", e "demasiado pequeno para as grandes coisas".[14]

Os diversos aspectos relacionados à jurisdição, no campo do direito internacional público, são transpostos para as relações jurídicas privadas por meio das regras de direito internacional privado, tais como a definição da jurisdição internacional das cortes estatais e as normas que delimitam a autonomia conflitual.[15]

---

11 JESSUP, Philip C. *A modern law of nations*, 1948, p. 2.
12 AMARAL SANTOS, Moacyr. *Primeiras linhas de direito processual civil*, 2012, v. 1, p. 32.
13 DINAMARCO, Candido Rangel. *Litisconsórcio*, 1997, p. 41.
14 FERRAJOLI, Luigi. *A soberania no mundo moderno*, 2002, p. 39. Ferrajoli acredita na autonomia dos povos como o fundamento do direito internacional, ao invés da soberania dos Estados.
15 PINHEIRO, Luís de Lima. *Direito internacional privado, competência internacional e reconhecimento de decisões estrangeiras*, 2002, p. 71.

Porém, a soberania estatal – enquanto conceito clássico fundamental para a compreensão do direito internacional público – não consegue explicar a multiplicidade de novas formas de jurisdição que surgiram ao longo das últimas décadas, a reboque dos novos fóruns internacionais, dos blocos econômicos e da organização internacional da sociedade civil.

A toda evidência, a posição processualista parece confundir o efeito estrutural da jurisdição exercida pelo Estado (por meio da declaração do direito, em substituição à vontade das partes) com a função coercitiva (ou seja, com os complexos de atos que atribuem o bem da vida ao litigante que se sagrou vitorioso). Cintra, Dinamarco e Grinover consideram a jurisdição estatal como *poder*, *função* e *atividade*,[16] assim como Galeno Lacerda conceitua jurisdição como "o poder de declarar o direito, e de o aplicar em caso concreto, resolvendo de uma forma definitiva a lide ou qualquer questão de direito. É também a finalidade de executar uma sentença, depois de transitada em julgado".[17]

Em outras palavras, embora a execução forçada seja decorrência do monopólio estatal, a eliminação da lide (abrangendo conflitos de interesses tanto de ordem privada como de ordem pública, eliminação revestida de caráter definitivo por meio de um terceiro imparcial), não mais se resume à vontade do Estado.[18]

Disso decorrem novas formas de jurisdição, não oriundas da soberania estatal, gerando sentenças que, ao menos teoricamente, seriam passíveis de ser reconhecidas e executadas. Tais novas formas de jurisdição, embora ainda devam ser, na maioria dos casos, reconhecidas pela jurisdição estatal para fins de execução coercitiva, são muitas vezes tratadas como ordens jurídicas autônomas.[19]

Trata-se, como definiu Rigaux, de formas diferentes de direito não estatal que, longe de serem a expressão de uma sociedade dependente, marginalizada e estritamente localizada, estendem uma rede universal de instituições especializadas e experientes nas mais avançadas técnicas jurídicas.[20]

CIRCULAÇÃO DE SENTENÇAS ESTRANGEIRAS NO MUNDO GLOBALIZADO

Savigny tinha por limite, nas questões de direito internacional privado, as legislações de origem romana. Dessa forma, o autor não previu um conflito de

---

16 CINTRA, Antonio Carlos de Araújo; DINAMARCO, Cândido Rangel; GRINOVER, Ada Pelegrini. *Teoria geral do processo*, 2014, p. 26.

17 *Apud* GUSMÃO CARNEIRO, Athos. *Jurisdição e competência*: exposição didática, área do direito processual civil, p. 31.

18 ASSIS, Araken. *Cumulação de ações*, 2002, p. 52-3.

19 SOUSA SANTOS, Boaventura. *A crítica da razão indolente*: contra o desperdício da experiência, 2009, p. 41.

20 RIGAUX, François. *A lei dos juízes*, 2000, p. 19.

23 Homologação de sentenças estrangeiras cibernéticas 391

leis no espaço envolvendo, como apontou Bartin, as leis nacionais suecas, russas ou orientais.[21]

Por outro lado, se Savigny destacou a influência do cristianismo e os laços do direito romano como *liens juridiques et spirituels rapprochant* do direito internacional privado (não obstante as diferenças entre as nações), tal fato não excluiu de seu pensamento os povos não cristãos: ele teria concebido suas ideias levando em conta a comunidade de direito entre todos os povos, sendo eles europeus ocidentais de religião cristã, ou não.[22]

Além desses conflitos de ordem antropológica, o objeto principal da disciplina do direito internacional privado indubitavelmente está se alterando, migrando do direito dos conflitos a problemas como a jurisdição internacional,[23] os efeitos das sentenças estrangeiras e a cooperação jurídica internacional.[24] Como notado por Erik Jayme, a jurisdição internacional é um dos temas mais relevantes do direito internacional privado de hoje.[25]

As regras internas de determinação da competência internacional de um Estado (instituto clássico de direito internacional privado) e o *forum necessitatis*[26] (instituto contemporâneo) visam justamente remediar as possíveis injustiças materiais do foro, porém elas não resolvem o problema das jurisdições exorbitantes e dos Estados que se mostrem incapazes de garantir o devido processo legal ou omissos com relação às suas próprias instituições.

A soberania, nascida do exercício político – e da força – evoluiu, portanto, para um conceito jurídico, segundo Dalmo Dallari, fazendo com que o Estado tivesse a última palavra sobre a regra jurídica aplicável ao caso concreto. Daí, segundo este autor, não haveria "Estados mais fortes ou mais fracos, uma vez que para todos a noção de direito é a mesma".[27]

---

21 BARTIN, Étienne. *Principes de droit international privé*, 1930, v. 1, p. 158.

22 MAYER, Pierre. "Le phénomène de la coordination des ordres juridiques en droit privé", 2007, v. 327, p. 62.

23 FERNÁNDEZ ARROYO, Diego P. "Propuestas para una evolución deseable del problema de la competencia judicial internacional", 2012, p. 140.

24 ABADE, Denise Neves. *Direitos fundamentais na cooperação jurídica internacional*: extradição, assistência jurídica, execução de sentença estrangeira e transferência de presos, 2013, p. 71; CASELLA, Paulo Borba; SANCHEZ, Rodrigo Elian. *Cooperação judiciária internacional*, 2002, p. 23-4.

25 JAYME, Erik. "Identité culturelle et intégration: le droit international privé postmoderne", 1995, v. 251, p. 47-8.

26 CAMARGO, Solano. "*Forum Necessitatis*: uma proposta de flexibilização dos critérios de competência internacional da justiça brasileira", 2014, v. IV, p. 478.

27 DALLARI, Dalmo de Abreu. *Elementos de teoria geral do Estado*, 1972, p. 70.

Dentro dessa visão estatocêntrica, Vicente Greco defende que o estudo da eficácia das decisões judiciais estrangeiras deveria ser isolado do conceito de soberania, tomando-o como dado, e não como conceito a ser construído.

Assim, segundo Greco, "o raciocínio do jurista do processo" deveria se abster da reformulação crítica da soberania, cuidando para que a carga emotiva do conceito não interferisse na fixação dos contornos do instituto.[28]

FUNDAMENTOS PARA A HOMOLOGAÇÃO DA SENTENÇA ESTRANGEIRA

A sentença estrangeira sempre foi avaliada como um exercício de jurisdição do Estado estrangeiro. E essa atividade jurisdicional, por seu turno, adviria da soberania que é, segundo Bonavides, "una, indivisível, indelegável e irrevogável, como o próprio poder estatal".[29] Miguel Reale define a soberania como o poder de a nação organizar-se juridicamente, fazendo valer a universalidade de suas decisões nos limites dos fins éticos de convivência dentro de seu território.[30]

Essa é a principal dificuldade de se fundamentar o reconhecimento como um mero exercício da soberania.

Entendemos que o reconhecimento da sentença estrangeira não decorre do respeito à soberania do Estado estrangeiro, mas sim da relevância que o sistema interno dá à sentença posta a reconhecimento, dentro de pressupostos e condições previamente estabelecidos.

Em 1898, com razão, Marnoco e Sousa apontava que a eficácia extraterritorial de uma sentença estrangeira deriva de sua própria natureza, independentemente da soberania do país em que a questão fora decidida.[31]

O reconhecimento de sentenças estrangeiras também não decorre de fundamentos finalísticos, segundo os quais haveria necessidade de estabilizar as situações jurídicas internacionais (como nos casos de estatuto pessoal) ou em prol das relações econômicas (a permitir a execução do julgado estrangeiro no local em que se localizam os bens do devedor, sem necessidade de repropositura do processo de conhecimento). Tais razões não impõem necessariamente o reconhecimento, posto haver os filtros do direito internacional privado do foro que podem impedi-lo.

O fundamento para se reconhecerem sentenças estrangeiras são os valores e os princípios gerais do direito internacional privado da jurisdição em que a

---

28 GRECO FILHO, Vicente. *Homologação de sentença estrangeira*, 1978, p. 62.
29 BONAVIDES, Paulo. *Ciência política*, 2009, p. 136.
30 REALE, Miguel. *Teoria do Direito e do Estado*, 2010, p. 127.
31 MARNOCO E SOUSA, José Ferreira. *Execução extraterritorial das sentenças civis e commerciaes*, 1898, p. 11.

sentença fora apresentada. O direito dos conflitos e o direito de reconhecimento são espécies do gênero direito internacional privado, que por essa razão devem ser articulados, complementares e coerentes entre si.

Ainda mais na hipótese em que o direito dos conflitos do foro indicar um ordenamento *diferente* daquele aplicado pelo Estado em que se originou a sentença, ou ainda nos casos de competência internacional concorrente, em que a suscetibilidade de reconhecimento reduz a certeza e a previsibilidade jurídica na ordem jurídica local.

No reconhecimento, o que está em jogo é a produção de efeitos na ordem jurídica interna de decisão estrangeira e, portanto, esse fenômeno deve assegurar um padrão de justiça substantiva e processual, por meio da ordem pública (material e processual, interna e internacional), afastando resultados intoleráveis.

Daí porque a conformidade com a ordem pública e o respeito a certos princípios fundamentais em matéria de processo internacional devam constituir hodiernamente as condições de reconhecimento, sempre a partir do direito internacional privado do foro.

Do mesmo modo, considerar o exercício da jurisdição como uma consequência lógica imperativa da soberania estatal também parte de outra premissa equivocada: a da ausência de jurisdição *fora* da soberania estatal.[32] Crescentes são os exemplos de homologação de sentenças religiosas, tribais ou mesmo desportivas, que têm circulado e obtido reconhecimento em diversas jurisdições.

Ainda como exemplo dessas ordens jurídicas paraestatais, pela importância e pela novidade do tema, trataremos da resolução *online* de controvérsias (ODR).

FORMAS ALTERNATIVAS (OU ADEQUADAS) DE SOLUÇÃO DE CONFLITOS

Com a massificação dos meios de produção, principalmente a partir da segunda metade do século XX, há um número crescente de conflitos não adequadamente solucionados, ou nem mesmo submetidos à apreciação jurisdicional do Estado. Se por um lado os conflitos de natureza metaindividuais (cada vez mais frequentes em uma sociedade globalizada) dificilmente podem ser resolvi-

---

32 O pressuposto de que a jurisdição é um atributo exclusivo do Estado é um conceito assente na disciplina do processo civil. Scarpinella entende a jurisdição como a função do Estado destinada à solução imperativa, substitutiva, com ânimo de definitividade de conflitos intersubjetivos e exercida mediante a atuação do direito em casos concretos (BUENO, Cassio Scarpinella. *Curso sistematizado de direito processual*: teoria geral do direito processual civil, 2007, v. 1, p. 27). José Frederico Marques, citando Carnellutti, a define como a função estatal de aplicar as normas da ordem jurídica em relação a uma pretensão (MARQUES, José Frederico. *Ensaio sobre a jurisdição voluntária*, 2000, p. 43).

dos pela dinâmica individualista do processo civil clássico, de outro lado, o custo do Poder Judiciário e as complexidades processuais desestimulam o cidadão a recorrer ao Estado como forma de se ver resguardado em direito violado.

Com isso, várias têm sido as iniciativas dos Estados na promoção de formas alternativas (ou adequadas) de solução de conflitos (*Alternative Dispute Resolution*, ou ADR), até como forma de se evitar o processo judicial estatal, principalmente em casos de menor complexidade, como os direitos dos consumidores, os pedidos indenizatórios de menor monta, questões condominiais etc., os quais poderiam encontrar, nas formas alternativas, uma rápida, barata e pacífica solução.[33] Comumente, essas formas alternativas são a mediação, a conciliação e a arbitragem.

A moderna onda da ADR se iniciou nos EUA, a partir dos anos 1970, espalhando-se para outros Estados nos últimos 30 anos. No Brasil, a evolução se deu mais concretamente a partir de 2010, com a instituição da Política Judiciária Nacional de tratamento dos conflitos de interesses, sendo criado nos tribunais locais os Núcleos Permanentes de Métodos Consensuais de Solução de Conflitos (NUPEMEC). Na União Europeia, existem disposições legais na Diretiva 2013/11/EU sobre a Resolução Alternativa de Litígios (RAL) envolvendo direito do consumidor, que entrou em vigor em toda a União Europeia em 9 de julho de 2015.

ONLINE DISPUTE RESOLUTION (ODR)

As tecnologias de informação e comunicação explodiram com a computação pessoal e com a disseminação da Internet. Em meados dos anos 1990, a adoção da internet para fins comerciais impulsionou o crescimento de empresas como o Google, a Amazon e a Netflix, atingindo mercados mais amplos, ganhos de escala, maior velocidade e meios de pagamento cada vez mais efetivos.[34]

A exploração das crescentes bases de usuários na internet desencadeou toda sorte de novos conflitos, como comércio eletrônico, uso não autorizado de

---

33 NEVES AMORIM, José Roberto. *Uma nova Justiça criada pela conciliação e a mediação*. Disponível em: https://www.conjur.com.br/2012-set-12/neves-amorim-justica-criada--conciliacao-mediacao; acesso em: 21 fev. 2018. FREGAPANI, Guilherme Silva Barbosa. "Formas alternativas de soluções de conflitos e a Lei dos Juizados Especiais Cíveis". *Revista de Informação Legislativa*, a. 34, n. 133, jan-mar/1997, p. 99.

34 KATSH, Ethan; WING, Leah. *Ten years of online dispute resolution*: looking at the past and constructing the future, 2006, v. 38, p. 101-26.

propriedade intelectual, difamações, espionagem industrial, pedofilia, entre muitos outros.[35]

O uso da tecnologia para obtenção de decisões judiciais foi previsto em 1963 pelo cientista Reed Lawlor.[36] Segundo o autor, a confiabilidade dos resultados dependeria da compreensão científica da forma com que as normas e os fatos impactariam nas decisões dos julgadores, isto é, na tradução matemática (*rectius*: logarítmica) da atividade jurisdicional.

Passados mais de 50 anos dessa profecia, os avanços nas áreas de *processamento de linguagem natural* e *aprendizagem automática* (*Natural Language Processing* – NLP e *Machine Learning* – ML) têm proporcionado diversas ferramentas de inteligência artificial no campo do direito.

Aletras, Tsarapatsanis, Pietro e Lampos, em 2016, publicaram um estudo sobre a utilização de inteligência artificial, visando prever as decisões da Corte Europeia de Direitos Humanos (CEDH).[37] O resultado, recebido com assombro pela imprensa mundial, foi que a maioria das decisões futuras do tribunal foram corretamente previstas pelos pesquisadores, com alto índice de acuracidade (79%).

Nesse cenário, alguns estudiosos veem na *Online Dispute Resolution* (ODR) uma nova forma de resolução de conflitos transnacionais[38] que, caso realmente frutifiquem, podem ser consideradas uma nova forma de ordem jurídica não estatal.

ODR é uma moderna forma de resolução de controvérsias, baseada na tecnologia de informação (trata-se da versão digital da ADR). Em linhas gerais, novas tecnologias com esse propósito reagem aos *inputs* de seus usuários, oferecendo *outputs* à medida que recebem novos dados.[39]

Quando as próprias cortes judiciais utilizam desse ferramental para a solução dos litígios, como um apoio adicional ao trabalho dos juízes, não há propriamente um assunto que interesse o direito. Porém, quando as ODRs solucionam diretamente os conflitos transnacionais sem interferência de quaisquer

---

35 HÖRNLE, Julia. "Encouraging Online Dispute Resolution in the EU and Beyond – Keeping Costs Low or Standards High?", 2012. Disponível em: http://ssrn.com/abstract=2154214; acesso em: 24.02.2018.

36 LAWLOR, Reed C. "What computers can do: analysis and prediction of judicial decisions", 1963, v. 49, n. 4, p. 337-44.

37 ALETRAS, Nikolaos et al. "Predicting judicial decisions of the European Court of Human Rights: A Natural Language Processing perspective". Disponível em: https://peerj.com/articles/cs-93/; acesso em: 24.04.2018.

38 ARBIX, Daniel. "Resoluções online de controvérsias: tecnologias e jurisdições", 2017, p. 44.

39 Ibidem, p. 51.

órgãos judicantes estatais, isto é, seres humanos, a questão ganha contornos futuristas e desafiadores.

Atualmente, duas correntes divergem sobre a utilização das tecnologias de aprimoramento humano. Uma delas, denominada de transumanismo, defende que as tecnologias devem ser amplamente disponibilizadas e aplicadas em todos os ramos do conhecimento, no melhor interesse da evolução científica.[40]

No entanto, há a corrente denominada bioconservadora (defendida por estudiosos de diversos ramos, como Francis Fukuyama[41] ou George Annas[42]), que se opõe ao uso da tecnologia como substituto da razão, visto que tal aplicação violaria o princípio da dignidade humana.

ODR E INTELIGÊNCIA ARTIFICIAL

A pesquisa com inteligência artificial (*artificial intelligence*, ou AI) levou ao desenvolvimento de muitas tecnologias que, hoje em dia, são de uso intenso, nem sempre de maneira ostensiva, visando otimizar os processos baseados no conhecimento, tornando os produtos mais fáceis de usar, adotando interfaces inteligentes ou automatizando tarefas.

Entre os principais problemas abordados pela pesquisa da IA, pode-se considerar as novas metodologias para a resolução de problemas, os desafios colocados em termos de representação do conhecimento e procedimentos de raciocínio, planejamento, aprendizado, processamento de linguagem natural, movimento e manipulação, percepção social, inteligência evolutiva, sentimentos ou criatividade. Essas técnicas podem ser aplicadas em uma ampla gama de domínios, incluindo medicina, previsão do tempo, finanças, transportes, jogos, conflitos armados ou até mesmo administração da justiça.[43]

Especificamente no campo do direito, muitos são os sistemas, as plataformas e os programas que atualmente oferecem serviços de mediação, conciliação, arbitragem e mesmo julgamentos *on-line*.[44]

---

40 BOSTROM, Nick. "The Transhumanist FAQ", v. 2.1, 2013. Disponível em: www.transhumanism.org/resources/faq.html; acesso em: 05.05.2017.

41 FUKUYAMA, Francis. *Our posthuman future*: consequences of the biotechnology revolution, 2012, p. 149.

42 ANNAS, George et al. "Protecting the endangered human: toward an international treaty prohibiting cloning and inheritable alterations", 2002, v. 28, p. 162.

43 CONDLIN, Robert j. "Online dispute resolution: stink, repugnant, or drab", 2017, v. 18, p. 718.

44 ABA task force on electronic commerce and alternative dispute resolution, addressing disputes in electronic commerce, 2002. Disponível em: https://www.americanbar.org/con-

Os primeiros programas foram criados com o objetivo de resolver litígios massificados de pequeno valor, cujo melhor exemplo são os chamados "sistemas de leilões cegos" (*blind-bidding systems*), como o Smartsettle[45] e o Cybersettle.[46]

Logo após, surgiram programas mais sofisticados, como o Square Trade, que, por sua vez, combinou o "leilão cego" (*blind bidding*) com a mediação *online*.[47]

Mais recentemente, o Modria, nascido do programa utilizado pelo eBay, passou a resolver as disputas mais complexas, envolvendo patentes, seguros de automóveis, impostos prediais, sugerindo alçadas de acordo, pontos de controvérsias, e envolvendo, quando for o caso, mediação ou arbitragem humana.[48]

Nos últimos anos, estados americanos como o Arizona, o Kentucky e o Alasca adotaram programas que emitem relatórios prevendo os réus mais propensos a fugir e a cometer novos delitos, que são levados em consideração pelos juízes na estipulação de fianças.[49]

ODR, DECISÕES CIBERNÉTICAS E ORDEM PÚBLICA

Embora a questão seja muito recente – e deveras tormentosa – a substituição de juízes humanos por juízes cibernéticos, ao menos do ponto de vista científico, parece estar cada vez mais próxima.

Estruturalmente, a qualidade dessa nova forma de jurisdição contrapõe a eficiência e o baixo custo com uma forma superior de administrar a justiça. Exemplificativamente, muitas plataformas de ODR impõem às partes que escolham categorias pré-definidas de pedidos, limitando aspectos narrativos que, subjetivamente, poderiam influir no julgamento.[50]

---

tent/dam/aba/migrated/dispute/documents/FinalReport102802.authcheckdam.pdf; acesso em: 24.02.2019.

45 Disponível em: https://www.smartsettle.com/; acesso em: 24.02.2018.

46 LEVIN, Diane. "Cybersettle makes the case for resolving disputes online", 2008. Disponível em: https://mediationchannel.com/2008/02/20/cybersettle-makes-the-casefor-resolving-disputes-online; acesso em: 24.02.2018.

47 Ibidem.

48 TREMAIN, William. "The Daily start-up: modria launches to become the online 'small claims court for the 21st century", 2012. Disponível em: http://blogs.wsj.com/venturecapital/2012/11/19/the-daily-start-up-modria-launches-to-become-the-online-small-claims-court-for-the-21st-century/; acesso em: 24.03.2018.

49 *Artificial intelligence is coming for both judges and defendants*, 2018. Disponível em: https://nypost.com/2018/01/31/artificial-intelligence-is-coming-for-both-judges-and-defendants/; acesso em: 24 fev. 2018.

50 CONDLIN, Robert J. *The nature of dispute bargaining*, 2016, v. 17, p. 418.

A própria arquitetura da ODR pode ser baseada em parâmetros que definem uma tendência em favor de determinadas categorias de litigantes, pela manipulação do algoritmo que compõe seu sistema.[51] Mesmo que essa definição não seja, *a priori*, o objetivo da plataforma, o conhecimento do algoritmo que está por trás do sistema pode fazer com que os resultados sejam manipulados pela parte mais bem preparada.[52]

Mesmo nos sistemas baseados em aprimoramento automatizado do algoritmo, como o "aprendizado da máquina" (*machine learning*, ou ML) ou no "aprendizado profundo" (*deep learning*, ou DL) das redes neurais de análise maciça de dados (que permitem aos carros que se guiem sozinhos, aos relógios que sugerem exercícios físicos personalizados ou de serviços de *streaming* que criam roteiros de filmes ou séries com base na predileção do público), não é possível se estabelecer parâmetros morais, políticos ou sociais na solução de litígios.[53]

O procedimento interpretativo, no âmbito do direito, é a própria concretização da justiça. Por isso que, como apontou Siches, a lógica do razoável (*logos del razonable*) não pode se basear em silogismos, mas na prudência, na equidade e no sentimento do justo.[54]

A eficácia das sentenças cibernéticas estrangeiras, por conta dessa questão objetiva, parece violar a ordem pública brasileira ao buscar o reconhecimento e sua execução, pelas mesmas razões postas por Habermas no problema da eugenia liberal. A substituição da razão humana pelo algoritmo, tal qual a seleção de embriões por critérios estéticos – embora ambos factíveis – parece se chocar à ética da espécie humana.[55]

A parte tem o direito de tentar convencer o julgador – como ser humano – a não aplicar as regras impostas pelo sistema judicial, a vista de exceções de ordem *humana*. É por esse motivo que decisões judiciais consolidadas podem ser superadas ou não seguidas num determinado caso concreto.

O art. 131 do CPC/73 dizia que "[o] juiz apreciará livremente a prova, atendendo aos fatos e circunstâncias constantes dos autos, ainda que não alegados pelas partes; mas deverá indicar, na sentença, os motivos que lhe formaram o convencimento". Esse artigo não teve sua literalidade transposta no

---

51 POSNER, Richard. *Natural monopoly and its regulation*, 1969, v. 21, p. 550.
52 BULINSKI, Maximilian et al. "Online case resolution systems: enhancing access, fairness, accuracy, and efficiency", 2016, v. 21, p. 205.
53 FARNED, Dusty Bates. "A new automated class of online dispute resolution: changing the meaning of computer-mediated communication", 2011, v. 2, p. 335.
54 SICHES, Recasens. *Experiencia jurídica, naturaleza de la cosa y lógica razonable*, 1971, p. 151.
55 HABERMAS, Jürgen. *O futuro da natureza humana. A caminho de uma eugenia liberal?* 2004.

CPC/2015, porém, não há que se falar no afastamento do princípio do livre convencimento motivado.

No Brasil ainda há resquícios do sistema do livre convencimento puro, como o julgamento pelo Tribunal do Júri (art. 482 e segs. do CPP) e em alguns poucos casos de admissão da prova legal, como na exigência da escritura pública para comprovação de negócios jurídicos que visem a constituição, transferência, modificação ou renúncia de direitos reais sobre imóveis de valor superior a trinta salários mínimos (art. 108 do CC).[56]

O livre convencimento motivado, de acordo com o art. 489, § 1º, do CPC em vigor, estabelece a plena autonomia para que o juiz valore a prova e lhe dê a adequada motivação.

Nesse momento, o magistrado verificará as razões pelas quais o caso concreto deverá ser julgado de forma diferente do que foi requerido pelas partes. Ou mesmo afaste o direito aplicável, por entendê-lo inconstitucional ou violador de tratados internacionais. Num caso julgado por algoritmos, não há sentido em se pretender sensibilizar o magistrado cibernético que, por corolário, é *insensível*.

No impressionante desabafo publicado pelo magistrado francês Maboul Carburod,[57] é narrada a angústia do julgador na prolação das decisões:

> Por muito tempo eu acreditei neste trabalho. Julgar, para dizer o certo, era trazer a Razão para o tribunal, medir as coisas e, modestamente, tentar criar um

---

56 COSTA JÚNIOR, Reinaldo Gama. "O princípio da persuasão racional do juiz à luz do novo Código de Processo Civil". Disponível em: https://jus.com.br/artigos/44816/o--principio-da-persuasao-racional-do-juiz-a-luz-do-novo-codigo-de-processo-civil; acesso em: 09.09.2019.

57 No texto original: "*Longtemps j'y ai cru à ce métier. Juger, dire le droit, c'était faire entrer la Raison dans le prétoire, donner la mesure des choses et, modestement, essayer de créer du lien social. Lors de ma première installation, le président de ma juridiction avait profondément insisté sur la nécessaire humilité du magistrat. Mes premiers mois d'exercice, non comme juge pénal, mais comme juge d'instance, m'ont fait profondément douter de moi, ont bousculé mes convictions, m'ont obligé à approfondir ce qui faisait mon humanité. Je n'ai jamais cru détenir la vérité ni avoir le pouvoir de la dire. J'ai la simplicité de croire que j'essaie de trouver la part de vérité que les enquêteurs et les justiciables me proposent. Lorsque je suis monté pour la première fois aux Assises, j'ai eu peur. Il n'y avait pas d'appel possible et je désirais de toutes mes forces éviter de me tromper. Comment situer la culpabilité, à quel niveau prononcer une peine ? Toutes ces questions sont sans réponse standardisée, et l'honnêteté commande de dire qu'à chaque affaire à juger, à chaque dossier, à chaque audience, il faut savoir se remettre en question, la seule certitude se situant dans le jugement rendu*" (CARBUROD, Maboul. *Pourquoi les juges sont dangereux*. Disponível em: http://www.maitre-eolas.fr/post/2011/02/09/Pourquoi-les-juges-sont--dangereux; acesso em: 09.09.2019).

laço social. Durante a minha primeira instalação, o presidente da minha jurisdição insistiu fortemente na humildade necessária do magistrado.

Meus primeiros meses de prática, não como juiz criminal, mas como magistrado, me fez duvidar profundamente de mim, empurrou minhas convicções, me forçou a aprofundar meu humanismo.

Eu nunca pensei que detivesse a verdade ou o poder de proferi-la. Tenho a modéstia de crer que tento encontrar a parcela de verdade que os investigadores e os litigantes me propõem.

Quando presidi meu primeiro inquérito, fiquei com medo. Não cabia qualquer recurso e eu queria, com todas as minhas forças, evitar ser enganado. Como medir a culpabilidade, em que nível se impor uma pena?

Todas essas perguntas não possuem uma resposta padronizada e a honestidade exige o reconhecimento de que, em cada litígio, em cada processo, em cada audiência, devemos saber como nos questionar, pois a única certeza estará *no julgamento.*

Evidentemente, o juiz é – com maior ou menor propensão – suscetível de ser convencido por um argumento novo, e essa é a força motriz das evoluções filosóficas.

Como bem disse Berti, "[a] retórica, mesmo sendo uma forma de racionalidade especificamente diferente da ciência é, contudo, estruturada também ela por argumentações, em particular, por argumentações dialéticas".[58]

O discurso jurídico, por ser retórico, quer influenciar, persuadir e se utiliza sempre da linguagem própria conforme as circunstâncias do caso concreto. A argumentação não visa à adesão a uma tese exclusivamente pelo fato de ela ser verdadeira, pois em muitos casos se prefere uma tese à outra por parecer mais equitativa, mais oportuna, mais útil, mais razoável, mais bem adaptada à situação.

Na Estônia, desde o início de 2019, o governo local vem investindo na construção de ferramentas de inteligência artificial, visando julgar ciberneticamente as disputas judiciais envolvendo até 7.000 euros. Segundo a imprensa especializada, o projeto começará ainda este ano, focado em disputas envolvendo contratos. Haverá a possibilidade de a parte sucumbente da decisão cibernética apelar a um juiz humano.[59]

No ordenamento brasileiro, especificamente no que tange à homologação de decisões estrangeiras, o Decreto-lei n. 4.657/42 (Lei de Introdução às Nor-

---

58 BERTI, Enrico. *As razões de Aristóteles*, 2002, p. 186.
59 NIILER, Eric. "Can AI be a fair judge in court? Estonia things so". Disponível em: https://www.wired.com/story/can-ai-be-fair-judge-court-estonia-thinks-so/; acesso em: 09.09.2019.

mas do Direito Brasileiro) prevê, em seu art. 17, que "as leis, atos e sentenças de outro país, bem como quaisquer declarações de vontade, não terão eficácia no Brasil, quando ofenderem a soberania nacional, a ordem pública e os bons costumes". Do mesmo modo, o RISTJ determina, em seu art. 216-F, que "[n]ão será homologada a decisão estrangeira que ofender a soberania nacional, a dignidade da pessoa humana e/ou a ordem pública".

Segundo Dolinger, o princípio da ordem pública detém alguns elementos que lhe são próprios. O primeiro deles é a relatividade, caráter que lhe é peculiar em virtude de sua variação no tempo e no espaço, na medida em que a ordem pública varia entre os Estados e, dentro deles, evolui de acordo com os fenômenos sociais. O segundo aspecto característico é a contemporaneidade, que exige do julgador a análise do caso concreto à luz da ordem pública no momento da decisão (ou da homologação). Por fim, o terceiro elemento é o fator exógeno, que define a ordem pública como uma característica externa à lei: é algo que choca a sociedade, que lhe é inadmissível segundo os valores do foro.[60]

A transposição do atual limite entre os dons concedidos ao homem pela natureza e o disponível à humanidade pela IA altera significativamente a autocompreensão moral do ser humano. Os pressupostos normativos da autocompreensão contemporânea justificam-se pelo desiderato de que os seres humanos são livres e iguais. Porém, com a IA, o espaço de intervenção humana tem papel diminuto e irrelevante na formação da própria identidade do homem no seu conjunto e individualidade.

A autocompreensão ética da espécie humana de que fala Habermas está diretamente relacionada com a forma como o homem concebe a si mesmo como membro de sua espécie.[61]

A comunidade de seres morais pressupõe o fato de que a dignidade humana não é algo que se possa prover *a priori*, isto é, por meio de uma concepção metafísica. A tradição teológica bíblica concebe o homem a partir da linguagem da revelação, fundamentando a dignidade da pessoa humana a partir de sua criação à imagem e semelhança de Deus. Já Kant evita fundamentar a dignidade da pessoa em algo externo, em tradições, na vontade de Deus ou em necessidades, mas na autonomia do sujeito, na sua razão. Os seres humanos possuem um valor intrínseco inviolável e precisam sempre ser tratados como fim. Trata-se do relevante imperativo categórico kantiano, princípio moral pelo qual derivam as obrigações e as responsabilidades dos seres humanos. Kant, na fundamentação da metafísica dos costumes, delineia o princípio da vontade racional: "[a]ge

---

60 DOLINGER, Jacob. *Direito internacional privado*: parte geral, 2005, p. 396-402.

61 HABERMAS, Jürgen. *O futuro da natureza humana*: a caminho de uma eugenia liberal?, 2010, p. 47-50.

de tal maneira que tomes a humanidade, tanto em tua pessoa, quanto na pessoa de qualquer outro, sempre ao mesmo tempo como fim, nunca meramente como meio".[62] Assim, o valor ético da humanidade encontra um valor absoluto em si mesmo, que é um valor incondicional e supremo, universalmente válido.

Habermas procura identificar de que forma a dignidade humana é edificada a partir das relações intersubjetivas na rede de relações legitimamente reconhecidas. A publicidade da razão no interior do debate normativo da esfera pública tem sua sede em uma forma de vida linguística estruturada. Essa comunidade moral é constituída por sujeitos livres e iguais em direitos e obrigações, com capacidade de imputação e de levar uma vida autônoma. Nesse sentido, vê a comunidade humana como uma rede simbólica das relações de reconhecimento recíprocas entre pessoas que visam à comunicação.[63]

É plausível supor que uma pessoa submetida a uma justiça ditada por uma máquina, ou seja, submetida a um julgamento cibernético, terá sofrido um dano à consciência de sua autonomia, uma vez que seus direitos foram tutelados ou tolhidos por um não humano.

O desdobramento da indagação sobre "o que é o ser humano?" é tão abrangente que requer um novo nível de análise diante do desenvolvimento da tecnologia, que afeta significativamente a imagem que o ser humano construiu de si mesmo. O homem pergunta sobre si e acerca daquilo que o constitui a partir de certas visões ou enquadramentos, seja no campo da ciência, da metafísica, seja da religião, pertencendo a um sistema de interpretações que representa um contexto antropológico denso e plural.[64] De acordo com Habermas, nas sociedades pluralistas, sob as condições pós-metafísicas, as interpretações em torno de uma autocompreensão ética da espécie, articulada em determinadas tradições e formas de vida, não permitem que convirjam, de certo modo, para uma moral válida para todos e em todas e quaisquer situações. Assim, há necessidade de uma antropologia de base que seja adequada à ética, a fim de haver uma conexão entre autocompreensão moral e considerações éticas de espécie.[65]

As convicções morais só condicionam efetivamente a vontade quando se encontram inseridas numa autocompreensão ética, que coloca a preocupação de estar a serviço da justiça.

---

62 KANT, Immanuel. *Fundamentação da metafísica dos costumes*, 2009, p. 13-57.

63 HABERMAS, Jürgen. *Op. cit.*, p. 51-100.

64 BRESSIANI, Alexandre Paludo; NODARI, Paulo Cesar. "A autocompreensão ética da espécie e o futuro da natureza humana segundo Habermas. Seria a eugenia um direito?" *Espaço Jurídico: Journal of Law*, v. 17, n. 3, p. 869-84, set-dez/2016.

65 HABERMAS, Jürgen. *O futuro da natureza humana*: a caminho de uma eugenia liberal?, 2010, p. 112.

É da natureza humana que os julgamentos sejam proferidos a partir de uma dialética que possa, mesmo que em tese, alterar os fundamentos, as bases, as convicções de um julgador, ainda que diante de situações absoluta e reiteradamente já decididas.

O juiz, ao aplicar o direito, o faz simultaneamente sob três perspectivas: a axiológica, em que ele ajusta a lei aos seus valores, à sua consciência, ao seu mundo; a fenomenológica, na qual o juiz ajusta a lei à percepção da pessoa julgada; e a sociológico-política, em que promove a abertura do direito ao fato social. Assim, o juiz deixa de perceber apenas o sistema jurídico e nele se situar para apreender, mais amplamente, todo o sistema social e neste atuar, assumindo o caráter político inerente a toda sentença.

Logo, no dizer de Herkenhoff, o juiz é portador de valores que sempre acabam por contagiar suas sentenças, mesmo não sendo aqueles superiores às normas. O direito não comporta verdades absolutas, não admitindo a lógica binária do certo ou errado; ele se propaga por meio de um discurso que objetiva o momento da decisão. Logo, nasce a importância das técnicas de argumentação por meio de um discurso persuasivo, que não significa o afastamento da verdade, mas torna-se o meio de se aproximar da justiça.[66]

O juiz é o direito feito homem:

> Só desse homem posso esperar, na vida prática, aquela tutela que em abstrato a lei me promete. Só se esse homem for capaz de pronunciar a meu favor a palavra da justiça, poderei perceber que o direito não é uma sombra vã. Por isso, indica-se na *iustitia*, e não simplesmente no *ius*, o verdadeiro fundamento *regnorum* – pois se o juiz não for vigilante, a voz do direito permanecerá evanescente e distante, como as inalcançáveis vozes dos sonhos.[67]

Caso contrário, ter-se-á violada a ética da espécie humana, cujos efeitos ecoam no princípio da ordem pública.

CONCLUSÃO

Ao contrário da experiência estoniana, que já leva em conta experiências de IA na concessão de subsídios a agricultores ou no direcionamento de empregos, entendemos que o princípio do devido processo legal condiciona que a decisão judicial deve ser proferida por seres humanos.

---

66 HERKENHOFF, João Baptista. *Como aplicar o direito*, 2007, p. 89.

67 CALAMANDREI, Piero. *Eles, os juízes, vistos por nós, os advogados*, 2013, p. 12.

Nesse aspecto, embora jurisdições (como a Estônia) comecem a propagar a IA no proferimento de sentenças judiciais, entendemos que tais decisões não são passíveis de homologação no Brasil, posto violar a ordem pública interna, a cláusula do devido processo legal e a própria ética da espécie humana.

REFERÊNCIAS BIBLIOGRÁFICAS

ABA task force on electronic commerce and alternative dispute resolution, addressing disputes in electronic commerce, 2002. Disponível em: https://www.americanbar.org/content/dam/aba/migrated/dispute/documents/FinalReport102802.authcheckdam.pdf; acesso em: 24.02.2019.

ABADE, Denise Neves. *Direitos fundamentais na cooperação jurídica internacional*: extradição, assistência jurídica, execução de sentença estrangeira e transferência de presos. São Paulo, Saraiva, 2013.

ALETRAS, Nikolaos et al. "Predicting judicial decisions of the European Court of Human Rights: A Natural Language Processing perspective". *Peer Journal Computer Science*. Disponível em: https://peerj.com/articles/cs-93/; acesso em: 24.04.2018.

AMARAL SANTOS, Moacyr. *Primeiras linhas de direito processual civil*. São Paulo, Saraiva, 2012.

ANNAS, George et al. "Protecting the endangered human: toward an international treaty prohibiting cloning and inheritable alterations". *American Journal of Law and Medicine*, 2002.

ARAÚJO, Nádia de. *Direito internacional privado*: teoria e prática brasileira. 6.ed. Porto Alegre, Simplíssimo, 2016 (*e-book*).

ARBIX, Daniel. "Resoluções online de controvérsias: tecnologias e jurisdições". São Paulo, 2017. Tese (Doutorado em Direito Internacional). Universidade de São Paulo, São Paulo.

ASSIS, Araken. *Cumulação de ações*. 4.ed. São Paulo, RT, 2002.

BARTIN, Étienne. *Principes de droit international privé*. Paris, Domat-Montchrestien, 1930. v. 1.

BERTI, Enrico. *As razões de Aristóteles*. Trad. Dion Davi Macedo. São Paulo, Loyola, 2002.

BONAVIDES, Paulo. *Ciência política*. 16.ed. São Paulo, Malheiros, 2009.

BOSTROM, Nick. *The Transhumanist FAQ*. World Transhumanist Association, 2013. v. 2.1. Disponível em: www.transhumanism.org/resources/faq.html; acesso em: 05.05.2017.

BRESSIANI, Alexandre Paludo; NODARI, Paulo Cesar. "A autocompreensão ética da espécie e o futuro da natureza humana segundo Habermas. Seria a eugenia um direito?" *Espaço Jurídico Journal of Law*, v. 17, n. 3, set-dez/2016. p. 869-84.

BUENO, Cassio Scarpinella. *Curso sistematizado de direito processual*: teoria geral do direito processual civil. São Paulo, Saraiva, 2007.

BULINSKI, Maximilian et al. "Online case resolution systems: enhancing access, fairness, accuracy, and efficiency". *Michigan Journal of Race and Law*, 2016, v. 21.

CALAMANDREI, Piero. *Eles, os juízes, vistos por nós, os advogados*. Curitiba, Pillares, 2013.

CALHEIROS, Clara et al. (orgs.). *Direito na lusofonia*: direito e novas tecnologias. Revisão Diana Coutinho. Braga (Portugal), Escola de Direito da Universidade do Minho, 2018.

CAMARGO, Solano. "*Forum Necessitatis*: uma proposta de flexibilização dos critérios de competência internacional da justiça brasileira". In: MENEZES, Wagner et al. (orgs.). *Direito internacional em expansão*. Belo Horizonte, Arraes, 2014. v. IV.

CARBUROD, Maboul. "Pourquoi les juges sont dangereux". Disponível em: http://www. maitre-eolas.fr/post/2011/02/09/Pourquoi-les-juges-sont-dangereux; acesso em: 09.09.2019.

CASELLA, Paulo Borba; SANCHEZ, Rodrigo Elian. *Cooperação judiciária internacional*. Rio de Janeiro, Renovar, 2002.

CINTRA, Antonio Carlos de Araújo; DINAMARCO, Cândido Rangel; GRINOVER, Ada Pellegrini. *Teoria geral do processo*. 30.ed. São Paulo, Saraiva, 2014.

CONDLIN, Robert J. "Online dispute resolution: stink, repugnant, or drab". *Cardozo Journal of Conflict Resolution*, 2017, v. 18.

_____. "The nature of dispute bargaining". *Cardozo Journal of Conflict Resolution*, 2016, v. 17.

CORBION, Lycette. *Le déni de justice en droit international privé*. Aix-en-Provence, Presses Universitaires d'Aix-Marseille, 2004.

COSTA JÚNIOR, Reinaldo Gama. "O princípio da persuasão racional do juiz à luz do novo Código de Processo Civil". Disponível em: https://jus.com.br/artigos/44816/o--principio-da-persuasao-racional-do-juiz-a-luz-do-novo-codigo-de-processo-civil; acesso em: 09.09.2019.

DALLARI, Dalmo de Abreu. *Elementos de teoria geral do Estado*. São Paulo, Saraiva, 1972.

DINAMARCO, Candido Rangel. *Litisconsórcio*. 5.ed. São Paulo, Malheiros, 1997.

DOLINGER, Jacob. *Direito internacional privado*: parte geral. 8.ed. atualiz. e ampl. Rio de Janeiro, Renovar, 2005.

_____; TIBURCIO, Carmen. *Direito internacional privado*. 13.ed. rev. atual. e ampl. com a colaboração de Felipe Albuquerque. Rio de Janeiro, Forense, 2017.

FARNED, Dusty Bates Farned. "A new automated class of online dispute resolution: changing the meaning of computer-mediated communication". *Faulkner Law Review*, 2011, v. 2.

FERNÁNDEZ ARROYO, Diego P. "Propuestas para una evolución deseable del problema de la competencia judicial internacional". In: OYARZÁBAL, Mario J. A. (coord.). *Derecho procesal transnacional*: homenaje al Profesor Doctor Gualberto Lucas Sosa. Buenos Aires, Ábaco de Rodolfo Depalma, 2012.

FERRAJOLI, Luigi. *A soberania no mundo moderno*. São Paulo, Martins Fontes, 2002.

FREGAPANI, Guilherme Silva Barbosa. "Formas alternativas de soluções de conflitos e a Lei dos Juizados Especiais Cíveis". *Revista de Informação Legislativa*, a. 34, n. 133, jan--mar/1997.

FUKUYAMA, Francis. *Our posthuman future*: consequences of the biotechnology revolution. New York, Farrar, Strauss and Giroux, 2012.

GANNAGÉ, Pierre. La coexistence des droits confessionnels et des droits laïcisés dans les relations privées internationaux. *Recueil des Cours de l'Académie de Droit International de La Haye*, v. 164, 1979.

GRECO FILHO, Vicente. *Homologação de sentença estrangeira*, São Paulo, Saraiva, 1978.

GUSMÃO CARNEIRO, Athos. *Jurisdição e competência*: exposição didática, área do direito processual civil. São Paulo, Saraiva, 2012.

HABERMAS, Jürgen. *O futuro da natureza humana*: a caminho de uma eugenia liberal? São Paulo, Martins Fontes, 2010.

_____. *O futuro da natureza humana*. A caminho de uma eugenia liberal? Trad. Karina Jannini. São Paulo, Martins Fontes, 2004.

HERKENHOFF, João Baptista. *Como aplicar o direito*. 11.ed. Rio de Janeiro, Forense, 2007.

HÖRNLE, Julia. "Encouraging online dispute resolution in the EU and beyond – keeping costs low or standards high?" Queen Mary University of London, School of Law Legal Studies Research. Paper n. 122/2012, 2012. Disponível em: http://ssrn.com/abstract=2154214; acesso em: 24.02.2018.

JAYME, Erik. "Identité culturelle et intégration: le droit international privé postmoderne". *Recueil des Cours de l'Académie de Droit International de La Haye*, 1995, v. 251.

JESSUP, Philip C. *A modern law of nations*. London, Macmillan, 1948.

KANT, Immanuel. *Fundamentação da metafísica dos costumes*. São Paulo, Discurso Editorial/Barcarolla, 2009.

KATSH, Ethan; WING, Leah. *Ten years of online dispute resolution*: looking at the past and constructing the future. Toledo: *University of Toledo Law Review*, 2006, v. 38, p. 101-26.

LAGARDE, Paul. Le principe de proximité dans le droit international privé contemporain: cours général de droit international privé. *Recueil des Cours de l'Académie de Droit International de la Haye*, 1986, v. 196.

LAWLOR, Reed C. "What computers can do: analysis and prediction of judicial decisions". *American Bar Association Journal*, 1963, v. 49, n. 4, p. 337-44.

LEVIN, Diane. "Cybersettle makes the case for resolving disputes online", 2008. Disponível em: https://mediationchannel.com/2008/02/20/cybersettle-makes-the-casefor-resolving-disputes-online; acesso em: 24.02.2018.

MARNOCO E SOUSA, José Ferreira. *Execução extraterritorial das sentenças civis e commerciaes*. Coimbra, F. França Amado, 1898.

MARQUES, José Frederico. *Ensaio sobre a jurisdição voluntária*. Ed. rev., atual. e compl. por Ovídio Rocha Barros Sandoval. Campinas, Millennium, 2000.

MAYER, Pierre. "Le phénomène de la coordination des ordres juridiques en droit privé". *Recueil des Cours de l'Académie de Droit International de La Haye*, 2007, v. 327.

MUIR WATT, Horatia. "La fonction de la règle de conflit des lois ». Thèse de Doctorat d'État: Droit Privé. Paris: Université Paris II, 1985. 696 p.

NEVES AMORIM, José Roberto. "Uma nova justiça criada pela conciliação e a mediação". Disponível em: https://www.conjur.com.br/2012-set-12/neves-amorim-justica-criada--conciliacao-mediacao; acesso em: 21.02.2018.

New York Post. "Artificial intelligence is coming for both judges and defendants", 2018. Disponível em: https://nypost.com/2018/01/31/artificial-intelligence-is-coming-for-both-judges-and-defendants/; acesso em: 24.02.2018.

NIBOYET, Jean-Paulin. *Traité de droit international privé français*. Paris, Sirey, 1938. v. 1.

NIILER, Eric. "Can AI be a fair judge in court? Estonia thinks so". Disponível em: https://www.wired.com/story/can-ai-be-fair-judge-court-estonia-thinks-so/; acesso em: 09.09.2019.

PINHEIRO, Luís de Lima. *Direito internacional privado, competência internacional e reconhecimento de decisões estrangeiras*. Coimbra, Almedina, 2002.

POSNER, Richard. "Natural monopoly and its regulation". *Stanford Law Review*, 1969, v. 21.

REALE, Miguel. *Teoria do Direito e do Estado*. 5.ed. rev. e aument. São Paulo, Saraiva, 2010.

Report of the International Commission on Intervention and State Sovereignty. "The Responsibility to Protect", 2001. Disponível em: http://responsibilitytoprotect.org/ICISS%20Report.pdf; acesso em: 24.02.2018.

RIGAUX, François. *A lei dos juízes*. São Paulo, Martins Fontes, 2000.

SALAMÉ, Georgette. *Le devenir de la famille en droit international privé*: une perspective postmoderne. Aix-en-Provence, Presses Universitaires d'Aix-Marseille, 2006.

SICHES, Recasens. *Experiencia jurídica, naturaleza de la cosa y lógica razonable*. México, Unam, 1971.

SLAUGHTER, Anne-Marie. *A new world order*. Princeton, Princeton University Press, 2004.

SOHN, Louis B. "The new international law: protection of the rights of individuals rather than states". *American University Law Review*, 1982, v. 32.

SOUSA SANTOS, Boaventura. *A crítica da razão indolente*: contra o desperdício da experiência. São Paulo, Cortez, 2009.

TEITEL, Ruti. *Humanity's law*. Oxford, Oxford University Press, 2011.

TESÓN, Fernando R. Tesón. "The Kantian theory of international law". *Columbia Law Review*, 1992, v. 92.

TREMAIN, William. "The Daily start-up: modria launches to become the online 'small claims court for the 21st century", 2012. Disponível em: http://blogs.wsj.com/venturecapital/2012/11/19/the-daily-start-up-modria-launches-to-become-the-online-small-claims-court-for-the-21st-century/; acesso em: 24.03.2018.

VON MEHREN, Arthur Taylor. "Jurisdiction to adjudicate: reflections on the role and scope of specific jurisdiction". In: DOMINICÉ, Christian; PATRY, Robert; REYMOND, Claude (eds.). Études de droit international en l'honneur de Pierre Lalive. Bäle/Francfort-sur-le-Main, Helbing & Lichtenhahn, 1993.

WOLFF, Martin. *Private international law*. 2.ed. Oxford, Clarendon Press, 1950.

Índice alfabético-remissivo

A

Ação decendiária   98, 99
Ação de dissolução parcial   366
Ação de dissolução parcial de
  sociedade   365
Ação monitória   94, 97, 100
Ação rescisória   45, 49, 111, 164
Accountability   37, 40
Aceleração social do tempo   236, 240,
  248
Acesso à jurisdição   57
Acessoriedade   9, 11
Acidentabilidade   11
Acordo de vontades   269
Administração da Justiça   71
Agravo de instrumento   165
Agravo interno   166
Alternative Dispute Resolution   394
Amicus curiae   1, 19, 23, 24, 25, 194,
  196, 197, 199, 200, 205
Apelação   163, 297, 300, 305
Apensamento de processos   229
Aprendizagem automática   395
Arbitragem   63, 113, 117, 119
Artificial intelligence   396
Atividade autocompositiva   335
Atos procedimentais   135
Atuação do juiz   233
Atuação singular   321
Audiência de conciliação/mediação   67

B

Base procedimental   95
Benefícios sociais   277
Boa-fé   146, 151, 183
Busca do consenso   147

C

Câmaras Arbitrais   63
Carta Cidadã   58
Carta Constitucional de 1988   199
Causalidade   357, 360
Causa madura   311, 312, 321
Causa madura ampliada   327
Causa pronta   319
Celeridade   59
Citação do réu   103
Civilidade   247
Consolidação das Leis do Trabalho
  (CLT)   44, 136
Código de Processo Civil de 1939
  (CPC/39)   157, 365
Código de Processo Civil de 1973
  (CPC/73)   1, 43, 100, 103, 109,
  137, 157, 302, 311, 356, 357, 365,
  398

Autocomposição   147, 148, 152, 185,
  345, 346, 349, 383
Autonomia   183, 356
Autonomia da vontade   145, 146
Autonomia estrutural   13, 19

Código de Processo Civil de 2015
(CPC/2015) 4, 5, 26, 33, 57, 64,
94, 104, 137, 144, 150, 155, 194,
201, 297, 314, 329, 355, 356, 363,
366
Coisa julgada inconstitucional 43, 49
Colapso do Judiciário 60
Common law 124, 195, 196
Competência 159, 183, 384
Competência recursal 325
Competição 211
Conciliação 30, 63, 136, 153, 179,
187, 188
Condição resolutiva 102
Conectividade 221
Confidencialidade 142, 148, 149, 150,
183, 384
Conflito 30
Conflitos de interesses 174
Conflitos em massa 335, 345
Conflitos transindividuais 62
Consciência relativa ao processo 152
Conselho Nacional de Justiça (CNJ) 33,
187, 210, 218, 338, 377, 383
Consensualismo processual 145, 153
Consensualização 72
Constitucionalidade 27
Constitucionalismo social 130
Constituição Federal de 1946 19
Constituição Federal de 1988 19, 44,
58, 335
Controle de constitucionalidade 44
Controle de constitucionalidade
concentrado ou difuso 50
Convenção Americana de Direitos
Humanos 380
Convenção de arbitragem 126
Convenção Europeia para Salvaguarda
dos Direitos do Homem e das
Liberdades Fundamentais 380
Convencimento judicial motivado 109
Cooperação 66, 211
Cooperação comunitária 210
Cooperação judiciária 210, 213, 217,
218, 224, 226, 229
Corte Constitucional 22
Cultura judicial 136

D

Decisão informada 153, 183, 384
Decisão interlocutória 165, 166
Decisões cibernéticas 397
Declaração Universal dos Direitos do
Homem 380
Democracia 19
Desburocratização 145
Desconsideração da personalidade
jurídica 194
Desordenamento 218
Diálogo 66
Dinâmica de Flood-Dresher 80, 85
Direito ao esquecimento 284, 287
Direito arbitral 125, 127
Direito comparado 213
Direito de ação 58
Direito de retirada e recesso 373
Direito do Trabalho 136
Direito internacional 389, 391
Direito processual civil 137, 194, 336
Direitos fundamentais 19
Dispersão jurisprudencial 168
Distanciamento burocrático 340
Duração razoável do processo 160,
377, 379, 380

E

Economicidade processual 55
Efeito suspensivo 301, 305
Efeito vinculante 43, 47, 49
Efetividade 59
Eficácia *erga omnes* 47, 49, 52
Eficácia imediata da sentença 297
Eficácia transindividual 57
Eficiência 59
Embargos ao mandado monitório 106
Embargos de declaração 49, 167
Embargos infringentes 166, 298
Embargos parciais 108
Emenda Constitucional n. 45/2004 31,
52, 312
Empatia 66
Empirismo 178
Empoderamento 153, 154, 183, 384
Error in procedendo 166
Espólio do sócio falecido 368

Índice alfabético-remissivo **411**

Estado de Direito 19
Estado Democrático de Direito 24, 207
Exigibilidade da obrigação 102
Expropriação 261

F
Falta de fundamentação 332

G
Ganho individual 82
Garantia constitucional 58
Gestão judiciária 211

H
Heterocomposição 383
Hipossuficientes 62
Homologação 401
Homologação da sentença
estrangeira 392
Honorários sucumbenciais 355, 358
Humanização 278, 280
Humanização do Judiciário 275

I
Igualdade 143
Imóveis 261
Imparcialidade 140, 141, 142, 143,
183, 384
Improcedência do pedido 318
Incapaz 100
Incidente de arguição de
inconstitucionalidade 5
Incidente de assunção de competência 5
Incidente de desconsideração da
personalidade jurídica 5
Incidente de recursos extraordinários
repetitivos 19
Incidente de resolução de demandas
repetitivas 5, 18
Incidente de resolução de recursos
extraordinários repetitivos 1, 4,
10
Incidente processual 5, 7, 16
Indeferimento da petição inicial 103
Indeferimento "liminar" 315
Independência 142
Independência e autonomia 384
Informalidade 144, 183

Inovabilidade 224
Instância originária 312
Instância recursal 311, 321
Instantaneidade 220, 221
Inteligência artificial 396
Interatividade dialógica 223
Intervenção de terceiros 194
Isonomia 142, 143
Isonomia das partes 183

J
Judicialização da política 251
Juiz de cooperação 225
Juízes cooperantes 230
Julgamento ampliado 160
Julgamento antecipado 319
Julgamento dos embargos 110
Julgamento estendido 157, 158, 159,
160, 163, 164, 165, 166, 167
Julgamento "liminar" 318
Julgamento não unânime 164
Jurisdição 194, 377
Jurisdição arbitral 121
Jurisdição constitucional 2
Jurisdição exclusiva 257
Jurisdição nacional exclusiva 254
Justiça do trabalho 229
Justiça Multiportas 276, 277

L
Legalidade 59
Legitimidade ativa 368
Legitimidade de parte 365
Legitimidade passiva 375
Lei da Arbitragem 114, 123, 173
Lei de Acesso à Informação (Lei n.
12.527/2011) 290
Lei de Mediação (Lei n.
13.140/2015) 133, 140, 151,
155, 173, 175, 176, 276, 280
Lei dos Registros Públicos 262
Lex arbitri 113
Liquidez da prestação 102
Litigância de má-fé 111
Litigiosidade 2
Litisconsórcio passivo necessário 375

412 Cinco anos do CPC: questões polêmicas

M

Machine Learning 395
Mandado monitório 104, 105
Mandatum de solvendo 97, 98
Mediação 30, 57, 60, 63, 65, 128, 132, 134, 135, 136, 138, 150, 170, 180, 187, 188, 335, 377, 382
Métodos adequados 275
Métodos alternativos de resolução de conflitos 31, 32
Métodos alternativos de solução de conflitos 36
Mínimo existencial 286
Momento processual 4
Momento processual diferenciado 8
Multiculturalismo 277
Mundo globalizado 390

N

Natural Language Processing 395
Negociação 75, 76, 88
Negociações adversariais 76
Neoconstitucionalismo 62
Neutralidade 140, 141
Neutralização de conflitos 337
Nomeação à autoria 194
Norma constitucional 1
Normatividade 131
Nulidade de sentença 332
NUPEMEC 281

O

Online dispute resolution 30, 32, 394, 395
Ônus da prova 108
Oposição dos embargos 107
Oralidade 143, 144, 183
Ordem pública 397
Ordenamento jurídico 74

P

Pauta de conduta 11
Pedido rescindente 165
Persuasão 87
Poder decisório 134
Políticas públicas autocompositivas 342
Prequestionamento 162
Pressuposto processual 101

Prestação de informações 230
Prestação jurisdicional 181
Princípio do livre convencimento 109
Princípios Norteadores da Conduta do Mediador 139
Procedimento 6
Procedimento comum 103
Procedimento incidental 8, 12
Procedimentos autocompositivos 147
Processamento de linguagem natural 395
Processo autocompositivo 75, 135, 147
Proporcionalidade 59, 309
Prova escrita 102
Provimento judicial final 96
Publicidade 59

Q

Qualidade 59
Questão incidental 8

R

Razoabilidade 59
Razoável duração do processo 55
Recurso extraordinário 52
Recursos 299
Recursos excepcionais 54
Recursos extraordinários repetitivos 9
Rejeição liminar dos embargos 107
Relacionamento humano 279
Remessa necessária 325
Remuneração 357
Renúncia 153
Repercussão geral 2, 43, 49
Repercussão social 203
Rescisão da sentença 165
Resiliência 220
Res judicanda 7
Resolução de conflitos 71, 135
Resolução do mérito 163
Respeito à ordem pública e às leis vigentes 183, 384
Respostas do embargado 108

S

Sanção 362
Saneamento 320
Segurança jurídica 55

Sentenças estrangeiras 390
Sentenças estrangeiras cibernéticas 387
Separação dos Poderes 58
Simplicidade 144
SINGESPA 228
Sistema de Justiça 275
Sistema de nulidades 341
Soberania estatal 390
Sociedade anônima de capital fechado 371
Sociedade internacional 387
Solução de conflitos 275, 393
Soluções autocompositivas 172
Statute law 118
Sucessores 369
Sucumbência 361
Superior Tribunal de Justiça (STJ) 101, 102, 104, 204
Supremo Tribunal Federal (STF) 1, 2, 4, 20, 26, 43, 46, 50, 53, 54, 190, 218, 236, 252, 267
Suspensão da eficácia imediata da sentença 302

T

Tempo do Judiciário 240
Teoria da Empresa 365

Teoria da Negociação 71
Teoria dos Jogos 78
Teoria Geral do Processo 71
Terceiro imparcial 135
Thema decidendum 158
Título executivo extrajudicial 103
Título executivo judicial 106, 111
Tolerância 66
Transações internacionais 273
Transparência 40
Transversalidade 217
Tratamento humano 281
Tutela inibitória 288
Tutela jurisdicional 59
Tutela plurindividual 16
Tutelas jurisdicionais diferenciadas 96

U

UNCITRAL 114, 121, 125
Universalização da Justiça 62

V

validação 154, 155, 183, 384
Via monitória 103
Vinculação funcional 14
Vinculatividade 19
Vocação sancionatória 360